브라질 어젠다

브라질인의 눈으로 본 현대 브라질의 48가지 모습

중남미 총서 2

브라질 어젠다
–브라질인의 눈으로 본 현대 브라질의 48가지 모습

초판 1쇄 인쇄 2014년 5월 15일
초판 1쇄 발행 2014년 5월 20일

-

지은이 쉬바르츠 외
옮긴이 박원복
펴낸이 이방원
편　집 조환열 · 김명희 · 안효희 · 강윤경
디자인 박선옥 · 손경화
마케팅 최성수

-

펴낸곳 세창미디어
출판신고 2013년 1월 4일 제312-2013-000002호
주소 120-050 서울특별시 서대문구 경기대로 88 냉천빌딩 4층
전화 02-723-8660 | 팩스 02-720-4579
이메일 sc1992@empal.com | 홈페이지 http://www.sechangpub.co.kr

-

ISBN 978-89-5586-202-7 04300
978-89-5586-121-1 (세트)

이 도서의 국립중앙도서관 출판시도서목록(CIP)은 서지정보유통지원시스템 홈페이지(http://seoji.nl.go.kr)와 국가자료공동목록시스템(http://www.nl.go.kr/kolisnet)에서 이용하실 수 있습니다. (CIP제어번호: 2014015979)

MINISTÉRIO DA CULTURA
Fundação BIBLIOTECA NACIONAL

Obra publicada com o apoio do Ministério da Cultura do Brasil/Fundação Biblioteca Nacional.
본 작품은 브라질 문화부/국립도서관재단의 지원으로 출판되었습니다.

중남미 총서 2

AGENDA BRASILEIRA

브라질 어젠다

브라질인의 눈으로 본 현대 브라질의 48가지 모습

쉬바르츠(Schwarcz) 외 지음
박원복 옮김

세창미디어

옮긴이의 말

최근 들어 우리나라에서는 브라질과 관련된 저서와 번역물 그리고 학술논문이 많이 출판되고 있다. 하지만 엄밀히 말할 경우 그 대부분은 브라질의 외부 전문가들이 바라본 브라질의 모습이다. 여기에 이 책의 의미가 있다고 본다. 즉, 이번에 소개되는 이 책은 브라질 사람들이 자국의 정치, 경제, 사회, 문화 등 제반 사항을 관찰하고 분석한 글을 모은 것이기 때문에 우리나라 독자들에게 브라질에 대하여 보다 균형 잡힌 시각을 제공해줄 것으로 기대된다.

물론 40명이 넘는 각 분야 전문가들의 의견이 개진되다 보니 일부 문제를 두고 서로 다른 시각과 의견이 나오기도 하지만 그것은 자연스러운 일이며 그것이 독자에게 혼란을 주기보다는 오히려 다양한 각도에서 브라질을 바라볼 수 있는 기회를 제공한다고 본다. 나아가 브라질의 노년문제, 젠더문제, 인디오문제, 환경문제 등은 이제까지 우리나라에서 거의 소개된 바가 없는 것들로서 이것은 방대한 분량과 다양한 전문가의 글이 모인 이 책의 또 다른 장점이기도 하다. 또한 그런 점에서 이 책은 처음부터 끝까지 읽어야 하는 소설이 아니라 독자의 관심 분야에 따라 선별하여 읽을 수 있다는 장점을 갖고 있다. 그리고 21세기 브라질이 안고 있는 과제들이 거의 모두 망라된 만큼 대학생부터 일반인 그리고 전문가에 이르기까지 브라질에 대하여 생각할 거리와 논문으로 심화시킬 수 있는 테마들이 모여 있는 보고寶庫가 될 것으로 확신한다.

한 가지 아쉬운 점이 있다면 번역을 맡은 사람으로서 각 저자들의 문체가 매우 다양하여 문체적인 면에서 통일성을 부여하기가 어려웠다는 것이다. 또한 거의 대부분 글이 브라질의 현 문제를 다루고 있는 만큼 그 문제의 역사적·사회적 배경에 대한 사전지식이 없는 독자의 경우 조금은 이해하기 힘든 상황에 부딪힐 수 있을 것이다. 이 점을 고려하여 오늘날 브라질 사회가 형성된 역사적 배경을 소개하는 것이 필요하다고 사료되어 필자가 중요하다고 생각하는 부분을 간추려 간략히 언급하고자 한다.

브라질은 우리와는 달리 300여 년 이상 포르투갈의 지배를 받았다. 36년 일제의 지배를 받은 우리나라는 아직 그 잔재를 완전히 청산하지 못한 채 많은 흔적과 영향을 받고 있음을 부인할 수 없다. 그러한 맥락에서 우리보다 몇 배의 세월 동안 외국 지배를 받은 브라질의 여파는 어느 정도일지 충분히 짐작할 수 있을 것이다. 이것은 스페인의 지배를 받은 이웃 국가들과 비교할 때도 많은 차이를 드러낸다. 그 이유는 콜럼버스의 중남미 도착 이후 유럽의 정복과 지배가 본격화되었을 때 멕시코와 안데스 산맥에는 아스텍문명과 잉카문명이라는 거대한 제국들이 존재하여 오랜 세월 동안 저항해오며 자신들의 문화를 조금이나마 지킬 수 있었던 반면에, 브라질의 경우는 아마존 하구의 마라조 섬에 존재하던 신석기 문화를 제외하고는 모두 구석기 시대에 머물고 있어서 기나긴 세월 동안 그 유럽의 사회체제와 문화가 그대로 이식되었기 때문이다.

이 과정에서 포르투갈은 사탕수수 농업에 이용할 노동력으로 16

세기부터 아프리카로부터 브라질로 대거 흑인노예를 끌고 왔으며, 19세기 초 커피산업의 활성화와 흑인노예의 신분해방(1888)을 전후하여서는 세계 각 지역으로부터 다양한 인종과 민족의 이민을 받아들여 문자 그대로 혼혈의 나라, "인종백화점"으로 불리게 되었다.

또 한 가지 기억해야 할 것은 라틴아메리카 거의 모든 나라가 그랬듯이 브라질의 독립 역시, 일반적으로 이해하는 국가의 독립과는 다소 다른 양상을 보였다는 것이다. 브라질의 독립은 1806년 나폴레옹의 대륙봉쇄령 압력에 못 이겨 브라질로 대거 피난을 왔다가 주저앉은 포르투갈 왕실과 브라질 현지에서 태어난 백인들이 중심이 되어 선언된 것이었다. 그리하여 독립을 선언하던 1822년 브라질은 이웃 나라들과는 달리 공화제가 아니라 입헌군주제를 도입하였고 이 시스템 속에서 포르투갈 왕실 후손인 동 페드루 1세와 2세가 1888년까지 집권함으로써, 정작 독립은 선언되었지만 그 지배구조는 식민지시대와 별다른 차이가 없었다. 즉 본토 포르투갈인들의 지배에서 브라질 현지에서 태어난 백인들의 지배로 바뀌었을 뿐, 피부색에 근거한 인종차별과 빈부의 격차 등은 거의 바뀌지 않았다. 또한 사탕수수농장이나 커피농장을 소유하고 있는 대지주와 노예와 다를 바 없는 소작농으로 양분된 사회구조 역시 거의 바뀌지 않았다.

1888년 노예해방이 선언된 뒤 브라질은 새로운 고민에 빠진다. 왜냐하면 노예였던 아프리카계 흑인이 법적으로 엄연한 시민이 된 이상, 상황변화에 걸맞은 제도와 정책을 수립하여 다인종-다문화 사회를 통합하는 것이 급선무였기 때문이다. 1889년 공화제로 들어서면서 만들어진 브라질 국기에는 "질서와 번영Ordem e Progresso"이라는 문구가 들어가 있는데, 그것은 그때 지배계층의 고민과 지배이데올로기를 단적으로 보여주고 있다.

어쨌든 브라질의 지배엘리트층이 선택한 것은 유럽인의 이민을 촉진함으로써 브라질 국민을 백인화하겠다는 것이었다. 때마침 근대화 바람과 더불어 19세기 말과 20세기 초, 브라질에도 증기선이 대서양을 횡단하고 전신케이블이 깔리는 등 큰 사회적 변화가 일어나 새로운 노동력을 필요로 하게 되었고 이에 유입된 유럽계 백인 이민이 이 자리를 차지하게 되었다. 하지만 커피생산 하나에 국가의 경제가 의존하던 상황에서 미국의 경제대공황(1929)은 브라질에 엄청난 타격을 주었다. 무엇보다도 브라질에서 생산, 수출되던 커피의 50%가량을 미국이 수입하고 있었기 때문이다.

따라서 경제대공황 직후인 1930년, 농촌지주층의 지지에 기초하였던 브라질의 과두지배체제는 종말을 고하고 당대 유럽의 분위기, 예를 들면 파시즘과 나치즘 등과 같은 권위주의 정권이 들어서게 된다. 제툴리우 바르가스의 신국가체제Estado Novo는 민족주의 성향이 강한 체제였고, 본래 지지 기반이 없던 그 정권은 도시근로자층을 지지 기반으로 끌어들이기 위해 많은 정책을 추진하였다. 이미 브라질 사회의 근간을 형성하고 있던 흑인문화(삼바, 카포에이라, 카니발 등)와 많은 국민이 즐기던 스포츠, 축구를 활성화시키면서 일대 변혁을 몰고 왔다. 하지만 이것은 어디까지나 관이 주도하는 것이었고 이때 탄생한 노조도 모두 관영노조였다.

바르가스의 권위주의적 지배는 1954년에 종말을 고하지만 그 이후 브라질은 사회문화적으로 큰 발전을 이룩한다. 보사노바, 전위시 운동, 신수도 브라질리아 건설 등이 그 당시 브라질의 모습을 대변하였다. 하지만 1964년 쿠데타가 발생, 국운의 부흥을 잠재워버렸다. 하지만 그 군부독재도 1980년대에 들어서면서부터는 전 국민의 민주화투쟁에 직면했고 경제 역시 악화일로에 놓임으로써 결국 종말을 고하게 된다. 1985년 민정으로의 권력 이양 전후를 통해 브라질은 여타 중남미 국가들처럼 일명 "잃어버린 10년"을 거치게 된다. 민선대통령들의 무능으로 악성인플레이션과 파업 그리고 화폐개혁 등 브라질의 전 사회가 엄청난 소용돌이에 빠져들게 된 것이다.

이러한 소용돌이는 1990년대 초 신자유주의가 전 세계를 강타하면서 새로운 국면을 맞았다. 브라질도 재빠른 반응을 보이며 작은 정부와 시장논리의 중시, 국내시장의 개방 등을 추진하였다. 왜냐하면 군부독재(1964-1985) 이후 등장한 사르네이Sarney 정부시절 초악성인플레이션과 4만여 건이 넘는 크고 작은 파업에서 갈 길을 잃고 있던 브라질에게 새로운 돌파구로 비춰졌기 때문이다. 혼란과 무능을 상징했던 사르네이 정부가 물러난 뒤 1990년, 40세의 나이에 권좌에 오른 페르난두 콜로르 지 멜루Fernando Collor de Melo와 재무장관이었던 젤리아 카르도주Zélia Cardoso가 신자유주의의 정책을 본격 추진하기 시작하였지만 콜로르는, 대선캠프에서 선거자금 모금을 담당했던 P. C. 파리아스P. C. Farias의 매관매직행위가 언론에 폭로되면서 2년 만에 탄핵되고 말았다.

그러나 부통령이던 이타마르 프랑쿠Itamar Franco의 승계와 재무장관으로 기용된 종속이론가 페르난두 엥히키 카르도주Fernando Henrique Cardoso의 일명 "헤알플랜Plano Real"에 힘입어 브라질 경제는 차츰 안정을 되찾았고 이 여세를 몰아 카르도주는 대선에 출마, 1995년부터 2002년까지 대통령직을 연임하게 된다. 하지만 그가 재임한 8

년간은 어떤 면에서 신자유주의가 안고 있는 근본적인 폐해, 즉 빈익빈 부익부 현상을 가속화시킨 기간이었고 이러한 사태는 1999년 IMF에 435억 달러라는 긴급구제금융 지원을 받는 것으로 절정을 이루었다.

이에 대선 4수 만에 정권을 쥔 루이스 이니시우 룰라 다 시우바Luiz Inácio Lula da Silva는 좌파로 분류되면서도 카르도주 정부의 신자유 정책을 이어갔고 그러면서도 사회적으로 소외되던 저소득계층을 위한 각종 정책을 추진하였다. 카르도주가 빈곤층에게 물고기를 잡는 법을 가르쳐야 한다고 주장했다면 룰라는 이미 브라질이 그 단계를 지나 절대빈곤국으로 전락하고 있다면서 가족기금Bolsa Família과 같은 사회적 포용정책을 적극 추진하였다. 때마침 세계가 자원전쟁에 빠져들고 있었기에 지하자원이 풍부한 브라질은 IMF에게 진 빚을 앞당겨 갚고도 그 IMF에 100억 불을 차관형식으로 빌려주는 이른바 채권국으로 탈바꿈하였다. 또한 넘쳐나는 외환보유고에 힘입어 빈곤계층에게 막대한 현금을 생활비로 지원하였다.

다른 한편으로는 추락한 국가의 위신을 끌어올리고, 세계 10위 안에 드는 경제규모에 걸맞은 국가로서 국제사회에서의 역할을 다하기 위해 G20을 비롯한 각종 국제커뮤니티에서 리더로서 활동하기 시작했다. 이것은 궁극적으로 차세대 유엔안전보장이사회 상임이사국 진출을 위한 것이었다. 임기 중에 멘살렁Mensalão과 같은 정치권의 고질적인 검은 커넥션과 부패의 고리가 드러났지만 그가 연임한 기간(2003-2010) 동안 브라질 경제는 호의적인 대내외적인 여건 속에 순항을 거듭하였고 그 결과 임기 말에는 전 국민의 87%에게 정치를 잘했다는 찬사를 받기에 이르렀다. 그 여파로 정치계에서는 그다지 알려지지 않았던 지우마 호우세피Dilma Rousseff를 후임자로 지목, 그녀에게 정권을 물려줄 수도 있었다.

그가 물러난 뒤 현재 4년차 임기에 있는 지우마 정권은 새로운 도전에 직면해 있다. 집권 초기에 전임 대통령 룰라의 그늘에서 벗어나 독자적인 리더십을 보여야 했지만 그러질 못하였고, 그 이전에는 볼 수 없었던 새로운 사회 환경에도 직면해 있다. 작년에 상파울루를 중심으로 발생했던 신중산층의 불만과 시위사태가 그것이다. 룰라 정부시절 저소득층에서 중산층으로 편입된 사람의 수가 적게는 3500만 명에서 많게는 5000만 명에 이르며, 이들이 브라질 사회를 바라보는 시각은 과거와는 달리 새로운 접근을 요구하고 있기 때문이다. 월드컵을 치르는 데에 천문학적인 돈을 쏟아붓기보다는 아직도 열악한 교육, 의료보건, 대중교통 등에 투자를 늘리라는 이들의 목소리는 이미 달라진 세태, 즉 인터넷과 SNS를 통한 사회적 연결 및 소통의 망이 다각화되고 그 공유의 속도가 어느 때보다도 빠른 현 브라질 젊은층의 새로운 모습을 대변하는 것이며 이에 대하여 현 정부는 물론이고 향후 브라질 정치계와 국민도 보다 진지하고 체계적으로 대응해야 할 과제인 셈이다.

브라질은 올해 월드컵을 치르고 2016년에는 올림픽을 개최하게 된다. 게다가 올해 10월에는 대선을 앞두고 있다. GDP기준으로 세계 7대 규모의 경제를 자랑하는 브라질이 세계적인 규모의 행사를 어떻게 치를 것이며 변화하는 시대에 어떠한 인물을 선택할지 몹시 궁금해진다. 그러한 의미에서 다양한 분야의 전문가들이 쓴 글을 한곳에 모은 이 책이 독자들에게 좋은 길잡이가 될 것으로 보인다.

CONTENTS

introdução um país de muitas faces

서문 – 다면성의 나라

안드레 보텔류André Botelho / 릴리아 모리츠 쉬바르츠Lilia Moritz Schwarcz

André Botelho

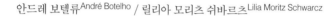

리우데자네이루연방대학교(UFRJ)의 사회학과 교수로 재직 중이며 주요 저서로는 『브라질과 일상생활. 국민국가, 모더니즘 그리고 지식인의 일상』(*O Brasil e os dias. Estado-nação, modernismo e rotina intelectual*. Eduesc, 2005)이 있다.

Lilia Moritz Schwarcz

상파울루대학교(USP) 인류학과 교수로 재직 중이며 주요 저서로는 『흑백 초상화』(*Retrato em branco e negro*. Companhia das Letras, 1987), 『왕실도서관 책 중의 책』(*O livro dos livros da Real Biblioteca*. Biblioteca Nacional/Odebrecht, 2003) 등이 있다.

2009년 우리는 브라질을 연구하는 주요 학자들에 대한 집단 연구서를 기획하였으며 그 결과 『브라질이라는 수수께끼』를 출판하게 되었다. 그 당시 우리의 목적은, 브라질의 다양한 지식인에 대한 그 동료들의 연구들에 근거하여, 어떻게 이 분야에서 지속적인 연구물이 나왔으며 또 어떻게 브라질이 항상 자신에 대하여 논란 많고 깊이 있는 텍스트들을 생산할 수 있었는가를 보여주려는 것이었다. 결국 이따금 불확실한 독특성 —혼혈, 수동성, 개인영역의 남용— 에 기초하여 한 국가를 정의하는 "정체성들identidades"을 고양하고 또 그것을 추구하는 경향이 생기기도 하고, 또 어떤 강압적인 운명을 마주하여서는 비난과 경멸을 쏟아붓기도 하는 경향이 생기는 것을 우리는 목격할 수 있었다. 그리고 일상에서 읽거나 자극을 받을 때마다 다시 살아나는 이 생생한 서고書庫의 주요 인물들을 추려내기 위해 일련의 그룹이 힘을 쏟는 과정에서 29명의 인물들이 분석되었다.

하지만 이미 그러한 과정에서 우리는, 그 책을 다른 형태로 보완해줄 새로운 책이 필요하다는 확신을 갖기 시작하였다. 그러니까 이제는 지식인들을 연구하는 것이 아니라 그전에 우리 국가의 주요 의제들을 연구하자는 것이었다. 또한 이론이 아니라, 국제적인 차원이든 국내적인 차원이든, 국가의 속성을 연구하는 프로젝트에 기여할 실천과 토픽들 그리고 문제점들을 분석해보자는 것이었다. 그래서 독자가 지금 손에 쥐고 있는 이 책은 오늘날 논의 중이거나 실천되고 있는 의제 가운데 가장 중요한 것들을 추린 것이며 이것들은 지적인 테마뿐만 아니라 정치, 경제, 사회, 문화 등 다양한 테마를 망라하고 있다. 또한 이 책은 가장 최근에 부상하고 있는 테마도 포함하고 있다. 이처럼 이번 출판기획의 의도는, 모든 문제점을 모두 망라하자는 것이 아니라, 이따금 항구적으로 또는 현재 시급하게 부상하고 있는 문제점들을 중심으로, 우리 브라질의 현실을 반영하고 있는 일련의 문제점들을 추려서, 그것들에 대한 토론을 부추기자는 것이다. 또한 두 책이 상호보완적이라고 해도 그리고 몇몇 저자가 두 책 모두에 등장하고 또 브라질을 연구하는 지식인들이 어떤 지표들처럼 반복된다고 할지라도, 두 책의 내용이 서로 반복, 중첩되는 것은 아니다.

이 책에서 우리가 제시하고 있는 내용들을 테마별로 나눈 것은, 각 저자의 독서목록을 제시한다는 차원을 넘어, 각 테마에 대한 토론의 장을 펼친다는 부가적이고 상호보완적인 이점을 내포하고 있다. 비록 이 책이 선별한 다양한 의제의 토론에 참여한 저자들이 임의적으로 선택되어졌다고 할지라도, 이들 ―학자든, 공적인 지식인이든, 예술가든, 사회운동가든 혹은 다른 사회적 주체든― 의 주장이 사회적 관계를 넘어서거나 사회적 지위와는 별개라는 것은 아니다. 어느 특정한 한 해석의 전개를 통시적으로 따라가는 대신에 여러 테마를 모아 각각 분석하는 것은, 여타 다양한 해석과 해석자 그리고 콘텍스트가 보다 자유로이 상호 교차할 수 있도록 해줄 뿐만 아니라 제기된 문제들이 서로 연관성을 가지며 서로를 직접적으로 보완케 하기도 한다. 각각의 테마가 나름대로의 독특한 대상과 영역을 조명하고 있기에 우리는 그것들이 상호 간에 서로를 보충해주고 보완해주며 또 서로 간에 긴장감을 높이고 있음을 쉽게 알 수 있다.

하지만 이와 같은 책을 펴내도록 우리를 부추긴 것은, 브라질과 사회계를 이해하려는 관심이 비전문 독자들에게 훨씬 더 매력적이길 바라는 욕구였으며 또한 이 책이 고등학교와 대학교의 강의실 외부에서도 읽혀질 수 있기를 바라는 욕구였다. 그 때문에 우리는 사전에 선별한 테마를 연구하고 분석하며 행동하는 학자들과 전문가들을 여기에 모은 것이다.

이 서문에서, 선별된 테마에 대하여 세세한 코멘트를 하는 것은 적절치 않다. — 그 이유는 그러한 코멘트는 항상 끝이 없는 것이고 또 항상 새로운 편집을 당하기 때문이다. 하지만 독자의 입장에서 우리의 선택을 연계시키는 것이 필요하다고 본다. 결국 우리는 많은 논의를 거쳐 최종 목록을 작성하게 되었으며 그 결과 우리는 이 책을 꾸미는 가장 좋은 방법이란 (낡고 전통적인 것이지만) 테마를 알파벳순으로 정렬하는 것이라는 확신을 갖게 되었다. (어쩌면 명백한 사실에 의해 설득당한 것이라고 해야 할 것이다.) 그러한 편집형태는 어떤 면에서 전통적인 사전을 연상시킨다. 그리고 우리가 이 책에서 엿볼 수 있는 의미 중 하나는, 현대 브라질의 정치적, 문화적, 학술적 의제를 구성하고 있는 테마에 대하여 어떤 자문과 기준을 갖게 되었다는 것이다. 하지만 이러한 구성이 의무적이 아닐뿐더러 테마 사이에 어떤 지속성을 지닌 답변이 있는 것도 아니다. 즉, 서로 다른 차원에서 다양한 독서가 가능할 뿐만 아니라 추천할 만하다는 것이다. 이 책을 그러한 관점에서 읽는 것은 분명 전체 내용에 대한 통일된 시각이나 비전을 제공하기보다는 다양한 시각과 비전을 제공할 것이다. 예를 들어, 알파벳순으로 “국가와 사회”, “폭력” 그리고 “치안”에 대한 논고를 읽을 경우 독자는 보다 포괄적인 테마에서 시작하여, 상호 연결된 다양한 면에 대해 종합적인 시각을 갖게 될 것이다. 이와 똑같은 일이 연극, 시, 대중음악, 조형예술, 텔레비전, 브라질 축구 등의 테마에서도 일어난다. 다시 말하면 따로따로 읽혀진 이 테마들이 독특한 세계를 조명하며, 전체로는 쌍방향 대화가 이루어진 파노라마를 그려낸다는 것이다. 그리고 국가 정체성의 문제점들에 대한 긴장된 토론을 야기하는 젠더, 인종주의, LGBT 혹은 노년과 같은 테마에 대하여는 무엇을 말할 것인가? 요약하자면, 우리가 얘기하고자 하는 것은 그 테마 상호 간에 의미론적인 내적 연결고리가 존재하며 또 독자가 심도 있게 읽고 또 읽을 것이 틀림없는 논고들 간에 상호텍스트성이 존재한다는 것이다. 그런 의미에서 이 책은 하나의 열린 공간이다. 그리고 새로운 가능성들을 맛보는 것은 독자 각자의 몫이다.

비록 그렇다고 하더라도 우리가 이 책을 구성하였을 당시에는 동 테마들을 여러 개의 유사성을 지닌 그룹으로 분류하기로 하였다는 점을 언급할 필요가 있다. 그래서 첫 번째 소제목을 "브라질 국민"으로 분류했음을 강조하고 싶다. 한편으로 그 브라질 국민은 "브라질인"이라고 불릴 수도 있으리라(물론 브라질인만을 의미하는 것이 아닌 것은 당연한 일이다): 아메리카인디언, 아프리카계 브라질인, 아마존인 등. 다른 한편으로 이 소 테마그룹을 구성하는 다른 여러 요소 가운데, 불평등과 다양성, 인종주의, 젠더, 노년 등과 같이, "차이의 사회적 표지들"이라는 표현을 포괄하는 테마그룹도 있다. 또한 현 브라질 사회의 문제점, 예를 들면 국가의 정체성, 농촌과 도시, 지역과 국가, 폭력과 종교 등을 세분하여 심도 있게 분석하는 테마그룹도 있다. 또한 소 테마그룹으로서 브라질과 외부 세계 사이의 관계를 직접적으로 분석한 글들도 있는데, 예를 들면 중심과 주변, 발전과 저발전, 국제관계 등이 그것이다. 현 브라질 사회에서 확인되고 있는 변화들이 가장 상징적인 몇몇 집단적 주체들의 관점에서 분석되고 있는데 그 예로서 시민권, 노동과 노동자, 환경운동, LGBT 운동 그리고 주변부 문제들이 테마로 다뤄지고 있다. 브라질이라는 국가와 그 나라의 공공정책, 정쟁政爭 등은 국가와 사회, 정당, 정의와 권리, 군국주의, 민주주의, 치안, 과학과 기술, 공중보건과 교육 등을 다룬 글들에서 논의되고 있다. 정치문화와 사회성의 문제들은 공적인 것과 사적인 것, 이베리아이즘Iberismo, 아메리카니즘Americanismo, 만도니즈무Mandonismo, 코로넬리즈무Coronelismo, 클리엔텔리즈무Clientelismo, 카니발Carnaval, 축구, TV 연속극, 언론 그리고 디지털을 통한 사회적 포용정책 등의 테마로 분석되고 있다. 끝으로 문화운동과 현대 문화를 재검토하면서 지식인, 문화산업, 대중문화, 역사 유산, 연극, 브라질 대중음악, 문학, 현대시와 영화, 현대와 고전 조형예술이라는 토픽들로 묶은 핵심테마를 언급할 필요가 있다.

주지하다시피 이 책에는, 다양한 분야에서 활동 중인 전문가들이 쓴, 폭넓은 문제가 포함되어 있다. 그 전문가란 대학교수, 다양한 분야의 전문가, 열성적인 사회운동가, 정치인 그리고 기타 사회적 주체들이며 이들이 브라질 사회의 여러 문제점을 다양한 시각에서 접근, 분석하고 있다. 분명히 말하건대 위에서 볼 수 있듯이, 이러한 테마들을 소 그룹테마로 분산하고 합산한 것은 지나치게 확대되거나 거의 사양길에 접어든 것을 재삼 복구하려는 의도에서 비롯된 것이 아니다. 그 외에, 다시 한 번 말하고 싶은 것은, 이 책의 구성이 단지 주요 의제들을 분석하고자 함일 뿐, 나열하려는 것이 아니라는 것이다. 무엇보다도 이 책을 구성하고 있는 모든 테마에서 엿볼 수 있는 사회현상들과 진행과정들 그리고 행위들이 얼마나 역동적인지를, 부분이 아닌 전체의 맥락에서 이해할 것을 주문하고 싶다. 어쨌든 책 내용이 풍요롭고 복잡하기에 그 테마들을 완전히 폐쇄된 별개의 문제들로 순차 정리하고 분류하는 것은 허용되지 않는다.

필자는 지금 "현대 브라질의 의제들"을 소개하고 있으며, 이 책에 모은 글들이 일반적으로 현 브라질 사회에서 벌어지고 있는 것들에 국한되어 있지 않을 뿐만 아니라 작금의 모든 문제점을 다루려고 하는 것이 아니기에, 이 책의 목차나 페이지를 훑다보면 "현대 브라질의 의제들"을 서문에서 소개한다는 것이 어설프게 보일 수도 있을 것이다. 물론 일부의 독자들은 이 책의 내용이 이미 오래전에 종결된 의제들을 다루고 있는 것은 아닌지 혹은 종종 주변적인 문제로 간주되던 의제들을 재탕하고 있는 것은 아닌지 의구심을 가질 수 있다. 얼핏 보기에 상호 모순되는 그런 문제점은 이론적-방법론적 차원에서 설명될 수 있을 것이다. 단순히 말하자면, 현 브라질 사회의 특정 시기에 관심을 가지는 공시적 분석과, 시대에 따라 문제를 비교분석하는 통시적 분석을 한데 모으는 것은 힘든 과제일지도 모른다. 그래서 우리는 이 두 가지 방법론을 상호 교차시키면서, 이 책을 구성하고 있는 다양한 글 각각에서 현 브라질이 안고 있는 의제들에 대한 종합적이면서도 공시적인 시각(즉, 폭넓고도 심도 있는 시각)을 관찰케 한다는 의미에서, 우리는 독자들에게 그와 같은 시각을 가지도록 부추기려 노력하였다. 우리는 근본적으로 우리 모두가 처해 있는 현재라는 시점이, 아직 오랜 시간(이따금 아주 오랜 시간)을 요하는 변화의 추이들을 은폐하고 있다는 사실과 그 변화의 추이들을 인지하지 못할 경우, 우리가 누구이고, 어떻게 행동하고 있으며, 우리가 구축한 것이 무엇이고 또 우리가 어디로 가고 있는지 심사숙고할 과업을 받아들이기가 점점 더 어려워질 것이다. 문제는, 현재라는 시점이 과거로, 또 과거가 현재라는 시점으로 가득 차 있다는 사실이다. 예술가와 지식인, 정치인 그리고 일상에 침잠해 있는 시민의 상호 경쟁적인 기획들과 창의적인 생각에 자양분을 공급하고 또 우리의 상상력을 부추기는 질문들이 어떻게 오랜 세월 전부터 보다 큰 범주와 지속성을 지닌 하나의 움직임을 구성하고 있는가를 인식하기는 쉬울 것이다. 브라질은 극과 극이 공존하는 나라이다. 그리고 브라질은 사회적 포용과 더불어 역시 광범위하고도 체계적인 사회적 배제를 가늠케 하는 사이클들로 점철된 나라이다. 또한 브라질은 문화적인 영역에만 국한되지 않는 독창성과 창의성으로 빛을 발하는 나라이다. 마치, 어떤 "열대적인tropical" 독창성이라는 이름으로 수출되기까지 하는 모델들이 창출되듯이, 과거에 대한 성찰은, 오늘날 의미가 어떻게 항상 상호협상을 하고 이해하며 또 외부로부터 오는 관례들과 현실에 적응하는지를 이해하는 데 도움을 준다.

우리는 현재 믿기 어려운 변화들이 전개되고 있는 브라질 사회의 한 순간을 살고 있다. 그 변화들은 내적인 변화의 추이와 결합되어 있을 뿐만 아니라 다른 차원의 글로벌한 변화의 추이와도 결합되어 있다. 그 변화의 추이들은 우리 모두의 일상적인 경험을 구성함과 동시에 또 그 경험 속에서 의미를 갖는다. 아마도 그렇기 때문에 적지 않은 사람들이 현재의 시점을, 이른바 발전주의 시대라고 불리던 1950년대와 비교하기 시작하는 것 같다. 왜냐하면 요즘의 시각에서 보면 1950년대는 아직도 우리에게 명확한 설명을 강력히 요구하고 있기 때문이다. 하지만 그 이유는, 그 전제가 일반적으로 얘기되고 있듯이, 아직 완료된 것이 아니기 때문만이 아니다. 또한 1950년대가 우리에게, 비록 근대화가 이루어졌다고 해도, 그 근대화가 근대성과 해방으로 직접 이해될 수 없는 위험성을 비판적으로 경고하고 있기 때문이기도 하다.

다른 한편으로 볼 때 지금처럼 브라질이 국제적으로 아주 긍정적인 반향을 불러일으키며 두각을 나타낸 적이 결코 없었다. 인도 및 중국과 더불어 브릭스BRICs의 일원으로 간주되고 있는 브라질은 이미 오래전에 문화현상들과, 생물학적인 혼혈문제에서 문화적 혼성성으로 탈바꿈한, 혼혈로 관심을 끌었는데 이제는 민주적인 절차와 경제상황 그리고 문화적 독창성과 활력으로 세계의 관심을 끌고 있는 듯 보인다. 가톨릭 인구가 다수인 나라, 영토적으로나 정치적으로 거인인 나라, 브라질 ─브라질의 엄청 크고 평화로운 선거절차를 보라─ 은 사회적 불평등과 폭력 면에서 세계챔피언이기도 하다. 그 때문에 독자가 눈치챘듯이, 이 책에 실린 글들은, 진화의 시각 이상으로, 브라질의 극과 극에 활력을 불어넣으며 그것을 역동적으로 만드는 복잡한 긴장의 파노라마를 보여준다.

결과적으로 이 책의 핵심 부분에 기록되어 있는 문제란, 사회성 속에서뿐만 아니라 지속성과 어필에서 있어서, 다양한 양상과 현상 ─경제적, 정치적, 문화적, 지적, 심미적─ 으로 전개되고 있는 브라질 사회의 변화 문제라는 것이라고 말할 수 있을 것이다. 분명 각각의 세대는, 자기 변화의 시대와는 근본적으로, 다른 성격을 강조하는 경향이 있다. 좌우간 그것은 이미 오래전부터 알려져 있듯이 전혀 놀랄 일이 아니다. 그것은 '새로운 세대'가 자신의 입장을 확고히 할 때마다 가장 빈번히 발생하는 가장 효율적이고 의존적인 전략 가운데 하나이다. 예를 들어 시우비우 호메루Sílvio Romero는 1870년대에 자기 세대의 주장들을 '일련의 신사고'라고 부르곤 했다. 그러면서 낭만주의자들을 현실과는 동떨어진, 그저 추상적인 자들이라고 비난했었다. 젊은 자연주의자들이 낭만주의에 대하여 반발한 것을 연구한 마샤두 지 아시스Machado de Assis는 자신의 단편 소설 『신세대』(*A nova geração*)에서, 피할 수 없는 연속성을 "조소"에서 찾으라고 권했다. 그 이유는 이미 어떤 "위대한 문학운동의 소멸도 그 운동이 주장한 모든 것에 대한 형식적, 절대적 비난을 중요하게 생각지 않기 때문이며 그 이유는 그 사이에 다른 무언가가 침투하여 인간 정신의 속성으로 자리 잡기 때문"이라는 것이었다. 절대적인 지속성과 절대적인 단절이 추상의 차원에서만 실제 가능하다는 사실주의적 사고는 우리들 사이에 그다지 존중되었던 것 같지 않다. 결국—항상 순수한 것은 아니지만—호베르투 쉬바르츠Roberto Schwarz가 자신의 글 「뺄셈으로 본 국가적이란 것」(*Nacional por subtração*)에서 말했듯이, 브라질의 지식사知識史는 항상 매 새로운 세대마다 제로에서 재시작한다는 생각이 아직은 더 설득력을 얻고 있다.

그러므로 만일 오늘날의 세계에서 사회적 변화와 관련한 전통적인 주장들의 소멸에 대하여 말하는 것이 가능하다면, 그 변화가 반드시 그리고 단순하게 브라질 사회의 형성 추이가 소멸한 것을 의미한다고 가정하는 것 역시 순진한 일일 것이다. 사회적 변화는 분명 현재의 사회적 관계와 행위들의 새로운 조합을 포괄한다. 그리고 이 관계와 행위들은 그들이 속한 추이들에 의해 제한을 받는다. 하지만 그 변화는 또, 현재에도 존속하고자 하는 과거와의 새로운 결합처럼, 우리의 현 사회와 이 사회에 대한 대안적인 사회들 사이의 어떤 관계를 허용하면서 부추기기도 한다. 그러기 위해서는 오랜 세월 동안 우리를 서로 연결하고 있는 끈들, 다시 말하면 브라질을 느끼고 생각하면서 그 브라질 내에서 행동하는 적합한 방식들을 추적하기 시작하는 것이 지금보다도 더 나은 기회는 없다. 우리의 현재가 은폐하고 있는 종합적인 상황과 추이에 대한 시각은, 결국 새로운 브라질을 추구하려는 사회적 상상력이 무엇인지를 정의하기 위한 조건인 셈이다. 급속도로 변화하는 시대에 바로 우리 자신에게로 시선을 돌리는 것은 향수에 젖은 자세라고 할 수도 있겠지만 다른 한편으로는 자기 성찰과 시민의 권리에 대한 비판적 연습일 수도 있다. 결국, 테마들의 본질을 얘기하고 또, "우리는 항상 그랬어"라는 것을 보여주는 것과는 달리, 변화를 관찰하며 이상하다고 의문을 가지는 것 그리고 관찰하고 인지하고 주목하면서 그 변화를 요구하는 것이 중요하다고 본다.

imagens da áfrica no Brasil

브라질의 아프리카 이미지

바우데미르 장파로니 Valdemir Zamparoni

Valdemir Zamparoni

1998년 상파울루대학교(USP) 역사학 박사학위를 취득하였으며 현재 동 대학교의 대학원 역사학 교수로 재직 중이다. 현 관심 분야는 앙골라와 모잠비크의 식민지배 시기의 민간치료법이다.

오늘날 브라질과 그 국민이 유럽과 아프리카, 아시아의 문화적 유산까지 물려받았다고 주장하는 것은 더 이상 낯선 일이 아니다. 또한 브라질의 국가적 정체성 구축이 이 대륙들의 역사와 문화에 대한 지식을 통해서 가능하다고 주장하는 것도 마찬가지다. 하지만 분명한 사실은 최근까지도 우리들 관심의 초점은 유럽의 역사였으며 다른 역사는 항시 무시되었다. 이 책의 대상인 아프리카에 대하여 그리고 그들의 다양한 문화에 대하여 과연 우리는 무엇을 알고 있을까?

초등교육을 마친 브라질인이라면 분명 그리스의 도시국가와 로마제국, 봉건제, 프랑스혁명, 세계대전들에 대하여 들어보았을 것이다. 또한 네로Nero, 케사르César, 나폴레옹Napoleão, 히틀러Hitler나 스탈린과 같은 이름들도 들어보았겠지만 역시 도시국가였던 요루바Yorubas나 하우사Haussa, 바콩고Bakongo, 마콘데Makonde, 호사Xhosa, 스와힐리Swahíli와 같은 민족들에 대해서도 들어봤을 것이다. 그런데 징가Nzinga 여왕이나, 무사 케이타Mussa Keita, 순디아타Sundjata, 트샤카Tchaka와 군군야나Ngungunhane, 아밀카르 카브랄Amílcar Cabral, 파트리스 루뭄바Patrice Lumumba, 줄리어스 니에레레Julius Nyerere 혹은 사모라 마셸Samora Machel에 대해서는 들어보았을까? 혹시 이와 관련해서 연구를 해본 사람은 있을까? 많은 사람이 넬슨 만델라를 들어본 적은 있어도 실제 이 사람을 영웅으로 보이게 했던 인종차별주의, 아파르트헤이트Apartheid 나라의 역사는 알고 있을까? 아프리카 제국과 영웅들을 찬양하자는 것은 아니지만 우리는 우리의 교과서에서 지워진 그들의 존재를 인정할 필요가 있다.

사실 우리가 아프리카와 아프리카 사람들에 대하여 알고 있는 별

볼 일 없는 지식도 전형적으로 굳어진 지식과 편견으로 채워져 있다. 우리들이 가지고 있는 이미지는 어느 이국적인 야생의 땅에 대한 이미지이다. 그리고 그 땅에 거주하는 동물들과 사람들은 계속되는 동족살해의 전쟁으로 서로를 죽이는 가난하고 몹쓸 비이성적인 존재들로서 그곳에는 참혹한 질병들이 휩쓸고 있다는 이미지이다. 결국 그 땅은 비인간적이라는 이미지이다. 그러한 악들이 아프리카를 엄습하고 있는 것이 분명하지만 그것만이 그곳에서 벌어지는 유일한 것은 아니며 그러한 불행들은 그 대륙만의 것도 아니다.

언론을 통하여 우리는 어떤 예술가가 런던, 파리, 베를린 … 그리고 아프리카를 순회공연하고 있다는 소식을 종종 접하곤 한다. 즉 아프리카 대륙은 여타 도시들과 더불어 하나의 도시로 축소, 언급될 뿐 하나의 개별 국가단위로 취급되지 않는다. 그 대신 이따금 단 하나의 아프리카 국가에서 벌어진 일이 그 대륙 전체의 일인 양 언급되고 있다. 2010년 월드컵과 관련해서도 그와 같은 일이 벌어졌다. 미디어에서는 그때 월드컵이 동 이벤트를 유치한 남아프리카공화국의 월드컵이 아닌 "아프리카 월드컵"으로 취급하였다. 전쟁과 가뭄 그리고 기아 혹은 전염병을 언급할 때도 똑같은 일이 벌어진다. 그들의 논리 속에는 아프리카라는 단어가 그저 동질적인 어느 한 장소를 가리키는 말이 되고 있다. 이처럼 아프리카 대륙 전체와 그 대륙의 다양한 문화를 실제에서는 존재하지 않은 것처럼 하나의 통일된 그 무엇으로 축소하는 행위는 우리의 시각에 강한 왜곡을 야기하며 이것은 곧 아프리카인에게 비인간적인 행위를 자행하는 것과 같다.

그렇다면 서구세계, 특히 브라질에서 이와 같은 아프리카적 이미지를 구축하고 공고히 하는 데 일조한 것은 어떤 것일까?

아프리카 대륙의 해안을 따라 여행한 초기 여행자들 또는 두아르치 파세쿠 페레이라Duarte Pacheco Pereira, 고미스 주라라Gomes Zurara와 카다모스투Cadamosto처럼 15, 16, 17세기에 아프리카대륙에 대하여 글을 썼던 연대기 작가들은 그 당시 이미 아프리카를 비인격화했으며 실제로 아프리카인을 동물 취급하였다. 그들이 쓴 글에는, 일반적으로 "모든 흑인"을 언급할 때, 사기꾼velhacos, 도둑ladrões, 배신자traiçoeiros, 야만인bárbaros, 짐승 같은 자bestiais, 돼지porcos, 저속한 자indecentes, 거짓말쟁이mentirosos, 사나운 짐승feras과 같이 대상을 비하하는 단어가 사용되고 있었다. 이 작품들은 실제의 아프리카와 아프리카인의 정신문화mentalidade보다는 유럽사회와 그 사람들의 정신문화를 훨씬 더 많이 반영하고 있다. 또한 그 작품들은 아프리카를 비인간화하는, 동질화 행위가 나타난 첫 문서들이기도 하다. 논란의 여지가 다분한 이 여행자들과 연대기 작가들은 그들이 접촉하고 있었던 아프리카 국민 사이의 차이점들에 대하여 잘 알고 있었다. 그것은 경험적으로 분간할 수 있는 것이었으며 아프리카인의 다양한 물리적 양상과 문화적 가치를 못 본 척 숨길 방법이 없었다. 그럼에도 그들은 아프리카인의 가치관을 하나의 동질적인 그 무엇으로 축소시키는 데 주저하지 않았다. 바로 그러한 점이 서구의 상상세계로 침투해 들어가기 시작한 것이다.

바로 그 17세기에 노예밀매가 활기를 띠었으며, 결국 그 세기는 인간을 물건취급하는 등 비인간적인 또 다른 시대로 자리매김하고 말았다. 노예제 자체는 노예화된 자의 인간적 속성을 부정하는 강력한 형태이다. 그 당시 일상 언어에서 노예는 "부품"으로 불렸다.

그러나 노예 스스로는 짐을 나르는 가축으로서가 아니라 자신이 처한 고통을 회피하고자 하는 인간존재로 인식하였다. 즉, 그들의 적응과 반발, 도주가 그 예이다. 노예의 주인들은 그것을 알고 있었다. 흑인 노예들에게 있어서 노예제는 물리적·공간적으로 자신의 삶의 터전으로부터 이탈됨을 의미했다. 특히 자신의 출신과 관련하여 문화적으로 자신의 고유한 영역에서 이탈됨을 의미했다. 이로 인하여 그들은 아메리카에서 다시 자신의 정체성을 재구축하고 본래의 문화적 다양성을 재설정하도록 강요당했다. 노예제가 시행되던 당대 브라질 사회의 관점에서 보았을 때 어떤 면에서 이것은 그들이 동질적이라는 인식을 심어주는 데 일조하였다. 이러한 과정은 19세기 중반 이후 합법적인 노예밀매가 폐지되어 새로운 아프리카인의 유입이 어려워지고 결국 노예제가 종말을 고했을 때 오히려 더 가속화되었다. 그 시점부터 아프리카 원류 문화와의 차이는, 브라질에서 태어난 흑인들 자신이 그렇게 불리었듯, 보다 폭넓은 크리올루criolos•의 세계에서 희석되면서 확연히 소멸되어갔다.

그러한 비인간화 과정이 가장 심했을 때는, 인류를 정의하고 분류하는 파라미터로서 당시에 널리 퍼지기 시작한 인종 개념의 헤게모니 문제가 득세하던, 19세기였다. 그 인종개념에 따르면 한 그룹의 개인들로부터 어떤 인종을 정의하게 하는데, 그 과정이 끝나면 그럴듯하면서도 특수한 신체적·행동양식의 속성들이 그들에게 부여되어서 급기야 그 인종에 연계된 모든 개인을 그러한 속성을 보유한 자들로 추정해버린다는 것이다. 하지만 일상생활에서는 그 인

• 일반적으로 히스패닉계 중남미국들에서는 현지에서 태어난 백인 후손을 지칭하지만 브라질 경우 이들을 포함하여 백인의 피가 섞인 혼혈을 지칭하기도 한다. _옮긴이

종의 특징들이 소속 개인들에게 획일적으로 적용되진 않았다. 예를 들어 한 백인의 일탈적 행위는 보통 개인문제로 이해되어졌던 반면에 흑인의 일탈 행위는 흑인종 전체의 태생적인 특징으로 인식되어졌다. 피부색과 "암흑의 대륙", 야생selvageria과 야만barbárie을 상호 연계시키는 시각은 헤겔의 유명한 글들에서도 분명히 표현되어 있으며 그것을 여기에서 인용하는 것은 불필요할 것이다.

일련의 연구에 따르면 19세기 중반 이래 브라질에서는 우리 과학자들, 특히 의사들이 과학적 인종주의racismo 영역에서 지식의 토론과 생산에 적극적으로 참여해왔다. 하지만 인종을 둘러싼 논쟁은, 브라질에서 그 노예제의 합법성legitimidade이 문제시되었을 때 절정을 이루었다. 1888년 노예해방과 이듬해의 공화국 수립은 국가의 정체성에 대한 재고再考를 요구했다. 이 국민은 어떤 국민인가? 신생 공화국에서 이제 최소한 공식적으로 시민이 된 전前 노예는 어떻게 할 것인가? 노예제에 기초한 국가이기에 후진국이 되어버렸다는 노예제 폐지론은 노예들이, 흑인 전체가 그리고 아프리카가 본래 "뒤처진 것"이라는 주장을 강화하는 데 일조하였다. 그 자신이 물라토•의 사로서 유럽 과학계에서 적극적으로 활동하던 니나 호드리게스Nina Rodrigues는 노예제가 아무리 분노를 자아내는 일일지라도 브라질에 있는 흑인종은 언제나 "국민으로서 우리의 열등성을 구성하는 요인 중의 하나"라고 주장하였다. 당시의 인종주의 논리에 따르면, 브라질이 향후 우등 민족의 영역으로 진입하길 원할 경우 브라질 국민을 백인화할 필요가 있다고 주장했다. 그리하여 대거 유럽이민을

• 백인과 아프리카 흑인 간의 혼혈. _옮긴이

끌어들이기로 결정하였으며 그때 유입된 유럽인은 당시에 주로 정치적인 혼란을 겪으면서 열악하고 비참한 환경에서 살고 있던 사람들이었다. 그들은 주로 이탈리아, 스페인, 포르투갈 그리고 중유럽의 일부 지역 사람들이었다. 요약하자면 브라질이 그와 같은 결정을 내린 데에는 사회에 적용된 다윈의 진화론이 지배적이었기 때문이었다. 그 이론은 후에 사회적 다윈이즘으로 알려지게 되었다.

그런데 이러한 백화논리가 브라질 국민의 의식 속에 일종의 의도된 기억상실증과 아프리카로부터의 거리두기를 야기했다. 만일 노예밀매가 종말을 고하던 시점까지 문화의 흐름이, 아프리카에서 브라질로 그리고 브라질에서 그곳으로, 특히 베닌, 가나, 나이지리아 그리고 토고의 경우처럼 서아프리카에서 형성된 "브라질인"의 커뮤니티 경우와 마찬가지로, 대서양을 사이에 두고 있는 양 지역 간의 새로운 가족적 혈연관계를 유지 내지는 창조하였다면, 바로 그것을 출발점으로 하여 아프리카와 브라질 사이의 친밀관계는 눈에 띄게 소멸되었던 것이다. 그때부터 양 지역 간의 상징적 관계들이 점차 완화되었으며 아프리카는 점차 멀어져갔다. 새로운 세대들에게 브라질이 갖고 있는 노예제 과거와 아프리카에서 건너온 엄청나게 많은 브라질 인구를 숨겨야 할 필요성이 브라질 지도층에게 매우 강하게 작용했던 것이다. 그 결과 공화정 시기의 초기 "우리 조국의 역사" 교과서에서는, 근 4세기 동안 지속되었으며 브라질의 존재에 있어서 근본적이었던, 노예제에 대한 언급들이 거의 사라졌다.

1922년 현대예술주간이 국가의 정체성에 대한 토론을 다시 수면위로 떠오르게 했다. 그 당시 지식인들은 예술과 문학, **우리의** 산림, **우리의** 말, **우리의** 음식, **우리의** 존재방식, **우리의** 민속, **우리** 사람들을 고양하는 것을 기본으로, 유럽에 대비된 브라질 국민과 브라질성性을 재고再考할 것을 주문하였다. 그 운동은, 우리나라의 형성에 필수적인 요소들인, 세 인종의 신화(인디오, 백인, 흑인)를 위한 초석이 되었으며 이것은 1930년 혁명 이후, 특히 신국가 체제 동안에 폭넓게 연구되었다. 그리하여 그 무렵, 국가의 존재에 있어서 흑인들의 위상을 재정립하는 것이 필요했다. 마리우 지 안드라지Mário de Andrade는 음식, 노동가勞動歌 그리고 다양한 아프리카 기원의 문화가 브라질 사회에 기여한 것들을 수집하였다. 미술가 포르치나리Portinari의 경우는 특히 흑인을 주로 그렸는데 그는 《커피농장 근로자》(*lavrador de café*)들을 그리면서, 진짜 커피재배를 위해 데려왔던 유럽이민자들이 아닌, 코가 납작하고 입술은 두터운 흑인을 모델로 삼았다. 다른 한편으로 몬테이루 로바투Monteiro Lobato의 경우는, 특히 《피카파우 아마라우 농장》(*Sítio do Pica-Pau Amaral*)이라는 작품에서, 가부장적이고 우스꽝스러운 방식으로 흑인 등장인물들을 창조해냈다.

학술 분야의 경우, 1934년 브라질 북동부의 헤시피에서 열린 제1회 아프로-브라질리언 학술대회와 1937년 2차 학술대회에서 지우베르투 프레이리Gilberto Freyre, 에드송 카르네이루Edson Carneiro 그리고 마누에우 케리누Manuel Querino는 브라질 문화와 정체성에 있어서 흑인들의 위상과 기여를 재고再考할 것을 주문하였다. 하지만 아프리카와 아프리카인은 양 대회의 주제가 아니라 아주 단순히 언급되는 수준에서 그치고 말았다. 단순하게 정리하자면, 이들 그룹은 니나 호드리게스의 논지를 반박하였으며 브라질의 혼혈성混血性을 긍정적으로 바라보기 시작한 것이다. 물라토, 즉 흔히 말하는 메스티소는 퇴화된 존재로 비춰지지 않게 되었고 긍정적인 의미에서 브라질 문화의 종합버전으로 인식되기에 이르렀다. 주지하다시피 그 자체가 매우 현실주의적인, 이러한 인식의 재정립은 지우베르투 프레이리에게서 주된 옹호론을 획득했지만 결국 세 인종의 신화를 공고히 하는 또 다른 논리를 낳고 말았다. 그것은 곧 브라질이 독특한 케이스이며 그 이유는, 노예제를 갖고 있던 다른 국가들과는 달리, 브라질이 인종민주주의가 완연한 나라이기 때문이라는 것이었다. 지우베르투 프레이리의 입장에서 보면 포르투갈 국민 자체의 혼혈 역사와 가톨릭 역사 때문에 그들은 태생적으로 혼혈에 개방적이었으며 어떤 형태의 인종주의도 배척하는 민족이라는 것이었다. 혼혈의 나라 브라질은 포르투갈 수컷과 아프리카 및 인디오 여성들 사이의 자손이라는 말이었다. 이러한 논리에서는 남자의 경우 하나의 정체성을 가지고 있으며 한 국가에게 속하는 반면에, 여성은 특정한 국가의 일부가 아니라 보편적으로 "아프리카 여성"이거나 "인디오 여성"으로 지칭되고 있다. 이러한 논리는 "**포르투갈-열대주의**luso-tropicalismo"와 "**기독교중심주의**cristocentrismo"에서 파생된 것이었다. 1930년대 프레이리의 생각은 브라질에서 잘 수용되었다. 그러나 포르투갈 식민 본국에서는 강하게 거부되었다. 당시에 이들은 순혈주의를 옹호하며 혼혈에는 반대하고 있었다. 하지만 1950년대에 아프리카와 아시아에 대한 포르투갈의 지배 합법성이 국제적으로 문제시되자 살라자르 정권의 우두머리들은 지우베르투 프레이리에게서 바스코 다 가마Vasco da Gama를 고양시켰고 이어, 특히 아프리카 "해외속령들"을 중심으로, 대항해시대에 이미 다녀왔던 그 해외지역으로의 해상여행 행사를 후원하였다. 그 여행과 관련하여 지우베르투 프레이리는 포르투갈의 식민주의를 옹호하는 두 권의 책을 썼다.

그 책들의 주된 내용은 그 식민지국들에서 있었을 것으로 추정되는 혼혈에 대한 순수한 신비화였다.

인종 민주주의의 신화가 확산되기 전에 아프리카는 낙후와 야만의 동의어라는 이미지가, 자신들을 아프리카로부터 거리를 두려고 했던, 브라질 흑인들을 감염시켰다. 흔히 말하듯 아프리카는 아프리카 사람들을 위한 대륙이지, 그 브라질인들을 위한 대륙이 아니었다. 비록 "검은 대륙"을 이상화하는 지표물들이 "아프리카 사절단 embaixadas africanas"으로 불리는 카니발 행렬집단에서 특히 두드러지게 나타났지만, 그들은 자신들에게서 아프리카로 인식될 수 있는 어떤 것에 대해서도 침묵하였으며 대신에, 그것들 모두가 자신들이 구축에 일조한 나라, 즉 브라질의 것이라고 주장하였다.

1930년 혁명 직후 상파울루에서는, 국가적 자산들에 대한 옹호를 주창하던 전체주의 운동과 비슷한 담론과 조직을 갖춘, '브라질 흑인 전선 Frente Negra Brasileira'이라는 단체가 탄생하였다. 그들은 히틀러가 "검은 피"를 원치 않는 것에 신경 쓰지 않는다고 말했다. 왜냐하면 브라질인은 백인 아리안인이 아니며, 결코 국가를 배신한 적도 없고 앞으로 배신하지도 않을 흑인과 혼혈(메스티소)에 대하여 알고 싶어 하는 것처럼, 히틀러의 신독일 주장 역시 자신의 종족에 대하여 자부심을 가지는 것을 가리키기 때문이라고 말했다. 이러한 생각은, 당시에 정체성의 판단기준으로 수용되던 인종에 대한 정의를 초월하지 못한 채, 당대 유행하던 아리안족 우월주의에 분명 반대하는 것이지만 이러한 담론 속에는 아프리카와 아프리카인이 브라질 흑인의 정체성 구성에 그 어떤 역할도 하지 않는다는 주장이 담겨 있다.

파시스트와 나치체제의 패배와 더불어 2차 세계대전이 끝나자 브라질 대학들에서는 지우베르투 프레이리의 주장에 동의하지 않으면서 인종주의적 담론과 분명한 거리를 두는 신세대 학자들이 등장하였다. 상파울루에서는 카이우 프라두 주니오르Caio Prado Jr., 플로레스탕 페르난지스Florestan Fernandes 그리고 후에 옥타비우 이아니Octavio Ianni와 같이 호제르 바스치지Roger Bastide의 여러 제자 중 몇 명이 마르크스나 베버의 신사회학에 영감을 받아 "흑인 문제questão negra"를 더 이상 연구하지 않는 대신에 억압과 소외체계로서의 노예제, 근대의 인종 분쟁 그리고 계급관계 등을 연구하기 시작하였다. 그러나 아프리카와 아프리카 사람들은 계속 존재하지 않는 존재로 남았다.

반식민주의적 관점과 국제관계의 관점에서 아프리카가 브라질에서 다시 부각된 것은 대다수 아프리카 국가들이 독립한 시기(1960)와, 기니비사우Guiné-Bissau와 앙골라에서 무장 해방투쟁이 촉발되기 직전에 전개된, 주제 오노리우 호드리게스José Honório Rodriguês에 의한 그리고 브라질의 자니우 콰드루스Jânio Quadros 정부가 지속적으로 추진한 이른바 독자 외교정책과 연관되어 있었다. 브라질에 3개의 아프리카 연구 센터가 문을 연 것도 바로 그 기간이었다. 예를 들면 1959년 아프리카-오리엔탈 연구센터CEAO가 바이아 연방대학교에서 문을 열었으며 1961년에는 아프리카-아시아 브라질 연구센터IBEAA가 대통령 직속기관으로 개설되었다. 그런데 이 연구센터는 1964년 군 쿠데타 이후 문을 닫았다. 그리고 세 번째 기관은 1963년 상파울루대학교에서 문을 연 아프리카 연구 및 문화센터였는데 이 센터는 최근에 아프리카연구센터CEA로 이름을 바꾸었다. 그리고

1973년, 리우데자네이루에서 IBEAA의 후임기관 성격의 아프리카-아시아 연구센터가 문을 열었다. 이 센터들은 비록 그 수가 한정되어 있었지만 아프리카를 연구하려는 브라질 지식인의 1, 2세대를 양성했다.

1970년대에 아프리카는 흑인 커뮤니티들 사이에서 새로운 영감의 원천으로, 당시의 포르투갈 식민지에서 무장투쟁이 확산되면서 무대에 재등장하였다. 하지만 과거 식민지들에 대한 정보와 소식이 줄어듦에 따라 "아프리카" 테마의 등장 횟수도 조금씩 줄어들었고 급기야, 신자유주의 흐름 속에 미국의 인종 관련 논의가 훨씬 치열해지면서 차츰 설 땅을 잃어갔다. 1990년대까지 브라질 전체 학교 커리큘럼은, 아프리카는 "문명과 관련된 그 어떤 요소도" 가지고 있지 않으므로 "역사적 관심 자체"가 없다는 헤겔의 주장을 반영하고 있었다. 오늘날 우리는 다른 제도적 여건 속에서 살고 있다. 사회의 다양한 부문과 대학, 특히 조직화된 흑인운동들로부터 압력이 거세지자 마침내 2003년에는 브라질 국내 학교에서 아프리카 역사와 아프리칸-브라질 문화 수업을 의무화하는 법령 제10,639호가 발효되었다. 그 이후 새로운 바람이 불었다. 그때까지 소외되었던 연구테마이자 연구 분야로서 아프리카는 매력적인 곳으로 인식되게 되었다. 질적인 면에서는 매우 불규칙했지만 수많은 교육용 출판물이 쏟아져 나와 우리 지식의 빈 공간을 채워나갔다. 실제로는 "도입 부분"에 불과했지만 이미 초·중등 교육과정에서 관련 분야 교사들을 최소한이나마 재교육하기 위한 "전문 과정"들이 봇물을 이루었다. 이러한 사회적 요구에 부응하기 위한 차원에서 공·사립대학들은 미래의 교사들을 양성하기 위해 역사과목을 중심으로 아프리카 전문 과목을 도입하거나 확대하였다. 하지만 대다수의 경우 아프리카 역사 교육은 여전히 한 학기 내지는 두 학기로 한정되어 있다. 따라서 대학에서 아프리카연구 석·박사과정을 확대하여 아프리카 문제를 연구하는 연구자들의 수를 확대시킴으로써 편견이 없는 지식을 생산할 필요가 있다. 그것은 우리가 가야 할 대로大路를 위한 이니셔티브이며 그 여정에서 아프리카와 아프리카에 대한 우리의 이미지가 점진적이면서도 확고하게 바뀌리라 생각한다.

어느 정도 단순화해서 말하자면, 단지 외관상으로만 서로 상충되는, 두 개의 이미지가 두드러진다고 말할 수 있다. 주도적인 첫 번째 이미지는 다큐멘터리와 TV 뉴스에서 소개되는 야생적이며 비참한 아프리카의 이미지가 그것이고 다른 하나는 "본원적"이고, "심도 있으며" "처녀림"과 같은 이상화된, 비현실적인 "어머니 아프리카Mama África"의 이미지이다. 이러한 시각에서 바라본 정치적인 영감으로서의 아프리카인과 아프리카는 마치 냉동실에 보관된 것과 같으며 그러한 상황에서 그들의 문화는 창조도 역사도 없는, 반복되는 신화의 시대에 잠겨 있다고 말할 수 있다. 이처럼 신화화된 이미지는 아프리카와 아프리카인을 모두 동일시하게 하고 비인간화하는 것이기도 하다.

또한 신화화된 그 이미지는, 전형적으로 그들의 인간적 불행이 포함된, 국민과 문화의 다양성multiplicidade을 인정하지 않는다. 다행히도 두 개의 극단화된 시각들이 극복될 조짐이 보이지만 아직도 이상과는 거리가 멀다는 주장이 우세하다.

그럴 경우 아프리카와 아프리카인은, 우익뿐만 아니라 좌익에게도, 자유파라는 허울을 쓴 인종주의자뿐만 아니라 인종주의의 소멸을 위해 열렬히 노력하는 자에게도, 지배하고 비인간화하기 위해 창안된 대對 아프리카 시각의 죄수로 계속 남게 될 것이다.

참고문헌

RODRIGUES, José Honório. *Brasil e África - outro horizonte.* 2ª ed., revista e ampliada. Rio de Janeiro, Civilização Brasileira, 1964.

RODRIGUES, Nina. *Os africanos no Brasil*. São Paulo, Nacional, 1932.

SCHWARCZ, Lilia Moritz. *O espetáculo das raças: cientistas, instituições e questão racial no Brasil(1870-1930)*. São Paulo, Companhia das Letras, 1993.

ZAMPARONI, Valdemir. "Os estudos africanos no Brasil: veredas". *Revista de Educação Pública*. Cuiabá, val. 4, nº 5, jan./jun. 1995, pp. 105-24.

________________. "A África e os estudos africanos no Brasil: passado e futuro". *Ciência e Cultura*. São Paulo, vol. 59, nº 2, abr./jun. 2007, disponível em http://cienciaecultura.bvs.br/cgi -bin/wxis.exe/ iah/.

Amazônia: povos tradicionais e luta por direitos

아마존: 전통 부족들과 그들의 권리투쟁

네이지 이스테르시 Neide Esterci

Neide Esterci

리우데자네이루연방대학교(UFRJ)의 문화인류학과 교수로 재직 중이며 과거에는 주로 농지분쟁과 농촌사회에서의 노동력 착취문제를 연구하였고 지금은 아마존 사회 환경 프로젝트들에 대하여 연구하고 있다.

일부에게는 놀라움과 경탄의 땅이자 또 다른 이들에게는 거리낌 없는 야욕의 땅인 아마존은, 지구과학적 관점에서 볼 때, 독특한 물리적·지리적 특성이 남미의 9개국(브라질, 볼리비아, 콜롬비아, 에콰도르, 기아나, 프랑스령 기아나, 페루, 수리남, 베네수엘라)에 펼쳐져 있는 생태계의 종합으로 생각될 수 있다. 실제로 아마존에는 엄청난 크기의 강들과 수천 개의 호수, 섬 그리고 뭍과 저지대의 숲이 총 800만 평방킬로미터의 면적을 차지하고 있다. 그리고 아마조나스 주를 가로지르는 솔리몽이스Solimões 강 중류의 경우는 계절에 따라 수심이 12미터 이상 차이가 나기도 한다. 또한 아마존은 브라질 전체 산림의 60%가 집중되어 있는 곳이기도 하다.

거기에는 지구상에 존재하는 모든 종種의 1/3이 서식하며 새 생명을 창출하고 있다. 약 2,500여 종의 나무와 1,000여 종의 조류 그리고 311종의 포유류가 그것이다. 브라질환경부에 따르면 아마존 숲은 수분의 증발과 나무의 호흡을 통해 대기 중에 7조 톤의 물을 방출하고 있으며 동 지역의 강은 전 세계의 대양으로 연간 지구 전체 담수의 12%가량을 쏟아낸다고 한다. 아마존 지역에서 가장 폭이 넓고 긴 강인 아마조나스 강Rio Amazonas에서만도 초당 2억 3000만 리터의 물이 쏟아지고 있다. 하지만 이 모든 것이 아주 취약한 생태시스템 속에 존재한다. 그 이유는 대부분의 토양이 비옥하지 못한 관계로 높이가 50여 미터에 이르는 나무들이 토양으로부터 적은 양의 영양분만을 흡수할 뿐이며, 숲 전체는 나무 자체에서부터 땅에 뿌리내린 물질로 생존해가고 있기 때문이다. 따라서 나무와 땅의 균형을 깨지 않기 위해서라도 조심스러운 접근이 필요한 상황이다.

1966년의 법령을 통해 브라질 정부는 동 지역에 대한 정책의 한 수단으로서 이른바 "법적인 아마존Amazônia Legal 지대"라는 것을 만들었다. 정부는 동 지역의 개발 프로젝트 테두리 안에서 관대한 인센티브 제공을 통해, 어떤 경제적 사업을 실현하고자 하는 사람이나 기업들을 유치하려고 애를 써왔다. "법적인 아마존 지대"는 아마존 생태계 전체보다도 더 크며 그 속에는 아마조나스Amazonas, 파라Pará, 호라이마Roraima, 아크리Acre, 아마파Amapá, 토칸칭스Tocantins, 마투그로수Mato Grosso 그리고 마라냥Maranhão 주州의 일부가 포함된다. 하지만 아마존의 자연보전과 지역주민의 보호를 제일 먼저 주장하고 나선 루시우 플라비우 핀투Lúcio Flávio Pinto 기자가 경고하듯이 "법적인 아마존 지대"로 편입된 부분이 전형적인 아마존 삼림으로 형성되어 있지 않다. 여기서 전형적인 아마존 산림이란 독일 과학자였던 훔볼트Alexandre Humbolt가 "브라질 영토의 아마존Hileia Amazônica"이라고 불렀던 것을 지칭하는데 이 지역에는 케라도cerrado(세하두)•와 같은 다른 생태계들도 포함하고 있다.

그런데 동 지역의 자연에 대하여 자행되어온 무수히도 많은 파괴행위와 경시행위에 대한 고발에도 불구하고 아마존의 대다수 지역이 그나마 잘 보존된 상태로 21세기에 들어왔다는 것은 놀라운 일일지도 모른다. 하지만 지난 몇십 년의 짧은 기간 동안 숲의 황폐화가 전체 삼림의 17%를 삼켰다는 사실은 일종의 경고와도 같다. 이러한 상황은 1950년대 말 벨렝-브라질리아Belém-Brasília와 브라질리아-히우브랑쿠Brasília-Rio Branco 고속도로 건설을 위해 초기에 행한 대규모 벌목작업 이래 벌어진 것이다. 이 정보는 사회환경연

• 브라질형 사바나를 지칭함. _옮긴이

구소Instituto Socioambiental의 2008년 브라질 사회환경 연감Almanaque Brasil Socioambiental에 수록되어 있다.

사회문화적·민족적 다양성 – 특별권리

하지만 아마존은 단지 거대한 생물학적 다양성의 중심지만이 아니다. 2천만 명 이상의 주민이 살고 있는 브라질 아마존은 다민족pluriétnica–다문화multicultural 지역이다. 거기에는 자신들의 고유한 역사와 생활방식, 전통문화, 경제적·종교적 관습 그리고 독특한 집단지식과 정체성을 지닌 원주민 인디오족과, 농장에서 도망친 흑인노예의 후손, 강 연안 주민, 고무채취업자, 전통적인 어로방식을 고집하는 어부, 바바수야자열매 수거 및 가공업자, 집시들과 여타 민족 그리고 여타 커뮤니티가 공존하고 있다.

이러한 다양성의 가장 극단적인 면은 의심할 여지없이 원주민 인디오에게서 찾아볼 수 있다. 아마존에는 약 170여 개의 부족에 18만여 명의 인디오가 살고 있다. 이들은 브라질 전체 인디오 수의 57.64%를 차지하며 또 브라질 전체 인디오 땅의 98.97%에 해당하는 토지를 차지하고 있다.

사실 인디오의 멸종 위기는 수십 년 전에 브라질 인류학자인 다르시 히베이루Darcy Ribeiro가 쓴 『인디오들과 문명–근대 브라질로의 인디오 종족 통합』(*Os índios e a civilização–A integração das populações indígenas no Brasil moderno*, 1970)에서 이미 예견된 일이었다. 그의 주장은 새로운 인류학자들과 인디오 옹호론자들에 대한 경고의 외침이었는바 그 이유는 1950년대에 이루어진 한 조사에서 많은 인디오 종족이 20세기 초부터 사라지기 시작하였고 여타 다양한 인디오 종족의 수 역시 급속도로 줄어들었기 때문이다. 그리하여 비정부기관 단체와 인류학자 그리고 언어학자 및 선교사는 이후 서로 힘을 합쳐서 인디오 보호 선교위원회Cimi를 구성하였으며 수백여 명의 협력자들이 이 종족들 각각의 상황에 대한 일련의 조사활동을 전개함과 동시에 이들의 문제를 지속적으로 예의 주시해왔다. 그 결과물은 1980년 사회 환경 연구소가 발행한 『브라질 인디오들의 실태』(*Aconteceu-Povos indígenas no Brasil*) 시리즈에 실려 공개되었다. 자신의 엄청난 상징 자본과 지지자들의 지원으로 인디오 종족들은 브라질 국내 정치계에서 자신들의 공간을 확보하였으며 그 결과 처음으로 헌법의 한 장이 이들에게 부여되었다. 그 후 수십 년간, 자신들이 전통적으로 점유해온 땅에 대한 권리를 인정받게 되었고 그 결과 그들의 인구가 다시 늘어나기 시작하였다. 현재 가장 넓은 인디오 영토가 아마존에 위치하고 있다. 예를 들어 마투그로수 주에 위치한 싱구 인디오 공원Parque Indígena do Xingu은 280만 헥타르에 이르며 거기에는 16개 민족etnia이 살고 있다. 그리고 네그루 강 상류의 인디오 땅Terra Indígena do Alto Rio Negro은 1100만 헥타르로서 여기에는 21개 민족이 살고 있으며, 아마조나스 주의 치쿠나 인디오 땅Terra Indígena dos Tikuna과 야노마미 인디오 땅Terra Indígena do Yanomami 외에도 최근에 그 경계가 설정된 호라이마Roraima 주의 하포자 세하 두 소우Raposa Serra do Sol 지역에는 5개의 민족이 살고 있다. 그 공간들에서 여러 인디오povo는, 여러 민족을 포괄하는 싱구 인디오 땅 협회ATIX, Associação Terra Indígena do Xingu와 네그루 강 인디오 조직 연합체FOIRN, Federação das Organizações Indígenas do Rio Negro 등과 같은 자신들의 조직체를 구성하였다. 나아가 그들은 자신들의 언어적·신화적 전통을 재구성하고 축적된 지식과 생활방식 그리고 상당 부분 오랜 세월 동안 억압되었던 자기 정체성의 구성 요소들을 복원할 기회를 갖게 되었다. 예를 들어 네그루 강 상류에서 필자는 투이우카 부족Tuiuka의 현인이자 사제pajé이던 한 사람으로부터 다음과 같은 얘기를 들었다: 1960년대에 성 프랑시스쿠 지 살리스회Sociedade de São Francisco de Sales 계열의 학교를 다니던 한 어린 학생이 기숙생활 중 한 학기만 더 하면 집으로 돌아갈 수 있다고 생각하며 무척 들떠 있었다고 한다. 그래서 레크레이션 시간에 긴장이 풀어져 수도원의 규칙을 어기고 자기 부족의 언어로 친구들과 얘기를 나누기 시작했다고 한다. 그것을 감독관이 들었으며 규칙위반에 따른 벌로서 그 인디오 학생은 학기가 끝난 뒤에도 집을 돌아갈 수 없었다고 한다.

사회환경연구소의 설립자이자 인류학자인 베투 히카르두Beto Ricardo 씨가 기억하고 있듯이 1975년만 해도 연방정부는 아크리 주에 거주하고 있던 인디오 부족들의 존재조차 인정하지 않았다. 하지만 오늘날 아크리 주에는 20개의 인디오보호구역이 존재하며 인디오는 최근의 역대 주정부 프로젝트에서 중요한 구성원으로 존중받고 있다. 하지만 그 부족들의 집단 권리를 보장하고 드넓은 그들의 땅을 보호하기 위해서는 교육, 보건 경제적 생산 부분에서 그것에 합당한 보상 정책과 감시조치들이 필요하다.

1988년 헌법은 또, 아마존 인디오 부족들의 새 지도 작성 프로그램PNCPA, Programa Nova Cartografia dos Povos da Amazônia에 따라 국가적 집단성으로부터 그들을 구별해주었고 특수한 권리를 지닌 자들로서의 흑인노예후손 그룹들도 명시적으로 인정하였다. 이 흑인노예후손들이 점유하고 있는 땅에 대한 권리를 인정받아야 하는 문제에 있어서 그 땅이 꼭 도주한 노예후손의 것일 필요는 없다. 게다가 인종적 동질성이, 그들이 집단적 권리의 주체로서 인정받기 위한 조건도 아니다. 그 이유는 현행 브라질 헌법뿐만 아니라 국제노동기구ILO의 헌장 169조에서도 신분identidade의 인정기준은 스스로의 신분 인정에 따르기 때문이다.

이러한 내용과 더불어 개척 및 농지개혁원INCRA, Instituto Nacional de Colonização e Reforma Agrária의 홈페이지에 게재되고 있는 항시적인 정보에 따르면 오늘날 아마존 지역과 파라, 아마파, 마라녕, 마투그로수 주 등에는, 공개적인 신분인증 절차 시스템이 갖춰진 많은 킬롱부Quilombo• 이외에, 킬롱부 후손들이 소유하고 있는 공식 명의의 땅이 99곳 존재한다. 예를 들어 2010년 7월 27일 현재 INCRA의 홈페이지에 따르면 파라 주에서만도 23건의 토지 명의 확정 절차가 진행 중이다.

1980년대 말 자신들의 특별 권리를 요구하면서 브라질 정치계에 등장했던 또 다른 사회그룹은 고무나무 수액채취업자들이었다. 중량감 있는 정치운동의 주인공들로서 그들의 등장은 하루 만에 이루어진 것이 아니었다. 그들은, 자기 출신 지역을 엄습한 가뭄과 기근으로 가족의 생계가 위협받게 되자 그곳을 탈출한 북동부지역주민들 후손로서, 19세기 말 이래 고무 산업에 고용되었다. 하지만 그들이 겪어야 했던 삶과 노동조건은 초기부터 각종 고발의 대상이 되었다. 그들의 열악한 조건은 포르투갈 작가 페헤이라 드 카스트루

• 흑인노예의 후손마을. _옮긴이

Ferreira de Castro의 작품 『세우바』(*A Selva*)에서도 묘사되고 있는데 이 작품으로 그는 브라질의 대외이미지를 실추시켰다고 하여 브라질에서 달갑지 않은 인물이 되었다. 에우클리지스 다 쿵냐Euclides da Cunha도 자신의 저서 『역사의 가장자리에서』(*À margem da história*, 1909)에서 고무나무 수액채취 시 광범위하게 자행되던 일종의 노예제 형태인 '아비아멘투aviamento'●를 언급한 바 있다. 그 이유는 이러한 노동형태가 노동자들의 부채를 야기할 뿐만 아니라 이들에 대한 고용주들의 강압행위를 정당화하기 때문이었다. 페헤이라 드 카스트루뿐만 아니라 에우클리지스 다 쿵냐 역시 숲은 위대하면서도 적대적인 환경이라고 생각했다: "자신의 에너지를 완연히 팽창시키고 있는 저 위엄 있고 잔인한 자연은 인간에게 하나의 적이다." 그리고 "역동적인 사고가 전개되는 정신의 미묘한 떨림"에 대한 그것의 영향들을 부정적으로 간주하였었다.

절정의 시기와 위기, 쇠퇴의 기간 사이에 고무나무 수액채취 종사자들은 20세기 중반까지 저항을 했으나 동 지역에 커다란 환경적 피해를 야기하지는 않았다. 그 이유는 노동자뿐만 아니라 주인 역시 고무나무와 라텍스를 항상 신선하고 생산성이 높은 상태로 유지하고자 했기 때문에 고무나무는 조심스럽게 다루어지고 추출된 라텍스도 세심하게 관리하였다. 가계소비를 목적으로 하는 고무나무 수액채취자들의 곡물재배와 가축 기르기 ―고용주는 노동자가 라텍스 추출에 전념하기를 원했기 때문에 고무나무 수액채취가 이루어지던 초기 몇십 년간에는 허용되지 않던 활동들이었다― 역시 대

● 고무나무 수액채취자들과 고무나무재배지 주인 사이에서 중개역할을 하거나 수액채취자들에게 상품을 공급하는 상행위. _옮긴이

량벌목을 야기하지는 않았다.

북동부의 노동자들은 고무나무밭에 도착하자마자 그동안 알지 못했던 폭우와 숲 속의 동물, 여타 다른 생물 그리고 인디오와도 맞닥뜨려야 했다. 인디오에 대하여 고용주들은 대량살육을 위하여 그리고 그 과정에서 우발적인 여성 및 아이들의 포획을 위하여 마을을 습격하는 이른바 "떼거리학살"을 명령하곤 하였다. 그리고 오랜 역사를 거치면서 많은 북동부지방 사람이 인디오 여성과 결혼을 하여 가정을 꾸리게 되었다. 여기서 태어난 혼혈 인디오는 상당수 고무나무 수액채취자로 일하게 되었으며 그로부터 많은 세월이 지난 뒤에서야 이들은 자신의 정체성과 기억 그리고 인디오라는 신분에 대한 자긍심을 되찾게 되었다. 그 좋은 예가 쿤타나와os Kuntanawa 가문의 사람들로서 여성인류학자인 마리아나 시아바타 판토자Mariana Ciavatta Pantoja가 자신의 저서 『미우통 가문의 사람들』(*Os Milton*, 2008)에서 아주 잘 언급한 100년 역사를 가진 인디오였다.

하지만 1980년대 말에 들어서면서 고무나무 수액추출산업은 완연한 쇠퇴기에 접어들고 있었고 라텍스는 브라질 국가경제에서 예전과 같은 중요성을 갖지 못하고 있었다. 그리하여 수액채취자들은 결국 소멸 중인 경제활동 노동자로 인식되었다. 또한 그 무렵 이들은 자신들이 차지하고 있던 토지를 노리는 새로운 경쟁자들과 부딪혀야 했다. 아우투 히우 주루아Alto Rio Juruá에서는 토지를 획득한 새로운 고용주들이 목재 생산을 위한 산림 벌채에 더 많은 관심을 보인 반면, 고무나무 수액채취 활동에 대해서는 관심을 보이지 않았다. 또한 푸루스Rio Purus 강과 아크리Acre 강 계곡에는 목초지 형성을 위한 벌목에 관심을 가진 상파울루 자본가들이 도착하였다.

저항과 조직화를 위한 노력 그리고 집단 정체성 추구를 위한 투쟁에서 푸루스 강과 아크리 강 계곡에서는 위우송 핑네이루Wilson Pinheiro와 쉬쿠 멘지스Chico Mendes 같은 지도자들과 자본이나 재원을 투자하는 사람들이 유명인사가 되었다. 하지만 이 두 사람은 살해되었다. 아우투 주루아에서는 토지에서 나오는 수익의 지불과 관련하여 싸움이 벌어졌는데 이 싸움의 상당 부분은 노조의 조직화를 통해 이루어졌으며 그 과정에서 루이스 클라우지누Luís Claudino와 쉬쿠 지누Chico Ginu 같은 인물들이 두각을 나타내었다. 하지만 노조가 제시한 틀 내에서의 가족용 토지 분할 제안은 그들에게 별로 소용이 없었다. 왜냐하면 고무나무 수액채취용 도로로의 접근을 보장해야 했으며 각각의 가족용 토지는 약 600헥타르가 되어야 했기 때문이다. 인디오와 뒤섞이고 환경론자와 인류학자 그리고 인디오 문화연구자와 연합한 아크리의 고무나무 수액채취 지도자들은 결국 삶과 노동을 위한 공동 공간, 영토 그리고 산림보호를 요구하기에 이르렀다. 이리하여 고무나무 수액채취보존구역Reserva Extrativista의 윤곽이 그려지게 되었으며 이것은 후에 국가보존단위시스템 법령legislação do Sistema Nacional de Unidades de Conservação으로 흡수되었다.

발전주의 – 황폐화와 노예제의 주역

어떤 영토에 대한 집단적 통제 요구는 새로운 일이 아니었다. 1960~1970년대에 당시 군사정권에 의해 조세인센티브 혜택을 받은 첫 기업들이 모습을 드러냈던 마투그로수 주와 파라 주에서는, 물리적인 충돌 상태에 있으면서 이따금 연방기관들의 대표자들과의 긴 공청회를 갖곤 하던, 소규모 생산업자들 역시 자신들이 거주하던 영토에 대한 권리를 위해 투쟁했다. 당시에 포세이루posseiro•로 불리던 그들은 자신들이 차지하고 있던 공간을 점유하고 사용하는 특별한 형식의 합리성을 옹호하고 있었다. 그들이 그 공간 위에 새긴 표시들 역시, 자기 나름대로의 삶의 방식을 보여주는 증거였다. 하지만 군부독재 하에서 아마존 통합이 차이의 부정이라는 방식으로 진행되었다. 그 결과 그런 상황에서, 자연목초지, 사냥터, 야자나무와 약재식물로 이루어진 숲처럼, 공동이용 지역에 대한 접근 등이 그들에겐 모두 거부되었다.

인류학자 쟝 에베트Jean Hébette는 자신의 저서 『국경을 넘어-아마존에서의 농경 연구 30년』(*Cruzando fronteira - 30 anos de estudos do campesinato na Amazônia*, 2004)에서 파라 주에서 발생한 이 소규모 생산자와 기업 간의 다양한 충돌 상황을 기록하고 있다.

아마존에서의 대규모 사업들을 위한 새 인센티브가 시작된 것은 1960년대였다. 군인들과 공공기관의 기획자들에게 아마존은 사람이 살지 않는 텅 빈 공간으로, 그리고 내륙지방의 식민화를 위한 하나의 영토로 비춰졌다. 이처럼 개발할 자원의 경계지대로 인식된 아마존은 그 이후 몰수와 약탈의 성격을 지닌 발전 모델 수립의 중심지가 되어버렸다. 수백 헥타르의 공공토지들이 터무니없이 싼 가격에 개인들에게 명의이전되었으며 수천 명의 젊은이들이 숲을 제거하기 위해 먼 지역들로부터 불법으로 동원되었다. 그들 중 많은 사람이 고향으로 돌아가지 않았다. 그 정책의 악영향을 우려하던

• 버려진 땅을 차지한 사람들. _옮긴이

반대의 목소리들은 거의 무시되었다. 왜냐하면 브라질은 1970년대 초에 연간 약 10%대의 성장을 기록하고 있었으며 국제개발기구와 개발 기획자들에서조차도 브라질의 이러한 개발 모델을 문제시하는 사람들이 없었기 때문이었다. 놀라운 것은 브라질 정부의 아마존 통합 계획Plano de Integração da Amazônia에 동원되던 노동력이 대규모로 노예제도적 고용 형태들을 띠고 있었음에도 불구하고, 매년 전 세계에서 자행되는 반 노동조직 범죄행위들을 기록하던 국제노동기구IOL에는 관련 고발이 단 한 건도 접수되지 않았다는 것이다.

경쟁모델들

하지만 결국 군부독재의 말미에 이르러 이러한 계획과 사업들이 실패했음이 완연히 드러났다. 그리고 민주화과정에서는 두 가지 요인이 아마존 거주민들povos의 역사에 새로운 동력을 제공하기에 이르렀다. 여기서 두 가지 요인이란, 1988년 헌법 공표와 브라질을 비롯한 세계 전역에서 환경운동이 강화되고 확산된 것을 의미한다. 이 두 가지 상황으로 새로운 가능성들이 열리고 또 새로운 상황이 연출되었다. 이 새로운 상황 속에서, 자연을 조심스럽게 다루자고 제안하면서 아마존을 전통과 관습의 규칙이라는 시각에서 바라보자고 제안하는 사람들이 등장하였으며 이들은 발전주의 정책들과 공간 다투기를 시작했다. 숲에 손상을 끼치지 않으면서도 그 숲에서 100여 년 이상을 거주해온 고무나무 수액채취자들은 자신을, "인간과 비인간적 존재들이 지속성을 위한 해결책 없이도 상호 관계를 맺고 있는 하나의 질서"의 일부로 여기고 있다. 그들에게 있어서 "강은 백인과 인디오의 혼혈인 카보클루caboclo와 요정이 사는 곳"이며 "죽임을 당해서는 안 될 신령의 동물들이 존재하기" 때문이다. 그들은 또 나무가 죽지 않도록 하기 위하여 조심스레 라텍스를 추출한다. 이것은 그들이 '우유(라텍스)'를 추출한 고무나무는 어머니이기 때문이다. 사냥한 것은 엄격한 호혜의 원칙에 따라 이웃들과 나눠가져야 하며 그 정반대일 경우 사냥꾼은 불행한 상황에 놓여 사냥에서 더 이상 성공하지 못한다. 아크리 주 출신의 인류학자인 마우루 바르보자 아우메이다Mauro Barbosa Almeida는 이러한 전통을 익히 알고 있으며 「숲에 대한 권리와 환경론: 고무나무 수액채취자들과 그들의 투쟁」(*Direitos à floresta e ambientalismo: os seringueiros e suas lutas*)이라는 글에서 이 전통에 대해 쓴 바 있다.

다행히 21세기에 이른 아마존에서는 전통 민족들povos이 보다 많은 공간과, 환경적으로 보호된 지역áreas을 점유하게 되었다. 오늘날 이들 영토의 22.08%가 보호단위 프로그램Unidades de Conservação에 속해 있다. 그 영토 가운데 국립공원, 생물학적 보호구역, 생태보호구역과 같은 몇몇 구역에서는 인간의 접근을 금지시키는 반면에 다른 구역의 경우 자연보전과 사회그룹의 존재를 화해시키자는 것이 동 프로그램의 주된 콘셉트이다. 예를 들면 국립산림Florestas Nacionais, 지속가능한 발전 보호구역Reservas de Desenvolvimento Sustentável 그리고 고무나무 수액채취 보호구역Reservas Extrativistas 등이 그것이다. 인디오 영토Terras Indígenas에 합류되어 있으면서, 인디오들의 개발기술로 인한 낮은 충격 덕분에 환경적으로 보호가 잘된 것으로 간주되는 보호구역들이 아마존 전체 영토의 40.19%를 차지하고 있다. 이것은, 생태계보호라는 관점과 전통적으로 인디오민족povos들에 의해 점유되어

온 지역에 대한 그들의 영토권보장이라는 관점에서 하나의 진전으로 간주될 수 있다.

아마도 이것이 가장 새로운 "아마존 발명"이 될 것이다. 그 발명은 여행가와 기획자가 만든 발명과도 다르며 지역발전과 관련된 문제와 고등교육 관련 문제에 있어서 전문가인 전 파라 주 연방대학교 교수인 아르만두 지아스 멘지스Armando Dias Mendes와 아마존 주 연방대학교의 문학교수인 네이지 곤징Neide Gondim이 분석했던 발명들과도 다르다. 새로운 발명이란, 국민국가가 다민족적pluriétnico이고 다문화적multicultural이라는 개념에 기초하고 있다. 그리고 연방검찰 차장인 데보라 두프라Deborah Duprat가 자신의 글 「다인종성/다문화성의 관점에서 본 권리」(*O direito sob o marco da plurietnicidade / multiculturalidade*)에 따르면 서로 다른 문화와 정체성을 지닌 사람들에게 그들의 제도와 삶의 방식, 경제적 개발과 유지 그리고 자신의 정체성과 언어, 종교 강화에 대한 통제권을 보장하는 것이 국가의 역할에 속한다.

브라질의 경우 아마도 이러한 개념이 가장 잘 적용될 수 있는 여건을 가진 곳이 아마존일 것이다. 하지만 그 민족들povos을 연구하는 사람들이나 그들과 연합하고 있는 사람들이 경고하듯이, 그 민족들이 싸워서 획득한 영토보전을 보장할 감시체제가 없다면, 교육과 보건 분야에서 보상정책이 없다면, 그리고 그 민족그룹들과 민족들povos이 종사하고 있는 채취활동에 적합한 인센티브와 보호가 없다면 이들의 공간은, 대단위 농목축업자들과 벌목자들, 광물기업들, 제철기업들, 대두와 같은 수출용 단일 경작산업과 대규모 철도공사 및 수력발전건설 공사들에 의해 삶의 수단들을 찬탈당할 것이다.

참고문헌

ALMEIDA, Alfredo W. Berno de. *Antropologia dos archivos da Amazônia*. Rio de Janeiro, Casa 8/Fundação Universidade da Amazônia, 2008.

ALMEIDA, Mauro W. Barbosa de. "Direitos à floresta e ambientalismo: os seringueiros e suas lutas". *Revista Brasileira de Ciências Sociais*, vol. 19, nº 55, pp. 33-53.

Antropolítica — Revista Contemporânea de Antropologia e Ciência, nº 19, segundo semestre de 2005, Niterói.

HÉBETTE, Jean. *Cruzando fronteira - 30 anos de estudo do campesinato na Amazônia*. Belém, Editora Universitária da UFPA, 2004, 4 v.

PANTOJA, Mariana Ciavatta. *Os Milton - Cem anos de história nos seringais*. Rio Branco (AC), Edufac, 2008.

Série Aconteceu — Povos indígenas no Brasil. São Paulo, CEDI/Instituto Socioambiental, 1980.

Arte e classicismo no Brasil: criando paisagens e relendo tradições

브라질의 예술과 고전주의

루시아누 미글리아시우Luciano Migliaccio

Luciano Migliaccio
나폴리 태생으로 현재 상파울루대학교(USP) 건축과 심미학 역사학과 교수로 재직 중이며 주 연구 분야는 이탈리아와 이베리아반도 국가 간의 예술관계와 19세기 브라질 예술 분야이다.

비토르 메이렐리스(Victor Meirelles)의 1866년 작 《모에마》(*Moema*)

브라질 예술문화에 있어서 고전주의의 수용에 대하여 말하기 위해서는 먼저 첫 번째 가정이 필요하다. 우선 브라질은 근대에 탄생했다. 즉 그리스-로마세계로부터 내려온 모델들이 지속적으로 지역적 전통의 한 부분으로 전파된 것이 아니라 점차 다른 형태로 그리고 시기에 따라 다른 문화전통, 예를 들면 동양의 전통, 아프리카의 전통, 포르투갈-아프리카의 전통, 이베리아반도 및 이탈리아의 전통 그리고 유대교와 이슬람의 전통 요소와 다양한 조합을 통해 전용된 것이었다. 식민기간에 그러한 전통요소들의 이전은 무엇보다 독특한 형식을 통해 이루어졌으며 그 과정 속에서 그 모델들은 포르투갈 문화에 의해 형성되었다. 포르투갈 제국이 지배하는 공간에서 로마를 모방하는 것은 내적인 관점에서나 외적인 관점에서 권력의 확대와 합리화를 위한 일종의 기획 사업이었다. 로마는 의미들을 생산, 방출하였고 리스본은 그것들을 포착하여 가장 먼 거리의 식민지, 특히 브라질로 전파하였다. 제국의 사상적 중심이자 가톨릭주의의 중심인 로마는 리스본의 궁궐에 자신의 모습을 비추며 스스로를 신세계에서의 신앙 확산 중심지라고 합리화하였다. 이러한 관계는, 바이아 주州에서부터 과거 마라냥이그랑파라Maranhão e Grão-Pará 주 그리고 식민시대 말기의 리우데자네이루에서 미나스제라이스Minas Gerais 주까지, 비록 지역적인 개별성이 존재한다고 하더라도, 명백히 나타나고 있다.

동 주앙 5세D. João V의 집권기까지는 우선 종교기사단들, 특히 프란시스코와 예수회 기사단들이 학교와 교회 그리고 화실 건립을 통해 그러한 이전을 추진했다. 그리고 유럽의 대가들과 인디오 출신의 예술가들, 혼혈들 혹은 노예로 데려온 아프리카인들이 후에 그러한 로마와 포르투갈의 모델들을 정교하게 만들어내었다. 오늘날 성당으로 탈바꿈한 사우바도르 예수회교단 교회Igreja do Colégio dos Jesuítas de Salvador의 성구보관실은, 포르투갈 제국의 제2수도로 떠올랐던 그 도시에서 17세기 후반 로마의 장식모델을 취했던 아주 중요한 경우이다. 그리고 로마나 피렌체 예술가들이 무시했던 이탈리아산 대리석 제단들을 수입하기로 결정한 것이나 천장에 유명한 예수회 선교사들의 초상화들을 그려 마치 초상화 갤러리처럼 꾸미기로 결정한 것은, 1681년 안토니우 비에이라António Vieira 신부의 로마 귀환과 연관되었을 수 있다는 점을 배제할 수 없다. 그 신부는 당대 최고의 설교사 중 한 명이었다. 로마의 예를 따르는 것은 동 주엉 5세 때에 더 큰 힘을 받게 된다. 그 무렵, 식민지 영토에 대한 포르투갈 본국의 통제권을 확보해야 할 필요성이 제기되었기 때문에 포르투갈의 주교구에게 가부장적인 권위가 주어지던 시기였고 또한 브라질 교구들의 수도 늘어나던 시기였다. 포르투갈 코잉브라 대학교의 조아니나 도서관Biblioteca Joanina da Universidade de Coimbra 천장 그림들을 그린 포르투갈의 화가 안토니우 시몽이스 히베이루António Simões Riveiro는 훗날 브라질 사우바도르에 위치한 산투 이나시우Santo Inácio 교회에서 안드레아 포주Andrea Pozzo의 로마 모델을 모방하여 교회 내의 사우바도르 예수회교단 도서관에 그 그림들을 재현해달라는 부탁을 받았다. 그러한 장식모델 양식은 이후 수많은 브라질 주요도시에서 모범으로 탈바꿈하게 되는데 그 예를 보면 바로 사우바도르 시의 콩세이싱 다 프라이아 Conceição da Praia 교회와 헤시피의 성 페드루 두스 클레리구스 São Pedro dos Clérigos 교회 그리고 주엉페소아João Pessoa의 성 프랑시스쿠São Francisco 수도원이 그것들이다.

로마의 예술을 흠모하여 모방하는 행위는 18세기 중엽 포르투갈령 아메리카에서 써졌던 몇몇 책에서 일반화되었다. 마리아나 시의회 의원이었던 조아킹 시우바Joaquim Silva(1781년)가 마리아나 성직자들의 성 페드루 교회Igreja de São Pedro dos Clérigos de Mariana 및 오우루프레투 호자리우 성모마리아 교회Igreja de Nossa Senhora do Rosário de Ouro Preto를 상세하게 묘사한 것이 그 예이다. 그에 따르면 이 사원들은 판테온으로 알려진, "로마의 로툰다"를 모방한 것으로 짐작된다. 이와 같은 사실은 토마스 안토니우 공자가Tomás Antônio Gonzaga의 『칠레의 편지』에서 다시 언급된다. 이 글에서 그는 브라질의 빌라히카Vila Rica 마을을 위해 쿵냐 메네지스Cunha Menezes가 도안한 새로운 시의회 건물Casa de Câmara e Cadeia을 아이러니하게 묘사하면서 그 새 건물의 품격이 "바로 로마를 지독히 모방한 작품"이라고 주장하고 있다. 중심이 로마의 변방으로 옮겨가고 "신로마"의 개념이 이미 식민지까지 이전되었던 것이다. 하지만 상황은 18세기 말과 19세기 초의 정치, 경제, 문화적 대변혁과 더불어 급진적으로 바뀔 운명이었다. 즉, 미국과 프랑스에서의 혁명으로 인하여 궁정사회가 종말을 고한 것과 나폴레옹의 모험으로 포르투갈 궁정이 브라질로 온 것, 그리고 아메리카 대륙의 새로운 상황 속에서 브라질이 독립한 것이 그 예이다. 그 외에도 브라질에게 있어서 19세기는 다양한 기술혁신의 충격이 이어졌던 시기였다. 종교의 영역으로부터 갑작스레 벗어난 심미적 경험이 브라질의 정치적·문화적 정체성을 구성하는 요소이자 특권적 요소로 인식되기 시작한 것이다. 결과적으로 이미지들의 생산은 많은 경우에 있어서 유럽의 주요 문화 중심지에서 행해지고 있었지만 지역적 의미가 담긴 장르들을 채택하면서 새로운 시대에 브라질이 동참하고 있음을 반영하고자 했던 것이다. 그러나 고전주의의 재의미화에 대한 이해는 단지 기원 찾기라든가 유럽 문화의 수입 그리고 그것의 지역적 베껴 쓰기를 탐색하는 데 국한되어서는 안 된다. 그러니까 그 이미지들의 기능과 유통에 영향을 미쳤던 사회적·기술적 성격의 요인을 고려해야 할 필요가 있다는 것이다. 그 요인이란 다음과 같다.

_ 근대 세계에 전형적인 예술 관련 제도들의 탄생: 학술적 교육, 전시회, 예술 비평, 비록 제한적이라 해도 예술 작품 시장의 발전.
_ 석판인쇄와 사진과 같은 이미지의 기계적 재생산이라는 전대미문의 기술들. 이것들은 특히, 인간 유형과 사회적 환경의 기록 및 홍보를 담당하는 매체와 같이, 미술과 조각이 지니는 전통적인 몇몇 기능에 논란을 불러일으켰다. 브라질의 경우 그 이미지의 재생산과 유통 형태들이, 종종 자신들의 활동과 그 활동의 전개과정 그리고 그 전통적인 예술형태로부터 오는 파벌을 이루면서, 전통적인 예술 형식보다도 더 큰 정치적 중요성을 갖게 되었다.
_ 이미지 인쇄 및 사진의 확대가 예술가와 이미지 그리고 일반인 간의 관계를 급진적으로 바꿔놓았다. 물론 이러한 현상이 브라질적인 것만은 아니었다. 하지만 브라질의 고유한 여건상 지역적 차원에서 그 새로운 요소들이 야기한 변화들을 분석하는 것이 매우 중요하다.
_ 예술가들의 선택과 브라질 예술 문화의 방향설정에 있어서, 이미지 출판과 예술 작품 시장의 중심무대로서 파리가 갖는 영향

력 그리고 특히 로마처럼 여타 다른 국제 중심지들이 갖는 영향력.

리우데자네이루에서는 예술의 공적이고 세속적인 기능을 주장하는 첫 시도가 18세기 말 루이스 지 바스콩셀루스 이 소우자Luís de Vasconcelos e Sousa 부왕 시절에 이미 시작되었다. 부왕은 리우데자네이루가 포르투갈제국의 아메리카 신수도로 자리매김하도록 일련의 공공 공사 계획을 지원하고 있었다. 그 프로그램에는 구 부두와 연하여 있는 파수Paço 광장의 분수대 재건, 즉 마헤카스 분수대Chafariz das Marrecas의 재건과, 파세이우 푸블리쿠 공원Passeio Público의 자카레스 분수대Fonte dos Jacarés 재건이 포함되어 있었다. 그 공사에는 대가 발렌칭Mestre Valentim이 브라질에서 주조한 첫 청동들이 사용되었다. 그리하여 시적인 목가적 이상향Arcádia 및 고전적 신화의 테마들과 관련된 일련의 비문들과 이미지들이 포르투갈 왕실의 업적을 기념하기 위해 동 도시에서 전시되게 되었다. 또 리우데자네이루의 전경과, 후에 해체되었지만 파세이우 푸블리쿠 공원의 전시실들에 놓여 있던 것들로서, 브라질 주요 경제활동을 대변하는 전경들을 담은 첫 화폭들이 탄생한 것도 이 공공 공사 사업계획과 관련되어 있다. 분명 그 그림들의 테마들은 미나스제라이스 주에서 활기를 띠었던 전원풍의 시詩 들과 라브라지우Lavradio 후작에 의해 설립되었던 리우데자네이루 과학원Academia das Ciências do Rio de Janeiro의 문헌들에서 찾아볼 수 있는, 식민지 브라질의 천연자원과 풍요를 고양하는 것이었다. 부왕이었던 루이스 지 바스콩셀루스 이 소우자의 초상화를 그렸던 레안드루 조아킹Leandro Joaquim이 잉센지우Incêndio와 헤콜리멘투 두 파르투Recolhimento do Parto의 재건에서 브라질 역사의 첫 전경들을 그리게 된다. 이 작품들은 현재 리우데자네이루 교구박물관Museu da Diocese do Rio de Janeiro에 소장되어 있는데 이것들을 보면 부왕 옆에 다양한 인종과 귀족, 장교, 예술가, 장인 그리고 독특한 그들만의 의상을 입은 백성들이 등장한다.

포르투갈 왕실의 도착과 더불어 일명 프랑스 예술 미션그룹Missão Artística Francesa 소속 예술가들이 근대예술 제도들과 같은 신고전주의 장르들과 형식들을 이식함으로써 브라질에 포르투갈 선조들의 장르와 형식에 반대되는 모델을 소개하기에 이르렀다. 풍경화가인 니콜라-앙투안 토네Nicolas-Antoine Taunay는, 브라질 이미지 형성에 기초가 된, 어떤 장르의 지역화에 결정적인 역할을 하였다. 즉 클로드 로랭Claude Lorrain의 작품에서 영감을 받은 그의 전원적 해석에 따라 고전적인 역사 풍경들이 그려지기 시작한 것이다. 아메리카 대륙의 다른 시기들에 전개된 미술과 관련하여 매우 이른 감이 있는 그러한 양상은 브라질 구상 문화의 독특한 면 중 하나를 대변한다. 토네는 열대의 신수도에서 포르투갈왕실의 생활 모습들을 《마라카낭 다리에서의 왕실 가족 산책》(*Passagem do cortejo real na ponte Maracanã*)에 담았다. 이 작품은 현재 리우데자네이루에 있는 킨타 다 보아 비스타Quinta da Boa Vista박물관에 소장되어 있다. 그는 또 도시 전경과 풍경이 사회적 관습 및 관계와 뒤섞이는 모습들이 함께 등장하는 데에도 기여했다. 그는 리우데자네이루 시 박물관Museu da Cidade do Rio de Janeiro에 소장되어 있는 《카스카징냐 다 치주카》(*Cascadinha da Tijuca*, 1819)라는 작품에서 노예가 된 아프리카인과 아메리카의 새로운 상황에 처한 예술가의 상황을, 브라질 자연의 웅장함을 담은 전원적인 테마와 결부시켰다. 니콜라-앙투안 토네의 아들인 펠릭스-에밀Felixe-Emile은 리우데자네이루의 초기 파노라마 전경을 그림으로 표현하였는데 이 그림은 1824년 파리에서 전시되었다. 그는 이러한 방식으로 유럽의 일반인에게 이제 갓 태어난 신생 국가 브라질의 이미지를 널리 알렸다. 이어 그는 1834년에서 1851년까지 황실 아카데미Academia Imperial를 이끌었으며 그때 프랑스식 예술교육의 예를 수립하고 단번에 파리 중심의 국제 시스템에 따라 브라질 예술가들을 양성하기도 하였다. 그는 유럽의 미술전통 요소들을 이용하여 그린 《목탄으로 줄어든 브라질의 숲》(*A mata brasileira sendo reduzida a carvão*)과 《망이 지 아구아의 전경》(*Vista da Mãe de Água*, 1844, 리우데자네이루, MNBA)이라는 두 개의 풍물화를 통해 브라질의 역사적 풍물들을 재현해내었다. 그는 그 작품들에서 오늘날에도 논란의 중심이 되고 있는 문제, 즉 현재의 브라질을 대변하는 주요 테마 가운데 하나인 자연보존과 물질적 번영이라는 두 문제 사이의 딜레마를 표현하기도 하였다.

궁정용으로 제작된 파티 장비와 의상 외에도 《동 페드루 1세의 봉헌식》(*Sagração de Dom Pedro 1*, 1827, 브라질리아, 이타마라치 궁)이라는 훌륭한 그림을 그린 장 밥티스트 데브레Jean-Baptiste Debret는 역사 미술 작품 모델을 도입하였으며 이를 통해 그는 젊은 포르투갈과 브라질 예술가들을 자신의 학파로 끌어들이는 데 성공하였다. 아소리스 군도 출신의 싱플리시우 호드리게스 지 사Simplício Rodrigues de Sá는 초상화 및 미풍양속 그림 영역에서 데브레가 추진했던 혁신에 가장 민감했던 화가였다. 그의 재능은 샬라사Chalaça의 초상화에서 관찰될 수 있는데 심리적 관찰 및 분석 능력에 있어서 데브레의 부동적인 초상화론을 초월하고 있었다. 그리하여 그는 마침내, 그 프랑스 대가의 그림에서 영감을 받은 브라질 풍습화의 몇 안 되는 걸작인 《페진치 형제》(*Irmão Pedinte*)라는 그림을 남기기에 이른다. 현재 이 그림은 국립미술박물관Museu Nacional de Belas-Artes에 소장되어 있다. 선원 시멍 카르보에이루Simão Carvoeiro의 초상화(1853, 리우데자네이루, MNBA)를 그린 주제 코헤이아 리마José Correia Lima는 처음으로 아프리카계 브라질인을 대변하는 영웅적 초상화 유형을 이용하였다. 이 작품은 브라질 국민이지만 종종 공식 대표성에서는 제외되었던 국민의 일부를 묘사하기 위해 고전적인 도상학圖像學을 활용하여 노예제에 대한 공개적 논쟁과 노예제 폐지에 호의적인 논쟁을 제시하였다는 점에서 잘 알려진 작품이다. 그리고 1854년에서 1857년 사이에 황실 아카데미 원장을 지낸 마누에우 아라우주 포르투-알레그리Manuel Araújo Porto-Alegre는, 비록 가장 많은 작품을 남긴 사람은 아니지만, 그다음 세대의 브라질 예술가들과 비평가들 사이에서는 가장 중요한 인물이었으며 그가 문화적·국가적 정체성 창조라는 예술의 기능에 대하여 가장 분명한 자세를 취했다는 것은 의심할 여지가 없다.

1837년과 1839년 사이에 파리에서 출판된 데브레의 『역사적 풍경여행』(*Voyage Pictoresque e Historique*) 3권은 수도의 엘리트계층과 국제 자유파들 사이에 하나의 다리를 놓았다는 점에서 아주 중요한 역할을 담당했다. 그것으로 그는 브라질 문화에 결정적인 전환을 기록했었다. 즉, 역사적인 담론이 과거의 걸작을 통한 교육이 아니라 지역 사회를 구성하고 있던 요소들의 시각적 묘사에서 나타났던 것이다. 그러니까 데브레는 본질적으로 브라질의 일부 엘리트가 갖고 있던 근대화의 의도에 부합하는, 국가에 대한 담론을 창출했던 것이라고 말할 수 있다. 그의 책은 수도 리우데자네이루 사회에서 드러나고 있는 대비적인 양상들, 새 국가를 구성하는 민족적 요소들componentes étnicos을 삽화로 표현하고 있으며 이러한 과정들을 통해 새로운 국민을 구성하려고 하였다. 그런데 그의 이러한 자세가 신고전주의 역사화가가 가질 수 있는 역할을 빈곤케 하는 것이라고 판단한다면 그것은 문제가 될 수 있다. 오히려 그의 자세는 삽화들을 통한 출판 및 인쇄 이미지들의 새로운 정치적 중요성과 브라질이 진입하기 시작한 국제 예술 시장의 새로운 환경에의 지적인 적응을 의미했다.

동 페드루 2세의 즉위와 더불어 브라질은 과거 포르투갈 시대와의 관계를 확실하게 단절하였으며 그와 동시에 아메리카의 새로운 환경에 자신을 위치시키려고 노력하였다. 그리하여 고전적인 모델들, 특히 영웅적인 서사는 브라질의 과거 인디언-아메리카ameríndio 모습과 토착민족들povos의 복음화와 연결된 국가의 새로운 이미지 구축을 위한 기준으로 이용되었다. 공사우비스 지아스Gonçalves Dias, 공사우비스 마갈량이스Gonçalves Magalhães, 마누에우 아라우주 포르투-알레그리Manuel Araújo Porto-Alegre의 작품에서는 그러한 모델들이 민족주의적, 낭만적 상상의 세계를 구성하는 새로운 인디아니즘indianismo 테마들을 위한 틀을 형성하였다. 다시 말하면 원주민 인디오라는 인물의 고양과, 새로운 문명에 생명을 불어넣을 그 인디언-아메리카 그리고 유럽 문화 사이의 대비가 바로 그것이었다. 의미심장하게도 1861년, 프랑스의 조각가 오귀스트 로셰Auguste Rochet가 파리 살롱Salon de Paris에서, 리우데자네이루에 동 페드루 1세의 말을 탄 기념비용으로 거대한 인디오들의 상들을 전시하는 동안 브라질의 화가 비토르 메이렐리스Vítor Meirelles는 처음으로 동 전시회의 관람객들에게 브라질 역사의 주요 테마 하나에 근거한 그림 《브라질에서의 첫 미사》(*A primeira missa no Brasil*)를 선보였다. 오라스 베르네Horace Vernet에서부터 들라로슈Delaroche에 이르기까지 역사그림의 요소들, 즉 전원풍경 전통과 민족적etnogáfico 삽화의 요소들이 민족nação의 기원에 대한 어떤 이미지를 창출하는 방식으로 공들여 제작되었으며 이것은 후에 영화와 학교 교과서에 그 모습을 나타내게 되었다. 1866년에 전시된 《모에마》(*Moema*, 상파울루미술관, MASP)를 그린 플로리아노폴리스 시 출신의 화가로서 그는 국가라는 차원에서 고전주의적 전통이 갖는 위대한 장르들 가운데 하나인 역사적 풍경을 재해석하였던 것이다.

그의 전례 덕분에, 인디아니즘을 센티멘털한 소설과 여성적 이미지를 통한 에로티즘과의 합일을 허용하는, 인디아니즘 테마가 19세기 후반 내내 브라질 미술의 특징이 되었다. 브라질 인디아니즘의 걸작 중 하나인 메이렐리스의 작품은 유럽적 구상미술 전통을 아메리카적 상황에 적용시킴으로써 그 전통에 새로운 의미를 더했다. 조르조네Giorgione에서 티치아노Ticiano와 루벤스Rubens에 이르는 그의 고전적 양식 범주에서 여성 누드 테마 혹은 풍경 속의 비너스 테마는 원초적이며 시적인 상태에서 자연과 인간 사이의 조화 그리고 서정적인 명상을 위해 역사를 거부하고 있음을 환기시키곤 했다. 하지만 작품 《모에마》는 서로 양립할 수 없는 문명들의 만남이 구체화되는 비극적인 모습을 그리고 있다. 한 유럽인에 대한 사랑으로 물에 빠져 익사한 젊은 인디오 여성의 시체는 오로지 비극적인 결말만을 가질 수 있는 전설의 아메리카 버전을 대변한다. 전혀 인간의 손이 닿지 않은 자연을 취한 것은 그것의 파괴를 의미한다. 그러므로 모에마의 시신은 햇살이 화창한 풍경과 만灣의 모래 색깔들의 조화에 일종의 불협화음으로 등장한다. 호드리게스 두아르치Rodrigues Duarte, 아모에두Amoedo, 파헤이라스Parreiras의 이라세마Iracema와 마라바Marabá는 메이렐리스가 처음으로 직관할 줄 알았던 바로 그 슬픈 시를 반복적으로 울려 퍼지게 했다고 할 것이다.

과거 고전풍의 요소를 전유한 것은 또 패러디를 포함하여 그것의 변형과 재제시를 의미한다. 석판술의 일반화는 대규모의 도상학 전파에 결정적인 역할을 했으며 이로 인하여, 언론에 의해 광범위하게 퍼진 과학의 합리주의적 시각으로 생산된 환멸과 합쳐 구상미술의 전통 자체를 탈신비화하는 상황을 야기하고 말았다. 19세기 후반 브라질 문화의 주된 테마가 될 그래픽 패러디의 관습타파적 혼란을 통해서든, 아니면 판타지의 방탕한 힘을 통해서든, 삽화가 들어간 출판물에서 캐리커처적인 그림은 전통적인 법칙과는 멀어지는 이미지들의 새로운 활용과 독서를 요구하였다. 앙젤루 아고스치니Angelo Agostini의 저 유명한 삽화리뷰Revista Ilustrada와 같은 신문들의 그래픽과 캐리커처가 갖고 있던 패러디 성격과 탈신비주의적인 성격은, 베우미루지 아우메이다Belmiro de Almeida의 《발견자들》(*Os descobridores*, 1899, 리우데자네이루, 이타마라치 박물관)과 《여성의 누드》(*Nu de mulher*, 리우데자네이루, MNBA), 혹은 호도우푸 베르나르델리Rodolfo Bernardelli의 《파세이라》(*Faceira*, 리우데자네이루, MNBA)와 리우데자네이루 시립극장의 외부장식을 위해 그렸던 《희극》(*A Comédia*)과 같은 아주 진지한 작품들 속에 스며들어서 국가적인 공식 기념들이 표방하는 의도를 뒤집어놓았다. 사진과 마찬가지로 인쇄도 지역적 사실주의의 창출에 중요한 모델을 제공하였다. 그리고 장르들의 일상적인 관례들로부터 거리를 두고자 함으로써 그 장르들에게 새로운 의미를 부여하려 하였다. 브라질 구공화국시절에 생산된 역사미술의 일부를 살펴보면 마샤두 지 아시스Machado de Assis의 단편소설들을 기억하게 되는데 그 이유는 모범적인 서술이 마치 파괴되고 패러디된 듯이, 그 위대한 작가의 환멸 어린 인문주의를 기억나게 하기 때문이다.

몇몇 예를 보면 다음과 같다. 공식적인 기념행사들에서 영광스러운 존재로 추앙되는 미나스반란Inconfidência Mineira의 순교자 치라덴치스Tiradentes의 적절한 이미지를 창출하기 위한 무수히도 많은 시도 가운데, 다비드David에 의해 이상화된 프랑스혁명 순교자들의 이미지를 바탕으로 구축된, 페드루 아메리쿠Pedro Américo의 놀라운 작품 《사지가 절단된 치라덴치스》(*Tiradentes esquartejado*, 1893, 주이스지포라, 마리아누 프로코피우 박물관)가 단연 두각을 나타내고 있다. 영웅적인 재현 규범들을 거의 비웃는 듯한 왜곡 능력으로 아메리쿠는, 공포와 선정성을 강조하는 단막극 그랑기뇰풍의 현란한 분위기 속에서 독립의 선구자 시신을 사지절단해버렸다. 페드루 아메리쿠는 사디즘이 흐르는 세련된 잔인성을 이용하면서 가장 많은 피가 등장하는 스페인 바로크 방식을 통해 치라덴치스의 잘려나간 머리와 해부실 준비모습을 상기시키고 있다. 페드루 아메리쿠와 더불어 활모양과 기둥모양들이 가득한 알레고리들(그의 1889년 작 《평화와 조화*Paz e concórdia*》)에서 벗어나지 못한 피르미누 몬테이루Firmino Monteiro의 작품 《비징냐 집 앞의 비지가우》(*Vidigal na frente da casa da Vidinha*, 페트로폴리스 시의 그랑파라궁Palácio do Grão-Pará에 소장됨)와 엥히키 베르나르델리Henrique Bernardelli의 작품 《마테르와 메살리나》(*Mater e Messalina*, 리우데자네이루의 MNBA 소장)는 아우마 타데마Alma Tadema의 폼페이풍 테마나 마리아누 포르투니Mariano Fortuny의 역사적 에피소드들을 예로 삼아 일상생활의 재현을 통해 그 차이점들을 줄이면서 역사적 서술을 변화시켜놓았다. 더욱이 데카당트적 기호가 역사 속의 인물들과 고대 신화에 나오는 인물들의 심리적 묘사에 침투하였는데 이 인물들은 동시대 인간에게서 흔히 볼 수 있는 욕망과 노이로제 그리고 집착들의 위대한 전형으로 제시되고 있다. 특히 근대성에 의해 야기된 여성이미지의 변화, 지중해 문화의 위대한 어머니, 성모마리아의 모성적, 보호적 모습이 운명적인 여성의 신화와 견주어 상기되고 있다. 예를 들어 플로베르의 《살람보》(Salambô), 혹은 호자크루스협회Sociedade dos Rosacruz의 대가인 조제프 사르 펠라당Joseph Sar Péladan의 《숭고한 악》(*Vício Supremo*)에 등장하는 여성상이 그것으로서, 이것은 펠리시앙 롭Félicien Rops과 크노프Khnopff의 삽화로 재현되거나 아리스티데 사르토리오Aristide Sartorio의 과거 아이돌들에 의해 재현되었다. 엘리우스 셀린제르Hélios Seelinger와 같은 예술가들의 작품에서는 그러한 테마들이 카니발 기간에 엿볼 수 있는 어떤 장난 같은 아이러니로 다뤄지고 있다.

과나바라만 연변에서 아테네와 로마의 세세한 모방 신화가, 처음일지는 모르지만, 페레이라 파수스Pereira Passos라는 당시 시장이 추진했던, 수도의 도시계획개혁을 상징하는 건물인 리우데자네이루 시립극장Teatro Municipal do Rio de Janeiro을 위하여 1905~1907년 사이 파리에서 일리제우 비스콘치Eliseu Visconti가 그렸던, 《예술과 과학 그리고 발전의 승리》(*Triunfo das artes, das ciências e do progresso*)를 표현하는 자수 속에 재등장하게 된다. 그는 일반인에게 크게 어필하는 원근도법을 사용하였고 건물 전체에 완연히 통합된 근대 장식미술을 창조하려고 하였다. 이러한 시도와 더불어 그는 합리주의적 특성을 지닌 일관된 이미지 프로그램을 창조하려고 노력하면서 빈의 제체숀Sezession 장식들, 특히 구스타프 클림트Gustav Klimt의 벽화에서 영감을 얻었다. 구스타프 클림트의 영향은, 가브리엘 다눈치오Gabriele D'Annunzio가 추진함으로써 브라질에서도 큰 호평을 받았던, 로마의 인아르테리베르타스In Arte Libertas 운동 미술품들과 더불어, 리우데자네이루 국립도서관Biblioteca Nacional do Rio de Janeiro의 그림들에서 보다 확연히 나타난다. 고전문명은 이제 더 이상 형식적인 모델이 아니라 근대성의 업적과 조건들을 대변했던 상징들의 예탁소로서 그 의미를 가지게 되었다. 카누두스난의 비극이 지난 지 얼마 되지 않은 시점에 춤이 뒤섞인 승리의 행렬을 따라 우르카Urca 해변과 코르코바두Corcovado 정상으로 옮겨졌던 아크로폴리Acrópole와 팔라치누Palatino는, 영원히 혁신된 문명의 이미지 너머로, 브라질의 물질적·문화적 모순들을 가리고 있었다.

20세기에 들어서면서 모더니즘은 고전주의의 이상들을 국민문화cultura nacional의 기원 찾기로 교체하게 된다. 다시 말하면 아방가르드 운동 중 하나인 원시주의primitivismo와, 파리에서 성공을 거둔 스트라빈스키Stravinski 및 박스트Bakst의 《러시아 발레》(*Ballets Russes*)를 통해, 비센치 두 헤구 몬테이루Vicente do Rego Monteiro, 타르실라Tarsila 그리고 시세루Cícero는 고전적인 형식과 테마들을 브라질북부 마라조풍의 예술과 아마존 전설들 또는 대중문화에서 추출한 형식과 테마들로 교체하게 된다. 하지만 2차 세계대전 후 비니시우스 지 모라이스Vinícius de Moraes가 그리스의 오르페Orfeu와 유리디스Eurídes 신화를 리우데자네이루 빈민촌 분위기와 더불어 자신의 작품 《오르페우 다 콩세이성》(*Orfeu da Conceição*)으로 이식시켰다. 그리하여 대중적인 카니발은 자신의 고대 주신酒神 바쿠스적 기원을 다시 만나게 되며 삼바의 아프리카적 광란의 열기와 함께 뒤섞이게 된다. 별과 맹수들을 자신의 노래로 길들이는 오르페, 즉 음악의 탄생신화는 리우데자네이루 시내의 한 구역인 라파Lapa와 산타 테레자Santa Teresa 구역 사이의 전차 안내원으로 탈바꿈한다. 비니시우스의 작품은 1959년 마르셀 카뮈Marcel Camus 감독에 의해 브라질-프랑스-이탈리아 3국의 공동제작으로 《흑인 오르페》(*Orfeu negro*)라는 영화로 만들어졌다. 그 영화는 바로 그해에 칸영화제에서 황금종려상을, 그리고 외국어로 제작된 영화로서 최고 작품상인 오스카상을 수상하였다. 이처럼 동 영화는, 브라질 대중문화의 이미지와 리우 카니발, 톰 조빙Tom Jobim과 루이스 봉파Luís Bonfá의 보사노바가 내포하고 있던 국제적 수준을 확인해주었다. 아르카디아Arcádia의 영원불멸한 종려들이 다시 한 번 구릉의 땅에서 꽃을 피우게 된 것이다.

참고문헌

COLI, Jorge. *Como estudar a arte brasileira do século XIX?*. São Paulo, Senac, 2005.

EULALIO, Alexandre. "O século XIX". In: Marino, João (org.). *Tradição e ruptura. Síntese de arte e cultura brasileiras*. São Paulo, Fundação Bienal, 1984.

MIGLIACCIO, Luciano. "O século XIX". In: Aguilar, Nelson (org.). *Mostra do Redescobrimento*. São Paulo, Brasil 500 anos, 2000.

OLIVEIRA, Myriam Andrade Ribeiro de. *O rococó religioso no Brasil e seus antecedentes europeus*. São Paulo, CosacNaify, 2003.

SCHWARCZ, Lilia Moritz. *As barbas do imperador*. São Paulo, Companhia das Letras, 1998.

arte contemporânea brasileira: multiplicidade poética e inserção internacional

브라질 현대 예술: 시적 다양성과 국제예술계로의 진입

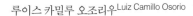

루이스 카밀루 오조리우 Luiz Camillo Osorio

Luiz Camillo Osorio
리우데자네이루가톨릭대학교(PUC-RIO) 철학과 교수로 재직 중이며 주요 저서로는『플라비우 지 카르발류』(*Flavio de Carvalho*. CosacNaify, 2000),『앙젤루 베노자』(*Angelo Venosa*. CosacNaify, 2008) 등이 있다.

종종 현대 예술을 좋아하지 않는다고 말하는 사람들이 있다. 세세한 설명도 없이 바로 그렇게 말해버린다. 일반적으로 그런 경우 현대는 이미 시대에 뒤처진 어떤 스타일처럼 여겨진다. 예를 들어, 현대 예술은 좋아하지 않지만 인상주의는 좋다는 식이다. 여기서 두드러지는 것은 예술사의 어떤 특정 순간 이후 관심의 초점이 사라졌다는 인식(혹은 짜증)이며 아무리 자의적인 제스처라고 해도 그것이 예술의 정당성을 요구하는 의미로 이해될 수 있다는 것이다.

과거에 대한 향수는 차치하고, 예술의 형식은 기하급수적으로 다양해졌으며 시詩적인 계보 역시 그랬다. 현재에 대하여 말하고 그 결과로 과거는 어떠했으며 앞으로는 어떻게 될 것인가(예술, 정치, 윤리, 과학, 인간의 속성까지)를 말할 수 있는 관점들의 확대가 곧, 마치 모든 것이 똑같고 어떤 것도 더 이상 발명될 수 없다는 듯, 우리가 선택하고 창조할 의무가 없다는 어떤 상대화의 수용을 의미하지는 않는다. 예술을 이해하는 시각을 다양하게 하는 것은 차이들을 생산하는 것과 같으며, 오로지 상대주의만이 그곳에서 똑같은 것 ―차이 없음― 을 구별해낼 뿐이다. 재생산을 하는 많은 주변부와 창조적인 어떤 중심부를 구별 짓는 예술적 지형도라는 것이 이제는 더 이상 존재하지 않듯이, 현대의 시계를 조절하는 어떤 "시적인 그리니치"라는 것도 더 이상 존재하지 않는다.

필자는 속성이 다르지만 현대의 정신세계를 짚어보는 데 있어서 중요하다고 여겨지는 두 가지 에피소드를 말하고자 한다. 하나는 1977년 영국 런던의 펑크 여름 이야기이고 다른 하나는 1979년 장 프랑수아 리오타르Jean François Lyotard의 저서 『포스트모던의 조건』(A condição pós-moderna)의 출판이다. 하나의 사건이었던 그 책으로부터 필자가 강조하고 싶은 것은 지식의 형태를 결정지은 위대한 서사들에 대한 그의 의문제기이다. 책 도입 부분에서 이 프랑스 철학자는 지식의 새로운 결합을 정의하는 데 있어서 매우 분명한 자세를 취하고 있다. 그에 따르면 그 결합은 초기 정보기술의 발전과 새로운 후기 산업경제의 발전에 비례하여 발전되고 있다고 한다. 리오타르에 따르면 뉴턴식의 어떤 인류학(구조주의나 시스템이론)에 바탕을 두었다기보다는 언어행위를 구성하는 요소들의 실용성에 더 바탕을 둔 사회가 탄생하였다고 한다. 그리고 다양하면서도 많은 언어행위의 게임이 존재하며 이것은 그 구성요소들의 이질성 문제를 의미한다는 것이다. 그는 이질적인 담론들 —마이크로 서사와 마이크로 정치를 구성하는 담론들— 의 등장을 위해 공간을 열어준 후기모더니즘의 파편화 역시 시장경제와 자본의 세계화를 강화시켰다고 주장한다.

모더니즘 시대의 아방가르드 예술이 주장하는 역사적, 유토피아적 논리와는 반대로, 1970년대 말에서 1980년대 초에 유행한, 과격하고 정열적인 사운드의 펑크음악은 "No future"를 슬로건으로 내세웠다. 그 영국의 젊은이들에게 있어서 문제는 어디로 가느냐가 아니라 왜 가느냐였다. 그것은 그렇게 행동해야 할 이유를 찾는 문제가 아니라 앎과 행동을 결합시킬 수 있는 모든 합리성을 파괴하는 것이었다. 당대의 지배적인 이데올로기에 대한 경멸은, 역사를 바꾸기 위해 무엇을 어떻게 하느냐를 결정짓던 행동양식의 역사적 형식과 카테고리가 맞닥뜨린 일종의 피곤에서 유래한 것이었다.

이 운동은 공허함과 알지 못함 그리고 그 자체로 살아 있는 현재의 고통 속으로, 확고한 미래의 계획이 없이, 빠져들어 갔다. 돌이켜보면, 그 미래의 희석에서 문제가 되는 것은 분명 그것의 보완관계에 있는 위험한 허무주의적 경향이 아니라 정복하고 살아가야 할 시간적 단계로서의 현재에 대한 확신이다.

민주화에 대한 기대와 유토피아적 이상세계의 추락이 조화를 이루면서 우리는 브라질에서 1980년대가 흥분과 고통의 공존으로 시작되었음을 보았다. 순간의 쾌락을 가능하게 하는 "미술로의 회귀"는 1970년대의 저 유명한 이론들에 대항하는 희열과 감동으로의 침잠을 의미했다. 그러나 희열과 사고 사이의 보수적인 대립에 끼인 그 이데올로기는 시우두 메이렐리스Cildo Meireles, 바우테르시우 카우다스Waltércio Caldas, 아르투르 바히우Artur Barrio, 퉁가Tunga, 안토니우 마누에우Antonio Manuel, 카를루스 베르가라Carlos Vergara, 에두아르두 수에드Eduardo Sued, 안토니우 지아스Antonio Dias, 네우송 레이르네르Nelson Leirner, 카를루스 파자르두Carlos Fajardo, 카르멜라 그로스Carmela Gross, 미우통 마샤두Milton Machado, 이올리 지 프레이타스Iole de Freitas, 주제 헤젠지José Resende 등의 작품들과 같이 그 시대에 성숙했던 이질적인 작품들의 발전을 가로막지는 못했다.

1984년엔 파르키 라지 시각예술학교Escola de Artes Visuais do Parque Lage에서 비평가인 마르쿠스 론트라Marcus Lontra, 예술가인 파울루 호베르투 레아우Paulo Roberto Leal 그리고 산드라 마제르Sandra Mager가 주관한 "80년 세대, 너 잘 지내니?"라는 전시회가 열렸다. 80년대 세대의 작품들이 출품된 무대였다. 미술로의 회귀를 넘어 1980년대에 대한 이해의 폭을 넓히고자 했음에도 불구하고 거기엔 그림을 그릴 다른 동기부여가 있었음은 논란의 여지가 없다. 시장을 역동적으로 만든 것이 미술인지 혹은 정반대인지에 대해서는 여기서 논할 문제가 아니다. 사실 1980년대와 1990년대 사이에 예술가들과 갤러리들은 국제적인 반향을 불러일으켰다. 갤러리를 갖고 있는 마르칸토니우 빌라사Marcantonio Vilaça의 공격적이면서도 선구적인 활동은 브라질 예술의 국제화 과정을 언급할 때 빼놓을 수 없는 부분이다.

어쨌든 미술로의 회귀와 시장의 강화는 동전의 양면이다. 1980년대를 특징지음에 있어서 일반적으로 이 두 가지 점에 추가되는, 애매모호한 제3의 포인트는 예술적 생산의 역사적 불연속성이다. 모더니즘 역사성과의 단절은 창조적인 자유의 조건으로 인식되었다. 1984년, 비평가인 프레데리쿠 모라이스Frederico Morais의 기고문에 따르면 "역사를 하나의 기준으로 보는 몇몇 예술가들은 미술을 미술의 정리定理로 유지하려고 고집한다. 미술은 감정이며 사람들의 내부에서, 위에서, 심장에서 태어나야 한다. 머릿속에서만 태어난다고 고집해서는 안 된다. 예술이 관념들의 실증으로 바뀌고 있는데 바로 그것에 실수가 있다"고 주장한다. 1980년대 세대들의 작품 활동에 대한 비판적 재구성에 있어서 역사주의와 역사적 의식을 구분하는 것이 필수적이다. 작품의 역사성을 부정하는 것은 사리판단의 상대화와 예술의 비판적 탈잠재화에 의존하는 행위이다. 그 작품들의 역사적 진입을 회복하는 것은 피할 수 없는 일이며 그와 같은 방법을 통해, 창조와 사리분별의 어떤 가능성도 차단하는 상대주의로 떨어지지 않음으로써, 현대 문화 속에 예술의 진입을 재정의할 수 있게 된다. 1980년대 이후 분명해진 점은 역사성의 문제이며 그 역사성 속에 다양한 시간temporalidades이 공존하고 또 현재에 대한 다양한 확신의 방식들이 과거의 소유 방식과 미래의 가능성을 재정의하게 된다. 그리하여 그 시대에 등장한 예술 활동은, 역사를 부정하는 것과는 반대로, 역사성과 보다 관대하고 덜 결정론적인 관계를 갖게 된다. 한스 울리히 굼브레히트Hans Ulrich Gumbrecht에 따르면 이제 막 등장한 이론들이 "현대적인 것들로 광범위하게 구성된 현재"라는 시점을 장악하게 되며 이 이론들은 "현 양상들"의 다양한 면을 기초로 과거와 협상을 하고 미래를 가늠하게 된다. 그는 1997년 자신의 저서에서 "미래의 이미지와 과거의 추억이 점점 더 복잡하게 중첩되고 있다"고 주장했다.

역사, 특히 예술사를 보편적으로 생각하는 방식을 재고함에 있어서 우리는 1980년대 세대에서 예술적 영향들을 상호 교차시키면서 이탈해가는 작품들을 만나게 된다. 크리스치나 카날리Cristina Canale, 베아트리스 밀랴지스Beatriz Milhazes, 파울루 파스타Paulo Pasta, 레다 카툰다Leda Catunda는 미술 행위의 현재화 방식을 재협상하면서 매우 독특한 원근법부터 시작하여 색깔에 집착하고 있다. 그 작품들 속에서 브라질 예술의 추상적-구성적 축을 벗어나 색채를 생각할 수 있는 새로운 가능성이 등장하였다. 색-형식이 지니는 보편성 이전에 지역적 색채의 서정적인 독특성이라는 것이 존재한다. 세대 간의 연결고리와는 별도로, 조르지 깅리Jorge Guinle의 미술을 언급하지 않고는 1980년대의 색채에 대하여 말할 수 없다. 화가로서의 그의 성장은 전후 미국의 미술에 주안점을 두면서 전통과의 밀접한 접촉을 통해 이루어졌다. 표현과 구성, 의식과 자연스러움을 모범적으로 조화시키고 있는 것은 색채의 공격적인 제스처이다.

색채에서 빠져나와 미술의 물질성으로 옮겨감에 있어서 일명 "아틀리에 카자 7ateliê casa 7"로 알려진 상파울루 예술가 그룹을 언급할 필요가 있다. 이 그룹에는 누누 하무스Nuno Ramos, 파비우 미게스Fábio

Migues, 호드리구 안드라지Rodrigo Andrade, 파울루 몬테이루Paulo Monteiro, 카를리투 카르발료자Carlito Carvalhosa가 속해 있었다. 그들의 작품은 필립 거스턴Philip Guston에 가까운 사나운 붓칠과 공업용 물감의 최대한 사용을 통해 엄청 큰 값싼 종이들을 공격하면서 보다 드라마틱하고 어두침침한 자세를 취한다.

루이스 제르비니Luiz Zerbini와 다니에우 세니지Daniel Senise는 전근대의 구상적 공간에 형상을 삽입시키지 않은 채 형상화를 재시도한 예술가이다. 루이스 제르비니는 통속적인 팝 예술을 신표현주의적 그림의 밀도와 조화시켰다. 살아 있는 듯한 그의 색들은 리우데자네이루의 다음적多音的이고 관능적인 현실을 묘사하고 있다. 세니지의 그림은 독일의 신표현주의, 특히 안젤름 키퍼Anselm Kieffer의 그림과 직접적인 접촉에서 탄생한다. 이미지와 물질 사이의 긴장 그 자체는 논란의 여지가 없이, 당대에 등장했던 조각부문의 위대한 이름인 네우송 펠릭스Nelson Felix와 함께 앙젤루 베노자Ângelo Venosa의 조각에서 엿볼 수 있다. 이미지와 역사의 재등장에 대하여 언급함에 있어서 중요한 예술가 한 명을 들자면 아드리아나 바레저웅Adriana Varejão으로서 그녀의 그림은 브라질 예술의 바로크 시대를 업데이트하고 있다. 그러한 면에서 바레저웅에게서는, 그것이 감각의 고양 때문이든 아니면 물질적인 충동 때문이든, 바로크의 유산과 식민시대의 흔적 그리고 독특성과의 횡단 대화가 감지된다.

비록 아무리 미술의 시대라고 특징지어졌다고 한들 우리는 그 당시에 비정통적인 길을 걸었던 몇몇 예술가가 등장했음을 확인할 수 있다. 그들의 이론은 표현방식의 혼합에서 두드러졌다. 특히 자크 레이르네르Jac Leirner, 주제 레오니우송José Leonilson, 에두아르두 카크

Eduardo Kac, 아나 타바리스Ana Tavares, 모니카 나도르Mônica Nador, 파울루 파이스Paulo Paes 그리고 히카르두 바스바웅Ricardo Basbaum이 그들이다. 이들의 작품에서는 스펙터클로 대중화된 사회, 그러니까 표현방식 —이미지/언어/형식/공간— 의 상호오염이, 불결하고 혼성적인 시각언어행위를 창출하고 있는 사회에서, 예술의 자리를 논하는 데에 관심을 가진 어떤 관념론적 이탈이 감지된다. 그 당시의 상황을 누구보다 잘 보여준 것은 세아라 주州 출신의 예술가 주제 레오니우송이었다. 짧은 존속 기간을 가졌던 그의 작품은 —요절로 중단되었지만— 물감과 붓칠을 자수刺繡와 재봉 그리고 어휘들로 대체하면서 세련된 그래픽적 움직임과 아주 서정적인 움직임을 실현해냈다. 그의 작품에서 가장 의미 있는 것은 파편화되고 주저하며, 고독한 주관성을 드러내면서 자기고백적인 톤을 취한 용기였다. 에이즈의 확산이 환멸의 톤 속에서 울려 퍼졌는바, 그 절망과 함께 그 시대도 마감되었다.

나약하고 파편화되었으며 다중화된 주관성, 타자와의 공개적인 협상을 하는 주관성 —그것이 개인적이든 사회적이든 간에— 은 1990년대를 읽는 키워드로서 그리고 현대를 특징짓는 작업에서 흥미로운 실마리가 되고 있다. 1990년대의 예술가들은 1960년대와 1970년대의 실험적 창작행위를 재개하고 문화적 특이성의 징표로서 (표현의 수단과 문화들의) 혼성을 수용하였다. 베를린 장벽의 붕괴와 미국의 9·11 테러 사이에서 그리고 브라질에서 군부독재 이후 초기 민주정부들이 취한 방향에 실망을 느끼면서 그 시대는 사회적 부동성과 정치적 환멸이라는 위기를 겪었다. 그 이데올로기적 진공의 시대에 예술은 빈 공간과 침묵, 피상성을 찾았고 브라질의 형식적 나약성—공고한 제도의 부재, 규칙에 대한 불경, 가산제적인 타성, 공공부문에서의 공공성 거부 등—으로부터 초감각적인 교환을 위한 통로를 찾고자 했다. 그 통로에서는 경험과 시간성이 주관화의 새로운 형태들을 찾아 서로 교차할 것이었다. 레오니우송과 더불어 그 시대에 흥미롭게 보이던 예술가 한 명은 혼성적이면서 아이러니하고 자기고백적인 이론을 펼친 마르시아 쉬스Márcia X였다. 그녀의 설치예술이 내포하고 있는 신랄한 풍자와 에로틱하고 포르노적인 특성은, 육체와 대상 그리고 판타지 사이에서 퍼포먼스의 혼합과 높은 시적 감성을 드러내고 있었다. 에르네스투 네투Ernesto Neto의 작품 역시 1990년대로의 이행移行 상황에서 좋은 예가 된다. 그의 조각과 설치예술이 풍기는 감각은 이 세상에 대한 미적인 거주 욕망과, 집단생활을 육체와 정신 그리고 개별화와 집단성 사이의 독특한 결합 추구로 변모시키려는 욕망을 드러내고 있다. 타 예술과 구별되는 독특한 시적, 조형적 톤으로 그와 같은 방향으로 나아가는 작품들을 꼽자면 프랑클링 카사루Franklin Cassaro, 타치아나 그린베르그Tatiana Grinberg 그리고 "개성을 위한 새로운 기초NBPs"라는 논리로 작품 활동을 하고 있는 히카르두 바스바웅의 작품이 될 것이다. 달콤한 유토피아의 세계를 넘어 이 작품들은 문화적 특수성에서 출발하여 우리의 감각적 언어를 혁신하려는 조형예술의 의지력에 확신을 갖고 있는 듯하다. 여기서 말하는 우리의 감각적 언어 속에서 육체는 언제나 혼성(그리고 사회적 억압)의 초점이었으며 사회적으로 부서지고 유전적으로나 상징적으로 혼합된 메스티소적 불안한 사회를 대변하고 있다.

1990년대에 자리 잡은 많은 이론을 관통하고 있는, 격식에 얽매이지 않는 자세 —페르난다 고미스Fernanda Gomes, 카를라 과글리아르지Carla Guagliardi, 카벨루Cabelo, 루시아 코시Lucia Koch, 마르쿠스 샤비스Marcos Chaves, 바니아 미그노미Vânia Mignome, 브리지다 바우타르Brígida Baltar, 산드라 신투Sandra Cinto, 마르쿠스 카르도주Marcos Cardoso, 마레피Marepe, 주엉 모데João Modé—는 어떤 차원의 결정론도 없이 브라질의 아주 전형적인 임시방편 정신에 의해 보완되거나 당시의 세대가 직면한 형식(제도)의 부재를 의미한다. 새로운 사회성을 구축하겠다는 우리의 약속은 매일 그 약속이 실현 불가능하다는 것을 알아채는 고통과 나란히 공존한다. 긴장은 유지되어야 한다.

그와 병행하여, 형식적 나약성에 긴장을 하고 또 반대 자세를 취하는 우리의 바람에 부응하기라도 하듯이 우리는 이랑 두 이스피리투 산투Iran do Espírito Santo, 주제 다마세누José Damasceno, 하울 모러웅Raul Mourão, 에두아르두 코잉브라Eduardo Coimbra, 일리자 브라셰르Elisa Bracher, 파울루 클리마샤우스카Paulo Climachauska, 주제 베샤라José Bechara, 카를루스 베빌라쿠아Carlos Bebilacqua, 주제 후피누José Rufino 그리고 아퐁수 토스치스Afonso Tostes와 같은 이들의 이론을 소유하고 있다. 이들 역시 1990년대 초에 등장하였다. 서로 간에 매우 독특한 그들 각자는 각기 자신의 방식으로, 최소한의 필요한 형식적 차원의 전파 요소로서, 엄격한 조형적 절약에 집착하고 있다. 형식과 비형식성 사이의 그러한 변증법에는 반대란 존재하지 않고 단지 상호보완성만이 존재하며 이것은, 하나의 윤리이자 상관관계의 미학을 서구에 제공하려는 브라질 예술계의 끊임없는 노력에서 찾아볼 수 있다.

이론적으로는 실현되었어도 사회적으로는 실패했던 이러한 상관관계의 희망을 넘어 1990년대는 싫든 좋든 문화의 세계화된 경제를 확정지었으며 그로 인하여 전시회의 성장과 국제시장에서 브라질 갤러리들의 입지가 공고해졌다. 그리고 페르낭부쿠Pernambuco 주, 바이아Bahia 주, 미나스제라이스Minas Gerais 주, 히우그란지두술Rio Grande do Sul 주에서 세인의 관심을 끄는 예술작품이 생산되면서 동 영역의 점진적인 지방분권화가 이루어졌다는 사실과 그 외에도 제도적인 측면이 강화되었다는 것을 강조하고 싶다. 마레피, 루시아 코시, 주제 후피누, 프랑스 마나타Franz Manata, 에데르 산투스Éder Santos, 오리아나 두아르치Oriana Duarte, 마르셀루 코우칭뉴Marcelo Coutinho, 카우 기마랑이스Cao Guimarães, 히바니 네우엥쉬반데르Rivane Neuenschwander의 예가 그러한 과정이 진행 중임을 잘 보여주는 전형적인 예이다. 아주 많은 지역적 다양성을 지니고 있는 브라질과 같은 대륙국가의 경우, 그러한 지방분권화는 지역적인 요소와 글로벌한 비전 사이의 건전한 결합을 상징한다. 사진과 기술적 매체의 출현은, 부분적으로 1990년대 이후 동 예술계에서 확고히 자리 잡았으나 얼마 전에서야 비로소 성장을 한, 어떤 국면을 대변한다. — 1940-1950년대 사진의 실험주의를 시작으로 역사적인 재해석을 한 결과로써 우리는 현대의 사진예술에 도달할 수 있었으며 현대의 사진예술에서는 보완물의 문제가 확실하게 자리를 잃어버린 것 같다.

1990년대 말과 새 밀레니엄의 시작 사이에 있었던 두 개의 대형 전시회를 강조할 필요가 있다. 파울루 에르케뇨피Paulo Herkenhoff의 전시책임 하에 실시된 "식인" 비엔날레와, 파라나Paraná 주의 파울루 헤이스Paulo Reis, 리우데자네이루Rio de Janeiro 주의 히카르두 바스바웅 그리고 상파울루São Paulo 주의 히카르두 헤젠지Ricardo Resende 등 3인의 책임 하에 2001년에 열린 제27차 브라질 예술 파노라마Panorama da Arte Brasileira가 그것으로서 이 두 행사는, 그로부터 예술 전시회의 상징적인 특징이 된, 큐레이터의 행위에 대한 재정의再定義 문제에 불을 지폈다. 이 행사들이 예술의 역사적인 단면과 문화의 재정의 그리고 예술의 지정학적인 위치설정을 재평가하기에 이른 것이다. 첫 번째 전시회는 중심부와 주변부, 관념과 장소 사이의 비판적인 이탈을 강요하면서 브라질의 관점에 의한 근대예술사의 재해석을 가능하게 해주었다. 그리고 2001년의 행사는 고전의 기준이던 작품들의 위상을 흔들면서 실험과 새로운 유형의 현실참여—알력과 이견의 현실참여—를 융합함으로써 미학의 재정치화를 상징하게 되었다. 리제치 라그나두Lisette Lagnado의 책임 하에 "어떻게 공존할 것인가"라는 타이틀로 진행된 제27차 상파울루 비엔날레는 새로운 예술정책이라는 확고하면서도 문제적인 주제를 보다 큰 차원으로 확대시켰으며 그 결과 2010년, 모아시르 두스 앙주스Moacir dos Anjos와 아그나우두 파리아Agnaldo Faria의 책임 하에 진행된 제29차 비엔날레는 그러한 논쟁을 긍정적으로 전개한 하나의 사건이 되었다. 예술가들의 집단 전시와 멀티미디어의 협조 그리고 대안 예술단체와 공간의 개방—포르투알레그리Porto Alegre의 토헤엉Torreão으로부터 포르탈레자Fortaleza의 아우펜드리Alpendre, 리우데자네이루의 카파세치Capacete와 카나우 콘템포라네우Canal Contemporâneo에 이르기까지—은 예술의 실천행위의 확산을 의미할 뿐만 아니라 보다 젊은 예술가들의 진입 가능성을 확대하는 예술의 지방분권화를 확신하고 있다. 제도적으로 허약해졌음에도 불구하고 리우데자네이루의 상황은—두샤Ducha, 자르바스 로페스Jarbas Lopes, 마르사리스Marsares, 호나우지 두아르치Ronald Duarte, 알레샨드리 보글레르Alexandre Vogler, 구가Guga 등을 포함하여– 아트로시다지스 마라빌료자스Atrocidades Maravilhosas, 이마지나리우 페리페리쿠Imaginário Periférico, 하지아우Rradial, 아팍스Hapax와 같은 그룹들로 인하여 비판적인 공격성과 도시에서의 확산이라는 효과를 얻었다. 이들은 1960년대와 1970년대의 실험유산을 재활성화하면서 예술의 형식과 공간에 긴장감을 불어넣었다. 이제 제도적인 영역에 대하여는, 브라질 예술시장의 활력과 성장을 보여주는 메르코수르 비엔날레Bienal do Mercosul, 이베레 카마르구 재단Fundação Iberê Camargo, 잉뇨칭Inhotim, 상파울루 예술 전시회feira SP Arte의 창설을 상기할 필요가 있다.

20세기 세계예술사에서 브라질의 등장은 이국적인 것에 대한 관심을 다른 것으로 대체하고 근대예술에 대한 해석과 이해의 열쇠를 다양화하면서 조금씩 재검토되고 있다. 오늘날의 대화는 사실 쌍방향적이다. 주변부를 중심화하고 중심부를 다양화시킴으로써 2009년 아드리아누 페드로자Adriano Pedrosa의 책임 하에, 국제무대에서의 브라질의 영향력을 기반으로 비브라질인 예술가들로만 구성된, 브라질 예술의 파노라마Panorama da Arte Brasileira가 개최되기에 이르렀다. 마르셀루 시다지Marcelo Cidade, 헤나타 루카스Renata Lucas, 라우라 리마Laura Lima, 비키 무니스Vik Muniz, 카우 기마랑이스Cao Guimarães, 아수미 비비지 아스트루 포쿠스Assume Vivid Astro Focus 등의 작품과 같이 최근 브라질 예술가들의 작품은 외국에서도 즉각 유통되기 시작하였으며 주요 국제 전시회에 그 작품들이 포함되고 있다.

결국 브라질의 사회적·제도적 문제들이 지속되고 있음에도 불구하고 그러한 적대적 환경으로부터 브라질의 활기 넘치고 복잡한 예술품 생산 활동이 진행되고 있으며 이 작품들이 자신들만의 목소리와 독특한 미학적 에너지와 함께 국제예술계에 진입하고 있음을 엿볼 수 있다.

참고문헌

BASBAUM, R. (org.). *Arte contemporânea brasileira*. Rio de Janeiro, Contracapa, 200l.

BRITO, R. *Experiência crítica*. São Paulo, CosacNaify, 2005.

HERKENHOFF, P. e PEDROSA, A. (orgs.). *Catálogo da XXIV Bienal de São Paulo*. São Paulo, Bienal de São Paulo, 1998, 4v.

OITICICA, H. *Aspiro ao grande labirinto*. Rio de Janeiro, Rocco, 1986.

campo e cidade: veredas do Brasil moderno

농촌과 도시: 근대 브라질의 오솔길들

니지아 트린다지 리마Nísia Trindade Lima

Nísia Trindade Lima

오스바우두 크루스대학교(Fundação Oswaldo Cruz)의 과학 및 보건역사 대학원 교수로 재직 중이며 주요 저서로는 『브라질이라고 불리는 오지』(*Um sertão chamado Brasil*. Revan/IUPERJ, 1999)가 있다.

사회사에서 자주 등장하는 테마인 도시와 농촌 간의 대조는 장 드 라 퐁텐Jean de la Fontaine, 1621~1695의 우화 중 가장 잘 알려진 것 하나이기도 하다. 운문 형태로 이루어진 서술에서 한 마리의 부르주아 쥐가, 분위기가 으리으리한 자신의 집에서 시골에 사는 자기 사촌을 맞이한다. 그리고 그에게 가장 고급 음식을 제공한다. 하지만 저녁은 집 안 내부의 소음으로 인하여 자주 중단되며 그 소음에 깜짝 놀란 도시 쥐가 황급히 숨을 곳을 찾아다닌다. 결국 그를 방문했던 시골 쥐가 시골에 있는 자신의 집에서 조용히 만찬을 하자며 도시 쥐를 초청하기로 결심한다. 여기에 교훈이 있다. 위험 앞에서는 도시의 멋들어진 생활방식도 아무 소용이 없었으며 시골의 안전한 은신처가 더 선호되었다는 것이다. 하지만 그와 같은 우화에도 불구하고 부정적인 의미와 긍정적인 의미가 서로 반복 교체된다. 만일 도시가 인위성과 불안의 장소로 인식될 수 있다면 또한 문명과 자유의 장소로도 상상될 수 있다. 이제 시골의 경우 진실성과 자연의 섭리에 따르는 삶의 공간으로서뿐만 아니라 보수주의와 발전에서 뒤처진atraso 장소로 그려진다.

그러한 대조의 인지는 역사적으로 도시의 지위변화와 관련되어 있었다. 왜냐하면 농촌 기반의 사회에서 도시는 정치와 행정의 중심을 이루었지만 주요 경제활동이 전개되던 농촌에 완전히 종속되어 있었기 때문이다. 중세 유럽의 도시들은 이미 도시 시장의 형성과 봉건영주 및 교회의 정치적 지배력 약화로 다 같이 중요한 변화를 겪고 있었다.

18세기에 영국에서의 산업혁명 도래와 그 혁명의 점진적인 유럽 확대와 함께 농경활동의 기계화와, 농업에 대한 산업의 우위 및 농촌에 대한 도시의 우위와 연관된 일련의 변화들이 나타나기 시작했다. 우선 전례 없는 도시인구의 증가가 나타난 것이다.—찰스 디킨스와 빅토르 위고의 소설을 보면 1800년대 런던과 파리의 음울한 자화상이 드러나 있으며 인구가 1백만 명이 넘는 대도시들이 뛰어난 소설들의 배경으로 이용되고 있다.

브라질에서 도시와 농촌 사이의 대조들을 가장 얼얼하게 인지한 것은 19세기 말경일 수 있는데 그것은 도시 부르주아의 생활양식이 확산된 것과 관계가 있었다. 그 기원에 대하여 지우베르투 프레이리Gilberto Freyre는 자신의 다른 저서 『이층집과 천민의 집』(*Sobrados e Mucambos*, 1936)에서 1808년 포르투갈 왕실의 브라질 피신을 지목했다. 여타 많은 사회적 · 정치적 글과 예술에서도 동 테마가 다루어졌다. 그러한 지적 · 예술적 작품들은 농촌사회에 기반을 두고 있었으며 그 농촌사회는, 브라질이 통계적으로 도시국가에 편입되던, 1960년대까지 지속되었다. 하지만 인구조사 자료가 브라질의 사회학에서 도시와 농촌에 부여된 의미들을 설명하지는 못한다. 다른 관점에서 출발한 주요 해석자들은 농촌세계에서, 도시화 과정에서 지속적으로 나타난 결과들을 분석하면서, 브라질 정치의 토대를 지목하고 있다. 그러한 해석에서는 하나의 중심테마가 우선적으로 고려되고 있다. 즉 해안가의 도시화된 브라질과 오지들이 모여 있는 브라질 사이의 갈등이 그것으로서, 오지의 브라질은 농촌인구로 구성되어 있었으며 이들은 현대화 기획에서 무시되거나 몰이해되었다고 본다.

도시문명과 북동부 오지의 문화들

1897년, 바이아 주州 내륙의 카누두스Canudos 주민들이 이제 막 들어선 공화국의 신생정부와 서로 충돌한 무장 분쟁 사건이 발생했다. 우 이스타두 지 상 파울루O Estado de São Paulo지의 리포터로 분쟁지역에 파견된 군 엔지니어 에우클리지스 다 쿵냐Euclides da Cunha는 분쟁이 끝나갈 무렵 그곳에 3주일을 머물며 북동부 오지인의 대량학살로 끝난 그 전쟁의 드라마틱한 종말을 목격할 수 있었다. 5년 뒤 그는 『오지』(*Os Sertões*)라는 책을 발행하였으며 그 책은, 거기에 서술된 역사적 사건보다도 훨씬 폭넓은 의미들을 내포한 채, 한 권의 고전이 되었다.

저자가 카누두스 거주자들의 봉기를 이해하는 데 있어서 그 요인으로서 인종과 그것의 중요성을 길게 논하고 있지만 그가 제시한 주요 쟁점은 북동부 오지인의 고립에 있으며 저자는 그 고립에 부정적인 결과와 긍정적인 결과를 동시에 부여하고 있다. 다른 한편으로 저자는 그 주민들의 [문명적] 뒤처짐atraso도 그 고립 때문으로 보면서 그 고립을 종교적 광신주의로 분석하고 있다. 다른 한편으로 그는 동 지역의 지리적·문화적 거리가 해안가 도시들의 말투modismos로부터 그들을 보호했다고 생각한다. 에우클리지스 다 쿵냐의 입장에서 볼 때는, 브라질의 지적·정치적 엘리트들이 이제 유럽에 등을 돌리고 오지의 나라 브라질에 눈길을 주는 것이 긴박하게 중요한 일이었다. 더 나아가 카누두스의 난은 의도된 사건이 아니라 중요한 사회그룹을 외면한 역사적 형성과정과 맥을 같이하는 것으로서 그 결과 그러한 고립을 깰 수 있는 정책들이 취해지지 않는다면 똑같은 사건들이 다시 벌어질 수 있다고 하였다.

아주 단순하게 말한다면 그의 그러한 생각들이 20세기 내내, 그러한 잠재적 분쟁을 극복해야 한다는 필요성을 주장하고 나선, 지식인들과 정치인들의 움직임에 반향을 일으켰다고 말할 수 있다. 즉 군인, 의사, 교육가, 문인 등 결국 사회개혁안들을 품고 있던 가장 다양한 계층이 브라질 오지를 끌어안는 문제를 언급하고 나섰던 것이다. 비록 에우클리지스 다 쿵냐를 시작으로 북동부 반건조성 기후 지역을 오지라는 이름으로 명명하고 있어도 동 용어의 사용에 있어서 지리학적인 정밀성은 없다. 그것은 그 용어가 이용된 지역들에 대비하여 동 지역의 여러 곳이 갖고 있는 다양성에서도 분명히 드러나고 있다. 예를 들면 아마존에서부터 리우데자네이루 시의 외곽까지를 살펴보면 알 수 있을 것이다. 몇 마디로 표현하자면 오지는 정치적 권력이 부재한 곳에 위치하고 있었다.

1910년대와 1920년대에 출판된 책 가운데 브라질을 해석한 서적들을 보면 그 지역 사람들을 사회적으로나 정치적으로 흡수하는 데 장애물이 있다는 생각이 끊임없는 주제로 등장하고 있다. 또한 『오지』에 내재하고 있는 논점 가운데 하나 ―브라질의 정치 제도와 사회·역사적 형성과정 문제―가 여러 책을 통해 새로운 관점 하에서 심도 있게 논의되었다. 예를 들면 아우베르투 토히스Alberto Torres의 『국가조직』(*A Organização Nacional*, 1914)과 『브라질 국가의 문제』(*O Problema Nacional Brasileiro*, 1914) 그리고 특히 올리베이라 비아나Oliveira Vianna의 『브라질 남부지역 사람들』(*Populações Meridionais no Brasil*, 1920) 등이 그것이다. 1920년에 출판된 『브라질 남부지역 사람들』에서 제시된 몇몇 논점들은 20세기 내내 지식인들의 토론에 등장하였다.

"브라질은 대토지 소유제 국가이다Nós somos o latifúndio." 이것이 올리베이라 비아나의 분석을 요약하는 핵심 생각이다. 저자는 브라질 사회의 근본 특징들에 대한 자기주장을 실증하려고 노력한다. 그는 그 특징들을, 농촌영역이 전체 사회를 단순화하는 역할에 부여하고 있다. 즉 토지의 가용성, 노예 노동력을 통한 노동문제의 해결, 외부 적敵의 부재 그리고 사회계급 간의 분명한 분할 부재 등이 브라질에서의 농촌 귀족제도 형성에 기여한 것으로 지목하였다. 한편으로 그는 그러한 사실에서 긍정적인 결과들, 즉 엄격한 관습과 엄격한 명예 코드의 존재를 보았다. 하지만 다른 한편으로는 사회적 연대의식과 관련된 제도들의 발전에 장애물이 있음을 확인하였다. 그에 따르면 브라질에는 단지 토지 소유자들을 중심으로 조직된, 수직적 관계에 근거한, 어떤 연대의식만이 존재한다는 것이었다. 그는 브라질 주민들이 자발적으로, 자율적인 조직을 일굴 능력이 없다고 말하면서 ('개인은 만인을 위해, 만인은 개인을 위해'라는 사회 연대주의solidarismo의 정반대 용어인) 사회연대주의의 부재insolidarismo라는 용어를 만들어냈다. 그에 따르면 그 능력의 부재가 브라질에서 근대사회의 등장을 어렵게 하는 것이라고 한다.

그는 또 라티푼디움으로 형성된 사회의 언저리에 살고 있는, 가난하면서도 자유로운 사람들의 존재에 관심을 불러 모았다. 실제로 식민시대 이후 단일농작물을 재배하는 농장과 가축농장에 기초적인 작물을 제공하는 자유농민들이 존재한 것을 확인할 수 있다. 이리하여 농장주와 노예 사이, 후에 농장주와 무토지농민 사이에 일종의 중간계층이 형성되었다. 그 계층의 위치는, 소규모 토지 소유자 혹은 땅을 일구기 위해 비점유된 자유 토지를 점하는 사람posseiro

과 부양가족 혹은 협력자 사이를 오가는 등, 고정된 것이 아니었다. 백인과 원주민 인디오 사이의 혼혈인 카보클루caboclo, 북동부 오지인sertanejo 그리고 전형적인 촌사람caipira에 대하여 상당수 문학작품에서 다루고 있는 계층이 바로 이 계층이다.

올리베이라 비아나의 책이 출판되었을 무렵, 작가인 몬테이루 로바투Monteiro Lobato가 창안했던 소설의 주인공 제카 타투Jeca Tato가 큰 반향을 불러일으켰다. 제카 타투는 본래 파라이바Paraíba 계곡의 촌놈으로, 브라질 문학에서 전형적인 가난한 농촌사람을 대변하는 캐리커처가 되었다. 노예제폐지든 공화국선포든 정치계의 큰 변화들이나, 또는 자신이 빌붙어 살던 농장의 문제들에 직면해서든 그 작가에게 카보클루는 어떤 변화의 가능성도 없이 엉거주춤한 자세에서 벗어나지 못하고 있는 존재이다. 같은 시기에 후이 바르보자Rui Barbosa가 행한 〈브라질에서의 사회문제〉(*A questão social no Brasil*)•에 대한 연설도, 브라질 사회에 대한 보다 폭넓은 개념을 언급하기 위해, 제카 타투의 캐리커처에서 출발하였다. 그 당시 그는 브라질 국민이 정말 두 발로 서 있지 못하는 그 카보클루인지 그리고 그의 선거투표가 한 잔의 럼주나 담배 한 개비로 구매될 수 있는지를 물었다.

이런 성격의 질문들이 1930년 혁명 이전부터 바르가스 정부의 초기까지 정치논쟁을 불러일으켰다. 1937년 이후 이른바 신국가체제 기간이 시작되었고 이 체제는, 양대 세계대전 동안 국가의 개입이 완연하던, 국제상황과 무관치 않았으며 또 브라질처럼 많은 나라가

• 후이 바르보자 재단(Fundação Rui Barbosa)에 따르면 본래의 연설 제목은 〈브라질의 사회 정치 문제〉(A questão social e política no Brasil)라고 한다. _옮긴이

권위주의적 성격의 정치체제를 경험하고 있었다. 1930년대 동안 민주적인 제도의 가능성과 한계에 대한 토론이 봇물을 이루었으며 그 과정에서 브라질 사회를 분석하고 해석한 훌륭한 책들이 출판되었다. 그 가운데 지우베르투 프레이리의 『농장주의 대저택과 노예의 집』(*Casa Grande & Senzala*, 1933)과 세르지우 부아르키 지 올란다Sérgio Buarque de Holanda의 『브라질의 뿌리』(*Raízes do Brasil*, 1936)가 있었다. 두 책에서는 농촌세계가 초점이 되고 있지만 브라질의 과거뿐만 아니라 근대화과정에 대해서도 서로 다른 시각을 가지고 출발하고 있다. 보다 단순히 말한다면 프레이리는 서로 다른 문화유산들의 긴장과 밀접한 관계를 중심으로 과거를 분석했다고 할 수 있다. 그의 다른 저서 『이층집과 천민의 집』의 분석대상인 근대화는 재유럽화 과정으로 비춰졌으며 브라질 사회를 획일화하는 개념을 내포하고 있다는 비판을 받았다. 세르지우 부아르키 지 올란다의 경우 『브라질의 뿌리』는 브라질의 근대화가 안고 있는 딜레마를 중점적으로 다루고 있다. 그가 보기에 브라질은 식민의 유산으로서 추상적이고 보편적인 규칙들을 설정하는 데 큰 어려움을 겪고 있다고 한다. 그의 말에 따르면 농장주의 대저택이 내포하고 있는 정신문화가 도시에 침투하였다는 것이다. 이처럼 올리베이라 비아나, 지우베르투 프레이리 그리고 세르지우 부아르키 지 올란다는 다양한 각도에서, 자신들이 브라질의 역사적 형성에 부여한 어떤 공통점에 대하여 관심을 끌어 모았는데 그 공통점이란, 브라질 사회에서 농촌지주와 인간관계를 중심으로 전개되는, 대가족의 중심적 역할을 인정한 것이었다.

도시문명과 북동부 오지 사람들 사이의 문화적 거리에 대한 논의와 국가 프로젝트에 대한 논의는 1945~1964년 사이에도 지속되었다. 정치적인 차원에서 볼 때, 이 시대의 특징은 양 권위주의 기간 사이에 민주주의의 공백이 있었다는 것이며, 사회 경제적 변화라는 차원에서 이 시대의 특징은 산업화와 도시화가 이루어졌다는 것이다. 한편 지식계의 특징은, 1930년대 사회과학이 대학의 정규과정으로 제도화된 후, 유럽과 미국교수들의 방법론적 방향제시 및 영향하에 여러 출판물이 나왔다는 것이다. 하지만 브라질을 해석한 위대한 작품들의 시기에 대하여 상대적인 지속성을 강제로 지목할 이유는 없다. 왜냐하면 20세기 초 이래 브라질 지식계의 주요 의제를 구성했던 상당수 문제들이 그 중요성을 유지했기 때문이었다. 그 의제들 속에는, 변화의 과정에 참여하려는 프로젝트와, 산업화와 도시화된 민주주의 사회를 지향하며 그 프로젝트에 영향을 미치거나 아예 방향을 제시하려는 기획들이 강하게 내재되어 있었다.

근대 브라질이 문제시됨과 동시에, 학술출판물들과 사회과학 학술대회 등에서 제기된, 변화에 대한 이른바 문화적 저항들에 대한 분석이 주목을 받았다. 특히 플로레스탕 페르난지스Florestan Fernandes는 1940~1950년대 쓴 사회변화들에 대한 저술을 통해 그 변화의 문제에 전념하였다. 그의 관점에서 볼 때 근대화는, 사고와 행위의 합리적인 자원을 요구하며, 브라질의 주요 도시에서조차 극복되기 힘든 마술적-종교적 신앙을 예로 들면서, 문화적 성격의 장애물들에 부딪힌다고 한다. 그러한 상황은 농촌에서 더 힘겨운데, 그에 따르면 그 이유가, 농촌의 경우 전통에 순응해온 무수한 개인들이 18세기나 19세기 때처럼 살고 있기 때문이었다. 그는 브라질의 문화적 현실이 에우클리지스 다 쿵냐가 『오지』에서 묘사한 그대로였고 한동안 그런 상태에서 지속될 것이라고 생각했다.

플로레스탕 페르난지스의 저술들에서 언급된 주요 참고문헌 가운데 하나는 브라질에 정착한 독일 사회학자 에밀리오 빌렘스Emílio Willems의 연구들로서 이 독일학자는 이민자와 카보클루의 문화적 변용을 연구하였다. 빌렘스는, 도시문명과 북동부문화들의 다양성multiplicidade에 공통기반으로 작용할 수도 있는, 공유된 어떤 이해체계가 부재하다는 생각에서 출발하였다. 그의 분석은 시골문화cultura rústica의 개념에 한정되었는데 그는, 포르투갈인의 본래 문화가 가지고 있던 특징이 이전되어서이든 아니면 변화를 통해서이든, 또 아니면 먼저 원주민 인디오와의 접촉과 그 뒤를 이은 아프리카 문화와의 접촉 때문이든, 전통문화의 세계를 포르투갈 식민자들의 새 세계에 대한 적응의 결과로 이해했다. 식민화가 시작된 첫 2세기 동안 형성된 그 문화는 세월을 관통해 지속되었으며 인종 간 문화적 접촉의 특수한 패턴을 나타내고 있다.

예를 들어 안토니우 칸지두Antônio Cândido는 자신의 저서 『히우보니투의 협력자들』(*Os Parceiros do Rio Bonito*)에서 전통적인 상파울루 주의 시골사람들caipiras이 유지하던 삶의 방식과 사회적 교류 패턴에서의 변화를 연구하고 있는데 그는 그 변화를 상파울루 주의 도시화와 산업화 과정과 함께 나타난, 사회문화적 변화와 연관시키고 있다. 그는 시골 사람에 대한 부정적인 전형들에 대하여 허심탄회한 논쟁을 전개하면서 제카 타투가 게으름뱅이가 아니며 그저 단순히 야망이 없는 존재라고 생각한다. 또한 올리베이라 비아나의 관점과도 논쟁을 벌이면서 그 작가가 라티푼디움에 부가한 자율성이란, 촌구석bairro caipira에서 찾아져야만 할 것이라고 주장한다. 안토니우 칸지두에 따르면 그 사회적 교류의 패턴은 최저생활 경제로부터 자본주의 경제로 넘어가는 과정에서, 즉 시골사람의 사회생활이 가족에 국한되는 바람에 자신이 사는 구역을 중심으로 조직된 인적 관계의 상실을 의미할 때, 크나큰 변화를 겪는다는 것이다.

시골문화의 개념은 또, 마리아 이자우라 페레이라 지 케이로스Maria Isaura Pereira de Queiroz의 농촌생활, 정치사회학 그리고 메시아운동에 대한 연구에서도 나타났다. 그녀는 에밀리오 빌렘스가 제시한 농촌-도시라는 연속성의 개념을 비판하고 있을 뿐만 아니라 에우클리지스 다 쿵냐가 제시한 북동부 오지 주민들의 고립 명제도 비판한다. 그녀의 입장에서 볼 때 만일 우리가 다른 사회 그룹들과 설정된 관계를 고려한다면 시골사람을 정의하는 요소는 고립에 있는 것이 아니라 상대적인 경제적 독립에 있다는 것이다. 이것은 시골사람들이 최저생활을 위해 농작물을 재배하며 살아가기 때문이거나 아니면 단일농작물 재배 경제뿐만 아니라 브라질의 도시경제에 보완적인 방식으로 참여하기 때문이라고 주장한다. 실제로 핵심도시지역과의 몇몇 상호작용 방식이, 북동부 오지 사람과 시골사람의 더 큰 고립을 야기함으로써, 이들의 쇠퇴와 빈곤 상황을 더 악화시키는 것인지도 모른다.

안토니우 칸지두와 마리아 이자우라 페레이라 지 케이로스의 시골사회그룹들에 대한 연구를 통해 엿볼 수 있는 것은, 이른바 도시문명이라고 부르는 것에 대하여 이들 주민들이 통합되는 과정에서 나타나는 모순들을 강조하고 있다는 것이다. 그리하여 시골은 근대화과정과 그에 따른 모순 및 충격들에 대한 연구에 있어서 하나의 특권 테마가 되었다.

그 과정에 대한 사회학자들의 분석에서, 1950년대 후반 이래 도시에 대한 연구가 증가하고 나아가 연구의제 또한 확대된 것을 확인할 수 있다. 그 연구들의 주된 경향은, 노조화와 정치적 대의문제와 같이, 산업화 및 그것과 관련된 테마들의 분석인 것으로 나타났다. 도시에 대한 그러한 관심은 농촌세계에 헌신했던 사회학자들 사이에서도 아주 빈번하게 나타났다.

그러나 70년대부터는 브라질의 대학원과정에서 사회과학이 활발히 발전되어 광범위한 사회연구 분야가 공고히 되었는데 이 연구분야는 먼저 1963년 농촌근로자헌장Estatuto do Trabalhador Rural과 1964년 토지헌장Estatuto da Terra의 충격 여파에 대한 분석에 치중하였다. 1950년대와 60년대의 연구전통과 맥을 이으면서 무엇보다도 사회적 권리의 농촌 확대 및 그것의 문화적, 정치적 의미에 대한 분석이 이루어졌다. 사실 그 권리들은 초기 수립과정에서 농촌근로자들을 배제하고 있었다.

도시연구와 관련해서는, 모더니즘적 수도인 브라질리아가 오지에 건설된 해에 우 이스타두 지 상 파울루지가 리우데자네이루 빈민촌favela에 대한 폭넓은 첫 사회학적 연구 결과를 발표했다는 점이 흥미롭다. 그 기사의 제목은 「리우데자네이루 빈민촌의 인간적 양상」(*Aspectos humanos da favela carioca*)으로 주제 아르투르 히우스José Arthur Rios가 주도한 연구였다. 1960년대 이래 그 주거형태에 대하여 지속적인 비판이 이어졌으며 빈곤의 문화개념과, 그곳 주민들의 시골성ruralidade 및 변두리성marginalidade이라는 신화에 기초한, 설명들을 문제시하였다. 하지만 빈민촌을 의미하는 포르투갈어 파벨라favela는 본래 favela라는 식물의 이름에서 기원한 것으로서 그 식물이 풍부했던 카누두스의 구릉 가운데 하나를 지칭하였었다. 이것이 리우데자네이루의 구릉지대를 지칭하는 단어로 쓰이게 된 것인데, '카누두스의 난'을 주도했던 안토니우 콩셀레이루Antônio Conselheiro의 추종자들을 격퇴한 군인들이 전쟁 후 이 지역으로 몰려왔었다. 이 명칭이 20세기 초에 그와 비슷한 성격을 지닌 도시 집단촌을 지칭하는 용어로 일반화된 것은 카누두스와 도시문명, 농촌/오지와 도시 사이의 아직도 긴장되고 문제가 많은 대비를 생각하게 한다.

참고문헌

BOTELHO, André. "Sequências de uma sociologia política brasileira". *Dados*, vol. 50, nº 1, Rio de Janeiro, 2007.

BOTELHO, André e SCHWARCZ, Lilia Moritz. *Um enigma chamado Brasil: 29 intérpretes e um país*. São Paulo, Companhia das Letras, 2009.

CARVALHO, Lucas Correia. *Transição e tradição: mundo rústico e mudança social na sociologia de Maria Isaura Pereira de Queiroz*. Dissertação de mestrado em sociologia. Rio de Janeiro, PPGSA/IFCS/UFRJ, 2010.

GARCIA JR., Afrânio e GRYNSPAN, Mário. "Veredas da questão agrária e os enigmas do grande sertão". *In*: MICELI, Sergio (org.). *O que ler na ciência social brasileira*. São Paulo, Sumaré/Anpocs, 2002.

LIMA, Nísia Trindade. *Um sertão chamado Brasil*. Rio de Janeiro, Revan/IUPERJ, 1999.

VALLADARES, Licia do Prado. *A invenção da favela - Do mito de origem à favela*. Rio de Janeiro, FGV, 2005.

é carnaval!

카니발이다!

마리아 라우라 비베이루스 지 카스트루 카바우칸치
Maria Laura Viveiros de Castro Cavalcanti

Maria Laura Viveiros de Castro Cavalcanti

리우데자네이루연방대학교(UFRJ)의 인류학 교수로 재직 중이며 주요 저서로는『리우카니발: 준비에서 행렬까지』(*Carnaval carioca: dos bastidores ao desfile*. Editora da UFRJ, 1994)가 있다.

MANGUEIRA
MINHA VIDA E MEU AMOR
JAMELÃO
Velha Guarda

카니발Carnaval은 놀기에도 좋고 직접 실현하기에도 좋고 생각하기에도 좋다. 카니발은 문명의 축제로서 우리는 시간의 먼지 속에서 그 휘황찬란한 흔적을 찾는다. 또한 카니발은 현대의 축제로서 언제나 마르지 않는 다양성 속에서 전개된다. 카니발이여, 영원하라! 우리가 놀 때면 우리는 모든 것을 중심에서 벗어나게 하는 카니발의 전복적인 보호방패 아래로 숨는다. 또 카니발을 직접 실현할 때면 우리는 카니발의 열정적인 광란의 소용돌이에 빠져든다. 모든 것이 수요일의 재로 화하고 이어 거의 은밀하게 제자리로 되돌아와 높고도 아름다운 소리로, 어디 비할 데 없는 '여기'와 '현재'의 은총이 새롭게 공표될 때까지 점차 힘을 갱신한다. 그리고 우리가 카니발에 대하여 생각을 할 때면 그것은 우리가 카니발에 흠뻑 빠져 있다는 것이며 바로 그 흡수력과 강한 장엄함이 우리로 하여금 카니발의 놀랍고도 복잡한 세계로 빠져들게 한다.

카니발은 어떤 특별한 시기를 뜻한다. 잘 정의된 카니발의 사회적 내용에는 기쁨 그 자체와, 육체 및 '여기'와 '현재'에 대한 찬양이 포함되어 있다. 그 기간에는 일상적인 사회생활의 규칙들이 중지된다. 그리고 우리는 기분 좋게 집을 거리나 댄스홀로 바꾸며 낮을 밤으로 혹은 시간의 단조로운 흐름을 강열한 지속의 시간으로 바꾼다. 카니발 동안 참가자들은 평상복이나 유니폼을 판타지로, 얼굴을 가면으로, 절제하는 행동을 과시적이고 활기찬 장난기로 바꾼다. 원하는 사람은 누구나 참가하여 체력을 완전히 소진할 때까지 가면을 쓰고 길에서나 댄스홀에서 뛰며 춤출 수 있으며 악기도 치고 노래도 부를 수 있다. 행렬에 끼어들어 타인들과 경쟁을 하거나 자신의 모습을 자랑할 수도 있다. 아니면 매년 돌아오는 카니발을 위해 쉴 수도 있고 일을 할 수도 있다. 공공성을 지닌 축제이자 도시축제로서 손색이 없는 카니발은 시민들로 하여금 그 흥분의 축제를 펼칠 공간을 요구토록 부추긴다. 그 흥분의 불꽃을 피울 수 있는 장소라면 거리, 대로, 고가도로, 활주로, 테니스장, 마을 공터, 광장, 실내의 대형 홀, 무대, 테라스 등 어느 곳이든 상관이 없다. 이 축제의 상징적인 성격이나 종교적 속성은 아주 다양한 형태 속에서, 별다른 어려움이 없이, 온전히 카니발을 인식게 한다.

카니발의 예외적인 특징은, 일상적인 사회생활과의 대비뿐만 아니라, 가톨릭 문명의 전통에서 그 즉시 이어지는 사순절 기간과의 대비를 통해 명확히 드러난다. 여러 사회의 구체적인 역사에서 찾아볼 수 있는 카니발 축제의 시간은, 통속적이면서 보다 직선적인 달력과 그것과 교차하는 순환적 성격의 우주적 달력을 다 같이 통합한다. 연속적인 해 —2010, 2011, 2012— 가 우리를 미래로 끌고 가는 반면에, 카니발이 속한 순환적인 축제의 달력은 매년 새롭게 시작되며 전통적인 내용이 가득한 상태에서 반복된다.

그 축제의 순환적인 달력을 구성하는 것 자체가 축제의 역사이다. 일상적인 행동규칙들의 일시 정지 —사회적인 위계질서의 전복과 가면의 사용 그리고 남녀의상의 교차 사용 등으로— 는 많은 문명과 인간 사회에서 찾아볼 수 있는 고대의 축제 요소를 내포하고 있다. 그럼에도 카니발은, 오늘날 우리에게 전해진 것처럼, 실제로는 기독교적 문화의 전통 속에서, 유럽에서 탄생하였다. 서기 4세기 경부터 로마제국의 쇠퇴와 더불어 기독교의 달력은 확장되어 점차 광대한 지역 거주민의 미풍양속을 패턴화하였다. 그리하여 이단적인 성격의 대중적 축제가 지니고 있던 많은 요소가 사순절 바로 직전의 시기에 합쳐져 지금의 카니발을 일궈내었다.

이처럼 카니발은 기독교의 달력 속에 삽입된 하나의 축제이며 그 기독교 달력은 예수 그리스도의 죽음과 부활이 지니는 전설적·종교적 사건들로 채워졌다. 그리고 그 달력 내에 카니발과 사순절 사이의 근본적인 종교예식적 상반相反 내용들이 자리하게 되었다. 그 상반되는 내용들 가운데 카니발적인 요소들이란 기쁨과 감정의 토로, 공격성의 예식적 표출, 육욕과 식욕 그리고 사치욕 등의 가장 분방한 표현행위들이며 사순절의 요소들로는 절제, 슬픔, 적막감, 금식, 인내 등이 있다.

카니발이 지니는 문명적·보편적 차원과 공적이고 축제적이며 그로테스크한 중세문화의 수용에서 그것이 차지하는 능동적인 역할은 러시아의 문예비평가인 미하일 바흐친Mikhail Bakrtin의 프랑수아 라블레François Rabelais에 대한 연구서 『중세와 르네상스 시대의 대중문화』(*Cultura popular na Idade Média e no Renascimento*)에서 잘 드러났다. 이 책은 1987년 브라질에서 번역 출판되었었다. 영국의 사학자인 피터 버크Peter Burke 역시 자신의 저서 『근대의 대중문화』(*A cultura popular na Idade Moderna*)를 통해 16~18세기 사이 서구의 대중문화가 내포하고 있는 공통의 레퍼토리에서 그 축제가 차지하는 절대적인 위치를 연구하였다. 이 책 역시 1989년 브라질에서 번역 출판되었었다.

브라질의 카니발

브라질의 카니발 —혹은 복수형을 써서 브라질의 카니발들이라고 말할 수도 있을 것이며 브라질에서 벌어지는 카니발적 성격의 축제들이 지니는 다양성은 엄청나게 크다— 은 현대 세계에서 개최되고 있는 주요 카니발 가운데 하나이다.

그 오래된 유럽의 축제는 이베리아 반도를 거쳐 브라질에 도착하였으며 리우데자네이루 시가, 19세기와 20세기 첫 25년간, 브라질 카니발의 전파자 역할을 하였다. 카니발은 이 도시에서 19세기 엔트루두Entrudo 축제와 함께 시작되었는데 엔트루두 축제는 동 도시의 길거리에서 서로에게 물동이 물, 냄새가 강한 레몬, 대형 피자모양의 빵 등을 내던지며 놀던 놀이문화의 일종이었다. 19세기 후반기에 이 축제는 일명 "대형 카니발grande carnaval"이 도착하면서 변화를 겪게 되었는데 이 대형 카니발이란, 니스, 베네치아, 파리 등 유럽 도시들의 카니발에서 선보였던, 사교모임이나 무도회 등을 의미한다. 곧이어 대중적인 판타지를 한, 무도그룹들ranchos e blocos로 이루어진, 일명 "작은 카니발pequeno carnaval"이 등장하였다. 20세기 초에 이 작은 카니발은 탄력을 받아 이른바 대중적인 카니발을 형성하기에 이르렀는데 이 카니발은 삼바스쿨들을 통해 가장 표현력이 높은 형식들을 갖추게 된다.

그리하여 이미 19세기 말과 20세기 초 리우데자네이루의 카니발은, 공공장소에서의 행렬을 위해 시내 주요 거리들을 점령함으로써, 매우 특징적인 카니발로 거듭났다. 이 퍼레이드는 종종 당시의 신문사들과 시청의 후원으로 열렸으며 가장무도 차량과 중소규모의 참가그룹들 간의 경쟁이 치열하곤 하였다. 그러한 상황에서 삼바스쿨들은, 1920년대부터 리우데자네이루 시의 규모 확대와 인구 증가에 발맞춰, 현저히 대중적인 조직체로 거듭나게 되었다.

하지만 동 도시의 외곽지대와 구릉들 그리고 중심지역에 살던 흑인, 물라토, 가난한 백인들의 문화적, 축제적, 리듬적, 음악적 표현들이 가세하면서 삼바스쿨들은 탄생 이래 줄곧 근대적이고 혼혈적인 표현expressão moderna e híbrida을 띠게 되었다. 삼바스쿨에는 또 도시 중산층의 일부가 포함되었는데 그로 인하여 이전의 카니발이 지니고 있던 사회적·예술적 요소들이 이 중산층들의 요소들과 합쳐져 융합되었다. 예를 들면 소규모 삼바그룹들의 타악기 리듬, 삼바스쿨의 상징 깃발, 무도행렬, 가장무도행렬의 테마, 행렬대장 그리고 상징 깃발 기수, 대형사교모임들의 알레고리들 등이 그것이다. 도시의 삼바 자체는, 브라질 국민 가운데 아프리카계 브라질인, 도시중산층의 일부 그리고 이제 막 탄생하기 시작한 라디오와 음반업계가 상호작용을 통해 형성한 음악장르들과 함께 그 모습을 갖추게 되었다.

1950년대경에는 이미 많은 삼바스쿨이 리우데자네이루에서 탄생하였으며 상호 경쟁하는 체제에서의 가장무도행렬들이 시민들의 마음을 사로잡았다. 2006년 증보판이 나온 필자의 저서 『리우데자네이루의 카니발: 가장무도행렬의 뒷얘기』(*Carnaval carioca: dos bastidores ao desfile*)는 한 대형 삼바스쿨이 1년간 해온 퍼레이드 준비 전全 과정을 추적, 기록하고 있다. 카니발 행렬의 공들여진 예술적 형태 —타악기부대의 강력한 타악기 리듬과 음악 그리고 똑같은 차림과 춤을 선보이는 행렬의 일부그룹alas과 알레고리로 장식한 행렬 참가자들의 조형적·시각적 표출행위를 수반하면서 매년 새롭게 장식되는 삼바 주제곡samba-enredo의 서술 전개 등— 는 삼바스쿨들로 하여금 가장 완성도가 높은 현대 대중문화의 표현으로 자리매김하도록 만든다. 참가자 각각의 의상과 장식에 요구되는 복잡한 구도와 같이, 매년 가장무도 행렬을 지배하는 경쟁체제와 위계질서체제는 삼바스쿨들로 하여금 사회적 결합의 효율적 장치가 되게 한다. 또한 그것은 삼바스쿨들로 하여금 하나의 전체로서 리우데자네이루의 가치와 긴장상황 그리고 갈등을 표현하는 하나의 매개물이 되게 한다. 삼바스쿨은 이제 막 시작되려던 문화적 교환과 전파의 역사에 첫발을 내딛으며 브라질의 많은 도시 —상파울루São Paulo, 포르투알레그리Porto Alegre, 벨렝Belém, 마나우스Manaus, 성루이스두마라냥São Luís do Maranhão, 페이라지산타나Feira de Santana, 사우바도르Salvador, 헤시피Recife, 성주엉데우헤이São João d'el Rei 등— 로 급속히 퍼져나갔다. 그 명성은 곧 세계로 퍼져갔고 오늘날에는 브라질의 삼바스쿨에서 영감을 받아 몇몇 유럽 및 미국 도시들 그리고 일본의 도쿄와 같은 지역에서도 삼바와 카니발 행사 네트워크가 구성되기에 이르렀다. 1950년대와 1970년대 사이에 브라질에서 카니발을 즐기는 방식들이 대중적으로 크게 확산됨에 따라 삼바스쿨들은 브라질 사회사상사적 차원에서 국가의 문화적 정체성을 상징하는 적합 기제로 작용하게 되었다.

1980년대부터는 세계적인 변화와 더불어 브라질 국민성을 문화적으로 표상하는 방식 자체가 상당히 바뀌었으며 그 결과 점점 더 문화적 다원주의와 차이들이 각광을 받기에 이르렀다. 리우데자네이루에서 스페셜그룹의 가장무도행렬을 대형 아이콘으로 취하는 삼바스쿨들의 카니발은, (카니발 문화의) 민족주의적 상징으로서의 헤게모니를 잃어가고 있다. 많은 다른 카니발이 보다 특색 있게 브라질 전역으로 퍼져나간 것이었다. 이 카니발들은, 지역문화의 독특함을 보다 광범위하게 알리는 데 주안점을 두는, 문화·관광정책에 의해 자극을 받은 것이었다. 아프리카계 가장무도와 행렬들을 중심으로 전개되는 사우바도르의 카니발, 거대한 인형들을 주 소재로 하는 올린다의 카니발 그리고 프레부frevo와 마라카투maracatu, 곰 그리고 삼바스쿨들이 중심이 되고 있는 헤시피의 카니발, 동물 형상과 삼바스쿨들을 중심으로 한 벨렝의 카니발, 역시 삼바스쿨들과 소의 형상을 중심으로 하는 마나우스의 카니발 등이 그것이다. 삼바스쿨들이 탄생한 곳이자 대중의 기호와 도시 관광 및 TV 이미지로 오늘날까지 명예의 자리를 지키고 있는 리우데자네이루에서조차도 여러 구역에서 벌어지는 거리의 가장무도 그룹들의 다양성과 화려함, 시내중심가와 외곽지대에서 벌어지는 클로비스Clóvis 악단들의 다양성과 화려함이 이러한 변화를 증명한다.

동 도시의 여러 사회계층을 움직임으로써, 전 세계의 관광객들을 끌어들이고 있는 카니발 행사의 다양성 속에는 많은 재능과 창의력 그리고 노동이 내재되어 있다.

사회과학적 측면에서 본 카니발

대중적인 축제로서 카니발의 놀이들은 오랜 세월 동안, 이 도시 축제의 사회적 구축과정에 적극적으로 참여해온 브라질 민속연구가, 연대기작가 그리고 기자에게 빈번한 관심의 초점이 되었다. 1970년대에 카니발은 도시 인류학과 종교적 예식 연구의 관심 테마로서 사회학의 서지목록에 등장하였고 이어 1979년 출판된 호베르투 다마타Roberto DaMatta의 저서 『카니발, 날라리와 영웅들: 브라질의 딜레마에 대한 사회학을 위하여』(*Carnavais, malandros e heróis: por uma sociologia do dilema brasileiro*)와 함께 결정적으로 학계 관심의 핵을 이루었다. 그리고 1992년에 마리아 이자우라 페레이라 지 케이로스 Maria Isaura Pereira de Queiroz의 『브라질의 카니발: 현실과 신화』(*O carnaval brasileiro: o vivido e o mito*)가 출판되면서 카니발에 대한 커다란 관심을 불러 모으기에 이르렀다. 현대의 학술출판에 있어서 중요한 지침서로 간주되고 있는 이 두 서적은 리우데자네이루 삼바스쿨들의 위상을 상당히 강조하고 있다.

호베르투 다마타의 저서는 창의성과 해석의 측면에서 그 시대에 한 획을 그었다. 그의 책은 브라질 사상계의 뛰어난 인물들—지우베르투 프레이리Gilberto Freyre, 카이우 프라두 주니오르Caio Prado Júnior, 세르지우 부아르키 지 올란다Sérgio Buarque de Holanda, 카마라 카스쿠두Câmara Cascudo, 아마데우 아마라우Amadeu Amaral, 플로레스탕 페르난지스Florestan Fernandes 등—과 대화를 나누고 있는데 이 인물들은 각각 자신의 저서를 통해 국민성nacionalidade의 상징적인 표상들을 연구하거나 문제화하였다. 그와 동시에 호베르투 다마타의 책은, 종교의식儀式 연구의 인류학적 전통에서 확고한 자리를 차지하였다. 여기서 종교의식은 집단행위의 차원으로 이해된 것이며, 그 집단행위의 차원이란 브라질 사회의 핵심적이고 영속적인 가치가 드라마화되는 공간을 의미한다. 요약하자면, 그의 책은, 저자의 멋진 표현을 빌려 표현하자면, "브라질이여, 그대가 하고 있는 것"을 분석하고 있다. 좀 더 학술적인 표현을 빌리자면, 그의 저서는 자본주의 세계체제에 주변부 사회의 참여가 갖는 문화적·사회학적 특수성을 논하고 있다. 여기서 자본주의 세계체제란, 민주주의와 평등권에 대한 부르주아계급의 이데올로기를 그 비판적 가치로 갖는 체제를 말한다. 이 책의 핵심논제는, 상반되는 두 개의 가치 세계 사이에서 브라질 사회가 경험하고 있는 지속적인 긴장이며 여기서 말하는 상반된 두 개의 가치세계란, "후견행위patronagem"와 일명 브라질식 문제해결의 방식을 의미하는 "제이칭뉴jeitinho"가 지배하는 전체론全體論, holismo 적이고 위계질서를 강조하는 세계와 개인주의적 가치들이 지배하는 민주적이고 파편화된 세계를 가리킨다.

물론 이 책 전부를 이러한 내용으로 축소하여 이해해서는 안 된다고 해도, 내용의 분석이 그 핵심논제를 지탱하고 있는바, 핵심적인 종교의식 가운데 하나는, 분명 브라질 국민성의 결정적인 면이 확연하게 드러나는, 리우데자네이루 삼바스쿨들의 멋진 가장무도 행렬이라는 것을 강조하고자 한다. 브라질의 현실에서 작용하고 있는 사회적 관계들의 구조와 대화를 하는 여타 사회조직들에서 그러하듯이, 삼바스쿨에서의 평등 이데올로기가, 분명히 어떤 위계질서적인 이데올로기에 묻혀 있는 가정família과 후견인집단, 독단적인 집단에게도 중첩되어 있을 것이다. 모든 이에게 종교의식에의 참여 문호를 개방함과 동시에 스스로의 조직 중심에 대한 통제를 보장하고 있는 삼바스쿨들이 그 사회시스템에 하나의 틈을 야기할 것이며 이것은 결국 "불평등들의 화해harmonização das desigualidades"를 야기하게 될 것이다. 카니발의 종교의식에서, 보다 광범위한 사회적 현실에 대한 압도적인 위계질서적 언어행위는 경쟁과 평등 그리고 보상이라는 언어행위로 탈바꿈할 것이다.

마리아 이자우라 페레이라 지 케이로스가 쓴 저서 『브라질의 카니발: 현실과 신화』는 다마타가 제시한 접근법과 대조를 이룬다. 카니발에 대한 이 작가의 관심은 브라질 사회의 문화적 차원에 대한 자신의 광대한 연구와 맥을 같이하고 있다. 사회학자인 그녀의 연구에는 사회학을 포함하여 여타 다른 지식 분야—인류학, 역사, 정치, 민속—가 중첩되어 적용되고 있는데 이것은 사실 브라질 사회학의 가장 특징적인 부분이기도 하다. 그녀의 저서에서 카니발은 사회역사적 관점에서 접근되고 있다. 그리하여, 그녀가 보기에, 단순히 사회의 자기 자신에 대한 본원적 시각visão nativa을 중요시하는 해석에 반대하여, "느껴진 것sentido"에 대한 "경험되어진 것vivido"의 분석적 우월성을 강조하고 있다. "경험되어진 것"이라는 용어는 사회에 대한 사회학적 차원의 해석을 의미하는 용어이다. 비록 사실들이란 것이 사회가 언제나 스스로에 대하여 생각하기 위해 분류하는 것임에도 불구하고, 그러한 개념은 언제나 사회의 다른 차원들에 의해 강하게 결정되어진다는 의미에서 그렇다는 말이다. 예를 들어 카니발 축제에 있어서의 변화는 항상 도시 사회의 변화에 부응한다는 것이다. 따라서 실질적으로 "경험되어진 것"은, 단지 "느껴지기"만 하면서 "신화"로만 표현된 것에 대하여 우월성을 지니게 된다. —인류학적인 속어에 따르면 이 개념은, 페레이라 지 케이로스가 언급하듯이, 본원적인 표상들representações nativas이라고 부르는 것이거나 한 사회의 구성원들이 자기 자신에 대하여 가지고 있는 개념들에 보다 가깝다. 저자는 브라질의 카니발 형성에 기여한 포르투갈과 유럽까지의 흔적들을 추적하고, 리우데자네이루에서 카니발의 놀라운 발전 상황을 기술하면서 동 도시의 삼바스쿨 세계에 대한 조구 두 비슈jogo do bicho(일종의 도박)의 후원mecenato 문제를 다루고 있다. 특히 그녀는 자신의 저술에서 그 도시축제의 적응과 혁신

능력에 대해 확신하고 있다. 그러니까 세월의 흐름 속에서 어떤 낡은 형태의 카니발이 잊어지면 다른 형태의 카니발이 곧 그 자리를 차지한다는 것이다. 축제는 새로운 프레임 속에서 발전하는 사회의 와해와 재조직으로 파괴되는 대신에 오히려 항상 새로운 자극과 새로운 모습을 갖게 된다는 것이다. 그리하여 변화를 그 자체로 이해하는 것이 필요할 뿐만 아니라 새로 탄생하는 것에 대한 사회학적 이해를 시작할 필요가 있다고 말한다. 결국 페레이라 지 케이로스는 도시 축제의 핵심으로 간주되는 삼바스쿨들의 풍요롭고 화려한 퍼레이드들에 대해 열린 접근법을 제안한 셈이다. 나아가 그녀는 축제의 경쟁적·투쟁적 성격 그리고 그것이 내포하고 있는 사회적 통합의 효과들을 강조했다. 특히 대중문화의 사회학적, 인류학적 분석들을 특징짓는, 강한 낭만적 경향에 역행하는 분석 방향을 제시했다. 그녀는 또 브라질의 카니발에, 현대 대중문화의 형성에 바로크적 문화의 전통이 강하고 자리하고 있다고 주장했다.

다양한 분석적, 해석적 시각을 보여주고 있는 이 두 책은 공히 카니발을 둘러싼 브라질 정체성의 문제제기와 토론의 지평을 크게 넓혀준 것으로 판단된다. 그 책들과 더불어 카니발축제는 현대의 광범위한 연구테마로 자리매김하였다.

결국 카니발 축제의 순환적인 속성, 인간의 감각에 대한 강렬한 어필, 표현방식의 다양성, 조형미 등은 그 축제로 하여금 인간의 역사, 가치 그리고 사회적 역동성이 지니는 상징적 표현에 특히 적합하도록 만들고 있다. 많은 노동과 협력, 긴장과 갈등은 카니발의 종교적 의식 기간이 만들어내는 놀라운 것들의 생산에서 일부분을 차지하고 있다. 보다 폭넓은 사회생활의 일상적인 시간과 그 축제의 예외적인 시간이, 종교적 의식의 다면적이고도 창의적인 언어행위 속에 서로 얽혀 있는 것이다.

참고문헌

BAKHTIN, Mikhail. *A cultura popular na Idade Média e Renascimento: o contexto de François Rabelais*. São Paulo/Brasília, Hucitec/UnB, 1987.

BURKE, Peter. *Cultura popular na Idade Moderna*. São Paulo, Companhia das Letras, 1989.

CAVALCANTI, Maria Laura Viveiros de Castro. *O rito e o tempo: ensaios sobre o carnaval*. Rio de Janeiro, Civilização Brasileira, 1999.

_________. *Carnaval carioca: dos bastidores ao desfile*. 3ª ed. revista e ampliada. Rio de Janeiro, UFRJ, 2006.

CAVALCANTI, Maria Laura Viveiros de Castro e GONÇALVES, Renata de Sá. *Carnaval em múltiplos planos*. Rio de Janeiro, Aeroplano, 2009.

DAMATTA, Roberto. *Carnavais, malandros e heróis: por uma sociologia do dilema brasileiro*. Rio de Janeiro, Zahar, 1979.

FERREIRA, Felipe. *O livro de ouro do carnaval brasileiro*. Rio de Janeiro, Ediouro, 2004.

PEREIRA DE QUEIROZ, Maria Isaura. *Carnaval brasileiro: o vivido e o mito*. São Paulo, Brasiliense, 1999.

O Lugar do Centro e da Periferia

중심과 주변부

베르나르두 히쿠페루Bernardo Ricupero

Bernardo Ricupero

상파울루대학교(USP) 정치학과 교수로 재직 중이며 『카이우 프라두 주니오르와 브라질에서의 마르크스주의의 수용』(*Caio Prado Jr. e a nacionalização do marxismo no Brasil*. Editora 34, 2000), 『브라질의 낭만주의와 국가개념』(*O romantismo e a ideia de nação no Brasil(1830-1870)*. Martins Fontes, 2004)이 있다.

브라질 사상사에서 '중심'과 '주변'의 대한 논의는, 라틴아메리카라고 하는 보다 폭넓은 범주에서의 논의와 연관되어 있다. 중심과 주변이라는 이 양극 사이의 관계를 이해하려는 노력이 개진된 첫 번째 주요 장소는 1947년, 그러니까 2차 세계대전이 끝난 직후에 창설된 라틴아메리카 경제위원회CEPAL이다.

물론 이러한 형태의 분석에 앞서는 선례들은 제국주의 이론에서 찾아볼 수 있다. 하지만 CEPAL 이전의 논의들은 주로 선진자본주의 국가들을 중심으로 이루어졌고 그다음에 이 국가들의 발전이 그 외의 국가들에 반향을 불러일으킨다는 점에서 '지체된' 국가들에 관심이 주어졌었다.

브라질의 카이우 프라두 주니오르Caio Prado Jr.나 트리니다드토바고의 에릭 윌리엄스Eric Williams 그리고 아르헨티나의 세르히오 바구Sérgio Bagu와 같은 라틴아메리카 몇몇 학자들도 식민시대 이후 동 지역과 세계자본주의와의 관계에 관심을 기울여왔었다. 하지만 그들은 그러한 인식을 보다 체계적으로 발전시키지는 못했다.

그런데 2차 세계대전 후, 중심과 주변이라는 양극 간의 상호관계와 중심과 주변 간의 차이를 강조하는 주장이 힘을 얻기에 이르렀다. 사실 정치, 경제, 사회 이론의 상당 부분이 북대서양 지역의 선진국들이 안고 있던 특수한 여건들을 중시하는 식으로 전개되었음에도 불구하고 학자들은 그 여건들을 보편적으로 유효한 것으로 간주하곤 하였다. 그리하여 마르크스주의나 근대화론 그리고 신고전 경제학 등은 선진사회들이 거쳐 간 길을 나머지 '뒤처진' 국가들이 답습할 것이라고 주장하곤 하였다.

CEPAL 운동

1948년 CEPAL의 위원장이었던 아르헨티나의 경제학자 라울 프레비시Raúl Prebisch는 '주변부가 우려하는' 경제이론의 이른바 '보편성의 거짓된 의미'를 지적하며 반기를 들었다.

CEPAL 이전에 라틴아메리카의 경제는 주로 리카르도David Ricardo의 비교우위론에 준하여 이해되었다. 영국의 이 고전경제학자에 따르면 특정 상품의 생산에 있어서 각국에는 전문 분야가 있기 마련이며 이것은 그 국가 내부에 존재하는 생산요인의 유용성을 반영한다는 것이다.

그 결과 노동의 국제분업이 이루어지는데, 라틴아메리카 국가의 경우는 땅이라고 하는 생산요인의 유용성 덕분에 농업 분야에서 진정으로 특화된 모습을 갖는다는 것이다. 이 모델에 따르면 라틴아메리카 지역의 경우 산업은 그들의 비교우위에 해당하지 않으므로 '인위적인' 것이 된다는 게 일반적인 상식이었다.

다른 관점에서 프레비시는 기술발전의 확산이 동질적이지 않다고 주장한다. 그 결과 세계경제에서 산업중심부와 '광범위하고도 이질적인' 주변부가 형성될 것이라고 말한다. 보다 엄밀하게 말한다면 주변부에서의 기술발전은 중심부를 위한 식량과 원자재 생산부문에 국한될 것이라는 말이다. 따라서 대외 수출 지향적 경제와 함께 자본주의 전前단계라고 부를 수 있는 자급용 경제부문이 나타날 것이라고 한다. 달리 말하면 주변부의 경제는 이질적이며 분열된 경제로서, 동질적이고 통합된 경제를 갖고 있는 중심부와 대비를 이룰 것이라는 말이다.

그 외에도 주변부는 자기 기술발달의 결과 일부를 중심부로 이전할 것이라고 한다. 그 이전은 경제 사이클의 하강국면에서 중심부의 산업제품 가격이 주변부의 1차 상품 가격보다 덜 하락하여 발생하는 것이라고 주장한다. 그 결과 라울 프레비시가 교역 수단의 악화라고 불리는 일이 발생하는 셈이다.

한편 브라질의 경제학자인 세우수 푸르타두Celso Furtado는 CEPAL의 기준에서 출발하여 프레비시가 제시한 분석을 보다 심화시킨다. 하지만 그는 주변국들의 특수상황을 이해하려고 노력하면서 CEPAL의 생각을 유지하여 결국 이론 구성을 위한 자율적인 노력으로 새 길을 열게 되었다.

1961년 자신의 저서 『발전과 저발전』에서 세우수 푸르타두는 발전과 저발전 사이의 뗄 수 없는 관계를 제시하면서 중심부와 주변부 사이의 관계에 대한 논쟁을 급진전시킨다. 이를 토대로 그는 저발전을 이해함에 있어서, 근대화를 모든 국가의 경제가 거쳐야 하는 하나의 단계로서 간주하지 않는 대신, 구시대적 구조를 지닌 근대 자본주의 기업들의 침투로 파생된 하나의 특별한 과정으로 이해하였다.

이중경제로 특징지어지는 저발전은 달리 말해 '자율적인 역사과정'에 부합한다고 말할 수 있다. 그러니까 저발전은 발전을 향해가는 하나의 단계로 이해할 것이 아니라 산업경제 자체의 확산결과로 이해되어야 한다는 것이다.

하지만 모든 저발전 경제가 똑같은 것은 아니다. 조금 전에 언급하였던 저발전 경제의 이중성, 즉 낮은 금융화 단계의 외수용 산업부문과 내수용 산업부문이 공존하는 이중성 외에, 보다 복잡한 구조가 발생했기 때문이다. 위에서 언급한 다른 두 개 부문 외에도 그 복잡한 구조에서는 금융화된 내수시장용 부문이 하나 더 등장한다는 것이다.

1930년대 대공황시기의 브라질을 연구함에 있어서 저자가 이미 지적하였듯이 경제 사이클의 하강국면에서는, 산업부문을 포함하여 내수시장을 지향하는 경제활동에 유리한 조건들이 창출된다. 하지만 '안에서 밖으로의 발전' 초기 단계에서 그 역동성이 공급에 의해 이루어진다면 '밖에서 안으로의 발전'에서는 그 역동성의 요인이 수요에서 이루어진다. 그 이유는 수요가 외부의 공급에 부응할 수 없기 때문이다.

다른 말로 하자면, 수입대체산업으로 알려진 산업화의 독특한 양식이 발생한다는 것이다. 단지 내수시장을 위해 생산하는 어떤 산업부문이 보다 복잡한 기존의 저발전 경제구조에 있어서 더욱 중요해지는 것은 그 경제시스템의 구조적인 변화를 위한 길이 열린다는 것이다. 많은 라틴아메리카 정부, 특히 포퓰리즘으로 불리는 상당수 라틴아메리카 국가 정부가 자국의 산업화를 추구하는 과정에서 이러한 경제 운용에 호의적이었다.

종속이론

다른 한편으로 1964년 군사쿠데타 이후 브라질의 정치 환경은 이런 유형의 정책에 호의적인 것 같지 않았다. 여타 다른 라틴아메리카 국가에서도 곧 유사한 쿠데타들이 연속적으로 일어났으며 그 결과 동 지역에는 권위주의 체제가 확산되었다.

바로 이 무렵, 그러니까 당시에 칠레에서 망명 중이던 브라질 사회학자 페르난두 엥히키 카르도주Fernando Henrique Cardoso와 칠레의 사회학자 엔소 팔레토Enzo Falleto는 1969년, 『라틴아메리카에 있어서의 종속과 발전』이라는 제목의 텍스트를 집필하였으며 그 당시 두 사람은 CEPAL의 관련기관인 라틴아메리카 경제 사회 기획 연구소JLPES의 직원들이었다. 이 저서는 중남미에서 창궐하던 쿠데타들을 이해하려는 목적으로 써진 것이었다.

이를 위해 카르도주와 팔레토는 CEPAL이 그러했듯이 경제를 넘어 동 지역의 정치 사회적 양상을 고려하면서 발전에 대한 '종합적인 분석'을 시도하려 하였다. 사회적인 면과 관련하여 이들은 "발전 그 자체는 하나의 사회적인 과정"이라고 주장하였다. 이런 관점에서 발전은 단순한 자본의 축적 과정인 것처럼 중립적인 형태로 이해되어서는 안 되며, 자신의 지배력을 부가하려는 사회 각 그룹과 조직들 그리고 사회계급 간의 분쟁 결과로 봐야 한다고 주장했다.

그 이외에 이들은 발전의 정치·사회적인 차원을 이해하려고 노력하면서 그 발전이란 결정론적으로 일어나는 것도 아니고 자발적으로 일어나는 것도 아니라는 점을 지적하였다. 이러한 면이 동 저서가 분석하고 있는 내용의 핵심이었다. 그 이유는, 그들이 주장하는 바에 따르면, 서로 다른 사회 그룹과 조직 그리고 사회계층이 그들 자신이 처해 있는 구조적 한계를 시작으로 행동을 취하는 데에는 행동반경상 여지가 있다는 것이었다. 결국 발전의 "구조적인 장애물들을 극복하는 것"은 주로 정치에 달려 있다는 뜻이었다. 그러니까 발전을 위한 행동반경의 여지라는 것은 정치 영역을 의미했다.

자신들의 논리를 보완하기 위하여 그들은 특히 대내외적인 결정

요인들 간의 연결고리들을 찾고 있었으며 이것은 곧 양 극점 사이의 기계적인 어떤 관계가 있다고는 생각하지 않는다는 걸 의미했다.

그러나 카르도주와 팔레토만이 종속이론의 유일한 저자는 아니었다. CEPAL의 내부에서부터 CEPAL에 대한 비판을 전개해온 그들 외에도 안드레 군터 프랑크André Gunder Frank, 후이 마우루 마리니Ruy Mauro Marini 그리고 테오토니우 두스 산투스Theotônio dos Santos와 같이 확연히 마르크스주의적인 입장을 표명한 다른 학자들이 등장하였던 것이다. 그들 대부분은 칠레 대학교Universidade do Chile의 사회경제연구센터Ceso, Centro de Socioeconômicos와 연결되어 있었다.

하지만 CEPAL과의 먼 거리에도 불구하고 "종주국 對 위성국"이라는 공식과 같이 이 학자들의 상당수 공식은 자본주의 경제의 중심과 주변 사이의 CEPAL적 반명제로부터 나온 것이다. CEPAL 자체 외에도 미국의 신마르크스주의자인 폴 바란Paul Baran의 명제들 역시 '마르크스파 종속이론가들에게 영향을 미쳤으며 특히 자본축적의 세계적인 과정에서 자본주의는 몇몇 지역에서 발전을 야기한 만큼이나 여타 다른 지역에서는 저발전을 야기했다고 주장하는 학자들에게 큰 영향을 미쳤다.

'마르크스파 종속이론가들'의 분석에서 엿볼 수 있는 정치적 의미는 카르도주와 팔레토의 의미와는 매우 구별된다. 세우수 푸르타두와 여타 다른 학자들처럼 그들은 라틴아메리카에서 군사쿠데타 확산과 일치하는 수입대체산업의 심화 단계와 함께 동 지역경제가 침체되었다고 생각한다. 이것이 발생하는 이유는, 중간재 및 자본재 산업들이 요구하는 규모의 경제를 보장하기에는 내수시장이 작기 때문이다. 따라서 카르도주와 팔레토가 관찰한 정치행위에 대한 다양한 열린 가능성과는 별개로, 그들에게 있어서 정체에 대한 단 하나의 옵션은 사회주의라는 것이었다.

'마르크스주의 종속이론가들 중에서 가장 잘 알려진 학자 군데르 프랑크의 명제는 그의 저서 가운데 가장 잘 알려진 『저발전의 발전』(*Desenvolvimento do subdesenvolvimento*, 1964)에 잘 요약되어 있다. 바란은 오늘날 저발전국가들의 저발전을 야기한 것은 오늘날 발전된 국가들의 발전이었다고 주장한다. 다시 말하면 라틴아메리카 국가처럼 위성국가들의 정치, 경제, 사회구조가 제국주의 종주국들로부터 나온 결정요인들의 반영이라는 것이다.

라틴아메리카가 식민화 이후에 자본주의 지역이 되었다는 프랑크의 주장은 엄청난 파장을 불러일으켰으며 생산방식에 대한 토론으로 밝혀진 것들에 대한 논쟁에 다시 불을 당겼다.

가장 큰 반향을 불러 모았던 비판은 아르헨티나의 이론가 에르네스토 라클라우Ernesto Laclau에 의해 주도되었다. 그의 주요 명제는 프랑크가, 라틴아메리카 지역의 사회적 구성 속에 나타나는 생산관계를 우선 고려한 것이 아니라, 라틴아메리카를 유럽으로 연결시키는 교역관계를 우선 고려했다는 것이었다. 이것은 마르크스의 이론 그 자체이기도 하다.

충격과 새로운 가능성들

최근 몇 년 동안 '중심'과 '주변' 사이의 관계를 부각시키는 분석에 대해 다른 성격의 비판들이 늘어나고 있다. 예를 들면 근대화론에 대한 비판적 시각에도 불구하고 그러한 해석들이, 국가에 부여된 경제성장 추구 역할, 산업화 그리고 중앙집권적 성격들과 같이, 기존의 많은 전제를 유지하고 있다는 점이 지적되고 있다. 더 나아가 사회구조의 영향을 강조함으로써 인적 요인의 역할을 외면하고 있다.

후기구조주의 비평가들 일부는 중심과 주변의 개념 자체를 의문시하기에 이르렀다. 이들은 그러한 위치 분류가 독특한 시각을 의미하는 것은 아니라고 주장한다. 그와는 반대로 모든 사회는 근본적으로 같은 문제를 겪고 있다고 주장한다. 하지만 그러한 자세는 차이를 제외함으로써 또 다른 의미를 낳고 있다. 특히 중심과 주변이 서로 연결되어 있음에도 불구하고 자본주의 내부에서 불평등한 상황에 놓여 있다는 것을 인식하지 못하고 있는 것이다.

어쨌든 이러한 유형의 분석이 경제학, 사회학 그리고 정치학과 같은 정통적인 영역을 넘어 확대될 경우 '중심'과 '주변'을 분석함에 있어서 명확하지는 않지만 매우 흥미로운 가능성들이 지목될 수 있을 것이다. 특히 마샤두 지 아시스Machado de Assis에 대하여 이미 1970년대에 첫 작품들을 선보인 바 있는 호베르투 쉬바르츠Roberto Schwarz의 해석은 매우 의미 있다고 하겠다.

문학비평가인 그는 마샤두 지 아시스의 작품이 주변자본주의의 특정한 사회현실을 드러냄과 동시에 브라질 문학을 창출하려는 일련의 작업들을 구성하고 있다는 점을 보여주고 있다. 두 개의 발전은 어떤 점에서 상호보완적이다. 브라질의 상황과 유사한 상황을 경험하고 있는 국가들의 문학작품에서 유럽작품을 베끼거나 또는 큰 주의도 기울이지 않은 채 유럽문학의 줄거리들을 새로운 상황으로 가져와 재생산하는 것이 아주 흔한 일이었다.

결국 브라질의 상황이 브라질 문학에서 더 이상 강요된 이국주의나 특혜받는 양식들의 재생산이 되기 않기 위해서는 어느 정도 시간을 기다릴 필요가 있다. 문제의 소설들에 있어서 서술의 목소리가 노예들의 주인, 즉 개화된 자들인 체하려는 자에 의해 이루어지고 있을 때 그러한 상황이 벌어질 수 있다. 이것은 결국 국제자본주의에서 브라질이 안고 있는 상황 그 자체와도 연결되어 있다.

역설적으로 주변부에서 일어나고 있는 그런 류의 '고통' 속에 자본주의 중심부의 진실로 접근하는 양상이 존재한다. 그 이유는 중심부에서 덮여 있는 것의 많은 부분이 주변부에서는 거두절미된 채 드러날 수 있기 때문이다. 그러한 상황은 "자본주의 주변부의 대가"라고 불리는 마샤두 지 아시스와 같은 작가의 작품들처럼 러시아 문학의 상당 부분을 설명하는 데 도움을 줄 것이다.

달리 말하면 중심부와 주변부에 대한 분석 시각은, 아이러니하게도 라틴아메리카에게는 기존에 존재하지 않았던 새로운 가능성들을 창조하도록 해준다. 만일 동 지역이 사상의 생산자가 아니라 소비자로 비춰진다면, CEPAL의 창립 이래 추구된 이론 작업들이 세계적인 반향을 불러일으키면서도 그러한 가상적 경향과는 조화를 이루지 못하는 것이 우연한 일이 아니다.

참고문헌

BIELCHOWSKY, Ricardo (org.). *Cinquenta anos de pensamento na CEPAL*. Rio de Janeiro, Record, 2000.

CARDOSO, Fernando Henrique e FALETTO, Enzo. *Dependencia y desarrollo en América Latina*. México, D.F., Siglo Veintiuno, 1988.

FRANK, André Gunder. *Capitalismo y subdesarrollo en América Latina*. Buenos Aires, Ediciones Signos, 1970.

FURTADO, Celso. *Desenvolvimento e subdesenvolvimento*. Rio de Janeiro, Fundo de Cultura, 1961.

SCHWARZ, Roberto. *Ao vencedor as batatas*. São Paulo, Duas Cidades, 1992.

Cidadania e direitos

시민의 권리와 여타 권리들

마리아 알리시 헤젠지 지 카르발류Maria Alice Rezende de Carvalho

Maria Alice Rezende de Carvalho

리우데자네이루가톨릭대학교(PUC-RJ)의 사회정치학과 교수로 재직 중으로 주요 저서로는 『다섯 번째 세기: 안드레 헤보우사스와 브라질 건설』(*O quinto século, André Rebouças e a construção do Brasil*. Revan, 1998)이 있다.

일반 미디어에서, 정치적인 연설에서, 광고에서, 다양한 사회적 주체의 말에서, 즉 의사소통이 이루어지는 다양한 상황에서 우리는 시민의 권리라는 말을 자주 듣는다. 하지만 이 용어의 광범위한 사용이 그 용어의 의미를 명확하게 하는 게 아니라 그 정반대로 다양한 적용을 허용함으로 인해 그 용어의 개념적 가치를 저평가하게 하고 있다. 다시 말하면 우리로 하여금 사건들의 어떤 질서를 이해하게 하는 그 용어의 능력이 저평가된다는 말이다. 따라서 현대적으로 시민의 권리라는 단어가 언어의 용도 중 하나, 즉 커뮤니케이션에 아주 잘 부응하지만 인지의 문제를 따질 때면 그 언어의 인지론적 사용과는 정반대의 의미를 나타낸다고 말할 수 있을 것이다. 그러면 그 의미가 거의 명확하게 밝혀지지 않았음에도 불구하고 왜 시민의 권리라는 용어가 지속적으로 사용되는 것일까?

그 질문에 할 수 있는 답변은, 현 세계에 평등주의 의제가 상당히 진보하고 있다는 것과 그 결과 권리에 대한 전례 없는 가치평가가 일어나고 있다는 사실을 인정하는 것으로 시작할 수 있을 것이다. 실제로 권리에 대한 언급을 전제로 하거나 아니면 구두로 표현하지 않은 상태에서, 개인 혹은 그룹 간의 현대식 상호작용 방식을 생각한다는 것은 불가능하게 되었다. 따라서 권리는 일종의 지속적인 공개 논쟁을 지탱하고 있으며 그 논쟁을 출발하여 사회주체들이 자신들의 정체성을 협상하고 자신들의 문제들을 해결하기 위해 정치 영역을 확대하려고 한다. 그러한 주체들은 결국 그들이 갖고 있다고 판단하는 권리를 인정토록 정치시스템에 압력을 넣고 또 그 권리들을 정부의 의제에 포함시키라고 압력을 넣으면서 공개적으로 스스로의 모습을 구축한다.

이것은 세계적인 현상이며, 방법과 정도는 다르지만, 모든 사회에 영향을 미친다. 그리고 공화국들—오랜 민주주의 전통을 가진 나라들까지도—의 점진적이고도 지속가능한 민주화를 지향한다. 아울러 발생 정도와 그 중요성으로 인해 공공영역에서 폭넓게 논의될 개인 영역의 테마들이 정치시스템에 영향을 미쳐 그 테마들을 보편적인 관심 소재로 그리고 종국에는 권리가 효력을 발생하게 한다. 그런 만큼, 개인에서 시민으로의 자격이 지속적으로 넘어가는 것을 지향하고 있다. 그리하여 브라질에서는 그러한 가능성의 멋진 예가 일명 마리아 다 펭냐Maria da Penha법으로 알려진 법 제11,340/2006호이다. 이 법은 세아라 주 출신의 약사인 마리아 다 펭냐 마이아 페르난지스가 국내외 인권보호 단체들과 더불어 수년을 투쟁한 끝에 여성에 대한 가정폭력을 유형별로 나누고 정의한 법이다.

종합하자면, 권리에 대한 토론의 구심성을 인정하는 것은, 오늘날 시민의 권리라는 단어가 아주 폭넓게 회자되고 있음을 이해하는데 도움을 준다. 하지만 그러한 현상을 명료하게 밝힘에 있어서 진일보한다는 것은, 권리의 중시와 더불어 그 권리를 실행하기 위한 길이란 곧 정의감을 공개적으로 불러 모은다는 것이지, 그 권리에 대한 개인주의적 접근 방식을 실행한다는 것이 아니라는 걸 인지하고 있음을 전제로 한다. 달리 말한다면, 권리가 집정자나 박애주의자 혹은 주인이나 기타 유사한 존재들이 양도한 "호의"가 되지 않도록 하기 위해서는, 개인들의 완연한 정치적 자율성과 강하게 연결되어 있어야 한다는 것이 점점 더 중요하게 인식되고 있다.

결과적으로 21세기 초에 시민의 권리라는 단어가 지니는 힘이란, 늘 함께 조화를 이루는 것은 아닌, 두 움직임의 결합으로부터 유래한다. 즉 사회적 민주화와 공화적 제도들의 민주화가 그것이다. 이것은, 전 세계에서 정치 집단으로의 통합을 위한 최근의 투쟁들이, 사회적 평등에 대한 광범위한 요구들과 비견되는 규모로 벌어지고 있다는 사실로 증명될 수 있다. 대도시 외곽지대 젊은이들의 적극적인 행동주의가 이러한 주장을 예시하고 있다. 그런 유형의 적극적인 행동주의에서 문화적 혁신, 시위 그리고 폭력이란, 파리에서 상파울루와 뭄바이까지, 현대 대도시들의 주변부에서, 부차적인 성격의 기대만이 존재하는 것이 아니라 도시의 욕구, 즉 권리에 인정과 자율을 위한 투쟁이 존재한다는 징표를 뜻한다.

종합하면, 서구에서 시민의 권리의 근대사는 권리 국가의 구축과 민주화투쟁의 역사이다. 그것은, 서로 다른 국가적 프로세스와 관련되어 있다. 그 차이들에도 불구하고 20세기 중엽까지 그 투쟁은 개인권리들이 두 차례 꽃피운 것을 포괄하였다. 첫 번째는, 개인이 정치커뮤니티로 통합된 것과 같이, 개인의 안전과 소유에 대한 것이다. 그것은 국가로부터 유래된 보편적이고 추상적인 법들의 체계에서 탄생하는 것이며 국가의 합법성은 그 법적·형식적 합리성으로부터 유래한다. 하지만 물질적인 정의에 대한 사회적 압력이 증가함에 따라 국가의 권리는 더 형식주의적이고 덜 추상적이 되며 결국 사회적으로 통합적인 성격을 갖게 된다. 그래서 공동의 부에 시민들이 지분을 갖는 것과 관련된 것을 2세대 (개인) 권리라고 부른다. 거주권, 건강권, 기본교육권이 그것이다.—기본교육권은 여타 다른 권리들의 획득 그리고/혹은 결실을 가능하게 함으로써 중요한 사회복지인 셈이다.

이처럼 2차 세계대전 후까지 시민의 권리는, 공동 문명재산의 일부로 개념화된, 개인들의 동등한 가치 개념에 기초하였다. 이 논리를 전개한 멘토 가운데 한 명이 영국의 사회학자인 T. H. 마셜T. H. Marshall로서, 그는 1950년 출판된 자신의 저서 『시민의 권리와 사회계급』(*Citizenship and social class*)에서, 18세기에서 20세기 사이에, 시민권·정치적 권리 그리고 사회적 권리가 제도화된 것은 시민들이 쟁취한 것들의 발자취를 요약한 것이라고 주장한다. 이것은 분명 영국에서 벌어진 근대화 과정을 진화적인 입장에서 기술한 것이며 그 기술은 규범적으로, 다시 말하면 모든 국가적 상황에 대한 처방으로서 이해되곤 한다.—물론 이것이 저자의 의도는 아니었다. 브라질의 경우 동 테마에 대한 대표적 저술 가운데 하나는 주제 무릴루 지 카르발류José Murilo de Carvalho가 쓴 『브라질에서의 시민의 권리—머나먼 여정』(*Cidadania no Brasil - o longo caminho*)으로서 이 책은 브라질에서의 시민의 권리 주장 역사를 소개하고 있다. 이 책은 또, 1988년 헌법을 출발점으로 하여 시민의 자유와 정치적 자유에 대한 오늘날 사회적 의식의 구축 노력에 대하여 관심을 불러일으키고 있다.

마셜의 주장에 대한 가장 최근의 비판들을 보면, 그의 저서가 출판된 상황으로 볼 때 그가 권리들에 대한 토론에 중요한 역할을 부여했던 초국가적 원칙과 제도들에는 지극히 적은 중요성을 부여하면서 국가 커뮤니티를 하나의 자명한 지위status로 간주하는 경향에 그 비판이 집중되어 있음을 알 수 있다. 그것에 대한 예로서, 1950년 유럽 인권조약European Convention on Human Rights, CEDH과 1966년에 시민의 권리와 정치적 권리Direitos Civis e Políticos 및 경제, 사회, 문화권Direitos Econômicos, Sociais e Culturais에 대한 두 개의 국제협약이 효력을 발휘하기 시작한 것이다. 마지막 두 개의 국제협약은, 국가의 영토에서 비시민 그룹들이 그 조약들에 포함된 권리를 요구할 수 있도록 허락하고 있다.

이처럼 1960년대 중반, 특히 1970년대에는 서구에서 시민의 권리 역사가 중요한 변화를 맞게 된다. 이 무렵 제3의 권리 물결이 일었다. 하지만 이것들은 더 이상 개인에 대하여만 언급하진 않았다. 대신 균형 잡힌 환경에 대한 권리, 평화에 대한 권리 또는 차후 세대에게, 즉 앞으로 태어날 시민들에게 자연 그리고/혹은 문화적 자산을 전파하는 권리 그리고 이 권리에 그룹, 민족etnia, 국민nação 그리고 바로 인류 그 자신을 포함할 수 있게 했다. 그러한 권리들, 일반적으로 집단적 권리라고 말하는 그러한 권리들이 긴급하게 요구된 것은 서구세계의 깊은 제도적·문화적 변화와 일치한다.

우선 제도적 차원에서, 1970년대 라틴아메리카에 연이어 발생했던 권위주의 체제들에 이어 나온 헌법들처럼, 2차대전에 이은 헌법들이 전문前文에, 다수의 의지에서 파생된 법들로 인하여 피해를 보았다고 느끼는 개인과 그룹을 보호하는 차원에서 상기될 수 있는 권리들과 가치들을 확실하게 표명하기 시작했다. 결국 정의로운 것o justo에 대한 개념을 내면화하고 또 그것의 일관성을 위해 자율적이고 활동적인 사법부를 배제할 수 없도록 한 것은 바로 헌법이었다. 예를 들어 1988년 브라질 헌법에는 브라질 국가Estado의 기초 가운데 하나가 인간의 존엄성으로서 이것은 존엄성의 원리가 브라질 법체계의 근간으로 작용하고 있음을 의미한다. 이것이 구현되지 않을 경우 혹은 존엄성의 개념에 부여된 의미와 관련하여 논란이 벌어질 경우, 연방최고법원이 공공기관으로서 의견을 제시할 수 있게 된다. 결국 1988년 헌법은 정확히 시민헌법인데 그 이유는 다른 규정들 중에 권리의 개념과, 시민의 권리 촉진을 위한, 지대한 가치를 지닌 합헌성의 통제를 채택했기 때문이다.

그 외에도, 문화적 변화들이 요구하는 리듬에 맞추어, 법체계가 국민의 사회생활 전체를 규제하고자 의도할 수도 없으므로, 입법부의 권한들이 사법부에 위임되거나 아니면, 보다 정확히 말해, 입법자에서 판사로 위임되며 이 판사는 법체계의 최전방에서 활동하면서 구체적인 경우들에 대하여 규정들을 "창조cria"한다. 브라질의 경우 이와 같은 현상이, 고선거비용을 야기하고 또 그 때문에 몇 년간 입법부에 의한 시행령 마련이 부족한 상태로 남게 되는 문제 ―낙태문제, 줄기세포연구문제, 동성파트너에게 사회보장제의 권리를 인정하는 문제 등처럼― 에서 더 쉽게 포착된다. 종합하자면 국민의 사회생활과 관련된 거의 모든 테마에 대하여 제도적으로 사법부의 선두가 관찰된다. 그리고 그 선두는 금세기 초 서구민주주의 국가들의 큰 표지이기도 하다.

사회문화적 차원에서는, 노동의 분업을 심화시킴으로써 그들의 이해관계를 멀어지게 하였다. 그리고 19세기에 존재했듯이 계급의 정체성을 갉아먹은, 포스트 포드시대의 세계가 내포하고 있는, 복잡한 계층나누기는 한편으로 천연자원의 보호나 소비자의 권리 옹호를 중심으로 한 전대미문의 응집력과 인간 사이의 새로운 정체성 확립 문제가 발생하는 상황을 의미한다.―천연자원의 보호나 소비자 권리 옹호는 단지 시민의 권리가 조직화되고 있는 몇몇 투쟁 전선들을 언급하기 위함이다. 비관적인 기대와 파멸적인 예상들을 비웃듯이 그 결과는 집단적 투쟁의 스펙트럼이 확대되었다는 것이다. 하지만 이것은 계급의 이해관계를 중심축으로 삼는 것을 포기하는 행위이며 그 이해관계를 "시민권의 이해관계"로 대체하는 것이기도 하다.

요약하자면 그것은 하나의 새로운 세계이며 그 내부에서는 그 세계에 대한 전대미문의 활동가능성들이 실험되고 있다. 이제 20세기 초와 비교할 때 현재의 법제도들은 놀라울 정도의 덩치를 키웠으며 시민의 권리 보호를 위해 동원되는 양상을 보이고 있다. 하지만 아직도 전 세계에서 수백만 명의 개인과 그룹이 권리와 자유의 세계에 진입하기 위해 투쟁하고 있다.

참고문헌

CARVALHO, J. M. *Cidadania no Brasil — o longo caminho*. 3ª ed. Rio de Janeiro, Civilização Brasileira, 2002.

CITTADINO, G. "Igualdade e 'invisibilidade'". *Revista Ciência Hoje*, Rio de Janeiro, Instituto Ciência Hoje, vol. 37, nº 221, nov., 2005.

MARSHALL, T. H ., *Citizenship and social class*. Cambridge, Cambridge University Press, 1950.

WERNECK Vianna, L. *et al. A judicialização da política e das relações sociais no Brasil*. Rio de Janeiro, Revan, 1999.

Ciência & tecnologia no Brasil: um tema sempre atual

브라질의 과학과 기술

시우비아 피게이로아 Silvia Figueirôa

Silvia Figueirôa

캉피나스주립대학교(Unicamp)의 지구과학연구소 교수로 재직 중이며 2008년과 2012년 사이에 지질학사 국제위원회 회장직을 역임한 바 있다. 연구 분야는 브라질의 과학사와 지구과학 교육이다.

국립싱크로트론연구센터(Laboratório Nacional de Luz Sincrotron)의 순환입자가속기 전경
ⓒOnbox

이 책에 과학과 기술이라는 주제의 글이 포함된 것은 그 자체가 브라질에서의 인문과학과 사회과학의 학술 활동에서 발생했던 변화들에 대하여 많은 것을 말해주고 있다. 왜냐하면 20년 전만 해도 브라질에서는 주목할 만한 과학 기술 활동이 없다는 것이 일반적인 시각이었기 때문이다. 그 이유는 특히 바이아 의과대학Faculdade de Medicina da Bahia, 리우데자네이루 의과대학Faculdade de Medicina do Rio de Janeiro 또는 (엔지니어 양성을 위한) 왕립군사학교Academia Real Militar 등과 같은 고등교육기관이 존재했음에도 불구하고 20세기 이전까지 브라질에는 대학이 없었기 때문이라는 주장이 다반사였다. 하지만 이러한 시각의 변화는 특히 과학사(즉, 과학과 기술의 지식이 시간 속에서 어떻게 발전해왔는가를 연구하는 학문 분야)와 과학의 사회학(즉, 어떤 규칙과 자세가 과학적·기술적 사업을 인도하는가를 연구하는 학문 분야) 그리고, 규모는 작지만, 과학의 인류학(문화 자체로서의 과학적·기술적 지식이 어떻게 구성되며 또 실제에 있어서 과학자들이라고 하는 "종족tribo"이 어떻게 그것을 일구느냐를 연구하는 학문 분야)을 포괄하는 이른바 과학의 사회적 연구Estudos Sociais das Ciências에 힘입은 바가 크다. 1980년대를 넘어오던 시점에 마리아 아멜리아 단치스Maria Amélia Dantes의 선구적인 연구로 인해 길이 열렸던 혁신적인 그 연구 작업은 북반구, 특히 유럽과 미국에서 생각되어진 이론들—결국 서로 다른 현실에서는 적합한 이론들—을 거부해왔다. 그 이론들은 열대지역에서 이루어진 과학과 기술의 정당성을 확인하고 인정하는 것을 수용하지 않았다. 오늘날 활발한 활동을 펼치고 있는 그 학술활동에는, 인간적인 망각의 위험 때문에 여기서 대놓고 인용하지는 않을, 수십여 명의 학자가 포함되어 있다. 하지만 이 텍스트의 말미에 권고독서로서 동 분야의 단체저술과 학술지들을 소개할 것이니 그들 다수에 대하여 곰곰이 생각해보기를 바란다.

과학에 있어서는 브라질이 사막과 같다는 생각은, 그 당시에는 창의적이고 혁신적이었던 일련의 연구 분석에 기초하여 구축되었다. 그 연구 분석은 페르난두 지 아제베두Fernando de Azevedo, 1894-1974가 선구적인 연구서 『브라질 문화』(*A cultura brasileira*, 1943)를 통해 전개한 것으로서 그의 연구는 1950년 영어판(맥밀란 출판사에 의해 뉴욕에서 발행됨)으로 번역, 소개되었다. 이 책에서 브라질의 과학문화를 다루는 장의 핵심 주제는 과학이란 단지 산업화되고 도시화된 사회에서만 발전한다는 것이었다. 그런고로 브라질에서 과학과 기술이 지체된 것은, 아주 단순히 경제적 착취만을 자행해온 그리고 가톨릭교회의 지배력과 그들의 손에 맡겨진 교육과 결합된, 반反 계몽주의적인 식민정책의 결과라는 것이었다. 이러한 개념은 1955년 그가 편집한 『브라질에서의 과학』(*As ciências no Brasil*)이라는 집단저술 2권에서 더욱 보강되었다. 그의 주장은 일반 독자에게도 친근감을 불러일으켰으며, 예를 들어, 브라질의 교육사에서도 엿볼 수 있듯이, 과학사에 국한되지도 않았다.

이러한 개념에 대한 비판—그리고 이러한 개념에 대한 대체 개념—이 1980년대에 힘을 얻으며 등장하기 시작했다. 이 주장은 한편으로 과학사와 과학의 사회사에서 전개된 매우 광범위한 혁신운동의 하나였으며 다른 한편으로는 그 분야에서 라틴아메리카의 "재발견redescobrimento"과도 같았다. 과학과 기술(빈번히 C&T라는 약어로 기술되는 과학과 기술)에 대한 (그다지 크게 새롭지는 않지만 어쨌든) 새로운 접근방식은 단지 최종 결과물보다는 지식의 구축과정을 분석하는 데 더 많은 관심을 기울였다. 다른 한편으로는 "진짜verdadeiras"라고 주장하는 과학적 주장이 사회적 과정 —즉, 한 커뮤니티 안에서 이루어진 협상과 경쟁 그리고 공감의 결과물일 뿐 단순히 자연의 직접적이고 객관적인 반영이 아니라는 것— 에서 유래된다는 것을 보여주고자 노력하였다. 과학적 공감은 서로 다른 세계관과 그 세계를 바라보는 방식 그리고 서로 다른 사회적·문화적 세계, 특정이론이나 사상적 조류에 대한 충성도, 정치적·제도적 그리고 개인적인 약속, 연구에 대한 재정지원의 규모와 출처, 여론과 미디어의 연루 정도, 권력의 관계 등과 같은 다양한 요인을 내포하고 있다. 1970년대와 1980년대에 빈번히 등장하였고 지금도 존재하는 과학적 모순에 대한 연구가, 과학과 기술에 있어서의 지식의 구축과 관련된 요인들의 그토록 복잡하고 빠져나갈 수 없는 미로를 파헤치는 데에 선구적인 역할을 했다.

과학과 기술을 다시 생각하는 그 과정은, 결국 식민시대 이후 제도와 관행 그리고 인물들에 초점을 맞추면서, 그러한 관점으로 브라질을 재발견하는 것으로 마감되었다. 그러한 논란의 한가운데에서는 과학은 보편적이라는 생각이 강한 의구심을 받기 시작했다. 여기서 "보편적인 과학ciência universal"은 언제나 유럽의 과학으로 비춰졌고 거기서부터, 유럽에서 이루어지던 것과 똑같은 과학을 그 지역 바깥에서 찾으려는, 실패한 시도들이 생긴 것이다. 준準이데올로기에 가까운 그러한 관념에 대처하기 위하여, 라틴아메리카의 현실적인 맥락에서 과학과 기술 연구를 위한 대안이 모색되었다. 그와 같은 혁신적 사고에서 지역의 기관들에 은신해 있으면서 그 기관들에 의해 생산되었고 또 그러한 역학 속에서 제도 자체를 만드는 데 도움을 주었던 구체적인 과학 활동들을 역사화하자는 데에 초점이 맞춰졌다.

그러면 브라질에서의 그러한 과학 활동이 지녔던 특징(그리고 한계점)은 무엇이었는가? 최소한 최근 20여 년간 축적되어오고 있는 연구들의 중요한 사실 하나는 브라질에서 전개, 실행되고 있는 과학이, 전반적으로 어떤 추세의 연속이지 단절이 아니라는 것이다. 다시 말하면 식민시대 이래 이미 존재하고 있는 제도적 공간에 —이들 가운데 상당수가 약간의 수정을 거쳐 지금도 가동되고 있다— 과학 활동을 위한 새로운 지역적 공간이 끊임없이 추가되고 있는 것이다. 여기서 "제도적 공간espaços institucionais"은 보다 포괄적인 그 무엇으로서의 과학제도를 의미한다. 즉, 어떤 특정한 역사적 시간-공간에서 과학 활동이 수립되고 전개되어 공고화되는 과정에서 나온 산물을 뜻한다. 과학 활동이 이루어지던 제도적 공간 그리고 그 공간을 통해 과학이 여타 학문과 소통하던 제도적 공간은 상당 부분 1808년 포르투갈 왕실의 브라질 파천 이후 생긴 것이었다. 크게 보아 이 제도적 공간은 다음과 같이 하부 그룹으로 나뉠 수 있다. 즉, 전문학교, 과학협회, 박물관, 식물원, 천문관측소, 정기적으로 활동하는 과학 위원회 등이 그것이다. 전문학교와 관련해서는 비록 입헌군주제시절과 공화정시절에 약간의 변화를 보이기는 했어도 식민시대 이후 존속해왔던 학교들을 들 수 있을 것이다. 예를 들면 바이아 의과대학, 리우데자네이루 의과대학 그리고 공학 분야로는 왕립군사학교가 그것이다. 왕립군사학교Escola Real Militar의 경우, 후에 군사학교Escola Militar, 중앙학교Escola Central 그리고 리우데자네이루 공과대학Escola Politécnica do Rio de Janeiro으로 이름이 바뀌었다. 여기에 오우루프레투 광물학교Escola de Minas de Ouro Preto, 상파울루 공과대학Escola Politécnica de São Paulo 그리고 20세기 이후 브라질 전역에 확산된 여러 이공계 대학이 합류하였다. 종합대학의 경우 1920년에 리우데자네이루 그리고 1934년에 상파울루에서 처음 등장하였다. 이 초기의 대학들로 인하여, 연구를 고등교육과 연계시키면서 점차 혁신적인 연구 및 사고思考의 특혜현장을 이들 기관으로 이동시키는 결과가 나타났다.

박물관과 관련해서는 거의 독보적인 지위를 누리고 있는 국립박물관Museu Nacional을 들지 않을 수 없다. 이곳은 자연과학 분야의 연구에서 특권을 누리던 곳 가운데 하나로서 브라질 자연사História Natural do Brasil 저술들(지역 종족학과 고고학과 분리되지 않았다)이 집결해 있는 곳이기도 하다. 여기에 고에우지 박물관Museu Goeldi과 파울리스타 박물관Museu Paulista을 추가할 수 있다. 이 박물관들은 여러 과학 연구 활동에서 20세기를 거쳐 지금까지도 활발한 활동을 벌이고 있다.

과학협회와 관련해서는, 당대의 근대성과 연동한 과학 연구의 요람으로서, 일련의 역사지리연구원Institutos Históricos e Geográficos, 특히 가장 오래된 곳으로서 리우데자네이루에 위치한 브라질 역사지리연구원IHGB, 1838을 들 수 있다. 브라질 역사지리연구원은 포르투갈왕실의 브라질 파천 이후 그 설립과 관련하여(여기서 그 이야기를 서술하는 것은 적합하지 않다) 수십 년간 독보적인 지위를 누렸는데 다른 역사지리연구원들보다 이 연구원은 당시의 황제였던 동 페드루 2세D. Pedro II가 지속적으로 방문하는 등 왕실의 직접적인 보호를 받았다. 역사지리연구원들 외에 그 당시까지 거의 알려지지 않았던 협회들, 예를 들면 "벨루지아나 협회Sociedade Vellosiana"나 "과학토론회Palestra

Científica"와 같은 협회들이 그 암흑의 시대에 등장하였다. 또한 국립 박물관과 국가산업지원협회Sociedade Auxiliadora da Indústria Nacional 같은 협회들은 정기간행물을 통해 비평이나 소견 그리고 외국의 관련지식 소개와 더불어 지역적으로 생산된 과학지식을 유통시켰다. 그리고 19세기 말에는, 브라질 북동부지방의 가뭄에서부터 엔지니어들의 사회적·직업적 중요성을 부각하기 위한 행동에 이르기까지, 일련의 주제를 논의하기 위해 엔지니어들이 모여들었던 브라질 이공계 연구소Instituto Politécnico Brasileiro와 엔지니어클럽Club de Engenharia의 경우처럼, 전문적인 과학기술의 의문점들을 함께 논의하는 학회들이 등장하기 시작했다. 이 협회들은 이 분야에서 20세기의 상징이 될 여타 학회들의 토대를 닦았다. 그 가운데 1916년 브라질 과학 소사이어티Sociedade Brasileira de Ciências라는 이름으로 탄생한 지금의 브라질 과학아카데미ABC, Academia Brasileira de Ciências와 1948년 창설된 브라질 과학발전을 위한 소사이어티SBPC, Sociedade Brasileira para o Progresso da Ciência가 두드러진 활약을 보였으며 이 단체들과 더불어 시간이 지날수록 점점 더 특수한 분야의 협회들이 우후죽순처럼 등장하였다. 그 가운데 하나가 과학과 기술사SBHC, História das Ciências e da Tecnologia, 1983였다.

의심할 바 없지만 일반인들 혹은 전문가들과의 관계도 잊어서는 안 된다. 이 관계는 16세기 근대과학의 시초부터 보다 광범위한 차원에서 긴밀해졌고 또 변화를 거듭해왔다. 1808년 왕실인쇄소Imprensa Régia의 설립 이후 각종 법률과 법안이 출판되었으며 그와 동시에 이 인쇄소를 통해 고등교육을 위한 과학적 내용의 각종 서적과 텍스트가 출판되었다. 그 좋은 예가 정기간행물이었던 〈애국자-문학, 정치, 상업신문O Patriota-jornal literário, político, mercantil, etc.〉이었다. 이 간행물의 내용에는 당시의 관심을 끄는 과학적·기술적 주제에 대한 다양한 "회고들Memórias"이 원본이나 필사본 형태로 실리곤 하였다. 의학 분야의 경우 정기간행물—반드시 공식적인 기관에 연계된 출판물은 아니었다—은, 19세기와 20세기 브라질 의학계에 존재했던 다양한 파벌派閥 간의 경쟁에 필수적인 매체가 되었다. 이러한 간행물들 외에 덜 전문적인 것이지만 과학적 내용과 문학적 내용을 고루 다루었던 〈브라질 리뷰Revista Brasileira〉와, 과학적 내용을 전문적으로 다루었던 기관과 협회의 정기간행물들—국립박물관과 망깅뉴스Manguinhos의 리뷰—을 꼽을 수 있다. 이 외에도 20세기 내내, 점차 특정 주제를 다루는 많은 리뷰가 등장하였다. 또한 국제적인 행사였던 만국박람회Exposição Universal—역사학에 의해 이미 "발전의 진열창vitrines do progresso"으로 불렸다—와 같은 세계적인 추세를 주목하고 있던 브라질 엘리트들은 1860년대부터 이 박람회에 참가하기 위해 주도면밀하게 움직이기 시작했으며 이러한 움직임은, 브라질에서 지역단위와 전국단위로 각종 박람회를 개최하고 있던, 국가산업지원협회Sociedade Auxiliar da Indústria Nacional에 의해 주도되었다.

과학위원회와 관련해서는 1859년부터 1861년 사이에 운영되었던 과학탐사위원회Comissão Científica de Exploração—이 위원회는 또 "나비위원회Comissão das Borboletas"로도 불리었다—처럼 아주 광범위한 범주에 걸쳐 활동하던 위원회에서부터, 입헌군주제시절 토양조사와 지도 작성을 담당하던 다양한 기관은 더 말할 나위없고, 브라질 제국의 지리위원회Comissão Geológica do Império do Brasil, 1875-1877와 상파울루 지리 및 지질 위원회Comissão Geográfica e Geológica de São Paulo, 1886-1931와 같이 매우 제한된 주제를 다루던 위원회에 이르기까지, 모두 포괄하여 언급할 수도 있을 것이다. 그러한 위원회들은, 이후 국가 광물생산국Departamento Nacional da Produção Mineral, 1934으로 바뀌었던, 브라질 지질 및 광물센터Serviço Geológico e Mineralógico do Brasil, 1907를 위한 제도적 기초가 되어주었다. 또한 1930년대에는 국가정책 수립을 위한 자료를 제공함으로써 연방정부를 보조하려는 목적을 지닌, 이론적·제도적 키워드 역할을 할, 브라질 지리통계원IBGE, Instituto Brasileiro de Geografia e Estatística이 설립되었다.

브라질에서 첫 대학들—상파울루대학교Universidade de São Paulo, 1934, 연방특구대학교Universidade do Distrito Federal, 1935, 브라질대학교Universidade do Brasil, 1937—이 문을 연 이후 고등교육은, 의과대학, 법과대학, 약학대학 그리고 이공계대학 등 기존의 전통적인 고등교육기관들을 통폐합한 새로운 모델 안에서 발전하기 시작하였다. 예를 들어 리우데자네이루대학교Universidade do Rio de Janeiro는 당시의 대통령이었던 에피타시우 페소아Epitácio Pessoa에 의해, 1920년 9월 7일까지 존재했던, 여러 단과대학을 통합하여 설립되었다. 이 대학교는 이후 브라질대학교로 그 명칭이 바뀌었다가 1965년부터 지금까지 리우데자네이루연방대학교Universidade Federal do Rio de Janeiro라는 이름으로 존속하고 있다. 이와 같은 모델은 1927년에 설립된 미나스제라이스대학교Universidade de Minas Gerais에도 적용되었다.

20세기 중엽, 과학계는 그 활동과 명성에 걸맞게 크게 확산되었다. 대학들의 활동은 특히 비자동 응용과학 분야의 연구발전에서 감지되기 시작하였는데 이미 이 대학들은 당시의 첨단 분야에서 여러 연구조사를 진행하고 있었다. 그 좋은 예가 세자르 라치스César Lattes와 같은 걸출한 학자를 배출한 원자력 연구 분야, 즉 브라질 물리학계였다. 이러한 상황을 반영하기라도 하듯이 과학과 기술에 대한 국가적 차원의 지원이 제도화되기에 이르렀다. 그러한 움직임은, 오늘날 국가과학기술발전재단CNPq, Conselho Nacional de Desenvolvimento Científico e Tecnológico으로 불리는 국가연구재단Conselho Nacional de Pesquisas, 1951, 실제로는 1962년에 운영되기 시작한 상파울루 주州 연구지원재단FAPESP, Fundação de Amparo à Pesquisa do Estado de São Paulo, 1960, 연구 및 프로젝트 금융지원재단Finep, Financiadora de Estudos e Projetos, 1967, 주州 연구지원재단FAPs, Fundações de Amparo à Pesquisas estaduais 등으로 가시화되었다.

물론 더 많은 과학 및 문화 기관 그리고 인물들도 열거할 수 있을 것이다. 하지만 이 글의 나머지 부분에서는 이러한 과학 활동을 관통하고 있는, 오늘날까지 브라질에서 진행되어온 과학의 공통특징을 기술하는 것이 더 유용할 것이다. 1840년대와 1870년대 사이에 나타난 중요한 양상 가운데 하나는 브라질의 자연과 자연과학 연구 그리고 "국가적인 차원의 것nacional" 또는 국가적 정체성의 구축을 상호 연계시키려는 노력이었다. "국가적인 차원의 것"이라는 개념은 브라질 전체를 두고 볼 때 "지방적인 것regional"과 몇 개 주州 및 과두지배계급과의 지속적인 긴장 상태에서 구축된 하나의 개념이었다. 이러한 양상은 상당 부분 브라질 영토 내에서의 불평등한 과학 활동 분포를 특징짓고 있다. 사실 오늘날까지도, 그러한 분포양상을 바로잡으려는 관련 기관들의 노력에도 불구하고, 남동부-남부에 과학 활동이 편중된 모습을 띠고 있다.

과거에서 지금까지의 상황을 볼 때, 제도적 공간의 전문화와 함께, 양적인 성장과 시간적 지속성이 두드러진다. 특히 제도적 공간은, 기존의 제도 기관들의 많은 개혁뿐만 아니라, 그 기관들의 무수한 설립을 이루어내었다. 기존의 제도 기관들은, 당시에 세계적인 추세였던 과학의 프로화와 전문화를 따라잡기 위해, 내적인 구조조정을 하기에 이르렀고 이로 인하여 자신과는 다른 기능과 권한을 지닌 새로운 기관들에게 자리를 양보하게 되었다. 19세기와 20세기 내내 제도 기관들의 전문화는, 유럽과 미국뿐만 아니라 브라질에서도 직업화된 과학자의 상을 등장시킨, 직업적 전문화 과정에 발맞춰 이루어졌다. 이것은 과학과 기술에 매진하던 선대기관들의 역할이 기하급수적으로 확대되는 것과는 반대로 이루어진 것이었다. 이것을 이해한다면, 20세기 초까지만 해도 다양한 프로필의 지식인들이 전개한 활발한 활동과 역할 그리고 다양한 주제를 보더라도 그다지 놀라지 않을 것이다.

이러한 상황에 대한 결론을 내리기 전에, 국내적이든 국제적이든, 브라질의 과학 기술 주역들과 기관들이 의식적으로 그리고 주도면밀하게 진행하였던 과학교류를 브라질 과학의 발전에 중요한 구성요소로 강조할 필요가 있다. 그들이 참여했거나 브라질에서 조직했던 과학 학술대회가 이 교류의 중요한 증인이다.

결국 이 글의 서두에서 밝혔듯이, 과학의 사회적 연구 분야가 구현해온 현 브라질의 과학과 기술 상황은, 1980년대 중반까지 활발했던 상황과는 완연히 다르다. 어떤 새로운 이론에 바탕을 둔, 원천에 대한 실증적인 엄청난 연구물을 기초로, 과거에 있었던 아주 풍요롭고 활발했던 과학과 기술의 발전 파노라마와 견줄 수 있었으며 그 결과, 그 자체가 안고 있는 시간적·공간적 한계 내에서 하나의 전통을 확인하고 또 그 전통을 구축하는 데 도움을 줄 수 있게 되었다. 브라질에서의 과학과 기술의 지식 지도가, 확연히 구별되는 분야의 업적들이 내놓은 결과와 대화를 한다는 것—그리고 보다 새롭고 폭넓은 의미를 가진다는 것—을 인지하는 것은 흐뭇한 일이다. 필자는 유사 분야와의 대화 속에서, 궁극적으로 그 주제를 브라질의 사상과 문화 속에 통합하는, 브라질의 과학과 기술에 대한 연구의 새 장이 열린다고 믿는다.

참고문헌

DANTES, Maria Amélia Mascarenhas (org.). *Espaços da ciência no Brasil (1800-1930)*. Rio de Janeiro, Fiocruz, 200l.

HEIZER, Alda e VIDEIRA, Antonio Augusto Passos (orgs.). *Ciência, civilização e império nos trópicos*. Rio de Janeiro, Access, 200l.

_________. (orgs.). *Ciência, civilização e República nos trópicos*. Rio de Janeiro, Mauad X, 2010.

KURY, Lorelay Brilhante *et al. Comissão das borboletas*. Rio de Janeiro, Andréa Jakobsson Studio Editorial, 2009.

Revista Brasileira de História da Ciência, disponível em http://www.sbhc.org.br/revistas_anteriores.php.

Revista Manguinhos — História, Ciências, Saúde, disponível em http://www.coc.fiocruz.br/hscience ou http://www.scielo.br/hcsm.

Cinema brasileiro contemporâneo: pensar a conjuntura e viver impasses na sociedade do espetáculo

현대 브라질 영화

이즈마이우 샤비에르 Ismail Xavier

Ismail Xavier

상파울루대학교(USP) 커뮤니케이션과 예술대학 교수로 재직 중이며 주요 저서로는 『영화담론: 불투명성과 투명성』(*O discurso cinematográfico: a opacidade e a transparência*. Paz e Terra, 1977; 3ª ed., 2005), 『거대한 오지: 글라우베르 호샤와 배고픔의 미학』(*Sertão mar: Glauber Rocha e a estética da fome*. CosacNaify, 2ª ed., 2007)이 있다.

여기서 "현대 브라질 영화"란, 1990년 여러 기관과 함께 브라질영화공사Embrafilme를 해체하는 등 문화 분야의 제도 전반을 와해시켰던 콜로르Collor 정부의 조치로 심각한 위기가 도래한 후, 1994년 이래 장편영화 제작이 활기를 띠기 시작한 일련의 추이를 언급하는 것이다. 이처럼 현대 브라질 영화가 부활할 수 있었던 기초는, 이타마르 프랑쿠Itamar Franco 정부시절, 기업들에게 공적 자금을 통한 후원행위를 허용한 조세면제 시스템인, 시청각법Lei do Audiovisual을 통해 구축되었다.

동 법에 기초한 영화제작 시스템은 영화인들을 대기업과 연결시켜주었다. 하지만, 세금이 부과되지 않는 그 독특한 문화후원 행위를 어디에 적용할지 결정을 내리는 이 기업들은, 시장에서 가장 큰 영향력을 행사하고 있는 프로젝트, 특히 텔레비전(글로부 필름Globo Filmes)과의 협력관계를 모색하는 프로젝트에 재원을 집중하는 양상을 보였다. 브라질에서는 영화와 TV 사이에 제작과 상업화를 위한 연계활동이 늦게 시작되었다. 전 세계에 영상의 유통을 제어하고 있는 기업들은 이미 오래전에 멀티미디어 방식을 채택하였는데 이 게임에서 자리를 차지하기 위한 작전은 복잡할 수밖에 없다. 여러 요인이 작용하지만 이 게임은 각국의 커뮤니케이션 정책이 어떻게 소화되고 있는가에 달려 있다. 영화는 이미 대중문화의 핵심이 아니다. 하지만 자금의 세계화가, 국경 없는 영상 이미지들의 유통으로 야기된, 정체성의 위기를 심화시키고 있는 세상에서 영화는 아직 국가의 색채가 농후한 상징 자본과 상상의 세계를 제작하는 데에 있어서 강력한 관심거리가 되고 있다. 문화산업의 일부인 영화는, 국가의 문제이자, 언제나 영화인들의 사상 분석과 프로젝트의 미적 평가를 넘어, 미디어에서의 힘의 균형과 이미지 구축을 위한 전쟁을 교통정리하려는 공공정책에 대한 논쟁의 대상이 되고 있다. 브라질의 경우 그러한 논쟁은 다수의 대중을 대상으로 하는 영화제작의 영역에 집중되어 있다. 그 이유는 영화지원법의 정치적 정당성이란 영화의 사회적 침투(지원에 투입되는 공적 자금은 측정 가능한 효과를 보여야만 한다)에 달려 있기 때문이다. 바로 거기에 영화인들로 하여금 시장에서 성공을 해야 한다는 압력이 가해지는 것이다.

상업화는 나름대로의 규칙을 가지고 있으며 자신만의 수요를 가진다. 영화인의 일부는 기 수용된 관례를 따르면서 그러한 규칙과 수요에 부응하려고 한다. 도시의 폭력에 초점을 맞춘 "액션영화filme de ação"든, 1995년부터 2010년 사이에 가장 인기 많은 상품임이 증명되었던 코미디영화든, 영화인은 그 영화들의 관례를 따른다. 카를라 카무라치Carla Camurati의 《카를로타 조아키나》(*Carlota Joaquina*)는 1995년에 부활한 브라질 영화의 상징적 작품이었다. 그리고 다니에우 필류Daniel Filho, 게우 아하이스Guel Arraes, 산드라 베르네키Sandra Werneck의 영화 등은, 영화수입이 오락가락하던 와중에도, 동 장르가 안정적이라는 것을 보여주었다. 이 영화들과 같은 장르는 2003년에 최고의 순간을 맞이했다. 이때 이 장르는 시장에서 최고의 흥행기록을 수립하면서 과거에는 없었던 브라질 영화의 부활에 대한 기대감을 높여주었다. 그리고 역사물 제작이 많이 늘어났는데 기대 이하의 관객 반응이 예상되었지만 의외의 성공을 거두었다.

위에서 언급한 제반 상황은 장편영화라는 영화산업의 일부분을 언급한 것으로서 본 글에서는 이 장르만을 다룰 것이다. 그 이유는 이 짧은 글에서 단편영화의 영역이 내포하고 있는 문화적 역동성을 모두 포괄하여 언급하기란 불가능할 것으로 생각되기 때문이다.

선택들: 영화인과 그의 드라마

영화의 정치경제 문제로 이 글을 시작하는 것이 조금은 짜증스러울 수 있다는 것을 인정한다. 하지만 영화인이 활동을 하고 자신의 생각을 표현하는 것은 바로 그러한 파라미터 안에서이다. 각각의 프로젝트마다 영화인은 주제와 형식 그리고 자신의 영화의 제작 방식을 결정해야 한다. 만일 대규모의 커뮤니케이션 영역에서 활동하기로 결정할 경우 이미 실험되고 수용된 방식을 따르라는 압력을 받게 될 것이다. 또 만일 보다 자유로운 독자적 행동을 선택할 경우 그의 영화는 "낮은 예산baixo orçamento"으로 제작되어 ─단순하게 말하기 위해 통상적인 표현을 사용하자면─ 이른바 "예술영화cinema de arte" 계열로 취급될 것이다. 그러한 딜레마 속에서 이러한 상황은 ─미적 창작품이든 대중을 대상으로 한 일반 영화든 상관없이─ 몇몇 영화인에겐 개방이 될 수도 있고 다른 몇몇 영화인에게는 한계가 될 수도 있다. 그리고 흥행성공의 역사는, 페르난두 메이렐리스Fernando Meirelles, 엑토르 바벵쿠Hector Babenco, 브루누 바헤투Bruno Barreto, 안드루샤 와징통Andrucha Waddington, 브루누 시우베이라Bruno Silveira 등 아주 색다른 영화인들의 경우 글로부 필름사社의 역할에서 볼 수 있듯이, 흥행의 결정적인 요소란 미디어 매체들의 융합임을 확인시켜준다. 이처럼 눈에 띄는 부문과는 달리 대안적인 영화론을 펼치며 이견을 드러내는 특출한 세대의 영화인도 폭넓게 존재한다. 줄리우 브레사니Júlio Bressane, 파울루 세자르 사라세니Paulo Cesar Saraceni, 카를루스 헤이셍바쉬Carlos Reichenbach, 도밍구스 지 올리베이라Domingos de Oliveira, 무릴루 살리스Murilo Salles, 아나 카롤리나Ana Carolina, 우구 지오르제치Ugo Giorgetti, 루시아 무라트Lúcia Murat, 베투 브란트Beto Brant, 세르지우 비앙쉬Sérgio Bianchi, 카링 아이누Karim Aïnouz, 클라우지우 아시스Cláudio Assis, 에드가르 나바후Edgar Navarro, 후벵스 헤바우지Rubens Rewald 그리고 주제 에두아르두 베우몬치José Eduardo Belmonte 등이 그들이다.

오늘날 영화 분야에서의 정치적 동원은, 예를 들어, 군부독재(1964-1984)에 대한 저항의 시기 때보다 덜하다. 그리고 영화인은 자신의 이름으로 말하며 1960년대 신영화운동Cinema Novo처럼 많은 사람을 결집시키는 어떤 운동도 없다. 어떤 선택을 하든지 이제는 이전의 수십 년간 존재했던 기수旗手를 내세우지 않는다. 과거의 경우 영화인은 상상의 커뮤니티(즉 국가)를 대변한다는 자신의 존재조건에 대하여 확신을 가지고 있었으며 또 현실이 보여줄 것이라는 것에 대하여 보다 일관된 의식을 가지고 있었던 것으로 보인다. 이러한 상황에서 문화와 정치의 방향은 "대중의 위임통치mandato popular"라는 생각을 차츰 무너뜨리기 시작하였고 이어 실용주의(정치에서 그런 것처럼)를 고양하는 새로운 자세와, 사회계층과의 새로운 소통방식을 요구하고 있었다. 그러한 예는 최근에 카를루스 지에게스Carlos Diegues가 만든 《다섯 배의 빈민촌》(*5 vezes favela*)의 리메이크이다. 이 영화는, 1962년 영화인들의 정치의식이 빈민촌 거주민들의 이야기에 목소리와 카메라를 부여하는 것으로 대체된 사례이다. 이러한 자세는, 카란지루Carandiru 감옥의 수감자들을 대상으로 한 실습과정에서 나온 다큐영화 《철창 속의 수감자》(*O prisioneiro da grade de ferro*, 2004)에서 영화인 파울루 사크라멘투Paulo Sacramento가 다른 프레임으로 취한 방식이기도 했다.

그 이후 소외된 사회계층에게 "목소리를 부여하는 행위dar voz"는 브라질 다큐영화의 흔한 일이 되고 있다. 에두아르두 코우칭뉴Eduardo Coutinho, 주엉 모레이라 살리스João Moreira Salles, 이바우두 모카르제우Evaldo Mocarzel, 에두아르두 이스코레우Eduardo Escorel, 주제 조필리José Joffily와 다른 몇몇 영화인들은 영화와의 상호작용에서, "주체들(인터뷰대상자들)의 구축construção de sujeitos"을 위한 영화를 두고 심도 있는 미적 논쟁을 불러일으켰다. 여기서 주체들이란 빈민촌 거주자든, 길거리 거주자든, 건물에 세 들어 사는 임차인이든 대통령 후보든 또는 시의회 위원을 꿈꾸는 젊은이든 상관없었다. 주류를 이룬 이러한 자세는 토지문제(테테 모라이스Tetê Moraes), 인디오의 삶(안드레아 토나시Andrea Tonacci), 법원에서의 소송 문제(마리아 아우구스타 하무스Maria Augusta Ramos), 군부독재시절의 기억(시우비우 다-링Sílvio Da-Rin) 등에 집중된 정치영화도 배제하지 않았다. 그럼에도 신영화운동Cinema Novo에 자양분을 공급했던 그 긴박했던 역사인식은 희석되고 말았다. 오늘날의 영화인은, 어떤 사회계급을 대변하거나 어떤 문제를 밀도 있게 담고 있는 전형적인 등장인물에 대해서는 덜 강조하면서, 우연한 사건과 독특한 개인에게 눈길을 돌리고 있다. (물론 오늘날 모든 영화가 그렇다는 것은 아니며 주제 파질랴José Padilha의 영화 《174번 버스》와 같은 예외들이 존재한다.)

초점의 대상인 경험의 무게: 흔한 두 가지 동기

그동안 픽션 영화는 다양한 방식으로 도시의 폭력문제를 다뤄왔다. 이 분야에서 대성공을 거둔 두 개의 영화가 서로 대조를 이룬다. 메이렐리스 감독의 2002년 작 《시티 오브 갓》(*Cidade de Deus*)과 파질랴 감독의 2007년 작 《특수기동대》(*Tropa de elite*)가 그것이다. 우선 《시티 오브 갓》은 젊은이들의 삶에 대한 관찰에서 폭력과 문화(예술) 사이의 배치背馳를 강조하는 비정부단체들의 사회적 포용정책과 영화의 흔치 않은 유사점을 표현하고 있다. 그리고 《특수기동대》는 중재자 그룹(희화화된 중재자 그룹)을 수용하지 않으면서 경찰의 시각에서 본 양극화를 피할 수 없는 그 무엇으로 바라본다. 이 두 영화의 경우 감독에 의해 구성된 게임이 스펙터클을 돋보이게 하며 그것의 자연스러운 강조는 문제의 구조적인 면에 대한 논쟁에 이의를 제기하지 않는다. 권력의 최상위층은 지속적으로 원한과 전면전(경찰과 범죄조직 사이의 전면전)의 영역 밖에 머문다.

이러한 특징은, 정치를 희석시키는 브라질 영화에 대한 과장된 생각으로 이어졌다. 왜냐하면 브라질 영화는 지나치게 고전적인 픽션 영화의 중재에 의존하고 있기 때문이다. 만일 사회상을 영상화함에 있어서 사회적 알력들을 체계화하는 영화가 있다면 그 반대로 동일한 문제에 대한 덜 스펙터클한 시각이 더 넓게 존재한다. 물론, 의심할 여지가 없지만, 제작된 영화들은 사회의 비판적인 면을 폭로하는 성격을 지니고 있다. 예를 들면 수용소 시스템의 붕괴(2003년 바벵쿠 감독의 《카란지루》), 범죄조직이 통제하고 있는 어떤 상황의 징조로서 가난한 사람들 사이의 폭력(《천사는 어떻게 태어나는가》

와 《시티 오브 갓》), 서로 다른 지역과 사회계층에서 남성상의 위기를 표출하는 섹스와 가정이라는 영역에서의 권력게임 경우, 타타 아마라우Tatá Amaral 감독의 1997년 작 《별들의 하늘》(*Um céu de estrelas*), 알루이지우 아브랑시스Aluízio Abranches 감독의 1999년 작 《분노》(*Um copo de cólera*), 토니 벤투리Toni Venturi 감독의 2002년 작 《위도 제로》(*Latitude Zero*), 바우테르 리마 주니오르Walter Lima Jr. 감독의 1997년 작 《바다굴과 바람》(*A ostra e vento*), 라이스 보당스키Laís Bodanski 감독의 2001년 작 《일곱 개 머리가 달린 동물》(*Bicho de sete cabeças*), 헤이셍바쉬 감독의 2004년 작 《ABC지역의 아가씨》(*Garota do ABC*), 호베르투 모레이라Roberto Moreira 감독의 2004년 작 《모두에 대항하여》(*Contra todos*), 클라우지우 토히스Cláudio Torres 감독의 2004년 작 《구세주》(*Redentor*), 쉬쿠 테이셰이라Chico Teixeira 감독의 2007년 작 《알리스의 집》(*A casa de Alice*), 비앙시 감독의 2010년 작 《임차인》(*Os inquilinos*) 등이 있다.

일반적으로 보았을 때 주제와 사회적 알력장면이 다양하지만 내용은 원한의 동기를 강조하고 있다. 그런데 그 원한은 개방된 전쟁터로 국한되지 않는다. 이따금 사랑의 실패를 가미하기도 하고, 소비욕구와 희망 그리고 삶의 실질적인 조건 사이의 간극으로 긴장된 문제점을 다룰 때면 사회성이 강한 부분을 파고들곤 한다. 가정의 영역에서든 공적인 영역에서든, 적대적인 환경에서 선택할 여지가 없는 것이 때로는 무력감, 자기 파괴적이고 통제 불가능한 연쇄복수극을 불러일으킨다. 물론 이러한 카테고리를 벗어나는 예외들도 있다. 다양한 상황에 처해서도 보다 건설적인 출구를 제시하는 영화들이 그것이다. 그러한 선상에서 보았을 때 일련의 의미 있는 작품들이 자기 극복으로서의 여행, 혹은 자기 극복을 시도하기 위한 여행이라는 또 다른 동기의 영화로 분류될 수 있을 것이다.

바우테르 살리스 주니오르Walter Salles Jr. 감독의 1997년 작 《중앙역》(*Central do Brasil*)은 이러한 흐름에서 가장 많이 알려진 작품으로서, 동 감독의 1994년 작 《낯선 땅》(*Terra estrangeira*), 조필리 감독의 2003년 작 《더러운 밤에 길 잃은 두 사람》(*Dois perdidos na noite suja*), 파울루 카우다스Paulo Caldas 감독의 2007년 작 《행복한 사막》(*Deserto feliz*) 등 자국을 떠나는 브라질인에 초점을 맞추면서 이민의 고전적인 의미를 뒤집는 영화에서 벌어지는 것과는 달리, 구원이 완결되는 서사 형식을 띠고 있다. 그리고 폭염이 내리는 오지와 같이 신영화운동이 이미 영상에 담았던 공간들을 다시 추구하는 영화들이 있다. 이 영화들에서 오지는 외국인이 등장하는 독특한 만남의 무대로서 새로운 모습을 획득한다. 그 예로는 파울루 카우다스와 리리우 페헤이라Lírio Ferreira 감독의 《향긋한 무도회》(*Baile perfumado*) 혹은 마르셀루 고미스Marcelo Gomes 감독의 《영화, 아스피린, 까마귀》(*Cinema, aspirinas, urubus*)가 있다. 그리고 북동부의 도로가 전형적인 자기극복의 여행길로 등장하는 경우가 있는데 아이누 감독의 2006년 작 《수엘리의 하늘》(*O céu de Suely*), 아이누 감독과 고미스 감독이 공동 제작한 2010년 작 《내가 필요해서 여행을 떠나고 또 너를 사랑하기에 난 돌아온다》(*Viajo porque preciso, volto porque te amo*)가 그 예이다. 이런 유형의 경우, 다음과 같은 도시영화들—세르지우 마샤두Sérgio Machado 감독의 2005년 작 《구시가지》(*Cidade baixa*), 브란트 감독의 2007년 작 《주인 없는 개》(*Cão sem dono*), 바우테르 살리스 주니오르 감독의 2008년 작 《패스라인》(*Linha de passe*)— 은 결론을 내리지 않은 채, 통제하고 싶어 하지 않을 뿐만 아니라 실패와 무력감을 반복하지 않으려는 영화에게나 적합한 물음을 관객에게 남겨놓는다.

미디어 매체들의 융합

우리의 비대칭적인 가시체계는 수백만 관객을 위한 거대한 스펙터클과 거의 드러나지 않는 다른 형태의 시청각 작품들 사이에 어떤 경계선을 유지하고 있다. 영화와 비디오아트 사이의 경계선에서 제작된 유명한 작품들이 그 예이다. 아르투르 오마르Arthur Omar, 카우 기마랑이스Cao Guimarães, 카를루스 나데르Carlos Nader 감독의 영화들이 주로 이 범주에 속한다. 하지만 종종 양극을 연결하는 은밀한 시도들이 존재한다. 예를 들면, 케이블 TV용으로 제작된 주엉 살리스 감독의 1998년 작 《어느 개인적인 전쟁의 뉴스》(*Notícias de uma guerra particular*)가 그것으로서, 이 영화는 소설가인 파울루 링스Paulo Lins의 주장과 폭력에 대한 새로운 이해를 담고 있다. 특히 폭력에 대한 그의 새로운 이해는 《시티 오브 갓》과 《특수기동대》에서 각색되어 수용된 바 있다.

미디어 매체들의 융합은 새로운 것이 아니다. 하지만 영상과 각본계에서 하나의 패러다임으로 자리매김한 그 무엇을 보다 긴장하게 만들고 있다. 파울루 링스의 소설은 영화에서 TV시리즈로 다시 제작되었으며 TV시리즈로 제작될 때는 매 단계마다 포커스를 바꾸었다. 세르지우 헤젠지Sérgio Resende 감독의 《카누두스의 난》(*Guerra de Canudos*), 게우 아하이스Guel Arraes 감독의 《연민》(*Auto da compadecida*), 타타 아마라우 감독의 《안토니아》(*Antônia*)는 그러한 모습과는 다른 양상을 보여준다. 아리아누 수아수나Ariano Suassuna, 오스망 링스Osman Lins 그리고 조르지 아마두Jorge Amado와 같이 고전으로 꼽히는 작가들에서 영감을 받은 일련의 코미디 양식은, TV소설과 흥행에 성공한 영화 사이의 비례유사성에 종말을 고한다. 이 작품들은, 이미 과거에 보다 결정적인 정치적 역할을 수행했지만 이제는, 시장의 국민-대중적 장르라고 부를 수 있는 산업의 한 장르를 구성하는, 대중문화의 고양 전략을 업데이트하고 있다. 이것은, 국민으로부터 위임을 받았다는 과거 영화의 개념이 글로부 미디어 그룹Rede Globo으로 넘어가는, 새 시대에 적합한 양상이기도 하다.

이러한 스타일의 산업화 경향을 뒤집으며 루이스 페르난두 카르발류Luiz Fernando Carvalho는 TV소설에 바로크적이면서도 오페라적인 미학을 도입하고 있다. 〈마야인들〉(*Os maias*)과 〈카피투〉(*Capitu*)가 그 예이다. 그는 영화에서 하두앙 나사르Raduan Nassar의 소설인 《전원 농사》(*Lavoura arcaica*)를 영화화하기도 하였다. 이처럼 문학작품을 각색하는 사람들은 아우트랑 도우라두Autran Dourado, 세르지우 산타나Sérgio Santana, 로우렝수 무타렐리Lourenço Mutarelli, 루자 시우베스트리Lusa Silvestre, 다니에우 갈레라Daniel Galera와 같은 현대작가들과 긴밀한 대화를 유지하고 있다. 그러한 대화는 주제와 형식면에서의 조화를 의미하고 있는데 후이 게하Ruy Guerra와 쉬쿠 부아르키Chico Buarque가 공동 제작한 2000년 작 《장애물》(*Estouro*)이 그 예이다. 또는 미적인 차이로 해석되는 영혼의 유사성을 암시하는 작품도 있는데 수자나 아마라우Suzana Amaral, 주엉 지우베르투 노우João Gilberto Noll가 공동 제작한 2008년 작 《호텔 아틀란치쿠》(*Hotel Atlântico*)가 그 예이다. 베투 브란트와 마르사우 아키누Marçal Aquino의 경우처럼 미디어 매체 간의 협력관계가 서로 닮아가고 쌍방향 대화가 이루어지는 경우도 있다. 이들은 경찰 장르를 시작으로 2001년 《침입자》(*O invasor*)에서 사회계층의 행동양식에 대하여 심도 있는 관찰을 시도했었다. 경찰 장르는 출판업계에서 수익성이 높은 부문이며 후벵 퐁세카Rubem Fonseca, 파트리시아 멜루Patrícia Melo, 가르시아-호자Garcia-Rosa, 토니 벨로투Tony Belotto와 같은 여러 작가의 작품을 영화나 TV소설로 각색하는 작업에 힘을 실어주었다. 고전 작가들과의 대화에서는 산드라 코구치Sandra Kogut가 2007년 기마랑이스 호자Guimarães Rosa의 작품을 각색한 《봉관조》(*Mutum*)와 줄리우 브레사니Júlio Bressane가 2009년 각색한 마샤두 지 아시스Machado de Assis의 작품 《쥐의 풀》(*A erva do rato*)가 두드러진다.

이처럼 브라질 영화에서 텍스트(목소리)와 영상의 만남은 거의 한 시대를 풍미한 형식상의 특징을 반복해오고 있다. 다시 말하면, 주요 장면에 자신의 의견을 중첩시키는 일인칭 서사의 목소리 출현이 그것이다. 목소리의 강조는 코미디, 액션영화, 위기의 주체를 그린 드라마에서 빈번히 일어나고 있으며 이것은, 문학작품의 각색과 원래 각본으로 만들어진 영화를 두루 섭렵하면서, 앞서 얘기한 다큐물에서의 "주체의 구축"과 의미 있는 대비를 이룬다. 다큐 작품은 내레이터의 설명조적인 목소리를 배제하는 대신에 인터뷰 대상자, 즉 카메라가 포착하는 인물의 목소리든, 또 -다큐를, 필자가 소설 부문에서 지적한 원한에 사로잡힌 인물들의 공동 목소리에 대한 대응점으로 만드는- 독백이나 자기 확신에 찬 목소리들의 합창이든, 인터뷰 대상자의 목소리에 더 많은 가치를 부여한다.

여기서 언급한 내용들은 한마디로, 영화계에게 그리고 미디어에 의해 관리되는 위대한 극에게 영화가 제시할 수 있는 답변의 출발점이 될 것이다. 미디어는 그동안 작품들이 포화상태여서 "가시화하는 것"이 거의 불가능하다는 생각을 양산해왔다. 그 이유는 모든 것이 시야에 포착됨과 동시에, 장르의 규칙과 관습적인 프로토콜에 의해 보일 듯하면서도 보이지 않는, 애매모호한 상태이기 때문이라고 주장해왔다. 그런데 영화는 장르의 규칙을 수용해왔으며, 이따금 게우 아하이스와 조르지 푸르타두Jorge Furtado가 그러듯이, 자체의 영역에서 위대한 극을 코멘트하기 위해 자체의 구조를 수정해왔다.

자본 문화와의 관계에 따라 영화는 과거에 묘사의 문제에 대하여 상호 모순되는 답변을 했다. 이제는 역사나 정치, 가정의 문제나 사회적 폭력을 포커스에 맞추든 아니든 더 이상 기존의 공식에 맞추지 않는다. 대신에 새로운 리얼리즘을 요구하는 경험, 그 경험을 문제화하려는 충동이 중시된다. 그리고 그 리얼리즘의 형식은 창조되어야 한다. 나아가 각각의 영화가 그 창조행위를 어떻게 생각하는가라는 방식의 문제가 영화의 극적인 성격을 구성한다. 이 새로운 리얼리즘은 영화의 극성을 실제로 보여주는 대신에 테마로서 미디어의 우수성을 표출하는 것 또는 리얼리즘적인 효과를 갖는 틈새의 경험을 찾는 것으로 간주될 수 있다(무릴루 살리스Murilo Salles 감독의 2008년 작 《토요일*Sábado*》). 타자의 삶을 표출하면서, 시골에서의 불안감(클라우지우 아시스Cláudio Assis 감독의 2006년 작 《동물들의 저지대*O baixio das bestas*》), 대도시에서의 불안감(J. E. 베우몽치J. E. Belmonte 감독의 2003년 작

《지하인간*Subterrâneo*》), 모든 곳에서의 불안감(비앙시Bianchi 감독의 2000년 작 《고질적으로 실현 불가능한*Cronicamente inviável*》)을 직접적으로 드러내는 모자이크들로 구성하는 것이 보다 자극적일 수 있다.

이러한 시각에서, 관객의 커다란 관심을 불러일으키는 어떤 긴장감이, 이미 인용한 다큐들을 오늘날 상황에서의 독특한 경험으로 만들고 있다. 최악의 상황이라고 해도 이 다큐들은, 현실을 포용하고 이미 살아온 세계로의 접근을 향유하는 것 같은 순간에, 실제 삶의 드라마와 재회를 하고 또 이따금 그 재회를 고백하곤 한다.

이러한 상황에서 동일한 문제가 제기된다. 그것은 결국 극성劇性의 문제이다. 즉 통속적이기에 극성이 제거된다는 것(스펙터클의 완연한 수익성), 극성이 테마화된다는 것(나의 보잘것없는 영화가 타 영화의 위대한 극성을 드러내준다는 것), 극성이 최소화된다는 것(억제, 사장된 시간, 늘어진 여행, 결말의 중단 등) 혹은 극성을 되찾는다는 것(카메라의 효과가, 그 반대가 예상될 때, 극성이 완연히 실현될 수 있는 기회를 부여한다) 등이 그것이다. 이러한 경계를 수없이 넘나든 후에 에두아르두 코우칭뉴는 자신의(그리고 거의 모든 이들의) 영화 《장면의 유희》(*Jogo de cena*, 2007)를 선보였다.

다른 관점에서 보면 이러한 극성의 존재가 커다란 사회적 주제를 멀리하는 것도 아니고 또 현재에 대한 어떤 진단을 내리는 것도 아니다. 결국 세상사는 그것의 중재를 기점으로 세팅된다. 액션영화에서든, 리얼리즘적 드라마에서든, 멜로드라마에서든, 대중적인 코미디에서든, 길거리 영화에서든, 다큐에서든, 어떤 장르의 영화에서든 모두 마찬가지이다. 어쨌든 중요한 것은 영화의 장면을 생각하는 것, 동작과 외양의 투명성이 드물어지는 세계의 퍼포먼스를 포착하는 것이 문제인 셈이다. 지금껏 브라질 영화는 스스로의 길을 선택해왔고 최고의 경우엔 우리로 하여금 우리의 사회적, 역사적 조건을 보다 면밀히 생각하게 하는 물음을 던져왔다. 몇몇 작품의 경우 주체의 형성과 권력게임의 잉태 방식에 있어서 영화와 텔레비전의 역할, 그리고 그 역할을 이해하는 방식에 있어서 분명한 변화가 있어왔음을 잘 보여주고 있다. 영상을 생산하는 사람들은 지금도 그 권력의 내부에 있으며, 1954년과 1984년 사이에 브라질 영화가 직면했던 상황들의 대처 방식을 발전시킨 근대 영화의 남다른 자세를 이어가고 있다.

참고문헌

BUTCHER, Pedro. *Cinema brasileiro hoje*. São Paulo, Publifolha, 2005.

DANIEL, Caetano (org.). *Cinema brasileiro 1995-2005: ensaios sobre uma década*. Rio de Janeiro, Azougue, 2005.

LINS, Consuelo e MESQUITA, Cláudia. *Filmar o real: sobre o documentário brasileiro contemporâneo*. Rio de Janeiro, Zahar, 2008.

MENDES, Adilson (org.). *Ismail Xavier — encontros*. Rio de Janeiro, Azougue, 2009.

NAGIB, Lúcia (org.). *The New Brazilian cinema*. Londres, I. B. Tauris & The Centre for Brazilian Studies, University of Oxford, 2003.

ORICHIO, Luiz Zanin. *Cinemadenovo: um balanço crítico da retomada*. São Paulo, Estação Liberdade, 2003.

culturas populares: patrimônio e autenticidade

대중문화: 그 자산과 진위

주제 헤지나우두 산투스 공사우비스José Reginaldo Santos Gonçalves

José Reginaldo Santos Gonçalves

리우데자네이루연방대학교(UFRJ)의 연구교수로 재직 중이며 주요 저서로는 『대상물의 인류학: 컬렉션, 박물관 그리고 문화자산』(*Antropologia dos objetos: coleções, museus e patrimônios*. IPHAN/Minc, 2007)이 있다.

PITÚ
Mania de Brasileiro.

우리는 커뮤니케이션 매체나 혹은 친구들과의 일상 대화에서 다음과 같은 말들을 쉽게 찾아볼 수 있다. "요즘 카니발은 이제 옛날 카니발이 아니야. 거대한 관광 사업으로 변질되었어. 진짜 대중문화와는 아무 상관이 없는 경제적인 이해관계가 지배하고 있어." 넓은 의미에서 볼 때 그와 같은 언급은 대중문화의 여러 양식에 적용될 수 있다. 축제뿐만 아니라 공예품, 음악, 춤, 음식, 일명 대중적인 통속 의술에도 적용 가능하다. 그러한 언급은 또 유감 형태로 표현될 수도 있고 과거에 대한 참기 어려운 향수의 형태로도 표현될 수 있다("옛날 카니발이 얼마나 좋고 진짜였는지 몰라"). 아니면 보완적인 방식으로 비판적인 자세와 사회·정치적인 고발형태로 표현될 수도 있을 것이다("그 축제는 이제 정치적 이해관계와 시장의 이해관계가 지배하고 있어").

달리 말하자면 우리의 일상생활에서 대중문화에 대한 시각이 폭넓게 유통되고 있는 것으로서 그 시각 하에서는 대중문화들이 반드시 상실이라는 관점에서 소개된다. 이제 그 대중문화가 자신의 역사에서, 그것들을 생산하는 사람들의 경험에 가장 진실되고, 가장 근접한 형태로 꽃피운 순간이 있었다고 가정해보자. 그 멋진 순간은 세월의 어둠 속으로 사라지며 정확히 언제, 어디서 그 순간이 존재했는지는 결코 알 수 없다. 하지만 그 이후, 역사적인 변화의 결과로서 그리고 특히 이른바 근대화의 결과로서 그 사회문화적 형태들이 점점 더, 자신의 정체성을 명확히 하는 속성들을 잃어갔을 것이다. 그리하여 오늘날 우리가 보는 것은 아마도 그 황금시대에서 살아남은 것이거나 아니면 파편들일지도 모른다. 이러한 "상실"의 상황 앞에서, 그 파편들을 모으고 확인하고 보전함으로써 완전히 사라지는 것을 막는 일은 상식과 선의를 가진 사람들의 몫일 것이다.

분명 이러한 주장은 강력한 것이며 놀라운 설득력을 갖는다. 대중문화의 다양한 형태가 가지고 있는 매력 그 자체가, 현대세계에서 맞닥뜨리는 그 가상의 재앙적 상황과 혼동이 된다. 마치 거룩한 성령축제나, 왕들의 축제, 지역공예품축제, 민화, 무수히도 많은 물품, 관습, 민간지식의 형태를 접할 때 우리는 이미 사라진 어떤 별의 불빛을 보고 있는 것이겠지만 그 빛은 아직도 우리의 눈을 매혹시키는 것과 같다.

하지만 어떤 유령이 대중문화연구의 주위를 맴돌고 있다. 대중문화는 사라지지 않았다. 지속적으로 존재하며 아주 다양해진 형태로 그리고 빈번히 놀라운 힘으로 꾸준히 재생산되고 있다. 몇몇 예를 살펴보자. 브라질의 여러 도시에서 벌어지는 카니발과 같은 전국 규모의 대중축제들, 혹은 마라냥Maranhão 주와 파린칭스Parintins에서 열리는 "붕바 메우 보이Bumba meu boi"와 같은 지역 축제들, 고이아스Goiás 주의 피레노폴리스Pirenópolis에서 열리는 "거룩한 성령 축제들festas do Divino Espírito Santo", 브라질의 여러 지역에서 열리는 "왕들의 축제들festas de Reis", 헤시피Recife에서 열리는 마라카투Maracatu축제들, 성 안토니우São Antônio, 성 주엉São João, 성 페드루São Pedro 등 기타 수많은 성인聖人 축제와 종교행사, 그리고 여러 공예품 시장 가운데 하나를 들자면 미나스제라이스Minas Grais 주의 제키치뇽냐Jequitinhonha 계곡에서 열리는 세라믹 공예품 시장들, 브라질 각 지방과 지역에서 생산된 다양한 양식의 대중음악 혹은 민속음악, 그 예들은 쉽게 확대될 수 있다. 하지만 중요한 것은 대중문화의 그처럼 다양한 형태가 현재에도 창의적으로 계속 생산되고 있다는 것이다. 결국 그 모든 것이, 집착적으로 우려하는 것과는 반대로, 사라져가는 과정에 있음을 의미하는 것 같지는 않다.

그렇다면 그러한 것들이 결국 사라지지 않고 열정적으로 그리고 창의적으로 재생산되고 있다는 분명한 사실을 어떻게 이해할 수 있을까?

문제는 명백히 대중문화에 있는 것이 아니라 대중문화를 낡은 퇴물적 존재이자 사라짐을 피할 수 없는 것으로 상정하는 시각들에 있다. 그것은, 그 사회문화적 형태들이 실제로 다양한 세계관을 표현한다는 것을 인정하길 거부하는 자들에 의해 생산된, 어떤 유령인 것이다. 보다 직설적으로 말하자면 자기민족중심적인etnocêntrico 시각인 것이다. 그러한 시각들을 시작으로, 그 문화적 형태들에 내재하는 시각들이 사고의 "원시적인" 양상들로 치부되면서 정체된 것이라는 비난을 받고 있는 것이다. 그렇게 보는 한, 그 문화형태들은 순진무구함과 자연발생적인 성격, 촌티나는 모습 그리고 그것의 생산을 주도했을지 모를 빈약한 이성들로 점철된 어떤 세계관을 표현하고 있을지도 모른다. 그러한 속성들이 분명 긍정적이거나 부정적인 신호로 모습을 드러낼 수도 있다. 부정적인 신호로 모습을 드러낼 때 그것들은, 그 형태들의 생산에 관여한 개인과 집단이 논리 이전의 방식으로 작업을 했다는, 가상적 사실로 지목받을지도 모른다. 그것은 인류의 정신적인 진화의 원시적 단계가 보여주는 특징일 수도 있을 것이다. 그런데 긍정적인 신호로 모습을 드러낼 때는, 안타깝게도 일명 문명인이라고 일컫는 사람들이 잃어버렸을지도 모르는, 어떤 경험과 삶의 방식의 "진정한" 특징을 지목하는 것일지도 모른다. 그러한 사회문화적 형태들은 빈번히, 변화가 없고 조화로운 농촌세계와, 산업화되고 조화롭지 못하며 "진정치 못한", 어떤 도시세계 사이의 대립과 연계되어 있다. 첫 번째 농촌세계는 아주 훌륭하게도 대중문화가 만개하는 장소가 되며 두 번째 도시세계는, 대중문화의 상실을 의미하는, 되돌아올 수 없는 길을 의미할 것이다.

그럼에도 사회인류학 혹은 문화인류학 연구들은, 대중문화가 농촌세계에 위치하고 있든 거대한 도시들에 위치하고 있든, 실제로는 현대적 상황에서 자신의 지속성과 재생산을 위해 필수적인 사회적·상징적 기능들을 수행하고 있음을 이미 보여주고 있다. 다시 말하면 대중문화는 재생산되는 사회문화적 상황들과 강렬하면서도 지속적인 대화를 시작으로 존재한다는 것이다. 그러한 방식으로 여러 카테고리 가운데 축제, 공예품, 전설, 음악형태, 춤, 음식이 사회와 개인, 시간과 공간의 집단적인 개념들을 상징적으로 분명하게 표현한다. 대중문화에 대한 자기민족중심적 관점들을 가정하는 것과는 달리, 대중문화는 세밀하게 묘사될 수 있는 문화적 특성들의 집합에 기초하지 않는다. 대중문화는 사회적 카테고리들과 관습들의 체계이다. 그 체계에서는 실제 우주와 사회를 상상하는, 차별화된 형태들이 인정된다. 축제와 물질적인 물체들, 신앙체계와 의례, 음악형태들은 그 카테고리들 사이에서 중재들이 설정되는 방식이며 그 카테고리들을 구체적이고 인지 가능한 것으로 만든다.

그 중재들이 효율적이기 위하여, 수천 년 역사의 유산들에 기초한, 사회적이고 지적이며 항구적이고 열렬한 노력이 필요했다. 이 유산들은 반드시, 현재라는 시간에서 실현된, 그 노력에 의해 재창조되게 될 것이다. 그 예로서 브라질에서 열리는 거룩한 성령의 축제들festas do Divino Espírito Santo을 보자. 이 축제들은 브라질 국민을 구성하고 있는 다양한 계층에 의해서든 아니면 18세기에 브라질로 그 축제를 가져온 아소리스Açores 제도의 이민자들에 의해서든, 지금도 브라질에서 실시되고 있다. 이 축제들은 중세 이후 아직도 유럽에 존재하며, 19세기부터 유럽 대륙에서는 쇠퇴하기 시작했음에도 불구하고, 지금도 아소리스 군도와 브라질 그리고 아소리스 주민들의 이민을 받아주었던 나라들, 특히 미국과 캐나다에서 오늘날까지 확산, 재생산되고 있다. 이 축제들의 핵심은, 성령과 신앙심이 깊은 신자 사이의 선물과 그 선물이 내포하고 있을 어떤 삶의 관계이며, 이 관계는 부활절 일요일에서 오순절 일요일까지 지속되는 축제 사이클을 통해 경축된다. 축제들은 신과 인간, 가난한 자와 부유한 자, 또 과거와 현재 사이의 중재를 설정한다. 함께 나눠먹음을 매우 강조하는 그 축제들(동 축제기간 중에는 엄청난 양의 음식과 술이 소비된다)은, 인간의 조건 그리고 특히 결핍과 풍요 간의 대비처럼, 중요한 반대대비들에 대하여 체계적인 사고를 발전시킨다. 그러한 방식으로 축제는, 결핍으로 우울한 일상의 세계에 대비하여 풍요로 이루어진 세계를 상징적으로 창안하고 경축한다. 신앙심이 깊은 신자들의 입장에서 볼 때 그러한 카테고리들은 총체적인 어떤 차원을 지니고 있어서 경제적, 법적, 미적, 사회적, 도덕적, 음식적, 마술적-종교적인 의미 등 여러 다양한 의미를 동시다발적으로 제시한다. 거기서부터 바로 신앙심이 깊은 신자들에게, 음식과 술이 수행하는 강한 매력이 나온다. 즉 음식과 술은 건강과 직장에서의 성공, 행복, 비옥함을 가져오면서 어떤 우주적 풍요를 환기시킨다. 거룩한 성령과의 이러한 합의를 경축하는 데 전념하는 남녀들은 축제기간이 제공한 프레임에서 출발하여 상술과 정치적 관계가 지배하는 일상에 대한 대안적 세계를 집단적으로 상상한다. 물론 상술과 정치적 관계는, 결핍으로 야기된 이해득실과 그 계산에 의해 정의되는 관계를 의미한다. 또한 그들은 상호호혜 관계와 관용의 감정 그리고 풍요에 의해 창조된 어떤 세계를 상상한다. 상징적으로 구축된 그 세계는 순환적인 지속성을 갖는 세계이자 매년 갱신되는 세계로서, 존재의 거듭난 집단적 비전을 추구함으로써 그 카테고리들과 일상의 사회적 관계들을 덜 불변적인 것으로 만든다.

역사가들에 따르면 그 축제들은 14세기 이후 유럽에서 시작되었다고 한다. 그 축제가 수세기를 거치며 존속한 이유는 어떤 고전적 형태로도 확연히 발견되지 않고 있다. 그 이유는 어떤 특정한 시간이나 공간에도 위치하고 있지 않을 것이기 때문이다. 그리고 현대에 그 축제가 존재한다는 것은 우연한 일도 아니고 역사적인 우발적 사건도 아니며, 언젠가 완벽했고 진실했던 어떤 형태의 가상적인 생존물들을 드러내고 있을 뿐이다. 그 축제의 현재성은 상징적인 재료들을 제공한다는 사실에 기인하는데, 이 상징적인 재료들을 매개로 개인과 집단은 스스로가 현대 세계에 속함으로 인해 생긴 일상과 딜레마, 모순, 역설들을 생각하게 된다. 그런 의미에서 이 축제는 마치 집단적인 불만을 토로하기 위한 해방구처럼 정체성을 표현하기 위해 존재한다든가 또는 가상적인 사회적 균형을 확보하기 위해 존재하는 것이 아니다. 기실, 그 축제는 세계를 생각하고 재창조하기에 좋은 것이다.

거룩한 성령축제에 대하여 우리는 방금 말한 내용을 과장 없이, 물질적인 물체든, 사회적인 관습이든, 신화든, 음악창작이든 대중문화의 다양한 여러 형태로 확대 적용할 수 있을 것이다. 그 형태들은, 자연의 세계와 문화의 세계, 과거와 현재, 현재와 미래, 죽은 자와 살아 있는 자, 인간과 신, 남자와 여자, 부자와 빈자 등 이들의 사이를 오가는 다양한 통행을, 창조적으로 운영하는 방식들의 일부이다. 바로 이러한 상징적인 중재 절차들을 통하여 개인과 집단은 스스로와, 자신들이 살고 있는 세계를 구성하는 것이다.

현대 세계에서 대중문화에 영향을 미치고 있는, 본래 모습의 가상적 상실에 대한 일상적인 언급들은 그 대중문화가 우리의 카테고리categorias와 분류classificações의 거울이 아니라는 것을 잊고 있다. 대중문화가 제공하는 가장 흥미로운 것은 어느 먼 과거의 증언도 아니요, 그것의 사라짐으로 인한 대재앙도 아니며 또 집단의 정체성을 드러내는 것도 아니라 인간이 이 세상에 존재하는 방식의 현재적이자 대안적인 발명품이다.

참고문헌

BURKE, Peter. *A cultura popular na Idade Moderna*. São Paulo, Companhia das Letras, 1989.

CASCUDO, Luís da Câmara. *Dicionário de folclore brasileiro*. 5ª ed. Belo Horizonte, Itatiaia, 1984.

CAVALCANTI, Maria Laura e GONÇALVES, José Reginaldo. *As festas e os dias. Ritual e sociabilidades*. Rio de Janeiro, Contracapa, 2009.

DAMATTA, Roberto. *Carnavais, malandros e heróis*. Rio de Janeiro, Zahar, 1979.

VILHENA, Luís Rodolfo. *Projeto e missão: o movimento folclórico brasileiro (1947-1964)*. Rio de Janeiro, Funarte/Fundação Getúlio Vargas, 1997.

Democracia: origens e presença no pensamento brasileiro

민주주의: 브라질 사상사에서의 그 기원과 현존

[redacted]

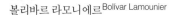

볼리바르 라모니에르 Bolívar Lamounier

Bolívar Lamounier

미나스제라이스연방대학교(UFMG) 경제학부에서 사회학과 정치학을 전공, 캘리포니아대학교에서 박사학위 취득, 2001년 이후 마드리드클럽(Clube de Madri) 학술보좌관직을 수행하고 있다. 주요 저서로는 『독립에서 룰라까지: 브라질 정치의 두 세기』(*Da Independência a Lula: dois séculos de política brasileira*. Augurium, 2005)가 있다.

PELA
IRS
18 ANOS

이 책은 민주주의라는 용어를 일반적으로 수용되는 차원에서 다루고 있다. 그러니까 이 책에서 언급할 민주주의란 어떤 시스템을 의미하며 그 시스템 내에서는, 공권력의 위치에 합법적인 접근이 정기적이면서 깨끗하고 자유로운 선거들을 통해 이루어지고 정부는 통치를 하며 또 헌법적 제한 덕분에 그 통치 행위에 대하여 스스로 책임을 지게 된다.—영어의 풍요로운 표현을 빌리자면 accountable이다.

이 정의는 이상적인 사회(유토피아)에 대한 독트린이 아니라 역사적 현실에서 우리가 알고 있는 민주주의를 지칭한다. 또한 이 정의는 스스로를 민주적이라고 하는 포퓰리즘 체제나 "정치적·사회적 운동" 체제 —라틴아메리카에서는 공통된 사실— 를 언급하는 것이 아니며, 구소련과 동구유럽의 유일당 전체주의 체제들이 스스로 명명했던, 이른바 "인민민주주의democracias populares"를 언급하는 것은 더더욱 아니다.

두 개의 지류

학술적으로 보았을 때 민주주의는 두 가지 지류에서 유래한다. 하나는 프랑스의 철학자 몽테스키외Montesquieu, 1689~1755에게서 유래한 것으로서 평화로운 정치적 경쟁을 위한 일종의 제도적 구조 혹은 시스템으로서의 민주주의 개념이다. 여기서 필자가 말하는 것은 대의민주주의로서 이것은 종종 과장되게 제도민주주의democracia de instituições라고도 불린다. 이러한 관점에서는, 미국식 표현을 빌리자면, 그 초점이 체크 앤드 밸런스checks and balances, 즉 브레이크와 균형

추에 주어진다. 정당들 사이, 3권 혹은 연방을 구성하는 주들 사이의 갈등을 완화하기 위해 고안된 그 브레이크들은, 국가와 사회 간의 관계에 대한 가장 폭넓은 개념의 일부로 이해되어야만 한다. 그러니까 여타 하위시스템들(경제시스템, 문화시스템 등)을 흡수하지도 않고 흡수되지도 않는 어떤 하위시스템으로서의 정치를 스스로 제한 auto(de)limitação하는 이상적인 그 무엇으로 이해하여야 한다는 것이다.

두 번째 지류는 제네바 출신의 다른 철학자 장-자크 루소Jean-Jacques Rousseau, 1712~1778에게서 유래한다. 상설협의회라는 구조 속에 직접민주주의와 만인의 만인에 대한 동등한 계약을 이상理想으로 하는 사고이다. 여러 연구자가 주장하듯이 루소주의rouseauísmo는, 시민들에 의한 정통성 부여에 지속적으로 의존하는, 정부의 윤리적 우월성과 그 가능성에 대한 믿음으로서, 일종의 국민주의plebiscitarismo를 가리킨다. 정치조직의 모델로서 이것은 유토피아적인 이상理想일 뿐만 아니라 강력한 권위주의적인 경향을 지닌 어떤 이상을 의미한다. 루소에게 있어서 합법적인 것은 오로지 전체, 즉 만장일치의 의견표시일 뿐으로, 소수나 개인적인 이견異見을 위한 공간은 실질적으로 존재하지 않는다. 그럼에도 최근 20년간 대의민주주의의 역사적 발전은 루소에서 출발한 두 개의 가치관을 수용했다. 그것은, 보통선거의 지속적인 확대 결과인, 국가적 차원의 대규모 선거인단과 책임accountability을 뜻하는 것으로서 여기서 책임이란 대표된 자들에 대한 대표인들의 의무, 그러니까 사회에 대하여 자신들의 행위를 관리해야 하는 집정자의 의무를 뜻한다.

여기서 시민권의 개념을 상기할 필요가 있다. 민주주의 윤리에서 개인의 개념은 고대Antiguidade로 거슬러 올라가지만 본 연구의 결정적인 부분은 계몽주의, 프랑스혁명, 미국의 독립 그리고, 여타 상관관계에 있는 사건들 때문에, 18세기가 될 것이다. 이 사건들로부터 "행복을 추구the pursuit of happiness"하는 태생적 권리를 가진 공민citoyen과 인간의 모습이 등장하게 된다. 행복의 추구와 관련하여 보자면, 1776년 미국의 독립 선언문에서 행복권"direito" à felicidade에 대한 언급이 처음 등장한다. 사실 역사적으로나 개념적으로 볼 때 "시민cidadão"의 모습은, 계층사회sociedade estamental의 경직된 모습에 대한 개인súdito(봉신)의 해방과 더불어 등장한 것으로서 이것이 전 생애 동안 각자의 사회적 신분station in life을 결정하곤 하였다. 그리하여 정치철학에서는, 봉신이 조직의 부속품이나 "수단meio"이 아니라 "목적 그 자체"(독일 철학자 이마누엘 칸트1724~1804가 정의한 대로)로 다뤄지는, 어떤 유형의 정치시스템uma "politeia"(우수자 지배체제)이 등장하게 되었다.

시민사회sociedade civil

몽테스키외와 같은 수준에서 숙고해야 할 다른 주요 포인트는, 상호 간에 의식적으로 연결되어 있는 헌법상의 규정들과는 별도로, 정치·경제·사회적 다양성의 급격한 등장 문제이다.—달리 말하면 "시민사회"의 등장이다. 독일학자로서 유럽에서의 민주주의 형성에 대하여 고전적인 연구업적을 쌓았던 오토 힌체Otto Hintze, 1861~1940는 서구유럽의 봉건제 형성과 고대 신정神政왕국들을 비교하면서 이 점에 높은 중요성을 부여하였다. 사실 서구유럽에서는 일찍이 왕실/교회라는 이분법적인 구조가 등장하였으며 이 둘 중 어느 하나도 국가의 주권을 독점하지 못했다. 실제로 재정적 기부와 조세납부 및 병역 등을 제공하는 대가로 특권과 특혜를 누려온 사회계층(귀족, 성직자, 일반국민)과 차별화된 사회영역들이 존재했다. 또한 순수한 봉건영주들도 존재함으로써 사회전체가 복잡한 분권양상을 띠었다.

루소가 정의한 것과는 정반대로—그와 더불어 프랑스적 영감에서 나온 전 세계 모든 국민투표의 전통—민주주의는 "고대 그리스의 시민인 데모스demos"의 확대와 자율결정권만을 의미하진 않는다. 그것은 제도를 통한 사회적 행동양식들의 경계설정 문제이기도 하다. 여기서 제도들이란 국가와 체제의 제도일 뿐만 아니라, 시장과 넓은 의미에서의 사회제도들을 포괄하는, 다시 말하면 가치와 이해관계 그리고 아주 잘 설정된 행동양식들을 가진, 매우 다양한 형태의 조직associações을 포괄하는 경제제도들을 의미한다.

제도적인 것과 실질적인 것o institucional e o substantivo

다른 중요한 문제—앞서 언급한 두 개 지류의 구분에 있어서 암시된 문제—는 민주주의 개념이 내포하고 있는 "제도적인 것"과 "실질적인 것" 사이의 관계이다. 세계 정치학계에서는 요즘 민주주의가, 권력의 쟁취와 수행에 내재한 투쟁들을 진정시키기 위한 제도적인 틀일 뿐, 실질적인 경제사회적 평등성에 기초한 사회의 패턴은 아니라는 생각이 지배적이다. 민주주의는 역사적으로 심각한 불평등을 안고 있으면서 계층화되어버린 사회에서 등장하였으며, 사회적 불평등 축소의 결과물이라기보다는 훨씬 더 그 원인이기도 하다.

실제로 민주주의의 제도적 개념과 실질적 개념들 사이에는 일종의 긴장이 사방에 존재한다. 하지만 그 긴장은, 각국의 생각 속에서는, 특수한 방식으로 그리고 서로 다른 충격 정도로 형성된다. 브라질 정치사상계에서는 앞서 언급한 그 구분이 응당 그래야 할 정도로 엄격하게 이루어지지 않았다. 20세기 내내, 민주주의라는 것이 평등차원("표가 배를 채워주지는 못한다voto não enche barriga")에서의 진보와 긴밀히 연계될 때만이 "진짜autêntica" 민주주의라는 평가가, 다양한 이데올로기 그룹, 특히 한편으로는 상당수 성직자와 좌파 그리고 다른 한편으로는 파시즘적 성격을 보인 과거 우파 세력에 의해 공유되었었다.

내가 정확히 보고 있다면, 민주주의를 하나의 정치적-제도적 프레임워크로 보는 분석적 개념을 지지한다고 해서 그것이, 구체적인 경우에 있어서 시스템으로서의 민주주의 공고화를 설명하는 역사적-경험적 가정들 전체corpo de hipóteses가, 사회적 불평등과 그로부터 유래하는 문화적 장애물들을 외면할 수 있다는 것을 의미하지는 않는다. 역사적 과정으로서 대의민주주의의 발전은 두 개의 매개물 혹은 여러 원인의 결과로 이해되어야 한다. 한편으로 그것은, 복잡한 선거장치 마련을 거치는 것을 포함하여, 권력투쟁을 중재할 수 있는 중앙권력의 구성을 말하는 것이다. 다른 한편으로는 경제적 성장이 그것으로서, 경제적 성장은 복지의 비중을 높이는 것과 특권 및 사회적 지위를 분산시키는 모든 것을 포함한다. 오랜 기간 동안 그 과정은 소득과 부의 실질적인 재분배를 가능하게 하고 중산층의 정치 경제적 부상을 용이하게 하며 "시민사회sociedade civil", 즉 사회와 조직의 다원성 강화를 보다 가능하게 해준다.

2차 세계대전 이후 지난 반세기 동안 민주주의의 안정에 결정적인 역할을 한 것은 경제성장이었다. 초기엔 무력한 것 같았던 민주주의조차도, 개인 소득이 더 높은 수준에 도달하고 교육 수준이 개선되고 또 국가가 국민의 기본적인 요구들에 부응할 수 있게 됨에 따라 점차 강력한 모습을 띠게 되었다. 하지만 그 어떤 것도, 민주주의의 안정을 위한 중요 요인들의 설정이, 말하자면, 금세기 50년까지 지속될 것인지 보장하지 못한다. 주지하다시피 라틴아메리카에서의 민주체제는 모욕적인 수준의 사회적 불평등과 부패 그리고 범죄(마약 밀매와 전파에 의해 더 심각해진 범죄)와 공존하고 있다. 그리고 점점 "전통적인" 가치와 제도들이 내포하고 있는 혜택들을 잃어가고 있다. 그러므로 민주주의의 안정과 활력은 정치시스템의 역량과 공공 분야의 도덕성 강화에 매우 달려 있을 것이다.

민주주의 국가와 제도의 구축

이미 언급하였듯이 장기적인 안목에서 보았을 때 민주주의적-대의적 시스템의 발전은 두 가지 벡터에서 비롯되는 것으로 이해할 수 있다. 두 가지 벡터란, 한편으로는 경제적 성장과 생활여건의 분산이고 다른 한편으로는 선거제도를 포함한 중앙권력의 구축을 뜻한다.

두 번째 벡터 —국가 건설— 를 잘 이해하기 위해서는 우선 거의 분명해 보이는 문제 하나를 명확히 밝혀둘 필요가 있다. 개념적으로 볼 때 민주주의는 "무정부주의anarquia"와 같은 것이 **아니다**. 그 이전에 다두정치(다원적인 권력 극단들 사이의 경쟁관계의 공존)이다. 다른 어떤 형태의 국가와 마찬가지로 민주주의 국가는 권력을 행사하며 필요할 경우 무력을 사용한다. 차이점은 일반적으로 엄격한 헌법적·정치적·정치 문화적 제한범위 내에서 움직인다는 것이다. 분쟁과 갈등을 중재할 수 있는 유능하고 조직된 중앙권력이 없는 곳에 민주주의가 자리 잡기는 힘들다.

하나의 프로세스로 이해되어지는 민주주의 정치는 정당 사이의 평화로운 선거 경쟁을 기초로 삼고 있다. 권력은 승자들에 의해 행사되지만 패자들은, 자기 역할의 수행을 위해 그리고 차기 선거에서의 정권교체를 위해, 여러 메커니즘 가운데, 헌법과 자유로운 언론에 의해 보장된 것들을 가지게 된다.

그러한 판단기준에서 미국의 정치학자인 모리스 자노위츠Morris Janowitz와 드웨인 마빅Dwaine Marvick은 어떤 정치 시스템이 민주주의적이라고 간주되기 위해서는 다음과 같은 4가지 요건이 충족되어야 한다고 말했다.

1. 권력기관들autoridades; tomadores de decisões(결정권자들)은 경쟁적이고 정식화된 어떤 프로세스(선거)를 통해 선출될 것.
2. 권력의 행사는 경쟁이라는 압력에 의해 지속적으로 조건 지어지고 제한될 것; 정당들과 이해관계 그룹들은 공공정책 작성과 수립에 영향력을 행사하는 방향으로 끊임없이 활동한다.
3. 권력의 정당성은, 의회의 승인 그리고 야당들의, 방해받지 않는 활동에 의해 형식적으로 분명해진, 동의의 정도에 달려 있을 것.
4. 사적인 조직 및 그룹들과 마찬가지로, 개인과 소수계층의 존엄성을 보호하기 위해 실질적으로 작동하는 제도적 제한들(헌법, 법률)이

존재할 것.

결국 경쟁들을 중재할 수 있는 중앙권력의 차원에서 국가를 건설하는 것 외에, 민주주의의 구축은 특히 선거와 관련된 일련의 메커니즘과 과정들의 구축을 포함한다. 즉,

1. 사회의 도덕심이, 합리화될 수 없는 것이라고 판단하는 차별들을 제거하기 위해 그리고 단순한 수적인 양이 선거 결과의 예측을 근본적으로 불확실하게(다시 말하면, 사적이든 공적이든 클리엔텔리즈무적인 행위를 통한 통제나 경쟁자의 어느 한쪽의 최종결정에 의한 통제가 이루어질 수 없도록) 만들도록 하기 위해, 투표하는 사람들의 규모를 점진적으로 확대할 것.
2. 주요 경쟁자들에 의해 그 정당성이 상호 인정될 것(그러니까 이것은 정치문화의 지속적인 특징으로서 정당성을 확보한 야당의 출현을 의미한다).
3. 선거를 통한 경쟁을, 경쟁자들 자신이 권력의 쟁취를 위한 유일한 길이라고 인정할 것; 이것은 "선거를 통한 경쟁competição eleitoral"만이 규제된 정치투쟁의 "공간espaço"이 존재하는 곳으로 온전히 설정된다. 즉, "대의의 하위시스템subsistema representativo"을 의미하는 것으로서 이것은, 정당들의 구성과 활동을 위한 규칙들의 정의처럼, 유권자들의 등록과정, 투표과정, 개표과정, 바로 그 투표의 의석으로의 전환과정 그리고 당선자들의 당선증 수여과정을 포괄한다. 결국 이것은 전혀 통속적인 것이 아닌, 광범위한 역사적 프로세스 문제인 것이다.

4. 민주주의적인 게임의 규칙과 제도에 대한 적정 수준의 지지여론을 형성할 것. 이것은 게임의 규칙과 제도들이, 실질적인 결과를 산출해내는 데 적합한 것처럼 보일 때만 해당되는 것이 아니다. 여기서 실질적인 결과란, 다수나 어떤 사회 그룹에 의해 바람직한 것으로 간주되는 결과를 의미한다.

브라질 정치사상사에서의 민주주의

브라질의 민주주의 사상을 종합적으로 잘 평가하기 위해서는 입헌군주제 초기 이래 브라질의 정치발전을 특징지은 독특한 모습을 고려해야 한다. 한편으로 당시에만 해도 매우 선진적인 헌법이었던 1824년 헌법이 채택되었다는 것은 절대왕정주의를 무너뜨리고 대의원칙을 내세운 것을 뜻하며 다른 한편으로는 상당수 엘리트가 자유주의적-대의체제를 물리치기 위해 집요하게 투쟁해온 것을 의미한다. 20세기 내내 지속된 이 투쟁에는 성직자, 지식인, 학생이 주요 인물로 가담하였다.

사실, 이 글에서 사상의 경향으로서뿐만 아니라 정치시스템으로서 이해된 민주주의의 역사적 발전은, 그 핵심으로서 "대의의 하위시스템subsistema representativo"의 점진적인 차별화와 자동화를 취하고 있는데, 여기서 대의의 하위시스템이란 사적인 사람을 공권력의 자리에 앉히는 행위를 규정하는 선거, 의회, 정당의 행위과정 일반을 의미한다. 이러한 과정의 자율성은 결코 절대적일 수 없으나 —그 자율성은 사회의 이해관계와 염원에 부응(대표)하여야 하며 정치 문화에 의해 적절히 정당화되어야 한다— 그것의 제도화는 근대 민주주의 발전에 있어서 핵심 문제이다. 초점이 국가의 건설이었던 지난 19세기와 20세기 상반기 때조차도 브라질 정치 논쟁의 상당 부분이 바로 그 제도화를 중심으로 전개되었던 것은 우연한 일이 아니었다. 민주적인 미래에 대하여 다양한 저자가 가졌던 낙관론이나 비관론은 거의 언제나 다음과 같은 형태로 표출되었다. 사실인즉, 고대 그리스 도시들의 모델pólis이 어떤 면에서 가정oikos과 구별되고 대립될 수 있는지 그리고 궁극적으로는 어떤 면에서 가정을 정치적인 행동양식에 있어서 규범적인 주요 참고대상으로 묶어둘 수 있는지 등의 문제로 표출되었다.

20세기 초의 대의민주주의에 대한 공방은 파시스트적인 이상주의의 대국민 전파와 상당히 연관되어 있었다. 하지만 그것을 단지 이 사실에만 국한시켜서는 안 된다. 그 공방은 국민국가 건설에 대한 순진한 우려로부터, 혹은 주로 그 우려로부터 파생되었다. 나약한 국가라는 맥락에서 보면, 충분할 정도로 강력한 중앙권력의 구축에 앞서서, 권력이 분배되고 지속적으로 감시되는 어떤 시스템이 먼저 자리를 잡을지 모른다는 우려가 만연한 것이 사실이었다. 아우베르투 토히스Alberto Torres, 올리베이라 비아나Oliveira Vianna 그리고 아제베두 아마라우Azevedo Amaral와 같은 20세기 상반기 브라질의 주요 논객들 몇몇이 주장했던 것이 바로 그것이었다. 이들 가운데 올리베이라 비아나와 아제베두 아마라우는 제툴리우 바르가스Getúlio Vargas의 독재를 지칠 줄 모르게 옹호한 인물들이 되었다.

2차 세계대전의 종결과 함께 시작된 2단계에서는 논쟁의 초점이, 국가의 자율성을 위한 선제조건으로 사료된, 산업화문제로 옮겨갔다. 그 기간 동안 기본 테마는 경제와 사회의 구조적인 변화였다.

이때 논의된 것은, 반사적으로 발생한 갑작스러운 산업화를 어떻게 의도적이고 한결 같은 경제성장 프로젝트로 탈바꿈시키느냐는 것이었다. 그러한 상황에서, 그럴 수밖에 없었지만, 그러한 프로젝트와 전반적인 사회 변화의 관계문제 그리고 최종적으로는 보다 "진정한autêntica" 국가의 정체성 형성과의 관계문제가 부각되었다. 여기서 당연히 언급해야 할 것은 브라질 고등문제연구소ISEB, Instituto Superior de Estudos Brasileiros와, 세우수 푸르타두Celso Furtado, 엘리우 자과리비Hélio Jaguaribe 그리고 게헤이루 하무스Guerreiro Ramos와 같은 논객들이다. 그토록 풍요로운 논쟁들이 벌어졌던 한 시대를 그리고 복잡하기 이를 데 없었던 정치적 갈등들로 점철된 한 시대를 이 짧은 공간에서 요약하려는 것은 분명 무모한 짓일 것이다. 필자는 단지 연구의 가정으로서 민주주의의 문제가 부차적인 차원에 머물게 되었다는 것만 말하고자 한다. 그러한 맥락에서 보면 그 시기의 사상들은, 민주적인 체제의 보존과 완성을 위한 특수한 제도적, 정치-행동양식적 선결조건보다는 "경제발전을 위한 정치적 선결조건들requisitos políticos do desenvolvimento econômico"에 대한 생각에 끌려 다녔다고 본다.

하지만 기억해야 할 것은, 1960년대엔 선진국의 정치학조차도 특별히 민주주의에 대한 문제가 아니라 완연한 정치발전을 위한 다양한 방법에 대하여 고심했다는 것이다. 그러한 시각에 변화를 몰고 온 것은, 무수히도 많던 군사쿠데타와 그 후의 민주화에 대한 고민들 그리고 새로운 민주주의의 공고화였다. 아직 정치학이 걸음마 수준에 머물고 있던 브라질의 경우 공개토론의 초점은, 민주주의의 구축 그 차제보다는 (산업화를 통한) 국가 건설과 사회의 구조적 변화에 훨씬 더 많이 기울어져 있었다. 1950년대와 1964년 군사쿠데타에 이르는 시기에는, 경제성장에 대한 정치적 "장애물들obstáculos"이라는 주제가, 독립적인 가치로 이해되는 민주적인 정치체제의 공고화와 그 체제의 적절한 정비라는 주제를 압도하였다.

이제 민주주의 문제로 집중되는 제3단계가, 1964년 군사쿠데타 이후인 1970년대에 꿈틀거리기 시작했다. 군정치하에서 보낸 20년은 다수의 브라질 지식인들로 하여금 민주주의의 필요성과 기회들에 대하여 보다 긍정적인 시각을 갖게 하였다. 이른바 "현실 사회주의socialismo real"의 붕괴, 그에 따른 이론으로서의 마르크스주의 동요, 이미 오래전에 그 존재를 드러냈던 것으로서 라틴아메리카의 사회학 상당 부분이 갖고 있던 "지나친 단순화주의적인reducionista" 나약함 그리고 20세기 마지막 25년 동안의 정치학의 발전 그 자체 등은 아주 풍요로운 분석들과 더불어 일명 민주주의의 "형식주의들formalismos"을 다시 연구하도록 부추기기 시작하였다.

초기에 연구자들의 관심은, 민주화를 위한 즉각적인 투쟁문제뿐만 아니라 일명 "과거의 족쇄grilhões do passado"라 불리는 문제들로 집중되었다.—다시 말하면, 처음에는 권위주의와 민주주의의 오랜 역사적 뿌리 그리고 민주주의의 성격 또는 정치문화의 성격으로 관심이 쏠렸다가 1980년대에는, 의회주의와 대통령중심제 사이의 논쟁과 같이, 브라질에서의 민주주의 공고화에 가장 적합한 제도적 형식들에 대한 문제로 옮겨갔다.

참고문헌

HOFSTADTER, Richard. *The idea of a party system — the rise of legitimate opposition in the United States, 1780-1840*. Berkeley, University of California Press, 1969.

JANOWITZ, Morris e MARVICK, Dwaine. "Competitive pressure and democratic consent". *Public Opinion Quarterly*, vol. 19, nº 4, pp. 381-400, 1955.

LAMOUNIER, Bolívar. *Da Independência a Lula: dois séculos de política brasileira*. São Paulo, Augurium, 2005.

____________. *Rui Barbosa e a construção institucional da democracia brasileira*. Rio de Janeiro, Nova Fronteira, 1999.

LEAL, Victor Nunes. *Coronelismo, enxada e voto*. São Paulo, Alfa-Omega, 1986.

Desenvolvimento e Subdesenvolvimento no Brasil

브라질에서의 발전과 저발전

루이스 카를루스 브레세르-페레이라 Luiz Carlos Bresser-Pereira

Luiz Carlos Bresser-Pereira

제툴리우 바르가스 재단 대학교(FGV)의 석좌교수로 재직 중이며 1987년 브라질 재무장관직을 역임했다. 주요 저서로는 『세계화와 경쟁』(*Globalização e competição*. Campus Elsevier, 2009), 『브라질에서의 발전과 위기』(*Desenvolvimeno e crise no Brasil*. Editora 34, 5ª ed., 2003) 등이 있다.

©Rafael Matsunaga

오늘날 우리는 더 이상 브라질을 "가난한" 나라로 생각할 수 없다. 브라질은 이미 중간 수준의 소득 국가이며 자본주의 혁명을 실현했다. 브라질은 경제적 잉여가, 더 이상 국가의 직접적인 통제를 통해 실현되는 것이 아니라, 기업인이 시장에서 실현한 이익을 통해 이루어지는 사회이다. 그러니까 기술 관료적 자본주의 사회라는 것으로서 그 이유는 전문 직업 계층 역시 고소득이라는 형식 하에 경제적 잉여의 분배에서 중요하게 되었기 때문이다. 하지만 이제까지 이룩한 경제발전의 적정한 수준에도 불구하고 브라질은 아직 저발전 국가이다. 그것은 거주민 일인당por habitante 소득이 아주 낮아서가 아니라 국가 자체가 지속적으로 이중적인 나라로 남아 있기 때문이다. 그 이중적이라는 것은 오늘날까지도 모든 국민이 노동시장에 흡수되지 못했다는 의미이다. 브라질 경제의 "기본적인 이중성"에 대한 고전적인 분석은 1957년 이그나시우 항제우Ignácio Rangel에 의해 실시되었다. 브라질은 이미 산업자본주의의 일부 특성을 갖고 있을 뿐만 아니라 기술적으로도 선진수준에 도달한 부문을 갖고 있다. 하지만 그 부문은 모든 가용 노동력을 흡수할 수 없으며 그 결과 그 노동력의 일부가 아직도 불완전 고용상태에 있다. 두 번째 부문은 "전통적"인 부문으로 불려질 수 없는데 그 이유는 그것이 자본주의 체제에 연결되어 있으며 그 체제 하에서는 기능적인 부문이기 때문이다. 하지만 브라질은 1985년 민주화 이후 그 수준이 줄어들고 있기는 해도 아직 경제적 불평등이 높은 수준으로 유지되는 나라이다. 특히 그 원인은 경제적 상황이 아직도 구조적인 이질성으로 점철되어 있기 때문이다.

자본주의 부문이 브라질에 존재하는 모든 "노동의 무제한적 공급"을 죄다 흡수할 수 없는 한 브라질은 앞으로도 계속 이중적인 나라로 남게 될 것이다. 그 불평등을 줄이는 데 있어서 효율적이 되고 있는 가난한 사람들에게로의 소득 이전이, 다수 시민들을 자본주의 소비시장으로 흡수하였지만 그들을 아직 노동시장으로 흡수하지는 못했다.

그러므로 브라질은 아직도 불공평한 저발전 국가로 남아 있는 것이다. 이 이중적인 악(가난과 불평등)의 "치료약"은, 브라질이 산업혁명과 국가적 혁명—자본주의 혁명의 두 요소—을 이룩하였던 1930년과 1980년 사이에 아주 강하게 일어났던, 경제발전이다. 경제발전은 생산성 향상과 국민생활 패턴의 향상이 발생하는 하나의 역사적 과정이며 이 과정은 자본축적과 기술발전에서 나타나는 잉여의 체계적인 활용에 의해 발생한다. 이것은 자본주의 혁명을 출발점으로 일어나는 것인데 그 이유는 그 혁명을 출발점으로 해서만이 경제적 잉여(필요한 소비를 초과하는 생산)의 생산 재투자와 기술적 진보의 체계적인 흡수가 역사적 현실이 되었기 때문이다. 이것이 오늘날 선진국 혹은 부국으로 불리는 모든 나라의 경험이었다. 두 개의 이데올로기—민족주의와 자유주의—에 기댄 브라질의 부르주아 엘리트들은 16세기에 이미 절대왕정에 합류하였고 이어 자신들의 국민nação을 구성하였다. 그리고 그 국민에게 영토와 국가estado를 부여하였으며, 광범위하고 경쟁력 있는 국가시장의 규정들을 설정하였다. 19세기의 민족주의는 국민국가의 형성 이데올로기였다.—경제발전을 위해서는 없어서 안 될 하나의 제도였다. 그리고 자유주의는 시민의 자유를 위한 이데올로기이자 시장의 사회적 구축을 위한 이데올로기였다.

사회의 이중성 이외에 한 국가의 저발전을 결정하는 또 다른 요인이 존재한다. 그것은 산업 강대국들에 대한 형식적 혹은 비형식적인 종속 문제이다. 그것이 경제학자인 세우수 푸르타두Celso Furtado가 발전이론에 제공한 가장 흥미로운 기여 가운데 하나였다. 경제발전이 자본주의 혁명을 기점으로 일어난 하나의 역사적 과정이듯, 저발전 역시 그러한 특성을 갖고 있다. 저발전 국가는 단지 경제적 관점에서 "뒤처진atrasado" 국가인 것만은 아니다. 왜냐하면 부유한 국가들이 산업혁명을 일으킨 다음에 자신의 국가적, 자본주의적 혁명을 일으켰기 때문이다. 또한 저발전 국가는 그 나라의 엘리트들이 어떤 제국에 종속되는 것을 수용한 나라이다. 형식상 식민지 같은 상황이나 단순한 종속 상황에서 경제발전을 이룩하기란 사실상 불가능한데 그 이유는 부유한 나라들은 언제나 이들 나라들에 대하여 제국적인 방식으로 행동하고 있을 뿐만 아니라 자신들을 뒤쫓아 오는 나라들이 자신들의 수준에 도달하지 못하도록 항상 "사다리를 걷어차고" 있기 때문이다. 이 표현은 1846년 독일 경제학자인 프리드리히 리스트Friedrich List에 의해 처음 사용되었다. 그는 19세기 상반기, 영국이 독일에 대하여 산업화를 하지 말도록 조언하던 행위를 묘사하면서 이 표현을 사용하였다. 중국과 인도와 같은 아시아 대국들은 산업제국의 일부로 있던 동안에는 저발전국가였으나 독립을 쟁취한 순간 국민과 엘리트들이 민족주의자들로 변하여 각자 자기 국가의 발전전략을 채택하기 시작하였으며 그 결과 저발전국가에서 벗어났다. 그런데 라틴아메리카 국가는 19세기 초에 이미 정치적으로 해방이 되었으나 그 나라들의 엘리트들은 자신들을 "유럽인"이라고 간주하며 만성적으로 계속 식민지 종주국에 종속되어 있었다. 그 때문에 이들 국가들은 자국의 자본주의 혁명을 실현시킬 능력을 갖지 못한 채 저발전국가로 계속 남았던 것이다. 브라질의 경우 산업발전이 본격화된 것은 단지 일부 민족주의 엘리트계급이 권력을 장악한 1930년 혁명부터였다.

뒤처진 종속국가의 발전은 일반적으로 세 단계를 거친다. 1차 산품 수출중심의 원시적 자본축적, 국가적 혁명과 산업혁명 그리고 지속가능한 발전이 그것이다. 첫 단계에서 국가는 일반적으로 한 개 이상의 천연자원을 이용, 수출을 하는데 이를 통해 자본주의 혁명을 위한 4가지 필수요소를 갖추게 된다. 즉 국내시장, 조직화된 국가, 자본의 초기 축적 그리고 국내시장에서 신용을 얻고 혁신하며 투자할 수 있는 일련의 기업가들이 그것이다. 이 단계가 가장 어려운 단계로서 그 이유는 이 4가지 요인들이 아직 부재한 상태인데다가 그 요인들을 탄생시킬 분명한 방법이 없기 때문이다. 이것은 문제가 많은 사안으로서 그 이유는 이 나라가 일반적으로 수출하는 1차 산품commodity은 그 나라 화폐의 지속적인 평가절상, 즉 자국의 산업화를 가로막는 일명 네덜란드 병doença holandesa을 일으키기 때문이다. 그 결과 이 나라는 두 가지의 균형 환율을 갖게 되는데 하나는 "현행" 균형 환율 혹은 시장 환율이 그것으로서 이것은 그 나라의 풍부하고 값싼 천연자원을 이용하는 원자재에 의해 결정되며 다른 하나는 "산업" 균형 환율로서, 이것은 세계적인 수준의 기술을 활용하는, 능률적인 다른 산업들이 국제적으로 경쟁력을 갖추는 데 필요한 환율이다. 한 나라가 산업화되기 위해서는 그 첫째 조건이 네덜란드 병을 중화시키는 것임을 우리는 곧 보게 될 것이다.

두 번째 단계 —국가적 혁명과 산업혁명— 는 자국화폐의 만성적인 평가절상을 제거하면서, 달리 말하면 현행 균형 환율을 산업 균형 환율로 이동시키면서, 자신의 네덜란드 병을 중화할 수 있을 때 비로소 가능해진다. 경제학자들이 네덜란드 병이 무엇인지 모르던 동안 그 병을 중화시키는 형태가 직관적이었고 단지 수출 부분에 대해서만 대책이 취해졌다. 그러니까 정부가 공산품 수입에 대한 높은 관세를 부가한 것인데 이것은 자국의 화폐를 평가절하하는 것에 해당하였다. 수입을 줄이는 데 효과를 냄으로써 자국의 제조업에 대한 투자를 실현시키겠다는 것이었다. 하지만 이것은 많은 저발전 국가가 채택한 내적 성장의 한계 모델 ―수입대체산업 모델― 이었다. 이 모델은 단기간에 좋은 결과를 낳았다. 하지만 그다음 단계로 경제발전을 지속하기 위하여 자국의 제조품을 수출해야 할 상황이 되었을 때 바로 그 발전에 하나의 장애물로 탈바꿈하고 말았다.

산업혁명을 완성하고 제3의 단계 ―자족발전단계― 에 진입하기 위해서는 저발전국가들 경우 자국의 네덜란드 병을 보다 분명하고 명확하게 중화시킬 필요가 있으며 또한 경쟁상대인 부국들에 대한 자신의 이점(값싼 노동력)을 활용하면서 제조품을 수출하기 시작할 필요가 있다. 기술적으로 올바른 해결책은 네덜란드 병의 기원이 되는 1차 산품commodities 수출에 대하여 관세를 부가하는 것이다. 그리하여 환율을 자국 경쟁력의 균형이 되어줄 산업균형 환율로 옮겨가는 것이다. 이것이 바로 브라질이 1968년과 1990년 사이에 일명 "환 몰수confisco cambial"라는 것을 통해 실행한 것이었다. 농축산 1차 산품commodities, 특히 광물들의 수출에 대하여 정확한 수준에서 설정된 수출관세는 (물론 1차 산품의 국제 시장 가격에 따라 변하도록 하면서), 현행균형 환율을 산업균형 환율과 같게 만드는 것으로서 산업균형 환율은 실제 국내에서 생산된 여타 다른 상품들을 수출하는 데 필요한 환율이다. 예를 들어 자국의 자연조건으로 인하여 특히 생산성이 높은 대두soja라고 하는 어떤 1차 산품이 있는 나라를 상상해보자. 이 이유로 인하여 대두의 국제시장 가격이 정해지면 동 국가의 대두 생산자들은 달러(외환보유를 위한 유일 화폐)당 2.00 "레비스leves"(동 국가의 화폐)라는 환율에 만족할 것이다. 그런데 이 대두 생산자들이 기업들보다 더 싼 제품을 생산하는 데 성공함으로써(일정 기간 자국의 경상수지를 균형 맞게 하는) "현행 균형" 환율은 그들에 의해 달러당 2.00 레비스로 결정될 것이다. 하지만 값싸고 풍부한 천연자원을 가진 것이 하나의 은총임에도 불구하고 이 나라는 네덜란드 병을 겪게 될 것이다. 왜냐하면 그 나라의 환율이 대두에 의해 —그 나라에 존재하는 아주 값싼 1차 산품에 의해— 결정되기 때문이다. 그런데 이 환율은 고평가 환율로서 다른 제품들을 효율적으로 생산하는 여타 다른 기업들은 국제적으로 경쟁할 능력을 상실하게 된다. 이들이 경쟁력을 갖기 위해서는 환율이 달러당 2.50 레비스가 되는 것이 필요하다고 해보자. 이것이 그 나라의 경제를 위한 "산업균형" 환율인 것이다. 그 경우 어떻게 할 것인가? 만일 국가가 대두에 대하여 0.50 레비스의 세금을 부과한다면 현행균형 환율은 위로 움직여 달러당 2.00 레비스에서 2.50 레비스로 상승하여 산업균형 환율과 같게 될 것이다. 왜냐하면 그 세금 덕분에 대두 생산자들은 더 상승한(평가절하된) 환율로 생산하고 수출할 자세가 되어 있을 것이기 때문이다. 이리하면 네덜란드 병은 중화될 것이다. 즉 대두 생산자들은 똑같은 이윤을 계속 얻게 될 것이며 만족한 상태에서 수출도 계속할 것이다. 이유는 여타 다른 생산업자들이 경쟁력을 갖춘 상태에서 자신들의 상품을 국제시장에 수출할 수 있는 동안, 세금이 환율의 평가절하로 상쇄될 것이기 때문이다. 그 순간부터 이 나라의 발전은 "자립적"이 될 것이다. 이것은 경제적 의미에서 그렇다는 것이며 환경적 관점(소득분배가 같이 이루어지는 발전과 같이, 이것 역시 다른 문제이다)에서 그렇다는 것은 아니다. 이제 이 나라의 국민생산은 기술진보와 더불어 이익의 재투자 덕에 규칙적으로 성장할 것이다. 브라질은 이 단계를 1970년대 초에 달성하였다. 그 당시 브라질은 산업혁명을 완료하였으며 경제적 잉여의 전유는 국가의 통제에 의존하지 않고 시장에 맡겨지게 되었다. 하지만 심각한 외채위기 이후 —외국자본의 국내 저축으로 성장하려는 애매한 시도 이후— 1990년대 브라질은 국가적 성장 전략을 포기하였으며 자신의 네덜란드 병도 치유하기를 포기하였다. 그리하여 브라질의 성장은 다이나믹한 아시아 국가들의 성장보다도 훨씬 낮은 수준에 머물게 되었다. 하지만 브라질은 단순히 성장하는 것을 멈추지 않았다. 왜냐하면 네덜란드 병은 석유수출국들에서 일어나는 것만큼 그렇게 심각한 것은 아니기 때문이다. 베네수엘라나 사우디아라비아와 같은 나라들의 경우 그 세금이 수출 금액의 약 90% 정도 되어야 하지만 브라질의 경우 일반적으로 수출 가격의 30% 정도에 해당하는 세금이면 충분하다.

"정통" 경제학자들은 중화되어야 할 환율의 평가절상 경향이 존재한다는 것을 인정하지 않는다. 그러면서 브라질이 "비교 우위의 이점들vantagens comparativas"을 활용할 것을 주문한다. 하지만 그들은 브라질에 네덜란드 병을 일으키는 것이, '그 비교 우위의 이점들'이라는 사실, 보다 정확히 말하자면, 환율에 연계된 천연자원 환율의 평가절상이라는 것을 알지 못하고 있다. 또한 그들은 (환율 관리 가능성을 거부하는) "자유 환율주의자들livre-cambistas"의 권고들이, 최저 소득수준의 나라들이 올라타려는, 그 "사다리를 걷어차는" 고전적인 방식이라는 것도 눈치 채지 못한다. 그들은 또 근로자 일인당 생산성을 향상시키고 경제발전이 일어날 수 있도록 하기 위해서는 산업화가 필요하다는 것에도 동의하지 않는다. 그들에게 있어서는 감자를 생산하는 것과 컴퓨터를 생산하는 것 사이에 차이가 없다는 것이다. 이처럼 그들은, 상호 관련된 두 가지 사실의 발전을 위한, 결과들을 무시하고 있다. 즉, 생산성의 수준도, 그 생산성의 증가율도 모든 부문에서 같은 것이 아니라는 사실 말이다. 거주민당por habitante 소득의 증가는, 무엇보다도 일인당per capita 낮은 부가가치와 낮은 기술 그리고 낮은 임금을 받는 부문의 노동력이, 일인당 높은 부가가치와 보다 선진화된 기술 그리고 중·상급의 임금 부문으로 이동한 결과이다. 따라서 산업화는 언제나 경제발전의 초입 길이었다.

경제발전의 근본적이고 즉각적인 원인은, 자본의 축적 혹은 기술적 진보의 흡수와 함께 추진되는 투자이다. 즉 저축이 아니라는 것이다. 1936년 케인스가 가르쳤듯이 그 이유란, 화폐경제에 있어서는 투자가 실현되기 위해 사전 저축이 필요한 것이 아니기 때문이다. 필요한 것은, 1911년 다른 위대한 경제학자인 조셉 슘페터Schumpeter가 말했듯이, 혁신적인 기업인들에게 여신을 보장하는 것이다. 한편 투자율은 인프라에 투자하는 국가의 능력에 달려 있다. 특히 개인기업주들의 투자에 달려 있다. 이들은 자신들에게 이윤이 되는 투자의 기회가 주어질 때, 달리 말하면 자신들의 재화와 서비스에 대한 총수요가 존재할 때 투자를 한다. 또 당연하게도 발전은 공급 측의 요인들에게 달려 있기도 하다. 당연히 교육수준, 과학과 기술의 발전, 좋은 제도, 질 좋은 에너지, 운송 그리고 커뮤니케이션 인프라 등이 중요하다. 하지만 더욱 중요한 것은 수요이다. 왜냐하면 만일 기업인들이 투자할 자극을 받지 못한다면 공급 측의 노력은 아무 소용이 없을 것이다.

정통경제학자들은 제도가 소유와 계약을 보장하는 한, 시장에는 언제나 그러한 기회들이 존재한다고 믿는다. 하지만 개발도상국들에서는 수요를 제한하는 두 가지의 구조적인 경향이 있다. 첫 번째 경향은 노동력의 무제한 공급 때문에 생산성보다 낮은 비율로 임금이 증가하는 경향이다(이것은 국내 시장의 수요를 제한한다). 두 번째 경향은 네덜란드 병과 외국의 국내 저축을 통한 성장정책, 그것에 따른 환율평가의 순환적 경향이 그것이다. 다시 말하면 고평가된 환율은 국내기업들의 능률과는 상관없이, 해외경쟁에 있어서 국내시장을 취약하게 만드는 것 외에도, 그 기업들의 입장에서 볼 때 외적 수요를 불가용한 것으로 만든다는 것이다. 그렇기 때문에 국가적 발전전략 혹은 국가적 경쟁전략은 개발도상국들에게 아주 중요하다. 필자는 지금 어떤 계획을 언급하는 것이 아니라 그 두 가지 구조적 경향들을 중화하고 이를 통해 기업들에게 이윤이 될 투자의 기회를 창출하는 일련의 제도(가격, 법, 정책, 협정, 굳이 말로 표현할 필요가 없는 분명한 이해사항)를 언급하고 있다. 소유와 계약을 보장하는 것도 충고할 만한 것임에는 분명하지만 그 두 가지 조건을, 발전을 위한 충분조건으로 제시하는 것은 의미가 없다. 그 이유는 수요를 축소시키는 그 구조적인 경향 때문만이 아니라 그와 같은 시각은 기업인이란 무엇인가라는 것에 대한 애매한 이해를 드러내기 때문이다. 기업인은 어린이들의 동화에 나오는 조심성 많은 세 번째 작은 돼지가 아니라 위험을 무릅쓸 준비가 된, 야망이 있는 남자와 여자다. 그들은 자신의 개인적인 꿈과 야망을 실현하려는 거대한 이유를 가지고 있으며 높은 이윤을 얻음으로써 자신의 기업—그의 개인 "제국"—을 확장시키기 위해 혁신을 거듭하는 개인들이다.

이러한 발전 과정에서 국가의 역할은 단계마다 변화한다. 그리고 그 역할은 언제나 전략적이다. 왜냐하면 국가는 언제나 시장을 규제해야 하기 때문이다. 시장은 복잡한 경제 시스템들을 총괄함에 있어서 대체될 수 없는 하나의 제도이다. 하지만 국가의 보충적인 행동은 특히 두 번째 단계—산업혁명의 단계—에서 중요하다. 그 단계에서 우리는 흔히 국가가 인프라와 기초산업부문에 대단위 투자를 하는 것을 볼 수 있다. 왜냐하면 사적 부문은 그런 일을 할 만큼 충분한 자본과 신용을 갖고 있지 않기 때문이다. 그 후 국가는 대개, 경제의 경쟁부문으로부터 물러나는데 그 이유는 그 부분들에서는 사적 부문이 보다 능률적이기 때문이다. 그러나 그 자체가 국가의 집단적 행동의 수단인 만큼 지속적으로 전략적 역할, 즉 경쟁력을 보장하고 경제발전을 유도하는 역할을 갖게 될 것이다.

참고문헌

BRESSER-PEREIRA, Luiz Carlos. *Desenvolvimento e crise no Brasil*. 5ª ed. São Paulo, Editora 34, 2003.

_______. *Globalização e competição*. Rio de Janeiro, Elsevier-Campus, 2009.

FURTADO, Celso. *Formação econômica do Brasil*. São Paulo, Companhia das Letras, 2008.

_______. *Desenvolvimento e subdesenvolvimento*. Rio de Janeiro, Contraponto, 2009.

KEYNES, John Maynard. *The general theory of employment, interest and money*. Londres, Macmillan, 1936.

RANGEL, Ignácio M. "A dualidade básica da economia brasileira". *In*: BENJAMIN, César (org.). *Ignácio Rangel: obras reunidas*. Rio de Janeiro, Contraponto, 2005, vol. 1, pp. 285-354.

SCHUMPETER, Joseph A. *The development economics*. Oxford, Oxford University Press, 1961.

Desigualidade e diversidade: os sentidos contrários da ação

불평등과 다양성: 행동의 정반대 의미들

안토니우 세르지우 아우프레두 기마랑이스 Antonio Sérgio Alfredo Guimarães

Antonio Sérgio Alfredo Guimarães

상파울루대학교(USP) 사회학 교수로 재직 중이며 주요 저서로는『브라질에서 인종주의와 반인종주의』(*Racismo e antirracismo no Brasil*. Editora 34, 1999),『사회계급, 인종 그리고 민주주의』(*Classes, raças e democracia*. Editora 34, 2002),『인종편견』(*Preconceito racial*. Hucitec, 2008)이 있다.

서유럽 현대사회들이나, 서유럽에 의해 식민지 경험 내지는 깊은 영향을 받은, 오늘날 지구 표면의 거의 전부를 차지하고 있는 대륙과 지역들의 현대사회들은, 일반적인 몇 가지 특징들로 간단히 묘사될 수 있다. 즉 국민국가, 자본주의, 생산조직의 산업적 방식, 도시적 공존과 사회성, 자유와 평등의 헌법적 가치들이 그것이다. 하지만 그러한 특징들도 그 자체만으로 반대되는 것들을 제거하지는 못했다. 그 반대되는 것이란 종족적étnico 사회성, 전前 자본주의적 생산방식, 농촌의 생활 혹은 사회적 계급 질서 등이 그것이다. 현대의 새로운 점은, 그 새로운 특징들의 보호 하에 모든 차원에서, 구식 사회형태와 방법들이 재결합을 하고 있다는 것이다.

이처럼 사회조직을 말함에 있어서, 인간 사이의 위계질서, 특권, 차이 그리고 불평등에 대한 여타 다른 표현방식들이, 그러한 것들을 구축하고 합리화하는 다른 논리들에 의존하게 되었다. 이것은 사회적으로 수용되기 위함이었다. 똑같은 방식으로 그것들은 또, 새로운 사회적 정체성들의 해방과 소요 투쟁을 야기하는 지속적인 이의제기의 원천이 되었다.

그렇다면 현대사회의 헌법적 평등과 자유를, 인간 사이의 태생적인 불평등과 화해시킬 것인가? 이제까지 주어진 모든 답변은, 이론적 차원이든 실질적 차원이든, 개인을 집단으로부터 구분하고 태생적 불평등을 사회적 불평등으로부터 구분하는 데 초점을 맞추고 있다. 이 글에서는 철학적 사고나 자연과학의 사고를 둘러보는 대신에, 사회적 이론의 범주에 국한하여 말하고자 한다.

사회학이 관심을 가지는 불평등은 — 연구와 이론화의 대상이다 — 개인들의 차이에 의해 형성된 것이 아니다. 그 불평등은 또, 개인행동의 결과로서 재원과 물질적 혹은 정신적 자산의 일시적 분배에 국한된 불평등도 아니다. 그와는 반대로, 불평등은 주어진 어떤 사회적 구조나 질서 또는 조직에 포함되어 있음으로 인해, 장기간 지속적인 방식으로 재생산되는 불평등을 의미한다. 찰스 틸리 Charles Tilly는 이것을 지속적인 불평등이라고 부른다(1988년). 이 불평등은 이항대립 카테고리들의 쌍에 기초하며 착취, 통제의 장애물들, 경쟁 그리고 적응과 같은 재생산 메커니즘에 의해 유지된다. 지속적인 사회적 불평등들을 지탱하고 있는 카테고리의 쌍들의 예를 들면, 흑/백, 남/녀, 기독교인/ 유대교인, 자국민/외국인, 이성/동성 등이다. 이 쌍들은 앞서 인용한 메커니즘에서 출발하여 재생산되며 사회구조 위에 둥지를 틀고 있다.

다시 한 번 말하지만 근대적 가치들에 따르면, 창출되어 개인의 차별적 능력에 따라 부가되는 모든 불평등은, 인간의 삶의 안전과 존엄성의 원칙을 위협하지 않는 한, 합법적으로 간주된다. 따라서, 예를 들어, 자유주의 사상에 따르면 계급의 차이는 기회의 평등이라는 원칙이 존중되는 한 합법적인 것이 된다. 다시 말하면 부의 분배가, 일정한 사회관계망에 속하는 어떤 그룹 소속 개개인의 능력 가능성들을 제한하는, 기회들의 구조 탓이 아닌 한 그렇다는 뜻이다.

근대세계에서 사회적 질서에 대한 모든 항의투쟁이 내세우는 합리적 이유란, 결국 착취나 통제의 장애물들과 같은 메커니즘들이 기회와 대접의 평등을 보장하는 정책들을 왜곡하거나 중성화시킨다는 주장으로 축소될 수 있다. 예를 들어 그러한 왜곡을 바로잡거나, 장애물막이의 구축을 통하여 평등을 다시 균형 잡게 하는 방법으로서 일명 불평등해소정책ações afirmativas이 요구되고 있다. 또한 착취를 없애는, 보다 평등한 질서를 제도화하는 방법으로서 혁명이 요구되고 있으며 문화적 차이들이 이항대립 카테고리들을 재생산하는 데 이용되는 것을 막는 방법으로서 다양성의 정책이 요구되고 있다.

그러한 항의투쟁에는 반대를 하지만 평등과 자유의 근대적 가치를 강하게 외치는 사람들 사이에서는 두 개의 대안전략이 제시되고 있다. 사회적 불평등에 대하여 개인주의적인individualista 이해에 기초하고 있는 첫 번째 대안전략은, 전형과 편견을 살찌우는 태도와 의견의 변화를 제안하는 것이다. 이 개념에 따르면, 편견은 인간의 행동양식을 오리엔테이션하며, 차별과 불평등한 대우를 야기하여 결국 사회적 불평등의 기원이 된다는 것이다. 불평등해소정책들이나 다양성의 정책들은 단지 불평등의 사회적 조직화에 이용된 이항 대립적 카테고리들과 동일한 쌍들을 재생할 뿐이라고 주장하면서 다른 원칙들—일반적으로 개인적인 특징(소득)이나 지리적 위치(거주지)을— 에서 시작하여 조직의 혁신을 추구하거나 정책을 마련해야 한다고 제안한다.

똑같은 방식으로 근대국가들은 의무교육을 통해 자국의 언어적, 종교적, 관습의 통일을 추진하면서 그리고 자국민들이 한 국가의 소속원임을 확인해줄 배타적 권리와 상징들 그리고 예식들을 창안하면서 문화적으로 자국의 시민들을 동질화하려고 노력하였다. 하지만 많은 경우 근대국가들은, 예를 들어 언어적, 종교적 그리고 인종적 차이들까지 (미국의 경우처럼) 포용하면서, 문화적인 차이 혹은 끈질긴 관습들의 차이에 적응하여야만 했다. 동등한 시민권을 옹호하면서 문화적 차이나 비정통적인 행동양식의 문화를 수용하고 평화롭게 공존하는 것이 일명 다양성으로 불리게 되었던 것이다.

하지만 대우의 평등은 주로 최근의 과거에서 희생 없이 똑같은 방식으로 보장되지는 않았다. 어쩔 수 없는 불평등이 공공의 영역에서 표출되지 않도록 하기 위해 근대국가들은 문화적 차이의 표현과 구축을 개인적 생활영역(가족, 교회, 2차적 사회그룹)으로 맡겨버렸다. 노조와 여타 다른 계급조직들과 같이 단지 시장에서 형성된 그룹들만이 자신들의 공개적인 의사표현을 보장받았다. 그러므로 공공의 영역에서 신분상 소속을 보장받은, 합법적인 유일 형태들은 국가와 그 국가의 정치, 경제, 사회계급들이다.

그 공화정적 규칙이 적용되지 않는 몇몇 소란스러운 예외들이, 아마도 지난 세기 내내 그 규칙이 느슨해진 이유와 민주주의적 가치로서 다양성의 시급성을 설명할 수 있을 것이다. 그 예외 중 첫 번째 것은, 평등의 법칙이 처음에는 여자들에게 적용되지 않았다는 것이다. 그리하여 성性이 자연적인 사실일 뿐만 아니라 태생적인 불평등의 요인으로 간주되게 되었다. 두 번째 예외는, 특히 미국 민주주의에서, 흑인이 자연의 사실fato da natureza로 간주되는 인종인 한, 예외적으로 취급되었다는 것이다. 세 번째 예외 역시 서구 민주주의 국가에서 강하게 나타나는 것으로서 다른 종교들은 법적으로 금지되었던 반면에, 기독교는 공공의 영역에서 자유로운 의사표현을 할 수 있다는 사실이었다.

인종의 단일성unidade do gênero humano이라는 가정에서 파생된 민주적인 평등의 가치가 긴장에 노출된 것을 가장 강렬하게 느낀 근대국가는 아마도 대영제국이었을 것이다. 그 긴장은, 대영제국을 구성하고 있던 민족povos—영국인, 스코틀랜드인, 웨일스인, 아일랜드인— 이 동질성에 대하여 가진 내적인 반발뿐만 아니라 제국 하에 있던 민족povos의 문화적·신체적·유전적 특징의 크나큰 다양성 때문에 생긴 것이었다. 대영제국이 긴장을 느낀 것은, 문제가 정확히 사회인류학의 영향이 미치던 영국의 지배 지역에서 일어났기 때문이었다. 그리하여 정치, 사회, 문화적 동질성의 규칙이 문화적, 언어적, 종교적 다양성 등에 대한 존중은 물론이고 그것을 배양해야 한다는 규칙으로 교체되기 시작했다.

결국 오늘날 평등의 법칙은 단지 시민의 권리, 경제적, 사회적 권리 차원에서만 서구 민주주의의 가치들을 지속적으로 결정하고 있다. 반면에 문화와 그것의 표현에 대한 가치 차원에서는, 동질성을 강요하려는 정부의 어떤 시도나 어떤 사적인 그룹의 그 어떤 시도와는 정반대로, 다양성에 대한 존중의 법칙이 효력을 발휘하고 있다. 결과적으로 불평등desigualidade이라는 용어는 단지 공공의 영역에서 대우와 기회의 평등법칙이 깨지는 것만을 언급하기 시작한 반면에, 다양성diversidade이라는 용어는 사회그룹의 구성원들, 특히 정치적, 사회적, 인구적으로 소수민족minoria 구성원들의 문화적, 종교적, 언어적 등의 표현을 언급하는 데 사용된다.

오늘날 브라질에서 실시되고 있는 다수 국공립대학의 흑인 대입 쿼터제, 정당들의 여성 쿼터제, 또는 원주민 인디오와 흑인노예후손quilombola의 토지 쿼터제에 대한 논의들이, 불평등 해소정책과 다양성 보장 정책의 현주소를 보여주는 예이다. 이제 이 글의 나머지 부분에서 필자는 단지 브라질에서 백인과 흑인 사이의 사회적 불평등이 어떻게 다루어졌는가를 역사적으로 검토하는 데 국한하고자 한다.

브라질에서는 불평등이 부정적인 사실이었고 다양성은 긍정적인 가치였다는 점을 이해하는 것이 항상 지배적이지는 못했다. 예를 들어 쉬바르츠Schwarcz는 1993년 자신의 글에서 19세기 브라질에서의 인종적 불평등이, 영주 사회sociedade senhorial가 갖고 있던 평등의 법칙의 예외를 합리화하는 방법이었다고 설파한다. 그리하여 흑인 노예들과, 일반적으로, 하류의 메스티소 그룹들을 포용하지 않았다는 걸 기억할 필요가 있다. 결국 엘리트들은 문화적 동질성이 브라질문명에 필요하다고 생각하였다. 실제로 19세기와 20세기 첫 30년조차도 문화는 한 민족의 독특한 표현으로 생각하여 다원성o plural을 인정하지 않았다. 이 다원성은 후에 사회인류학이 보편화하여, 흑인과 인디오 그리고 강 연안 주민ribeirinhos, 내륙의 카보클루caboclo 등을 문화의 주체로 탈바꿈시켰다.

흑인의 과거 사회적 지위를 표시했던 인종적 차이diferença racial에도 불구하고(유럽인이나 인디오에 대한 노예제는 허용되지 않았었다), 브라질노예제가 신분해방을 맞은 흑인노예에게 법적으로 시민으로서의 지위부여를 거부하지 않았다는 사실은 브라질 건국자들에게는 둔감한 인종 평등 조항이었다. 1883년 조아킹 나부쿠Joaquim Nabuco는 자신의 유명한 글 「노예제폐지운동」(*O Abolicionismo*)에서 "상원이 신분 해방된 사람들의 피선거권에 동의, 즉 이전 신분의 불평등이 내포하고 있던 최후의 잔재를 지우는 데 동의한 자유주의적 방식은 브라질에서 (피부)색깔은 미국에서처럼 사회적 편견이 아님을 보여준다. 그 편견을 저지르는 자의 성격과 재능 그리고 장점은 그 편견의 집요함에 거의 힘을 쓸 수가 없다"는 점을 상기시키고 있다.

전후 지식인 세대인 지우베르투 프레이리Gilberto Freyre는 혼혈mestiçagem에서 앞서 언급한 세 개 차원의 주요 촉진제를 보면서 문화적, 인종적, 언어적 동질성의 이상을 중심으로 브라질 국가정체성의 재구축을 가장 강조하여 주장한 사람이었다. 결국 브라질의 인종적 불평등은, 비록 브라질의 경제적 발전에 기본적으로 달려 있거나 아니면 사회계급 간의 알력에 따른 결과에 달려 있다 해도 (Fernandes, 1965), 1950~1960년대 사회학자들에 의해 개별적 관점에서 바라본 일시적 상황으로 혹은 구조적인 관점에서 보았을 때는 상대적으로 지속적일 뿐인 상황으로 인식되는 경향이 있었다.

브라질 사회학계에서 자칭 백인과 흑인 사이의 소득 및 사회복지의 불평등은 착취 메커니즘과 기회장벽의 작동으로 설명되어질 수 있다는 주장이 보편화된 것은 주로 그다음 세대, 그러니까 이미 1970년대 말경이었다. 다시 말하면 흑인 다수의 가난을 백인 다수의 부 및 복지와 연결시키는 인과적 연결고리가 있으며 유럽이민으로 대변되는 근대 브라질의 부는 상당 부분 그 이민에 의해 구축되고 인종이데올로기에 의해 강화된 노동시장에서의 장벽과 보호 덕분이었다는 주장이다. 1980년대와 1990년대 민주주의의 재구축은 또, 이전 세대에 의해 포용된 인종민주주의democracia racial의 이상理想을 거부하고, 그 이상이 보다 효율적인 반인종주의 정책의 전진을 가로막고 있기에, 그 이상을 수용 불가능한 순응방식이라고 비난한 새로운 흑인사회운동의 등장을 목격하게 되었다. 흑인의 인종적 정체성의 재구축, 민족적étnicos 상징과 가치들의 재창출, 흑인의 문화적 다양성 옹호와 그들의 차별화된 공공정책에 대한 권리 등이 그러한 운동들의 깃발로 작용하였다. 하지만 가장 중요한 것은 그러한 운동들과 권리요구들이 그들의 요구를 성숙게 하는 데 호의적인 국내외적 정치 환경을 만났다는 것이다. 내적으로는 우선 여성운동, 원주민 인디오운동, 동성애자운동, 주변부 거주민의 운동, 무토지농민운동 등과 같은 소수집단의 다른 사회운동들의 연대의식을 기대할 수 있었다는 것이다. 두 번째는 그러한 요구들에 부응하는 데 있어서 정부의 늑장대응 혹은 혐오감에 의존할 수 있었다는 것이다. 예를 들어 단지 21세기에 들어서야 브라질 연방정부는 불평등 해소에 효율적인 사회정책들을 구축해오고 있다. 외적으로는 문화적 다양성에 대한 존중이라는 패러다임이 노동력의 국제적인 이주가 강렬한 현실의 수용을 위해 그리고 최소한 그 이주자들의 인간성을 보호해줄 시민으로서의 권리 부재라는 현실의 수용을 위해 가장 효율적인 것으로 국제사회에 정착하게 되었다.

그 이유는 바로, 현 세계에서의 재분배 알력이 이주민들의 사회적 배척으로 옷을 갈아입고 있으며 문화적 차이, 주로 종교적·언어적 차이가 민족주의적 저항에 직면하고 있기 때문이다. 그리하여 근대성의 이상은 사회적 불평등해소 문제와 현대국가를 구성하고 있는 사회그룹들의 민족적étnica, 인종적, 종교적, 언어적, 성적性的 다양성 등의 인정으로 변모해오고 있다.

참고문헌

FERNANDES, Florestan. *A integração do negro na sociedade de classes*. São Paulo, Dominus, 1965.

HASENBALG, Carlos. *Discriminação e desigualdades raciais no Brasil*. Rio de Janeiro, Graal, 1979.

NABUCO, Joaquim. *O abolicionismo*. Londres, Abraham Kingdon, 1883.

NOGUEIRA, Oracy. *Preconceito de marca: as relações raciais em Itapetininga*. São Paulo, Edusp, 1998.

SCHWARCZ, Lilia Moritz. *O espetáculo das raças: cientistas, instituições e questões raciais no Brasil (1870-1930)*. São Paulo, Companhia das Letras, 1993.

TILLY, Charles. *Durable inequality*. Berkeley, University of California Press, 1998.

Educação no Brasil

브라질에서의 교육

달릴라 안드라지 올리베이라Dalila Andrade Oliveira

Dalila Andrade Oliveira

교육학 석박사로 사회학자이며 미나스제라이스연방대학교(UFMG) 교육대학교수이자 동 대학교의 교육대학원 교수로 재직 중이다. 전국대학원 및 교육연구협회(ANPEd) 회장직을 역임하고 있다.

브라질에서의 교육과 같은 폭넓은 테마를 다룬다는 것은 쉬운 일이 아니다. 이유는 그것이 우리로 하여금 교육을 일반적인 의미에서 판단하도록 하고 그다음, 그러한 판단(혹은 과정)이 브라질의 경우에서 나타나는 특수성을 확인토록 노력할 것을 요구하기 때문이다.

그런데 학교의 팽창과 그 학교를 중심으로 야기된 사회적 불평등 문제를 둘러싸고 현대 교육의 사회학이 제 모습을 갖추게 되었다. 그러니까 사회질서에 대한 근거들, 사회의 진화 그리고 인류 역사에 있어서 그 진화가 가지는 의미가 교육에 대한 초기 사회학적 사고의 대상이었던 것이다. 그 이유는 교육이 역사발전의 결과인 사회적 과정이며 또 그러한 의미에서 교육이 이해되고 해석되어야 하기 때문이다. 에밀 뒤르켐Émile Durkheim은 교육을 사회화 과정으로 정의하였으며 그 과정을 통해 한 사회의 가치와 규범 그리고 관습이 세대에서 세대로 이어진다는 것이다. 그에게 있어서 교육은 인간homem을 인간적인 존재o ser humano로 변화시키는 과정이다. 따라서 문화를 담지하고 있는 역사적 주체로서 우리 자신을 변화시키는 것은 바로 교육을 통해서라고 생각하는 것이 가능하다.

비록 교회, 특히 유일신 종교들이, 세대 간 메시지의 동질화와 사회적 확대에 결정적인 영향을 끼치면서 교육 팽창을 위한 첫 수단들을 제공한 선구자였음에도 불구하고, 오늘날 우리가 알고 있듯이 대중교육educação de massa의 발전과 국가 교육 시스템들은 본질적으로 국민국가의 작품이다. 서구 국가들의 교육시스템은 서로 다른 방식으로 그리고 서로 다른 역사적 시대를 거치면서 발전되어 왔지만, 그 교육 시스템들은 국가의 행동을 통해 구축되었으며 그러한 과정들은 일반적으로 19세기 말부터 20세기 중엽 사이에 집중되었다. 국가는 종교로부터 거리를 두면서, 법적 권리에 기초하여 합리적인 방식으로 조직되었으며 근대국가로 탈바꿈한 직후에는 자국의 시민들에 대한 교육권한이 자신에게 있다는 점을 고려, 공공교육권을 자신인 국가에 귀속시켰다. 그것은 모든 국가가 자국민을 교육할 분명한 권리를 갖고 있다는 생각에 기초하고 있었다. 근대국가에서 학교시스템은, 국가 통합에 필수적인 공동가치와 보편적 가치의 확산을 통해 사회 질서 유지 기능을 가진 시스템으로 제도화되었다. 하지만 특히 개인의 입장에서, 학교의 사회적 기능은 사회적 정의를 촉진하는 것으로서 공교육을 통해 그들 각자가 노동을 위한 자격을 갖출 수 있을 것이며 또 그렇게 함으로써 사회적 이동성을 획득할 수 있을 것으로 생각한다. 종교적 윤리와 경쟁하는 집단적 윤리의 개념에 기초하여 국가는 공동교육의 개념을 옹호하기 시작하였으며 그 공동교육에서 국가는, 학교 시스템이 공화시민과 민주시민들을 양성할 수 있도록, 교육적 담론의 조직자로 활동할 것이었다.

교육은 개인에 대한 국가의 역할과 국가에 대한 개인의 의무를 합리화하면서 시민의 주체성을 구축하는 데 동원되었던 것이다. 그리하여 학교시스템은 자유주의와 공화주의를 이데올로기적 지지대로 삼아 구축되었다. 그런데 그 결과 그 시스템들이 동원한 공동과 보편이라는 개념을 낳으면서 국민의 상당한 계층들을 외부로 밀어내는 결과가 초래되었다. 대부분의 경우 교육시스템들은 위에서 아래로 발전하였으며 국민의 지지를 받으며 발전된 것은 몇몇 경우에 지나지 않았다.

학교시스템의 조직 초기부터 공교육은, 국민의식의 창출과 새로운 집단적 상상세계의 창출을 위해 공헌할 것으로 보이는 새로운 가치들과 같이, 개인의 새로운 권리 및 의무에 대한 지식과 관련한 시민교육을 그 목적으로 삼았다. 뒤르켐조차도 교사들을 그 새로운 질서를 위해 행동하는 전사들로 이해했다. 시민들의 평등원칙은, 모두가 접근권을 가지면서 그 가능성이 국가에 의해 보장되는, 어떤 학교 시스템 개념을 상정하고 있었다. 그 경우 학교 시스템은 국가의 가치를 전파하는 중요한 매체가 될 것이며 그 가치들은 또 하나의 공통된 정체성을 중심으로 그 사회의 통합에 공헌할 것이었다. 기회의 평등이라는 이상은, 개개인이 돈이나 유산으로 인한 것이 아니라 그 개인의 가치들로 인해 보다 나은 사회적 지위에 오를 가능성에 기초한 것으로서, 학교 시스템들의 중요한 규범적 근간을 이룬다. 하지만 평등의 원칙에 기초한 그 근간은 이론적이고 형식적인 언사에 지나지 않았다.

학교의 전국망은 국가의 도움으로 공고해졌으며 무상교육과 의무교육에 대한 법률들이 아동과 청소년 취학의 일반화를 점진적으로 보장하였다. 공립학교가 증가하고, 사립이나 자발적으로 설립된 교육기관에 비하여 우세해짐에 따라 역대정부들은 중앙 혹은 지역당국을 통한 교육 분야에의 영향력 확대와 함께 성장하였다. 국가가 재원 임대, 허가, 학교 감사, 모집, 교사의 양성과 자격증 수여 등을 통해 교육에 대한 통제권을 확대하였다.

직업교육은 산업의 발달과 더불어 우후죽순 격으로 늘어났으며 몇몇 국립학교 시스템의 경우, 비록 공적 재원의 금융지원을 받았다고 해도, 생산부문의 수요에 직접 부응하려고 노력하였다. 마르틴 카노이Martin Carnoy와 헨리 레빈Henry Levin이 자신들의 저서 『자본주의 국가에서의 학교와 노동』(*Escola e trabalho no Estado capitalista*)에서 관찰하고 있듯이, 자본주의에서 교육은 국가 기능의 일부를 구성하고 있으며 바로 그러한 이유로 인하여 교육은 사회 분쟁의 장이기도 하다. 자본주의적 민주주의에서 국가는 정의와 평등의 촉진을 책임지며 사회, 경제 시스템들로부터 등장하는 불평등을 보상해야 한다. 그리하여 교육은, 결핍 그룹들이 사회에 참여할 수 있도록 지식과 신용보증을 제공함으로써 이들의 사회적 지위 개선을 가능하게 하는, 하나의 프로세스로 간주된다. 이처럼 자본주의 국가와 그 교육시스템은, 자본주의적 생산관계를 재생산해야 하며 그 관계들 가운데에는 노동 분업과 계급 간의 관계가 포함된다.

1960년대는 국가의 교육시스템과, 그 시스템을 떠받치는 정의의 원칙, 다시 말하면 기회의 평등이라는 이상에 대하여 강한 비판이 제기되었다. 그 시대의 비판적 분석들은, 교육제도를 지배계급의 신념을 재생산하는 제도로 인식하면서, 학교시스템이 수행하는 사회적 관계들의 재생산 역할을 증명해보이려고 애썼다. 그러한 비판 가운데에는 크리스티앙 보들로Christian Baudelot와 로제 에스타블레Roger Establet가 공동집필한 『자본주의 학교』와, 피에르 부르디외Pierre Bourdieu와 장 클로드 파세롱Jean-Claude Passeron이 공동집필한 『재생산』이 돋보인다. 마르틴 카노이와 헨리 레빈에게 있어서 이들의 분석은 공립학교 역시 사회적 수요에 반역하고 있다는 사실을 무시하고 있는데 그 이유는 사회적 요구들이 결국 국가와 교육의 틀을 만들기 때문이다. 하지만 앞서 언급한 저자들은 공교육이 자본주의가 부과하는 것에 완전히 종속되지 않으며, 편한 자본축적에 공헌할 노동력 창출에 가장 호의적으로 협조하지 않을 수도 있다고 생각한다. 비록 자본주의 ―근대 산업과 도시화에 기초한― 의 발전을 위한 노동력 양성을 목적으로 구성되었다고 할지라도, 학교시스템들은 결국 그와 같은 즉각적인 역할을 뛰어넘어 확대될 것이다. 따라서 교육에의 접근 가능성이 근대시민의 거부할 수 없는 하나의 권리를 의미하기 시작했다.

브라질과 라틴아메리카의 학교시스템 역사를 보면, 초기에는 백인 엘리트계층의 자녀들에게 집중되어 있던 반면, 야만인으로 간주되던 원주민 인디오와 흑인은 그 혜택에서 제외되어 있었다. 이처럼 브라질 공화정은 부당한 재화분배시스템 및, 자유주의 혁명들이 선언한 권리에의 부당한 접근 시스템을 양산하였다. 게다가 브라질의 교육시스템이 유럽이나 미국의 시스템을 모델로 삼아 발전해왔던 만큼, 교육에 대한 브라질 국민의 권리는 빈번히 지배문화에 의한 그들 문화의 대체로 축소되곤 하였다.

아드리아나 푸이그로스Adriana Puiggrós가 최근 칠레 교사양성학교Colégio de Professores do Chile의 리뷰 〈도센시아Docência〉에 발표한 논문 「라틴아메리카에서의 교육권 변신과 재의미화」(*Avatares y resignificaciones del derecho a la educación em América Latina*)에서 주장하고 있듯이, 거의 모든 라틴아메리카 국가의 경우, 교육에 있어서 국가의 중심적인 활동이 성공을 거두고 있었으며 국가가 그 권리를 보장하는 유일한 존재라는 것도 실제 인정되었다. 국가가 주역을 맡는 그 과정에서, 그 시기적 경계가 반드시 유동적이라는 것과 각국의 발전을 조건 짓는 다양한 리듬 및 요소를 염두에 둔다면, 라틴아메리카 전 지역에 공통되는 특징들로 시대 구분이 가능하다.

라틴아메리카 국가에서 교육 시스템은 매우 불평등한 형성과정을 겪었다. 브라질의 경우 그 과정은 대다수 이웃나라와 비교할 때 태만하였다고 간주될 수 있어서 시민들에게 많은 빚을 지고 있는 셈이다. 카를루스 호베르투 자미우 쿠리Carlos Roberto Jamil Cury에 따르면, 독립국으로서 브라질의 교육법은 1824년 입헌군주제 헌법에서 출발하는데 그 헌법에는 특정 시민들에 한정된 무상 학교 교육 조항이 있었다고 한다. 앞서 인용된 바로 그 조항에는 푸이그로스의 주장을 뒷받침하는 증거들이 있는데 그는 바로 그 교육이 노예제, 권리의 불평등 지속 그리고 수도 없는 차별들의 공모자였다고 주장한다. 실제로 원주민 인디오, 흑인 그리고 가난한 사람들은, 광활한 국토를 지닌 나라에 있을 법한 어려움 때문이든 아니면 브라질 식민사회의 특징 때문이든, 그 권리로부터 멀리 떨어져 있었다. 1827년, 교육과 관련된 (입헌군주제 시대의) 첫 국가법은, 쿠리가 주장하듯이 무상교육조항을 설정하고 있는데 그 내용을 보면 다음과 같다. "거리와 어려움 그리고 편견이 귀하의 가정을, 엘리트들의 자녀들이 독서와 쓰기를 시작하는 공간으로 만들 것이다. 그러한 현실은, 학교교육이 1934년 헌법에서 의무교육으로 될 때, 진정 우리나라의 모든 기존 법에 흡수될 것이다."

브라질에 민주적인 국가 교육 시스템을 구성하는 데 있어서 큰 장애물은 브라질의 봉건주의적 관계에 존재한다. 주província와 제국império 간의 힘든 관계가 그리고 뒤이어 공화국이 들어서서는 다양한 교육수준에 부응해야 하는 문제와 관련된 능력 문제에 있어서 연방정부와 주/시 정부 사이의 힘든 관계가, 국가 교육 시스템이 브라질 시민들에게 하나의 평등권으로 자리 잡는 데 있어서 강력한 장애물로 모습을 드러냈다. 이 관계는 1988년 연방헌법에서 추인된 새로운 연방협약과 더불어 그리고, 아직도 매우 열악하고 재검토가 요구되는 연방-주-시들 간의 협력 체제를 의무화하는 책임과 권한의 분배 문제와 더불어 오늘날까지 지속되고 있다.

브라질 교육가들에게 오랜 숙원이었던 첫 국가 교육 지침 및 기본법Lei de Diretrizes e Bases da Educação Nacional인 법령 제4024호는 단지 1961년에서야 가능했다. 동 법의 승인은 교육을 국가적 발전주의의 요구에 부응케 하려는 시도에서 이루어졌다. 이것은 곧 교육이 개인의 사회적 이동을 위한 주요 수단이라는 것과 저개발국 혹은 개발도상국들이 새로운 경제적 단계에 도달하기 위한 길이라는 주장 하에, 학교교육에의 접근을 확대해야 할 필요성을 가리키고 있었다. 교육은 사회적 불평등을 줄이는 메커니즘으로서 그리고 경제적 투자로서 재분배정책의 필요성에 의해 그 방향이 설정되었다. 그 필요성은 인적 자본의 논리에 의해 합리화되었는데 그 논리에 따르면 교육의 최대 공헌은, 재화와 서비스를 생산하기 위하여 가용 재원을 활용할 수 있는 개인의 능력을 향상시킨다는 것이다. 인적 자본론은 국가발전주의 이데올로기가 득세하던 상황에서 브라질에 유입되었다. 1979년 노벨 경제학상을 수상한 시어도어 슐츠Theodore Schultz의 글들이 번역된 것이 교육과 경제 분야의 연구에 많은 영향을 미쳤다.

라틴아메리카의 상당수 국가에게 있어서 1960년대는, 기초교육을 확대한다는 의미에서, 자국의 기초교육시스템을 재정비하는 시기를 의미했다. 브라질의 경우 1967년 연방헌법과 1971년 법령 제5692호에 의해 기초교육과정이 4년에서 8년으로 확대되었음에도 불구하고, 그러한 개혁은 가장 초보적인 수준에서조차도 교육의 보편화를 보장하기엔 역부족이었다. 그 개혁은 또, 특히 유엔 산하의 라틴아메리카 경제위원회CEPAL를 중심으로, 국제기구들의 지도를 받아 이루어졌는데 그 주된 내용은 학교행정의 분권화였다. 이것은 브라질이 완연한 군정체제에 있었다는 사실 때문에 결국, 1967년 법령 200호에 내재해 있듯이, 매우 모순적인 성격을 띠고 말았다.

1990년대에 라틴아메리카는, 국가체제의 개혁과 조화를 이룬, 일련의 새로운 교육개혁이 다시 실시되었다. 많은 정부가 시장의 논리를 받아들여, 지역 기관들에게 금융지원을 실시하면서 —몇몇의 경우 바로 해당 학교들에게 금융지원을 하면서— 권한과 책임을 위임하는 것을 포함, 교육행정을 유연하게 하려고 노력하며 자국의 교육시스템에 개혁정책들을 주입하였다. 그러한 변화들은 또 교육시스템의 보다 큰 세분화에 기여했는바, 특히 고등교육면에서 그러하여 당대에 사학 분야의 등록이 상당수 증가하였다. 2006년 고등교육 요약보고서(Sinopse da Educação Superior de 2006)에 따르면 브라질 고등교육 기관들의 95.7%가 사립(2270)이며 248개만이 공립이었다. 브라질의 고등교육 등록자 4,679,646명 가운데 74.1%를 사립기관에서 차지하였다. 이와 같은 사립재단의 증가는, 고등교육이 가장 확장되던 시기의 국가 교육제반 변화와 함께 발생한 것이었다. 하지만 고등교육에의 접근은 아직도 매우 제한적이며 취학연령 젊은이, 즉 18세에서 24세 사이의 젊은이 중 13% 미만이 고등교육에 등록한 것으로 나타났다.

기초교육에서는 취학연령의 학생들이 공립교육기관에 등록하는 것이 두드러짐을 알 수 있다. 공립학교들이 유치원, 초등교육 그리고 중등교육 등록자의 약 87%를 차지하고 있다. 이 가운데 시립학교들은 주로 초중등교육에서 높은 점유율을 보이고 있는 반면, 주립학교들은 중등교육에서 높은 점유율을 보이고 있다.

교육이 모든 브라질 시민에게 보장된 일종의 공적 권리라는 것과 이를 위해 국가가 법적인 요구에 보다 잘 부응해야 한다는 차원에서 교육을 조직해야 함을 고려할 때, 우리는 교육을 제공하기 위한 수단을 창출하는 것뿐만 아니라 사립부문에서의 교육공급을 통제하는 것이 공권력의 의무라고 진단할 수 있다.

세계화의 과정과 더불어 교육 시스템은 점차 다양해지고 다변화되기 시작했다. 21세기 교육을 위한 유네스코의 보고서(Relatório da Unesco para a Educação no Século XXI)가 확산시킨 평생교육의 옹호는 엄청난 수의 비공식적·제도적 교육경험의 기회를 제공하고 있다. 이것이 학교 안팎의 변화과정에 반영되고 있다. 기회 평등 모델의 소진에 따른, 근대적 제도로서의 학교 위기와 교육정책 위기는 학교의 사회적 기능과 그 제도를 의문시하게 만든다. 교육에 대한 새로운 요구가 등장하는 것도 그러한 맥락에서이다. 분배의 논리 하에 조직된 학교시스템은, 인정을 받으며 취해진, 정의의 다른 형태들을 곰곰이 생각해보도록 강요받고 있다. 근대학교가 취한 제도적 형태는 공통된 것이 뭉치는 공적 공간이 되어야 한다는 것과, 차이가 대우를 받아야 한다는 기대로 차 있다.

그러므로 최근 몇 년간 학교시스템에서 벌어진 변화들이 경제-사회적 관점에서뿐만 아니라 문화적 관점에서도 보다 폭넓은 어떤 역동성에 의해 결정된 것이라 할지라도, 그 변화들이 단일하고 종적인 어떤 논리에 따라 일어난 것이 아니라 이해관계들의 충돌, 일탈 그리고 수렴을 반영한 것이라고 이해할 수 있다. 학교시스템들은, 기업들의 이해관계에 기초한 국가 정책들에 의해서라기보다는 공교육에의 접근을 옹호하는 차원에서 조직된 운동들의 어떤 요구로, 보다 더 많이 전 세계에 확대되었다. 학교형태의 구심성이 최근에 많은 비판을 받아오고 있다고 할지라도, 그러한 과정들은 현 사회에서 교육이 갖고 있는 중요성을 반영하고 있다. 브라질의 경우, 이미 언급한 이유들 때문에, 비종교적인 무상 공교육 그리고 모든 이에게 질 높은 공교육이라는 공화주의적 이상을 달성하기엔 거리가 있다. 그 이유는 라틴아메리카에서 경제적으로 두각을 나타내는 자리에 있음에도 불구하고 브라질은 아직도 높은 문맹률과 기초교육의 낮은 졸업률 등 사회적 지표들에 반영된 정당치 못한 커다란 문제점들을 안고 있기 때문이다.

참고문헌

BOURDIEU, Pierre e PASSERON, Jean-Claude. *A reprodução: elementos para uma teoria do sistema de ensino*. 3ª ed. Rio de Janeiro, Francisco Alves, 1992.

CUNHA, Luiz A. *Educação e desenvolvimento social no Brasil*. 6ª ed. Rio de Janeiro, Francisco Alves, 1980, capo 1.

OLIVEIRA, Dalila A. *Educação básica: gestão do trabalho e da pobreza*. Petrópolis, Vozes, 2000.

PEREIRA, Luiz e FORACCHI, Marialice M. *Educação e sociedade: leituras de sociologia da educação*. 13ª ed. São Paulo, Nacional, 1987.

ROMANELLI, Otaíza O. *História da educação no Brasil*. 24ª ed. Petrópolis, Vozes, 2000.

Estado e sociedade: uma relação problemática

국가와 사회: 문제적 관계

브라질리우 살룽Brasilio Sallum Jr.

Brasilio Sallum Jr.

상파울루대학교(USP) 사회학과 교수로 재직 중이며 핵심 연구 분야는 정치사회학으로 현재 브라질 사회에 대한 정보교환시스템과 관련된 두 개의 프로젝트를 진행하고 있다: 사회정보의 컨소시엄(Consórico de Informações Sociais)과 탄핵과 위기 그리고 정치적 이행(Impeachment, crise e transição política).

©Marcelo Calvet

사회학에서 이 주제보다 더 고전적인 주제를 찾기는 어려울 것이다. 사실 이 주제는 동 학문의 원시시대로 거슬러 올라간다. 그 무렵 사회학은 국가의 국경지대에서 탐험할 새로운 대륙을 확인하였다고 주장하곤 했는데 그것이 "사회sociedade"였다. 동 학문의 기원을 좀 더 신중하게 살펴보면 사회는 동 신생학문의 학자들에 의해 국가로부터 분리된 하나의 자율적인 대륙으로 간주되었던 것이 드물었음을 알 수 있다. 이와는 정반대로 사회학은 초기에, 정치철학이 국가의 이해에 부여한 한계들을 깨려고 노력하였다. 사회학은 국가가 어떤 사회적 현실에 뿌리를 두고 있으며 그 사회는 또 국가로부터 자유롭지 못하다는 걸 이해하지 못했다. 그러므로 국가를 분석하기 위해서는 사회적 현실을 간과할 수 없었다. 이러한 관계로 사회학은 초기에 상당 부분 정치사회학이었다.

하지만 사회와 국가 사이의 연결 관계를 이해하는 방식과 관련하여, 이러한 이해가 어떤 통일된 사회학적 전통의 구축으로 이어지지는 못했다.

네덜란드의 사회학자인 딕 펠스Dick Pels는 사회과학이 다양한 출처로부터 탄생하였는바, 최소한 "사회적이라는 것과 국가/사회의 연결 관계"에 대한 서로 다른 해석들을 하고 있는, 3가지의 사상적 흐름três correntes de pensamento을 확인할 수 있다고 설득력 있는 주장을 펼치고 있다. 그에 따르면 사회학은 3가지로 이루어진 담론 영역에서 탄생하였는데 하나는 그 중심을 프랑스의 실증주의적 전통이 장악하고 있으며 나머지 두 개는 주변적인 것들로서 앵글로색슨인의 자유주의적 실용주의 전통을 수용한 서구와, 동유럽 및 남유럽의 국가 통제주의 전통이 그것이라고 주장한다.

펠스가 말하듯이 그 3가지 사회학적 사상의 흐름 중에, 사회에 대한 마르크스 이론이 독특한 위치를 점하고 있다. 자유주의로서의 마르크스 이론은 사회의 경제적인 차원을 강조하지만 남부와 북부유럽의 전통이 국가에 부여한 중요성ênfase의 일부도 유지하고 있다. 마르크스Karl Marx와 엥겔스Friedrich Engels에게 있어서, 삶의 방식은 사회의 핵심이자 자본주의에 도달할 때까지의 역사 속에 계속 이어지고 있다. 각각의 생산방식은 사회계급 간의 착취관계를 형성함과 동시에 서로 다른 국가의 형태를 형성한다. 계급 간의 투쟁은 역사 변화의 동력이다. 자본주의 시대에 있어서 부르주아와 프롤레타리아는 "시민 사회sociedade civil"의 적대적인 양극이다. 부르주아는 생산수단을 박탈당한 프롤레타리아의 잉여노동을 착취한다. 이때 국가가 부차적이지만 중요한 역할을 점하며 강제적으로 부르주아와 그 착취시스템의 지배를 보장할 수 있다. 프롤레타리아계급은 역사의 주체이자 혁명적인 힘이다. 매우 개괄적으로 표현된 이 일반적인 이론 설명이 마르크스로 하여금 1848년~1852년 사이의 프랑스 상황과 같은 특수한 정치적 상황들에 대하여 많은 뉘앙스가 있으면서 큰 인식적 가치를 지닌 분석들을 할 수 있게 해주었다. 하지만 극소수의 예외를 제외하면, 그 분석들은 정치에 대한 보다 잘 다듬어진 체계적인 어떤 사고가 마르크스주의의 내부에서 이루어질 여지를 주지 않았다.

영국에 집중된 서구 사회학의 큰 흐름에서는 사회적인 것에 대한 개념이 우세하였다. 이 개념은, 국가에 대하여 큰 자율성을 가지고 작동하던 시장 및 개인들의 이해관계에 기초하였다. 예를 들어 다른 큰 흐름들에서와 마찬가지로 스펜서의 사회학에서는 국가가 보다 폭넓은 사회구조의 한 부분으로 이해되면서도 전체 차원에서 국가의 역할은 부차적인 것으로 이해되고 있다. 스펜서에게 있어서 사회는 주로 차별화에 의해 진화하는 경향이 있다. 그래서 "군사적militar" 유형의 사회는 "산업적industrial" 유형의 사회가 계승한다. 하지만 이 산업적 유형의 사회는 국가가 제한된 역할을 가질 경우 비로소 적절히 발전할 수 있는데 그 이유는 그 사회의 조직원리가 계율적 원리에서 계약적 원리로, 정치적 원리에서 경제적 원리로 넘어가기 때문이다. 이처럼 앵글로색슨의 지식세계에서는 정치철학으로부터 보다 먼 거리를 유지했던 사회학이 우세하였다. 여기서 말하는 정치철학은, 사회적인 것o social을 정치경제의 관점과 가까운 방식으로 이해함과 동시에 사회를 자주적 권력이라는 차원에서 이해한다.

프랑스에서 우세했던 실증주의 전통에서는 사회학이 정치철학과 경제 사이, 국가적 관점과 시장적 관점 사이에서 중간적인 입장을 유지하려고 한다. 이러한 흐름을 주도한 뒤르켐Émile Durkheim을 보자. 그에 따르면 사회는 개인으로 환원이 될 수 없는 독특한 존재이며 국가는 집단적 공무원 그룹으로서 사회적 차별화 과정에서 등장한 것 이상의 아무것도 아니다. 은유적으로 볼 때 국가는 사회조직체의 뇌로서 사회의 도덕적 기강disciplina moral을 책임지는 반사기관órgão reflexivo이다. 하지만 국가는 모든 정치적 생명을 흡수하진 않는다. 그와는 정반대로 정치는 사회에 고유한 그 무엇으로서 무엇이 합법적이고 정당한 것인지 아니면 무엇이 금지되는지를 정의하는 규칙들을 생산하며 자기 지속성의 조건으로서 그 규칙들을 보전한다.

이처럼 차별화된 사회에서는 국가와 더불어 정치 역시, 국가에 집중되고 사회에 확산된, 다원적인plural 활동인 것이다. 하지만 사회는 국가를 앞선다. 국가는 단지 집단적 대의를 사회에서 등장하는 새로운 환경들에 적응시키는 것 이외에 그 집단적 대의를 법제화하고 또 거기에 선명성과 일관성을 부여한다. 사회가 차별화됨에 따라 국가가 자신의 활동을 확대하는 것은 중요치 않다. 국가의 권위는 계속 사회로부터 파생될 것이다.

하지만 이러한 이해는 그 사회학자가 분석한 결과일 뿐, 공공의식에서 우세한 것은 아니다. 국가는 자신의 권한이 커질수록, 조직으로서 강화되며 억압적인 권력을 지닌 주체가 된다. 또한 그것은 국가가 자체의 의지와 사회에 대한 독자성을 지닌다는 생각을 갖게 한다. 이것은 그것의 기원을 모르는 데서 오는 것이며 또 집정자들과 피지배자들 사이의 교감으로 더욱 강화된다.

국가는 19세기 말에서 20세기 초 사이에 독일과 이탈리아의 사회이론에서 그 중요성을 획득하였다. 이들 나라에서는 국가의 의식적인 간섭 앞에 사회가 순응한다는 믿음이 더 강했다. 이러한 흐름에서 막스 베버Max Weber의 사회학이 주목을 받았다. 자유주의 경제학자들과 마찬가지로 베버는 재화가 부족한 가운데 사회적 삶이 발전하며 사회적 주체들은 그것을 전유하기 위하여 서로 투쟁한다고 보았다. 그렇기 때문에 사회관계의 안전성은 그 주체들 사이에 지배관계가 구성되는 것, 그것에 달려 있게 된다. 예를 들어, 물질적인 재화의 불평등한 전유는, 사실상 그 전유가 법적으로 보장된 소유로 전환되면서 법적 관계에 의해 인정됨으로써만 그 안정성을 확보할 것이다. 하지만 재화의 부족은 물질적인 재화의 부족에만 국한되지 않는다. 즉, 어떤 사회적 폐쇄그룹에서 가치가 인정된 상징재화에게도 그 영향을 미치게 된다(예를 들면 신도들 사이에서의 신의 은총). 결국 사회생활의 모든 영역—친인척관계, 종교, 정치— 에서 사회적 관계는 경쟁관계가 되며 그 때문에 사회적 관계는 그 주체들 사이에 지배관계가 등장할 경우 유지될 확률이 더 높아진다.

여기에서 알 수 있듯이 베버의 사회학에서는 지배개념이 핵심을 차지하고 있다. 이것은 권력의 특별한 형태를 의미하는 것으로서 그 권력은, 피지배자 자신의 이해관계에 의해서든 아니면 의무감에 의해서든 (예를 들면 교회에 대한 신도의 의무감 등), 그 피지배자의 승낙에 기초한다. 지배자의 권위에 대한 그와 같은 인정은 피지배자들이 지배자의 사상과 가치들을 동화하느냐 마느냐에 달려 있다. 그것이 아니라면 어떻게 신의 은총이 어떤 부족한 재화라고 받아들일 수 있겠는가? 아니면 어떻게 교회가 자신의 신도들에게 그것의 분배를 통제할 권리를 가질 수 있겠는가? 그리고 (집단) 명예는 소수를 위한 것일까?

지배관계는 특히, 이해관계와 사상을 내포하는, 이중적인 방식으로 이해된다. 이중적이란, 권위의 실행이 자체의 이해에 근거한 강요라는 뜻이며 —하지만 항상 물리적인 폭력인 것은 아니다— 그 권력을 뒷받침하는 사상/가치에 대한 어떤 공감을 뜻한다. 어느 신자든 신앙은 그가 속한 폐쇄그룹에서 복종할 의무를 보장하며 파문破門은 그 복종을 보전하기에 충분한 위협이 되곤 한다.

비록 베버가 말한 사회생활의 개념에서 그 지배가 키워드라고 할지라도 베버는 그 지배를 정치적 지배, 특히 국가의 정치적 지배와 분명히 구분하였다. 근대국가는 인간 사이의 어떤 지배관계이다. 그 관계의 특성은 스스로에게 합법적인legítimo 물리적 폭력의 독점

monopólio을 일정한 영역território 내에서 (성공적으로) 요구하여 회복하는 것이다. 물리적 강제를 실행하는 것이 국가의 권리direito이며 여타 다른 단체들associações의 경우는 단지 국가가 그것을 허락함으로써만이 물리적 강제를 실행할 수 있다. 물리적 폭력은 필요할 경우 국가가 자신의 명령을 부과하기 위해 자신에게 허용된 특정 수단modo específico —하지만 유일한 것은 아닌— 을 뜻한다.

베버는, 피지배자들의 시각에서, 통치를 하는 자의 권위를 적법한 것으로 만드는 믿음에 따라 지배의 정치적 형태들을 차별화한다. 그는 피지배자들이 복종할 의무가 있는 것으로 느낄 수 있는 기본적인 믿음 3가지를 구분하였다. 즉, 베버는 전통, 카리스마 혹은 합법성이 통치자에게 권위와 적법성을 부여한다고 피지배자들이 믿는다는 점에 착안하였다. 그 믿음을 기초로 베버는 순수한 3가지 유형의 지배를 전개하였다. 그 3가지란 전통적인 지배유형, 카리스마적인 지배유형 그리고 합리적-합법적 지배유형이었다. 하지만 적법성에 대한 믿음이 어떤 정치적 지배관계의 안정성을 유지하는 데 충분한 것은 아니다. 그 믿음은 또 물질적 재원과 행정 조직, 다시 말하면, 물리적 강제를 지원해줄 일련의 주체들과, 지배에 필요한 여타 과업들을 요한다. 행정조직이 권위에 복종하는 것은 단지 그 권위의 적법성에 대한 믿음에만 의존하지 않는다. 무엇보다도 그 구성원들은 물질적 보상 혹은 사회적 명예를 얻는다. 합리적이고 합법적인 근대 국가에서 지배란, 그것의 규정들과 절차의 합법성에 대한 믿음에 기초한다. 통치자는 합법적인 규정 덕택에 권력을 행사한다. 그리고 행정조직은 행정수단에 대해 소유권이 없는 공무원, 민간인, 군인에 의해 구성된다.

국가를 사회의 종속물로 본 뒤르켐이나 마르크스와는 정반대로 —사회의 집단적 대의에 달려 있든 아니면 사회의 생산관계에 달려 있든— 베버는 국가를, 경제관계를 포함하여 그 나라의 영토 내에 존재하는 여타 다른 사회적 관계들에 비해, 자율적인 그 무엇으로 이해하였다. 이와 유사한 방식으로, 뒤르켐과 마르크스가 국가가 명확히 정의된 어떤 목적이나 도덕적 기강 혹은 지배계급의 이해관계를 가지고 있다고 이해했던 반면에, 베버는 국가의 목적이란 다양한 것이어서 단지 물리적 강제라고 하는 그의 특정한 수단에 의해서만 정의될 수 있다고 판단했다.

하지만 베버의 사상에서 "정치적인 것"의 자율성을 극단적으로 해석하는 것은 문제가 될 수 있다. 베버가 말한 그 자율성은, 정치영역의 고유한, 어떤 합법성의 존재만을 언급하고 있을 뿐이다. 즉, 사회적 관계들은 특정한 규정들에 따른다. 이것은 사회의 여러 분야에 현존하는 서로 다른 콘텐츠들(경제적, 종교적 등)과의 사회적 관계가 정치영역에 영향을 끼치지 않는다든지 아니면 역으로 그 정치영역에 의해 영향을 받는다든지 하는 것을 의미하지는 않는다. 각 영역은 특정 상황에서 다른 영역에 중첩적으로 영향을 미칠 수 있다 sobredeterminar. 베버가 보여주듯이 자본주의 초기에, 경제영역에 대한 종교영역의 영향이 그러했다. 어쨌든 중요한 것은, 어떤 한 영역이 사회적 주체들을 매개로 por meio de agentes sociais 다른 영역에 영향을 미친다는 것이다. 또한 다른 영역에 영향을 미치는 어떤 한 영역 —예를 들면, 정치 영역— 의 주체들과 물질적 재원들이 일반적으로 그 다른 영역이 갖고 있는 고유한 합법성의 틀에 복종하면서 그러한 영향력을 행사한다는 것이다. 이처럼 현 상황의 각 사회계급과 그룹들은, 경제적·사회적 질서 속의 권력의 분배 형태들이다. 그리고 그 구성원들은 국가 권력의 장악을 시도할 수도 있고 국가의 정책에 대한 통제력을 유지할 수도 있으며, 아니면 최소한 그 내용에 영향을 미칠 수도 있다. 하지만 단지 이것은 정당이나 이해관계의 집단, 사회 운동단체 혹은 대중의 행동(예를 들어 어떤 계급의 구성원 다수의 대거 투표 등)을 매개로 이루어질 것이다. 다시 말하면, 현 상황의 각 사회계급과 그룹들은 정치에 참여를 하지만, 항상 이런저런 국가의 제도적 규정들에 따라 혹은 반대하여, 그 영역에 적절한 사회적 행동과 단체를 매개로 자신들이 희망하는 바를 추진해야 한다는 것이다. 그리고 현 상황의 사회계급이나 그룹의 이런저런 이해관계와, 정치적 권력을 장악하기 위해 직접 투쟁하는 사회적 주체들 사이의 연결고리들 ―거의 명백히 드러나는 적이 없는― 을 확인하는 것은 분석가의 몫이다.

사회적 영역들 간에 자율성과 중첩적인 영향들이 존재한다는 개념이, 일반적으로 베버의 사상에서 정치적 지배와 국가가 갖는 구심성 혹은 중심적 역할을 흐리게 해서는 안 된다. 정치적 권위는 지배의 일반적인 조건들을 고정시키며 자국의 영토 내에서 전개되는 어떤 관계 ―경제, 보건, 교육 등― 에도 개입할 수 있다. 더욱이 다양한 사회적 영역에 대한 국가의 우위는 또 국가가 다른 국가들과의 관계를 발전시킨다는 것에서도 유래한다. 실제로 베버는 적법성 혹은 정통성을 국제무대에서의 국가의 지위와 연결시키고 있다. 더욱 자세히 말하자면, 국민감정의 변화를, 지배에 부여된 정통성의 증가 혹은 축소와 연계 지으면서, 역학적 차원에서 민족주의와 정통성을 연결시키고 있다.

주지하다시피 국가와 사회의 관계는 논란거리이다. 이 문제에 대하여 가장 나은 해결책solução을 찾은 고전적 사회학의 흐름이 무엇인지를 중립적으로 혹은 절대적으로 결정하는 판단기준이란 없다. 상황이 이러하기에 베버의 답변이 현 사회과학자들에게 가장 많은 영감을 주고 있는 것이라는 점을 인정해야 할 것이다.

하지만 국가와 사회 사이의 관계 문제는 사회학의 고전일 뿐만이 아니다. 그 관계의 문제는 정치학자인 지우두 마르사우 브란덩Gildo Marçal Brandão이 "브라질의 정치 사회사상 계보linhagens do pensamento político e social brasileiro"—즉, 브라질 사회에 대하여 일련의 종합적 사고를 했던 지식인들의 서로 다른 "가족 그룹들famílias"이라고 명명한 것—를 특징짓는 데 중심적인 역할을 해오고 있다. 실제로 그 계보들 가운데 가장 오래된 계보—유기적 이상주의자들idealistas orgânicos과 헌법적 이상주의자들idealistas constitucionais—를 보면, 법학자이자 수필가였던 올리베이라 비아나Oliveira Vianna의 경우 그 계보들이 브라질에서 국가와 사회의 관계를 어떻게 이해했는지 근본적으로 그 이해의 방법을 목표로 하고 있었다고 주장한다. 유기적 이상주의자들의 입장에서 보면 브라질 사회는 무정부주의적 경향에 파편화되어 있어서 오로지 강력한 국가만이 그 사회를 단합시켜 유지하여 변화시킬 수 있다는 것이다. 하지만 그와는 정반대로 헌법적 이상주의자들의 입장에서 보면 국가는 브라질 사회의 결속과 자체의 고유한 표현을 억누르고 실현불가능하게 만드는 억압적인 존재이다. 유기적 이상주의자들 가운데에는, 입헌군주제 시절의 정치인이었던 파울리누 소아리스 지 소우자, 일명 우루과이 자작 그리고 올리베이라 비아나와 아제베두 아마라우Azevedo Amaral처럼 1930년 혁명 이후 중요성을 확보한 수필가들과 공적 인물들이 두각을 나타내고 있다. 헌법적 이상주의자들 가운데에는 입헌군주제 시절에 활약하였던 타바리스 바스투스Tavares Bastos와 제1공화국 시절의 후이 바르보자Rui Barbosa 그리고 가장 최근에 하이문두 파오루Raumundo Faoro가 두각을 나타내고 있다.

이제 이 두 계보의 지식인들이 지녔던 시각들을 보다 자세히 살펴보도록 하자. 유기적 이상주의자들 입장에서 볼 때 정치제도는 브라질의 조건들을 출발점으로 해서 연구되어야 하는 것이지, 유럽과 미국의 현실을 목표로 해서는 안 된다. 국가는 브라질 사회의 독특한singular 패턴들에 스스로를 맞추어 조정되어야 하며, 사회가 산산이 분열될 위험이 있는 만큼 그 사회에 대하여 결합 기관이자 권위를 가진 기관이어야 한다. 따라서 올리베이라 비아나의 경우 식민시대 이후 브라질 사회는 노동력의 기강을 확립하는 요소로서 노예제도가 중시되었고 외부세계에는 아주 조금만 의존한 대토지 소유라는 특징을 가지게 되었다고 본다. 그 결과 가부장적인 통치 패턴이 지배하게 되었으며 토지를 소유한 자가 최고의 지휘자이자 부족의 장이 되었다. 일반인은 그러한 힘 있는 몇몇에게 봉사하고 있었을 경우 단지 생명과 자유에 대한 어떤 보장만을 보존할 수 있었다. 이러한 토지 귀족제도에서는 민족nação을 형성할 연대의식이란 것이 탄생할 수 없었다. 비아나에 따르면 그 연대의식은 외부로부터, 즉 식민지종주국의 왕권으로부터 와야 했다. 독립 이후 왕권은 토지 귀족들 가운데에서 국가의 통합을 유지할 수 있는 요소들을 선택하게 되었을 것이며 그 결과, 정치차원에서 오래된 가부장적 가치들을 보전하게 되었다. 정확히 민족 감정이라는 것이 없었으므로 황제에 대한 충성이 초기에 국가의 분열을 막아줄 것이었다. 종신제의 상원과 국정자문위원회 그리고 제4의 권력기관이었던 모데라도르Poder Moderador와 같은 제도들 덕분에 실현된 입헌군주제의 위대한 과업이란, 카우질류caudilho라고 불리던 지방 호족들의 개별주의에 반하여 국가의 통일을 유지하는 것이었다. 그리하여 일반적으로 생각할 수 있는 것처럼 중앙권력 기관은 지역의 자유에 대한 적이 아니게 될 것이었다. 왜냐하면 파벌정치가 지배하던 브라질 사회의 여건상, 국가의 권위는, 카우질류들의 행동을 막아줄, 지역의 자유를 보장하는 장치일 것이었다. 이것은, 개인의 자율성이 중앙권력과 중간 그룹들 사이의 카운터포인트에 달려 있다고 한 뒤르켐의 관점을 기억하게 한다. 바로 이 때문에 비아나는 자유주의자들의 사상이 착각이라고 판단하였다. 민주주의 혹은 정치적 분권화는 단지 미국이나 유럽의 제도를 이식하는 것일 뿐이어서 결국 국가를 내륙지방 호족들과 민간 부분의 이해관계의 포로로 만들 뿐이었다. 그리하여 비아나는 1889년 헌법과 제1공화국을 비판한다. 그리고 그는 1930년 혁명을 기점으로 세워진 중앙집권체제의 추종인물이자 고문으로 변신하였다.

이와는 대조적으로 브라질 사회를 자유주의적 관점에서 해석하는 계보들은 브라질 사회가 국가에 의해 억압되고 분열되었다고 생각한다. 이 관점에 의하면 국가는 사회의 무기물성에 대한 해결책이 아니라 사회가 자율적이 될 수 있도록 하는 제도개혁을 통해 해결해야 할 문제이다. 그 제도개혁을 통해 사회는 결합정신과 개인의 자유, 자유로운 시민들의 정치적 대의 그리고 여론을 꽃피우게 될 것이다. 국가의 문제를 해결하기 위해서는 제도개혁reforma institucional의 힘에 대한 신뢰, 좋은 법에 대한 신뢰가 필요하다는 것이 이 학파의 주된 생각이다. 1958년 『권력의 주인들』(*Os donos do poder*)을 쓴 하이문두 파오루는 이 책에서 이 계열 학자들의 사상을 가장 명확하게 해석해내었다. 그에 따르면 브라질이라는 국가는 포르투갈의 유산으로서, 포르투갈은 막스 베버가 구축한 전통적 지배 양식 가운데 하나인 가산제 유형의 국가를 브라질에게 물려주었다. 가산제에서 군주, 즉 통치자는 지배를 함에 있어서 자신에게 종속된 사람이거나 자신이 선호하는 사람들로 구성된 공무원들의 행정조직의 도움을 받는다. 이 사람들은 통치자에 의해 양도된 소득이나 이득의 교환대가로 혹은 군주가 자신에게 속하는 재원들을 이들에게 나누어줌으로써 이들은 자신들의 직분을 수행한다. 그 재원은 농장주의 경제활동으로부터 나오거나 군신들이 허용받은 활동을 통해 얻은 소득에 대한 군주의 개입으로부터 나온다. 이것이 많아지면 그 정치적 지배형태는, 정치적 양도나 보호에 종속된, 정치적으로 지도된 어떤 자본주의와 호환이 되는 형태가 된다. 식민지 종주국의 왕실과 상업 부르주아 사이의 연합은 행정조직의 제한된 관료화를 허용하였고 이미 16세기 말에는 이 행정조직과 국가 지도층 사이의 어떤 지배 커뮤니티의 구성을 가능하게 하였다. 여기서 지배 커뮤니티란 "관료집단, 진정한 포르투갈의 통치자estamento burocrático, e o verdadeiro soberano português"였다. —이 커뮤니티는 대항해와 브라질의 식민사업 그리고 포르투갈 왕실의 리우데자네이루 파천을 진두지휘하였다. 얼핏 포르투갈 왕실의 부재를 두고 브라질의 식민 사업을 민간부문이 노력한 결과로 보는 사람들이 있는데 파오루는 정반대로, 비록 "공무원funcionários"이 아니었지만, 초기의 세습주지사donatário de capitanias, 토지소유자 그리고 내륙탐험대bandeirantes를 종주국 왕실의 주체들로 보고 있다. 관료집단은 식민기간 동안 항상 국가의 부를 염두에 둔 채 토지소유자보다는 상인에게 특혜를 주었다. 대토지소유자는 단지 포르투갈왕실이 브라질에 온 이후에야 고립에서 벗어나 독립의 주역이 되었으며 포르투갈 공무원과 상인을 이길 수가 있었다. 하지만 1824년 헌법을 기점으로 행정부가 종신제 상원과 국정자문위원회 그리고 왕실의 모데라도르를 통하여 입법부를 다시 지배하기 시작했으며 그 결과 독립 브라질에서 관료집단의 지배를 정착시키기에 이르렀다. 국가적 의지vontade nacional가 부분적으로 나타났던 독립기간(1822~1824), 섭정기간(1831~1837) 그리고 제1공화국기간과 같은 짧은 중단기간을 제외하면, 제국시대와 1930년 이후 국가에서는 관료집단이 자율적인 산업자본주의의 구성을 막고, 사회적 힘들을 통제함으로써 ―그 힘들을 조직체들(노동조합이나 기업연맹 등과 같은)로 구성하는 방식으로든, 그 지도부들을 임명하는 방식으로든― 국가에 예속시켜 국민을 억누르고 상황을 장악했다. 주지하다시피, 유기적 이상주의자들과 헌법적 이상주의자들은 상반되는 관점을 가지고 있었지만 하나의 유사한 인식을 공유하고 있었는데 그것은 독립 브라질 역사의 상당 부분에서 그들 모두 국가를 사회의 지휘자condutor로 보고 있었다는 점이다. 사실 이 두 파는 사회에 대한 국가의 자율적인 행동 능력을 과대평가하고 있다. 예를 들어 파오루는 브라질 역사에서 거의 중단된 적이 없는 통치권의 주역으로서 관료조직을 지목한 것 이외에 그 권력이 사회의 비정치영역이 갖고 있는 고유의 합법성을 억누른다고 생각한다. 이것은 그가 공개적으로 추종한다고 한 막스 베버의 개념과 모순된다.

하지만 마르크스와 베버의 영향을 받아 정치와 국가에 대하여 확고한 의견을 가지고 있는 그룹들과 정치·경제적 구조의 중요성을 강조하는 해석들도 존재한다. 예를 들어 플로레스탕 페르난지스Florestan Fernandes는 브라질 입헌군주제 국가가 가산제 유형이었다는 데에는 동의할지라도 그 구조와 방향은, 경제적 구조가 확정해 놓은 가능성들과 당시의 사회계층화(대략 엄격한 경계로 나누어진 그룹들로 계층화됨) 유형에 따라 달랐음을 보여준다. 식민시대로부터 물려받은 노예제 경제가 계층화된 봉건영주사회를 지탱하고 있었고 독립 후에는, 단지 농촌 귀족계층과 그 계층의 협력자들만을 대변하던, 노예제적 봉건영주국가에 의해 통치되었다. 이것은 그 국가의 형태가, 다른 어떤 형태들과 마찬가지로, 어떤 사회의 고유 속성을 흡수하여 소유하고 정치적 포용과 배제 규칙 및 가치들을 확정했다는 것을, 다시 말하면 누가 지배를 할 수 있는지, 누구랑 지배를 할 것인지 그리고 누구를 지배할 것인지를 명확히 했다는 것을 의미한다. 그러한 정치 형태들은 경제나 사회로부터 제除할 수 없거니와 그 형태들을 유지하거나 변화시키기 위한 정치적 투쟁의 결과이자 대상으로 인식된다. 달리 말하면, 그런 유형의 정치사회학에서는 정치적 주체들 —구조의 차원에서 확정된 사회계급이나 그룹들에게 연결되어 있는— 이 국가 관료집단들의 참여와 함께 국가의 형태와 정치적 방향을 확정할 것이다. 이러한 관점은 흥미를 유발하지만 상당수의 경우, 정치적 주체들과 이들이 뿌리내리고 있는 사회계급들 사이의 차이를 무시하고 정치적인 것o político을 저평가하는 경향이 있다.

참고문헌

COHN, Gabriel. *Crítica e resignação – fundamentos de sociologia de Max Weber*. São Paulo, WMF Martins Fontes, 2003.

DURKHEIM, Émile. *Lições de sociologia*. São Paulo, Martins Fontes, 200l.

IANNI, Octavio (org.). *Marx (Sociologia)*. São Paulo, Ática, 1979.

____________ (org.). *Florestan Fernandes (Sociologia)*. São Paulo, Ática, 1986.

RICUPERO, Bernardo. *Sete lições sobre as interpretações do Brasil*. São Paulo, Alameda, 2007.

Ficção Brasileira 2.0

브라질 소설 2.0

반데르 멜루 미란다 Wander Melo Miranda

Wander Melo Miranda

미나스제라이스연방대학교(UFMG)의 문학이론과 교수로 재직 중이며 주요 저서로는 『글로 쓴 육체: 그라실리아누 하무스와 시우비아누 산치아구』(*Corpos escritos: Graciliano Ramos e Silviano Santiago*. Edusp/Editora da UFMG, 1992; 2ª ed., 2009), 『그라실리아누 하무스』(*Graciliano Ramos*. Publifolha, 2004) 등이 있다.

©Eneas De Troya

언제 브라질 문학이 국민적인 것o nacional의 은유가 되기를 그만두게 될까? 보다 정확히 말하자면 개인의 운명에 대한 서술narrativa이, 모든 종류의 민족주의의 인질로서, 그 사회와 문화의 혼란스러운 상황에 대한 은유적 구성개념이 되지 않는 것은 언제일까? 또 달리 말한다면, 우리들에게 문학은 어느 순간에 사회와 국민국가 사이의 특혜 받은 중개역할을 그만두게 될까? 그 역할은 낭만주의자부터 모더니스트에 이르기까지, 설득력 있는 예술의 힘 그리고 결정적인 이데올로기적 충동과 함께 문학이 수행한 것이었다.

오늘날에 이 문제를 생각한다는 것은, 새로운 것o novo을 국가적인 것o nacional으로 구속시켜버린, 근대적 패러다임의 종말을 상정하고 있다. 여기서 새로운 것과 국가적인 것은 해당 국가의 문학적 원칙cânone literário을 정의함에 있어서 우선적인 요인들로 간주된다. 그 결과 새로운 심미적·정치적 결합 형태들에 적합한 담론을 목표로, 텍스트가 중간적 공간entrelugar을 발화의 공간으로 취할 것이 요구된다. 여기서 중간적 공간이란 문학이 다른 예술들 및 언어행위들과 나눈 대화에 의해 형성된 공간을 의미한다. 그리하여 그 환경설정에 있어서는 혼성적이면서도, 담론의 순서상 자신의 위치와 관련해서는 이질적인 어떤 문학적 대상이 존재하게 된다. 정기적으로 글을 발표하고 있는 다우통 트레비장Dalton Trevisan, 후벵 퐁세카Rubem Fonseca, 시우비아누 산치아구Silviano Santiago, 세르지우 산타나Sérgio Sant'Anna 그리고 주엉 지우베르투 노우João Gilberto Noll와 같은 저명한 작가들의 텍스트가 그 경우이다.

새로운 상황 하에 20세기 마지막 수십 년간 완연한 활동을 보여주고 있는 세계화 덕분에, 예술영역에서 벌어진 변화가 결정적 요인이 되면서, 담론의 위계질서를 무너뜨리고 가치의 범주를 재정의할 필요가 분명해지기에 이르렀다. 그리하여 국내외 기관들이 제공하는 장려금 외에 점차 시장(출판 대기업들), 문화 마케팅(가치가 높은 상과 명망 있는 문학 축제) 그리고 새로운 미디어들(블로그나 트위터)에 종속된, 작가의 작품을 정당화하는 새로운 메커니즘들이 등장하거나 확고한 입지를 구축하고 있다.

최근 브라질 소설이 그러한 요인들을 어디까지 흡수하였는지에 대해서 정확히 측정하기가 아직 불가능하다. 또한 일명 "90년 세대" 작가들 —마르사우 아키누Marçal Aquino, 마르셀리누 프레이리Marcelino Freire, 네우송 지 올리베이라Nelson de Oliveira 등— 과 현 작가들 사이에 엄격한 경계를 설정하는 것 역시 불가능하다. 진정 그 이유는, 몇몇 구별되는 특징들이 새천년으로 넘어가는 과정에서 지속되고 있기 때문인데 그것은 도시적인 테마, 알력 상태의 주관성들, 초사실주의적인 발화, 내면적인 사고, 글쓰기의 수필적이며 메타픽션적인 특성 등이 그것이다. 최근 문학 작품을 구성하는 가장 의미심장한 것, 작가의 존재이유와 그가 수행하는 과업의 이유 등, 과거의 저명한 작가들에 대하여 "영향을 미치려는 열망"도 없이 반복되는, 오랜 문제를 들춰보는 것이 적절해 보인다.

아르헨티나의 작가 리카르도 피글리아Ricardo Piglia는 텍스트들의 현대적 제휴방식을 "문학가족"으로 부르길 선호한다. 그 제휴방식은, 국가의 전통에 대하여 덜 예민하지만 한 작가를 다른 작가와 차별화함과 동시에 가깝게 하는, 전유 방식과 더 잘 어울린다. 그 제휴방식은 또 궁극적으로는 초국가적인transnacional 네트워크 속에서의 제휴를 가능하게 하여, 변별적이고 동시적인 시간성들이 합류하는 어떤 역사의 개념에서 볼 때, 문화적 전형들과 사상적 관습들을 파괴하며 작동한다. 일반적으로 그 개념은, 국민과 관습 그리고 문명의 만남으로부터 탄생한, 타자성의 기획을 표출한다. 이때 텍스트는 예술적·문화적 실현으로서의 자신의 유효성을 증명하는 방식이 된다. 그리고 그 국민과 관습 그리고 문명을 위험에 빠뜨린다. 예를 들면, 미우통 아통Milton Hatoum의 『두 형제』(*Dois Irmãos*, 2000), 그리고 2003년에 발표된 두 개의 작품, 즉 베르나르두 카르발류Bernardo Carvalho의 『몽골』(*Mongólia*)과 쉬쿠 부아르키Chico Buarque의 『부다페스트』(*Budapeste*)가 그것이다.

미우통 아통의 소설은 마나우스Manaus에 정착한 어느 레바논 이민 가족사를 이야기하기 위해, 서로가 적인 형제 신화를 다시 취한다. 자신의 처녀작이었던 『어느 동양에 대한 이야기』(*Relato de Um Certo Oriente*, 1989)에서 선보인 방식을 이용, 작가는 침묵된 목소리, 단지 개념으로만 남은 몸동작 그리고 곧 사라질 상황에 있거나 아니면 이미 사라져버린 물체들을 재구성하는 데 헌신한다. 그리고 일상의 작은 사건들과 추억의 매개물 ─글쓰기의 "햇빛을 받는, 안개 낀 수평선"─ 로 표시된 확인 방식들을 설정한다.

서술자가 서자庶子라는 조건은, 가족의 알력을 사전에 설정된 낯선 자리배치로 축소시키지 않은 채 하나둘씩 다루어가려는, 에두른 방식이다. 자신의 뿌리 찾기는 치유될 수 없는 어떤 부재의 모습으로 등장한다. 그 치유는, 정체성 사이의 가장 일반적인 알력 과정을 그리는 텍스트의 변수로서, 허구적 꾸밈을 통해서만 가능한데 그 허구적 꾸밈은 사실적인 것에서 신화적인 것으로 넘어가는 과정에서 거의 인지되지 못하는 순간에 모습을 드러낸다.

베르나르두 카르발류의 소설은, 몽골에서 행방불명이 된 어느 브라질 사진사를 찾는, 조사 여행과정을 세련되게 그린 하나의 기술서이다. 이 소설은 주체와 문화 간의 접촉에 본질적으로 존재하는 긴장을 최대한 강조하고 있으며 동 소설의 마지막 부분은 이것을 카프카적 톤으로 치장하고 있다. 이 작품은 생의 늦은 시기에 글쓰기에 전념하기로 결심한 어느 은퇴 외교관의 작품으로서, 작가는 자신에게 "문학은 이제 중요치 않다"라고 인식하고 있다. 그의 텍스트는 서술된 사건을 다른 외교관의 일기 일부와 뒤섞고 있는데 이 다른 외교관은 행방불명된 사람을 찾아 여행을 시작하면서 이 사람이 남긴 일기의 조각들을 활용한다.

주체의 이탈은, 서술에다가 그가 고집스럽게 표현하려는, 공간 고유의 이동성을 부여한다. 왜냐하면 "유목민들의 나라에서는 문자 그대로 사람들이 결코 같은 장소에 머물지 않기" 때문이다. 모든 면에서 참조용 사진fotografia과는 구분되는 몽타주기법의 적용은, 다시 말하면 등장인물들의 노마디즘이 거꾸로 된 거울처럼 드러내 보이는 그 낯설고도 친근한 다른 존재, 즉 궁극적으로는 자기 자신을 찾는 어떤 과정에서, 어느 외국 영토를 섭렵한 다양한 기록을 서로 맞닥뜨리게 한다.—그 섭렵은 책 저술 기획을 수행하기 위해 베르나르두 카르발류가 거쳐 갔던 것과 같은 것이다.

그 통과 예식을 수행하기 위해 쉬쿠 부아르키의 『부다페스트』는, 대필자로서, 서술자인 주제 코스타José Costa 혹은 Zsoze Kósta라는 인물을 선택한다. 이 서술자는 무명작가들의 어떤 모임을 끝내고 귀국하는 길에 이 소설의 제목인 부다페스트 시에 예기치 않은 기착寄着을 하게 되고 이로 인하여 일련의 급변하는 운명을 맞이하게 된다. 이것이 서사의 소재를 구성하게 된다. 즉 브라질에서 거주하고 있는 TV 뉴스 기자 반다Vanda와 결혼을 한 코스타는 헝가리에서 크리스타Krista를 알게 되어 그녀에게서 헝가리어를 배우게 된다. 부다페스트와 리우데자네이루를 오가는 동안 서술자는, 거울에 비친 이미지들이 끝없이 거꾸로 반복되어 나타나는 것 같은, 반복 복제의 세계로 빠져든다. 소설은, 언어 간의 이동을 통해, 등장인물들을 자기정체성의 혼란에 빠뜨리며 전개된다. 마치 Costa/Kósta, Vanda/Krista, 브라질/헝가리가 서로 다르면서도 같은 존재로 끝없이 등장하는 무대인 양, 글로벌화된 어떤 지식을 드라마화하는 배우로서, 서술역할을 시뮬레이션 하는 "작가o escritor"의 상황이 자기방식대로 반복된다.

서술의 플롯이 자기성찰을 부추기는 스프링인, 이 텍스트들의 형식상 혼성주의는 다른 예술 분야에서 보다 강력한 실험적 성격을 띨 수 있다. 예를 들면 예전에 『쿠주』(*Cujo*, 1993)라는 작품과 『까마귀의 빵』(*O Pão do Corvo*, 2001)이라는 놀라운 작품을 발표한 바 있는 조형예술가 누누 하무스Nuno Ramos의 아주 독창적인 작품 『오!』(*Ó*)가 그러하다. 이 소설들은 높은 시적인 톤이 느껴지는 작품들로서, 문학과 철학 그리고 예술 일반과의 접근으로부터 탄생한 예기치 못한 내용들을 담고 있으며 이 모든 것은 언어행위linguagem와의 폐쇄된 충돌 속에서 전개되고 있다.

작품 『오!』는, 브라질 문학에서, 클라리시 리스펙토르Clarice Lispector의 『만조滿潮』(*Água Viva*, 1973)와 같은, 매우 보기 드문 작품 계열에 속한다. 두 책은 표상의 한계와 장소의 수사학을 내파內破하려는 모험을 벌이고 있으며 소재의 민감한 형식과 세상에 대한 글쓰기 사이의 조응에 자유로이 열려 있다. 그 텍스트는 아날로지에 의해 작동되는데, 그것은 "우리가 아직 이해하지 못하는 어떤 세팅시스템"과 같으며 그 시스템 속에서는 "모든 것이 상호 연결되어 있다." 그 모든 것이란, 산자와 죽은 자, 육체와 시간, 새와 미친 자, 러시아인형과 침묵, 어린 시절과 텔레비전 등이며 이처럼 많은 것이 끝없이 연결되어 전개된다. 잘못 심화된 명상과 현기증 나는 언어들은 에피퍼니적epifânico 순간으로 이어진다. 그 순간은, 지식과 시적 창작이, "주체의 야생적 유산patrimônio selvagem do sujeito"이 표면으로 드러나는 과정에서, 서로 혼란스럽게 뒤섞이는 (평범한 사건이나 경험을 통하여 직관적으로 진실의 전모를 파악하는) 순간이다. 그리고 "모든 지식은 육체로부터 오므로todo conhecimento vem do corpo" 그 몸으로부터 사방으로 의미의 망이 퍼져 나온다. 여기서 의미의 망은, 언어가 스스로를 깊이 생각하는 텍스트의 블록들―에로틱한 육체 corpus erótico― 에게 질량과 부피를 부여한다. 누누 하무스에게 있어서, 현대의 지식을 구성하는 기형deformidade은 말과 사물의 그 맞닥뜨림에서 나온 결과로 보인다. 그리고 그 맞닥뜨림은 소란스러운 잡담이나 침묵의 극단까지 탐구된다.

다른 예는 카를루스 지 브리투 이 멜루Carlos de Britto e Melo가 쓴 『육체들의 긴장된 통과』(*A passagem tensa dos corpos*, 2009)이다. 여기서는 어느 유령 서술자가 최근의 사망기록들을 찾아 미나스제라이스 주의 소도시들을 떠돌아다닌다. 서술자는 블랙 유머를 섞어가며 그 죽음들로 전례 없던 일련의 리스트를 만든다. 그런데 그 블랙유머는, 이름이 정해지지 않은 어느 도시에서 시체 한 구를 묻지 않은 채 마치 아무 일도 일어나지 않은 것처럼 살아가는, 어느 가족의 이야기 중간 중간에 작은 "장들capítulos"로 책 전체에 삽입되어 퍼져 있다. 약간 아이러니하고 얼토당토않은 "쎄C"라는 낯선 인물의 출현은, 서술이 의미의 부재에 형식을 부여하는 거북함으로 자리하고—"죽은 것을 어떻게 해야 할지 모르다"—또 표현되는 문제점을 요약하고 있다. 그리고 그 의미의 부재는 텍스트에 의해 어떤 유령처럼 느릿느릿 끌려간다. 알파벳 "C"는 죽은 자들의 어떤 도시에 남겨진 육체corpo와 시체cadáver를 뜻하며 이 도시는 어떤 언어língua를 의미하는데 이때 이 언어는, "더 이상 말이 들어갈 자리가 없는não cabe mais a palavra" 황폐한 커뮤니티에 의해 공유된다.

그 파괴된 도시pólis의 반대 극단은, 호화스러운 집단주거지를 대변하는 삶의 우스꽝스러운 복제 형식이자 차세대 도시프로젝트projeto pós-urbano라는 형식 하에, 세르지우 호드리게스Sérgio Rodrigues의 소설 『플라워빌의 씨앗들』(*As sementes de Flowerville*)에서 등장한다.

확인할 만한 시간 표시도 없고 "세상의 넘쳐나는 쓰레기들"로부터 멀리 거리를 유지하고 있는, 튼튼한 방어 장치가 되어 있는, 그 공간에서 빅토리누 페상냐Victorino Peçanha의 통치 하에 불법적인 사업과 섹스, 첨단 기술 그리고 독재의 잔재와 무제한의 권력이 뒤엉켜 전개된다. 그가 목표로 하는 것이자 플라워빌이 그 실험대상이기도 한 "이상적인 사회의 공식Fórmula da Sociedade Ideal"은, 서술자의 혼란스러운 아이러니와 그 서술이 내포하고 있는 조소적인 어투로 얼룩지게 된다.

그러한 내용을 거스르며 그 도시를 "구조resgate"하는 것은, 물리적인 공간들이자 그 도시가 배제하며 침묵 속에 유지하곤 했던, 바로 그 발화의 장소로부터 탄생한다. 흔히 "변두리문학"으로 불렸던 것을 실현하는 과정에서 일어나듯이, 잘 정의된 어떤 심미적·정치적 기획을 위해 주제 면에서나 형식적인 면에서나, 의도적으로 잔인주의brutalismo를 선택한 것은 바로 텍스트들이다. 그 텍스트들 가운데에는, 페헤스Ferréz가 여러 작가의 글을 모은 『변두리문학: 주변부 글쓰기의 재능들』(*Literatura marginal: talentos da escrita perférica*, 2005)을 비롯하여, 그의 『죄지은 겁쟁이』(*Capão pecado*, 2000)와 『증오의 실천 매뉴얼』(*Manual prático do ódio*, 2003), 그리고 알랑 산투스 다 호자Allan Santos da Rosa의 『웅반다의 전신 카불라』(*Da cabula*, 2006) 등이 두드러진다.

이 소설들은, 텍스트의 생산과 수용이라는 관습적인 폐쇄영역을 넘어서서는 힙합 운동과 더불어, 어느 사회그룹의 정체성 형성을 지탱해주는 언어행위의 표현들로 그 모습을 드러내고 있다. 그 사회그룹은, 자신의 결속력과 이의제기하는 힘을 매개로, 동 도시의 공공영역에 대한 주변부의 참여를 위해 투쟁하고 있다.

대부분의 경우 이들은 배제와 권력에 대항하는 방식으로서 정체성의 본질적 개념을 취하고 있을 뿐만 아니라 공동그룹의 경험에 접근함에 있어서, 이미 잘 알려진 사실주의적 파라미터에 근거한, 언어행위linguagem를 취하고 있다. 알랑 산투스 다 호자의 경우처럼 최고의 작가들 가운데 몇몇은, 그러한 한계들을 극복하고 시와 산문 그리고 사진을 서로 합류시킴으로써 즉각적인 현실을 변화시키는 데 성공한다. 알랑 산투스 다 호자의 『상상의 세계, 육체 그리고 펜』(*Imaginário, corpo e caneta*, 2009)에 나오는 글귀가 그 예이다. "하나의 전체로서 육체는 정신의 독점을 넘어 우리의 천성이자 주체할 수 없는 욕망인 그 무엇을 제공한다. 하지만 그 무엇이 갖고 있는 연애 같은 감정을 감각, 신화 그리고 경험과 합치게 한다."

"변두리 문학"은 이제 한 장을 마감하는 것 같다. 하지만 다른 막은 계속 열려 있으며 변두리 문학은 이제 그 막과 대화를 하고 있다. 즉 소수민족 혹은 소수그룹의 문학을 뜻하는 이것에는 작가 콩세이성 이바리스투Conceição Evaristo가 대표적이다. 벨루오리존치Belo Horizonte의 어느 빈민촌에서 태어난 아프리카의 후손 콩세이성 이바리스투는, 리우데자네이루에서 문학 전공으로 학부와 대학원을 졸업했으며 2003년엔 국내외적으로 알려진 『퐁시아 비셍시우』(*Poncía Vicêncio*)라는 작품을 세상에 내놓았다. 필자는 지금 1960년대 카롤리나 마리아 지 제주스Carolina Maria de Jesus의 경우처럼 일시적인 외딴 현상을 말하는 것이 아니다. 왜냐하면 콩세이성 이바리스투는 1990년대 이래 상파울루의 킬롱오지 그룹grupo Quilomhoje이 운영하는 〈흑인노트Cadernos Negros〉에 정기적으로 글을 기고하고 있으며 2006년에는 다른 소설 『기억의 막다른 골목』(*Beco da memória*)을 출판하기도 하였다.

그 여류작가는 퐁시아 비셍시우의 잔인한, 박탈의 삶을 서술하기 위하여, 이야기를 엮어 끌어갈 줄 아는 선조들의 행동을 놀랍도록 유연한 방식으로 재현한다. ―농장주와 노예 사이의 귀먹은 듯한 충돌에 그 기원이 있는― 사회적 관계의 비대칭은, 주인공이 어릴 때부터 자신의 극단적인 소외까지 겪었던, 상실과 강탈의 주된 요인이다. 하지만 원칙적으로 출구가 없는 그 상황이, 가족과 민족étnico적 정체성의 끈들을 복원시키는, 저항력의 동원을 촉진하고 있으며 그 저항력으로 변화의 싹이 움트게 된다. 소질이 별로 없는 어느 여류작가의 손에서는 모든 것이 거친 구호로 가득한, 구태적인 팸플릿으로 변질될 수도 있을 것이지만, 소설의 이름이기도 한 주인공에게서처럼 콩세이성 이바리스투에게 있어서 "그녀의 손은 언제나 늘 새로운 것을 창조해나갔다. 예술 작업을 거의 멈추었을 때는 동전의 양면을 같게 하려는 듯, 마치 단지 하나의 행동 속에 모든 것을 용해하려고 하면서 삶을 영위하려는 것 같았다."

엄밀히 말해 그 용해는 불가능한 것이지만 그 용해가 바로 여성적feminina 글쓰기의 지평선이다. 그 용해는 베아트리스 브라셰르Beatriz Bracher의 『파랗고 단단한』(*Azul e dura*, 2002), 타치아나 살렝 레비Tatiana Salem Levy의 『집 열쇠』(*A chave de casa*, 2007), 신치아 모스코비쉬Cíntia Moscovich의 『엄마, 나는 왜 뚱뚱해?』(*Por que sou gorda, mamãe?*, 2006), 팔로마 비다우Paloma Vidal의 『어떤 곳』(*Algum lugar*, 2009), 아드리아나 리스보아Adriana Lisboa의 『백지의 심포니』(*Sinfonia em branco*, 2001), 후치 시우비아누 브란덩Ruth Silviano Brandão의 『내 소설이 생명을 줄지어다』(*Minha ficção daria uma vida*, 2010), 카를라 사베드라Carla Saavedra의 『매주 화요일』(*Toda terça*, 2007) 등의 작품들을 서로 다른 방식으로 움직이고 있다. 이것은 자전적 소설이나 자서전적 성격의 텍스트로 흐를 수 있다. 또한 자신의 과거에 휩싸인 어느 선생, 즉 남성적 목소리로 서술되고 있는 베아트리스 브라셰르의 『난 말하지 않았어』(*Não falei*, 2004)에서처럼, 낯선 경험들을 전유하거나 아니면 그 경험들을 젠더gênero의 개념마저 뒤엎을 정도까지 재창조할 수도 있을 것이다.

여성문학이 자신의 방식대로 해석하는 현대의 주관성 문제는, 도시를 문학적 공개토론의 특혜받은 장으로 선택한다. 오늘날 도시 테마는, 이전 수십 년간 지나칠 정도로 많이 제기된 폭력과 마약밀매의 관점에서뿐만 아니라, 이미 분열의 한계선상에 있는 사회성의 형태들을 복사한 것인, 개인관계들의 논란 많은 시각을 통해서도 여러 소설에 등장하고 있다.

그러한 상황은 주체와 도시의 광범위한 패널을 다양하게 세팅하고 있는 책들에서 관찰되는데 그 예를 들면 다음과 같다. 루이스 후파투Luiz Ruffato의 『그들은 많은 말이었다』(*Eles eram muitos cavalos*, 2001), 미세우 라우브Michel Laub의 『후반전』(*O segundo tempo*, 2006), 주엉 파울루 쿠엥카João Paulo Cuenca의 『마스트로이아니 날』(*O dia Mastroianni*, 2007), 산치아구 나자리앙Santiago Nazarian의 『내 자신의 휴일』(*Feriado de mim mesmo*, 2005), 다니에우 갈레라Daniel Galera의 『강아지가 죽은 날까지』(*Até o dia em que o cão morreu*, 2003)와 『말의 양손』(*Mãos de cavalo*, 2006), 마르셀루 미리졸라Marcelo Mirisola의 『죽은 아들의 하늘』(*O azul do filho morto*, 2002)과 『방갈로』(*Bangalô*, 2003), 호드리구 라세르다Rodrigo Lacerda의 『리우데자네이루의 전망』(*Vista do Rio*, 2004), 히카르두 리지아스Ricardo Lísias의 『만다린들의 책』(*O livro dos mandarins*, 2009), 주엉 아우미누João Almino의 『사랑의 5계절』(*As cinco estações do amor*, 2001), 로우렝수 무타렐리Lourenço Mutarelli의 『원인 없는 결과를 낳는 기술』(*A arte de produzir efeito sem causa*, 2008), 크리스토벙 테자Cristovão Tezza의 『영원한 아들』(*O filho eterno*, 2007) 등이 그것이다. 이들 가운데 마지막 인용한 책은 1990년대에 입지를 확고히 한 작가의 최고 호평 작품으로 여러 문학상을 수상하기도 하였다.

가장 창의적이고 공격적인 책들 가운데 루이스 후파투의 『그들은 많은 말이었다』라는 작품을 강조할 만하다. 아주 상세한 묘사, 광고 선전, 별자리운세, 기도문, 다양한 리스트, 연극 대화, 외설 현행범, 혼란스러운 숫자세기 등은, 도시의 구석에서 그리고 책의 페이지에서 나타났다가 이내 사라지는 생명의 순간들을 묘사하기 위해, 작가가 이용한 화법의 잔재들이다. ―"상파울루 헬랑파구스•(상파울루가 저기 밖인가 여기 안인가?)"

공간적 차원 ―텍스트의 안과 밖― 을 뒤섞고 중첩시키는 행동은 상호 전염과 알력의 지대를 창조하고 있다. 이 지대는 서사의 단편들과 일시적 중단을 통해 그 모습을 드러내며 삶이 마치 그것들을 통해 안으로 진입하듯 연출되고 있다. 그러한 허구적 메커니즘("마치 …인 것처럼")은 『그들은 많은 말이었다』를 "사실주의적" 재생산과 거리를 두게 하며 독자를 적극적으로 만들고 있다. 이러한 독자는, 세상과 언어를 몸으로 부딪치는 데 있어서 없어서는 안 될 동반자, 즉 시민과 개인의 문학적 변수이다.

하위주체의 언어fala subalterna로 기우는 그 윤리적 경향은, 최근 브라질 소설의 서술자들이 몰두하는 과업에 대하여 많은 것을 시사하고 있다. 즉, 계급과 민족etnia 그리고 젠더라는 위치들로 표시된 자신의 발화지점으로부터 벗어날 것을 요구하고 있다. 그런데 역설적으로 그 발화지점에 대하여 확언하는 것을 포기하지 않는다. 이것은 비판적 관심과 사고의 능력이 우세를 나타내는 대화자들 사이에 어떤 관계가 설정될 수 있도록 하기 위함이다. 왜냐하면 그것이, 소설을 새로운 지식의 화급한 등장 가능성으로 특정 짓는, 그 가치들의 일시적인 중단suspensão de valores 과정이기 때문이다.

호드리구 라세르다의 소설 『다른 삶』(*Outra vida*)은 확인되지 않은

• 원문은 "são paulo relâmpagos"로서, 상파울루(são paulo)와 음성적 유사성을 지닌 단어 relâmpagos(번개들)를 병치하여 독자들로 하여금 의미의 유사성을 찾아내도록 강요하고 있다. _옮긴이

어느 브라질 대도시의 버스터미널을 관통하며 흐른다. 임시적이고 일시적인 통관 공간으로서 버스터미널은 사회적 연결고리의 상실과 정체성 및 역사적 표시들의 상실을 강조하는 "비非장소"의 카테고리에 속한다. 하지만 바로 그곳에서, 남편이 부패스캔들에 휘말린 후, 그 남편과 아내 그리고 딸은 그들을 작은 고향마을로 데려다 줄 버스를 기다리고 있다.

언어적 정제와 등장인물들의 가장 단순한 움직임에 대한 포착에 있어서도 극도의 조심성을 드러내 보이는 서술자는, 조금씩 가족 내의 알력이 지니고 있는 감정의 무게를 증가시켜 급기야 드라마틱한 방식으로 그 감정을 폭발시킨다. 시계의 바늘들 그리고 과거로의 일시적인 침입이, 서사가 만들고 있는 기대와는 달리, 질질 끌려가는 시간의 흐름을 표시한다. 이상하게도 그리고 그 모든 것에도 불구하고 세상과의 관계는, 저 바깥에 있는 것처럼 보이고 또 벽 구석에 매달린 TV화면이 주는 "스펙터클"의 형태로 축소된다. 하지만 이야기는 어머니가 그곳에 머물고 딸이 아빠를 따라 떠나기로 결정하는 순간 어떤 대안을 제시한다.—"이제 막 이별을 하면서 소녀는 어머니와 할머니의 제스처와 똑같이 머리카락을 뒤로 휘둘러 넘긴다."

세대를 넘은 그 행동의 반복은, 그 이야기história가 허공에 남기는 행복의 약속이 끝났음을 알린다. 하지만 서술자의 아이러니한 윙크는 텍스트와 독자에게, 텍스트의 허구적ficcional 잠재력을 되돌려줌과 동시에, 비록 머뭇거리기는 해도, 다른 삶outra vida이 약속하는 유토피아적 세상이 전개될 것임을 암시한다. 각각의 다양성이 의미를 지니는 점에서 오늘날 텍스트들의 지평선이 바로 그것인 것 같다. 그 텍스트들은, 미디어와 전자언어들의 소품들 한가운데에서 지식의 특수한 형태, 즉 우리를 둘러싸고 있는 세상의 불투명성—혹은 지나친 투명성—을 직시하기에 충분할 정도로 문학이 광범위하고 관대한 형식을 제공할 수 있다고 주장한다.

참고문헌

CARNEIRO, Flávio. *No país do presente — ficção brasileira no início do século XXI*. Rio de Janeiro: Rocco, 2005.

PINTO, Manuel da Costa. *Literatura brasileira hoje*. São Paulo, Publifolha, 2004.

RESENDE, Beatriz (org.). *Contemporâneos — expressões da literatura brasileira no século XXI*. Rio de Janeiro, Casa da Palavra, 2008.

SÁ, Sérgio de. *A reinvenção do escritor — literatura e mass media*. Belo Horizonte: Editora UFMG, 2010.

SCHOLLHAMMER, Karl Erik. *Ficção brasileira contemporânea*. Rio de Janeiro, Civilização Brasileira, 2009.

Futebol-metáfora da Vida

축구, 삶의 메타포

에두아르두 공사우비스 안드라지, 토스터웅Eduardo Gonçalves Andrade, Tostão

Eduardo Gonçalves Andrade, Tostão

크루제이루(Cruzeiro)와 바스쿠(Vasco) 축구클럽 소속이었으며 1970년 월드컵 국가대표선수였다. 현재 〈폴랴 지 상파울루〉(Folha de São Paulo), 〈코헤이우 브라질리엥시〉(Correio Braziliense), 〈이스타두 지 미나스〉(Estado de Minas) 등의 신문에 칼럼니스트로 활동 중이다.

축구는 다양한 방식으로 비춰지고, 분석되고, 찬양되고 상상되어질 수 있다. 그렇게 다양한 시각과 게임의 아름다움 그리고 예측불가능성이 뚜렷하고도 빈번히 벌어지는 상황은 축구로 하여금 이 세상에서 가장 인기가 많고 감동적이며 놀라운 스포츠로 만든다.

축구는 민첩성, 창의성 그리고 판타지의 게임으로 비춰질 수 있다. 또한 기술적이고 과학적이며 실용적이고 기획된 게임으로도 비춰질 수 있으며 육체적·물리적 힘의 경쟁으로도 비춰질 수 있다. 나아가 축구는 발레처럼 보일 수도 있으며 그 자체의 드라마틱한 성격과 이중성 그리고 감동이 가득한 삶의 메타포로도 보일 수 있다. 그리고 축구는 (점점 더) 거대한 사업이나 엔터테인먼트로 보일 수도 있으며 팬들에게는 카타르시스로, 문화적·정치적·사회적 의사표시로도 비칠 수 있다. 결국 축구는 우리가 상상할 수 있는 그 모든 방식으로 해석될 수 있는 것이다.

축구는 1894년 브라질에 들어왔다. 당시에 영국인 남성과 브라질 여성 사이에서 태어난 찰스 밀러Charles Miller가 브라질에 축구를 들여왔다. 초기에는 단지 부유한 백인만이 즐겼다. 결과가 좋을 수 없는 일이었다. 1920년대에 바스쿠Vasco팀이 흑인선수들을 처음으로 계약하여 소속팀에 입단시켰다. 그러자 모든 것이 변했다. 브라질 국민의 혼혈성이 축구의 기술적 성장과 민첩하고 창의적인 스타일의 등장에 결정적인 요인이었다. 전 세계에서 그토록 칭송을 받은 아트풋볼이 탄생한 것이다.

브라질 축구의 프로화는 1933년에 시작되었다. 오늘날에는 대규모 사업임에도 불구하고 브라질 축구는 아직 아마추어리즘과 임시방편적인 대응들로 가득하다. 많은 팬 역시 변화를 받아들이지 않는다. 그들은 자신들이 열렬히 응원하는 선수들로 꾸려진 팀을 꿈꾸며 또 그들이 자기가 선호하는 클럽에서 오랫동안 선수생활을 하기를 원한다.

어린 시절부터 필자는 브라질이 축구의 나라라는 말을 들어왔고 또 브라질 축구는 운동장 밖에서는 조직력이 없는 혼란스러운 스포츠라는 말을 들어왔다. 미래는 아직 도착하지 않았다. 하지만 축구 클럽들은 무능력하고 기회주의적인 사람들에 의해 관리되고 있으며 조직력이 없이 혼란한 상태로 계속 남아 있다.

경기장 안에서는 브라질 축구가 세계적인 이목을 집중시킨다. 그리고 브라질은 가장 많은 선수를 수출하는 나라이다. 뛰어난 선수가 되기 위해서는, 최상의 체격 조건과 정서적 조건을 갖추는 것 이외에, 각 선수마다 다양한 비율로 높은 수준의 민첩성과 창의성 그리고 기술이 요구된다. 민첩성은 공과의 친밀성, 공을 발에 붙이는 능력 그리고 상대방 선수 앞에서도 공을 빼앗기지 않는 능력을 뜻한다. 창의성과 마찬가지로 민첩성은 규칙도, 선생도 없는 어린 시절에, 놀이에서 탄생한다.

기술적인 바탕(패스, 드리블, 골 결정력, 적에게서 공을 빼앗는 능력) 가운데 드리블이 민첩성을 가장 대표하는 기술이다. 상대방을 속이는 기술은 공을 건들지 않은 채 몸으로 드리블을 하는 것이다. 브라질 축구의 특징인 드리블은 몸동작을 통한 속임수ginga와 춤 그리고 브라질의 다인종적 기원과 상당한 관련이 있다. 드리블은 상대방의 강력한 수비를 뛰어넘는 데 있어서 가장 현명하고 중요한 기술적 바탕이다. 드리블은 점점 더 기술적으로 올바른, 위험이 없는 패스로 교체되고 있다. 이 두 가지 바탕이 필수요소이다. 패스는 사전에 잘 기획된 단체경기의 가장 대표적인 기술적 바탕이다.

창의성은 공을 차는 데 있어서 사전 통찰력을 의미함과 동시에 기습적인 움직임을 뜻한다. 훌륭한 선수는 공이 자신에게 오기 전 아주 짧은 순간에 자신의 주위에 대한 모든 것을 탐지하고 선수들의 움직임을 포착한다. 그리고 공의 속도와 동료들 및 상대방 선수들의 속도를 계산한다.

그가 어떻게 이 모든 것을 알까? 그는 육감적으로 알고 있다. 그러나 그는 자신이 그 모든 것을 알고 있다는 사실을 모른다. 논리적인 판단을 앞서는 어떤 지식이라는 것이 존재한다. 몇몇 사람들은 그것을 직관이라 부르고 또 어떤 이들은 정서적 지능 혹은 무의식적 지능이라고 부른다. 의학전문가들은 운동감각의 지능이라고 부른다.

사립 축구학교든 프로축구 클럽의 축구교실이든, 이들은 어린이들의 축구학습과 발전을 거꾸로 뒤집고 있다. 어린 시절 초기에 공과 노는 대신, 이 소년들은 아주 일찍부터 기술과 규칙 그리고 전술적 지식을 배우고 있다. 이 모든 것은 사실, 그 소년들이 어린 시절에 민첩성을 기르고 판타지를 키운 뒤인, 청소년기에 축구 클럽의 기초단계에서 배워야 한다.

브라질은 전 세계 방방곡곡에 축구 선수를 수출하는 대국이다. 훌륭한 선수와 좋은 선수 그리고 그런저런 수준의 선수를 위한 시장이 존재한다.

전 세계 트레이너, 일부 언론 그리고 축구의 과학주의에 열광하는 모든 실용주의자가 갖고 있는 꿈은, 배구와 여타 스포츠처럼 축구를 점점 더 기술적이고 프로그래밍된 합리적인 스포츠, 연습과 반복적인 세트플레이로 이루어진 스포츠로 탈바꿈시키는 것이다. 그럴 경우 축구를 분석하기가 더 쉬워질지도 모른다.

1970년 세계챔피언이 된 브라질대표팀은 능률적인 축구와 아름다운 축구로 역사상 최고 혹은 최고 중의 한 팀으로 간주되었다. 하지만 역설적으로 그 대표팀은 브라질에서, 운동장 내외에서 가장 전술이 뛰어나고 조직이 잘 된 브라질 축구의 이정표이자 시작을 의미하기도 했다. 1970년 월드컵에서 브라질이 선보인 훌륭한 기획 축구 때문에 모든 훌륭한 브라질 축구팀이 상당 부분 민첩성과 창의성 그리고 즉흥성을 죽이는 대신, 체력과 전술 부분을 더욱 중시하기 시작했다.

오늘날 기술축구와 프로그래밍된 축구가 세계화되고 고양됨으로써 브라질 축구 스타일과 남미축구 스타일 그리고 유럽축구스타일 사이의 차이가 점차 줄어들고 있다. 브라질인은 유럽의 실용주의 축구를 모방하였으며 유럽인은 브라질의 판타지와 창의성을 배웠다. 그리고 유럽인이 더 많은 이익을 얻었다.

아직 차이는 존재한다. 왜냐하면 이따금 브라질에서는 유럽에서는 찾아보기 힘든 호나우징뉴Ronaldinho, 호빙뉴Robinho 등 다른 선수들이 등장하고 있기 때문이다. 세계 최고의 선수들 중 한 명인 카카Kaká는 브라질 축구 스타일보다는 유럽축구에 더 가까운 스타일을 갖고 있다. 카카는 기술과 속도 그리고 체력과 정신력에서 훨씬 더 두각을 나타내고 있다. 호빙뉴와 호나우징뉴는 판타지와 즉흥성으로 더 두각을 나타내고 있다. 하지만 이것이 카카가 민첩하지 않다거나 호나우징뉴와 호빙뉴가 훌륭한 기술을 가지고 있지 않다는 것을 의미하진 않는다. 기술이란 어떤 포지션의 선수에게 있어서 기초적인 바탕을 수행하는 것이다. 예술성이 없는 기술은 존재하지만 기술이 없는 예술성은 존재하지 않는다.

축구가 아무리 실용적이고 계획적이 된다고 해도 예측불가능성 o imponderável으로부터 결코 자유로울 수 없다. 이 요인이 같은 수준에 있는 두 팀의 경기 결과에 결정적 변수가 된다. 예측불가능성은 미스터리와 낯섦과 전혀 상관이 없다. 그것이 어디서 언제 벌어질지 우리가 모르는 일반적인 사실들로 점철되고 또 그러한 사실들이 빈번히 일어나는 것이 현재이다. 예측불가능성은 사실을 왜곡하지도 않으며 그렇다고 정당한 것도 아니다. 그냥 벌어질 뿐이다.

일상적인 일, 종교성이 짙은 예식, 반복적인 행위 그리고 트레이너들의 전술은, 쉬쿠 부아르키Chico Buarque의 아주 아름다운 음악이 말하듯이, 규칙도 없고 또 앞으로도 결코 없을 예측불가능의 그림자들을 통제하려는, 허망한 시도일 뿐이다.

예측불가능성은 또한 우리의 삶에서도 결정적인 요소이다. 우리는 모든 것을 기획하고 또 합리적으로 할 수 있다는 환상을 가지고 있다. 그런데 우리는 예기치 못한 순간에 그 예측불가능성으로 놀라게 된다. "인생은 돌고 도는 것; 인생은 우리의 것도 아니다(주엉기마랑이스 호자João Guimarães Rosa." 오늘날에는 축구를 바라보는 방식에서 큰 변화가 일고 있다. 거대한 경제적 이해관계와 폭력 그리고 브라질 스타디움들의 불편성으로 인하여 축구는 안방 TV로 옮겨가고 있다. 심판, 선수 그리고 전술에 대한 분석은 이제 텔레비전의 시선에 의해 훨씬 더 많이 이루어진다. 오늘날에는, 컴퓨터와 모니터가 가득한, 차가운 룸에 있는 편집자들이 현장의 아나운서와 게스트보다 훨씬 더 중요하다. 즉 오늘날의 축구는 가상현실의 축구인 셈이다.

과학의 발전에도 불구하고 축구에서는 심리부문이 아직 잘 수용되지 않고 있다. 그 이유는 다양하다. 우선 축구에서는 남성우월주의가 존재한다. 남자들은 스스로가 강한 존재라고 생각하며 스스로의 감정을 제어할 수 있다고 믿는다. 경영자와 트레이너들 그리고 기술위원회의 멤버들(팀 닥터까지)은 이 문제에 대하여 아는 바가 거의 없다. 그들은 심리학자들의 업무가 시간이 많이 걸리며 별다른 성과가 없다고 생각한다. 그들은 큰 경기가 치러지기 전에 주로 이루어지는, 동기부여와 자기개발 등을 반복하는, 어딜 봐도 분명한 연설을 더 선호한다.

실용적이고 실험실 같으며 유용성을 추구하는 축구의 세계에서 선수의 감정은 거의 중요하게 여겨지지 않는다. 사람들은 선수가 단지 근육과 뼈, 인대, 연골조직 그리고 여타 다른 해부학적 구조로 이루어진 걸로만 생각한다.

뛰어난 재능을 가진 많은 젊은이가 훌륭한 선수가 되지 못하는 것은 그들이 어려운 일, 감정, 성공, 실패, 영광, 명성, 돈 등과 공존하는 법을 모르기 때문이다. 많은 이들이 도중에 길을 잃고 방황을 한다. 그 길 가운데에 인생이 존재하는데도 말이다.

다른 활동의 경우와 마찬가지로 아주 다양한 심리적 특징을 가지고 있는 선수들이 있다. 가장 흔한 것은 선수가 상호모순되는 처신을 하는 경우이다. 영혼은 많은 미스터리를 갖고 있다.

내성적이고 소심하며 쉽게 모욕을 느끼는 선수는 경기장 안에서 적극적이 되기도 한다. 장난이 심한 떠버리 선수의 경우는 책임감에 따른 심리적 압박감 때문에 완전히 겁에 질려 죽으려 한다. 또한 적대감 속에서 성장하는 선수도 있다. 이들은 야망이 큰 사람들이며 완벽주의자이고 또 결심이 대단한 사람들이다. 훌륭한 선수가 되기 위해서는 이것이 필수적이다. 자긍심이 낮은 선수들은 야유를 받거나 비판을 받을 때 소심해진다.

또 단지 팀의 주전선수가 될 때에야 비로소 빛을 발하는 선수가 있다. 그들은 매일 칭찬을 해주고 사랑으로 대해줄 필요가 있다. 그들은 다른 주전선수들 옆에 있으면 주눅이 든다. 아울러 팀에서 두각을 나타내지 않으려는 선수도 존재한다. 이들은 거의 야망이 없는 선수들이며 도우미가 되길 선호한다. 그것이 더 쉽다. 그들은 전술에 복종하고 그 전술을 실천에 옮긴다. 가장 흔한 선수들이다. 감독들은 이런 선수를 좋아한다.

또한 스스로가 최고라고 생각하며, 자기비판이 없는 나르시스적인 선수들도 존재한다. 그들은 항상 언론과 팬들 그리고 감독들에 의해 스토킹을 당한다고 생각한다.

작가이자 철학자인 알베르 카뮈Albert Camus는 한때 골키퍼였다. 그는 자신의 여생기간보다도 축구를 하는 동안 윤리적이며 인간적인 가치를 더 많이 배웠노라고 말했다. 많은 이는 스포츠가 사람을 인간적으로, 사회적으로 만든다고 말한다. 이들은 또 젊은이의 경우 스포츠를 하면서, 자신의 인생에 피해를 입히고 또 파괴시킬 수도 있는, 다른 욕망들을 잊고 승화시킨다고 말한다.

그것은 전부 옳은 얘기다. 하지만 항상 그런 것은 아니다. 특히 개인적인 혹은 집단적인 고소득을 보장하는 스포츠에서 더욱 그러하다. 보통사람들이 일상에서, 위험을 생각하고 그 위험을 수용할 시간이 있음에도 불구하고, 과도한 야망, 공격성 그리고 파괴적인 충동을 제어하고 억제하지 못하는 경우가 많은데, 엄청난 돈과 명예 그리고 명성을 안겨줄 어떤 타이틀을 놓고 싸우는 축구선수의 감정은 어떨지 상상해보라. 어느 챔피언은 게임에서 지는 것이 죽음과 같다고 말한 적이 있다.

만일 일상적인 반도핑 검사가 없다면 도핑을 하는 선수들의 수는 지금보다 훨씬 많을 것이다. 검사에 걸릴 위험이 매우 높을 것임에도 불구하고 많은 선수가 그 유혹에서 벗어나지 못할 것이다.

경기장 밖에서도 마찬가지이다. 경영자들은 자신의 클럽이 챔피언이 되도록 하기 위하여 법적인 전략은 물론, 불법적인 전략까지 모두 다 구사하곤 한다. 그것은 명성과 거액의 돈을 의미한다. 트레이너들은 자신의 행위에 대하여 의식이 있든 없든 그리고 직접적이든 간접적이든 아주 빈번히 "어떤 식으로든 우리는 이겨야 해"라며 폭력과 반윤리적인 가치를 부추긴다. 가장 영악한 자의 법칙이다.

고수익을 보장하는 스포츠는, 레저로 하는 스포츠와는 달리, 종종 윤리적·도덕적 가치를 배우고 흡수하는 데 있어서 좋은 곳이 아니다. 분명하게도 그리고 다행히도 스포츠가 항상 그런 것은 아니다. 많은 선수와 감독 그리고 경영진은 페어플레이를 하려고 한다. 또한 의식이 있는, 올바른 프로도 많다.

좋은 프로가 된다는 것은 단지 의무를 행하고 자신의 권리를 옹호하는 것만이 아니다. 선수로서 크게 빛을 발하기 위해서는 클럽과 팬 그리고 동료와도 정서적인 관계를 창조할 필요가 있다. 선수가 한 클럽에 머무는 시간이 갈수록 짧아지는 현대 축구에서는 그러한 관계가 점차 줄어들고 있다.

고소득을 보장하는 스포츠, 특히 축구는 거대한 사업으로 변모하였다. 여러 연구에 따르면 축구는 돈을 "세탁"하는 가장 흔한 방법 중에 하나이다. 점점 더 백만장자들이 돈을 벌고 숨기기 위해 그리고 즐기기 위하여 축구클럽들을 구매한다.

클럽들은 게으름과 무능력 그리고 여타 다른 이해관계로 인하여 중개자가 없이는 아무런 거래도 하지 않는다. 동일한 기업인이 동일한 클럽의 감독 및 선수의 경력을 관리하는 것이 흔한 일이다. 그것은 최소한 감독이 선수를 소집하기 위한 초보적 압력이다. 모든 사람이 죄다 정직한 것은 아니다.

또한 한 기업인이 동일한 타이틀을 겨루는 여러 클럽의 협력자가 되는 것이 점차 빈번해지고 있다. 이 경우 한 클럽이 타이틀을 잃으면 동일한 기업인에 의해 관리되는 상대 적을 이기기 위해 그가 엄청난 노력을 하지 않을 위험이 있다. 한 상업광고에서 노파 한 명이 말하는 것처럼 "그런 사태가 어디서 멈출 것인가?"

많은 사람은 축구가 세상의 보편적인 진정한 언어로서, 인간의 이중성과 행동양식의 메타포라고 말했다. 선수들은 언제나, 영웅이 되고 명성 및 많은 돈을 벌고자 하는 욕망과, 단체전에 더 많이 참가하고 자신의 끝없는 야망을 억누르려는 욕구 사이에서 마음이 갈라져 있다.

삶에서처럼 기쁨의 원리와 현실의 원리 사이 그리고 야망과 타인에 대한 자애심 사이에는 일반적으로 어떤 화해가 존재한다. 그 외에도 보다 의식이 있는 선수는, 한 선수가 개인적으로 빛을 발하기 위해서는 팀이 필요하다는 것을 알고 있다. 모든 주전선수가 그러한 현실을 외면할 수 있는 것은 아니다.

또한 어떤 식으로든 돈을 버는 것과 윤리적·법적·도덕적 가치

사이에는 알력이 존재한다. 결과는 다시 화해이다. 그 화해는, 실제 그러하든 아니면 상상적으로만 그러하든, 죄책감에 의해 자주 수정된다.

선수들과 트레이너들은 거의 언제나 무모함과 안전 사이에서 마음이 갈려 있다. 그들은 위험을 무릅쓰길 원하며 더 많은 골을 넣기를 원한다. 그와 동시에 그들은 위험을 덜 감수하는 것이 필요하다는 것도 안다. 인생에서도 마찬가지이다.

모든 트레이너의 꿈은 수비와 공격 사이에 균형을 이룬 팀을 소유하는 것이다. 모든 인간이 그러하듯이, 선수들도 불완전하고 정서적으로도 불안정하기에, 결코 완벽한 균형을 이룰 수 없다. 균형은 어떤 활동에서든 중요하다. 하지만 그 균형을 추구하는 것이 집착에 가깝거나 병적일 때, 세상사에 대한 열정과 기쁨 그리고 아름다움을 앗아간다.

흔히들 스포츠는 문화라고 말한다. 그런데 필자가 볼 때 대다수의 경우 현실에서는 그렇지 않다. 그와는 정반대로 많은 지식인의 경우 스포츠란 지성과 이성이 거의 없는, 오로지 거의 체력과 육체적인 활동으로서 한 단계 아래의 인간 활동으로 폄하하고 있다.

몸의 언어는 감성과 무의식에 훨씬 더 가깝다. 그것은 의식과 이성의 언어만큼이나 중요하다. 몸이 먼저 말을 한다. 몸은 거짓말을 하지 않는다. "몸은 영혼의 그림자이다(클라리시 리스펙토르Clarice Lispector)."

참고문헌

FILHO, Mário. *O negro no futebol brasileiro*. Rio de Janeiro, Mauad X, 1947.

KFOURI, Juca. *Por que não desisto: futebol, dinheiro e política*. Porto Alegre, Disal, 2009.

RODRIGUES, Nelson. *À sombra das chuteiras imortais — Crônicas de futebol*. São Paulo, Companhia das Letras, 1993.

SALDANHA, João. *Futebol e outras histórias*. Rio de Janeiro, Record, 1988.

WISNIK, José Miguel. *Veneno remédio — O futebol e o Brasil*. São Paulo, Companhia das Letras, 2008.

Gênero, ou a pulseira de Joaquim Nabuco

젠더, 혹은 조아킹 나부쿠의 팔찌

마리자 코헤아 Mariza Correa

Mariza Correa

인류학자로서 캄피나스주립대학교(Unicamp)의 젠더연구소 연구원으로 재직 중이며 주요 저서로는『자유의 환상. 니나 호드리게스 학파와 브라질의 인류학』(*As ilusões da liberdade. A escola Nina Rodrigues e a antropologia no Brasil*. Edusf, 2001)이 있다.

조아킹 나부쿠(Joaquim Nabuco)

조아킹 나부쿠Joaquim Nabuco는 내가 선호하는 “사회 사상가” 가운데 한 명이다. 그의 얼굴이 새겨진 멋진 우표, 완벽성 그리고 저술에서도 티가 없는 완벽한 포르투갈어. 하지만 그는 우리 모두를 고통스럽게 하는 모순에서 자유롭지 않은 인물이다.―우리 교육과 우리 시대의 일부로서, 우리가 합리적으로 생각하는 것과 느끼는 것 사이에서의 모순에서 자유롭지 않은 인물이다. 그가 왕정주의자이면서도 자유파였다는 사실만으로도 이미 좋은 예가 된다. 다른 예는 그가 출신성분상 제한되었던 자신의 자리로부터 빠져나왔다는 사실, 즉 당대의 엘리트라는 자리를 박차고 나왔다는 것과, 당시의 거리에서 벌어지던 노예제 폐지운동의 명분을 뒤흔들기 위해, 자기 시대의 사회운동들과 함께 움직였다는 사실이다. 그는 또한 유럽에서도 노예제폐지의 명분을 뒤흔들어놓았다. 그는 런던의 국제 반노예제 협회Anti Slavery Society ―오늘날까지 존속하는 국제 인권기구로서 현재는 국제 반노예제 기구Anti-Slavery International로 불린다― 의 열성적인 참가자이기도 했다. 그리고 비록 그 당시에 종교인이 아니었음에도 불구하고 노예제도가 폐지되기 전에 이미 교황으로부터 노예제에 반대하는 성명을 끌어내기도 하였다. 이처럼 그는 당대 지식인이 가지고 있을 법한 다양한 모순을 어떤 형태로든 끌어안고 있었다. 또한 그의 자서전에서는 당대에 남자와 여자라는 의미, 즉 젠더의 관계들이 실제로 어떠했는지를 보여주는, 당시 사회적 논쟁들을 우리로 하여금 이해할 수 있도록 하는 많은 흔적이 발견된다.

또한 그는 19세기 브라질 공적 인물들의 성장formação과정을 보여주는 좋은 예다. 『나의 성장』(*Minha Formação*)이라는 그의 저서 중에서도 가장 아름다운 장의 한 부분을 통해 엿볼 수 있듯이 그는 어린 시절 여자노예들에 의해 길러졌다. 나부쿠는 다음과 같이 기억하고 있다. "'내가 그에게 당신의 유모가 당신을 따라갈 것이다'라고 말한 뒤 나를 [리우데자네이루로] 데려갈 친구가 나의 부친에게 '꼬마가 더 만족해하고 있다'라고 썼다." 그의 유모와, 그를 8세까지 키운 대모는 그의 회고록에 등장하는 인물들이다. 그는 다른 여자들—자신의 어머니도, 자신의 부인도 여기에 모습을 드러내지 않는다—은 거의 언급조차 하지 않는다. 아마도 당시의 법조인 가운데 한 명인 카에타누 소아리스Caetano Soares가 자신의 삶을 한 남자주인—한 여자주인일 수도 있을까?—에게 바친 유모들을 자유인으로 간주하길 제안했던 것도 우연한 일이 아닐 것이다.

프랑스 패션을 모방하여 소수의 브라질 엘리트 사이에 광범위하게 퍼졌던 댄디즘dandismo에 합류했던 젊은 시절, 나부쿠는 세련된 옷을 입고 머리는 보글보글 꼬아 늘어뜨린 채 카이저수염을 하곤 했다.—그의 이러한 모습은 적들의 놀림거리가 되기에 이르렀다. 연방하원의원직에 후보로 나섰을 때 그의 고향인 페르낭부쿠Pernambuco의 야당성향 신문들은 산문과 운문으로 그를 "팔찌의 후보o candidato da pulseira"—"사모님의 물건들"—로 놀리기도 했는데 그 이유는 그가 금팔찌를 사용하고 있었기 때문이었다. 그는 또 공작새로 불리곤 했다. 그리고 그의 애인 가운데 한 여성의 부친은 자신의 딸에게 나부쿠가 "소매에 마약을 말아 다닌다papelotes nas mangas"—그것이 무엇을 의미하든지 간에—라고 하였다. 게다가 그는 "멋쟁이 킹카스Quincas, o Belo"라는 별명으로 불리기도 했다.

만약에 그의 이러한 모습들이, 당대의 사람들이 남성/여성의 전형적인 표시들을 정치적으로 재정의하기 위하여 어떻게 그것들을 이용하였는지 보여준다면, 거꾸로 또 다른 이용의 좋은 예를 조아킹 나부쿠가 결혼하려고 했던 여성과의 관계에서 찾을 수 있다. 바소우라스Vassouras 지방의 커피농장주 상속여로서 부유했던 이우프라지아 테이셰이라 레이치Eufrásia Teixeira Leite는 아주 어린 나이에 고아가 되었는데 그녀는, 당시에 여성에게만 의무적으로 적용되었던 남성 친지들의 후견을 피하고자, 자신의 여동생과 파리로 이사를 갔다. 거기서 그녀는 아마도 국제무대에서 사업가로 활약한 첫 브라질 여성이었던 것 같다. 그녀는 증권시장에 투자를 하고, 주식을 여러 나라에 투자하면서 독립된 삶을 살았다. 요약하자면 그녀는 자기 시대의 부유한 남자가 살았을 것 같은 삶을 19세기에 살았던 것이다. 실제로 조아킹 나부쿠와의 로맨스를 단번에 수포로 돌아가게 만든 것은 그녀의 "남성적인" 활동 때문이었다.—그의 전기가 얘기하고 있듯이 그녀 역시 "시대의 분위기ares do tempo"에 합류했던 것 같다. 그 시대의 분위기란 남녀의 관계에 대한 기대, 항상 빚을 지고 있는 남자들에 대한 신부의 선물, 즉 남편의 빚 탕감을 위해 신문을 창간한다든가 아니면 어떤 사업에서 서로 협력한다든가 하는 것으로서 이런 것에 대한 시대의 분위기를 말하는 것이다.

> 나부쿠는 모욕감을 느꼈다. … 자신의 남성성 관점에서 볼 때, 그는 무언가를 여성에게 제공해야 한다는 남성의 의무로부터 아주 여성적인, 부양받는 자의 자리로 격하된 것이었다. 그러한 역할의 전복에서 그는 처음으로, 로맨틱한 면사포가 없는 신부를 보았다. 그는 그녀의 모습에서 돈으로 돈을 버는 데 열중하면서 모든 것을 실용적으로 처리하고 또 온화한 정렬貞烈도 없던 성공한 여성 사업가의 모습을 보았던

것이다. 그 상황이 그녀의 물질적 우위를 드러내주었으며 그가 숨겼던 문제점을 직시하고 있었다.

흑인 여자 노예와 주인집 마님

2011년에 조아킹 나부쿠의 책 —『제국의 어떤 국가통제주의자』(*Um Estatista do império*)— 에서 분석된 일명 "모태법Lei do Ventre Livre"이 공표 140돌을 맞는다. 그런데 이것이 젠더와 '브라질 사회사상'과 무슨 관련이 있는 것일까? 관련이 많다. 모성을 자유에 연계시킨 것은, 노예제에서의 여성의 역할에 대한 아주 특수한 논쟁을 언급하는 것이다. 로마의 법규인 종모법從母法, Partitus seguitur ventrem(자식의 지위는 어미를 따른다)은 여성 노예의 출산 통제를 확보하기 위해 미국까지도 채택한 것으로서, 아들은 아버지의 신분을 따른다는 영국의 신성화된 전통을 포기하였음을 의미한다. 엄격히 말하자면, 조아킹 나부쿠가 그의 책『노예폐지운동』(*O Abolicionismo*)에서 잘 보여주었듯이, 1871년 브라질에서 임신가능 연령의 흑인노예여성 상당수가 불법으로 노예가 된 것이었거나 불법적인 남성노예의 여식이었다는 점, 그리고 노예밀매의 중지를 결정했던 법(1831) —후에 "영국인이 보도록 하기 위한 법"이라고 불리었다— 역시 노예의 신분으로 브라질에 도착한 자는 누구든 즉시 자유인으로 간주된다고 결정한 점 등으로 볼 때 흑인 여자노예의 자식들을 해방시키려 한 동 법의 논쟁은 한가로운 것이었다.

하지만 동 법을 둘러싼 논란 가운데 몇 가지는 흥미로워서 한번 생각해봄직하다. 노예제의 역사에 대한 모든 분석은 조아킹 나부쿠가 1883년, 노예밀매의 폐지 이후에도 노예제가 지속되리라는 기대가 **흑인여성의 출산가능성**에 집중되어 있었다고 한 말이 무엇을 의미하는지를 보여준다. 하지만 반드시 노예 **가정들**의 존재에 집중되어 있었던 것은 아니었다. 그 법을 논의할 정치인들에 의해 노예 가정이 기존재하는 것으로 인정되었던 시점을 출발점으로 삼을 경우, 문제는 논란거리가 된다. 노예제폐지를 반대한 것으로 유명한 주제 지 알렝카르José de Alencar는 당시 법무장관이 노예 가정 구성원들의 분리를 금지시킨 법을 공표했을 때(1869)를 출발점으로 조아킹 나부쿠는 시우베이라 다 모타Silveira da Mota에게서 그 법의 선구자 모습을 보며 그가 1862년 **노예가족을 창조하였다**고 주장하였다. 그리고 그는 주제 보니파시우José Bonifácio를 한 선구자로 인용하고 있다. 하지만 이전에는 결코 본 적이 없는 광범위한 폭으로 '노예가족의 영원한 존엄성integridade perpétua da família escrava'에 대한 옹호를 자신의 부친인 나부쿠 지 아라우주Nabuco de Araújo의 몫으로 넘긴다. 노예여성과 그 후손에 대한 관심은 새로운 것이 아니었다. 특히 여성노예의 주인과 그 여성노예의 육체적 결합conjunção carnal으로부터 태어난 후손을 얘기할 때 그랬다. 변호사협회Instituto dos Advogados에 모인 법조인에 대한 한 조사에 따르면 그들은 1840년대 이후 브라질에서의 노예문제와 관련된 핵심주제 중 하나로 이 문제를 다루었음을 보여준다.

어찌되었든 노예의 해방 가능성에 대한 논쟁이 그 노예의 탄생을 출발점으로 시작되면서 그 노예들의 어머니들의 지위에 대한 논쟁도 시작된다. 노예가 아닌, 자유로운 자식들을 낳은 노예 어머니들은 어떻게 되는 것인가? 그것은 어떤 단순한 이론적 가능성이 아니었다. 로버트 슬렌즈Robert Slenes는 노예여성의 자유로운 아들 얘기를 그 예로 들고 있는데 그는 노예여성의 아들이 성인이 되는 첫 해에 그를 낳은 여성노예, 즉 그 부친의 노예인 여성노예의 신분을 우선 해방시키자고 주장하였다. 이 논쟁은 파라과이 전쟁이 끝나길 기다리며 최소한 4년간 지속되었다. 그것은 노예문제에 대한 논란이 동 전쟁으로 획득된 국민의 동질성을 무너뜨리지 않도록 하기 위함이었다. 하지만 이 전쟁에 참전한 많은 브라질 노예는, 브라질 군이 파라과이를 침공하였을 때 그 나라의 모든 노예가 신분해방된 것처럼, 자유의 몸이 되었다. 하지만 이미 1867년에 임신 가능 연령에 있는 노예여성들이 먼저 신분해방이 되는 대안을 논의하면서 나부쿠 아라우주는 "노예 신분으로 일하는 여성이 자유로운 신분 상태에서 집안일을 돌보는 일을 맡게 될 것이다"라고 예상했었다.

즉, 백인여성과는 정반대로, 이미 일을 하고 있었으므로 그때까지 간접적으로 남자처럼 비춰질 수 있었던 흑인노예여성은, 비록 신분해방을 맞이한다고 해도, 가장家長, pater famílias의 보호 하에 있는 한, 분명 당대에 효력을 발휘하던 사회적 규범 -집과 지식들을 돌보는 일- 을 따를 것이었다. 당대에 가장 유명한 노예제 분석가 중 한 명이었던 페르지강 말레이루Perdigão Malheiro는 모태법Lei do Ventre Livre을 토론하는 동안 연방하원의원으로서 행한 연설에서 노예의 주인들로부터 그 노예들에 대한 지배권을 제거하는 위험을 언급하며 다음과 같이 집안의 권리에 비유하였다. "여러분은 아버지로부터 아들에 대한 권리를 제거하려고 합니다. 남편에게서 부인에 대한 권리를 제거하려고 합니다. 그리고 여자와 자식들의 신분해방을 선포하려고 합니다. 그러면 가족관계, 사회질서 그리고 그에 따른 모든 결과는 어떻게 될 것입니까?"

동 법에 대한 논쟁은 당대 사회를 완전히 뒤집어놓은 것 같았다. 그 이유는 그 논쟁이, 노예제를 다루는 역사가 상당수가 강조하듯이, 당대 사회의 근간 중 하나인 노예제를 뒤흔들고 있었기 때문만이 아니라 당대 사회의 여러 다양한 가정의 가치를 위기에 몰아넣고 있었기 때문이었다. 그 가치 중 하나는 남성에 대한 여성의 복종이었다.

다시 말하면 모태법이 논의되는 동안 역시 논란이 된 것이, 태어날 자식의 신분해방 가능성을 넘어 그 이상의 문제로 번지고 있었다는 것이다. 갑자기 브라질 사회에 흑인노예가정família이 존재하고 흑인여성노예의 종속적인, 여성적 조건condição feminina이 존재하게 된 것 같았다. 그리고 이 두 문제 모두는 백인 가정과 백인 여성의 문제와도 유사하게 연관되었다.

나부쿠가 기록한 당대 정치인들의 연설이 어떻게 여성 노예에게 여성적 조건을 부여하려 했는지를 보여주듯이 ―흑인노예여성을 여성으로, 한 가정의 일원으로 재정의하는 것이 그것이었으며, 그 당시에 가정의 유일한 패턴은 남편에게 종속된 가정주부라는 패턴이었다―, 다른 한편으로 그 당시의 인간관계와 사회관계 저변에는 브라질 사회에서 남자란 무엇이며 여자란 무엇인가라는 문제의 논쟁이 자리 잡고 있었다. 이 문제를 모태법에 대한 논쟁이 가열시켰던 것이다. 어쨌든 그 논쟁에 가담하였던 정치인들은 "흑인여성노예가 여자인가?"라고 스스로에게 자문하는 것 같았다. 그런데 갑자기 흑인여성노예는 노동을 하고 있었고 그 노동은 당시의 사회에서 남과 여의 큰 차이임이 분명해지는 것 같았다. 그래서 흑인노예여성을 여성으로 탈바꿈시키는 유일한 방법이란 그 노예에게서 그러한 가능성을 제거하는 것이라는 점이 분명해졌다.

이 문제를 두고 많은 여성이 재빠르게 비유를 했던 것 같다. ―당대 노예제폐지운동과 페미니즘운동이 연결되어 있었다는 역사적인 예는 무수히도 많다. 러시아의 페미니즘 사회주의 운동을 시작으로 동 국가에서의 노예제 폐지운동 그리고 이어 북미에서의 노예제폐지운동과 페미니스트 사이에서 긴밀한 관계들이 이어졌다. 조아킹 나부쿠가 영국에 체류하는 동안 관계하였던 국제 반노예 협회의 여러 페미니스트도 그 예이다. 브라질에서의 그 관계는 이제 막 좀 더 잘 설정되려던 참이다.―우리가 알고 있는 것은 당시 페미니스트들의 상당 부분이 노예제폐지를 주장하던 사람들이었다는 정도이다. 니지아 플로레스타Nísia Floresta, 프랑시스카 세뇨링냐 다 모타 지니스Francisca Senhorinha da Mota Diniz, 줄리아 로피스 지 아우메이다Júlia Lopes de Almeida, 쉬킹냐 공자가Chiquinha Gonzaga, 프랑시스카 아멜리아 지 아시스 파리아Francisca Amélia de Assis Faria, 노예제폐지와 관련하여 첫 번째 소설을 썼던 마리아 피르미나 두스 헤이스Maria Firmina dos Reis 등이 그들이다. 브라질의 모든 주에서 여성들이 노예제폐지운동에 대거 참여한 것은 이미 잘 알려진 사실이다. 조아킹 나부쿠의 전기를 쓴 여성은 "투표권을 없었음에도 여성들이 스포트라이트를 받았다. 그녀들은 '멋진 킹카스'를 가까이서 보기 위해 [헤시피에 있는] 산타 이자베우Santa Isabel 극장의 룸을 예약하곤 하였다. 이에 조아킹 나부쿠는 아베 리베르타스Ave Libertas협회에 모인 여성 노예제폐지론자들을 위한 특별 강연으로 보답했다."

젠더Gênero

남녀 독자 여러분은 이미 알아차렸겠지만 젠더의 개념이 꼭 브라질 사회사상의 테마는 아니다. —이 글의 토픽이다. 그 이전에 젠더의 개념은, 현행 관습들의 분석을 통해 서로 다른 사회들이 어떻게 그 구성원에게 남성적 혹은 여성적 특징을 부여했는가를 이해하는 방식을 찾는 것으로서, 세상을 바라보는 하나의 방법이자 횡단시각이며 속뜻 읽기이다.— 그 모순들은 무엇인지, 현재 논쟁 중인 용어들은 무엇인지, 특히 그러한 속성부여에 내재한 문제점들은 무엇인지를 읽어내는 것이다. 젠더문제를 본격적으로 다룬 초기의 글 가운데 하나인 게일 루빈Gayle Rubin의 『여성의 밀거래』(*The traffic in women*)는 오늘날까지도 분석가들에 의해 거론되는 있는 유명한 책으로서 무정부주의자이자 페미니스트인 엠마 골드만Emma Goldman의 1910년 작품에서 그 이름을 따와 기고문을 썼다. 엠마는 모든 여성이 노예라고 생각하기에 이른바 "백인 여성 노예의 밀매"—유럽에서 전 세계로 수출된 매춘, 특히 유대인여성의 매춘 수출— 에 주어진, 특혜받은 대우의 위선을 비판했다. 엠마가 그것을 다루진 않지만 다룰 수도 있었던 문제였다. 아프리카인의 밀무역에 적용되던 똑같은 인종주의가 유대인여성의 "밀무역"에 적용되었다: 열등한 존재들, "다른diferentes" 존재들, 그 존재들에게 밀무역된 **원인**이 부여되었다.—신문의 뉴스에서도, 몇몇 정치인들의 말에서도, 흑인의 대학입학 쿼터제에 대한 논란이 벌어지는 오늘날까지도 그들의 노예제 원인은 아프리카인에게 부여되고 있다.

이처럼 "젠더의 문제"는 정치적으로 긴 계보를 가지고 있다. —그 뿌리는 프랑스혁명과 사회주의 페미니즘, 무정부주의적 페니미즘, 미국의 노예제폐지운동과 연계된 페미니즘, 투표권 투쟁을 중심으로 한 영국의 페미니즘 등에 있다.—그리고 브라질의 경우 그 이전에 관련 역사를 가지고 있었음에도 불구하고, 이 나라의 페미니스트들은 군부독재에 대한 투쟁을 전개하는 동안 보다 확연히 정의되었다. 국가의 전통이기도 한, 이 문제의 다양한 역사적 전통—역사학, 인류학, 문학이론, 정신분석학 등 그 전통들을 관통하는 학술적 전통에 합쳐져 있다—은 이처럼 그 문제의 매우 다면적인 역사를 들려준다. —젠더문제를 다룰 때 무엇을 다루는 건가? 상황에 따라 역사적인 순간을 다루기도 하고 현재 이야기되고 있는 역사 등 다양한 것을 다루기도 한다. 위에서 언급한 역사는, 브라질의 사회사상사에서 가장 중요한 테마 가운데 하나—노예제폐지운동— 에 대한 토론들을 보면서, 우리가 젠더의 개념을 이용할 수 있는 작은 예일 뿐이다.

참고문헌

ALONSO, Ângela. *Joaquim Nabuco: os salões e as ruas*. São Paulo, Companhia das Letras, 2007.

GREGORI, M. F. “Estudos de gênero no Brasil: comentários críticos”. *In*: MICELI, Sergio (org.). *O que ler na ciência social brasileira (1970-1995)*. São Paulo, Sumaré/Anpocs, 1999, pp. 223-35.

NABUCO, Joaquim. *Um estadista do Império*. Rio de Janeiro, Nova Aguilar, 1975.

PENA, Eduardo Spiller. *Pajens da casa imperial. Jurisconsultos, escravidão e a lei de 1871*. Campinas, Editora da Unicamp, 2001.

SLENES, Robert W. “Senhores e subalternos no oeste paulista”. *In*: ALENCASTRO, Luiz Felipe de (org.). *História da vida privada no Brasil*, vol. II. São Paulo, Companhia das Letras, 2006, pp. 233-90.

SORJ, B. e HEILBORN, Maria Luiza. “Estudos de gênero no Brasil”. *In*: MICELI, Sergio (org.). *O que ler na ciência social brasileira (1970-1995)*. São Paulo, Sumaré/Anpocs, 1999, pp. 183-221.

Homossexualidade e Movimento LGBT: Enigma, Diversidade, Cidadania

동성애와 LGBT운동

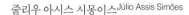

줄리우 아시스 시뭉이스Júlio Assis Simões

Júlio Assis Simões

상파울루대학교(USP) 인류학과 교수로 재직 중이며 주요 저서로는『대중 참여의 딜레마』(*O dilema da participação popular*. Marco Zero/Anpocs, 1992)와『무지개를 따라: 동성애자운동으로부터 LGBT운동으로』(*Na trilha do arco-íris: do movimento homossexual ao LGBT*. Fundação Perseu Abramo. 2009, Regina Facchini와 공저)가 있다.

상파울루에서 벌어지고 있는 제16차 게이의 자긍심(16ª Parada do Orgulho Gay) 대회 행렬
©Mikaele Teodor

우리는 브라질의 여러 도시에서 종종 "LGBT의 자긍심Orgulho LGBT"을 기념하는 시위에 수많은 사람이 운집하는 것을 목격하곤 한다. 여기서 LGBT는 레즈비언, 게이, 여장남자, 양성애자, 성전환수술자 등을 일컫는 단어의 앞 글자를 딴 약자이다. 다른 나라의 경우와 마찬가지로 오늘날 브라질에서의 LGBT운동은, 수치와 비도덕성, 죄, 퇴화, 병 등과 연계된, 관습에 반하는 성욕구와 행동양식에 대한 사회적 비난과 박해에 반발하는 하나의 도전을 의미한다. 그러므로 LGBT 운동에 대하여 말하는 것은, 그것이 오명과 불관용, 억압의 원천이든, 정체성과 삶의 스타일을 표현하는 방법이든 상관없이 정치적이고 사회적인 문제로서, 성sexualidade에 대한 관심을 불러일으킴을 의미한다.

성sexualidade은, 브라질에 대한 여러 고전적 해석에 있어서, 일종의 특권을 가진 지시물이다. 성적인 조숙과 변태적 사랑에 대한 집단적인 선호의 일종으로 표출되는 성과 성욕은, 니나 호드리게스Nina Rodrigues, 1862-1906, 파울루 프라두Paulo Prado, 1869-1943, 지우베르투 프레이리Gilberto Freyre, 1900-1987와 같이 지식의 깊이만큼이나 매우 다양한 작가에 의해 브라질성性의 중요한 (혹은 결정적인) 특징으로 지목되었다. 16세기 말과 17세기 초에 바이아 주와 페르낭부쿠 주에서 벌어진 종교재판 동안 남색행위에 대한 고백과 고발과 관련된 문서 그리고 아메리카 원주민 인디오 사이의 "불경스러운 죄pecado nefando" 행위에 대한 방문자들의 보고서가 암시하고 있듯이, 식민초기부터 이미 브라질을 성이 과잉excesso sexual 상태인 땅으로 바라보는 시각이 존재했음을 알 수 있다. 19세기 말부터 20세기 중엽까지 진행되어온 브라질 사회의 형성에 대한 해석에 있어서, 브라질 사람들의 그러한 성향을 설명하는 여러 원인이 제시되었다. 예를 들면, 열대지방의 더위 영향, 아마도 여타 국가보다 더 쉽게 흥분하고 뜨거우며 통제 불가능한 아프리카인, 아메리카인디언, 포르투갈인의 천성, 노예제에서 심해진 불평등과 폭력 그리고 도덕적 타락이 심각해진 사회적 환경, 혹은 이 모든 것의 조합 등이 그 원인으로 제시되었던 것이다. 어떤 원인이 더 강조되었는가라는 문제는 차치하고 이러한 해석은 브라질이 모든 유형의 "사악한perverso" 쾌락을 추구하는, 지나친 성의 국가라는 시각을 갖게 하는 데 일조하였다. 그 쾌락 가운데 동성끼리의 관계가 유독 부각되었다.

브라질 사회사상사의 여러 고전적인 연구자가 성에 부여한 중요성에도 불구하고, 1970년대부터야 비로소 동 주제가, 의도된 사고가 아니라, 사회과학의 체계적인 연구의 초점이 되었다. 이것은 상당 부분, 1960년대의 이른바 "반문화contracultura"운동 동안에 미국과 유럽에서 벌어진 성의 자유를 옹호하는 운동이 보다 강하게 전개된 것과 관계가 있었다. 반문화운동은 1969년 초여름 스톤월 클럽Stonewall Club을 드나들던 동성애자들이 뉴욕경찰에 대항하여 벌인 폭동사태로 절정에 이르렀었다. 미국의 경우 "자신의 정체성을 수용하라assumir-se"와 "옷장에서 나오기saída do armário"가 이들의 슬로건이었는데 이것은, 그때까지 수치심과 은밀한 생활의 동기였던, 드러내놓고 싶은 욕망과 자긍심의 원천을 상징하고 있었다.

브라질의 경우 군부독재 시절이었던 1970년대에, 문화적 논쟁과 혼란이 정치적 억압에 틈을 벌려놓았다. 그리하여 양성문제가 폭발적인 힘을 얻게 되었다. 1972년, 영국에서의 망명생활을 청산하고 귀국한 뒤 가진 첫 번째 리사이틀에서, 카에타누 벨로주Caetano Veloso

가 입술에 연지를 바르고 카르멩 미란다Carmen Miranda 풍의 호화찬란한 의상을 입은 채 무대에 나섬으로써 관중을 깜짝 놀라게 했다. 그와 동시에 지지 크로케치스Dzi Croquettes라는 연극그룹이 등장하였는데 이 멤버들은 전국을 순회하면서 수염과 가짜 속눈썹, 털 난 가슴, 란제리, 축구선수의 양말, 하이힐 등으로 온몸을 장식한 채 유머와 노래 그리고 춤이 뒤섞인 공연을 하였다. 그들은 무대에서 재현한 것을 일상생활에서도 그대로 살고자 했으며 팬들과도 에로틱하고 정情적인 교류를 아주 다양하게 유지하면서 하나의 커뮤니티를 형성하였다. 예술적이고도 존재론적인 이들의 퍼포먼스는 상당 부분, 브라질에서 "옷장에서 나오기"라는 유행에 선각적이면서도 그 유행을 생산한 주체이기도 하였다. 1970년대 말, 군사정부에 대한 반대가 점증하는 가운데 브라질에서는 동성애자 운동이 일어났다. 그 운동의 이정표가 된 것은, 랑피엉Lampião이라는 신문이 창간된 해(1978)와 같은 해에 창단된, "우리는 동성애자Somos da Afirmação Homossexual"라는 그룹이었다.

또한 그러한 움직임과 더불어, 광기와 범죄 그리고 성의 역사적·사회적 생산에 관한 프랑스의 철학자 겸 역사가인 미셸 푸코Michel Foucault, 1926-1984의 저술들이 브라질의 인문과학에 소개되었다. 1976년 프랑스에서 출판되어 이듬해 브라질에서 번역, 소개된 자신의 저서 『성의 역사』(*História da sexualidade: a vontade de saber*)에서 푸코는, 19세기 후반 이후 전문의들이 개인과 국민의 건강을 위협할 수 있는 모든 것을 알고 예방하기 위한 노력을 기울이는 과정에서, "주변부적인marginal" 혹은 "변태적인perverso" 성에 육체를 맡겨버린 인간유형을 구분하는 데 결정적으로 기여했다고 주장한다. 의사들은 그런

방식으로 성을 표적으로 삼으며 새로운 사회적 통제 방식을 추진하는 데 도움을 주었으며 또 새로운 사회적 인물들을 규격화하였다. 예를 들면, "동성애자homossexuais"의 상像이 그것으로서 이 상은 의학계와 법학계의 언어로 "남색sodomia"의 상을 대체하였다. 종교적 영향을 받은 관점에서 볼 때, 남색은 불법적인, 우발적인 혹은 상습적인 성관계자였다. 하지만 전문의의 관점에서 보면 "동성애자"는 기질 면에서나 행동 면에서 남성과 여성 사이에 위치한 사람으로서 독특한 육체적·심리적 천성을 지닌 유형이었다. 그들의 이러한 특성은 몸에서 표출되곤 했다.

1970년대 브라질에서의 논쟁에는 인류학자인 피터 프라이Peter Fry의 업적이 두각을 나타냈다. 그 이유는 그가 동성성homossexualidade과 문화 그리고 정치 사이의 커넥션에 집중된 연구 분야를 정착시키는 데 큰 기여를 했기 때문이다. 그는 또 성sexualidade을 역사적·사회적 산물로 보는 접근 방식을 발전시켰다. 프라이는 브라질의 경우 19세기에서 20세기로 넘어오는 과정에 "동성애자"를 독특한 천성natureza을 지닌 존재로 이해하는 분위기가 형성되었다고 주장했다. 그러나 브라질 전문의들은 그것을 성적으로 비정상적인 것anormalidades으로 분류하고 기술하였을 뿐만 아니라 그 비정상성을, 당시에 유행하던 다양한 생물학적 결정론과 인종주의 이론들에 근거하여, 퇴화, 비행성非行性, 광기 등의 설명과 연계시키려고 하였다.

동성성에 대한 의학적 시각은, 피터 프라이가 "대중적-계층적hierárquico-popular"이라고 부른, 가장 오래되고 지속적인 성 유형 분류 모델에 배치되는 것이다. 이 모델에 따르면 동성애와 관련된 카테고리는 젠더 계층에 포괄되며, 성행위시의 역할이라는 관점에서

"남자homem"와 "비샤bicha" 혹은 "비아두viado", "보이올라boiola", "쉬붕구xibungo" 등으로 불린다. 대중적-계층적 모델의 논리에 따르면, 성행위시 삽입하는 행위와 삽입되는 행위는 각각 "능동적ativo" 카테고리와 "수동적passivo" 카테고리로 분류되며 이를 통해, 지배와 복종이라는 의미를 얻게 된다. 그리고 이에 준하는 통속적인 여러 표현이 존재하는데 예를 들면, "먹다comer"와 "주다dar", "위에 머물다ficar por cima"와 "아래에 머물다ficar por baixo", "삽입하다meter"와 "다리를 벌리다abrir as pernas" 등이 그것이다. 지배적인 위치에 있는 능동적 주체는 자신의 남성성을 보존할 것이지만, 여성성은 종속되고 복종적인 형태로 자신을 내맡기는 자의 몫이 된다. 여성끼리의 동성애에 대해서도 이러한 모델을 적용할 수 있을 것이다. 예를 들면 "사파텅sapatão" 혹은 "파라이바paraíba", "팡샤fancha", "수컷여자mulher-macho"가 그것으로서 이들이 "여성mulher"과 관계를 가질 때는 "능동적"인 주체가 된다.

프라이는 대중적-계층적 모델이 오래된 역사적 배경을 가지고 있다고 주장하지만 브라질만의 독특한 특징인 것은 아니다. "능동적", "수동적"과 같은 비슷한 구분이, 항문을 통한 성교행위자들을 언급한 중세 노래집에도 이미 나타났었다. 더 거슬러 올라가면 고대 로마에서도 비슷한 예를 찾아볼 수 있다. 그 당시, 동성애 행위에서 삽입을 받아들이는 성인 시민은 남자로서의 명예에 먹칠을 한 존재로 인식되었고, 동성애 행위 시 수동적인 입장은 주로 젊은 노예의 몫이었다. 브라질의 인류학자이자 사회학자였던 지우베르투 프레이리는 자신의 저서 『농장주의 대저택과 흑인노예의 집』(*Casa-grande & senzala*, 1933)에서, 브라질의 대규모 노예가족들 가운데 젊은 농장주의 수난자paciente였던 혼혈소년moleque의 역할을, 로마제국에서 젊은 귀족의 남성동반자로 선택된 사춘기 남자노예의 역할에 비유한 바 있다. 프레이리는 "자신의 장난감친구이자 '레바 팡카다스leva pancadas'•로 흔히 불리던 혼혈소년의 복종을 통해 많은 백인 청소년이 육체적 사랑에 눈을 떴다"고 적고 있다.

대중적-계층적 모델은 누가 남자이고 여자인지를 구분하지만 의학적-심리학적 모델은 누가 동성애자이고 누가 이성애자인지를 구분한다. 그 부분에 있어서 초창기 의학자들은, 젠더의 규칙을 적용하여 동성애자들을 "능동적" 주체와 "수동적" 주체로 구분하였는데 이것은 동성애를 "후천적adquirida"인 것과 "선천적congênita"인 것으로 구분하는 그들의 개념에 일부 일치하는 것이었다. 후에 의학적-심리학적 모델은, 성적 욕구의 지향성이라는 개념에 근거하여, 다양한 유형의 동성애자들을 보다 '동질적으로' 표현하는 방식을 지향하였다. 즉, 이들은 다른 남성과 성관계를 유지하는 남성의 경우, "능동적" 주체든 "수동적" 주체든 더 이상 신경 쓰지 않고, "동성애자homossexuais"로 간주하기에 이른 것이다.

이러한 변화는 매우 중요한 것으로서 그 이유는, 이로 인하여 "근대적-평등igualitário-moderno"이라는 모델이 의학적-심리학적 모델의 파생모델로 등장함으로써 그 용어들에 부여된 사회적 가치가 변하였다는 프라이의 주장이 제기되었기 때문이다. 만일 "동성애자homossexual"가 병리학적 현상, 혼란, 범죄 등의 의미를 지닌다면 "게이gay"와 같은 용어들은 문자 그대로 "명랑하고alegre" "행복한feliz" 사

• 포르투갈어로 '두들겨 맞다'라는 뜻임. _옮긴이

람을 표현하는 용어를 대체할 것이다. 나아가 근대적-평등 모델의 경우는, 동성애자를 구분하고 확인하는 데에 있어서 중요한 것이 성적 욕구의 성향이라는 시각을 확대시킴과 동시에 젠더의 도치로부터 동성애를 분리시키려 할 것이다. 만일 "비샤"나 "여장남자travesti"가 여성화의 의미를 지닌다면, "잉텐지두entendido"나 "게이" 같은 용어들은, 비록 "명랑"하지만 조심스럽고 남성적인 남자를 지칭하면서 앞선 용어들을 대체하게 될 것이다.

프라이와 여타 연구자들이 1970년대 말 브라질에서 동성애자들의 권리 옹호를 주장하는 정치운동이 곧 등장할 것임을 포착한 것도 바로 —젠더의 위계화에 반하여 성적 성향의 평등성이 강조되는 것과 함께— 이 경쟁 모델 간의 공존과 다툼의 영역에서이다. 그 이후 동성애운동은 근대적-평등 모델이 확산되는 데 결정적인 기여를 하게 된다. 그리고 이 운동은 주로 도시 중산층에서 전개되며 그 모델의 확산에 따라 규모와 열기도 달라졌다. 동성애 관계에서 "평등igualdade"과 "위계hierarquia"사이의 가치 차이는 바로 그 모델 간의 계층화를 야기할 것이며 그 결과, 가치의 차이는 계급의 특징을 표현하고 구성하는 특권적 수단이 될 것이다. 그렇다면 작금에 부상하고 있는 동성애의 정치적 움직임은 결국 그동안 페미니즘이 제기해온 전통적인 젠더의 역할에 대한 비판을 흡수하게 될 것이다. 그럴 경우 이 문제는, "비샤", "남장여자", "여장남자"의 "전통적인tradicional" 그리고 "뒤처진atrasado" 세계에서 두드러지는, 가치 및 행동양식과의 점진적인 갈등관계에 진입할 것이다.

브라질에서 벌어지고 있는 동성애와 동성애운동의 조직에 대한 유력한 해석들과 관련하여, 우리는 몇 가지 특징을 제시할 수 있을 것이다. 우선 그 해석들은, 의학적인 모델을 중재로 계층적 모델에서 평등적 모델로의 전반적인 전이현상이 존재함을 암시하고 있다. 물론 그 전이의 역사적 실현이 종적인 방식으로 이해될 수도 없거니와 그렇게 되어서도 안 된다. 역사가인 제임스 그린James Green은 19세기에서 20세기로 넘어오던 시기부터, 브라질 도시에서 능동적/수동적이라는 이분법적 구분을 초월하는, 남성의 동성애적 정체성을 증명하는 증거를 제시한 바 있다.—그 증거는 현대적인 것으로서, 의학적-심리학적 시각이 형성되던 초기의 증거이기도 하지만, "잉텐지두entendido"와 "게이gay"라는 카테고리가 등장하여 양극화되던 시기보다 훨씬 이전의 것이기도 하다.

둘째, "모델modelo"이라는 용어를 고집하는 것은 그 해석들이 위치하고 있는 차원을 보다 분명하게 정의토록 해준다. 다시 말하면, 규칙과 파격의 경계란 개념과 가치 그리고 그것들의 논리적 연결고리로부터 그어지는 것이며, 어떤 주체의 행동양식과 정체성에 대한 사회적 해석은 개념과 가치 그리고 그것들의 논리적 연결고리를 매개로 가능해진다. 그리고 개인이 사회적 주체가 되고 어떤 특정한 카테고리로 흡수되며 또 그 카테고리에서 스스로를 인식하게 되는 일련의 과정들은 그 반대편에 존재한다. 이것이 바로, 그 두 모델에서, 다양성과 이탈 그리고 변화를 위한 여지를 만드는 것이다. 그렇게 되면 우리는 돈이나 여타 다른 보상 형태로 다른 남성과 성관계를 맺는 젊은이들을 볼 수 있게 된다. 또한 성행위에서 "수동적인" 역할을 하면서조차도, 자신을 "남자homem"로 생각하기를 포기하지 않는 젊은이들을 보게 된다. 게다가 여성적인 이름과 여성적인 행동양식을 취하는 여장남성도 있다. 이들은 완연한 여성의 몸을 갖기 위해 돌이킬 수 없는 육체적 변화를 시도하기도 하지만 스스로를 반드시 "여성mulher"이라고 생각하지 않을뿐더러, 많은 경우 성행위에서 "능동적"인 역할을 한다. 그 외에도 우리는 확고한 성적 성향의 정체성을 추구하지 않으면서 같은 성 혹은 반대 성의 사람과 에로틱한 경험을 하려는 남녀를 볼 수도 있다.

이러한 움직임이 브라질의 LGBT운동 역사에도 많은 반향을 불러일으켰다. 인류학자인 에드워드 맥래이Edward MacRae는, 1970년대 말에 구성된 초기 동성애자 그룹 중 하나인 상파울루의 소무스Somos에 대한 연구에서, 이미 그 당시에도 열렬한 동성애자들 사이에서는 스스로 동성애자라는 정체성을 수용할 것인지에 대하여 의견이 분분했음을 보여준다. 그 당시에는 이성연애와 동성연애의 차이를 똑 부러지게 확정지어 버리는 것(당시에 가장 널리 통용되던 표현을 쓰자면 그렇다)과 관련하여 그리고 거기서부터 새로운 딱지와 불명예가 발생할 위험과 관련하여 커다란 혼란이 빚어졌다. 맥래이는, 관련 동성연애자 그룹의 중요한 결속 원칙에 배치되는, 그리고 동성애가 각 개인의 내적인, 피할 수 없는 어떤 특징이라는, 전제와 씨름하는 데에 있어서 엄청난 고통을 경험하고 이를 기록으로 남겼다. 그 전제는 동성애를, 사회적으로나 역사적으로 구축된, 어떤 역할로 바라보는 시각에 기초하고 있었다.

1980년대에 들어서자 상황이 바뀌었다. HIV-Aids가 퍼지면서 동성애와 질병 사이의 낡은 연결 짓기가 다시 고개를 들었던 것이다. 그 무렵에는 군부독재 타도를 위한 민주화운동이, 국가, 특히 에이즈 관련 보건당국과 신생 정당들과의 소통 채널 개방문제를 들고 나왔다. 그때부터는 제도 조직의 형식면에 더욱 관심을 가지면서, 입헌의회 회기 동안 "성적 성향"에 대한 차별 금지를 법에 포함시키려는 움직임과 같이, 특정 캠페인을 중심으로 조직화를 추구하는 다른 스타일의 정치 활동이 전개되고 있었다. 비록 자신의 목적을 달성하지는 못했어도 그 캠페인 자체는 "성적 성향"에 대해 어떤 공감대를 형성하기 위한 부단한 노력을 의미했다. 여성 인류학자인 크리스치나 카마라Cristina Câmara가, 1980년대 말에 행한 리우데자네이루의 트리앙굴루 호자Triângulo Rosa 그룹에 대한 연구 결과는 이 캠페인이 얼마나 다양한 브라질 사회학자의 관심을 끌었는지 보여준다. 이 학자들은, 성의 자유에 대한 개인의 권리를 장려하고 동 운동에 시민사회 및 여타 단체들과의 보다 많은 대화 가능성을 부여할 수 있는 수단으로서, "성적 성향"이라는 표현이 갖는 이점을 부각시키는 의견서를 내었다.

이로 인하여 1990년대 내내 에이즈 퇴치를 중심으로 국가와 취한 협력관계가 공고해졌으며, 레즈비언과 여장남성 그룹을 포함, 적극적인 활동그룹들이 탄생하는 데에도 이것이 큰 영향을 미쳤다. 그리하여 동성애운동의 여러 주체가 오늘날 LGBT라는 약어로 통합되고 다양해지는 상황이 발생하였다. 상당수의 이 운동 저변단체는 비정부기구ONGs 형식을 따랐고 그 결과, 보다 모양을 갖춘 내부조직을 구축하고 프로젝트와 보고서 작성을 주도하였으며, 관련 정부기관 및 국제기구 실무진들과의 지속적인 관계 구축을 위해, "조직원들의 능력제고"에도 몰두하기 시작했다. 다른 여성 인류학자인 헤지나 팍쉬니Regina Facchini의 연구는 이와 같은 일련의 과정이 1990년대 후반 상파울루의 어느 작은 활동그룹에게 어떤 결과를 미쳤는지를 보여주고 있다.

지금으로부터 최근인 그 기간 동안에 LGBT 운동은 동성애 관계의 법적 인정과, 일명 "호모혐오homofobia"라는 용어를 대중화시키는 데 기여한, 동성애자들에 대한 차별 및 폭력 퇴치 캠페인을 전개하였다. 또한 이 시기는 특정한 시장의 성장과 병행하여 그리고 동성애와 연계된 다양한 삶의 스타일이 확산된 것과 병행하여 LGBT의 자긍심Orgulho LGBT 퍼레이드의 등장과 공고화가 이루어진 시기이기도 하다. 이것은 결국 다양한 카테고리와 정체성에 반영되었다.

LGBT 운동이 일궈낸 가시적인 정치·사회적 업적 가운데 상당 부분은 국가와의 협력관계를 설정하고 제도화한 최근의 프로세스에 힘입은 바 크다. 그 관계의 영역에는 이점도 있지만 위험도 있다. 즉 "밑으로부터의de baixo"의 압력을 위한 새로운 채널이 열린 것이다. 하지만 이것은 동 운동이 내포하고 있는 비판적인 잠재력을 죽이는, 새로운 고객망의 출현을 가능하게 할 수도 있다. 이러한 관점에서 LGBT의 궤적은 이미 충분히 알려졌고 현재의 어떤 현상을 웅변적으로 재론케 한다. 그 어떤 현상이란 국가와 시민사회 간의 상호침투와 투과성을 의미한다. 이번엔 다를 수 있을까? 어찌되었든 LGBT 운동은 그 자신이 존재하고 있는 브라질 사회의 복잡한 속내와 긴장을 내포하고 있다.

참고문헌

CÂMARA, Cristina. *Cidadania e orientação sexual: a trajetória do grupo Triângulo Rosa*. Rio de Janeiro, Academia Avançada, 2002.

FRY, Peter. "Da hierarquia à igualdade: a construção histórica da homossexualidade no Brasil". *In:* ______. *Para inglês ver: identidade e política na cultura brasileira*. Rio de Janeiro, Zahar, 1982, pp. 87-115.

GREEN, James. *Além do carnaval: a homossexualidade masculina no Brasil no século XX*. São Paulo, Editora da Unesp, 2000.

MACRAE, Edward. *A construção da igualdade: identidade sexual e política no Brasil da "abertura"*. Campinas, Editora da Unicamp, 1990.

SIMÕES, Júlio Assis e FACCHINI, Regina. *Na trilha do arco-íris: do movimento homossexual ao LGBT*. São Paulo, Fundação Perseu Abramo, 2010.

iberismo e americanismo

이베리아이즘과 아메리카주의

루이스 베르네키 비아나Luiz Werneck Vianna / 페르난두 페를라투Fernando Perlatto

Luiz Werneck Vianna

리우데자네이루주립대학교(UERJ)의 사회정치연구소 연구교수로 재직 중이며 주요 저서로는 『수동적 혁명: 브라질에서의 이베리아이즘과 아메리카니즘』(*A revolução passiva: iberismo e americanismo no Brasil*. Revan, 2ª ed., 2004)이 있다.

Fernando Perlatto

리우데자네이루 주 대학연구원(IUPERJ)에서 사회학 석사를 마쳤으며 현재 리우데자네이루연방대학교(UFRJ) 정치사회연구소(IESP)에서 사회학 박사과정을 밟고 있다.

알렉시 드 토크빌Alexis de Tocqueville이 쓴 『아메리카에서의 민주주의』(*A Democracia na América*, 1835) 이후, 미국과 이베로아메리카•의 비교가 흔한 일이 되었으며 이 비교는 동 대륙에서 사회적 상상력에 영감을 불어넣는 하나의 원천이 되고 있다. 이 작품에서 남미는 풍요로운 자연이 인간을 나약하게 만든 반면, 북미에서는 자연이 다른 모습으로 치장된 채 묘사되고 있다. 즉 북미에서는 모든 것이 "심각하고, 진지하며, 엄숙하였다. [사람들은] 아메리카의 다른 지역은 감각이 머무는 곳인 반면, 이곳은 지식의 지역이 되도록 창조되었다고 말했다."

북미의 성공 케이스는 어떤 과정을 지목하고 있는 것인데 그 과정에 따르면, 이웃인 앵글로아메리카의 다양한 영향이 준 충격으로 인해, 이베리아의 뒤처짐은 자기 스스로의 역사를 떠받치는 근간을 깨뜨리며 근대화될 것이라는 말이었다.

미국의 정치·경제적인 성공을 증언하는 것이기도 한 19세기 라틴아메리카 사회에 대하여 깊은 사고를 하는 과정에서 라틴아메리카는 그들의 본질적인 뒤처짐을 의미하는 것을 무너뜨리기 위한 투쟁에서, 미국의 성공을 하나의 패러다임으로 취했다. 그리고 라틴아메리카의 뒤처짐은 그들의 영토에 만연한 카우질리즈무Caudilhismo(지방호족주의)와 가산제家產制에서 비롯된 것이었다. 여러 많은 사람 가운데 아르헨티나의 사르미엔토Sarmiento와 알베르디Alberdi가 두 개의 아메리카를 집중 비교하면서 이러한 논제를 발전시켰다. 이들은 또 라틴아메리카가 역사적 단점들로부터 해방하여 근대세계에

• 스페인, 포르투갈의 식민 지배를 받은 중남미 국가들을 통칭하는 용어. _옮긴이

성공적으로 진입하려면 어떻게 해야 하는지를 논하였다. 20세기로 들어서면서, 특히 우루과이의 작가 호세 엔리케 로도José Henrique Rodó가 쓴 『아리엘』(1900)의 고전적인 연구를 시작으로, 프로스페로, 칼리반, 아리엘이 등장하는 윌리엄 셰익스피어William Shakespeare의 연극 『폭풍우』(*A Tempestade*)는 북미를 거울로 삼으면서 멋진 메타포를 이루고 있다. 그 메타포는 자기 대륙의 상황 속에 이베리안 아메리카인을 삽입하는 형태를 언급하고 있다.

브라질의 경우, 미국과의 비교는 자국의 현대화 과정에 대한 반대에 맞서 직접적으로 영향을 미치며 브라질 역사 내내 존재해왔다. 강력한 국가와 공적인 것에 대한 높은 가치부여로 특징되는 브라질의 이베리아 유산은, 당시에 부상하던 근대세계의 가치관들과 호환이 될까? 아니면 대안으로서, 그 유산은 브라질에게 지나친 짐이기에 근대성을 향한 극복을 위해서는 그 과거와 절연해야 하는 것일까? 비록 이베리아이즘Iberismo과 아메리카니즘Americanismo이라는 개념이, 브라질 해석이라는 전통을 세운 사람들처럼, 성화된 작가들의 어휘에 나타나지 않고 **후에** 양식화되었다고 해도, 지금 당장, 그 개념들이 브라질의 역사형성과정을 연구하는 데 있어서 해석상의 키워드를 제공한다는 점을 강조할 필요가 있다.

이베리아이즘과 아메리카니즘을 옹호하는 사람들을 서로 대치시키는 것은 양 그룹 작가들의 논쟁을 완전히 닫힌 프레임 속에 가두려는 것이 아니라 역사적 정황 속에서 그 논쟁을 상세히 설명해보려는 것이다. 한편으로 이베리아이즘의 근간은, 시민사회에 대한 국가의 우위와 정치적 중앙집권화의 실시, 사적인 것에 대한 공적인 것의 우선 그리고 국가적 단결이라는 이상으로 이어질 과정들과 동일시된다. 다른 한편으로 아메리카니즘의 근간은 정치와 경제 사이의 보다 큰 중재들을 필요로 하지 않기에 외적인 통제로부터 벗어나 분권화, 자유로운 이니셔티브, 자유시장 그리고 경제적 국경의 개방에 우선권을 둔다. 이들의 이상 사회는 자치제self-government에 있으며 그것으로부터 해방된 개인과 시민문화가 자연스럽게 등장할 것이었다.

입헌군주제에서 양대 진영 사이의 싸움은 이미 분명해졌다. 우루과이 자작Visconde do Uruguai으로 알려진 파울리노 호세 소아레스 데 소우사Paulino José Soares de Sousa는 우선 1862년에 출판한 자신의 주요 저서 『행정권에 대한 소고』(*Ensaio sobre o direito administrativo*)에서, 비록 이론상이지만 자유를 보장하는 시스템으로서, 자치제가 갖는 우월성을 수용한다. 하지만 그 자치제는 입헌군주제 시대의 이베리아이즘 옹호자들의 생각을 보여주는 상징으로 간주될 수 있다. 우루과이는 중재가 없는 이해관계의 자유로운 표출을 거부할 것인데 그에 따르면 그 이유는, 브라질 사회가 지역의 호족주의caudilhismo를 이끄는 자들로 인하여 무질서하고 위협을 받기 때문이라고 한다. 브라질 사회를 구성하는 우리에게는, 브라질 문명이 그 본질적인 무기력 때문에 정부의 훈육 역할을 요구하며 그것은 또 공적인 영역으로 하여금 시민의 가치를 위한 교육 수단으로 활동토록 만든다.

비록 이베리아이즘의 근간이 국민국가의 건설 과정에서 헤게모니를 거머쥐었지만 그 근간은 몇몇 자유주의 사상가들의 지속적인 비판의 대상이 되었다. 그런 의미에서 가장 강력했던 대조는 아마도 타바리스 바스투Tavares Basto가 내세운 대조였을 것이다. 그는 식민 본국 포르투갈의 역사에서 브라질 권위주의의 근간을 찾고자 했다. 그는 자신의 작품에서, 아시아적 모습을 띤 절대왕정국가를 필연의 결과로 갖고 있는, 브라질의 이베리아 유산을 고발하면서 그것을 브라질이 갖고 있는 모든 악의 기원으로 지목하고 있다. 중앙집권화와, 시민들의 덕망을 배양하는 데 있어서, 교육주체로서의 국가를 강조하는 것과는 정반대로 타바리스 바스투는 경제활동의 자유화와 정치적 지방분권화를 촉진할 수 있는 개혁을 제안했다. 하지만 그 개혁은 지방호족들의 카우질리즈무와 섭정시대에 있었던 반란의 재개로 범위를 넓히면서 국가의 단결을 위험에 빠뜨리지는 않을 것이었다.

이리하여 이베리아이즘의 추종자들에게 있어서 브라질의 문제는, 개인의 권력에 의해 그리고 두목과 부하의 관계에 의존하는 사회 구조에 의해 파편화되고 상호 연결고리가 끊긴, 사회의 속성 그 자체와 연결되어 있다는 것이었다. 그 상황에서 아메리카니즘 옹호자들의 의제도 흡수될 수 있을 것이다. 단지 그 의제가, 국가의 명분과 공동의 선을 생각하는, 문명국가의 행위에 의해 영향을 받을 경우에 한해서이다. 아메리카니즘 옹호자들에게 있어서는 브라질이 안고 있는 악의 기원이 포르투갈의 제도와 부패한 정치문화들을 물려받은 국가에 있었다. 그러한 의미에서 국가의 덩치와 간섭을 줄여, 시장과 이해관계들이 사회에서 자유로이 표출될 수 있도록 하는 등, 브라질의 역사적 형성에 내재한 이베리아 유산을 깨기 위해, 정치 개혁을 실현하는 것이 지상명령일 것이다.

제1공화국에서 벌어진 이베리아이즘과 아메리카니즘 옹호자들 사이의 대립은 미국 헌법 모델에 기초한 1891년 브라질 헌법이 등장한 새로운 상황이었음에도 지속되었다. 그 결과가 남은 곳에서,

파울루 프라두Paulo Prado와 같은 지식인들과 함께 그것을 이상화하려던, 후이 바르보자Rui Barbosa는 브라질이 뒤처진 주된 원인을 이베리아의 유산으로 돌린다. 이러한 논쟁과는 반대로 에두아르두 프라두Eduardo Prado와 같은 저자들은, 제1공화국부터 힘을 얻고 있던 자본주의의 남용과, 물질만능주의, 공리주의 그리고 사적인 이해관계의 확산을 비판하면서 미국의 영향을 고발하게 된다. 이러한 주장은 여타 다른 지식인들 —아우베르투 토히스Alberto Torres, 아제베두 아마라우Azevedo Amaral, 프랑시스쿠 캉푸스Francisco Campos, 올리베이라 비아나Oliveira Vianna 등— 에 의해 더욱 강하게 확산되는데 이들은 1920년대와 1930년대에, 1891년 헌법의 인위주의를 비판하면서, 비록 권위주의적이기는 하지만 브라질 공화국의 확장을 추진할 수 있는 길로서 이베리아이즘에 합류하게 된다.

위에서 기술한 상황에도 불구하고 세르지우 부아르키 지 올란다Sérgio Buarque de Holanda의 1936년 작 『브라질의 뿌리』(*Raízes do Brasil*)와 더불어 비로소 이베리아이즘과 아메리카니즘 옹호자들 사이의 논쟁이 개념적으로 보다 분명하게 진행된다. 국가의 강화와 권위주의 체제의 확산으로 특징지어지는 상황에서 쓰인 이 책은, 특히 포르투갈로부터 물려받은 브라질의 이베리아 전통과 근대세계에 연계된 가치들 사이에 거의 호환이 불가능함을 보여주는 예시행위에서 유래한 것으로서 이후 수십 년간 엄청난 영향력을 행사한다. 이러한 관점에서 볼 때, 노동에 대한 숭배의 부재와 같이 개성을 중시하는 문화, 모험, 시골풍, 전통주의 등과 관련된 브라질의 이베리아 유산은 근대성과 호환될 수 없다는 것을 보여준다. 세르지우 부아르키의 입장에서 볼 때, 진심 어린 우애cordialidade가 기존의 지배관계를 가리고 있는, 그 전통과 단절하는 것만으로도 브라질은 근대적 계급사회를 성취할 것이었다. 그리고 그 계급사회에서 알력들은, 그들의 이해관계를 자유로이 표현하는 것을 억제하고 있는 국가의 출현 없이도, 표현될 수 있을 것이었다.

『브라질의 뿌리』에서 등장하는 그러한 주장은, 차이들에도 불구하고 이베리아의 유산을 브라질이 갖고 있는 해악의 주요 원천으로 보는 경향이 있는, 여러 아류 분석에게 영향을 미치면서 중요한 전개를 양산하게 된다. 그러한 의미에서 1958년 하이문두 파오루Raymundo Faoro가 쓴 『권력의 주인들』(*Os donos do poder*)이라는 책이 모범적인 예이다. 특히 세월을 관통하며 건국 문화를 지속적으로 반복하는 것으로 인식된 브라질 역사에서, 가산제적 국가가 수행한 역할을 고발함에 있어서 모범적인 예라고 할 수 있다. 근대화의 어떤 규범적인 프로젝트가 파오루의 이러한 해석을 수반했다. 그 프로젝트란, 제도적 단절을 축으로 삼으면서 가산제적 관계의 와해와 기술 관료들의 권력 와해로 이어질 것이며 그러한 방식으로 국가의 통제로부터 사회, 경제, 정치를 자유롭게 하고 해방시키는 새로운 가능성들을 열게 될 것이다. 『브라질 권위주의의 기초』(*Bases do autoritarismo brasileiro*)을 쓴 사회학자 시몽 쉬바르츠망Simon Schwartzman, 어떤 의미에서 "포퓰리즘 이론teoria do populismo"으로 이름 높은 정치학자 프랑시스쿠 베포르치Francisco Weffort 그리고 『카니발, 날라리와 영웅들』(*Carnavais, malandros e heróis*)을 쓴 인류학자 호베르투 다마타Roberto DaMatta도 어떤 면에서는, 브라질의 정치, 사회에서 엿보이는 가산제와 권위주의의 기원을 이베리아이즘으로 돌리는 해석경향에 포함시킬 수 있을 것이다.

브라질의 이베리아 유산을 해석하는 그 부정적인 방식에 대하여 크게 반발한 것은, 브라질 전문가인 리차드 모스Richard Morse에서 시작되었다. 그의 유명한 책 『프로스페로의 거울』(*O espelho de Próspero*)은 원래 1982년 멕시코에서 출판되었으며 브라질에서는 1988년에 출판되었다. 그 작품에서 모스는 이베리아-아메리카와 앵글로-아메리카의 개념들을 동원하면서 앵글로색슨 세계와의 비교를 통해, "이베리아 옵션opção ibérica"의 문명적 잠재력을 강조하고 있다. 그 이베리아 옵션은 이베리아 세계의 유기체적, 공동체적 의미를 근거로 한다. 그에게 있어서 그 문명적 잠재력이란, 인간 젠더의 다양성에 대한 투과성으로 특징지어질 뿐만 아니라 해방과 정체성의 구축을 위한 정치적 수단으로서의 정의와, 보편적 의지의 루소적 이상으로 특징지어진다. 나아가 그 문명적 잠재력은, 문화적 발전과 사회적 즉흥성에 필수적인 통속 세계에 대한 가치부여로 특징지어지는 것처럼, 개인을 초월한 사회현실에의 믿음으로도 특징지어진다.

리차드 모스의 작품은, 「다른 서구」(*O outro Ocidente*)를 쓴 주제 길레르미 메르키오르José Guilherme Merquior, 「아리엘, 칼리반 그리고 프로스페로: 라틴아메리카문화에 대한 소고」(*Ariel, Caliban e Próspero: notas sobre a cultura latino-americana*)를 쓴 펠리피 아로세나Felipe Arocena, 「모스의 거울과 다른 거울들」(*O espelho de Morse e outros espelhos*)을 쓴 오타비우 벨류Otávio Velho가 명백히 밝히고 있듯이, 여러 논쟁을 불러일으켰다. 바로 앞의 두 논문은 1990년 리뷰 〈프레젱사Presença〉에 선을 보였고 마지막 것은 1989년 리뷰 〈역사연구Estudos Históricos〉에 실렸다. 하지만 브라질의 이베리아 유산에 대한 긍정적인 해석에 대하여 가장 강력한 반발을 일으킨 것은 시몽 쉬바르츠망Simon Schwartzman에서 시작되었다. 그가 1988년과 1989년, 리뷰 〈신연구 Cebrap〉에

실은 글들은 바로 모스의 단호한 답변 대상이 되었다. 이 글에서는 그 논쟁을 자세히 설명할 공간이 없지만 1991년 루시아 리피 올리베이라Lucia Lippi Oliveira에 의해 아주 잘 다루어졌다. 어쨌든 필자가 강조하고자 하는 것은 모스와 쉬바르츠망의 글들을 출발점으로 하여 이베리아이즘과 아메리카니즘 옹호자 사이의 논쟁이 새로운, 중요한 국면을 맞았다는 것이다.

브라질 사회과학의 최신 도서목록을 보면, 이베리아이즘과 아메리카니즘 카테고리에서 확연히 나타나는 상호 모순은, 그 카테고리 사이의 관계가 갖는 의미가 각 카테고리의 독자적 이용보다도 더 중요하게 됨으로써, 특별한 목적지를 갖기 시작했다는 것이다. 사회학자인 루이스 베르네키 비아나Luiz Werneck Vianna가 쓴 『수동적인 혁명: 브라질에서의 이베리아이즘과 아메리카니즘』(*A revolução passiva: iberismo e americanismo no Brasil*)은 그러한 해석상의 순번을 보여주는 한 예이다. 그 책에서, —특히 "아메리카니스트들과 이베리아니스트들: 올리베이라 비아나와 타바리스 바스투스의 논쟁Americanistas e iberianistas: a polêmica de Oliveira Vianna e Tavares Bastos"이라는 제하의 장에서 — 저자는 이베리아이즘과 아메리카니즘의 근간들이 서로 상충되는 것이 아니라 상호보완적인 것으로 소개하고 있다. 또한 저자는 두 근간의 종합을 부각시키고 있는데 그 내용은 이베리아이즘의 근간을 세세히 밝히고 이끄는 것이 아메리카니즘의 근간이 해야 할 몫이라고 주장한다. 또한 그것은 이베리아이즘의 근간을 파괴하거나 그것의 정체성을 없애는 것이 아니며, 브라질에서 근대와 민주주의를 구축하는 데 있어서 양쪽의 좋은 면들이 흡수되도록 해야 할 것이라고 주장한다.

이 점을 강조하는, 동일한 해석 계열의 작품들로서, 마리아 알리시 헤젠지 지 카르발류Maria Alice Rezende de Carvalho의 『5세기, 안드레 헤보우사스와 브라질의 건설』(*O quinto século, André Rebouças e a construção do Brasil*, 1998), 후벵 바르보자 필류Rubem Barbosa Filho의 『전통과 인위: 아메리카 형성에 있어서의 이베리아이즘과 바로크』(*Tradição e artifício: iberismo e barroco na formação americana*, 2000), 루시아 리피 올리베이라의 『아메리카인-브라질과 미국에서 국가정체성의 대리표상』(*Americanos - representações da identidade nacional no Brasil e nos EUA*, 2000), 베아트리스 자과리비Beatriz Jaguaribe의 논문 「자서전과 국가: 헨리 애덤스와 조아킹 나부쿠」(*Autobiografia e nação: Henry Adams e Joaquim Nabuco*, 1994) 등도 인용될 수 있을 것이다. 그 논쟁은 이후의 세대에서 중요한 전개를 이루게 되었는데 니지아 트린다지 리마Nísia Trindade Lima의 작품 『브라질이라는 오지』(*Um sertão chamado Brasil*, 1999), 호베르투 베그네르Roberto Wegner의 『서부의 정복: 세르지우 부아르키 지 올란다의 작품에 나타난 경계』(*A conquista do Oeste: a fronteira na obra de Sérgio Buarque de Holanda*, 2000), 주엉 마르셀루 일레르치 마이아João Marcelo Ehlert Maia의 『발명으로서의 땅: 브라질 사회사상에서의 공간』(*A terra como invenção: o espaço no pensamento social brasileiro*, 2008) 등이 좋은 예이다.

그러한 해석의 방식은 자기 나름대로의 길을 추구하였으며 몇몇 연구들은, 이베리아이즘과 아메리카니즘이라는 용어들을 동원하거나 그러한 개념들에 의해 영향을 받았음에도, 사전 준비 없이 즉석에서 그 용어들을 동원하기도 하였다. 그러한 의미에서 제세 소우자Jessé Souza의 작품 『선택적 근대화』(*A modernização seletiva*, 2000)가 좋은 예이다. 이 책에서 저자는 브라질의 근대화가 아직은 "이베리아 유산"의 한 파생으로 진행되어오지 않았다는 사실을 지목하면서, 브라질의 "진짜가 아님의 사회학sociologia da inautenticidade"을 비판하고 있다. 지우베르투 프레이리Gilberto Freyre의 작품과 비판적인 대화를 주고받으면서 소우자는, 그것이 무엇이든 근대성의 필수적인 제도들(국가와 시장), 즉 비록 그 사회적·정치적 통합 메커니즘의 흡수가 "선별적"으로 이루어졌다고 해도, 국가와 시장이 19세기 이후 브라질 영토 내에 존속해오고 있으며 브라질 사회는 위계질서가 깊은 사회로 남아 있다는 것을 증명하려고 노력한다.

우리가 그 논쟁으로부터 확고히 유지할 수 있는 것은 이베리아이즘과 아메리카니즘이라는 카테고리들이, 상호연관성 속에서 취급되든 아니면 서로 대치되는 방식으로 취급되든, 분석적인 관점에서나 규범적인 관점에서 현재의 문제로 남아 있다는 사실이다. 하지만 두 근간에 대한 논쟁은, 특히 1988년 헌법 이후 과거와 같은 확고한 성격을 갖지 않게 되었으며, 이 헌법과 더불어, 브라질의 전통에 대한 비판적 재해석을 통해 권위주의적인 요소들을 제거함으로써 두 근간을 재정리하는 것을 의미했다.

그러한 의미에서 동 헌법에 내재한 정치철학은 양 근간에 장점이 있다는 것을 인정하였다. —한편으로는 공적인 것의 차원을 높이 평가하고 다른 한편으로는, 자율적으로 스스로를 조직할 제도적 수단을 가진, 이해관계의 자유로운 표현에 열려 있는 사회를 높이 평가하는 것이었다. 물론 그렇다고 해서, 현실적인 정치에 연루된 주체들의 관점에서 볼 때, 두 근간 사이의 반목이, 그들의 행동을 주관하는 동기부여에서 의미를 상실했다는 걸 의미하는 것은 결코 아니다.

참고문헌

CARVALHO, Maria Alice Rezende. *O quinto século. André Rebouças e a construção do Brasil.* Rio de Janeiro, Revan, 1998.

HOLANDA, Sérgio Buarque de. *Raízes do Brasil*. São Paulo, Companhia das Letras, 1999.

MORSE, Richard. *O espelho de Próspero: cultura e ideias nas Américas.* São Paulo, Companhia das Letras, 1988.

OLIVEIRA, Lucia Lippi. "Anotações sobre um debate". *Presença,* nº 16, abril, 1991, pp. 26-41.

WERNECK VIANNA, Luiz. *A revolução passiva: iberismo e americanismo no Brasil*. 2ª ed. Rio de Janeiro, Revan, 2004.

identidade nacional: construindo a brasilidade

국가의 정체성: '브라질성'의 구축

후벵 제오르지 올리벵Ruben George Oliven

Ruben George Oliven

런던대학교에서 박사학위를 취득하였으며 현재 히우그란지두술연방대학교(UFRGS) 인류학과 교수로 재직 중이다. 브라질 인류학회의 회장직을 역임한 바 있다.

E PROGRESSO

브라질에서 우리는 언제나 우리가 누구인지를 논하고 있다. 그러한 논의는 피할 수 없이 브라질 문화가 무엇이며 다른 문화들과 다른 것이 무엇인가라는 토론을 거치게 된다. 문화와 국가의 정체성이라는 테마는 우리 사회에 대한 토론과 더불어 항상 업데이트되어 왔고 그런 다음 또 다시 토론에 부쳐졌다. 또한 그 테마는 지식인, 예술가, 정치인 그리고 일반 국민에 의해 지속적으로 논의되고 있으며 결국 브라질 사회가 스스로를 어떻게 생각하느냐에 대해 말하는 방식의 일부를 이루고 있다.

정체성identidades이란 발음구별부호들 즉, 분별의 표시를 제공하는, 각종 신호들로 작동하는 실질적인 차이나 꾸며질 차이들을 출발점으로 구성된 사회적 구축물들이다. 비록 추상적인 것이지만 정체성이란 ―사회그룹들을 차별화하고 특징짓는, 분별적인 속성들인 한― 하루하루의 삶을 시작으로 주조되는 것이다.

정체성은 국가형성과 관련되어 있다. 어느 한 나라의 건국은 그들에게 지지대로 작용하는 어떤 문화를 전제로 한다. 이를 위해 그 문화를 양식화하는 데 도움을 줄 지식인들의 존재가 필요하다. 일반적으로 그 문화는, 유일하면서도 지속적인 어떤 공통의 과거 그리고 그 문화를 소유하고 있음으로 인해 결국 그 국가의 기초가 되는 국민을 언급하게 마련이다. 과거에 대한 언급은 근대성modernidade에서 그 대응점을 만난다. 그래서 국가에 대하여 말하는 사람은 2세기 남짓하게 존재해온, 상대적으로 새로운 어떤 제도instituição를 언급하게 된다. 그 제도란 동등한 권리를 가진 시민들로 구성된 한 국가의 개념에 기초하며 그 국가에서 시민사회, 국가 그리고 교회는 서로 동떨어진 제도가 된다.

여타 모든 라틴아메리카 국가처럼 그 기원에 있어서 브라질에는 국가nação와 근대성이 함께 존속한다. 종종 우리들 사이에서는 근대성이란 것이 외부로부터 오는 그 무엇이며 존경받고 채택되어야 할 그 무엇, 혹은 그와는 정반대로 엘리트뿐만 아니라 일반국민도 조심스럽게 접근해야 할 그 무엇으로 간주된다. 그런 의미에서 수입은, 이미 효력을 발생 중인 사고思考나 모델들을 추구하기 위해, 선진국에게서 영감을 받는 지식인을 의미한다. 수입은 또한 그러한 사고들을 새로운 토양인 브라질 사회에 순응시키는 것을 의미한다.

브라질 지성의 생각이 바로 이 문제점들 사이를 오간다. 그래서 어떤 때에는 브라질 문화 자체가 그 엘리트들에 의해 평가절하되고 그 자리에 추종해야 할 근대성의 모델로서 유럽문화 혹은, 가장 최근에 와서는, 미국문화가 놓여진다. 또 다른 때에는 몇몇 브라질 문화들이 주목을 받게 되어 마쿠나이마Macunaíma와 같은 날라리malandro, 카니발, 삼바, 축구 등과 같은 상징들이 고양되기도 한다.

1922년, 독립 100주년을 맞아 실시된 〈현대예술주간〉은 그 행사 자체가 내포하고 있는 이데올로기적 복잡성과 차별화로 인하여 그러한 과정의 분수령을 대변하고 있다. 한편으로 모더니즘은 외국에서 벌어지고 있는 문화 예술운동들에 대한 브라질의 업데이트를 의미한다. 다른 한편으로는 또 브라질에서 가장 진정한 것을 고양하면서 브라질의 국가적 뿌리를 찾고자 하는 것을 의미하기도 한다.

동 운동이 기여한 것들 가운데 하나는 문화 예술의 업데이트 문제뿐만 아니라 국가적 정체성nacionalidade에 대한 문제제기도 함께 하였다는 것이다. 그런 의미에서 1924년 이래, 모더니즘의 2단계를 시작으로, 과거지향주의에 대한 공격이 국민문화cultura nacional 만들기를 강조하는 것으로 대체된다. 즉 브라질인에 의한 브라질의 재발견이 일어난 것이다. 모더니스트들은 보편성에 도달하기 위해서는 국가적nacional인 것을 통해서 가능하다고 믿고 있었다. 이와 같은 사실은 모더니즘의 리더 중 한 명이었던 마리우 지 안드라지Mário de Andrade가 카를루스 드루몽 지 안드라지Carlos Drummond de Andrade에게 보냈던 1924년 편지 한 통에서 잘 드러나고 있다. "우리는 단지 이상적인 것, 즉 브라질적인 지향점orientação을 창조하는 날, 비로소 문명에 대한 문명인이 될 것이다. 그때 우리는 모방주의에서 창조의 단계로 넘어갈 것이다. 그리하여 우리는 국가적인 존재이기에 곧 보편적인 존재가 될 것이다." 이러한 자세를 견지한 마리우는 스스로를 자칭 "견습 관광객turista aprendiz"으로 탈바꿈시켰으며, 브라질 문화를 구성하는 요소들을 연구할 목적으로 연구 및 여행활동을 활발히 전개하였다.

1928년, 〈현대예술주간〉의 또 다른 리더였던 오스바우지 지 안드라지Oswald de Andrade가 「식인선언문」(*Manifesto Antropófago*)을 선언하였는데 그는 선언문의 발표 해를 포르투갈 주교 사르지냐를 삼킨 지 374년이 되는 해(Ano 374 da Deglutinação do Bispo Sardinha)라고 칭하였다. 이것은 1554년 브라질 해안에서 난파되어 원주민 인디오들에게 잡혀 먹힌 포르투갈 주교 사르지냐가 사망한 지 374년이 되는 해임을 의미했다. 동 선언문에서 그가 주장하고 있는 것은, 외부로부터 오는 것을 창의적으로 삼키고 소화할 줄 아는 특성을 지닌 브라질의 근대성이다. 그것 이상으로 오스바우지가 주장하는 것은 역사 이래 브라질인은 그러한 행위를 즐겁고 본능적인 방식으로 실천하는 데 헌신해왔다는 것이다.

그리고 지식인들이 브라질을 생각하며 열대에서의 문명이 존재할 가능성을 토론하기 시작한 것은 구공화국(1889~1930)시절이었다. 그 기획에는 두 개의 장애물이 있었다. 즉 인종과 기후였다. 시우비우 호메루Sílvio Romero, 에우클리지스 다 쿵냐Euclides da Cunha, 니나 호드리게스Nina Rodrigués, 올리베이라 비아나Oliveira Vianna 그리고 아르투르 하무스Artur Ramos 등과 같이 브라질 사회를, 인종과 지리적 환경을 통해 설명하려고 한 지식인들은, 혐오스럽고 게으른 자로 특징지어진 브라질인에 대하여, 그리고 철학과 과학이 없고 주관적이며 병든 서정주의에 파묻힌 것으로 비춰진 브라질 지성사에 대하여 비관론자들이자 편견에 찌든 자들이었다. 그리하여 그들의 가시권에 들어온 유일한 해결책이란 유럽이민 유치를 통한 브라질 국민의 백화작업이었다.

하지만 1930년에 들어 브라질에 대한 새로운 이미지가 창출되었으며 그것은 특히 지우베르투 프레이리Gilberto Freyre에 의해 주도되었다. 그 새로운 이미지에 따라 브라질은 혼혈 및 인종민주주의의 구축과 함께 독특한 특성들을 지닌 열대문명국으로 비춰지기 시작했다. 프레이리의 관점으로 볼 때, 인종혼합은 문제가 아니라 타국민들에 대하여 브라질 국민이 가지고 있는 이점이다. "인종민주주의"라는 이데올로기는 브라질에서 굉장히 폭넓게 뿌리를 내려 사회학 분야와 일반국민의 상식을 잠식했다.

20세기 상반기에 브라질 국민의 과반수는 농촌에 살고 있었다. 그것은 많은 사상가로 하여금 브라질이 태생적으로 '농업국가'라로 믿게 만들었다. 그러한 생각은 구공화국에서도 득세하였다. 하지만 그 시기에 브라질은 중요한 변화들을 겪게 되었고 그 변화들은

1930년대 제툴리우 바르가스Getúlio Vargas와 더불어 보다 광범위한 차원의 의미를 갖게 되었다. 그 변화들 중에는 비내구성 재화의 대체산업 창출, 지역 시장의 중추였던 도시들의 성장, 커피 위기, 농업과 두제들 사이의 정치적 어울림에 기초한 시스템의 위기, 1920년대에 시작되어 1930년 혁명으로 절정에 이른 사회적·군사적 소요사태들의 등장이 있었다.

1930년대부터는 보다 중앙집권화된 국가시스템이 구축되고, 권력이 점진적으로 지역차원에서 국가차원으로 이동한다. 브라질은 이 시기부터 정치적·경제적 공고화 과정을 거치게 되며 또 1929년 미국 대공황과 2차 세계대전의 여파를 겪게 된다. 따라서 그때까지 느슨하기만 하던 국가 시스템이 중앙집권화 과정을 거치게 되며 이제 브라질을 다시 생각할 필요성이 제기된다. 결국 민족주의가 힘을 얻고 국가가 스스로의 위상을 확립하게 된다. 그리하여 국가는 국가적 정체성 구축을 위한 과업을 스스로 짊어지게 되는데 그것은 곧 "브라질성brasilidade", 다시 말하면 브라질에 대한 소속감이라는 개념으로 나타나게 된다. 이 국가 정체성을 구축하는 데 있어서 기본적인 역할은 그 무렵 창설된 교육 문화부에 속하였으며, 이 모든 것은 학교를 통한 교육에 국가적 콘텐츠 삽입과 교육시스템의 패턴화 그리고 소수민족minorias étnicas 문화의 약화 작업을 통해 진행되었다.

이러한 경향은 정치적, 행정적 중앙집권화가 확대되던 신국가체제Estado Novo, 1937~1945 동안에 가속화되었다. 신국가체제가 수립된지 한 달도 채 되지 않은 시점에 리우데자네이루에서는, 〈현대예술주간〉의 참가자 중 한 명이자 작곡가인 에이토르 빌라-로부스Heitor Villa-Lobos의 지휘 아래 여러 밴드가 연주하고 수천 명의 중고등학생이 애국가를 제창하는 동안, 각 주州의 깃발들이 불태워지는 행사가 실시되었다. 그때를 시작으로 외국어로 진행되는 교육과 공공장소에서의 외국어 사용 금지 그리고 각 주의 공식 노래와 깃발의 사용이 금지되었다. 주의 깃발들을 불태우는 행위는 국가의 보호 하에 국민의 통일이라는 예식처럼 보일 수 있다. 그러한 조치들 외에 문화와 이데올로기 차원에서는 '도덕과 공민'이라는 과목이 도입되고 언론홍보국Departamento de Imprensa e Propaganda이 창설되었으며 이와 동시에 국가정체성의 모델을 찾기 위한 움직임이 분주해졌다. 특히 언론홍보국의 주된 업무는 언론검열 이외에 노동의 미덕을 찬양하는 것이었다.

또한 바로 이 기간에 초기의 문화산업이 형성되기 시작하였다. 그리고 1920년대 브라질에 소개된 라디오가 문화적 통합의 한 수단이 되었다. 나아가 바로 그 시기에 브라질 대중음악Música Popular Brasileira이 발전하게 되며 이 음악의 주요 장르는 삼바였다. 이 음악은 라디오뿐만 아니라 음향산업을 통해 브라질 전역으로 퍼져나갔다.

그 시점부터, 다양한 대중문화가, 국가의 정체성에 틀을 제공하는 이미지에 통합되었다. 카니발과 축구처럼 몇몇 대중문화는 엘리트층에 그 기원을 두고 있었으며 삼바나 페이조아다 음식 같은 경우는 대중계층에 그 기원을 두고 있었다. 하지만 이 모든 것은, 애초에는 몇몇 그룹에 제한적인 문화였으나 후에 나머지 사회 전체계층에 의해 흡수되고 재가공되어 국가정체성의 상징물들로 탈바꿈되었다는 공통된 사실을 갖고 있다.

브라질에서 창조된 정체성 모델은 모더니즘의 이상理想에서 강한 영향을 받았다. 그 모델은 우리가 혼혈국가라는 개념에 기초하였다. 그 혼혈국가란, 관대하고 풍요로운 자연을 지닌 대륙 크기의 열대 국가에 사는, 서로 다른 3개의 인종이 혼합된 결과임을 뜻했다. 그 과정에서 우리의 아프리카 유산이 기본이었다. 다른 많은 요소도 이러한 이미지에 일조하였으며 일반국민의 상상계뿐만 아니라 식자층의 상상계 일부를 이루었다. 그러니까 다양성이 강한 국가라는 개념이며 다양한 부분이 일관되고 조화로운 하나의 전체를 이룬다는 것이다. 인종혼합의 개념은 문화적 제설혼합주의sincretismo와 연계되었고 그 결과 브라질의 문화와 정체성은 혼종적이면서 독특한 창조물이라는 것이었다.

만일 브라질 국민국가Brasil-nação 구축 과정이 형체를 갖추기 시작한 것이 1930년대였다면 그 바탕에 깔린 국가정체성의 모델은 거의 20세기 전체를 관통하면서 브라질인의 상식의 일부가 되었다.

20세기 후반에는 급격한 도시화가 이루어졌으며 기술적인 관점에서 나라 전체가 산업화와 현대화를 이룩하였다. 21세기로 넘어오던 무렵 브라질은 경제적 통합과 함께 교통수단과 커뮤니케이션 매체가 제대로 갖춰진, 압도적으로 도시가 많은 국가가 되어 있었다.

국가의 역할은 정치적 개방 정도에 따라 변해왔다. 예를 들어 1946~1964년 사이에 국가정체성의 문제가 열띤 토론과 함께 재부상하였는데 그 좋은 예가 브라질고등연구원ISEB, Instituto Superior de Estudos Brasileiros이었다. 이 기관은 1950년대 말 주셀리누 쿠비체크Jucelino Kubitschek 당시 대통령에 의해 창설되어 민족주의적인 지향을 갖고 있었으며 또 다른 기관인 문화대중센터CPC, Centro Popular de Cultura는 연극과 여타 다른 예술을 통해 민중의 의식화를 추구한 전국학생연맹UNE, União Nacional de Estudantes과 연결된 기관이었다. 그 당시 브라질 지식인들과 관련하여 떠돌던 여러 비난 가운데 하나는 그들 자신이 식민화되어, 우리의 종속상황이 낳은 결과인, 소외된 문화를 창출하는 데 일조했다는 것이었다. 바로 거기서부터, 국민povo을 위한 '진정한 국민문화'를 생산하는 데 도움을 줄, 아방가르드의 필요성이 제기되었다. 여기서 '진정한 국민문화'는 여전히 애매모호한 카테고리에 속하는 것이었다.

1964년부터는 군부의 권력 장악과 더불어 국내시장 통합 및 도로망 건설 그리고 대중통신전화망 구축을 통한 정치, 경제, 행정의 중앙집권화가 점진적으로 일어났다. 또한 새로운 수입대체산업구조가 형성되어 거의 모든 소비재가 국내에서 생산되기 시작했다. 그 가운데에는 상징재화를 포함한 여러 품목이 수출되기도 했다.

국가는 억압과 검열의 주체였을 뿐만 아니라 문화생산을 촉진하는 주체였으며, 무엇보다도, 브라질의 통합된 이미지를 창출하는 주체로서 국가정체성 구축을 독점하고 있었다. 사실, 국가는 문화와 관련하여 필수불가결한 역할을 가지고 있었다. 한편으로는 금지를 하고 검열을 하였다. 다른 한편으로는 새로운 커뮤니케이션 망 구축에 호의적이었으며 일련의 예술 발전과 관련된 제도들을 만들었다. 그 시기는 커뮤니케이션 매체들이 엄청나게 발전하던 시기였으며 그 매체들, 특히, 텔레비전은 문화적 관점에서 국가를 통합하는 데 도움을 주었다. 제안된 국가nação 모델은, 국가를 국가정체성의 창조자이자 보루로 그리고 브라질의 통합된 이미지를 창출하는 주체라는 개념에서 출발하였다.

군사독재의 종말(1964~1985)을 의미했던 정치적 개방과 함께 새로운 사회주체들의 활발한 구성과정이 진행되었으며 새로운 사회적 정체성이 창조되기 시작했다. 그 정체성이 반대 혹은 대비를 출발점으로 구축되면서 거기서 찾고자 했던 것은, 정확히 말해, 문화 분야에서의 차이들이었다. 그리하여 브라질의 재발견이 진행된 것이다.

이 무렵 의문시되기 시작한 개념 중 하나는 바로 우리의 정체성이 안고 있는 혼혈의 특성이다. 여러 아프리카 후손 그룹은, 혼혈 과정이 한편으로는 브라질의 아프리카 유산을 고양했다면 다른 한편으로는 흑인의 정체성을 거의 눈에 띄지 않게 만들어버렸다고 주장했다. 아프리카 후손들은 최악의 삶의 질 지표를 안고 있었을 뿐만 아니라 혼혈 과정에서 희석되어버린 자신들의 문화적 흔적들을 지켜보고 있는 것이다.

오늘날 브라질의 현실은 과거보다 훨씬 더 복잡하다. 브라질은 기술적으로 근대성을 이룩했지만 사회적으로나 경제적으로는 엄청난 불평등이 존재하는 나라이다. 최근 수십 년간 지구상에서 진행되고 있는 세계화과정이 이 나라에도 영향을 미치고 있다. 오늘날 우리는 세계의 정치적 주체로 탈바꿈하려는 신흥대국으로 비춰지고 있다. 과거에 소비재를 수입하고 외국으로부터 이민을 받았던 브라질은 이제 상품 수출국이자 타국으로 나가는 이민자의 공급국이 되었다. 제조품 이외에 우리는 음악, 영화, TV 프로그램, 종교예식 등 문화적 자산을 수출하고 있다. 그 상품을 가운데 몇몇은, 록음악을 영어로 작사하여 작곡한 브라질 음악의 녹음처럼 새로운 특징들을 갖고 있다. 미래에 그것이 국가 정체성의 다른 양식들에 반영될 것이라는 점은 자연스러운 일이다.

참고문헌

CARVALHO, José Murilo de. *A formação das almas. O imaginário da República*. São Paulo, Companhia das Letras, 1990.

OLIVEN, Ruben George. *A parte e o todo. A diversidade cultural no Brasil-nação*. Petrópolis, Vozes, 2006.

ORTIZ, Renato. *Cultura brasileira e identidade nacional*. São Paulo, Brasiliense, 1985.

SCHWARCZ, Lilia Moritz. *O espetáculo das raças: cientistas, instituições e pensamento racial no Brasil* (1870-1930). São Paulo, Companhia das Letras, 1993.

A imprensa brasileira: seu tempo, seu lugar e sua liberdade e a ideia que (mal) fazemos dela

브라질의 언론

에우제니우 부시 Eugênio Bucci

Eugênio Bucci

상파울루대학교(USP) 커뮤니케이션과 예술대학의 교수로 재직 중이며 국영방송국 Radiobras 사장을 역임하였다. 주요 저서로는『윤리와 언론』(*Sobre ética e imprensa*. Companhia das Letras, 2000),『언론과 자유의 의미』(*A imprensa e o dever da liberdade*. Contexto, 2009) 등이 있다.

diário de S.Paulo
São Paulo: mais de 1.100 ofertas
O ESTADO DE S. PAULO
FOLHA DE S.PAULO
PLAYBOY
ISTOÉ
ONDE INVESTIR 2011
Grátis
TODO DOMINGO

©Igor Schutz

필자는, 허드레 말은 거의 섞지 않은 채, 브라질의 언론은 본국이 아닌 외국에서 그리고 시기를 벗어난 이른 시점에 탄생했다고 말할 수 있다. 브라질 역사상 첫 독립적인 신문—코헤이우 브라질리엥시Correio Brasiliense—은 지리적으로 아주 먼 곳에서 잉태되고 인쇄되었다. 이 신문은 오직 밀수로만 브라질 독자들에게 전달될 수 있었는데 그 이유는 그 신문이 첫 발행된 직후 이곳 브라질에서 수입 금지되었기 때문이다. 발행되자마자 이 신문은, 이미 만반의 준비를 한 상태에서 실시되고 있던 검열과 마주쳐야 했다. 이처럼 작용과 반작용의 논리를 무색하게 하면서 브라질은 지난 과거, 자유로운 언론을 수용(작용)하기도 전에 검열(반작용)을 하는 묘한 행동을 보였다.

1808년, 당시의 포르투갈의 왕이었던 동 주엉D. João이 나폴레옹의 대륙봉쇄령 압력으로 리우데자네이루로 피신을 하면서 완벽한 인쇄술을 가지고 들어왔다는 것은 이미 잘 알려진 사실이다. 책 이외에도 그는 그해 9월 이후 관보인 〈리우데자네이루 가제타Gazeta do Rio de Janeiro〉의 인쇄를 명하였다. 하지만 권력의 긴밀한 통제 하에 있었기에 이 관보는 브라질 언론의 첫 이정표로 간주될 만한 가치가 없다. 정치적으로나 지리적으로 그것과는 아주 거리가 멀게도, 그러한 지칭을 받을 만한 자격이 있는 신문은 1808년 6월, 영국의 런던에서 첫 포르투갈어로 발행되기 시작한 〈코헤이우 브라질리엥시〉였다. 이폴리투 주제 다 코스타Hipólito José da Costa, 1774-1823에 의해 운영된 그 월간신문은 그의 망명지였던 런던에서 등장하여 1822년까지 총 175호가 발행되었다. 이폴리투 주제 다 코스타의 업적을 연구한 아우베르투 지니스Alberto Dines가 주장하듯이 이 신문은 오직 불법으로 은밀하게 브라질에서 유통되었다. 검열을 받고 있었던 것이다.

도서관학 교수인 루이스 밀라네지Luís Milanesi는 1983년 브라질리엥시 출판사에 의해 출판된 자신의 소책자 『도서관이란 무엇인가』(*O que é biblioteca*)에서 "브라질에서의 언론은 검열 이후에 탄생했다"고 주장한다. 그는 1536년 이후 어떤 서적 인쇄든 세 곳의 검열을 거쳐야 했다고 말한다. 종교재판소Santo Ofício, 주교회의Ordinário(이상 가톨릭 교회 소속) 그리고 왕실법원Desembargo do Paço(이상 민간 권력기관)이 그것이다"라고 주장한다. 2002년 브라질의 출판사 콩파니야 지 레트라스Companhia de Letras에 의해 파울루 세자르 지 아제베두Paulo Cesar de Azevado, 앙젤라 마르케스 다 코스타Angela Marques da Costa 그리고 릴리아 쉬바르츠Lilia Schwarcz의 공저로 출판된 『왕실 도서관의 긴 여행: 리스본의 지진에서 브라질의 독립까지』(*A longa viagem da biblioteca dos reis: do terremoto de Lisboa à independência do Brasil*)에서 릴리아 쉬바르츠가 밝힌 바에 따르면, 1768년 포르투갈의 퐁발 후작이 이 세 검열기관을 왕실검열기관Real Mesa Censória으로 통합하였다고 한다(p. 180). 이러한 형식상의 변화에도 불구하고 왕실이 법을 통해 유지하던 검열은 요지부동이었다. 그 검열이 왕실의 파천과 함께 —그리고 인쇄소와 함께— 리스본에서 리우데자네이루로 옮겨진 것이다.

밀라네지는 1822년 브라질이 독립할 때까지 총 1,154건의 문서가 인쇄되어 공개되었는데 모두가 그 검열기관의 감사를 받은 것이라고 한다. 왕립인쇄소Impressão Régia는 설치 직후부터 국가의 정책을 홍보한다는 분명한 기능과 함께 외교국방부Secretaria dos Negócios Estrangeiros e da Guerra에 소속되었다. 정부의 입장에 반하는 모든 것, 즉 종교와 미풍양속도 모두 공식적으로는 차단되었다. 앞서 언급한 책의 250

쪽에 따르면 "검열은 왕립인쇄소와 밀착되어 있었다"고 한다. 1808년 9월, 내용에는 영향을 미치지 않은 형식의 변화가 발생했는데 그것은 왕실법원이 브라질의 검열기관으로 탈바꿈한 것이었다.

1808년 포르투갈 왕실의 브라질 파천이 낳은 문자 그대로의 문화적 이식 결과에 대해 이미 많은 것이 연구되었다. 포르투갈이라는 국가의 통치 메커니즘이 한 배를 타고 대서양을 건넜으며 리우데자네이루에 정착한 뒤엔 브라질 국민의 생활방식이 대규모의 역사적 역전逆轉으로 점철되었다. 그 역사적 역전이란 공공기관의 상대적인 비대, "대항수단contracheque"으로부터 독립된 하위주체계층과 함께 공생하는 기생충 같은 엘리트 계급, 자유로운 주도권 행사의 금지, 정치·경제에 있어서 많은 단계의 가산제家產制 시스템들이었다.

본 글은 이러한 문제의 논쟁에 끼어들 생각이 없다. 그 이유는 본 글의 핵심 주제와 직접적인 관계를 갖고 있지 않기 때문이다. 단지 언론이라는 제도에 대하여 언급할 때 브라질의 경우 그와 같은 태생적 특징이 존재한다는 것을 언급하고자 할 뿐이다. 비록 실질적인 면과 물질적인 면을 넘어 상징적이라고 해설될 수도 있지만 바로 거기에 오늘날까지 브라질 문화에 영향을 미치고 있는 역전이 존재한다.

그 징후들은 무수히 많다. 가장 빈번하게 벌어지고 있는 징후 가운데 하나는 국가기관들이 검열의 문제를 대할 때 취하는 천연덕스러움이다. 브라질 국민들 사이에는 국가와 법이, 기자들을 통제 하에 둘 예방차원의 조치들(동 주앙 왕의 검열이 예방적 차원의 것이었던 것처럼)을 취해야 한다는 믿음에 반발하는 사람들이 있다. 브라질 국민이 언론의 자유라는 연습을 통해 민주주의의 의미를 배운 경험이 항시적으로 오랫동안 유지된 적이 없다고 말할 수 있다. 브라질의 민주주의는 다양한 형태의 예외가 중간에 자주 끼어든 슬픈 역사를 안고 있다.

그런고로 브라질의 전통은, 무력의 독점이 없이는 국가가 존재하지 않듯이, 만일 국가가 사회 내에 정보와 사상의 유통에 대한 사전 통제를 실시할 경우, 민주주의 역시 존재하지 않는다는 생각을 주입조차 시키지 못했다고 말할 수 있다. 국가란 단지 그 국가를 위해 시민들이 무력 사용을 포기할 때에만 비로소 존재하는 것과 같이 — 이것은, 트로츠키Trotsky의 "모든 국가는 무력에 기초한다"라는 주장에서 출발했던, 베버Weber가 아주 잘 설명한 개념이었다—, 민주주의도 국가가 시민을 위해 여론과 정보의 형성, 표명 그리고 유통에 대하여 간섭하려는 유혹을 포기할 때에만 비로소 존재한다. 만일 우리가 그것을 포기라고 부를 수 있다면, 이 두 가지의 포기는 사실 서로에게 필수불가결한 것이다. 국가가 공개적인 논쟁을 주도할 수 있다고 판단하는 것은 궁극적으로는 사상이, 국가 자체가 기초하는 무력 속에 용해될 수 있다고 생각하는 것과 같다. 그럼에도 이러한 판단은 지금도 우리와 함께 존재하면서 민주주의에의 열망을 침식하고 있다.

현재의 브라질법이 언론의 자유를 보장하고 있다는 것은 분명한 진실이다. 1988년부터(동 주앙이 브라질로 피신한 지 180년이 지난 이래) 검열은 헌법에서 반대에 부딪혔다. 다시 말하면 브라질 헌법은 "지적, 예술적, 과학적 활동과 검열이나 허가로부터 통신의 표현은 자유"로우며(5조 9항) "어떤 정치적, 이데올로기적, 예술적 성격의 검열"도 금지하고 있다(220조 2항). 하지만 헌법과의 배치 속에 그 규정에 대한 해석은 아직도 그와는 다른 해석을 시도하려고 한다. 21세기 초 10년간 어느 누구보다도 사법권만큼이나 강하게 국민의 알권리에 대하여 광범위한 공격을 감행한 곳이 없었다.

2010년 초까지 언론의 자유를 제한한 사법적 조치로 수십 개의 언론매체가 희생되었다. 그 가운데 일간지 〈우 이스타두 지 상파울루O Estado de São Paulo〉와 〈ABC지역 일간Diário do Grande ABC〉이 대표적이다. 〈우 이스타두 지 상파울루〉의 경우가 아마도 가장 드라마틱했다고 본다. 이 신문은, 위장을 통해서든 아니면 가장 화려한 수사를 동원해서든, 지속적으로 등장하는 권위주의적 문화와 가장 많이 충돌했던 언론사였다. 이제 브라질 언론의 최근사에서 가장 의미심장한 점들을 상기해보는 것도 유용할 것이다.

2009년 초에 호자 코스타Rosa Costa, 레안드루 콜롱Leandro Colon, 호드리구 항제우Rodrigo Rangel 등 3인의 기사를 통해 〈우 이스타두 지 상파울루〉는 당시의 상원의장이었던 주제 사르네이José Sarney의 가족 혹은 그 가족의 친구들에게 특혜를 준 각종 부정행위와 족벌주의의 징후를 폭로하였다. 같은 해 6월, 이 기자들은 이른바 그 가문의 "은밀한 행위atos secretos"에 내재되어 있던 스캔들을 머리기사로 내보냈다. 연방관보Diário Oficial에 게재함이 없이—반드시 공개적으로 알려야 할 법적 원칙을 뒤집으며— 일련의 수백 가지 행정조치들이 취해짐으로써 고용계약이나 사업계약 그리고 임금인상과 같은 사법적인 효력을 갖는 행위들이 서슴없이 자행된 것이었다. 그 직전인 7월 22일 호드리구 항제우 기자는 상원의장의 아들이자 기업인인 페르난두 사르네이Fernando Sarney의 전화통화를 녹취한 내용을 기사로 내보냈다. 녹취록은, 그 기업가의 재정움직임과 국가 기관들과의 관계를 조사하기 위해 사법기관의 허락을 받은, 연방경찰이 조사를 하는 과정에서 녹음되었던 것이다.

그 기사의 효과가 금방이라도 나타날 상황이었다. 하지만 그 순간 주제 사르네이 상원의장의 분노에 찬, 아주 묘한 논리가 역공을 가했다. 그는 "미디어가 의회의 적이 되어버렸다. 대의제도의 적이 되어버렸다"고 주장하고 나선 것이다(이 표현은 2009년 9월 16일자 〈우 이스타두 지 상파울루〉의 일면에 등장하였다). 적개심이 서려 있는 사르네이의 반박을 받은 동 신문기자 3인은 2009년 에소 기사상Prêmio Esso de Reportagem de 2009을 받았고 아울러 사법부로부터 사전검열이라는 조치도 받았다. 사법부의 사전검열은 페르난두 사르네이에 대한 연방경찰의 조사 내용 공개를 금지한 것으로서 그 이유는 그 조사가 법원의 비밀 내사로 이루어지고 있기 때문이라는 것이었다.

이 글이 완료된 2010년 7월까지 법원의 검열은 계속되었다. 법원이 이와 같은 결정을 내린 이유는 조사를 받던 기업인의 가정사 보호라는 것과, 법원의 비밀 내사로 이루어지는 것은 언론의 기사 대상이 아니라는 것이었다.

우선 법원이 제시한 첫 번째 이유의 근거를 살펴보자. 한 가정의 프라이버시에 대한 권리와 표현의 자유는 같은 차원의 것이며 둘 다 헌법에 명시된 내용이다. 법원의 이유에 따르면, 우리는 신문의 자유란, 누구의 가정家庭이든, 비록 그 가정家庭이 특히 공금이 연루된 불법 거래를 위한 은신처로 이용된다는 가정假定 하에서라도, 그 가정家庭의 은밀한 부분이 시작되는 바로 그 시점에서, 정확히 끝난다고 봐야 한다.

사실 이러한 논리는 매우 이상하다. 알권리의 관점에서 보면 그 논리는 만장일치의 공감을 얻을 수 없다. 연방최고법원장인 카를루스 아이리스 브리투Carlos Ayres Britto의 결심공판 판결문의 요지가 바로 다양한 생각이 존재한다는 증거이다. 그의 판결문은 2009년 11월 6일 법원관보Diário de Justiça에 실렸고 그 관보의 기사는 법원의 결정을 상세히 전하고 있었다. 그는 또 군부독재시설로부터 물려받은 언론법(Lei de Imprensa, 1967년 2월 9일자 연방법 제5250호)이 헌법에 위배된다고 주장했다. 그는 판결문에서 언론의 권리가 사생활 보호 권리를 앞선다는 것은 반박할 여지가 없는 것이라고 분명히 말하고 있다. 나아가 언론의 권리는 사생활 권리보다 "상위 권리superiores"라고 강조하고 있다.

> 언론의 관계와, 사생활의 은밀한 면, 이미지 그리고 명예의 관계는 상호 배제의 관계이다. 그 이유는 시간이라는 관점에서 볼 때 앞의 관계가 뒤의 관계를 앞서기 때문이다. 다시 말하면, 그 모든 것 이전에, 언론의 관계는 사법적인 상위 재산으로서 그리고 국가권력에 대한 사회적 통제의 자연스러운 형태로서 우선적으로 그 효력을 갖는다는 의미이다. 단지 그 언론의 관계 다음에, 언론의 관계가 완연히 향유되는 결과로서 혹은 언론의 관계가 내포하는 우발적인 책임으로서 여타 나머지 관계들이 오는 것이다.
>
> [...]
>
> 우선 사상과 창작 그리고 "자유롭고livre" "완연한plena" 정보의 표명이 이루어지는 개별인격체의 우선권sobredireitos 향유가 보장된다. 단지 그 뒤에야 그러한 능동적인 법적 상황의 주체에게, 타자의 헌법적 권리에 대한 우발적인 비 존중 문제를 제기할 수 있다. 비록 그 권리가 인

간의 인격을 밀도 높게 하는 것이라 할지라도 말이다.

필자의 주장이 기자들에게 면책권을 주는 것이라고 주장하면서 이처럼 언론의 자유를 옹호하는 것에 대하여 화가 치미는 사람도 있을 것이다. 충분히 가능하고도 인내할 수 있는 얘기다. 사실 기자들이 범하는 모든 과잉 행동과 남용은 법적 소송의 대상이고 또 그래야만 한다. 언론에 종사하는 전문가는 자신이 저지르는 남용에 대하여 책임을 지며 또 져야 한다. 하지만 —본질은 여기에 있다— 그 전문가는 사후a posteriori에 책임을 질 뿐 사전에 책임을 지지 않는다.

아무리 그렇다고 해도, 최고법원장의 판결문에서 확인할 수 있듯이, 국가를 감시할 의무가 있는 언론이 단순히 사적인 문제라는 이유로 법적 혹은 사법적 제한을 받을 수 있다는 것은 믿기지 않는 일이다. 그것은 저널리즘을 죽이는 행위이다. 게다가 〈우 이스타두 지 상파울루〉의 경우 프라이버시에 대한 침해는 존재하지 않았다. 그 사건에 대한 동 신문의 어떤 기사도 사르네이나 여타 다른 가문의 사생활을 표출하지 않았다.

이제 검열에 대한 사법부의 두 번째 이유를 살펴보자. 사법부의 주장에 따르면 법원의 비밀유지 규정은, 사법부를 구성하지 않는 기자들로부터, 그들의 것이 아닌 사법부의 비밀을 철통같이 지켜야 할 의무를 부여한다고 주장한다. 그렇다면 이렇게 물어볼 수 있을 것이다. 만일 국가 —국가의 3권 중 어느 한 곳에서든— 가 비밀유지라고 부르는 것을 언론이 기사화하는 것 자체가 사전에 금지되어 있다면 언론은 어떤 방식으로 자신의 기능을 수행할 수 있을까? 만일 기자가 관공서가 보호해야 할 비밀을 그 또한 보호해야 하는 의무를 갖게 된다면 기자들이 어떻게 그 관공서를 감시할 수 있을까? 잠시 멈춰서 이 문제를 보다 더 깊게 생각해보자. 뉴스라는 것이 폭로된 비밀이 아니라면 과연 무엇일까?

민주주의의 근본은 신문에 검열을 부과한 판사들의 근본과는 정반대에 위치한다. 즉, 만일 법원의 비밀유지 하에 벌어지고 있는 어떤 조사나 소송이 있다면 그 비밀을 잘 간직해야 할 의무는 그 법원의 몫이다. 언론의 몫은 그 비밀을 발견했을 경우 그것을 기사화할 것이냐에 대한 결정을 내리는 것이다. 왜냐하면 **언론의 충성 약속은 사법부에 대한 것이 아니라 시민의 알권리에 대한 약속**이기 때문이다. 어떤 기관이 애써 숨기려고 하는 정보를 편집부가 기사화하기로 결정한 예는 무수히도 많다. 바로 이를 위해 기자가 일하는 것이다. 다른 한편으로 기관들의 충고나 비토가 공익에 우선토록 한 저널리즘의 좋은 예는 존재하지 않는다.

바로 그렇다고 해도 브라질에서의 검열은 여전히 존재한다.

흥미로운 자료를 예로 들자면, 언론에 대한 사고思考 형성 ―아직 제대로 연구된 적이 없는 사고 형성― 에 있어서 보수파 위정자들의 권위주의는 자유파 전통의 공격을 받았을 뿐 좌파로부터는 거의 아무런 공격도 받지 않았다. 이러한 좌파의 문화에 대하여 말하자면, 일반적으로 좌파는 국가나 정당에 의해 통제된 언론을 이상형으로 감싸고 돌았다. 이 점에서 권위주의적인 보수파의 시각에 근접했다.

후이 바르보자Rui Barbosa는 당대의 많은 사회주의자보다도 언론의 자유가 지니는 의미를 더 잘 이해하였다. 바이아 출신의 논란 많던 그 법학자는 1920년, 자신의 저서 『언론과 진실의 의무』(*A imprensa e o dever da verdade*)에서 "언론은 국민의 눈이다a imprensa é a vista da nação" 라고 주장했다. 그는 자신만의 독특한 어투로, "이미 퇴보하였거나 퇴보 중인 언론을 가진 국가는 결국 눈먼 나라이자 해로운 냄새가 진동하는 나라이며 또 거짓 생각과 사악한 감정을 지닌 나라이다. 또한 그런 나라는 의식이 바닥나서 제도를 갉아먹는 악과 맞서 싸울 수 없는 나라이다"라고 말했다.

이 점에 있어서 좌파의 상당수는 후이 바르보자보다도 못했다. 자유주의가 일궈낸 업적을 모든 사람에게, 그들의 경제적 여건과는 상관없이, 확대하기를 제안하면서 좌파는 자유에의 옹호를 급진화하는 대신에 전반적으로 언론의 자유를 해당 계급의 특권(사실의 차원에서)이자, 자본의 억압으로 침묵해야 했던 억압받는 사람들에게 헛된 희망을 키우기 위해 만들어진, 완전한 선동정치라고 비난하는데 그쳤다.

그리하여 브라질 국민에게는 언론이 어느 특정계층을 위해 존재할 뿐 일반인 전체를 위해 존재하는 것은 아니라는, 초당파적 상식이 형성되었다. 이 상식은, 언론에게는 본질적이면서도 구성요소이기도한, 상호모순되는 것들을 허용하지 않는다. 그러니까 언론 내부에서는 의미의 상충이나 정치적 논쟁을 불허한다는 것이다. 또한 그 상식에 따르면 언론이란 사회에 대한 "국가의do Estado" 통치수단이 아니라 ―그래서도 안 된다― 국가에 대한 사회의 감시수단이다. 그 이유는 언론이란, 국가가 자신의 욕망을 실현하기 위한 수단의 범주를 넘어선 곳에 위치하며 그렇지 않을 경우엔 언론이라고 부를 수 없기 때문이다. 관련 의식이 국가의 복안에 따라 짜져야 한다고 생각하는 사람들에게, 이 문제를 이해하기란 어려울 것이지만 언론의 자유는 사회가 숨 쉬는 공기를 허공에 흩뿌려주는 존재일 때에만 공고해질 수 있다. 바로 그렇기 때문에 언론이 없는 사회는 국가를 감시하지 못한다는 것이 맞는 얘기가 된다. 건강한 민주주의 사회에서는 국가가 언론의 자유를 제한할 방법이 없는데 그 이유는 언론의 자유는, 국가의 입장에서 보았을 때, 마치 비물질적인 그 무엇과 같기 때문이다.

언론이라는 제도는 그 자체가 상호모순 및 상충되는 것들로 이루어져 있다. 아무리 언론이 한 사회계층이나 그룹을 위해 이데올로기적으로 왜곡되어 있을 순간일지라도—그런 이탈행위가 종종 발생하기도 하지만— 그 왜곡은 국가가 주입한 "해독제antídotos"보다도 덜 해롭다. 엄연한 증거가 있음에도 불구하고 많은 이들이 기관에 의한 언론의 통제를 이상으로 생각한다. 많은 우파나 좌파도 그렇다.

1990년 자코비 고렌데르Jacob Gorender는, 계간지인 〈이론과 토론Teoria & Debate〉의 제11호에서, 알리피우 프레이리Alípio Freire와 파울루 지 타르수 벵세슬라우Paulo de Tarso Venceslau와의 인터뷰를 통해 아주 확실한 에피소드를 전했다. 1956년 브라질 언론에 의해 스탈린의 범죄에 대한 보고서가 보도되자 브라질 공산주의자들은 그 언론이 위조한 것이라고 비난했다. 그 뒤, 그해에 구소련공산당 회의에 간 브라질 대표들이 귀국한 뒤 언론의 보도가 사실임을 확인해주었다. 그 사실은 바로 구소련의 프라우다지에 의해 이미 보도되었던 것이었다. 그 당시 공산주의자들의 정신세계에서는, 부르주아 신문이 사실을 충실하게 보도할 가능성이란 없다는 것이었다. 그들에게 부르주아 신문은 단지 그 부르주아계급의 대변인일 뿐이었다.

언론을 오로지 "지배이데올로기ideologias dominantes"의 전위대로 취급하는 이와 같은 주장은—집착적이고 반복적인 주장은— 저널리즘을, 국가를 넘어 그리고 기획과 통제를 넘어 존재하는 그 무엇으로도 이해하지 못하는 무능함을 드러내는 것이다. 물론 그렇다고 해서 신문, 잡지, TV와 라디오 방송국이 어느 특정 계급의 홍보에 이용되지 않는다는 뜻은 아니다. 이 매체들은 거기에 이용되어 그 과정에서 스스로의 기본을 침식당한다. 하지만 그 매체들의 속성은, 그러한 수단으로서의 역할을 넘어, 정치적 경쟁과 의미의 충돌에 의해 결정된다.

그럼에도 신문을 수단으로—유용하든 해롭든— 바라보는 시각은 브라질 미디어의 역사 형성과정에서 좌파뿐만 아니라 우파도 같았다. 그 결과 가운데 하나는 좌파의 문화 역시 초자유적인 성숙한 정통 비판을 일궈내지 못했다는 것이다. 그들에게는 사적이지 않은 자유언론이란 없다는 것이었다. 국가와 언론 사이에 사회가 존재한다는 것을 알아채지 못했기에, 좌파든 초자유주의적인 정통파든, 저널리즘의 본질적인 공적 기능(상업적인 기능 이외에)을 이해하지 못한 것이다. 그러한 의미에서 양측 중 어느 쪽도, 뉴스의 상업성을 갈구하지 않고 또 국가의 통제에 안주하지 않는 BBC와 같은 방송사처럼, 공적인 매체들의 성공을 어떻게 설명할지 모르고 있다.

브라질도 마찬가지다. 21세기 초까지도 좌파와 우파의 집정자들은 커뮤니케이션 매체를, 여론을 자기식대로 맞추기 위한 수단—토론과 대화의 매체로서가 아니라— 으로 인식하는 데 있어서는 공통된 인식을 나타냈다. 바로 이러한 방식으로 브라질 사회는 사회적 커뮤니케이션에 대한 국가의 여러 압력 및 검열과 함께 살고 있다. 공금으로 사영 매체에 정부를 홍보—연방, 주, 시 차원에서—하는 것 역시 그러한 압력과 검열 형태의 하나이다. 브라질에서 국가는 광고시장에서 가장 큰 고객 가운데 하나가 되었다. 그리하여 국가는, 자체의 엄청난 경제력을 활용하는 만큼, 더욱더 거대해지는 광고주라는 인식이 탄생한 것이다.

브라질에서 언론을 말할 때는 어느 정도 다음과 같은 부분이 포함된다. 즉, 기자가 아니라 권력의 남용에 대하여 말하고 있는 것이다.

참고문헌

ABRAMO, Cláudio. *A regra do jogo*. São Paulo, Companhia das Letras, 1988.

ABRAMO, Perseu. *Padrões de manipulação na grande imprensa*. São Paulo, Fundação Perseu Abramo, 2003.

CONTI, Mario Sergio. *Notícias do Planalto*. São Paulo, Companhia das Letras, 1999.

COSTA PEREIRA FURTADO DE MENDONÇA, Hipólito José da. *Correio Braziliense ou Armazém Litterario*. Londres, W. Lewis Paternoster, 1808-22. Edição fac-similar organizada por Alberto Dines em 31 volumes. Brasília/São Paulo, Correio Braziliense/Imprensa Oficial, 2001.

MORAIS, Fernando. *Chatô, o rei do Brasil*. São Paulo, Companhia das Letras, 1994.

WAINER, Samuel (com organização editorial de Augusto Nunes). *Minha razão de viver*. 2ª ed. Rio de Janeiro, Record, 1988.

Indios como tema do pensamento social no Brasil

브라질의 인디오

마누엘라 카르네이루 다 쿵냐Manuela Carneiro da Cunha

Manuela Carneiro da Cunha

인류학자로서 현재 시카고대학교의 석좌교수로 재직 중이며 브라질과학아카데미의 회원이다. 주요 저서로는『문화의 의문점』(*Cultura com aspas*. CosacNaify, 2009)이 있다.

아크리 주 아피우트샤(Apiwtxa) 마을의 아샤닌카(Ashaninka)족 여자아이 / ⓒPedro França/MinC

오늘날까지도 우리는 브라질의 원주민 인디오에 대한 몇 가지 놀라운 개념들을 접하게 된다. 예를 들면 그들이 국가 안전에 위험요소인지, 브라질의 발전에 장애물인지, 그들이 땅에 대한 권리를 가지고 있기는 한지, 덩치만 큰 아이인지, 브라질 국민 속에 용해되어야 하는 존재인지, 멸종하게 될 인종은 아닌지 그리고 정말 인디오인지 등이 그것이다. 필자는 이 글에서 이러한 편견이 잉태되게 된 역사와 이론을 명확히 살펴보고자 한다. 물론 브라질에 대한 인디오의 개념이라는 반대명제도 역시 흥미로울 것이다.

위대한 16세기世紀, 노예제와 선한 야만인

역사상 브라질 인디오에 대한 사회이론의 원천은 어디일까? 그 원천은 극단적으로 서로 다른 버전과 함께 주로 16세기에 확실히 등장한다.

여러 버전 가운데 하나는 프랑스의 정치철학 버전이다. 이 버전은 여행자들의 증언에 의해, 투피낭바tupinambá 족의 프랑스 방문에 의해 그리고 철학적 호기심에 의해 형성된 것들로서 특히 철학적 호기심은 몽테뉴Montaigne에 의해 구체화되었으며 그로부터 선한 야만인bom selvagem이라는 하나의 상이 공고화되어 추후 정치철학에서 중요한 전개를 형성하게 된다. 선한 야만인은 물질적 욕망이 없으며 독립적이고 인위적인 것이 없는 인간을 뜻한다. 그 야만인은 부를 축적하거나 미래에 이용할 재산을 모으는 것에도 관심이 없다. 이러한 버전은 프랑스 혁명에 충격으로 다가갔으며 이어 19세기 브라질 낭만주의에도 간접적인 충격을 주었다.

다른 버전들은 브라질의 식민화과정에서 공고해졌다. 이 버전들은 교회와 정부 그리고 식민자들의 논리 속에서 전개되었다. 하지만 어떤 면에서 이 모든 버전에는, 비록 각기 자신만의 독특한 사고가 담겨 있지만, 실용적인 이해관계를 반영하고 있다.

인디오는 천성적으로 노예인가? 그들이 일반시민사회를 형성할 수 있을까? 정치사회는? 자신들의 토지에 대하여 지배권을 갖고 있는가? 이런 것들이 16세기 이베리아반도의 법학자들을 혼란케 했던 초기 논점이었다. 주목할 것은 그때가, 가장 자유롭고 창의적으로 인디오를 노예화할 수 있는 권리와 그들의 땅을 점유하는 것이 옳은 것인지에 대한 논쟁이 활발하게 전개된 시기였다는 것이다.

이처럼 신세계 인디오들에 대한 신학적-법적 논쟁은 16세기 중엽까지 지속되었고 무엇보다도 우선 스페인에서 가장 활발히 진행되었다. 당시만 해도 근대국제법의 아버지라고 추앙받던 산토 도밍고 교단 소속의 수사 프란시스코 데 비토리아Francisco de Vitória는 1532년, 인디오들의 자유와 그들의 토지에 대한 그들의 지배를 인정하였다. 1537년엔, 당시의 교황이었던 바오로 3세가 베리타스 입사Veritas Ipsa라는 칙서를 통해 그와 같은 입장을 반복하였다. 하지만 1550년과 1551년, 이에 대한 논쟁이 재개되었는데 이번에는 같은 종파 소속의 바르톨로메 데 라스 카사스Bartolomé de las Casas 신부가 후안 히네스 데 세풀베다Juan Gines de Sepúlveda의 입장에 반대를 표명하고 나섰다. 세풀베다는 스페인 식민자들의 이해를 옹호하면서 인디오들의 굴욕적인 속성을 가리키며 그 인디오들이 "천성적으로naturalmente" 노예의 운명을 지고 태어났다고 주장했다. 결국 이 논쟁은 아메리카 인디오에 대한 비토리아의 사회이론이 폭넓게 수용되는 것으로 막을 내렸다. 비토리아의 사회이론은 인디오의 원초적인 자유와, 그들의 땅에 대한 지배의 적법성을 옹호하고 있었다.

노동력에 목말라하던 식민지 브라질은 인디오의 문제를 노예제의 관점에서 바라보았다. 그 당시에 토지문제는 부차적인 일이었고 이 토지문제는 19세기에 가서야 크게 문제화되었다.

설사 인디오가 "태생적으로por natureza" 노예가 아니라고 해도 얼마든지 합법적으로 그들을 노예화할 수 있는 상황이었다. 그리하여 식민지배 동안에 인디오들의 자유를 확언하는 왕의 칙령이 많이 내려왔지만 모든 형태의 인권남용을 허용하는 예외적인 경우가 많았다. 예를 들어 십자군원정 때부터 내려온 제도인 "정의로운 전쟁Guerra Justa"과 일명 "몸값 지불로 구조하기resgate"가 인디오의 노예화를 허용하고 있었던 것이다. 분명히 타 부족에 의해 잡아먹힐 운명으로 추정되는 다른 인디오 부족의 포로를, 상품을 매개로 구조하는 것이 그 명분으로 등장했다. 이것은 인디오 사회 간에 점차 많은 전쟁을 부추겼다. 왜냐하면 다른 부족을 포로로 잡아 포르투갈인들에게 상품을 받고 팔려는 경향이 점차 커져갔기 때문이다.

비록 법적으로는 자유인이라고 하더라도 자신의 의지로 식민 마을에 정착하려던 인디오들은 의무 노역을 해야 했다. 노예 인디오와 해방된 인디오 사이의 실질적인 구분은 아주 희미해서 16세기와 17세기 상파울루 식민자들은 해방된 인디오들을 자신의 상속인에게 물려주기도 하였다.

국가는 또 정착촌에 거주하는 인디오들을 카누의 노를 젓는 일이나 물품의 짐꾼 등 공공사업에 이용하곤 하였다. 나아가 지금의 호라이마Roraima 주의 성 조아킹São Joaquim 요새처럼 요새 주위에 이들을 정착시킴으로써 자기의 경계를 보장하려 하기도 하였다. 국가안보이론을 펴는 몇몇 사람은 인디오들이 국경지대에 살고 있었기 때문에 위에서 지적한 내용들이 의문스럽다고 말하지만 그 인디오들은 국가에 의해 국경지역에 정착하였으며, 최근까지도 전혀 관심을 끌지 못했던 아주 먼 지역에 지금도 거주하고 있다.

토지에 대한 권리

인디오는 자기 토지에 대하여 지배권을 가지고 있었다. 포르투갈 왕실의 칙령들은 이 점을 반복적으로 확인하였는데 1680년 4월 1일자 칙령은 인디오를 "원초적이고 자연스러운 [그 토지들의] 주인"이라고 지칭하면서 그들의 권리는 왕실이 인가한 소작권보다도 우선한다고 명시하고 있다. 18세기 중엽, 그러니까 퐁발 재상 시절에 나온 법규들, 특히 1758년 인디오 디렉토리Diretório de Índios에는 이와 같은 내용의 문건들이 다수 등장하고 있다. 이러한 전통은 독립 무렵의 정치인이었던 주제 보니파시우José Bonifácio에 의해 계승되었는데 그는 브라질에 있던 백인들을 강탈자라고 부르면서 "아직도 그 토지의 합법적인 주인인 인디오들에게 남아 있는 토지로부터 그 인디오들을 무력으로 쫓아내서는 안 되며 정의"에 기초한 정책을 제안하기에 이르렀다. 이러한 입장은 19세기 말 실증주의자들의 입장이기도 했다. 1912년 유명한 법률학자인 주엉 멘지스 주니오르João Mendes Jr.가 강력히 주장한 것도 바로 이것이었다. 그는 1912년 인디오들의 본원적 권리란 그 인디오들이 토지주인으로서 갖는 가장 근본적인 속성에서 유래하는 것이며 그것은 바로 국가보다도 앞선다고 주장했다. 이러한 개념은 1988년 헌법에도 분명히 명시되어 있다. 물론 1934년 이후의 모든 브라질 헌법이 인디오의 토지권을 보장하고 있었지만 말이다.

이것이 논리이고 법이었다. 하지만 어떤 논리나 법도 인디오 토지에 대한 약탈행위를 막기에는 현실적으로 역부족이었다. 오늘날 우리가 인디오들의 지적도를 본다면 그 토지들이 분산된 역사적 배경이 분명하게 드러난다. 과거 식민화 지역에서 그들이 차지하고 있던 토지는 축소된 반면에, 경제적으로 가장 외면된 지역에서는 더 많이 존재한다. 이러한 현상은 인디오의 토지가 대다수 모여 있는 아마존에서 확연히 드러난다. 예를 들어, 19세기 말과 20세기 초에 고무 채취산업이 엄청난 힘을 발휘하였던 아크리Acre 주의 경우 현재 인디오들의 토지는 그 당시보다 훨씬 더 줄어든 양상을 보이고 있다. 다시 말하면 인디오는 외부인이 넘보지 않는 지역에서만 자신들의 토지를 겨우 보존하고 있는 것이다.

역사는 같은 루트를 따라, 같은 논리로 지속되는 것 같다. 1970년대부터 아마존 광물탐사에서 엿보였던 시각이, 그때까지만 해도 더 잘 보존되고 있던 그들의 토지를 위험에 빠뜨렸다. 하지만 새로운 사실 하나는 최근 들어 인디오와 여론이 과거보다 훨씬 효율적으로 동원되어 인디오지역에 대한 외부인의 진입에 저항하고 있다는 사실이다. 그러자 아마존 개발에 관심을 갖고 있는 사람들은 국제적인 공모를 획책하기 시작했다. 하지만 브라질지질학자연맹은 1988년 입헌의회에서 광물탐사가 국가의 전략적인 이해관계임을 들어 ―그러한 의미에서 초국가 광물탐사 기업들에 반대하면서― 인디오 땅에서의 채광행위 불가론을 주장했었다.

인디오의 땅은 지속적으로 인디오의 독점적 소유물이자 이용물이지만, 1967년 헌법 이래 그 땅에 대한 실질적인 소유권은 연방정부에게 있다. 인디오의 땅과 관련하여 자주 거론되었지만, 항상 진솔한 의도만을 담지 않았던 국가안보의 문제는 늘 모순된 논리로 남아 있다. 다시 말하면 현재 국가는, 어느 특정한 개인 소유의 땅에서보다도, 인디오의 땅이 집중되어 있는 국경지대에서 훨씬 더 자의적으로 행동할 수 있다.

18세기 중엽에 포르투갈의 퐁발 재상은 인디오와 포르투갈인 사이의 혼혈을 통해 진정 자유로운 브라질 국민을 형성하겠다는 계획을 제시하면서 인디오 정책을 혁신하기 시작했다. 2세기 이상 지속된 그 혼혈정책이 국가의 정책으로 등장한 것은 그때가 처음이었다. 하지만 그가 제시한 혼혈정책은 전반적인 혼혈을 의미한 것이 아니었다. 퐁발뿐만 아니라 후에 강력한 정치인으로 등장한 주제 보니파시우에게도 먼저 떠오른 것은 흑인을 제외한 인디오와 포르투갈인 사이의 혼혈이었으며 그 혼혈을 통해 자유로운 브라질 국민을 형성하겠다는 것이었다. 예수회 선교사들은 추방되었고 인디오는 다시 한 번 자유인으로 선포되었다. 또한 인디오 마을은 읍이나 도시로 승격되었으며 인디오 여성과 결혼한 포르투갈인과 그의 후손은, 포르투갈인이라는 순혈성을 잃지 않은 채, 각종 타이틀과 특권을 누릴 수 있었다. 비록 명목적이기는 해도 ―인디오의 책임자가 실제 행정권을 행사하기에― 주목할 것은 인디오 통치시스템이 그 순간 확연히 인정되었다는 것이며 또한 인디오들이 민간사회를 형성한다는 걸 수용했다는 것이다.

그러므로 18세기 중엽에 그리고 퐁발의 정책과 더불어, 비로소 계몽주의가 인디오에 대한 사회사상 속으로 들어온 것이다. 그러한 패러다임의 변화에서 가장 눈에 띄는 것은 교리문답의 개념이 문명이라는 개념으로 교체 ―언제나 부분적이었을 뿐 완전하지 않았던 교체― 되었다는 것이다. 이제는 더 이상 인디오들을 기독교 품으로 끌어들이지 않고 그 자신들로 하여금 민간사회를 형성케 한다는 것, 다시 말하면, "그들을 문명화하겠다civilizá-los"는 것이었다. 그리하여 프랑스에서 선한 야만인이라는 이미지를 낳게 했던 물질적 욕심의 부재와 부의 축적의 부재는 포르투갈 식민자들 입장에서 볼 때 노동에의 혐오, 사전준비의 부재 그리고 게으름으로 비춰졌다. 이러한 시각이 브라질에서 지속됨으로써 일명 문명화가 맡게 된 주요 임무 가운데 하나가 인디오에게 노동의 가치와 중요성을 주입하는 것이 되었다.

19세기에는 새로운 논란거리가 등장했다. 즉, 인디오들이 과연 문명화될 수 있는 존재인지 아닌지에 대한 논란이었다. 만일 그들이 문명화될 수 있는 존재가 아니라면, 예를 들어 역사가인 바르냐젱Varnhagem이 주장하듯이, 간단히 제거되어야 할 존재인 것이다. 하지만 만일 문명화가 될 수 있는 존재라고 가정한다면 논점은 부드럽고 평화로운 방식으로 문명화되어야 하는지 ―주제 보니파시우와 테오필루 오토니Teófilo Ottoni의 입장이었다― 아니면 무력으로 강제해야 하는지가 될 것이다.

낭만주의의 두 인디오

독립 이후 인디오는 역설적인 상황에 놓이게 되었다. 새로운 국민의 상징으로 한껏 고양된 인디오에 대하여 그때만큼 많은 얘기가 오고간 적이 없었다. 리우데자네이루에 본부를 둔 채, 브라질의 공식적인 역사의식 구축이라는 역할을 수행하던 브라질역사지리원Instituto Histórico e Geográfico Brasileiro이 인디오에게 특별한 관심을 쏟았다. 하지만 실질적인 면에서의 인디오와 상징적인 면에서의 인디오 사이에는 극한 이견이 있었다. 문학에서는 당대의 인디오들이 등장하지 않았다. 공사우비스 지 마갈량이스Gonçalves de Magalhães의 시 『타모이우족 연맹』(*Confederação dos Tamoios*)에서부터 주제 지 알렝카르의 인디언이즘 소설에 이르기까지 당시의 문학이 대다수 그러했다. 마라냥Maranhão 주의 출신으로 네그루 강Rio Negro을 여행했던 공사우비스 지아스Gonçalves Dias조차도 자신이 알게 된 인디오를 묘사하지 않았다. 인디오와 관련된 공식신화는 브라질 국민을 위해 스스로를 희생하는 소설 『과라니족』(*O Guarani*)의 주인공 페리Peri에게로 결국 요약되었다. 비록 공사우비스 지아스와 테이쉐이라 이 소우자Teixeira e Sousa가 그 신화에 이의를 제기했을지라도 그들의 등장인물은 모두 투피족Tupi의 틀에 맞춰진 식민시대의 인디오였다. 공사우비스 지아스의 대표적인 시 "이-주카 피라마I-Juca Pirama"의 경우가 그렇다. 그 시에서 제Jê 부족이기도 한 칭비라Timbira 부족은 투피족의 문화적 틀에 맞춰서 묘사되었다. 19세기 인디오와, 민족성의 형성에서 한껏 고양되었던 식민시대의 인디오 사이의 이 끝없는 불일치는, 브라질 낭만주의에 대한 루소Rousseau의 역설적인 영향과 선한 야만인에 대한 프랑스 전통의 역설적인 영향을 잘 설명해주고 있다. 아무리 식민시대 투피족을 등장시킨들, 19세기 인디언이즘 문학 속에 등장하는 인디오는, 식민지 사회사상과는 관련이 거의 없거나 전혀 없었다. 그 인디오의 이미지는, 아이러니하게도 16세기 브라질 인디오를 바탕으로 잉태되었던, 프랑스 전통의 상당 부분에 기인하였다.

인디오 정책은 500년의 장구한 역사를 통해 거의 빠짐없이 존재하였다. 식민시대의 상당 기간 동안 예수회선교사, 이민자 그리고 포르투갈 왕실은 인디오 정책과 시각에 있어서 일치된 모습을 보이지 않았다. 사실 그것이 여지를 주었다. 그 여지가 한정된 것이었지만 토론의 여지가 마련된 셈이었다. 독립과 더불어 인디오 정책이 구축되던 곳은 점차 설 자리를 잃게 되었다. 주와 여타 지방의 실력자들은 인디오들에게 아주 적대적이었다. 하지만 그들은 중앙권력의 지방분권화 혜택을 입었다. 인디오들을 "돌보기cuidar" 위해 1845년 브라질에 온 이탈리아 신부들은, 지적인 준비는 물론이고, 1759년 축출될 때까지 브라질에서 활동했던 예수회선교사들이 갖고 있던, 상대적인 정치적 독립성도 갖고 있지 않았다. 가장 칭송받는 이탈리아의 종교인 가운데 한 명이 파라Pará 주의 정착지 마을에 거주하는 인디오들을 사탕수수 럼주 생산에 투입하면서 "개화시켰다"고 주장하는 걸 상기시키는 것만으로도 족하리라.

그 세기의 인디오 문제는 노예제에서 조명되지 않는 대신 토지의 문제가 되기 시작한다. 예를 들어, 도시 강Rio Doce 계곡과 무쿠리 강Rio Mucuri 계곡의 점거를 가능토록 하기 위해 동 지역의 "오지를 없애버리자"라는 운동이 있었다. 인디오들이 정착촌의 보호지역에 정착을 하면 얼마 뒤 "인디오들이 여타 인구집단과 혼동된다"는 핑계로 그 정착촌들을 없애버렸다. 오늘날까지도 존속하고 있지만 인디오의 땅을 점유하기 위해 인디오의 자격을 부정하는 관행이 정착했다. 다시 말하면, 인디오에게 16세기의 꾸며낸 이미지와 닮을 것을 요구하는 것이다. 마치 역사가 그들에게 아무런 변화도 일으키지 않은 것처럼 말이다. 비록 각 민족의 문화가 역동적이라고 해도, 오늘날 브라질 국민이 과거의 국민처럼 옷을 입지도 않고 음식도 먹지 않으며, 쓰지도 않고 말하지도 않는다 해도, 브라질이라는 사회가 존재한다는 것은 엄연한 사실이다. 그저 소수민족에게, 타민족들이 그들에게 기대하는, 그리고 상당수의 경우 얼음처럼 동결된 전형들인, 문화적 속성에 대해 말해보라는 요구가 주어진다. 하지만 마치 우리가 브라질 사회와의 역사적 관계에 대한 의식을 갖고 있듯이 인디오 역시, 역사에 의해 수많은 변화가 일어났다고 해도, 식민 사업이 전개되기 이전에 존재했던 사회와의 역사적 연결 의식을 갖고 있다. 누가 브라질 시민이고 아닌지를 결정하는 것이 바로 브라질인 것처럼 누가 자기 사회의 구성원인지 아닌지를 말할 수 있는 주체 역시 인디오 사회이다.

비록 조롱을 당해도 인디오의 권리를 존중하는 법 앞에서는 그러한 권리를 가진 주체의 존재를 부정하는 것이 편할 것이다. 만일 인디오의 사회가 인정받지 못할 경우 그들의 땅은 자유가 될 것이니까.

사회적 진화론과 그 소멸

유럽이민 프로그램이 시행되던 초기에 특히 독일이민자들이 산타카타리나Santa Catarina 주에서 보토쿠두Botocudo 인디오 부족을 말살하고 있다는 고발이 전해지면서, 인본주의적이면서 동시에 민족주의적인 분노의 물결이 일게 되었고 그 결과 1910년 혼동Rondon 장군이 상징적 인물로 부상하게 된 인디오보호센터SPI, Serviço de Proteção aos Índios가 설립되었다. 공화정체제로 넘어가는 과정에서 상당한 영향력을 행사했던, 실증주의원칙에 영감을 받은 이 센터는 인디오 문제를 다루는 데 있어서 매우 중요한 역할을 하였다. 실증주의자들은 그 당시 거의 모든 사람과 마찬가지로 인간의 진화론을 믿고 있었다. 하지만 일부는 그 진화의 단계가 각 사회마다 고유한 리듬으로 진행된다고 생각하였다. 이것이 앞서 언급했던, 과거의 "문명화" 계획을 제거해버렸다.

18세기 말 이후 유럽인은 "원시인primitivo"을 바로 자신들의 먼 조상과 비교하고 동화하기 시작했으며 이어 각 국민과 문명을 발전 단계별로 분류하기 시작했다. 그리하여 각 인간의 발달이 인류 역사의 발달과 연계되어 생각되기 시작하였다. 요약하자면, 과거에 야만인bárbaro이라든가 야생인selvagem으로 불리던 사람들이 "원시인primitivo"으로 그리고 인류의 유아기에 있는 존재로 이해되기 시작한 것이다.

바로 이것이 인디오는 "덩치가 큰 아이grande criança"라는 개념을 낳았다. 이제 인디오의 보호와 관련한 오해가 낳은, 다른 결과를 보자. 18세기 중엽 퐁발 재상은 인디오들이 자유민이라고 재차 천명하면서 그들이 납치되지 않도록 고아판사의 보호 하에 두도록 하였다. 이 제도는 1798년에 공식적으로 소멸되었다. 1916년 법학자인 주엉 멘지스 주니오르는 민법을 정리하면서 인디오는 이미 시민의 권리를 가지고 있으므로 민법이 그들에 대하여 법규정을 따로 만들지는 말아야 한다고 생각했다. 하지만 의회의 입법 토론에서 종료 마지막 시간에 하나의 절름발이 수정안이 제출되었는데 이 수정안에는 인디오가 자기 사업에서 속임을 당하지 않도록 보호한다는 내용이 추가되었다. 이때 인디오는 16세에서 21세의 청소년과 그 당시의 기혼 여성에게 비유되었다. 이제는 인디오들이 활과 화살을 사용하지 않으며 벌거벗은 채로 활보하지 않는다는 공감대가 아직은 어렵사리 존재하기에 그 수정안은 인디오의 권리 주체가 일시에 사라지는 것을 막기 위해 중요한 보호 장치를 마련하려 한 것이었다.

생물학적 진화론의 성공으로 인하여 새롭고도 가공할 만한 추진력을 확보한 사회진화론은 19세기 후반 이후부터 최소한 20세기 중엽까지 모든 사회이론을 감염시켰다. 또한 아직도 그 여파를 볼 수 있는데 예를 들면 인디오는 피할 수 없는 역사 과정이나 발전 과정으로 인하여 결국 사라질 것이라는 주장이 여전히 존재한다. 이러한 주장이 갖는 이점은, 문제가 될 경우엔 역사의 법칙을 탓하지만 인간의 행동과 정치적 선택은 탓하지 않는 것이다. 얼마 전까지만 해도 브라질의 유명한 사회학자 한 명은 21세기에 들어서면 인디오들이 더 이상 존재하지 않을 것이며 "인간을 진화의 원시상태에서 동결시키는 것congelar o homem no estado primário de sua evolução"은 잔인한 일이라고 주장한 적이 있다. 다르시 히베이루Darcy Ribeiro와 같은 인류학자들도 1970년대까지는 인디오 사회의 생존 전망에 대하여 비관적이었다. 1970년대까지 상당수의 브라질 좌파도 인디오 사회가, 스스로의 내적인 문제로 인해서든 아니면 유물론적인 역사의 법칙에 의해서든, 혁명적 사회계급에 흡수되거나 아니면 사라질 것이라고 예상했었다. 다시 한 번 현실이 이론을 뒤엎었다. 차이가 다수의 문화 속으로 희석되는 것은, 바람직한 현실로서뿐만 아니라 냉혹한 현실로서 다가왔는데 어찌되었든 인디오 사회는 종말을 고하지 않았다. 여기에는 발전이론의 위기도 한몫했다.

그러한 위기로 몰고 간 여러 요인 가운데, 환경의 지속가능성과 사회적 정의에 대한 의식이 강하게 도래한 것을 꼽을 수 있다. 이제는 GDP가 발전을 측정하는 훌륭한 기준이 되지 못했고 인간개발지수와 유아사망률 같은 기준들이 의미를 갖게 되었다. 민족발전etnodesenvolvimento이라는 개념, 다시 말하면, 소수민족의 열망과 가치에 적합한 발전이라는 개념이, 페드루 아고스칭뉴Pedro Agostinho와 호베르투 카르도주 지 올리베이라Roberto Cardoso de Oliveira와 같은 브라질 인류학자들의 중요한 참가와 더불어, 이미 1980년대에 제시되었다. 특히 1992년 유엔의 생물학적 다양성 컨벤션을 시작으로 인디오와 여타 전통인구는 중요한 환경지식의 소유자라는 것과 생물학적 다양성의 보존에서 이들이 갖는 역할로 인하여 주목을 받기 시작했다.

교리문답, 문명, 혼혈, 진보, 발전, 동화, 뒤처짐의 극복, 통합 등 인디오와 관련된 정책을 나타내는 단어들이 수세기 동안 다양해졌으나 그 전제는 언제나 서구 문화체계의 우월성이었다. 그들은 자신들 이외의 세계를 자신들 수준으로 끌어올리는 것이 도덕적 의무라고 생각했다. 하지만 분명한 사실은 그렇게 고매한 이상의 결과는, 무차별적인 타자의 제거가 아닌 경우, 많은 인디오 사회의 파괴와, 3류 시민들 사이로 "동화된assimilado" 인디오를 삽입시키는 것이었다.

사회진화론의 그 틈새에 이의를 제기하고 각 사회의 다양성을 인간진화의 한 단계로 축소해서는 안 된다고 주장하다보면 시각이 바뀔 것이다. 1985년 이래 다양성 그 자체가 하나의 가치가 되었으며 오늘날에는 국제법뿐만 아니라 브라질 국내법에서도 명시되고 있다. 200개가 넘는 인디오 사회의 다양성, 그들의 언어와 전통, 그들의 지식체계는 이제 하나의 부로서 그리고 자존심의 원천으로서 생각되기 시작했다.

참고문헌

CARNEIRO DA CUNHA, Manuela (org.). *História dos índios no Brasil*. São Paulo, Fapesp/Companhia das Letras, 1992.

INSTITUTO SOCIOAMBIENTAL. *Povos indígenas no Brasil*. http://pib.socioambiental.org/pt.

MENDES JR., João. *Os indígenas do Brasil, seus direitos individuais e políticos.* Ed. fac-similar. São Paulo, Comissão Pró-Índio, 1980.

TREECE, David. *Exilados, aliados, rebeldes. O movimento indianista, a política indigenista e o Estado-nação imperial.* São Paulo, Nankin/Edusp, 2008.

indùstria cultural: da era do rádio à era da informática no brasil

문화산업: 라디오의 시대부터 정보산업의 시대까지

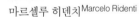

마르셀루 히덴치 Marcelo Ridenti

Marcelo Ridenti

캄피나스주립대학교(Unicamp)의 사회학교수로 재직 중이며 주요 저서로는 『혁명적인 브라질의 속성 - 한 세기의 문화와 정치』(*Brasilidade revolucionária – um século de cultura e política*, Editora da Unesp, 2010)가 있다.

상파울루미술관(MASP) / ©주한브라질문화원

문화산업이라는 개념은 프랑크푸르트학파의 아도르노Adorno와 호르크하이머Horkheimer에 의해 창안되었다. 프랑크푸르트학파는 마르크스Karl Marx, 베버Max Weber, 프로이트Sigmund Freud 그리고 여타 고전적인 학자들에게서 영감을 받아 사회비평론을 만든 것으로 유명하다. 특히 두 사람은 1947년 공동집필한 『계몽의 변증법』(*Dialética do Esclarecimento*)라는 저서에서 최근의 자본주의에서 문화의 문제를 재고하고자 그 개념을 잉태하였다. 그 당시에 2차 세계대전을 피하여 문화산업이 가장 진보해 있던 미국으로 은신한 이들 두 독일인은 미국에서의 경험으로 큰 충격을 받았다.

그들에 따르면 동시대의 문화는, 라디오, 영화, 잡지 그리고 ―당시의 새로운 매체였던 텔레비전처럼― 여타 다른 매체들을 포괄하는 어떤 시스템의 일부를 이루면서, 자본의 힘에 종속되어 있었다. 그 어떤 시스템은, 예술까지 포함하여 모든 것이 일회용 상품으로 탈바꿈하고 전락하는 세상에서, 모든 문화상품에 유사하고 패턴화된 규격을 제공하는 경향이 있었다. 더 이상 예술로 취급할 필요가 없는 대량문화cultura de massa가 탄생한 것이다. 왜냐하면 예술도, 낮은 수준의 문화상품을 시리즈로 생산하는, 사업negócio으로 특징지어졌기 때문이다. 대량문화가 반드시 모든 사회계층estratos sociais에게 동일한 것은 아니다. 즉 시장조사가 가리키는 바에 따라, 각각의 사회경제적 수준별 소비자를 위한, 서로 다른 대량상품의 유형이 존재했다.

레저에서조차도 사람들은, 자신의 리듬을 강요하는 생산 단위에 얽매이게 되는데 그 리듬들은 모든 이로 하여금, 기존 현실의 판에 박힌 일과가 자연스러운 현상이지 사회적 구축물이 아니라는 듯,

그 현실의 판에 박힌 일과를 수용토록 만든다. 문화소비자의 상상력과 자연발생성은 위축될 것이었다. 문화산업의 각 콘텐츠는 사람들을 산업에 의해 전부 규격화된 존재인 양 재생산할 것이다. 문화는, 노동자의 모든 시간과 감각을 자본에 유익한 방식으로 채울 목적으로, 행정적 합리성의 영역으로 넘어가게 된다.

소비자에 대한 통제는 오락에 의해 이루어지는데 후기자본주의에서는 그 오락 공식의 반복이 오락 자체를 노동의 연장으로 만든다. 노동자와 피고용자, 농부와 소부르주아는 몸과 마음 모두 자본주의적 생산에 굴복하게 되며 문화산업이 제공하는 것에 저항 없이 따르게 된다. 그리고 이 문화산업은 일상생활의 반복적 재생산을 천국인 양 약속한다. 현실로부터의 도피일지도 모르는 오락은 노동자로 하여금 그 현실에 대한 일종의 체념을 갖게 할 수도 있다. 그리하여 문화산업은 전 세계적인 광고의 시대에 소비자들이 필요로 하는 것들을 생산하고 이끌며 기강을 잡게 될 것이다. 결국 문화산업은 의식의 획일화uniformização 과정에서의 사회적 통제 수단으로 바뀌게 된다.

이러한 분석에 대하여 많은 논란이 있어왔다. 즉 그러한 분석이, 이미 체념한 것으로 보이는 소비자로 구성된 사회에서, 변화의 가능 영역을 지나치게 좁히는 경향이 있다는 것이었다. 아도르노 자신도 후에 그 분석에 대하여 말을 바꾸었다. 하지만 그 개념은, 그 본래의 공식과 의견을 달리하던 사람들에 의해서조차, 빈번히 이용되기 시작하였다. 오늘날에 와서는, 문화산업의 특정 전문 분야가 문화상품을 폭넓게 생산하고 있는 것이 확인될 수 있다. 그런 의미에서, 그 확인에 어떤 의미가 부여되든 상관없이, 오늘날 전 세계가

"문화산업의 필터"를 거쳐 간다는 것에 대해서는 소수의 사람들만이 의견을 달리하고 있다. 세계체제로서 문화산업은 이제 중심에만 국한하지 않고, 브라질과 같은 사회처럼, 주변부에서도 그 위력을 떨치고 있다.

하지만 문화산업이 선진자본주의에서 문화 그 자체의 형식이라고 하더라도, 최근의 산업화를 이룩하고 있으나 불평등하고 합의된combinado 발전상을 보이고 있는 나라들의 경우에서는, 그 문화산업이 편파적이고 불완전한 방식이 아닌 다른 방식으로 정착될 수 없을 것이다. 그러한 나라에서는, 새로운 사회관계가 자본주의 전 단계pré-capitalista에 나타나는 지속적인 사회관계로부터 분리될 수 없다. 자본주의 전 단계에서는 "뒤처짐"이 "발전"과 구조적으로 분리될 수 없고 또 "고리타분한 것arcaico"이 "현대적인 것moderno"과도 떼어질 수 없는 관계를 맺고 있다. 그러므로 브라질과 같은 사회에서 문화산업의 역사는 곧 산업과 자본주의의 때늦은 수립 그 자체의 역사와도 혼동된다.

세계문화시장에 통합된 국가로서 브라질은 일찍이 국제문화산업의 영향을 받았다. 특히 할리우드 영화가 그러했는데 이 영화들은 1940년대와 1950년대에 브라질에서 널리 상영되었다. 같은 시기 국내에서 생산된 문화의 영역에 전형적으로 자본주의적인 논리가 적용되기 시작하였으며 특히 이와 같은 현상은 시청률이 높은 라디오와 연속극, 공개방송 프로그램에서 두드러졌다. 그리하여 리우데자네이루 국립라디오방송국이 주도한 대중커뮤니케이션 시스템이 창출되었다. 하지만 이 시스템은, 기술적으로 그 영향권이 한정된, 지역적 기반에 머물렀다. 예를 들어 상파울루에서는 주파수를 맞추기가 어려워 국립라디오방송사의 방송이 거의 잡히지 않았으며 지역 방송사들이 그 시장을 장악하였다.

또한 그러한 맥락에서 출판 산업도 삽화와 사진이 포함된 잡지, 신문, 사진소설과 함께 확장되었는데 서점 부분은 이에 포함되지 않았다. 서점 부분은 1940년대 확장된 이후 성장에 어려움을 겪고 있었고 단지 1950년대 후반에 가서야 재확장될 수 있었다. 영화 산업의 경우는 산업화 시도가 있었다. 1941년 리우데자네이루에서 주로 하류작품 제작사로 출범한 아틀란치다 회사Companhia Atlântida와, 1949년 상파울루에서 탄생하여 1954년 파산한 베라 크루스 회사Vera Cruz가 그 예이다. 이에 반해 브라질희극극장TBC, Teatro Brasileiro de Comédia이, 기술적이고 예술적인 질에서뿐만 아니라, 예술 경력의 자동화 가능성으로서의 기업적 질에 있어서, 그 분야에 이정표가 되었다.

브라질이 텔레비전에 있어서 선구적 국가였다는 것은 이미 잘 알려진 사실이다. 1950년 상파울루에 이어 1951년 리우데자네이루에서 텔레비전 방송국이 설립되었다. 하지만 1950년대는 TV 기술이 거의 발달되지 않았을 뿐만 아니라 수상기의 대부분이 수입됨으로써 높은 가격을 유지했기에 시청자의 수도 아주 제한적이었다. 또한 텔레비전 기업들의 상업적 마인드도 완연히 정착되지 않았다. 그들의 경영마인드는 선진적이지 못했는데 예를 들면 시간 사용에 있어서나 광고 기술에 있어서 그리고 공개방송의 완성도에 있어서도 프로정신을 찾기가 매우 어려웠다. 프로그램은 대중문화의 성격이 짙어서 특정 시청자들을 위한 TV연구에서부터 공개방송 및 연속극에 이르기까지 다양하였다. 하지만 TV를 시청하는 습관 역시 공고해지지는 못했다.

상황이 급하게 변하기 시작했음에도 불구하고, 1940~1950년대에 문화산업의 완연한 발전을 가능하게 할 물질적 여건은 아직 부족한 상황이었다. 예술뿐만 아니라 문화적 소비를 위한 일반인들을 양성formar하기에는 어려움이 있었다. 대중의 학력이 낮았던 것이다. 초등교육 차원에서 높은 문맹률이 존재했다. 1940년 인구조사에 의하면 전체 국민의 56%가량이 문맹이었으며 1960년에는 39%로 떨어졌다. 이처럼 체감할 수 있을 정도로 많이 나아지기는 했지만 문맹률은 여전히 높은 편이었다. 국민의 중등학력도 낮았는데 신국가체제(1937~1945)가 끝나던 시점까지 정부는 대다수 국민에게 최대한 알파벳교육과 몇 년간의 초등교육과정이라도 이수할 수 있도록 지원을 했다. 그 결과, 브라질 지리통계원의 자료에 따르면, 1940년대에서 1950년대로 넘어오면서 브라질 중등교육 등록자 수가 260,202명에서 477,434명으로 뛰어올랐다. 고등교육의 경우는 아주 극소수 사람들만이 진학하였는데 최소한 1939년대까지만 해도 상파울루대학교의 법대와 헤시피 법대와 같은 전통적인 정규과정들이 단과대학별로 분리되어 존재했다. 브라질 사회의 현대화에 걸맞은 대학교육 시스템은 1934년 상파울루대학교의 개교를 출발점으로 1940년대에 들어서서야 그 밑그림이 그려지기 시작했다.

열악한 교육환경 이외에도 문화산업의 확장을 제한한 또 다른 물질적 조건은 1950년대까지 거의 64%에 달했던 농촌인구의 우세였다. 그럼에도 브라질 사회는 가속적인 도시화 과정을 겪었다. 브라질 지리통계원의 인구조사에 따르면 1970년 도시 거주민의 비율이 실제 56%에 달하였다. 1950년대부터 1970년대 기간에는 도시화와 산업화 그리고 현대화의 과정이 시작된 시점으로, 이것이 브라질에서 완연히 발전된 문화산업의 정착을 위한 초석을 제공하였다.

그리고 최소한 1950년대까지 또 다른 제한적인 여건이 있었다면 그것은 사람과 재화의 물리적인 이동뿐만 아니라, 텔레커뮤니케이션에 있어서도 도시들과 주州들 간의 소통에 어려움이 있었다는 것이다. 이로 인하여 전국적인 차원에서의 문화적 통합은 낮을 수밖에 없었다. 게다가 브라질 사회는 자본주의적 합리성을 보편화하는 어떤 구성과 조합이 부족하였는데 예를 들면 경영마인드가 아직도 완전히 형성되지 않았다는 것이다. 경제, 사회, 문화발전에 이와 같은 제약이 따름으로써 예술가들이 자신의 직업으로 먹고살기가 어려운 상황이 연출되었다.

요약하자면 1940년대와 1950년대에는 아직 브라질 사회에, 문화산업의 완연한 정착에 필요한, 문화적 재화의 거래시장이 공고해지지 않았다는 것이다. 문화산업의 완연한 정착은 단지 1960년대 중반에 와서야 이루어지게 되는데 이때는 군사독재가 자리를 잡았던 시기였다. 주지하다시피 브라질에서의 근대성 구성은 1930년대를 중심으로 20세기 내내 산업화와 도시화, 산업-금융단지의 설립, 중산층의 증가, 유급노동과 농촌에서의 자본주의적 합리성 증가 등과 더불어 일구어진 하나의 과정이었다. 1964년 쿠데타는 권위주의적인 특수성과 함께 현대화를 실현하였다. 그리고 근로자의 권리를 뿌리째 제거해버린 강력한 국가의 투자와 더불어, 국제자본에 연계된, 보수적인 현대화를 이행하였다.

1987년 헤나투 오르치스Renato Ortiz가 자신의 저서 『근대브라질의 전통』(*A Moderna Tradição Brasileira*)에서 밝힌 바에 따르면 독재기간 동안 국가의 정책으로 혜택을 받으면서 그 이름값에 걸맞은 하나의 문화산업이 창출되었다. 그때부터 TV산업뿐만 아니라 신문, 잡지, 연재소설, 서적, 시리즈물을 포함한 인쇄산업과 표음식 철자 산업이 급속히 확산되었다. 광고사들이 빠른 속도로 성장하였으며 1960년대부터는 광고기법들이 첨단화되었다. 정부 역시, 활짝 핀 대중커뮤니케이션매체의 사업에서 주된 광고주 중 하나가 되었다. 이때 대중커뮤니케이션매체는 기업적 합리성을 지닌 국제 패턴에 맞춰 점차 관리되고 있었다.

군사정부들은 정치적 억압과 검열을 자행함과 동시에 민간부문의 이니셔티브를 자극하거나 아니면 직접 활동하면서 커뮤니케이션 문화 분야의 현대화 노력을 명확히 추구하였다. 특히 글로부Globo사를 포함하여 거대한 텔레비전 네트워크들이 전국적 규모의 프로그램들을 제공하면서 등장하였다. 그들의 프로그램들은 1965년과 1967년, 각각 국영통신공사Embratel와 통신부Ministério das Comunicações가 창설됨으로써 가능해졌다. 또한 정부차원에서 다른 텔레커뮤니케이션 기관들이 등장하여 전 국토의 통합과 안전을 도모하였다. 이 기관 중, 연방문화심의위원회Conselho Federal de Cultura, 국가예술재단Funarte, 영화공사Embrafilme, 국립 극장Serviço Nacional de Teatro 그리고 국립서적원Instituto Nacional do Livro과 같이 문화를 장려하는 국영기관이 두각을 나타내었다. 그리하여 사회학자인 가브리에우 콩Gabriel Cohn과 그의 제자 몇 명이 쓴 선구적 작품들에서 엿볼 수 있듯이, 1970년대에 들어 브라질의 사회학 부분이 문화산업과 그 산업의 브라질 사회 내부로의 천착을 이해하기 위해 노력하기 시작한 것은 우연한 일이 아니었다.

사회적 불평등과 정적政敵에 대한 억압이 심화되고 있었음에도 불구하고 권위적인 현대화는 문화소비를 위한 일반인들을 형성하는 데 성공하였다. 그것은 주로 중산층의 확대와 모든 종류의 상품을 구매하는 데 필요한 구매력으로 가능해졌으며 그 결과 종종 검열감시를 피하곤 했던 현실참여 문화 생산을 위한 시장의 틈새까지 창출되기에 이르렀다. 하나의 시스템으로서의 문화산업이 발전하기 위한 물질적인 한계들도 느슨해졌다. 즉 브라질 경제가 성장하고 다양화되었으며 또 합리적이 되었던 것이다. 나아가 사회의 도시화와 학교를 다니는 사람들의 수 증가, 대학의 팽창, 텔레커뮤니케이션과 도로시스템의 확대 그리고 지적 분야와 예술 분야의 점진적인 프로화가 진행되었던 것이다, 자본주의적 합리성을 일반화한 통합적 성격이 이미 1980년대 민주주의의 회복 과정에서 공고히 되었으며 이 무렵 문화시장은 생산과 분배 그리고 소비에서 전국적인 차원의 놀라운 규모에 이르렀다.

오늘날 컴퓨터정보시대에, 개인용 컴퓨터와 인터넷 그리고 모든 형태의 인터엑티브 재원의 사용은, 브라질 사회에서 엄청난 파워와 중요성을 지니고 있으며, 기 정착한 문화산업에 새로운 문제점들을 안겨주고 있다. 언론, 라디오, 음악 및 영화제작 그리고 이후 인터넷과 여타 문화 사업에서 활동 중인 글로부 방송사Rede Globo와 더불어, 브라질 문화산업은 이미 영화가 아닌 텔레비전에서 자신의 할리우드 세상을 만났다.

현 문화산업이 달성한 그 폭이 확인된 만큼, 아도르노와 호르크하이머의 이론 정립을 위한 분석의 활용을 통해 그 문화산업을 다양하게 해석할 수 있는 길이 열려 있다. 이것은 2002년, 에스터 햄

버거Esther Hamburger가 코멘트한 광범위한 도서목록평가에서 확인할 수 있다. 헤게모니적 문화의 패턴들을 전파하면서 자본주의적 논리가 문화영역에 부여한, 의식을 소외시키는 성격을 강조하는 연구들이 있다. 다른 연구들은 바로 그 문화산업의 내부에서 그러한 패턴들에 저항하는 시도들을 강조하기도 한다. 그리고 담론적인 내용에는 덜 관심이 있지만 생산자와 소비자 사이의 관계에 더 많은 관심을 가지면서 다른 각도에서 이 주제를 부각시키는 제3의 연구들도 존재한다.

몇몇 학자들은 아도르노의 이론을 따라 문화산업에서 동질화와 사회적 통합 경향을 포착하며, 다른 학자들은 텔레비전 프로그램에서처럼 주관성과 차이를 확인할 수 있다고 주장하면서 그 반대 경향을 지적하는 경우도 있다. 또 어떤 이들은 문화의 산업적 생산을 강조하고 또 어떤 이들은 시청자의 수용적인 측면을 설명하기도 한다. 이들에 따르면 시청자들은 —자포자기적 방식이 아니라— 자신들에게 건네지는 메시지들을 창의적으로 해석할 수 있다면서 무엇보다도 이들이 천편일률적인 방식이 아니라 잠재적인 의미의 여러 다양성을 끄집어낼 수 있다고 주장한다. 커뮤니케이션의 변별적인 국면으로서 메시지가 지니는 발신과 수신에 대한 기존의 가정들을 넘어, 네트워크들의 구성과 상호작용 그리고 대화를 출발점으로 하여, 동 테마를 정립할 수도 있을 것이다. 결국 문화산업의 문제는 현대 사회, 특히 브라질 사회를 이해하는 데 있어서 지속적으로 현재적이자 논란이 많은 상태로 남아 있다.

참고문헌

ADORNO, Theodor e HORKHEIMER, Max. "A indústria cultural: o esclarecimento como mistificação das massas". *In:*_______ . *Dialética do esclarecimento — fragmentos filosóficos*. Rio de Janeiro, Zahar, 1985, pp. 113-56.

COHN, Gabriel. *Sociologia da comunicação — teoria e ideologia.* São Paulo, Pioneira, 1973.

HAMBURGER, Esther. "Indústria cultural brasileira (vista daqui e de fora)". In: MICELI, Sergio (org.). *O que ler na ciência social brasileira* (*1970-2002*). São Paulo, Sumaré/ Anpocs, 2002, pp. 53-84.

ORTIZ, Renato. *A moderna tradição brasileira — cultura brasileira e indústria cultural.* São Paulo, Brasiliense, 2009 (1ª ed. 1987).

SCHWARZ, Roberto. "Cultura e política, 1964-1969". *In:* _____ *O pai de família e outros estudos.* Rio de Janeiro, Paz e Terra, 1978, pp. 61-92.

intelectuais: perfil de grupo e esboço de definição

지식인들: 그 그룹의 프로필과 대략적인 정의

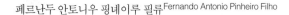

페르난두 안토니우 핑네이루 필류Fernando Antonio Pinheiro Filho

Fernando Antonio Pinheiro Filho

상파울루대학교(USP) 사회학과 교수로 재직 중이며 국가과학기술발전위원회(CNPq)의 연구원이기도 하다.

브라질 문학아카데미의 21번째 정식회원으로 취임한 아도니아스 필류(Adonias Filho)의 모습(왼쪽)

우리가 일반 상식의 언어로 '지적인'이라는 말을 사용하는 것처럼, '지적인'이라는 표현은 어떤 자격의 뜻을 내포한다. 이 용어의 수용과 관련하여 하나의 좋은 예를 1914년 언어학자인 오귀스탱 카르토Augustin Cartault가 쓴 이 테마에 대한 초기 연구에서 찾아볼 수 있다. 이 연구에서는 매우 가족적인 차원에서의 어떤 자격을 언급한다. "우리가 그 용어를 타인에게 적용하면 그것은 종종 어떤 아이러니로 들리기도 한다. 하지만 타인이 우리에게 그 용어를 적용하지 않는다면 우린 종종 굴욕감을 경험하게 된다. 그리고 만일 우리가 그 표현을 아주 열린 마음으로 받아들이지 않으면 그것은 허영이라고 비난받을까봐 겁이 나서 그런 것이다"(Ory & Sirinelli, 2004) 카르토의 작품 제목은 『지식인 - 심리적 · 도덕적 연구』(*O intelectual - um estudo psicológico e moral*)이다. 이것은 근대에 대한 연구와 더불어 어떤 실질적인 사회 카테고리를 암시하며, 한편으로는 그것의 주관적인 속성에서 출발하여 그 카테고리를 이해할 것을 주문하고 있다. 그 첫 번째 양상을 심도 있게 분석하는 어떤 정의를 보다 잘 그려보기 위하여 우리는 지난 100년간 인문학이 생산한 몇몇 분석을 추적해보고자 한다. 이 분석들은 우리로 하여금, 많은 양가적 의미에 물든 그 양상을 보다 선명하게 해줄 것이다. 아니면 그 양가적 의미 중 하나가, 완전히 외적인 많은 사람에 의해 획득된, 그 신분적 지위를 밝혀줄지도 모른다. 사실 '지적인'이라는 용어가 내포하는 그 신분적 지위는 다른 많은 사람에 의해 거부되기도 했는데 바로 자신의 거부행위에 의해 스스로가 그러한 신분적 지위를 갖고 있음을 증명하고 있다.

무엇보다도 먼저, 지식인에 대한 100년의 연구가 의미하는 바는,

인위적인 것이 아니라는 것을 밝혀둔다. 그것에 대한 연구는 부분적으로 그 지식인 그룹의 탄생 날짜 혹은 최소한 그러한 이름을 부여한 날짜와 일치한다. 즉 '지식인'이라는 단어는 1898년 1월 13일 에밀 졸라Émile Zola가 〈로로르L'Aurore〉지에 기고한 글을 지지하던 사람들을 지칭하기 위해 프랑스 언론이 처음 유통시켰다. 이 기고문에서 에밀 졸라는 알프레드 드레퓌스Alfredo Dreyfus 대위를 스파이 행위로 부당하게 처벌한 기소 건에 대하여 재고再考할 것을 요구하고 있었다. 드레퓌스 지지자들은 자신들이 어떤 보편적 가치를 갖고 있는 자들이며 그 가치를 추구하는 사람들이라면서 공개적으로 그 사건에 개입하고 나섰다. 이들은 자신들이 갖고 있던 지식이, 자신들의 도덕적 권위의 독보적 원천이라고 주장했다. 하지만 비록 그러한 상황들 ―보편적인 것에 호소하고 도덕적 분노를 표출하며 어떤 대의명분에 공개적으로 끼어들면서 지식을 권위의 형태로 치장하는 것― 이 지식인들의 첫 자기표현을 나타내는 이정표로 작용하고 있다고 해도 삶의 방식, 즉 그 지식인 그룹이 세계와 맺고 있던 특별한 관계가 드레퓌스 사건으로 갑자기 등장했다는 것은 아니다. 이 문제와 관련하여 우리는 억압받는 민중의 대변인임을 자처하며 체제에 급진적인 비판을 가했던 러시아 이론가 겸 문인들을 기억할 것이다. 1840년대에 이들은 인텔리겐차intelligentsia라는 명칭을 부여받았는데 이 용어는 그때 유배되었던 자들에 의해 서방으로 곧장 수출되곤 했다. 아니면 1910년대 자신의 저서를 통하여 고대 종교에서 지적인 삶의 가장 보편적인 구조와 패턴을 찾고자 했던 사회학자 막스 베버Max Weber의 노력을 살펴보는 것이 도움이 될 수 있을 것이다.

베버는 전근대 세상의 많은 상황에서 사제와 예언자가, 구원을 목적으로 하는 상징재화의 생산과 관리를 의미하는, 특별한 권력을 가지고 있었다는 점에 주목하고 있다. 그 문화적 권력은 모두가 수긍하는, 현실의 공식적인 정의를 뒷받침하는, 어떤 합법적 관점의 구성으로 나타난다. 그러한 사회적 형성의 전형적인 경우가 인도 카스트제도의 근간인 힌두교이다. 인도 사회의 최고 높은 사회계층인 브라만은 성전에 접근하는 독점권 덕분에 문화적 권력을 장악하고 있으며 지식의 독점은 그들 권위의 발원지이다. 그들이 누리는 사회적 지위는, 그들의 처신이 전형적인 "돈의 권력"으로부터 거리를 두려는 조심성과 직접적인 관련이 있다. 즉 브라만 "지식인"은 행동하는 인간이 아니라 삶에 대한 명상적 지도를 수행하는 사람들이다. 그것이 수호자의 의미이다. 세속적인 문제들로부터 거리를 두고 물질적인 얻음에 무관심한 것은, 구원을 보장할 수 있는 처세와 삶과의 관계 유형을 통제하는 데 있어서 전문가라는 자격을 의미한다. 그리하여 그들은 정치적 권력에 접근하며 하위계층에 대한 자신들의 지배를 공고히 하는 것이다. 다시 말하면 사회적으로 소외된 사회계층들은 자신의 운명을 받아들이는데 왜냐하면 그들은 자신의 상위계층 사람들에게 하나의 권위유형이 존재함을 인정하기 때문이다. 그 권위유형은 하위계층 사람들이 갖고 있지 않은 어떤 지식의 소유와 연결되어 있다.

베버를 따라서, 지식인의 특징을 짓는 데 결정적인, 두 개의 축을 한정시켜 분석해보자. 첫 번째 것은 어떤 질서ordem를 적법화하는 존재로서의 지식인들이 등록된 정치적 기록이고 두 번째 것은 상징재화를 생산하고 전파하는 그들의 행위를 묘사한 것으로서 이것은 세상의 급박한 일들에 대한 거리로 표시된다.

앞서 언급한 첫 번째 축은 마르크스적 전통과 연계된 해석에서 강조된다. 그 해석들은 지식인을 사상가ideólogo로, 다시 말하면 정치적 계급투쟁에서 무기를 생산하는 전문가에 비유한다. 이것은 자본을 장악하고 있는 계층의 특수한 이해관계를 보편적인 진리 형태로 위장하고 불평등을 영구히 하는 대표행위이다. 이탈리아의 정치 철학자인 안토니우 그람시는 1930년대 자신의 글에서 "헤게모니" 형태로 어느 계층을 지배하는 것에 대하여 사고한 바 있다. 그 헤게모니란 일련의 어떤 가치들에 대한 복종을 강요하는 지도력을 의미하며 그것이 효력을 발휘할 때 가장 보편적인 문화 차원에서의 공감대가 형성된다. 주목할 것은 그 단계가 투쟁의 장으로서, —두 개의 예를 든다면— 학교와 노조와 같은 제도권을 겨냥하는, 어떤 투쟁의 일시적인 용어로 이해된다는 것이다. 또 그 투쟁은 그 주역으로서 각 사회계급의 지식인 파벌을 지목한다. (그람시는 이들을 유기적 지식인이라고 부른다.) 이리하여 지식인은, 헤게모니의 공감 형성과 정복을 위한 투쟁에서, 정치적 전선을 얻게 된다.

같은 시기에 칼 만하임Karl Mannheim은 베버 및 마르크스Karl Marx 전통과 대화를 하면서, 자신의 저서인 『이데올로기와 유토피아』(*Ideologia e utopia*, 1936)에서 지식인을 분석하기 위한 새로운 키워드를 제안한다. 현실에 대하여 다양한 그룹이 갖고 있는 관점은 그의 사회적 포지션이 갖는 기능이며 자신의 상징적인 필요에 따라 지배자와 피지배자 사이의 분리를 설정한다. 지배자는 자신들의 지위를 합법화하는 이데올로기 생산에 관심을 가진다. 반면에 피지배자는 유토피아적 방향설정을 통해 그 질서에 대항하는 논리들에 관심을 가진다. 그러면 지식인은, 다양한 이데올로기적 경향 사이에서 하나의 종합síntese을 수행하는 것에 기초하고 있는, 자신의 사회적 뿌리를 지움으로써 "유동적인 사회계급"으로 입장을 취하게 될 것이다. 이처럼 지식인의 자리를 차지한다는 것은, 이율배반적antagônicas인 계층 가운데 한 계층과의 관계에서 거리를 둔다는 의미이다. 그 관계가 태생적이든 선거를 통한 것이든 상관없다. 지식인은 이러한 거리두기를 통하여, 어쨌거나 사회계층 전체의 이해관계를 옹호해야 할 사람으로 변신하게 된다. 이것은 단지, 이데올로기적 연결고리의 상실로 상호비판과 반대관점 사이의 타협이 허용됨으로써, 사회계급의 개별성particularismo을 극복하는 경우에만 가능하다. 그러한 양상에서 리얼리즘이 빠져 있다며 만하임 이론을 비판하는 사례가 있는데, 그의 이론을 비판의 표적으로 만드는 것은 다름이 아니라 계급의 이해관계에 대한 지식인의 "이탈desligamento"이라는 가정이다. 좀 더 보편적으로 말하자면, 20세기 후반기부터 지식인에 대한 분석은 개인적인 프로젝트와, 그 프로젝트의 사회에의 적응 사이에서 중재를 찾는 쪽으로 흐르고 있다. 그렇기에 사회학자인 피에르 부르디외Pierre Bourdieu는 지식인의 독특한 표지를, 사회적 연결 지우기로서, 가변적으로 수용하는 걸 피하고 있다. 지적인 실천행위의 정치적인 의미와 관련하여, 지식인의 독특성은 우선 동 계층이 경험하고 있는 상황의 양가성에 있을 것이며 이 부분은 더 분석할 가치가 있다.

부르디외는 고단위로 차별화된 현대사회를 소우주들의 집합으로 구성된 사회로 본다. 그리고 이 소우주들은, 그 자체의 원칙에 따라 쟁탈전에 휘말린, 어떤 특수한 선bem으로 구성되어 있다고 본다.

소우주들로 대변되는 그 사회영역들campos sociais 각각의 역사는 여타 다른 영역들의 원칙들에 대한, 특히 경제와 정치 세계의 원칙들에 대한, 늘 상대적인 자율성 획득의 역사이다. 이러한 방식으로 지식인의 영역campo intelectual이라는 것이 생각되어질 수 있다. 그 영역은, 자신의 어떤 세계관을 강요하기 위한 합법적 권위를 추구하는 과정에서 부딪히게 되는, 다양한 지식 담지자 사이의 관계 공간이다. 지식인의 영역은 발전과정에서, 자신의 제도영역들(대학은 자신의 가장 특수한 공간이 된다), 자신의 신성화 메커니즘들, 자신의 우월적인 위계질서들을 생산해낸다. 이것들은, 동 영역 외부의 위계질서에 비하여, 독자성을 추구하는 경향이 있다. 한편으로 그 문화적 자본capital cultural의 쟁취는 헤게모니 게임에 진입하기 위한 조건으로서, 가장 즉각적인 물질적 압력들로부터 어느 정도 거리두기라는 일종의 특권을 요구한다. 이 때문에 지식인은 종종 엘리트 계층의 일원이다. 하지만 그의 존재 논리는 재정적인 소득에 비하여 지식의 축적에 우선권을 준다. 필자의 관점에서 볼 때 지식인은 경제적인 지배엘리트의 피지배 분파에 속한다. 그의 지위는, 오랜 역사 내내 아주 빈번하게 그 자신이 대표로 접근하였던, 경제적 피지배자의 지위와 대칭적 조화를 이룬다. 그와 동시에 그는 어떤 형태로든 그 엘리트 계급에 종속된다. 만일 우리가 그러한 상황을 상호 연관성이 있는 역설의 차원에서 생각하고자 할 경우 다음과 같은 결과를 얻게 될 것이다. 첫째, 지식인들은 "무관심에 대한 관심"을 과시한다. 즉, 그들에게 최우선적으로 적합한 보상유형은 즉각적인 물질적 성격이 아니라 상징적 성격을 지닌다. 둘째, 두 성격 사이의 끝없는 이율배반은, 서로 경쟁하는 이해관계 사이의 종합을 지향하는 것과는 거리가 멀게, 적개심이 깔린 어떤 공모, 즉 동 영역의 단결을 강화하는 공감대를 표출한다. 다시 말하면, 어찌되었든 경쟁의 대의명분이 중요하다는 것, 혹은 달리 말하면, 헤게모니 게임 상태에 있는 개별적 이해관계의 정당성에 대한 공모를 뜻한다.

이러한 해석에 근거하여 우리는 지식인에 대한 정의를 보다 정교하게 할 수 있다. 우리가 본 바에 따르면 그 지식인은 어떤 사회계층을 형성하고 있지 않다. 또한 정확히 어떤 사회적 직업 그룹에 부합하지도 않는다. 그들을 특징짓는 것은, 문화적 차원에서 관념적이든 미적이든, 어떤 '작품'과의 관계이며 그 관계에서 그들은 주체이거나 중개자이다. 그 작품이, 물질적 필요성이 내포하고 있는, 가장 즉각적인 압력으로부터 거리두기를 요구하는 것은 그의 헌신에서 나오는 것으로서 이것은 그들이 갖고 있는 특권의 일부이기도 하다. 하지만 그 작품이 그들 자신의 이해관계를 위한 투쟁으로부터 그들을 면제시키는 것은 아니다. 다른 한편으로 그러한 유동적인 것들의 합력合力은 공적인 종착지를 갖고 있다. 그리고 그 주체들은, 참여의 정도를 달리하면서 도시문제에 대한 토론에 개입하는 등, 자기 시대의 정치 사회적인 프로세스들의 주체이기도 하다. 그 외에도 지식인은, 일종의 수단적이며 감정적인 관계 패턴을 갖고 있는, 어떤 집단에 속하며 자신에게 다양한 수준의 자율성과 함께 물질적인 공급을 보장하는 제도적 장치들을 소유하고 있다(대학과 일반적인 미디어, 출판사, 학술연구소, 예술협회). 우리가 살펴보았듯이 그러한 양상은 이미 근대적 지식인이 탄생하던 상징적 순간에 분명히 드러났으며 그때부터, 그 양상 가운데 상황에 따라 이것저것이 강조되듯, 지속적으로 자신의 모습을 바꾸어왔다는 점에 주목할 필요가 있다.

사회학자인 뒤르켐Émile Durkheim은 드레퓌스 사건을 재고하자는 움직임에 가담하는 글에서 다음과 같이 지식인을 정의하고 있다.

> 지식인은 지식에 대한 독점권을 가지고 있는 사람이 아니다. 물론 지식이 필요하지 않은 사회적 기능이란 없다. 하지만 그와 동시에 지식이 수단이자 목적이요, 기구이자 목표인 사회적 기능은 존재한다. 지식은 지식을 확장하기 위해 이용된다. 그러니까 지식과 사상 혹은 새로운 감정으로 지식을 풍요롭게 하기 위해 이용된다. 결국 지식은 그러한 직업들(예술, 과학)에게 있어서는 모든 것이다. 그리고 지식은, 그것에 헌신하는 사람을 지식인이라고 부르는 것으로 자연스럽게 끝나는, 그 특별성을 표현하기 위한 것이다.

뒤르켐의 의견은 지식인의 윤리적 차원을 강조하면서 어떤 특정한 견해를 예시하고 있다. 지식인은 그 예시를 물려받은 자이며 이성이라는 이름으로 일반 대중을 지향하는 예시의 상속자이기도 하다. 자신의 선배인 18세기 철학자와는 거리가 먼, 그의 전형적인 활동 공간은, 문학 살롱과 서클에서 대학과 언론으로 옮겨갔다. 지식인의 지위를 구축하는 가장 폭넓은 변화 중, 아주 간략하게나마 문화 직업전문가들의 전문화와 지식의 상대적 파편화를 강조할 필요가 있다. 여론에 틀을 부여하는 출판과 언론세계의 발전, 공개토론에서 사전事前 포기를 관리함으로써 자유민주주의를 공고히 하는 것 등이 그것이다. 이 새로운 환경에서 어느 정도 이상화된 과거의 견해는 어떤 연루의 역학에 의해 현재의 문제들과 대비된다. 이 현재의 문제들은 1930년대 이래 노골적인 사상적 입장표명 간의 분열을 내포하고 있다. 이러한 상황은 냉전에서 지속된다. 전후 시대에서 현실참여는 지식인의 어떤 의무가 되어버렸다. 이러한 상황의 상징적인 인물이 철학자 사르트르Jean-Paul Sartre이다. 그는 항구적인 현실참여 행동을, 일시적인 개입을 넘어선, 동원의 윤리로 만들고 있다. 게다가 그는 문학작품을 당대의 현실에 대한 개입의 수단으로 이해하고 있으며, 마르크스주의와 더불어 당대 지식인 세계에서 가장 견고한 기준을 형성한 자신의 사고체계, 즉 실존주의를 정립하고 있다. 1960년대 이래 사회과학은 프랑스에서 잉태된 구조주의의 물결과 함께 철학체계들에 대한 구성력을 얻게 된다. 그리고 앞서 언급한 전문화 운동과 병행하여 연구자들은 협소한 경쟁 분야인 지식세계에서 자신의 위치를 획득한다.

기준체계들은 1970년대 이래 크게 증가하였다. 그리고 사회주의 수립 시도들이 실패함으로써 지식인층 다수의 비판적인 충동 기반이 무너진다. 그리하여 문제시되던 그들의 정체성에 위기를 불러일으킨다. 그러한 움직임 속에서, 현행 사회 체계를 보다 완벽히 하려는 지식인들의 일부 또는, 보다 솔직하게 말한다면 사회의 조직화를 위해 유일하게 경쟁력이 있는 차원으로서, 시장의 합리성을 영구히 하려는 지식인들의 일부가 활동 공간을 확보하기에 이른다. 이것은 차원의 변화(그람시Antonio Gramsci는 헤게모니의 교환이라고 부를 것이지만) 문제로서 지식인의 위축으로 해석된다. 그 차원의 변화는, 사회질서를 위한 비판이 혹시나 가지고 있을지 모르는 파괴적인 성격을 고발함에 있어서, 이데올로기적인 자신의 견해를 드러낸다. 아울러 '인텔리겐차'가 가담하는 사회적 헤게모니 게임의 조직구조를 증명하는 연구들에서, 자신의 분석견해를 표출한다.

결국 미디어의 팽창과 다양화 그리고 디지털 매체들의 도래가 사고의 전파를 위한 새로운 가능성을 열고 있으며 이것은 지식인에게도 부여되는 독특한 형태의 악명을 낳는다. 물론 이것이, 그들과 유사한 자들에 비할 때, 항상 그들의 직업적 권위에 부합하는 것은 아니다. 즉 "미디어에 자주 모습을 드러내는 인사"라는 새로운 인물을 얘기하는 것으로서 이 인물은 일반적으로 미디어의 요구에 복종하거나 아니면 자신의 현실참여를 관리하면서 미디어에 아첨하는 자들로 학술계에 비춰진다. 혹은 다른 관점에서 보면, 그는 자기 생산물의 홍보수단으로서 미디어를 이용하는 자로서, 그 지지대가 없다면 학계 내부에서는 무익한 것으로 지탄받을 논란들을 초월하고자 한다.

여기까지 우리는 유럽 모델에 집중되어 나타나는 것으로서, 사회그룹으로서의 지식인이 가지고 있는 가장 보편적인 속성들을 살펴보았다. 이제 역사적인 개별성은 인정하더라도, 그러한 특성들이 국가적 지식체계의 형성과정과 일치한다는 가정 하에, 브라질 경우의 특수성을 생각해보는 일이 남아 있다. 자칫 식민시대로 거슬러 올라갈 것을 요구할지도 모르는 완전한 복구를 시도하지는 않을 것이지만 우리는 브라질의 경우를, 그 지식인그룹의 탄생 이정표인, 그 식민기간에 맞춰 생각해볼 수 있을 것이다.

그러므로 브라질 지식인층의 등장은 중심과 주변 사이의 종속관계 관점에서 이해할 필요가 있다. 보다 엄밀히 말하자면 그것은 식민시대 이후의 새로운 질서 구축과 관계가 있다. 이 새로운 질서 구축은, 정계에 뛰어든 문인과 광고인이 유럽과 미국에서 생산된 사고들을 수용하고 순응하는 데 호기를 제공하였다. 조아킹 나부쿠Joaquim Nabuco와 후이 바르보자Rui Barbosa 같은 사람들로 구성된 이른바 "1870년 세대"는 인상 깊게도 자신들의 지적 능력을, 정치적 투쟁에서 자기입지의 상대적인 불리함을 보상하기 위한 수단으로 삼았다. 수십 년 동안 지식인층은 국가가 만들어준 기회에 얽매여 있었다. 그리하여 정치엘리트들 중에서도 가장 독립적인 엘리트의 구성은 산업화의 도래에 맞춰 이루어지게 된다. 엘리트 계층은 그 산업화로 인하여 유능한 지도자들을 양성하기 위한 제도를 추진하게 된다. —브라질의 첫 대학교가 1934년 개교되었음을 기억하도록 하자. 그 기간 동안 문학상의 모더니즘이, 지식인 리더로서 **문인과 예술가 상**을 설정하는 데 공헌했다(그런 의미에서 마리우 지 안드라지Mário de Andrade가 상징적이다).

라틴아메리카에 공통되는 것이지만, 브라질 경우의 다른 특별성은 국가를 분석하고 해석하는 작품들의 구심성에 있다. 1930년대와 1940년대 사이에, 그중에서도 초기에, 그 문학은 국가형성의 문제를 중심으로 한 실험적 시도로 특징지어진다. 1933년 지우베르투 프레이리Gilberto Freyre가 쓴 『농장주의 대저택과 노예의 집』(*Casa grande & senzala*), 1936년 세르지우 부아르키 지 올란다Sérgio Buarque de Holanda의 『브라질의 뿌리』(*Raízes do Brasil*), 1942년 카이우 프라두 주니오르Caio Prado Júnior의 『현대 브라질의 형성』(*Formação do Brasil Contemporâneo*)과 같은 고전이 그것이다. 학술적 지식인들의 직업적 전문화가 전개됨으로써 사회과학의 방법들로 경계가 보다 확실해진, 또 브라질 사회의 현대화에 대한 이해에 집중된, 학술작품 유형으로 이동이 발생한다. —그 좋은 예 가운데 하나가 1950년대 이후 상파울루대학교의 플로레스탕 페르난지스Florestan Fernandes와 그의 그룹들이 내놓은 작품들이다. 그 기간은 또 브라질의 경제 사회 발전을 자극하는 것이 시급한 시기였다. 이를 위한 실질적인 과업은 라틴아메리카에서 자본주의가 공고화된 방식을 이론적으로 분석하는 것이었는데, 이 과업은 라틴아메리카 경제 위원회CEPAL(1949년 칠레에서 설립됨)와 같은 기구들에 의해 진행되었다. 이 기관에서는, 브라질의 경제학자 세우수 푸르타두Celso Furtado와 브라질의 사회학자 게헤이루 하무스Guerreiro Ramos가 주도한, 브라질 고등문제연구원ISEB(1955년 리우데자네이루에 설립된 교육문화부 산하의 기관)의 활동이 두각을 나타냈다.

주지하다시피 20세기 후반기는 지식계의 제도화가 강력히 추진되던 시기였다. 그것은 1964년 수립된 군정에 의해서조차 중단된 적이 없었다. ― 학자들과 예술가들에게 강하게 몰아닥쳤던 박해에도 불구하고 군부독재는 대학원 시스템을 확대하였으며 정치적인 이유로 물러났던 교수들이 1969년 설립된 브라질 분석 및 기획센터Cebrap와 같은 연구기관에 집결할 기회를 제공하였다. 결국 브라질의 민주화는, 1980년대 세계적인 차원에서 이루어진, 지식인 세계의 비슷비슷한 체제 재순응을 촉발시킨 사건으로 비춰질 수 있다. 브라질에서 발생한 체제 재순응의 특징은, 자기 연구 분야에서 전문지식인의 프로필이 프로화된 것과 병행하여, 좌파 행동지식인이 위축되었다는 것이다. 그 같은 현상은, 특정기관들의 비대화와 다양한 미디어의 성장에 의해 창출된, 새로운 영역들에 기초하고 있다.

참고문헌

ALONSO, Angela. *Ideias em movimento*. São Paulo, Paz e Terra, 2002.

BASTOS, Elide; ABRUCIO, Fernando; LOUREIRO, Maria Rita e REGO, José Mareio. *Conversas com sociólogos brasileiros*. São Paulo, Editora 34, 2006.

LEPENIES, Wolf. *As três culturas*. São Paulo, Edusp, 1996.

MICELI, Sergio. *Intelectuais à brasileira*. São Paulo, Companhia das Letras, 200l.

ORY, Pascal e SIRINELLI, Jean-François. *Les intellectuels en France*. Paris, Éditions Perrin, 2004.

RINGER, Fritz. *O declínio dos mandarins alemães.* São Paulo, Edusp, 2000.

internet e inclusão digital: apropriando e traduzindo tecnologias

인터넷과 사회적 포용: 기술의 전유와 해석

에르마누 비아나Hermano Vianna

Hermano Vianna

인류학자로서 인터넷사이트 Overmundo(www.overmnundo.com.br) 개설에 참여했다. 주요 저서로는 『리우데자네이루의 펑크의 세계』(*O mundo funk carioca*. Zahar, 1988)가 있다.

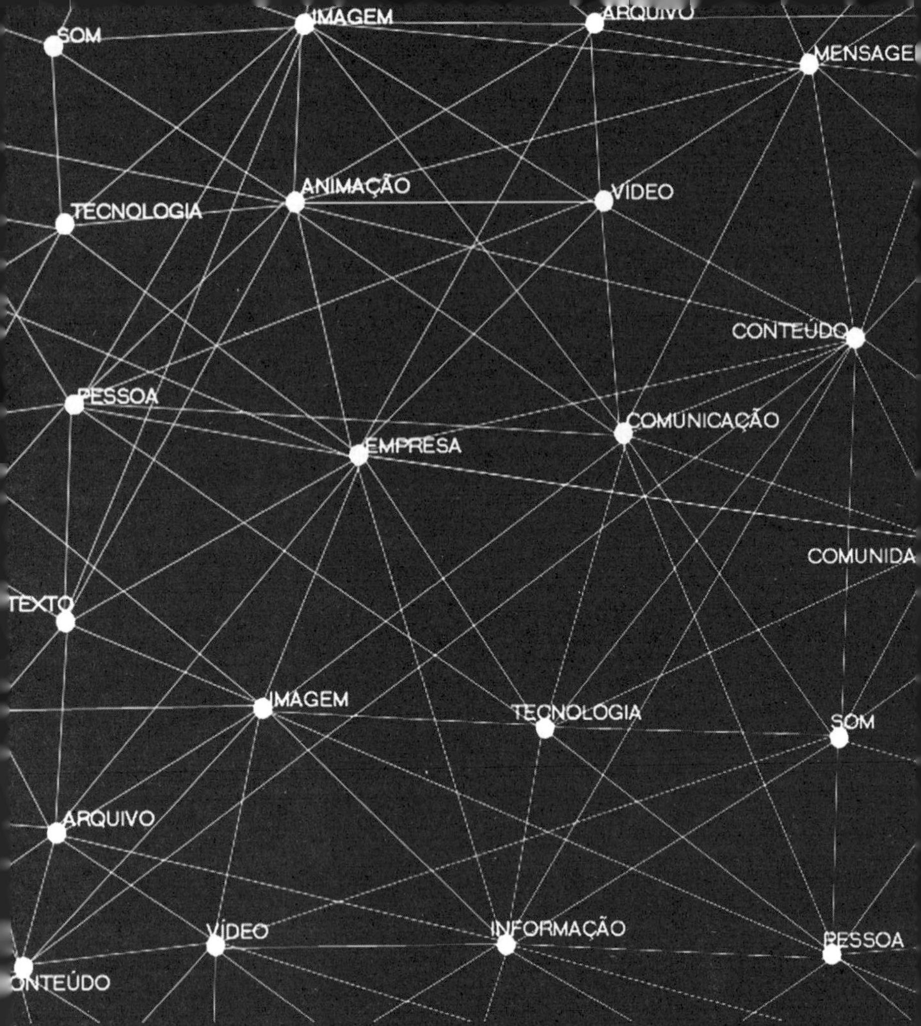

ⓒDanicarvalho

2003년 8월 18~22일에, "브라질의 프리소프트웨어와 개발"이라는 제하의 세미나가 수도 브라질리아에서 열렸다. 100% 전자투표로 이루어진 세계 첫 대통령 선거의 결과로서, 룰라 정부가 첫 해를 맞이하던 시기였다. 동 세미나의 개막식은 행정부와 입법부 사이의 생각들이 접점을 갖고 있다는 걸 보여주었다. 개막식에는 과학기술부의 호베르투 아마라우Roberto Amaral, 문화부의 지우베르투 지우Gilberto Gil, 정무장관인 주제 지르세우José Dirceu가 참석했는데 주제 지르세우는 공화국대통령의 메시지를 갖고 참석했었다. 행사 주최 측인 의회로부터는 상원의원장인 주제 사르네이José Sarney와 하원의장인 주엉 파울루 쿵냐João Paulo Cunha가 연설을 했다. 디지털을 통한 사회적 포용 운동의 국제적인 거물 두 사람도 초대되었는데 그들은 지놈 재단Gnome Foundation의 회장인 미게우 지 이카자Miguel de Icaza와 프리소프트웨어 재단Free Software Foundation의 회장인 리처드 스톨먼Richard Stallman이었다.

브라질 입법부 수장이 서명한 행사안내서에는 그렇게 많은 관계자를 불러 모은 동기에 대해 다음과 같이 분명하게 말하고 있었다. "프리소프트웨어는 정보산업의 전초병입니다. 그것의 공개와 집단코드가 모든 사회계층에서 지식의 생산과 교환이 일어나도록 부추깁니다. 디지털을 통한 사회적 포용을 장려하는 것 이외에 지식의 자유와 커뮤니티들의 특수한 요구사항에 부응하는 방향으로 그리고 지식의 자유를 위한 방향으로 나아갑니다." 그리고 다음을 강조할 필요가 있다: 그것은 권력 외부에서 발표된 극단주의자들의 팸플릿이 아니었으며 바로 권력이 모든 분위기를 잡으며 공식적으로 말하고 있었던 것이다. 그것은 또한 외관상으로나마 의문의 여지가 없는 어떤 진실에 대한 신앙고백과도 같았다. 그리고 브라질 역시, 국가가 우려하고 있는 사안들의 중심지로서 그 세미나에 정당성을 부여하고 있었으며 그것을 통하여, 전초국가로 인식되고 있었다.

프리 소프트웨어 운동의 창시자로서 빈번히 급진적인 사람들 사이에서조차도 급진적인 행동주의자로 불리던 리처드 스톨먼은 그 어떤 정부에 의해서도 그처럼 후한 대접을 받은 적이 없었다. 하지만 사이버 무정부주의 사상에 충실한 그는 양복도 입지 않았다. 그는 자신의 연설에서도 초대에 대한 감사의 표시도 하지 않았으며 그 세미나의 상황이 전례 없는 일이었다는 점은 언급조차 하지 않았다. 그는 각자 자국의 공공정책을 결정하는 권력자들 사이에 있다는 것이 아주 자연스러운 것처럼 행동하는 것 같았다.

지우베르투 지우 역시 기억될 만한 행동을 했다. 그 역시도 환각제LSD와 정보산업 사이의 연관성에 대한 언급까지도 서슴지 않음으로써 아마 가장 사이키델릭한 연설을 했다. 그 모든 것이 세미나 전체가 마치 꿈처럼 몽롱한 이벤트인 것 같은 인상을 주었다. 마치 우리가 대안의 시공차원에 진입하기 위해 단축키를 누른 것 같았거나 아니면 브라질의 권력 중심이 현실감각을 재프로그래밍한 바이러스에 감염된 것 같았다. 그럼에도 스톨먼의 처신이 가리키는 것처럼 모든 것이 아주 자연스러운 것 같았다. 마치 브라질리아에 도착하여 프리소프트웨어의 제국적인 필요성에 대해 공감을 얻은 것이 —전혀 놀랄 일이 아니라— 지극히 당연하다는 듯하였고 그것은 마치 장관직에 열대음악을 하는 뮤지션이 앉아 있는 만큼이나 자연스럽게 여겨졌다. 집권한 지 얼마 되지 않은 연방정부에는 정보의 자유를 옹호하는 다른 주요 열성파들이 핵심 직책을 차지하고 있었다. 예를 들면, 현재 브라질전화공사Telebrás의 사장 호제리우 산타나Rogério Santanna는 그 당시 기획부의 물류와 정보기술처장이었으며 세르지우 아마데우Sérgio Amadeu는 대통령 직속 정보기술원장이었다. 그리하여 모든 문제가 해결되었는가? 상상력이 권력에 있었는가? 우리나라는 거룩하고 경이로운 나라였는가?

그 자연스러운 분위기가 어떻게 가능했는지 또는 구축되었는지를 이해하려 노력하는 것이 중요하다. 많은 나라의 정부에서는 소프트웨어 소유자의 위상이 헤게모니를 장악한다. 그런데 여기 브라질은 달랐으므로 그것이 디지털을 통한 사회적 포용에 대한 우리의 시각을 어떤 면에서 바꿔놓고 있는가?

브라질은 1990년대에 진입할 때만 해도 아직 정보산업 시장을 보호하고 있었다. 그 분야에 대하여 군사정부가 가졌던 시각의 결과이기도 했다—그러한 시각은 1984년 법으로 바뀌어 있었다—. 군사정부 시절인 1979년에 세워진 정보산업 특별청Secretaria Especial de Informática은 1972년 세워진 전자정보 처리관리국Coordenação das Atividades de Processamento Eletrônico을 교체한 것으로서 이 특별청은 국가안전자문위원회Conselho de Segurança Nacional의 산하기관이었다. 1990년대 초, 몇몇 소수의 정부기관이나 대학을 제외하고, 브라질에서 인터넷에 접속할 수 있던 유일한 방법은, NGO Ibase로 접속하는 것이었다. 그러니까 브라질에서는 디지털을 통한 사회적 포용이라는 공식 정책이 없었다. 그와는 정반대로 정부의 조치들이란 일반 브라질 국민으로 하여금 컴퓨터와의 접촉에서 멀어지게 하고 또 컴퓨터를 통한 정보교환으로부터 멀어지게 하려는 것 같았다

단지 ECO-92가 개최되는 동안에서야 Ibase의 사용자들 —나

를 포함하여 단지 800명이었다— 은 가장 최근에 나온 World Wide Web(www)을 포함하여 모든 인터넷 서비스에 접속할 수 있다는 것을 알게 되었다. 그러한 개방이 가능했던 것은 단지 동 컨퍼런스를 주시하던 많은 조직이 그 당시 브라질의 열악한 전화상황에 따른 장애물도 없이 효율적인 국제통신을 필요로 했기 때문이었다. 그로부터 3년 동안이나 Ibase와, 국가연구네트워크RNP, Rede Nacional de Pesquisa를 통해 접속되는, 대학과 정부기관 외에 소수의 BBS(지역 컴퓨터망)가 몇몇 인터넷 서비스 접속을 위한 유일한 관문이었다. 여기서 RNP는 1989년 등장한 브라질 네트워크의 핵심 부분을 구축한 곳이자 ECO-92로 인하여 지속적인 인터넷 접속에 대한 사전허가를 정부로부터 받은 네트워크였다. 1995년 초에 브라질통신공사Embratel가, 유일한 전국망을 갖춘 국영인터넷 서비스업체를 만들 목적으로, 일명 '시범계획projeto-piloto'을 수립한 적이 있었다. 시범계획이라는 용어는 필자에게 접속 비밀번호를 보내왔던 통신문에 써져 있던 용어였다.

필자는 아직도, 브라질통신시스템Sistema Telebras의 민영화 훨씬 전에 계획된, 국가차원의 그 시도를 정부가 왜 1995년에 이미 포기하였는지 그 이유를 설명해주는 어떤 분석도 찾지 못했다. (브라질통신시스템은 1998년에 가서야 공고화되었다.) 시간이 지나면서 놀랍게도— 그 당시 필자가 연락을 하곤 하던 RNP 사람들에게까지도—, 1995년 10월 16일자 일간지 글로부Globo의 정보산업란에는 상업적 접속이 가능한 여러 인터넷 서비스 제공업체들의 이름이 등장했다. 이 상황은 얼핏 보아 사전에 기획된 것이 아니었다. 어쨌든 초기에는 단지 14개 업체가 영업을 시작하였다.

브라질이 인터넷세계에 진입한 시점이 그렇게 늦은 것은 아니었다. 미국의 경우 1980년대 말부터 상업적인 서비스 업체들이 등장했으나 그것이 보편화된 것은 1994~1995년경이었다. 브라질통신공사가 필자에게 접속 비밀번호를 알려주면서 보내온 서한에 따르면 그 당시 전 세계 인터넷 사용 인구는 약 3천만 명이었다. (1993년엔 1500만 명이었다.) 1994년에 미국 타임지의 커버(1994년 7월 25일자)는 "인터넷의 낯선 신세계"라는 제목이 실렸고 이어 PC Magazine은 정보산업 팬들을 위한 잡지였음에도 1994년 10월 11일자 판에서는 "인터넷 접속을 하다"라는 제목의 기사를 실었다.

1995년, 인터넷 브라우저인 Internet Explorer를 출시한 마이크로소프트사와 같은 회사들조차도 그때서야 인터넷에 중요성을 부여했다. 빌게이츠는 브라질 잡지인 Internet World와의 회견에서 "지금까지 우리가 투자했던 분야가 아니다"(Internet World, n°1, 1995년 9월)라고 밝혔다. 이것은 그때까지 네트워크가 비상업적인 생각에 근거하여 고려되고 있었다는 뜻이다. 그것에 따르면 가장 인기가 많은 대중적인 소프트웨어는 무료 사용이 가능하며 인터넷 서비스의 대부분은 지식부문에서 접속을 사회화하려는 사람들의 자발적인 작업 결과라는 주장을 확인시켜준다. 그 정신 ―"정보는 무료이기를 원한다"― 이 네트워크의 DNA를 점하였으며 오늘날까지도, 어떤 유형의 콘텐츠들에 대해서든 자기들 마음대로 구축하기 위해 상업적인 기업들이 만들어 놓은, 장벽을 무너뜨리는 혁신력을 갖고 있다. 또한 네트워크의 매듭으로 활동 중인 서비스업체들에서의 자유로운 소프트웨어 이용과 1991년 선보인 리눅스 구동시스템의 점차 커져가는 성공으로 인하여, 코드 개발자들이 제안한 자유의 개념과 디지털을 통한 사회적 포용의 정의 그 자체 사이에는 피할 수 없는 어떤 동맹관계가 맺어졌다.

그 이유는, 디지털을 통한 사회적 포용 정책 입안자들 다수의 입장에서 볼 때, 사람들이 컴퓨터를 가지고 인터넷에 접속하는 것만으로 디지털사회에서 '배제'되지 않았다고 보기에는 충분치 않기 때문이다. 크리스치나 모리Cristina Mori와 호드리구 아숭성Assumpção이 쓴 텍스트로서 현재 www.inclusaodigital.gov.br에 올라 있는 「디지털을 통한 사회적 포용: 담론과 실천 그리고 가야 할 머나먼 길」(*Inclusão digital: discurso, práticas e um longo caminho a percorrer*)의 경우 현 연방정부에 지배적인 주장을 다음과 같이 요약하고 있다. "양질의 의미 있는 사용을 가능하게 하면서 자율적이고 비판적인 방식으로 기술을 전유하는 것은, 장비와 인터넷에의 접근을 단순히 촉진하는 것만으로는 자동적으로 이루어지기가 어렵다." 그 외에도 "기술에 대한 패러다임 및 자세의 변화"를 언급하고 있는데 이것은 기술이 "단순한 정보 접근 수단이 되도록 하지 않기 위함"이라고 밝히고 있다. 나아가 그 기술들은, "문화적 정체성, 다양성의 고양, 관점 및 그 현실을 살고 있는 사람들의 시각을 출발점으로 하여, 그들의 관점과 현실의 표현 그리고 변화의 힘을 지닌 행동들의 잠재력을 키우는 관점과 현실의 표현 등을 확인하는 수단이자 매체 그리고 언어 행위가 될 수 있도록 하기 위함"이라고 밝히고 있다. 그리고 프리소프트웨어의 사용 권고는 다음과 같은 표현에서도 나타난다. "이러한 기술의 전유는 필수불가결하지만 그것은 디지털을 통한 사회적 포용 계획에서의 프리소프트웨어 사용을 시작으로 활성화된다." 나아가, "디지털을 통한 사회적 포용을 위해 프리소프트웨어가 갖고 있는 주된 장점은 그것의 논리가 네트워크를 통한 집단 지식의 다른 생산 형태들로 확산된다는 것이다"라고 적고 있다.

브라질에서의 프리소프트웨어 역사는 이제 막 시작되려는 시점에 있다. 필자는 단지 몇몇 시점들에 대해서만 언급할 것이다. 물론 그 시점들이 반드시 가장 중요한 시점이라든가 시작점이란 것은 아니다. 브라질에서의 프리소프트웨어 역사는, 1995년 미국과 유럽 이외의 지역으로는 처음으로 브라질에 리눅스를 공급한 회사 코넥치바Conectiva가 쿠리치바에서 문을 연 것이었다. 1999년 이 회사는 〈리눅스 리뷰Revista do Linux〉를 창간하였는데 이 잡지에는 보건부Ministro da Saúde의 SUS가 자신의 데이터뱅크인 DataSUS에 리눅스를 채택했다는 소식과 함께 중요한 관련 소식들을 전했다. 예를 들면, 이 잡지는 올리비우 두트라Olívio Dutra 정부 시절의 히우그란지두술주州 데이터처리 회사Procerg - Companhia de Processamento de Dados do Estado do Rio Grande do Sul 실무팀이 프리소프트웨어를 자신의 정보산업 정책의 베이스로 변화시키고자 한다는 것과 그 회사가 국제적인 한 이벤트를 조직하고 있다는 소식을 전했다. 이 이벤트는 오늘날 세계적인 기준이 된 프리소프트웨어 국제 포럼Fórum Internacional do Software Livre의 창설을 이끌었으며 2009년 10호에서는 당시의 룰라Lula da Silva 대통령이 개막식에 참석했다는 소식을 전하였다. 또 다른 소식은 히우그란지두술 주립은행Banrisul, Banco do Estado do Rio Grande do Sul이 리눅스를 자사의 ATM기 망에 채택하였다는 것이었다.

1999년에는 또 상파울루에 있는 플로레스탕 페르난지스 공공정책 연구소Instituto de Políticas Públicas Florestan Fernandes가, 마르타 수플리시Marta Suplicy 당시 시장 시절에 Sampa.org라는 프로젝트를 수립하여 상파울루 시의 첫 10개 전화서비스 지점을 운영하였다. 2000년에는 당시의 주지사였던 마리우 코바스Mário Covas가 무료 컴퓨터 및 인터넷 접속 장소를 제공하는 Acessa SP라는 활동을 출범시켰다. 2003년에는 룰라 대통령이 집권하면서 그러한 이니셔티브들이 브라질리아에 집중되었으며 그 즉시 여러 이벤트를 양산하였다. 예를 들면 문화부의 다양한 디지털 문화 프로젝트 외에도 의회가 조직한 "프리소프트웨어와 브라질의 발전"이라는 세미나가 개최되었으며 여기에는 브라질저작권법을 변경시키려는 의도가 담겨 있었다. 이것은 후기 인터넷 시대의 과제들에 대한 부처의 적응 내용이 담겨 있었다. 룰라의 2기 정부 말미에는, 디지털을 통한 사회적 포용정책들을 위한 일련의 주요 사건들이 전개되었다. 예를 들면 법무부가 제안한 인터넷의 민간 이정표Marco Civil da Internet법안이 그것으로서 이 법안은 인터넷을 통해 여론을 묻고 있었다. 또한 이해에, 2014년까지 3500만 가구의 광역인터넷 접속을 가능하게 하는 국가 프로젝트가 출범하였다.

이 모든 것이 정부의 영역에서 일어났다. 시민사회는 더 발 빠른 모습을 보였다. 하지만 그들의 행동은 조직화되지 않았고 빈번히 야만적일 정도로 상업적이었으며 그 결과 정부의 디지털을 통한 사회적 포용정책 이념 수립자들과의 거리가 멀어지고 말았다. 브라질인은 초기에 최상위 그룹인 A와 B그룹으로 시작하더니 가장 최근에는 C, D, E 계층까지 포함하여 놀라운 속도로 텔레매틱스라고 하는 컴퓨터 통신 이용과 친숙해졌으며 결국 이를 보편화시켰다.

1994년 일간지 조르나우 두 브라지우Jornal do Brasil의 정보산업란(1994년 11월 22일자)은 "모든 브라질의 월드 와이드 웹todos os www brasileiros"이라는 제하의 기사를 통해 총 28개의 인터넷 서비스업체들에 대한 소개 기사를 실었다. 이 중에는 Ibase, Caixa가 포함되어 있는데 나머지는 RNP와 연결된 사이트가 아니면 대학 사이트들이 대부분이었다. 브라질에서 상업 인터넷이 개통된 지 10년이 조금 넘은 2006년에 들어서자, 브라질 국민은 유튜브(2005년 서비스 시작)를 가장 많이 접속한 두 번째 국민이 되어 있었다. 또한 브라질 국민은 다른 나라의 국민들 다수가 온라인 소셜 네트워크를 발견하기 훨씬 전에, MSN 상에서 2100만 명이 적극적으로 활동하고 있었으며 Yahoo! Grupos와 Yahoo! Respostas에서는 세계에서 두 번째로 큰 커뮤니티를 형성하고 있었다. (이상의 자료는 2006년 9월 19일자 O Globo의 Info란에 실린 자료들이다.)

인터넷 관리 위원회Comitê Gestor da Internet가 실시한 TUC Domicílios 2009(www.cetic.br/usuarios/tic/) 조사보고서에 따르면 브라질가정의 32%, 즉 브라질 전체 가정 중 1830만 가정이 컴퓨터를 소유하고 있다고 한다. 하지만 이들 가운데 500만여 가구는 인터넷 연결이 되어 있지 않다고 한다. 그리고 브라질 전체 인구의 53%가 이미 컴퓨터를 사용하고 있다고 말했으며 45%는 인터넷에 접속한 적이 있다고 응답했다. 이 45% 가운데 45%는 인터넷에 접속하기 위해 가정이 아닌 PC방을 이용(유료 인터넷이 설치된 PC방으로 상당수는 시 외곽지대나 빈민촌에 설치되어 있다)하였다고 답했다. 현재 브라질에는 108,000여 개의 PC방이 있으며 이것들 가운데 1%만이 당국의 허가를 받은 곳이라고 한다(Revista ARede, n°57, 2010년 4월).

필자가 이러한 수치를 일일이 인용한 것은 브라질 디지털의 '탈문맹화'가 내포하고 있는 상업적인 측면의 "폭식성 내지는 열악함"

을 전반적으로 알리기 위함이다. 새로운 온라인 서비스에 대한 엄청난 관심이 존재하는 것은 사실이지만 거의 50%가량이 비공식적인 환경에서 이루어지고 있는데 물론 이것이 불법이라고 말하려는 것은 아니다. 그 외에 휴대전화기의 수도 엄청나게 증가하고 있다. 그런데 이것들 다수는 중국의 뒷골목 공장에서 만들어진 것(MP10s, MP11s 등)이며 주 수요층은 D, E층이다. 조만간 이들이 인터넷에 급속히 접속할 것이다. 이러한 현상은 아마도 정부 정책이 대중의 수요를 따라가지 못하고 있으며 권력기관 사이에서도, 비록 서로 공감대가 형성되는 순간에도, 애매모호하고 부처 이기주의적인 면이 발생하고 있다는 주장을 불러일으킬지도 모른다. 이러한 과정의 공식적·비공식적인 면 사이에 상호 연결고리가 없다면 브라질에서의 디지털을 통한 사회적 포용은 훨씬 의외의 결과를 낳게 될 것이다. 이것은 실망스러운 일일 수 있는데 그 이유는 브라질인이 이미 온라인 세계의 오픈코드에 대하여 상당한 재능을 가지고 있음을 보였다는 것과 정부 내에 아주 혁신적인 이니셔티브가 실행될 호기를 맞고 있다는 것이다. 우리는, 사이버기술과 중요한 교훈들을 간직하고 있는 정치사에서 드러난 대중의 흔치 않은 관심을 두고 볼 때, 브라질을, 디지털을 통한 사회적 포용의 세계적인 모범국가로 탈바꿈시킬 수 있는 큰 기회를 갖고 있다.

참고문헌

AMADEU DA SILVEIRA, Sérgio e CASSINO, João (orgs.). *Software livre e inclusão digital*. São Paulo, Conrad, 2003.

ARede — Tecnologia para Inclusão Social. http://www.arede.inf.br.

CHAHIN, Ali; CUNHA, Maria Alexandra; KNIGHT, Peter T. e PINTO, Solon Lemos. *e-gov.br.* São Paulo, Prentice Hall, 2004.

LEMOS, Ronaldo. *Direito, tecnologia e cultura*. Rio de Janeiro, Editora da FGV, 2005.

SORJ, Bernardo. *brasil@povo.com*. Rio de Janeiro, Zahar/Unesco, 2003.

Justiça e direitos: a construção da igualdade

정의와 권리: 평등의 구축

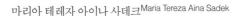

마리아 테레자 아이나 사데크Maria Tereza Aina Sadek

Maria Tereza Aina Sadek

상파울루대학교(USP)의 정치학과 교수로 재직 중이며 브라질문제연구 및 사법문제연구소(Cebepej) 연구국장직을 역임하고 있다.

정의와 권리는 서로 긴밀하게 연결되어 있는 용어이다. 정의라는 제도가 없는 권리란 그저 변화무상한 키메라chimera에 지나지 않는다. 또한 권리의 부재도 정의의 의미를 퇴색시킨다.

권리가 평등의 내용과 한계를 제시한다면 정의는 그러한 매개변수가 효용성을 갖고 또 요구될 수 있음을 보장한다.

비록 정의에의 염원은 첫 인류사회의 형성만큼이나 오래되었지만 그 의미는 역사의 흐름 속에서 많은 변화를 겪었다. 그러한 변화에도 불구하고 하나의 상징 —정의의 여신 테미스Témis— 이 수세기를 관통해왔다. 테미스는 위엄이 넘치는 여성상으로 양 눈을 가린 채 한 손에는 저울을, 다른 한 손에는 칼을 든 모습을 하고 있다. 그녀만큼이나 오랜 세월 생존해 온 그리스 신화의 신은 몇이 되지 않는다. 그 여신의 이름이나 모습이 의미하는 바를 전부 다 이해하지는 못해도, 그녀의 이미지에서 정의의 상징을 인식하지 못하는 사람은 거의 없다.

그러한 상징성이 그처럼 오랜 세월 동안 지속될 수 있었던 것은, 각국의 법원에 거의 의무적으로 그녀의 상이 설치되어 있다는 것과 그 상이 내포하고 있는 상징적인 힘과 많은 관계가 있다. 이처럼 테미스는 정의의 가장 보편적인 개념을 대변한다. 그녀의 눈가림은 부자든 가난한 사람이든, 권력을 쥔 사람이든 미천한 사람이든, 정의 앞에서는 구분이 없이 모두 동등한 취급을 받는다는 공정성을 의미한다. 또한 그녀의 손에 들린 저울은 균형성과 형평성 그리고 법에 근거한 판결의 정당성을 상징한다.

하지만 그녀가 대변하는 상징성은, 고대 그리스로부터 오늘에 이르기까지, 특히 근대 이후 발생했던 중요한 급진적 변화를 숨기고 있다. 물론 권리뿐만 아니라 정의도 커다란 변화를 겪었다.

정의와 권리에 대한 근대적 개념은 개인이라는 개념에 내재된 것으로서 여기서 개인은 그 자체가 가치를 가지고 있는, 자연적 권리를 가지고 있는 존재임을 의미한다. 이러한 논리는 사회가 하나의 전체라는 유기적 개념에 반하는 것이었다. 개인주의적인 색채가 우선시된 것은 개인이 국가와 사회에 우선한다는 것을 의미했다. 그런고로 그 개인의 어떠한 외적 속성도 사전에 그에게 사회적 구별을 부여하고 결정할 힘을 갖지 못한다. "모든 사람은 자유롭고 평등한 상태에서 태어난다Todos nascem livres e iguais"가 그 시대의 최고 가치였다. 다시 말하면, 개인은 권리를 가진 존재로서 그 권리는 사회적·정치적 조직을 우선할 뿐만 아니라 의무에도 우선한다는 것이다.

이 새로운 패러다임에서는 자유란 어떤 사회계층이나 그룹의 특징도 아니고 또 양도물도 아니다. 그 대신에 자유는 바로 개인의 속성이다. 존 로크John Locke는 1690년 자신의 저서 『통치론』에서 "인간은 자신의 삶과 자유 그리고 재산으로 정의되어진다"고 주장했다.

인간의 권리는 인간 고유의 어떤 자격qualidade이라는 믿음과, 그렇기에 그가 속한 사회나 기관에게 아무것도 빚진 것이 없다는 믿음은 정의라는 문제를 또 다른 차원에서 생각하게 한다. 사실 17세기와 18세기에 발전된 자연법이론은, 학자마다 차이가 있지만, 대다수는 인간을 주체로서, 권리를 보유하고 있는 자로서 그리고 자율성을 지닌 개인으로서 간주하고 있으며 그와 동시에, 자연권과 보편법이 실현되기 위해서는, 정의가 독립적인 공공기관 또는 제도에 의해 관리되어야 한다고 주장한다.

공정성은 더 이상 사회조직체 내부에서 규정된 어떤 기능이 아니라 행복과 고유한 권리로 대변되는 개인의 자산이다.

이 문제를 둘러싼 논쟁에 약간의 질적인 변화가 있었다. 그것은, 인간에 대한 개념뿐만 아니라 사회와 국가에 대한 개념과 관련된, 어떤 혁명을 가리킨다.

자연권의 평등성으로부터 자유라는 것이 유래될 뿐만 아니라, 개인과 그룹 간의 불평등문제에 이의를 제기할 가능성, 사회조직의 유형과 저항권을 정의할 가능성도 유래된다. 모든 불평등은 사회적 합의와 국가의 질서유지행위 그리고 개인 간의 합의에 의해 야기된 것으로 이해되기 시작했다. 그러한 패러다임에서 볼 때 사회와 국가는 주어진 어떤 현상이 아니라 인간에 의해 창조된 것이다. 즉, 사회와 국가는 개인들 사이의 어떤 협약에서 나온, 인간의 창조물로 이해되었다. 그렇기 때문에 불평등과 무한한 권력은 자연스러운 것으로 합리화되지 않는다. 즉, 세상사의 자연스러운 질서에서 유래한 것이라고 또는 어떤 외계 존재의 의지가 구체화된 것이라고 더 이상 합리화되지 않는다. 결과적으로 정치적·사회적 합의는 논쟁에 휘말리기 쉽고 또 외부의 간섭에 수동적이 된다.

일련의 편향된 철학적 의견이 새로운 사회적 합의 도출에 근거를 제공했다. 그 합의는 법적 규정에 근거한 평등의 법제화 과정에서 가장 분명히 드러났다. 법 앞에서의 평등이나 권리를 법으로 설정한 것은 불평등과 특권에 대한 논쟁이 존재함을 인정한 것이다. 특권은 합법화되지 못하며 권리에게 그 여지의 공간을 열어준다. 이 권리가 시민의 자격을 구성하며 그 영역을 규정한다.

권리를 수용하는 과정은 평등성을 규정하는 요소들의 역할을 설정하며 그 결과, 일상에 영향을 미치는 상황을 연출한다. 권리의 인정에 따른 중요한 여파 중 하나는 개인과 그룹 간의 거리 축소이며 그 결과, 특정한 불평등 사례는 더 이상 지탱되지 못한다. 평등의 내용, 결과적으로 시민의 자격에 대한 정의는, 형식적인 면에서나 구체적인 내용 면에서, 각 사회와 역사의 흐름에서 중요한 변화를 겪었다.

실제로, 역사적으로 볼 때 시민의 자격을 구성하는 권리의 확대는 사회적 배제가 상당히 축소됨을 의미했다. 법 앞에 평등을 인정하는 것은 집단적 재화에 지분을 가지는 것과 그것을 향유할 수 있는 기회의 확대로 이해되었다. 따라서 법에 규정된 평등은 경제사회적 불평등과 그에 따른 나쁜 결과도 아울러 줄일 수 있는 여건을 제공한다.

17세기와 18세기에 잉태된 인간의 권리에 대한 논리는 1776년 미국의 독립선언문, 1789년 인간과 시민의 선언문Declaração dos Homens e do Cidadão 그리고 특히 권리를 포용한 자유주의 헌법들에서 처음으로 그 효력을 발휘하였다. 그런데 여기서 말하는 권리란 어떤 권리를 뜻하며 또 평등의 개념이란 무엇인가?

마셜Mashall은 시민권에 대한 자신의 고전적 저술 『시민권, 사회계급 그리고 지위』(*Cidadania, classe social e status*)에서 유럽세계, 보다 엄밀히 말한다면 영국을 그 실증적 지표로 취하면서, 서로 다른 권리의 세 그룹, 즉 평등의 여러 의미가 존재한다고 말한다. 여기서 세 가지 권리란, 시민의 권리, 정치적 권리 그리고 사회적 권리를 뜻한다. 영국의 경우 이 권리들은 점진적으로 쟁취되었기에 각 권리에 해당하는 시기를 구분할 수 있다.—시민권은 18세기, 정치적 권리는 19세기, 사회적 권리는 20세기이다.

그 권리들이 법으로 확정됨에 따라 시민의 지위에 변화가 일어났으며 그 변화는 곧 평등의 영역을 정의하고 수용하는 것을 의미했다. 결과적으로 시민의 권리를 인정하는 것은, 경제적·사회적 차이에도 불구하고, 만인이 법 앞에 평등하고 모든 사람이 동등한 왕래의 자유를 누리며 안전과 재산, 자유로운 결사와 집회, 신앙의 자유, 노동의 선택에 있어서 동등한 권리 등을 누린다는 것을 의미한다. 그와 동시에 이것은 적절한 법적 과정 등을 거치지 않고 처벌되지 않는다는 것을 의미하는 것이기도 하다.

똑같은 방식으로, 정치적 권리를 인정한다는 것은, 부富나 사회적 지위의 차이에도 불구하고, 모든 사람이 사회의 통치에 동등하게 참여한다 —같은 비중을 갖는다— 는 의미이며 또 모두가 통치자의 입장을 요구할 수 있다는 사실을 인정하는 것이기도 하다.

사회적 권리의 경우, 그 목표란, 집단적 재화의 향유에 있어서, 평등의 최소기준을 마련하는 것이다. 여기에는 교육, 보건, 거주 등의 권리가 포함된다.

20세기, 특히 2차 세계대전 이후 평등의 형식적 개념이 문제시되었다. 논쟁의 초점은 법에 명시된 추상적인 평등의 개념과 현실에서의 불평등이 낳고 있는 결과였다. 가장 영향력이 있는 분석들은, 개인 간의 엄청난 경제적·사회적 차이가 법에 명시된 평등의 근거와 그것의 정당성을 뒤흔드는 잠재력을 가지고 있어서 궁극적으로 사회의 평화를 위험에 빠뜨릴 수 있다고 지적했다. 그 외에도, 시장의 힘이 자유로이 발전하는 것 자체가 불평등을 완화시킬 수 없다고 생각했다. 바로 거기에서, 자유주의적인 정통논리에 근거한 행위를 버리고 불평등해소 정책을 수립해야 한다는 필요성이 대두되었다.

만인의 평등을 규정하는 법에, 불평등은 불평등한 방식으로 대처한다는 원칙이 첨가되었다. 또한 각종 사회운동도 늘어났는데 이 운동에 따르면 법은, 그 기능을 수행함에 있어서, 실제의 삶에서 불평등한 개인에게 불평등해야 한다고 주장한다. 그리하여 불평등 축소를 목적으로 하는 정책의 입안과 채택이 옹호되기 시작했다. 불평등해소정책은, 구체적인 불평등에 개입하는 것이 법과 공권력의 의무라는 개념을 반영한 것이다.

사회적 권리의 인정과 실천은, 추상적 개인의 개념에 내재된 것과 유사한, 혁명적 변화를 의미한다. 사회적 권리의 인정과 실천은 부정적인 자유의 개념에 긍정적인 자유의 개념이 추가될 것을 요구한다. 그저 무엇에 "대한de" 자유 —이 자유의 개념에서는 공권력이 일을 망치거나 사적인 거대한 힘이 그 어떤 유형의 위축행위를 행사해서도 안 되는 것이 중요하다— 만을 얘기하는 것이 아니라 긍정적인 것으로 비춰지는 것, 즉 무엇을 "위한para" 자유도 동시에 취급되어야 한다는 것이다. 여기서 무엇을 위한 자유의 실천 여부는 불평등해소에 긍정적이고 의도적인 행위에 달려 있다.

시민의 권리와 정치적 권리는 개인을 기초로 하며 그 권리의 실천을 위해 공권력의 제한, 즉 최소 국가론을 주장한다. 2세대 권리라고도 불리는 사회적 권리는 이미 사회적 배제를 인정하고 정의로운 분배를 목적으로 하는 공공정책을 요구하고 있다. 다시 말하면, 보건의료, 노동, 교육, 거주, 은퇴 등에 대한 권리의 구체화를 가능하게 한다는 차원에서, 행동하는 국가가 필요하다는 뜻이다.

시민의 권리, 정치적 권리 그리고 사회적 권리에는 시민의 자격을 구성하는 권리 또는 평등의 내용과 한계도 포함된다. 최근 수십 년간 이 권리들에 이른바 제3세대의 권리라는 것이 포함되었는데 이 제3세대 권리는 이제 더 이상 개인을 언급하지 않고 그룹을 언급하고 있다. 예를 들면 소비자의 권리, 아동의 권리, 노인의 권리, 소수민족의 권리 등이 그것이다.

이와 같은 새로운 상황, 그러니까 사회적 권리와 사회복지국가 개념이 비등해지고 있는 이 상황에서는 공권력과 법원의 개념 또한 완전히 바뀌고 있다. 이 시점 이후로 부정적인 자유뿐만 아니라 긍정적인 자유를 보장하는 문제도 대두되고 있다.

개인적이든 초개인적이든 모든 권리를 구체화하기 위해서는 법원에의 접근이 필수적인 선결조건이다. 달리 말하면 법원에의 접근권은, 그것이 없이는 나머지 어떤 권리도 구체화될 수 없는 권리를 뜻한다. 그러므로 법원에의 접근권에 대한 어떤 장애물이든, 나머지 다른 권리들의 실천과 그에 따른 시민 자격의 구체화 및 평등의 실현에 제한을 가하거나 불가능하게 만드는 여건을 조성하려 한다.

그러한 기준에서 보면, 사법부는 어떤 해방의 힘을 상징한다. 사법부는, 평등에 대한 기존의 편견들이 구체적인 현실에서 보다 큰 힘을 발휘토록 하는 역할을 가진, 훌륭한 공적 제도이다. 그러므로 근대성의 전제들, 특히 자유와 평등의 구현은 사법부의 힘과 실질적으로 법원에 입장할 수 있는지의 가능성에 달려 있다.

비록 사법부가 권리의 실효를 책임지는 기관이라는 점이 강조되고 있기는 하나, 사법부는 단지 자신의 역할을 수행할 뿐이다. 그 역할에서는 법치국가라는 개념, 다시 말하면 법이 보편적인 가치를 지니며 중재에 대해서도 우선권을 쥐고 있다. 게다가 사법부는 각 통치체제(대통령중심제와 의회주의)마다 그리고 다른 사법체제(관습법

common law과 성문법statute law)마다 서로 다른 특징을 보여준다는 점에 유의해야 한다. 아주 단순하게 말하자면, 대통령중심제는 사법부에게 국가의 권력에 준하는 권력을 부여한다. 그리하여 사법부는 분쟁의 해결을 위한 정의의 배분 문제를 고민한다. 이 체제하에서 사법부는 분명한 정치적 색채를 띤다. 그것은 행정부와 입법부에서 나오는 법률들의 위헌성 여부를 제어하는 자신의 권능에서 유래한다. 의회주의에서 사법부는 지극히 중요한 권한, 즉 권리의 보장을 수행한다. 하지만 그것은 국가권력이 아니다. 사법체제에 대하여 말할 때 기본적인 차이점은, 불문법을 채택하는 국가의 경우 법원의 법해석에 의해 지배를 받는다는 사실이며 성문법 국가 경우 우선적으로 성문법에 좌우된다는 사실이다.

최근 몇 년간 사회복지국가개념의 확대와 사회적 권리의 강화 때문에 많은 변화가 있었다. 그런데 그 변화의 힘이 통치체제와 사법체제와는 상관없이 법원이라는 제도의 변화를 몰고 왔다. 이러한 제도의 공개적인 출현이 상당히 확대되었다. 사법부도 점증하는 권한에 부응하고 불평등해소 정책에 공동참여자로서 자신의 활동범위를 확대해왔다. 그런 의미에서, 비록 많은 차이는 있을지언정, 역사 내 사법부 간의 차이는 과거보다 줄어들었다.

또한 언급할 것은 사법부가 정의를 실현하기 위한 유일한 채널이 아니라는 것이다. 여러 국가적, 사회적 제도도 권리를 보호하기 위해 움직이고 있다. 국가의 조직 가운데 검찰, 분쟁조정국, 경찰도 중요한 역할을 한다. 사회적 기관으로는 무료변호사, 교회 그리고 권리에 대한 교육뿐만 아니라 사회적 분쟁의 해결을 위해 헌신하는 일련의 비정부단체 활약이 두드러진다. 최근에 들어서는 화의和議와 중재를 기본으로 분쟁해결과 권리의 보장을 추구하는 여러 매체가 매우 많이 늘어났다.

끝으로 필자는 올림포스에서 전쟁의 신 아레스Ares에 대항했던 정의의 여신 테미스의 얘기로 돌아가고자 한다. 오늘날과 같이 그 때의 충돌에서도 두 개의 무기가 등장했다. 하나는 파괴를 일삼고 불평등으로 먹고사는 폭력이고 다른 하나는 평등을 구축하고 추구하는 법이었다.

참고문헌

BOBBIO, N. *A era dos direitos*. Rio de Janeiro, Campus, 1992.

CAPPELLETTI, Mauro e GARTH, Bryant. *Acesso à justiça*. Porto Alegre, Sergio Antonio Fabris, 1988.

________. "Constitucionalismo moderno e o papel do Poder Judiciário na sociedade contemporânea". *Revista de Processo*, nº 60, out./dez. 1990, pp. 110-7.

CARVALHO, J. M. "Entre a liberdade dos antigos e a dos modernos: a República no Brasil". *Dados,* vol. 32, nº 3, 1989.

________. *Cidadania no Brasil. O longo caminho*. Rio de Janeiro, Civilização Brasileira, 2005.

MARSHALL, T. H. *Cidadania, classe social e status.* Rio de Janeiro, Zahar, 1967.

Mandonismo-Coronelismo-Clientelismo-Repùblica

정치체제: 만도니즈무, 코로넬리즈무, 클리엔텔리즈무, 공화정

주제 무릴루 지 카르발류José Murilo de Carvalho

José Murilo de Carvalho

리우데자네이루연방대학교(UFRJ) 교수를 지냈으며 현재 브라질과학아카데미와 브라질 문학아카데미의 회원이다.

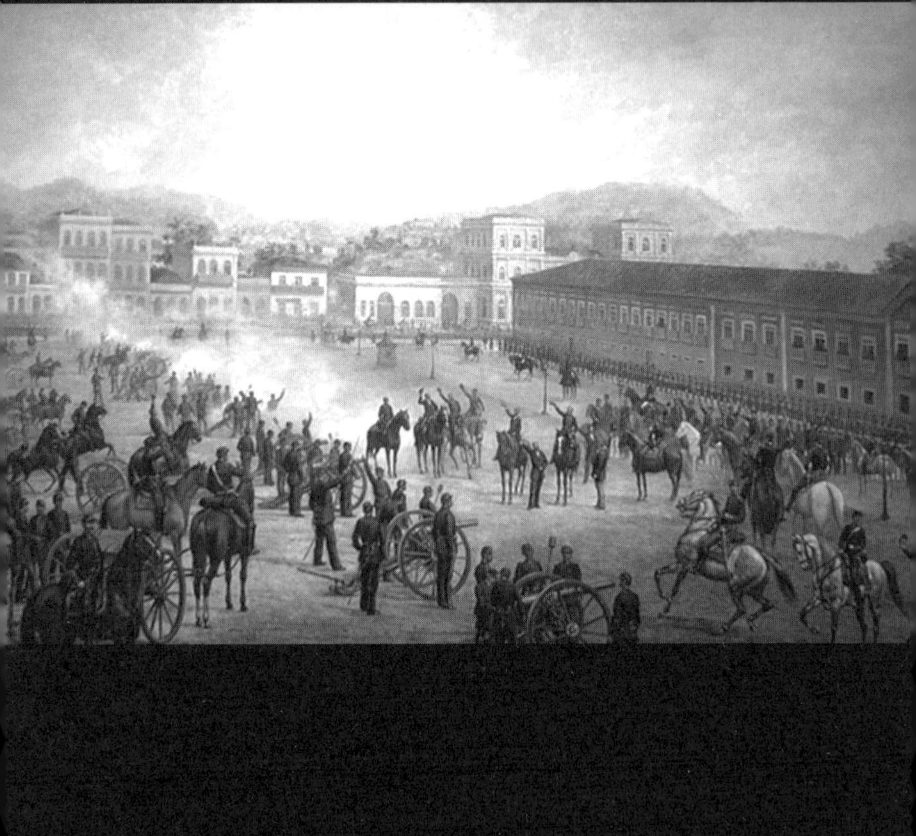

공화국선포 장면 / ⓒBenedito Calixto

제목에서 언급한 4가지 개념과 대해 이미 모든 사람이 들어봤거나 읽어보았을 것이다. 하지만 아마도 많은 사람은 이 개념들 사이의 관계나, 브라질의 정치적 형성을 이해하는 데 있어서 이 개념들이 갖는 중요성에 대해서는 관심을 갖지 않았을 것이다. 정치적 형성을 말하는 것은 국가의 영토 내에서 권력을 행할 때 취해진 방식들의 역사를 말하는 것과 같다. 권력은 보편적인 현상이지만 각 사회의 역사적 환경에 따라 서로 다른 방식을 취한다. 브라질의 경우 그 환경이라는 것들은 식민지시절부터 지금까지 매우 다양하였다. 식민지시절에는 본국 포르투갈과의 엄청난 지리적 거리와 열악한 통신상황이 바다 건너에 있는 왕으로부터 토지와 노예를 가지고 있던 주인을 떼어놓았다. 그들 사이에는 카피탕이스-모리스capitães-mores, 주이지스 지 포라juízes de fora, 카피탕이스-제네라이스capitães-generais, 비세-헤이스vice-reis 등 다양한 중간 매개 인물이 있었다. 제국시대에는 단지 해외 궁정만이 없어졌다. 리우데자네이루에는 왕이, 여타 지역에는 똑같은 토지와 노예의 주인이 있었으며 거상巨商도 있었다. 이들은 모두 열악한 관료계층과 국군Guarda Nacional장교, 주지사 그리고 내각에 의해 중재되었다. 제1공화국 시절에는 통신이 나아졌지만 연방제 수립으로 지리地理에 이전보다 훨씬 큰 정치적 비중이 부여되었다. 그리하여 권력은 시장과 주지사 그리고 공화국의 대통령 사이에서 조각조각 나 있었다. 브라질이 통합된 오늘날조차도 시장과 주지사 그리고 연방대통령 사이의 관계는 알력과 논쟁의 소재가 되고 있다.

상황은 말로, 현상은 개념으로 이어진다. 그러한 상황과 관례에서 탄생한 권력의 주요 주체들을 묘사하기 위해 일반 언어행위에서 여러 어휘가 등장하였다. 분석가들은 그 어휘들을 훨씬 넘으면서, 그 현상을 설명해줄 수 있는 개념과 이론을 발전시켰다. 그 이론들 가운데 몇 가지가 브라질의 정치적 형성이 내포하고 있는 속성을 열렬히 분석하고자 하였다. 공간의 제한으로 필자는 단지 위에서 열거한 개념들과 그것과 관련된 이론 몇 가지를 여기서 다루고자 한다.

아래에서 위로 시작하자면, 권력의 첫 베이스는 권력기관들의 영향권 밖에서 자신들의 지역을 지배하던 대지주들이었다. 그들이 지배하던 곳은 작은 주州 규모의 토지였으며 그곳에서 그들은 여자와 노예 그리고 부양자들을 마음대로 부렸다. 자신의 땅에서 절대권력을 휘둘렀던 그들은 만동이mandõe, 만다슈바mandachuva, 카시키cacique 등으로 불리었다. 그래서 그들이 권력을 행하는 스타일도 만도니즈무mandonismo라고 불리었다. 하지만 노예제의 종말과 통신수단의 증가, 국가경제와 권력의 확대로 그들은 설 땅을 잃어갔다. 결국 오늘날에는 브라질 북부에서도 아주 먼 내륙지방에서만 그들을 찾아볼 수 있게 되었다.

제국시대에 들어서자 1831년에 창설된 브라질 국군Guarda Nacional이 이 지주들의 기율을 잡기 시작하였고 가장 영향력이 강하던 농장주들을 국군의 최고 관직에 임명하였다. 이러한 사실 때문에 그들은 육군 대령이라는 의미의 코로네우coronel라고 불리어지게 되었다. 1891년 연방헌법 제정과 더불어 공화정이 출범하자 상황이 급격히 바뀌게 되었다. 이 새로운 형태의 체제에 기초하여 캄푸스 살리스Campos Sales 당시 대통령이 '주州들의 정치política dos estados'라고 하는 것을 창안하였다. 이 정치를 통해 코로네우는 주지사에게, 그리고 주지사는 연방대통령에게 긴밀히 연결되었다. 이로써 이전에 어느 정도 느슨했던 국군의 코로네우와 주정부 사이의 관계가 통합지배시스템으로 변모하였다. 이 새로운 상황을 예리하게 간파한 사람은 국립철학대학Faculdade Nacional de Filosofia 교수였던 빅토르 누니스 레아우Victor Nunes Leal로서 그는 이 상황을 1948년 자신의 저서를 통해 밝히면서 이 새로운 시스템을 코로넬리즈무coronelismo로 이름 붙였다. 이로써 그는 만도니즈무와 코로넬리즈무를 개념적으로 구분하였다. 만도니즈무는 지역적 현상이었지만 코로넬리즈무는 국가적 차원의 시스템이었다.

만도니즈무는 식민지배 동안에 정점을 이루었다가 그다음에 끝없이 추락하였다. 점차 하향하는 모습을 그리는 곡선에 비유할 수 있을 것이다. 하지만 코로넬리즈무는 빅토르 누니스 레아우가 말했듯이 다른 궤도를 그렸고 하나의 사이클을 형성하였다. 다시 말하면 연방제 도입과 시작되어 제1공화국 시절(1889~1930)에 정점을 이루었다가 신국가체제(1937~1945)의 중앙집권화가 시작되면서 종말을 고했다고 할 수 있다. 그러니까 위로 올라갔다가 다시 출발점으로 되돌아오는 종 모양의 곡선을 그린 셈이었다. 아직도 일부 정치 거물급들의 정치 지배 스타일을 묘사할 때 이 용어가 분명히 사용되기도 하지만 더 이상 체계적인 코로넬리즈무는 아니다. 아마도 새로운 형태의 만도니즈무라고 할 수 있겠지만 그 역시도 아니다. 전통적인 만동이는 자신의 권력을 국가와의 관계에 있어서 독립된 것으로 정의하곤 했다. 하지만 오늘날 우리가 만동이라고 부를 수 있는 정치인이 있다면 그는 자신의 영향력을 행하기 위해 공공자산의 배분에 의존하는 사람이다.

오늘날 일부의 사람들이 지칭하는 도시의 코로넬리즈무coronelismo urbano라는 것은 공공재원을 이용하여 고객집단을 구성하는 것을 가리킨다. 이것을 클리엔텔리즈무clientelismo라고 부르지만 만도니즈무나 코로넬리즈무는 아니다. 클리엔텔리즈무는 만도니즈무, 코로넬리즈무 그리고 오늘날 권력 행사의 민주적인 형태에서도 찾아볼 수 있는 보편적인 하나의 관습이다. 또한 만도니즈무나 코로넬리즈무에서 확연히 드러나는 통치 수준의 조건에 해당되지 않는다. 그것은 정치 시스템에서 위에서 아래로 행해지며 훨씬 광범위하고 훨씬 최근의 현상이다. 만도니즈무에서의 클리엔텔리즈무는 개인적인 속성을 지닌 것이었다. 다시 말하면 그 용어가 유래했던 고대 로마에서처럼 비용이 주인에 의해 커버되었다. 코로넬리즈무에서는 권력의 수단으로서 공공자산이 점점 더 이용되었다. 오늘날 클리엔텔리즈무는 모두 공공재원에 기초를 두고 있으며 국가가 주인의 역할과 유권자, 즉 고객의 역할을 대변한다. 만도니즈무나 코로넬리즈무와는 달리 클리엔텔리즈무는 단지 세월과 함께 성장하였다. 그것은 상승곡선으로 대변된다.

이제 한 걸음 더 나아가보자. 위에서 언급한 현상들은 국가와, 개인 혹은 그룹 혹은 사회계급의 사적인 권력 사이의 분명한 관계를 대변한다. 만도니즈무와 코로넬리즈무 그리고 클리엔텔리즈무는 사적인 권력에 대한 국가의 비중 정도와 상호 간의 관계가 어떻게 이루어지느냐 하는 방식에 의해 구분된다. 보다 광범위하고 추상적인 그런 관점에서 볼 때 이 개념들은 국가와 사회 간의 관계를 설명하고자 하는 이론들로 흡수될 수 있으며 또 실제로 흡수되었다. 이제 브라질의 경우를 설명하기 위해 사용된 바 있는 몇몇 이론들을 검토해보자. 즉 봉건주의, 가산제家產制 그리고 이해관계의 대변이 그것이다.

사회과학에서는 이분법의 유혹이 매우 크다. 여기서도 그러한 유혹이 모습을 드러냈다. 단순히 말해서 그 이론들은, 비록 서로 반대된다고 할지라도, 두 개의 이분법적인 가정, 즉 한편으로는 국가의 우위라는 가정에서, 다른 한편으로는 사적인 권력의 우위라는 가정으로부터 출발한다. 국가의 우위는 막스 베버Max Weber 사상의 지류이기도 한데 특히 가산제家產制에 대한 그의 연구에서 그러하다. 사적인 권력의 우위는 칼 마르크스Karl Marx가 전개한 계급투쟁 개념에 가깝다. 다시 한 번 단순화한다면 국가의 우위는 가산제, 정치적 포섭, 클리엔텔리즈무, 포퓰리즘, 권위주의 사이의 동맹 관계를 확립한다. 그리고 사적인 권력의 우위는 봉건제, 자본주의, 이해관계의 대변, 자유민주주의 사이의 동맹관계를 확립한다. 봉건제 가설을 가장 예리하게 밝힌 사람은 신국가체제가 완연하던 1939년, 자신의 저서를 통해 이를 밝힌 네스토르 두아르치Nestor Duarte였다. 사회주의 사상을 잘 알고 있던 그는 브라질에서 이미 실시되었던 세습 주州 관리제capitania hereditária에서 봉건제를 보았다. 그 이후 정치권력은 농촌 지주계급에 의해 독점되어왔다. 그의 생각에 만도니즈무는 사회계급의 윤곽을 드러낸다. 그러한 상황에서 국가는 단지 대지주의 권력 수단에 지나지 않는다. 그 반대 가설인 가산제는 1958년 하이문두 파오루Raymundo Faoro에 의해 가장 정확하게 드러났다. 막스 베버적 분석에서 영감을 얻은 그는, 브라질에서 봉건제가 존재했다는 것을 완전히 거부하면서 네스토르 두아르치의 전제를 뒤집어놓았다. 그는 오히려 관료계급이 지배하였으며 이 계급이 브라질에서의 시장사회 잉태를 막았고 그 결과, 대의민주주의의 잉태도 막은, 상업자본주의를 수립한 바로 그 장본인이라고 주장했다.

봉건제 가설은 또 마르크스적 공식을 포함하고 있었다. 마르크스는 자본주의 생산방식에서 봉건적 방식의 연속을 보았다. 민주적인 사회를 찾고자 했던 네스토르 두아르치의 가설과 비교할 때 이 가설의 차이는 앞으로 한 발자국을 내딛었다는 것이다. 국가가 부르주아 계급의 이해를 대변했던 자본주의 사회에 이어 사회주의 사회가 다가올 것이며 그다음에는 공산주의 사회가 올 것이었다. 공산당Partido Comunista은 브라질에 그 가설을 적용하면서 사회주의 혁명 이전에 자본주의 혁명의 필요성을 옹호하였는바, 그것은 거의 현명치 못한 주장이었으나 논리적이었다. 역시 마르크스주의자인 카이우 프라두Caio Prado는 군사독재 기간이었던 1966년에 출간한 자신의 저서 『브라질 혁명』(*A Revolução Brasileira*)에서 공산당과는 다른 입장을 보였다. 하지만 그 결별은 단지 그 가설의 실증적인 부분에 국한되었다. 역사가로서 그는 브라질이 이미 자본주의 사회였으며 조만간 사회주의 혁명에 진입할 것이라고 판단했다.

빅토르 누니스 레아우 경우는 봉건제와 가산제 가설의 조금 매끄럽지 못한 이분법으로부터 벗어나는 이점이 있다. 즉, 그는 코로네우들의 사적인 권력과 국가의 공적인 권력 사이에 협상 또는 협약이 있었을 수 있다는 생각을 제시하고 있다. 그 협약은 지주들이 권력을 잃고는 자신들의 이해관계를 유지하기 위해 국가의 권력에 기대도록 강요당한 시점에 일어났을 것이었다. 코로네우의 힘이 점차 약해지고 국가의 권력이 증대해짐에 따른 역학의 결과물이었을 것이다. 파오루처럼 베버에 가까웠으나 보다 잘 다음어진 시각을 가졌던 사회학자 시몽 쉬바르츠망Simon Schwartzman은 1982년 자신의 저서에서 이 양극화를 피하고 있다. 그는 봉건제-이해의 대변과 가산제-정치적 포섭이라는 연속성을 유지하였다. 하지만 브라질의 각 지역마다 차이가 있다고 주장하였다. 상파울루 경우는 첫 번째 순서를 대변하며 북부와 미나스제이라이스 주州는 두 번째 순서가 될 것이었다. 한편으로는 더 많은 자본주의, 더 많은 사회계급, 더 많은 이해의 대변이 있는 반면에, 다른 한편으로는 더 많은 국가, 더 많은 관료주의, 더 많은 정치적 포섭, 더 많은 클리엔텔리즈무가 있었다.

주지하다시피 이러한 이론들은 만도니즈무, 코로넬리즈무, 클리엔텔리즈무를 모두 포함하고 있다. 하지만 이 이론들은 각 '-이즘'들에게 보다 광대한 영향력의 범위와 권력을 부여하는 이점을 갖고 있다. 만도니즈무와 코로넬리즈무는 봉건제, 즉 사적인 권력의 힘을 강조하는 분석적인 전통의 범주 안에 속한다. 클리엔텔리즈무는, 국가를 국가의 정치적 역학의 동력으로서 바라보는, 가산제 경향에 합류한다. 이 세 가지 개념 가운데 가장 현대적인 것은 의심할 여지없이 클리엔텔리즈무이다. 그 이유는, 보다시피, 만도니즈무와 코로넬리즈무는 이미 역사의 일부를 이루는 현상이지만, 정치적인 충성과 종속을 창출하려는 모든 성격의 혜택과 고용에서 공적 자산을 부적절하게 사용하는 클리엔텔리즈무는 매일 신문과 텔레비전 그리고 인터넷에 관련 뉴스가 뜨고 있다. 클리엔텔리즈무는 자신의 가까운 이웃으로서 족벌주의nepotismo, 즉 친인척들의 고용, 편애주의filhotismo, 즉 친구들의 고용, 그리고 생리주의fisiologismo, 가부장주의paternalismo, 자선주의assistencialismo 등을 가지고 있다. 그 외에도 클리엔텔리즈무는, 절도, 유용, 매수 등 기타 유사한 것들과 같이, 불법적인 행위를 포함하여 공적인 것을 존중하지 않는 여타 다른 행위들을 양산하는 비옥한 토양이기도 하다.

클리엔텔리즈무의 확연성은 우리 정치의 가산제 가설에 더 많은 힘을 부여한다. 하지만 특히 계급투쟁이라는 마르크스의 공식에서 봉건제 가설을 유지한다. 그 작품의 저자 자신이, 우리의 정치 관계에서 국가의 비중을 표시하기 위해, 시민권과는 대비되는 의미로 국가권estadania이라는 표현을 사용하면서 자신의 힘을 확고히 했다. 국가권은, 사회정책들의 확장에서든 공직채용과 같은 보다 즉각적인 혜택에서든, 사람들로 하여금 국가의 보호를 구하게 하는 정치문화의 한 특징일 것이다. 또한 그것은, 국가의 보호막 하에 포용되기 위해서뿐만 아니라 그 국가의 변화를 위한 투쟁과 행동주의를 표방하는 시민권과도 대비를 이룬다.

하지만 가산제적 전통을 주장하는 것과 그 전통이 나쁘거나 좋다거나 혹은 중립적이라고 주장하는 것은 별개의 것이다. 자본주의 사회와 자유민주주의 사회에서 봉건제가 전개되는 상황을 눈여겨보며 그 봉건제 가설을 추종하는 사람들은, 가산제와 그로부터 파생된 제도에서 불행을 엿봄과 동시에 민주주의의 발전에 대한 장애물을 찾는다. 하지만 자유주의와 비교를 하면서 가산제의 어떤 면에서 장점을 발견하는 사람들도 있다. 미국의 역사학자인 리처드 모스Richard Morse는 자신의 저서 『프로스페로의 거울』(1988)에서 이베리아이즘iberismo라는 이름으로 가산제적 전통을 재명명하고 그 장점들을 강조하고 있다. 그의 관점에서 볼 때 이베리아이즘는 국가 역할의 중요성을 인정하고 있으나 사회적 결합, 시장의 규제, 개발촉진 등을 염려함으로써, 자애롭고 가부장적인 거대한 바다괴물이 지니고 있을지도 모르는 긍정적인 의미를 국가에 부여하고 있다.

의심할 바 없이, 이 두 가지 전통에는 긍정적인 면과 부정적인 면이 있다. 하지만 오늘날 민주주의 공화제가 지니는 가치들에 대하여 거의 완벽한 공감대가 존재한다는 가정에서 출발한다손 치더라도, 그러한 목적을 실현하는 데에 혹시 있을지 모르는 장애물들을 지적하는 것이 필요하다. 민주주의는 모든 사람의 포용을 요구한다. 그 포용은 덕망 있는 국가의 전통 안에서 보다 잘 수용된다. 다른 한편으로 공화제는 시민의 평등, 특권 및 편애주의 거부, 좋은 정부, 공적인 것에 대한 존중을 요구한다. 공화제는 덕망 있는 시민들에게 보다 잘 어울리며 클리엔텔리즘적인 행동에 대해서는 반대한다. 그런데 그 포용이 그러한 행동을 포용하면 공화제의 가치와 충돌하게 된다. 그리고 민주주의와 공화제는 서로를 낯설게 생각한다. 이럴 경우 민주주의와 공화제는 합의된 자기 발전의 유덕한 사이클을 깨버리게 되며 그 결과 민주적인 공화제의 건설은 실패하게 된다.

짧은 시간과 부족한 공간에서 우리는 긴 여정을 거쳐 왔다. 만도니즈무와 코로넬리즈무가 과거의 일이 되었듯이 우리는 이제 클리엔텔리즈무와 그것의 부가적인 것들이 과거가 될 시간이라는 결론을 내렸다. 그런데 클리엔텔리즈무는 결코 완전히 사라지지 않을 것이다. 왜냐하면 가장 공화제적인 정치시스템들을 포함하여 모든 정치시스템에는, 클리엔텔리즈무가 어떤 형태로든 잠재해 있는 고유한 것처럼 보이기 때문이다. 하지만 안정된 민주적 공화제에서는 자신의 이익을 위해 혹은 자신이 선호하는 사람들을 위해 독직을 하거나 공적인 재원을 유용하거나 절도를 하는 행위는 여론의 즉각적인 반발과 사법부의 처벌을 받는다. 이미 우리들 사이에도 그러한 행위를 비난하는 여론이 존재한다. 하지만 그 비난이 정치인들의 행동양식이나 사법부의 소송에는 아직 반영되지 않고 있다. 정치주체들에게 윤리와 좋은 통치를 요구하는 것은 어떤 도덕적인 입장을 취하는 걸 의미하지 않는다. 그것은, 그러한 것이 없을 경우, 대의민주주의 제도와 입법, 사법, 행정부가 시민들 앞에서 도덕적으로 해이해진다는 것을 알고 있다는 의미이다. 그 제도들이 도덕적으로 해이해지면 그 시스템의 기반이 흔들리게 된다. 그것으로부터 살아남기 위해서는, 사회적 포용으로서의 민주주의란 공화제가 되어야 하며, 좋은 통치로서의 공화제 역시 민주주의가 되어야 한다. 이것이 현 브라질 정치 어젠다의 핵심에 놓여 있는 논쟁거리이다.

참고문헌

CARVALHO, José Murilo de. “Mandonismo, coronelismo, clientelismo: uma discussão conceitual”. *In:* ______. *Pontos e bordados: escritos de história e política.* Belo Horizonte, Editora da UFMG, 1999, pp. 130-53.

DUARTE, Nestor. *A ordem privada e a organização política nacional.* São Paulo, Nacional, 1939.

FAORO, Raymundo. *Os donos do poder. Formação do patronato político brasileiro.* Porto Alegre, Globo, 1958.

LEAL, Victor Nunes. *Coronelismo, enxada e voto.* Rio de Janeiro, Forense, 1948.

SCHWARTZMAN, Simon. *Bases do autoritarismo brasileiro.* Rio de Janeiro, Campus, 1982.

Meio ambiente no Brasil

브라질에서의 환경문제

파비우 페우지망Fabio Feldmann

Fabio Feldmann

변호사 출신으로 3차례 연속 연방하원을 역임했으며 1995년과 1998년 사이에 상파울루 주 환경청장을 역임하였다. 또한 자연보호운동 단체인 "SOS 마타아틀란치카(SOS Mata Atlântica)"의 설립자이자 초대 회장을 지냈다.

©Fritz Rudolf Loewa

브라질은 전 세계 담수의 12%와 지구상에 존재하는 모든 종種의 20%가 집중해 있는 열대우림 아마존의 대부분을 차지하고 있다. 그렇기 때문에 브라질은, 지속가능한 발전 형태를 찾고 있는 인류의 피할 수 없는 이 화급한 시점에, 환경과 관련하여 여러 제안과 해답을 내놓으면서 국제사회에서 지도적인 역할을 할 수 있는 정당한 이유를 갖고 있다. 물론 여기서 말하는 지속가능한 발전형식의 핵심은 환경보존이다. 21세기 초에 이러한 역할을 수행함에 있어서, 브라질이 갖고 있는 잠재력과 한계를 이해하기 위해서는 브라질이, 지난 세기 중엽부터 지금까지 전 세계 환경 문제가 겪었던 변화의 소용돌이 속에서 어떻게 대처해왔는가를 점검해보는 것이 필요하다. 특히 그 변화의 소용돌이는 기후변화, 수력자원의 부족 그리고 생태다양성의 상실 등으로 점철되어 있다.

특히 두 개의 세계적인 이벤트가 환경에 대한 이해를 상당히 변화시키는 데 일조하였는데 그것은 다름이 아니라 스톡홀름-72와 리우-92라고 알려진 유엔의 컨퍼런스였다.

1960년대를 출발하여 특정 사회부문을 넘어, 인류가 지구에게 야기한 심각한 영향들과 그 규모가 분명하게 드러나기 시작했다. 자연의 끝없는 자활능력과 높은 오염에 대한 동화력에 대한 믿음이, 미디어뿐만 아니라 그 당시 초기 단계에 있던 자연보호운동의 영향을 받은 학술연구들의 경고로 의문시되었던 것이다.

1972년 스웨덴의 스톡홀름에서는, 환경에 대한 유엔차원의 첫 컨퍼런스인, 인간환경에 대한 컨퍼런스가 개최되었다. 세계 환경의 날로 기념하고 있는 6월 5일에 열린 이 회의는 지구상의 생명들을 위험에 빠트리는 생산 및 소비 패턴을 재고再考해야 할 필요성에 대하여 세계적인 토론을 끌어내었던 것이다.

스톡홀름에서는 많은 국가가 환경보호보다는 경제적 개발의 우선권을 옹호하고 나섰다. 메디치 정권이 권좌에 있던 군부독재시절의 브라질대표단 일부는 환경보호가 발전에 장애가 되어서는 안 된다고 생각하고 있었다. 예를 들면 "최악의 오염은 빈곤이다", "개발이 먼저이고 환경을 돌보는 것은 그다음 일이다" 또는 "오염은 발전의 신호다"라는 표현들이 정계와 노조 그리고 기업에게 보편화되어 있었던 것이다.

스톡홀름 선언 자체도, 생물다양성 컨벤션Convenção da Biodiversidade의 경우에서 엿볼 수 있듯이, 환경과 관련된 국제협상에서 오늘날까지 언급되고 있는 상호모순점과 논점을 내포하고 있었다. 따라서 1972년에, 이미 높아진 환경 위험의 흐름을 뒤집기 위해 세계가 공동으로 힘을 합치기에는 엄청난 어려움들이 있을 거라고 예상을 할 수 있었다. 그 당시에는 지정학적인 장애물들이 논의를 지배하고 있었다. 동구유럽의 사회주의 국가들은, 유엔이 참석을 막아버린 동독을 옹호하는 차원에서, 스톡홀름 컨퍼런스를 보이콧하였다. 일명 저발전국이라고 불리던 나라들은, 환경보호주장에 있어서 부국들이 자신들의 성장을 가로막으면서 종속상황에 묶어두려는 농간을 부리고 있다고 생각게 되었다.

어찌되었든 스톡홀름 대회는 그때까지 거의 동식물군 보전문제만 연관시키던 환경이라는 테마를 경제, 정치, 사회, 문화 그리고 기업의 영역까지 확대시킴으로써 환경이라는 문제를 이해하는 형식을 바꿔놓았다. 또한 그 회의를 통해 유엔환경프로그램PNUMA, Programa das Nações Unidas para o Meio Ambiente이 탄생하였다. 이 프로그램은 대부분 나라에서 NGO들의 우후죽순식 탄생을 부추겼을 뿐만 아니라 환경보호와 관리 문제를 제도화하는 놀라운 성과를 일궈내기도 했다.

브라질의 경우 학계와 NGO들이 나서서 연방정부 내에 환경관련 부서들을 만들라고 압력을 가했다. 그 결과 1973년 내무부 산하에 환경특별청SEMA, Secretaria Especial de Meio Ambiente이 생겼으며 초대청장으로 파울루 노게이라 네투Paulo Nogueira Neto 교수가 임명되었다. 여러 한계에도 불구하고 이 기관은 정부 내에서 사회를 대변하는 대화상대자로 변신했으며 새로운 법적 장치들과 보호구역을 설립하는 성과를 일궈내었다. 1981년에는 브라질 환경법의 이정표인 법 제6938호가 인준되었는데 이 법에 따라 국가적인 환경정책이 제도화되었으며 국가 환경시스템Sistema Nacional do Meio Ambiente이라는 것도 탄생하였다. 특히 이 시스템에는 정부 및 비정부기구들이 참여하며, 환경관련 규정들을 제정할 권한을 가진 심의기구로서 국가 환경위원회Conama, Conselho Nacional do Meio Ambiente를 그 산하에 두게 되었다.

하지만 브라질의 군사정부들(1964~1985)은 자신들의 발전주의 중심전략을 그대로 유지하였는데 이 정책은 국가안보 논리와 연결되어 사회적, 환경적으로 아마존 점령이라는 재앙적 시도로 이어졌다. "빈 곳을 차지한다"는 것과 "(타국에) 넘기지 않기 위해 통합한다"라는 핑계로 아마존 지역에 대한 대규모 프로젝트들이 시작된 것이다. 예를 들면 1972년 북부와 북동부를 연결하는 트랑사마조니카 고속도로rodovia Transamazônica 건설계획이 바로 그것이었다. 이 지역에 도로를 뚫는 사업은, 남부와 남동부 농민의 대거 이주 촉진을 위한 패키지 정책의 일부였는데 이 정책으로 말미암아 아마존의 벌목이 더 심화되었고 그 지역에 살고 있던 전통 주민과 인디오에게 부정적인 영향이 강하게 발생하였다.

스톡홀름-72와 리우-92 사이의 20년 동안 브라질은 군정의 종식과 더불어 크나큰 변화를 겪었다. 이 기간에 주요 사건이 있다면 그것은, 현재의 헌법이 공포되었던 1986년과 1988년 사이에 제헌의회가 열려, 민주화과정에서 거론된 아주 다양한 대의명분을 옹호하면서 사회의 모든 부문과 각계각층 그리고 조직화된 그룹과 운동단체가 저마다의 이슈를 들고 등장했다는 것이다. 이때 만들어진 헌법 제225조 "환경 관련" 규정은 현 세대들과 다음 세대들을 위해 환경 보호와 보존 문제에 있어서 공권력과 집단들의 공동 책임문제를 담고 있으며 이것이 브라질로 하여금 대다수 새로운 환경문제에 적절한 답변을 제시할 수 있도록 길을 열어주었던 것이다.

브라질 헌법은 현대적인 안목에서 환경문제를 다룬 선구적 헌법으로 간주되고 있다. 예를 들면 기본인권으로서의 건강한 환경, 생태계 및 생물권의 활동에 근본적인 자연의 자생력을 국가가 유지해야 할 책임, 환경관련 정보 및 법적인 대응에 대한 개인 및 집단의 권리, 개인재산 및 경제활동에 대한 환경적 조건들 등이 그것이다.

1988년 말 아크리 주에서는 고무나무 수액채취자 리더인 쉬쿠 멘지스Chico Mendes가 살해되었다. 그는 아마존 숲 벌목으로 인하여 보금자리로부터 쫓겨나고 있던 원주민 인디오와 강 연안 주민 그리고 고무나무 수액채취자의 보호를 위해 투쟁하고, 아마존 보호를 위해 투쟁함으로써 국제사회에 잘 알려져 있던 인물이었다. 그의 죽음이 몰고 온 반향은 환경 파괴가 내포하고 있는 경제, 사회, 문화적 의미가 무엇인지를 똑똑히 보여주었다. 아마존 숲의 사람들은 다양한 활동을 통해, 아마존 개발문제가 숲과의 공존을 위한 대안들과 그 숲이 안고 있는 부의 지속가능한 개척에 근거하여 토론되어야지 그 숲의 파괴에 근거하여 토론되어서는 안 된다는 것을 보여주었다.

1989년 사르네이 정부는 '우리의 자연Programa Nossa Natureza'이라는 프로그램을 출범시켰다. 이 프로그램은 쉬쿠 멘지스의 죽음과 아마존 숲을 불태우는 행위가 가속화되고 있는 것에 대한 외국 정부 및 비정부기관들의 압력에 대한 대응차원에서 나온 것이었다. 우발적인 출범이라는 성격에도 불구하고 동 프로그램은, 환경 및 재생가능한 천연자원청IBAMA과 같이, 환경 분야의 제도적 발전에 중요한 영향을 미쳤다.

리우-92를 위한 준비기간은 페르난두 콜로르 지 멜루Fernando Collor de Mello 정부의 출범 시기와 일치하였다. 유엔의 이 회의를 개최하는 동안 브라질은 이미 중대한 정치적 위기에 놓여 있었으며 그 회의가 끝난 지 몇 개월이 되지 않아 콜로르는 탄핵되고 말았다. 리우-92는 세계 역사상 유례 없이 많은 국가원수의 참석을 이끌어내었으며 또 시민사회의 참여까지 허용됨으로써 유엔의 대형 컨퍼런스 모델을 확실히 바꿔놓기에 이르렀다.

이처럼 리우-92는, 각종 공공정책 수립에 있어서 정부와 비정부기관 사이의 끈끈한 대화가 시작된 분수령이었다. 또한 사회운동과 노조운동 부문 그리고 매우 다양한 대의명분을 가진 행동파 조직과 기업의 만남이 이루어졌다는 점에서 매우 중요한 사건이기도 하였다. 이들은 동 컨퍼런스 동안 이제까지 볼 수 없었던 다양한 형태의 공존 패턴을 보이면서 각종 이해관계와 이데올로기상의 차이점 및 알력들을 거침없이 표출하였다. 또한 그들은 새롭고도 아주 복잡한 의견조정을 성공시킴으로써 오늘날 우리가 사회적 환경주의socioambientalismo라고 부르는 것을 공고히 하기도 하였다.

사회적 환경주의는, 브라질의 환경문제를 이해하는 데 필수적인 개념이다. 그 기원에 있어서 두 가지 개념이 자리하고 있다. 보존주의preservacionismo와 보호주의conservacionismo가 그것이다. 보존주의는 자연 자체에 고유한 가치가 있다고 보는 환경론적 생각의 흐름으로서, 자연이 인간의 개입 없이 본래 상태로 보호되어야 한다고 주장한다. 한편 보호주의는 동일한 문제의 여러 가지 면으로서 환경적인 면, 경제적인 면, 사회적인 면을 거론한다. 이들에 따르면 자연보호는 인간의 필요성에 부응하고, 통제된 이용의 판단기준들을 시작으로 한 관리행위를 통해 이루어져야 한다고 본다.

사회적 환경주의는 쿠바팅 석유화학단지Polo Petroquímico de Cubatão의 오염문제에 반대한 운동과 특히 쉬쿠 멘지스가 주도했던 고무나무 수액채취자의 운동에 그 뿌리를 두고 있다.

리우-92는 그 컨퍼런스가 승인한 서류들 외에 아주 중요한 결과물을 내놓았다. 어젠다21Agenda 21, 리우선언Declaração do Rio, 삼림선언Declaração sobre Florestas, 생물학적 다양성 컨벤션Convenção de Diversidade Biológica 그리고 기후변화 컨벤션Convenção de Mudanças do Clima 등이 그것이다. 이 회의 동안 비정부기관들은 정치적 주체로서 입지를 강화하였으며 환경문제와 관련된 협상과정들은 보다 다자화되었다. 또한 문제제기와 해결책들을 보다 체계적으로 하자는 시각에서, 테마들의 통합을 추구하는 여러 네트워크 구성이 보다 역동적이 되었다.

1992년 말, 브라질에는 환경부Ministério do Meio Ambiente가 창설되었다. 이 부처는 후에 상황변화에 부응하기 위해 이름을 두 번 바꾸었는데 그 결과 1993년엔 환경 및 아마존부Ministério do Meio Ambiente e da Amazônia Legal로 그리고 1995년엔 환경, 재생자원 및 아마존부Ministério do Meio Ambiente, dos Recursos Hídricos e da Amazônia Legal로 개칭되었다. 그러다가 1999년에 본래의 이름인 환경부로 되돌아왔다. 하지만 이 부서는 연방정부 전체 차원에서 아직은 낯선 존재로 계속 남아 있다. 다시 말하면 부처 간 어젠다 통합과 상호연계성을 구축하는 데 성공하지 못한 것이다. 이 작업은 2003년부터 2008년 사이에 당시의 주무장관이었던 마리나 시우바Marina Silva에 의해 주도되었으나 그녀는 자신의 실무 프로그램에 대한 연방정부의 지원 부족을 이유로 사퇴했다.

리우-92 이후의 몇 년 동안 브라질의 환경정책은 법적인 중요한 수단들을 획득했다. 예를 들면 국가수력자원정책Política Nacional dos Recursos Hídricos을 제도화한 법이 그것으로서 이 법을 통해 국가 수력자원 관리시스템Sistema Nacional de Gerenciamento dos Recursos Hídricos이 갖춰졌다. 또 다른 법은 환경 범죄 법Lei de Crimes Ambientais이다. 2006년엔 대서양산림법Lei da Mata Atlântica이 14년 만에 의회에서 통과되기도 했다. 하지만 생물학적 다양성 자원에 대한 접근을 규정하는 법안이 1995년 이래 아직도 의회에 계류 중이다.

오늘날 기후 변화에 따른 여러 환경 관련 문제에 직면해 있다. 물론 지금까지 실질적인 진전이 있기도 하였지만 그 반면에, 앞으로 성취되어야 할 엄청난 변화들을 두고 볼 때, 발전이라는 개념의 기준을 실질적으로 바꿀 수 있어야 하는데 그러한 관점에서는 소극적인 진전에 불과하다고 생각한다.

환경 문제는 우리가 미처 인지하지도 못하는 상황에서도 우리의 일상생활에 깊이 침투해 있다. 예를 들면 많은 사람이 자신의 소비 습관이 자기가 속한 도시의 삶의 질이나 지구의 위험에 직접 연결되어 있다는 것을 인지하지 못하고 있다. 또는 우리의 손자나 증손자 등 후손에게 건강한 삶을 물려주고 보장해주어야 한다는 장기적인 관점의 주의가 일부 시민들의 즉각적인 관심거리 속에서는 아직 부족하다는 판단이다.

환경파괴의 충격과 관련하여 최근 수십 년간 많은 지식이 축적되어왔음에도 불구하고 아직 환경오염이나 피해는 물질적인 성장에 대해 응당 치러야 할 대가로 생각하는 것이 일반적이다. 또한 환경문제는 가난과 사회적 불평등 문제를 먼저 해소한 다음에 다뤄야 한다고 생각하는데 그것은 진실이 아니다. 그와는 정반대로 우리는 가난한 사람들이, 자연에 대한 부주의로 발생하는, 주요 희생자라는 사실을 점점 확인하고 있는 상황이다. 좋은 환경적 여건이 부족하다는 사실은 사회적 불의 및 불평등과 떼어낼 수 없다. 쥐약의 남용, 산업 폐기물로 인한 강물의 오염 그리고 도시 지역의 구릉이나 언덕의 경사진 면들이 붕괴할 때 가장 먼저 피해를 입는 사람들이 바로 가난한 사람들이라는 점을 상기해보는 것만으로도 충분할 것이다.

1980년대에 오존층의 구멍이 커지면서 확연히 드러난 환경문제의 지구적 차원, 나아가 극단적인 기후 변화로 재등장하고 있는 환경문제는 환경파괴가 현실이며 부정할 수도 없는 일로서 개인적 차원에서부터 세계적인 영향력을 행사하는 거대 조직들에 이르기까지 우리에게 어느 길을 갈 것인지 선택할 것을 요구하고 있다.

브라질의 경우 그러한 환경테마들이 국가적 차원의 어젠다와 시민들의 참여문제로 흡수되어 진전이 있었다는 것을 부정할 수 없지만 다른 한편으로는 심각한 장애물도 있었음을 부인할 수 없다. 모든 생물군계bioma에서 벌어지는 산림훼손에 대한 대처가 아직도 효율적이지 못하며 대다수 도시에는 만족할 만한 상하수도 시설이 갖춰져 있지 않다. 또한 자동차에 의한 대기오염 역시 날로 증가하고 있다. 재생에너지 시대가 열리도록 인센티브를 강하게 제시하는 것이 필요하지만, 브라질의 재생에너지 모체는 지구온난화의 주범으로 꼽히는 화석연료에 아직 집중되어 있음을 간과해서는 안 된다.

실질적으로 변한 것은 환경위험에 대한 현대 사회의 의식이었다. 하지만 그 의식도 국가적, 국제적 차원의 중차대한 계획에 정치적 변화를 야기할 만큼 아직 충분하지 않다. 시민들도 스스로에 대하여 곰곰이 생각해봐야 한다. 그들은 정확한 쓰레기분리수거, 재활용, 사회적-환경적으로 책임을 지는 기업들에 대한 존중, 승인된 제품과 청정에너지 및 기술의 소비 등을 자신의 일상생활 속에 체화하여야 한다. 또한 국가들도 기술적인 관점에서뿐만 아니라 정치, 경제, 문화적 차원에서 기후변화에 따른 여파에 대하여 준비하여야 한다.

그러면 이제 대화의 출발점, 그러니까 이러한 상황에서 브라질의 역할 문제로 되돌아가자. 타의 추종을 불허하는 환경적 자산을 가지고 있음과 동시에, 아마존 벌목과 산림 태우기로 지구온난화를 몰고 오는 가스 배출 주요 국가 중 하나로서 브라질이 전 세계 환경문제에 있어서 주역이 되어야 함은 자명한 사실이다. 이제 브라질이 원하는 주역역할이 어떤 유형인지를 선택할 시간이다. 또한 행동을 취하지 않을 때 발생하는 비용이 얼마일 것인지, 포스트 화석

연료 경제의 공고화에 있어서 지도적인 역할을 실제로 하지 않을 경우 그 비용이 얼마에 이를 것인지를 계산하기 시작해야 할 시점이다.

참고문헌

DUBEUX, Carolina; MARCOVITCH, Jacques e MARGULIS, Sérgio (coords.). "Economia da mudança do clima no Brasil: custos e oportunidades — Resumo Executivo", www.economiadoclima.org.br/files/biblioteca/RESUMO_FINAL.pdf.

GEO Brasil 2002 — Perspectivas do meio ambiente no Brasil. Organizado por Thereza Cristina Carvalho Santos e João Batista Drummond Câmara. Brasília, Edições Ibama, 2002.

GEO Brasil — Recursos hídricos: componente da série de relatórios sobre o estado e perspectivas do meio ambiente no Brasil. Ministério do Meio Ambiente; Agência Nacional de Águas; Programa das Nações Unidas para o Meio Ambiente. Brasília, MMA/ ANA, 2007.

Instituto Socioambiental (ISA). *Almanaque Brasil Socioambiental 2008.*

Mata Atlântica: patrimônio nacional dos brasileiros. Ministério do Meio Ambiente. Secretaria de Biodiversidade e Florestas. Núcleo Mata Atlântica e Pampa. Organizado por Maura Campanili [e] Wigold Bertoldo Schaffer. Brasília, MMA, 2010.

Militarismo-Repùblica e Nação

군국주의, 공화국 그리고 국가

세우수 카스트루Celso Castro

Celso Castro

1995년 사회학 박사학위를 취득하였으며 현재 제툴리우 바르가스 재단(FGV) 산하 브라질현대사 사료연구원(CPDOC)의 교수로 재직 중이며 저서로는 『군인정신』(*O espírito militar. Zahar*, 2ª ed., 2004), 『군인과 공화국』(*Os militares e a República*. Zahar, 1995) 등이 있다.

©José Cruz/ABr

"군국주의"의 의미에 대한 대다수 관념적인 논쟁을 피하면서 보다 단순한 정의를 취해보도록 하자. 즉 군국주의는 전체 사회에 대한 군의 가치와 관습 투영을 옹호하는 자세를 의미한다. 이와 같은 일반적인 정의가 이루어지면 이제 몇 가지 주의사항에 귀를 기울여야 한다. 우선 군인들이 꼭 군국주의자인 것은 아니라는 점이다. 시민들도 마찬가지이다. 둘째, 군 제도에서 가장 군국주의적인 순간에도 당파적인 우발적 논쟁과 의견의 불일치가 항상 어느 정도 존재한다. 그러한 의미에서, 비록 브라질 군이 공개적으로 보여주는 기율 잡힌 외적 모습에도 불구하고—그 군의 이름으로 말을 해도 되는 목소리가 원칙적으로 위계질서에 의해 승인된 목소리일 때—, 그 내부에 반드시 어떤 공감대가 있는 것이라고 추정해서는 안 된다. 그 외에도, 전통적인 어떤 이미지를 표출하고 있음에도 불구하고, 군의 세계는 어느 나라에서든 세월이 흐름에 따라 변하고 있다.

입헌군주제가 실시되던 제국시대의 말부터 시작해보자. 그때 우리나라 역사상 처음으로, 어떤 '군인계급'이 정치적으로 브라질 사회를 (재)조직하겠다는 분명한 기획을 가지고 형성되기 시작했다. 자신의 개인적인 군 경력에 관심을 가진 채, 상당수 군의 개혁을 옹호하는, 가장 군인적인 군인들이 있었다. 적은 예산과 느린 승진에의 불만 그리고 시민 엘리트들의 소소한 무관심에 불만을 가진 그들이 제국의 강력한 권력을 장악하고 있던 사람들에 대하여 원한을 키워왔었다. 그들에 대하여 데오도루 다 퐁세카Deodoro da Fonseca와 플로리아누 페이쇼투Floriano Peixoto 같은 군 장성들은 "껍데기들"이라고 부르곤 했다. 하지만 그 '군사계급'은 군주제의 종말을 추구하지 않았을 뿐만 아니라 자신들의 이미지 혹은 그와 유사한 모습을 가진 사회로의 전환을 추구하지도 않았다. 그 계급의 작은 일부—고위 장교들이 6명도 채 되지 않았다—가, 1889년 말에 독립 브라질에서 77년의 군주제에 종말을 고한, 쿠데타에 가담하였었다. 하지만 이 군인들이 확실한 공화정주의자들은 아니었다. 종종 그 반대였다. 쿠데타가 일어나던 날 군 최고사령관으로 후에 공화국 초대 대통령이 된 데오도루 장군 자신도 쿠데타 한 해 전, 당시에 포르투알레그리 군사학교 생도였던 자신의 조카 클로도아우두Clodoaldo에게 보낸 편지에서 "브라질에서는 공화정과 완벽한 재앙이 똑같은 말인 만큼 너는 공화정문제에 간여하지 말라"고 경고했었다. 쿠데타가 성공한 날에도 데오도루는 공화국 선포가 아니라, 군주제 하에서 다른 내각을 구성하는 데 황제와 서로 이해하고 있다고 밝혔었다.

다른 한편으로 공화국은, 당시에 리우데자네이루 베르멜랴 해변Praia Vermelha에 위치하고 있던 브라질 군사학교Escola Militar do Brasil 학생들 다수와 그곳 출신의 젊은 장교들에게는 "약속의 땅"으로 비춰졌다. 쿠데타가 발발하기 며칠 전 이미 반란 움직임이 완연하던 때에 바로 그들이 "피의 협약pactos de sangue"이라고 알려진 문서에 서명을 한 다음, 자신들을 인도하도록 그들 스스로가 지도자로 선출한, 동 군사학교 수학교수 벵자밍 콩스탄치 보텔류 지 마갈량이스Benjamin Constant Botelho de Magalhães에게 그 문서를 넘겼었다. 그들은 벤자밍 콘스탄트에게 반정부 투쟁에서 죽을 때까지 그를 따르겠다고 약속을 했었다. 벤자밍도 역시 중령으로 군인이었다. 하지만 그는 쿠데타 전날까지도 스스로가 그 쿠데타의 주역임을 밝히지 않았다. 1866~1867년 사이에 벌어진 파라과이 전쟁Guerra do Paraguai에서 후방부대를 지휘했던 1년을 제외하고는 항상 교직이나 관직을 수행했던 그는 두 번이나 퇴역을 신청하기도 했었다. 그의 유권자 신분증 직업란에는 군인이 아니라 교직이라고 기록되어 있었다. 그의 딸 역시 자신의 일기장에 1889년 10월 23일, 당시의 정부에 혹독한 비판 연설을 한 직후—이것이 쿠데타의 신호탄임을 알리는 암호였는데—, 자기 부친의 귀가가 늦어져 염려를 했다고 적고 있다. 그리고 가족들은 그가 군복을 입고 다니는 것을 좋아하지 않았다는 걸 알고 있었다.

그 당시 표현을 빌리자면, 벤자밍 콘스탄트를 지지했던 "군의 청춘들"은 브라질에 대하여 분명한 시각을 갖고 있었다. 그들의 시각으로 볼 때 우리 브라질은, 사회적 잠재력을 결정하는 요소들로서의 전통적인 핵심세력에게 특권을 부여했던 가치와 규칙이 압도하는 바람에, 그리고 사회적 변화의 수단인 이성의 사용을 막았던, 법학도들이 지배하는, 엘리트 계층과 가톨릭교회 사이에 모종의 협약이 존재했기 때문에 거의 진화를 하지 못한 국가였다. 그러한 것에 반대하여 그들은 각 개인의 장점과 과학의 힘을 옹호하였다. 그의 학교가 그 "군의 청춘들"에 의해 "과학의 교회"로 불린 것도 바로 그 때문이었다. 우리의 역사기록학에서 두각을 나타내었던 오귀스트 콩트Auguste Comte의 실증주의 이상으로, 거기에서는 허버트 스펜서Herbert Spencer와 에른스트 헤켈Ernest Haeckel 같은 가장 최근의 학자들이 합류한 일명 '과학주의'가 주된 관심사로 자리 잡고 있었다. 그러한 혼합으로부터, 사회의 재조직을 위한 가이드로서, 과학의 힘에 대한 확고한 믿음이 탄생하였다.

그러한 시각에서 공화국은 과학적인 통치의 한 방식이었으며 모든 것이 성과주의의 보편적인 채택과 과학에 의해 인도되었다. 이렇게 되었다면 브라질은 당시의 낙후로부터 빠르게 진화할 것이었으며 가장 "발전된" 국가들과의 공존에서 보다 나은 위치를 점하게 될 것이었다. 엄격히 말해서 공화국 창건 운동에 가담했던 군인-시민 그룹에게 어떤 "국가적인 프로젝트"가 있던 것이 아니었다. 그들에겐 그저 공화정체제를 채택하는 것만으로도 브라질 사회에 즉각적인 혁신을 야기할 것이며 그러면 브라질은 세계에서 가장 선진화된 국가 대열에 진입할 것이었다. 제국의 말기에 이와 같은 단순한 확신이 그 젊은 반란군들의 생각과 행동을 뭉치는 데 기여했다면 이제는 바로 그것이, 그들이 이룩하려고 했던 공화국 시대에, 그들을 분열시키는 데 기여하였던 것이다.

공화정이 수립되자 "상황적 제국"이 도래했고 군주제적 전통의 무게가 다시 고개를 들었다. 승리한 바로 그 군인들 사이에서뿐만 아니라 그들과 민간 정치인들 사이에서도 서로 다툼이 전개되었다. 공화정의 이상은, 쿠데타가 성공한 직후 거의 모든 사람이 형식적으로 공화정에 가담하자, 오히려 점차 그 특징을 잃어가게 되었다. 비록 공화정의 상징들과 이데올로기가 아주 힘겹게 구축되었음에도 불구하고 말이다. 이것이, 몇 년이 지난 후 공화국의 빛나는 미래로 하여금, 그들이 극복하고자 했던 것들과 많은 면에서 유사한 과거 혹은 더 악화된 과거로 탈바꿈하게 만들었다. 전통적인 과두지배체제가 공화정에 가장 열정적이던 젊은 군인들을 포섭하거나 패배시키면서 다시 정치권력을 장악하였다. 똑같은 상황이 군 내부에서도 발생하였다. 여러 정치적 소요사태 —주제 무릴루 지 카르발류José Murilo de Carvalho의 표현을 빌리자면 첫 소장파 군인운동primeiro tenentismo— 등에 연루되었던, 공화정에 가장 열정적이던 젊은이들을 포위하거나 축출하면서 위계질서와 기율 그리고 관료주의가 다시 도래한 것이었다. 배신을 당했던 공화국 "재건" 세대의 마지막 시도는 1904년에 발생하였다. 이때 의무 백신제도를 이유로 보다 광범위하게 전개된 반란의 한가운데에 1889년 공화국 건설에 가담하였던 라우루 소드레Lauro Sodré 주도의 "젊은 군인들"이 새로운 쿠데타를 시도하였으나 실패하고 말았다.

플로리아누 페이쇼투 정부에 반대한 해군의 반란Revolta da Armada에서 패배하는 바람에 결국 힘을 상실했던 해군은 이후 쉬바타 반란Revolta da Chibata(1910)의 부정적인 영향으로 더욱 힘을 잃게 되었으며 그 결과 주요 정치세력에서 밀려나고 말았다. 그리하여 공화국시대를 육군의 그늘 아래 혹은 육군이 이끄는 대로 움직이며 보내게 되었다. 그래서 우리가 '군'을 말할 때는 주로 육군을 언급하는 것이다.

제1공화국 동안에 군국주의의 제2차 사이클이 시작되었다. 그 사이클은 군의 개혁을 옹호하는 것—무엇보다도 의무병역제도 채택을 위한 투쟁이 주를 이루었다—과, 정치개혁 및 산업화를 통한 국가의 정치와 경제의 심도 있는 변화 사이를 오갔다. 첫 번째의 경우는 브라질 사회에 대한 군의 가치관 투영이 주안점이었다. 육군은 브라질 사회의 논쟁과 분열을 초월하여 자기의 존재감을 내보일 수 있는 유일한 집단으로서 '국가정체성의 근간'으로 등장하였다. 1926년 육군의 '대부patrono'로 변신한 카쉬아스 공작duque de Caxias이 점차 공화국의 보수적인 면을 대변하기 시작했다. 하지만 그러한 군의 이상을 완연하게 집행하기 위해서는 젊은이들의 일시적인 군복무가 필요했다. 시인 올라부 빌라키Olavo Bilac의 표현을 빌리자면, 그것이 경제 사회적 차원에서 국가nação와 육군 사이에 아직 존재하고 있던 "괴물 같은 분열"을 극복하는 데 도움을 줄 것이었다.

두 번째의 경우는 서로 다른 정치적 색채를 띤 "군소장파tenentistas" 들의 봉기와 반란이 줄을 이은 것이었다. 이러한 사태는 1930년 혁명Revolução de 1930과 더불어 권좌에 오른 젊은 장교그룹들의 등장으로 절정을 이루었다. 제툴리우 바르가스 정부governo de Getúlio Vargas, 특히 신국가체제의 독재기간 동안에 주축을 이루었던 그 그룹은, 에우리쿠 가스파르 두트라Eurico Gaspar Dutra와 고이스 몬테이루Góis Monteiro라는 두 명의 핵심인물의 지도력을 통해, 반대파 군인들을 축출하거나 중화시키면서 입지를 굳히는 데 성공하였다. 이 두 사람 가운데 고이스 몬테이루로부터 그 유명한 발언, 즉 육군**의** 정치를 하기 위해서는 육군**에서** 정치가 타파되어야 한다는 표현이 탄생하였었다. 그리하여 군의 내부에서 수십 년간 헤게모니를 장악한 이데올로기, 즉 반공주의가 구체적인 모습을 띠게 되었다. 그 이데올로기는, 공산주의를 반대한다는 사실을 넘어, 브라질 사회가 내부의 적 혹은 조국을 배신한자들에 의해 "침범당했다"는 시각이 전개되도록 했다. 하지만 아무리 과장되었다고 할지라도 브라질에서 "공산주의 위협"에 대한 인식은 단순히 스쳐가는 주마등이 아니었다. 그러니까 혁명이라는 방법을 통해 권력에 도달하겠다는 공산주의자들의 실질적인 의도가 있었다. 그 이데올로기는, 1935년 11월에 전직 장교 루이스 카를루스 프레스치스Luís Carlos Prestes가 주도한 공산주의 쿠데타 시도—비하하는 의미에서 일명 "미친 계획"이라는 뜻을 가진 인텐토나Intentona라고 불리어졌다—가 실패하면서, 바로 주요 세력으로 힘을 얻기에 이르렀다. 이후 수년간 반공산주의 이데올로기는 좌파, 우파를 막론하고, 정치적 자유주의와 대의민주주의에 반하는 권위주의 경향이 점차 커지던, 국내외적 상황 속에서 보다 강력해졌다. 민주주의에 대한 불신이 점차 보편화되고 있었던 것이다.

하지만 2차 세계대전 때 연합군 측에 합류하면서 브라질은 역사적인 모순을 경험하게 되었다. 당시 브라질에는 독재가 실시되고 있었지만, 브라질군은 나치즘과 파시즘에 대항하여 이탈리아에 전투를 하러 갔던 것이다. 그 결과로서, 이 모든 것이 신국가체제의 종말에 기여하였다. 신국가체제의 붕괴 이후 20여 년 동안, 여러 가지 한계에도 불구하고, 민주적인 체제가 도래하였지만 육군은 공산주의의 위협에 맞서 조국을 수호하는 데 경계심을 늦추지 말아야 한다는 생각이 지배적이었으며 그 생각은 주엉 굴라르João Goulart 정권을 무너뜨린 1964년 쿠데타 이후에 더욱 공고해졌다. 쿠데타를 일으킨 군부의 시각에서 볼 때, 공산주의자들은 새로운 공격을 시도했으나 1935년과 비슷하게 육군의 경계활동으로 좌절되고 말았다. 결국 30년 전의 바로 그 적들이 아직 살아 있었던 것이며 이들은 격퇴되어야 했다. 1935년과 1964년 사건의 이러한 연계성이 육군에서 반공산주의 정신을 강화시켰으며, 군부체제의 21년을 열었던 제도개혁법Ato Institucional 내용("성공한 혁명은 그 스스로 정당하다")이 분명하게 밝히고 있듯이, 육군은 정치제도 위에 군림한다는 시각이 저변에 깔려 있었다.

뒤이어 온 "암울한 해들anos de chumbo"은 과도한 낙관적 민족주의 시대와 공존했다. 그 민족주의 시대는, "브라질의 경제기적milagre econômico brasileiro"과 어느 누구도 제지할 수 없는 "위대한 브라질Brasil Grande"이라는 생각 그리고 조국 ―당연하지만 그 권위주의 체제― 을 사랑하지 않는 자들은 조국을 떠나라고 명령한 홍보 등으로부터 유래하였다. 그리하여 군의 가치관들이 사회로 이전되면서 사회조직이 훨씬 더 잘 이루어진다는, 극단적으로 정치의 소멸 그 자체를 옹호하던 "권위주의적 유토피아utopia autoritária"가 힘을 얻게 되었다. 하지만 내부의 적들이 유지하던 "혁명전쟁guerra revolucionária"을 패배시킬 필요가 있었다. 그것이 고문이나 아니면 단순히 반대파들을 제거하는 것과 같은, 보다 극단적인 대처법들을 제도화하는 구실로 작용하였다. 다른 한편으로는 그 반대급부로서, 바로 군내부에서도, 군인들이 길고도 깊이 정치권력 통제에 가담할 경우 육군의 틀인 위계질서와 기율이 위험에 빠질 수 있다는 우려가 확산되었다. 민간정치인들의 지지 철회와 반대세력들의 커가는 힘이 가세하면서 그와 같은 긴장이 결국, 군의 권력집단과 정치엘리트 사이에 점진적이고도 통제된 정권이양 계획이 합의점에 도달하도록 만들었다.

육군은 결국 그 오랜 권위주의 경험으로부터 빠져나오게 되는데 이때 그들은, 군정에 반대했던 자들에 대하여 그들이 가했던 "보복정책revanchismo"의 피해자들이 역보복을 하지 않을 것이라는 보장을 받았다. 그 피해자들이란 군정의 보복정책에서 살아남아 권좌에 오른 자들을 의미했다. 군은 군정에 대한 역사의 기억 속에서 패배자가 된 자신의 모습을 보았으며 또 사회적·정치적 위신의 상실로 인한 정체성의 위기에 빠진 자신의 모습도 보았다. 나아가 민주화 이후의 새로운 세상에서 그리고 곧 이어진 냉전 이후의 세상에서 자신들이 수행해야 할 역할이 무엇인지 혼란스러워했다. 결국 군정체제가 군에게 나쁜 결과를 낳았던 것이다.

수십 년간 힘을 발휘했던 반공주의 이데올로기는 점점 더 그 의미와 힘을 상실했다. 그와 동시에 새로운 시각이 중요성을 띠게 되었다. 즉 브라질의 부와 자주권(특히, 아마존)을 "국제사회의 탐욕cobiça internacional"으로부터 수호해야 할 필요성이 그것이었다. 비록 그러한 개념이 새로운 것도 아니고 더욱이 군으로부터만 나온 것이 아니었지만 이제는 새로운 시대에 상징적으로 훨씬 더 적합한 개념으로 탈바꿈하였다. 육군의 날은 1648년 4월 19일 첫 과라라피스 전투Batalha dos Guararapes일을 기념하여, 1994년 4월 19일에 제정되었다. 이 전투는 브라질의 부를 정복하려고 했으나 브라질 국민을 구성하고 있는 "3인종"의 결속으로, 패배당한 침입자들을 추방한 결정적 순간이었으며 이때 순수한 브라질식 함정 놓기와 게릴라전이 빛을 발했다. 육군의 공식 견해에 따르면 그날은 브라질 육군뿐만 아니라 브라질에서 바로 국가nação라는 개념이 탄생한 날이었다.—결국 이 두 가지는 서로 떼어낼 수 없이 서로 연결된 상태로 남게 되었다. 이제 주요 임무는 현재 국민이 겪고 있는 위험들에 대하여 사회에 경종을 울리는 것이며 또한 적대적인 상황에 알맞은 방어 전략을 개발하는 것이었다. 여기서 적대적인 상황이란, 브라질이 보다 강한 나라의 군에 의해 도전을 받을 수 있다는 것을 의미하며 이것은 "비대칭 전쟁"에 적합한 "저항 전략"의 개발을 의미한다. 아마존이 갖고 있는 상징적인 비중은, 해군이 "푸른 아마존Amazônia Azul"—우리의 영해 자원—을 수호하기 위해 무장할 필요성이 있다며 사회의 관심을 끌려던 때에 보다 분명해졌다.

21세기의 첫 10년을 마감하면서 육군은 최근 25년간 민주주의체제에 순응해왔으며—브라질공화정 역사에서 행복한 기록이다—브라질 사회를 자신들의 이미지와 유사성에 따라 재조직하려는 욕망도 표출하지 않았다. 제도권의 시각에서 본 그러한 변화들을 넘어 공화국 시기 내내 우리는, 다른 맥락에서 그리고 상징적 차원에서 항상 자신의 존재를 확인하려 했던, 잠재적이고도 구조적인 어떤 요소가 존재함을 엿볼 수 있다. 그것은 곧 육군과 브라질국가nação와의 떼어낼 수 없는 연결고리가 존재한다는 것을 의미하며 육군은 그 존재의 수호자임이 틀림없다.

참고문헌

CARVALHO, José Murilo de. *Forças Armadas e política no Brasil.* Rio de Janeiro, Zahar, 2005.

CASTRO, Celso. *Os militares e a República.* Rio de Janeiro, Zahar, 1995.

________. *A invenção do Exército brasileiro.* Rio de Janeiro, Zahar, 2002.

MCCANN, Frank. *Soldados da pátria.* São Paulo, Companhia das Letras, 2007.

Mùsica popular brasileira: outras conversas sobre os jeitos brasileiros

브라질 대중음악: 브라질 방식에 대한 다른 대화들

엘로이자 마리아 무르제우 스타를링기 Heloisa Maria Murgel Starling

Heloisa Maria Murgel Starling

미나스제라이스연방대학교(UFMG) 역사학과 교수로 재직 중이며 주요 저서로는 가장 최근에 출판한 『만인을 위한 조국: 쉬쿠 부아르키와 브라질의 뿌리』(*Uma pátria para todos: Chico Buarque e as raízes do Brasil*. Língua Geral, 2009)가 있다.

작곡가이자 가수로서 룰라 정부시절 문화부장관직을 수행했던 지우베르투 지우(Gilberto Gil)
ⓒGilberto Gil

1980년 《삶》(*Vida*)이라는 앨범을 위해 작곡한 "어떤 노래든Qualquer canção"에서 쉬쿠 부아르키Chico Buarque는, 대중음악이란 우리가 세상과 우리 자신에게서 경험한 것에 대한 어느 정도의 편향된 지식의 한 형태라고 주장한다. 하지만 그것은 지식의 아주 특정한 형태를 의미하는 것으로서 그 형태로부터 세상의 현실을 충실히 대변하는 자세를 기대한다든가 아니면 그 현실에 대하여 직접 행동을 취하는 능력을 기대해서도 안 된다.

어떤 사랑의 노래든
그것은 사랑의 노래
사랑과
연인들을 탄생시키진 않는다.
하지만 그 노래가
우리의 심금을 울린다면
사랑이 보다 앞서서
꽃봉오리를 잘 피울 것이니…

쉬쿠 부아르키의 말이 맞다. 노래가 어떤 문제를 해결하는 것도 아니며 또 어떤 고통도 완화시키지 않는다.―노래는 과거를 단번에 지배할 수도 없고 그 과거를 과거의 어떤 부분으로도 되돌려놓을 수 없다. 하지만 노래는, 호메로스의 방식대로, "인간을 영원히 매혹시키기 위한 마술적인 말들로서 지나간 역사를 바로잡을 수 있다." 그리고 그 과거를 우리 자신과 타인들에게 이야기해줌으로써, 빈번히 우리 각자를 우리 자신의 과거와 화해시킬 수 있다. 노래의 틀로 짜인 그 이야기는 언제나 세상을 그 출발점으로 삼는다. 그 이야기는 인간사의 미로에 길을 열어주고 의견을 제시하며 그것이 얼마나 가치 있는 것인지를 논한다. 또한 그것은 처음에는 인간의 마음속에 갇혀 모르고 있을 것에 대하여 공개적인 성격을 부여하며 인간 감정의 은밀한 진실을 투명하게 드러낸다.

그것은 적은 것이 아니다. 하지만 최소한 현대 브라질의 경우에 있어서 대중음악은 놀라울 정도의 다양한 장르를 통해 자신의 의도와 경계를 훨씬 더 확대하려고 애썼다. 노래는 우리들 사이에서 다양한 문화적 구성과 드문 방식으로, 국가로 하여금 스스로에 대하여 정확한 지식을 가질 수 있도록 해준 여러 매체 가운데 하나가 되었다. 우리의 노래 속에는, 암시적이든 직설적이든, 브라질을 생각하는 하나의 방식이 담겨 있다. 아니면 브라질의 특수한 환경을 부각시키는, 브라질에 대한 일종의 사고패턴이 담겨 있다. 그 패턴은 공통된 표상들에 주의를 기울이며, 특히 공개된 어떤 세계의 형성 과정에서 애정과 꿈, 상상 그리고 브라질 국민이 공유하는 이해관계들 등이 수행한 역할에 관심을 기울인다.

그것이 브라질의 현대 도시 대중음악의 독창성을 구성하는 특징 가운데 하나이다. 우리에게 있어서 노래란, 문어체와 사려 깊은 독서 습관에 비하여, 항상 구어체의 힘이 압도했던 한 나라의 삶을 서술하려는 시도이다. 20세기 초에는, 도시 대중음악의 기원에 깔려 있는 삼바의 현대적 스타일의 발전과정이 공고히 되었으며 그 시기에 구두성은 브라질이 역사적 형성과정에서 겪었던 객관적인 어려움 때문에 아직 만연하였다. 그 어려움이란, 문맹이 사회적으로 폭넓게 지속되었다는 것과 절반 정도의 교육만 받은 국민이 상당했다는 점 등이다. 또한 사적인 관계가 톤을 더하고, 그것이 공적인 영역에서조차 압도하는, 어떤 사회의 특징들이 갖는 힘도 그 어려움 중 하나였다.

그러한 이유로 말미암아 국민가요의 가장 큰 특징은 독특한 서술 통로를 구성하는 가요의 능력이다. 그 통로가, 동일한 집단의 구성원 각자에게 유효할 수 있을, 공통된 세계가 가지고 있는 어떤 이미지에의 접근을 가능하게 한다. 분명 그것은, 자신의 전반적인 구조 자체 덕택에 형성된, 어떤 혼성적 서술 방식을 의미하며 그 방식은 다양한 속성을 지닌 요소 사이의 세련된 연결을 가능하게 한다. 노래가 갖는 언어적, 음악적 이중 속성으로 인하여 그 자체의 혼성적 차원이 심화되며 그 혼성적 차원은 멜로디와 가사, 연주, 편곡을 하나로 어우러지게 하는 능력을 갖고 있다. 나아가 그 혼성적 차원은, 목소리 및 멜로디와 어휘 사이, 음악 연주와 무대의 퍼포먼스 사이 그리고 노래와 소비유통의 주요 매체 사이에 필요한 연결고리를 보존하고 강조하는, 적절한 미학의 조직능력도 갖고 있다.

하지만 브라질 현대 도시 대중음악은 또, 다양한 영토 간의 경계가 만들어지는 곳을 출발점으로 하여 브라질을 이야기하는 독특한 방법을 창안해냈다. 여기서 그 다양한 영토는 문학적 전통, 글쓰기 전통, 책의 전통 그리고 브라질에서 노래로 만들어진 시들의 구전전통들을 구성하고 있다. 브라질인의 상상영역에 적합한, 다양한 언어행위linguagens가 만나는 경계이자, 영토들의 분쟁과 재확정을 위한 공간인 경계는, 브라질에 대한 하나의 표현 방식을 만들어낸 시적 공간이었으며 그 표현 방식은 나중에 브라질을 생각하는 독창적인 방식이 되었다. 그 결과로서, 방식을 넘어 그것을 창조하고 실현함에 있어서, 대중음악은 하나의 혼성적인 생각을 통해 자신의 정체성을 발견하였던 것이다. 그 혼성적 사고방식은, 작곡가와 시인 그리고 작가세대들로 하여금 책과 노래 사이, 노래와 시 사이, 브라질 사회의 형성에 대하여 의견을 제시하게 될 해석의 지평선 사이를 가장 놀랍게 넘나들 수 있도록 허락해주었다.

마리우 지 안드라지Mário de Andrade의 주장에 따르면, 브라질에서는 흑인과 백인 사이에 태어난 아이는 노래를 할 줄 안다고 했다. 그가 옳았다. 19세기 말과 20세기 초 사이에 도시 대중음악의 현대적인 형태가, 물라토도 머무는 불분명하고 유동적인 그 자리의 양가성을 정확히 출발점으로 하여, 브라질 국민 사이에 공고히 자리 잡았다. 물론 부분적으로는 거부되어 전체로서 결코 수용된 적이 없었으며 또 브라질을 해석하는 지식인들의 처신 끝자락에서 어설프게 균형을 잡곤 하였다. 브라질의 그러한 음성적 특성 형태를 형성하는 과정 내내, 대중가요가 점한 장소의 양가성 덕분에, 음악을 하거나 생각을 세팅하는 순수 행위를 실현하려는 높은 욕망에 대하여 고급스러운 것erudito이 참을성 있게 우리를 지켜보지 못하였고 통속적인 것popular 역시도 진흙바닥에 나뒹구는 동안 비아냥거리는 모습으로 우리를 염탐하지 못했다. 주제 미게우 비스니키José Miguel Wisnik가 지신의 글 「마샤두 마쉬쉬: 페스타나의 경우에 대한 소고」(*Machado Maxixe: Considerações sobre o caso Pestana*)라는 글에서 19세기에 고급과 통속이라는 두 패러다임이 이미 제3의 패러다임을 구성하고 있었다고 확인하고 있다.

비스니키가 제시하고 있는 것으로서, 고급과 통속을 혼합할 수 있는 제3의 패러다임 형성 기원들은 아마도 19세기 이전으로 훨씬 더 오래된 것일지도 모른다. 역사가인 세르지우 부아르키 지 올란다Sérgio Buarque de Holanda는 18세기 후반경 브라질의 문학 상황을 언급하면서 도밍구스 카우다스 바르보자Domingos Caldas Barbosa라는 인물에게서 대중적인 통속음악의 전통이 시작되는 것을 알리는, 일종의 본원이 존재함을 암시했다. 그 통속음악의 전통이란 바로 브라질 사람들의 공통운명을 나타내는 이정표가 된 시적, 음악적 지식을 가리킨다.

도밍구스 카우다스 바르보자는 혼혈 신부였으며 철로 만든 기타를 연주한 고대 시인이자 [삼바의 전신인] 모징냐modinha와 룬두lundo 음악을 작곡하던 사람이기도 했다. 18세기 말까지만 해도 그의 음악적 본원이, 역시 물라토이자 시인이었던 마누에우 이나시우 다 시우바 아우바렝가Manuel Inácio da Silva Alvarenga의 기법에 의해, 지속적으로 모습을 갖추어가고 있었다. 시우바 아우바렝가의 시는 아마도 아르카디아의 전원풍에, 여러 색깔로 물든, 열대 풍경의 멋진 면을 혼합시키고, 양과 염소를 모는 목동들은 젖힌 채, 브라질의 동물계에 관심을 가진 포르투갈령 아메리카의 첫 시였을 것이다. 그의 운문에는 코브라와 다양한 종의 표범, 박쥐 그리고 많은 벌새가 등장한다. 아마도 음악가였던 이나시우 다 시우바Inácio da Silva의 아들이었기 때문에 그의 론도(2개의 운韻으로 10행 또는 13행으로 된 단시短詩; 시의 최초의 단어가 두 번 후렴으로 쓰임)와 마드리갈(16세기에 유행한 것으로, 보통 반주 없이 여러 명이 같이 부르도록 만든 노래)은 세레나데의 모호한 톤을 간직하고 있으며, 또 노래 형태를 한, 브라질적인 음향성의 전조를 보여주는, 리듬과 멜로디가 가미되어 있다.

시우바 아우바렝가의 반쯤 노래로 불러진 시와, 카우다스 바르보자의 짧은 론델(14행시)에서 엿볼 수 있는 대화체는 그들이 혼성적 본원의 창립자임을 보여준다. 그 혼성적 본원을 가로질러 브라질 현대 도시 대중음악의 전통이 시작되었던 것이다. 그 전통은 20세기 후반기에 이르러, 언어행위linguagem의 혼합과, ―장르와 음악적 개성 그리고 개인 스타일과는 상관없이― 브라질에서의 작곡 방식을 이끌어온 모범적인 두 인물을 만나게 된다. 그 혼성적 사고의 구축에서 빛을 발한 두 사람은 바로 비니시우스 지 모라이스Vinicius de Moraes와 톰 조빙Tom Jobim으로서 비니시우스는 자연스러운 서정적 흐름과 문학적 토대 그리고 멜로디를 동시에 조화시킨 시인이었고 톰 조빙은 심포니, 4중주 그리고 소나타를 만들고자 했다. 조빙은 브라질 대중음악 작곡의 가장 위대한 고전clássico이 된 인물이었다.

대중적인 대화를 위한 열정은 또, 브라질 대중음악의 근간을 이루었으며 그것이 브라질의 정체성을 형성한 그 혼성적 사고의 또 다른 놀라운 결과를 낳았다. 20세기 초 거리에서는 룬두 음악이, 살롱에서는 모지냐 음악이 알려졌을 때 그 음악들은 주로 젊은 여성들의 사랑의 판타지를 매혹시켰다. 나아가 현대 대중음악의 기원 과정을 이루는 특징이기도 한 풍자적인 음운들도, 이미 브라질 사람들 사이에서 "공통되는 것"에 대한 어떤 개념 구축을 위한 테마와 논쟁거리들을 제공코자 무던히 노력하고 있었다. 한 가지 예를 들자면 그러한 노력 가운데 하나로서 헤프고 과잉 낭비를 일삼는 궁정의 문제, 즉 부패문제를 지적하고 있다. 군주가 자신의 과잉 낭비와는 달리, 궁정에서 공공행정을 통제하는 과정에서 선행을 치하하는 하사금 지불에서는 머뭇거리곤 했던 것이다.

쥐꼬리만큼 훔치는 자는 도둑
많이 훔치는 자는 남작
더 많이 훔치고 숨기는 자는
남작에서 자작이 된다.

군주제에서 공화제로 넘어가는 과도기에 정부가 부패했는데 그 이유는, 국민의 공동 재산으로부터 대규모의 돈을 훔쳤기 때문이며 이를 신랄히 비판하기 위해 역설을 도입하기도 한다.

살벌하게 세금을 거두고
모든 걸 뒤져간다.
주머니까지도 뒤져
동전까지 가져간다.
투기여, 만세!
그게 국가의 발전이다.

하지만 노래와 일상의 대화를, 아주 잘 정의된 리듬적 요소 속에 접합시키고 그 리듬을 이용하여 자신들의 관점을 대중화하려 한 사람들은 브라질 음악의 근대성을 세운 초기 삼바음악가들이었다. 20세기는 단지, 동가Donga, 피싱깅냐Pixinguinha, 카닝냐Caninha, 쉬나China, 에이토르 두스 프라제리스Heitor dos Prazeres, 주엉 다 바이아나João da Baiana 그리고 무엇보다도 싱뇨Sinhô 등이, 멜로디와 가사를 모으면서 서로를 자극하기 시작하고 또 경고를 한다는 구실 하에, 자신들의 운문에 덜 통속적이면서도 더 정교하게 만든 내용들을 삽입시키려 노력하면서 시작되었다. 분명한 것은, 그 삼바음악가들이 노래를 기술적으로 기록하는 것이 실제로 가능했던 바로 그 순간에, 자신들의 작품이 지니는 훌륭한 면에 대하여 청취자들을 설득하기 위해 고심하고 있었다는 것이다. 하지만 또 분명한 사실 한 가지는, 전문가들이 즐겨 지칭하던 일명 "가장 구식적인 유형의" 삼바음악가들이, 자신들의 테마에 대하여 말하는 데 있어서 갖은 노력을 다하면서 브라질이 처한 상황에 대한 비판과 논점들, 특히 의견표출 문제를 포함한 내용을 체계적으로 동원하기 시작하였다는 것이다.

정확히 이러한 대화적 성격의 노래 작곡 계획 덕분에 브라질 현대 도시대중음악은, 20세기 내내 공적인 세계를 잉태하고 표현하며 공고히 하는 조건들 그리고 브라질 국민 사이에 공적인 것과 공통된 것이라는 의미 개념 조건들에 대하여 독특한 서술 형식을 일궈냈다. 비록 대부분의 경우 작곡의 본래 핵심적인 내용이, 개인적 성격이 특출하고 또 작곡가가 우선적으로 자신의 사랑과 불행, 능력, 환멸 혹은 개인적인 성격을 중심으로 스스로의 얘기를 풀어놓고 있다고 할지라도, 노래라는 것은 거의 언제나 여러 사람의 의견을 표출하는 것이며 또 저자가 제시한 애초의 관점들에 대하여 여러 코멘트를 집합시키곤 한다. 그러한 것을 현실화하는 과정에서 노래는, 자신들의 신념이나 속성 혹은 독특한 가치들과는 상관없이, 그 작가의 관점에 동감하는 모든 사람의 의견을 흡수하는 것 이외에, 의견 교환과 논쟁 등을 가능하게 한다. 그처럼 다양한 대중을 통합하고 공감대를 형성하는 능력과 공적인 영역을 일반 개인의 경계까지 확대하는 능력이 브라질의 현대 도시대중음악의 주요 특징 가운데 하나이다.

20세기 내내 그러한 주고받기의 연결고리로서 대중음악은, 다양한 사회 문화적 차원에서 폭넓은 시청률로 인정받은, 브라질 대중의 삶에 대한 기준지표들을 제공하며 장르와 스타일에 상관없이 브라질 사회와 문화를 관통하였다. 이처럼 어떤 형태로든 대중음악을 통해 혹은 대중음악의 중재를 통해 생각이 유통되었고 또 의견의 교환과 협상 그리고 충돌 과정을 거치면서 관점들을 공개적으로 실어 날랐다.—자의적이거나 아주 독특한 개별주의를 벗어나 여론으로 변할 수 있게 되었던 것이다.

많은 것 같지만 적지도 않다. 하지만 여러 작곡가는, 브라질이 과거엔 어땠고 현재는 어떠한지, 브라질 국민 각자의 서로 다름이 법에 의해 동등하게 취급되도록 하기 위해, 브라질 국민의 공적인 삶이 아직 넘어야 할 산이 얼마나 많은지를 그들에게 반복적으로 알리기 위해, 자신들의 노래를 통해 훨씬 더 많은 시도를 하였다. 또한 여기에는, 대중음악이 자신의 정체성을 찾은, 혼성적 사고가 기여를 했다. 그 혼성적 사고를 통해 대중음악은 브라질의 역사에서 버려지고 누락되었으며 제거된 그 무엇을 드러내 보이고 있다. 그 혼성적 사고방식 덕분에 대중음악은 문자 전통, 즉 책의 전통과 적절한 대화의 통로를 열고 있다. 여기서 책의 전통은 정치적·사회적·역사적 깊은 상상력으로 브라질을 해석하는 모험을 인지하라고 주장한다.

두 명의 작곡가가 그 대화의 구축과 통합과정에 특히 민감하다. 톰 조빙과 쉬쿠 부아르키가 그들이다. 두 사람의 예술은 공통적으로 문학, 시 그리고 곡을 붙인 시 사이의 경계를 허물었다. 그들은 자기 작품의 구축을 위한 기초 가운데 하나가 그 경계선임을 드러내기도 했다. 그들의 노래는 직간접적으로 올라부 빌라키Olavo Bilac, 카를루스 드루몽 지 안드라지Carlos Drummond de Andrade, 루시우 카르도주Lúcio Cardoso, 마리우 파우메이루Mário Palmeiro, 기마랑이스 호자Guimarães Rosa, 주엉 카브라우João Cabral, 에리쿠 베리시무Erico Veríssimo, 마누에우 반데이라Manuel Bandeira, 세실리아 메이렐리스Cecília Meireles의 시적, 문학적 반주를 수용하고 적용한다. 그들의 노래는 또 근대성에 대한 욕구로 마비되어버린 어느 나라의 역사에 대해 동일한 불신을 공유하고 있다. 톰 조빙이나 쉬쿠 부아르키의 노래들은 각자 자신만의 방식으로, 머뭇거림과 무일관성 그리고 불분명함의 지대가 존속하고 있다는 것을 지속적으로 지시하고 있다. 또한 그들은 이국적인 것과 독특한 것의 사이, 자율과 종속의 사이, 이미지와 복제품의 사이 그리고 근대성과 고전성 사이에서 영원히 헤매고 있는, 국가적 표상의 구축이 묶여 있는, 문제 많은 어떤 플롯의 존속을 줄기차게 지적하고 있다.

보다 적절히 말하자면 톰 조빙은 일생동안 청취자들에게 브라질 읽기의 기회를 주고자 노래집을 만드는 데 헌신했다고 말할 수 있을 것이다. 하지만 그는 그것을 자신의 방식대로 했다. 즉, 그가 쓴 작품은 일반적으로 단순한 멜로디와 시적 동기로 만들어진 노래들을 아주 멋지게 문제시하며 다루고 있다는 것으로서 이 노래들은 매우 복잡한 하모니 층으로 구축되어 있으며 일률적으로 개인의 경험과 브라질 국민의 감정, 꿈, 판타지 그리고 이해관계에 바탕을 두고 있다. 브라질의 현대화 과정이 중요치 않다고 간주한 것들이나 비상산적이고 표면적이며 무익한 것이라고 버렸던 그 모든 것—일상을 둘러싸고 있는 소소한 것들에 대해 매력을 느끼는 것, 사랑이

가득한 제스처들의 지속성, 자연에 대한 경탄, 완연히 발전된 개인 생활의 친밀하고도 세세한 내용 등— 에 대하여 톰 조빙의 노래는 최고의 가시성을 부여하였던 것이다. 나아가 인간이 자신과의 조화에서 필요한 균형의 조건으로서 그리고 브라질 국민의 시민적인 삶 전체이자 브라질이 거의 잃어버린 섬세함의 잔재들, 그 잔재들의 조화에 필요한 균형의 조건으로서 그것을 제시하였던 것이다.

1970년대 초에 제작된 그의 두 음반, 《마치타 페레》(*Matita Perê*, 1973)와 《우루부》(*Urubu*, 1975)를 시작으로 조빙의 노래는 일명 유토피아적인 세계의 상실 위험을 안타까워하는 멜랑콜리 특징을 갖기 시작한다. 그 유토피아적 세계는, 활력에 근거하여 바라본, 긍정적인 브라질에 대한 꿈과 비전의 표상이었다. 아울러 그가 생각한 유토피아의 세계는 보다 순수하고, 시간을 초월한 자연에 보다 근접한 브라질이었으며 그 브라질은 심플한 것들로 만들어져 있는 것이었다. 나아가 공동체적 가치를 공유할 준비가 되어 있으며 음향성으로서 삼바와 기타를 가지고 있는 나라였다. 그 브라질은 또, 천천히 성숙에 이른 기술적 능력에 따라 사용가치를 생산하는 노동의 결실이었다. 하지만 쉬쿠 부아르키의 작품에서는 정반대로, 브라질의 국가적 모험이 항상 아슬아슬하다라는 확실한 불신이 계속 남아 있다. 국가에 대한 그의 해석이, 의미의 어떤 이탈 속에, 간격들에서 출발하여 이루어지고 있는 것은 우연한 것이 아니다. 그 간격들이란 미래에 이루어질 것과 이루어지지 않은 것, 아주 최신의 것으로서 결론이 날 때까지 지속적으로 기다리고 있는 것과 너무 악화되어 낡지도 못한 것 사이의 간격들을 뜻한다. 그 노래들에 있어서 브라질을 생각하는 방식과 국가의 역사과정 그리고 공적인 삶의 궤적에 대한 사고는 일반적으로 브라질에 사는 거주민의 일상 이야기에 내포되어 온다. 그의 노래는 독특한 온유함과 함께 보통 브라질사람들의 경험을 포착하고 있다. 또한 브라질을 떠도는 익명의 의미없는 존재들, 그들의 존엄에 대한 확신을 포착하고 있는데 그 존재들은 브라질 사람이 아닌 ―이국의 땅이자 친절한 조국― 브라질의 모든 유토피아적 잠재력 및 모든 고통과 더불어 순간적으로 포착되어 나타나고 있다.

급진적으로, 그러니까 뿌리째 브라질을 생각하라는 요구는 부아르키 지 올란다Buarque de Holanda와 세르지우Sérgio 그리고 프랑시스쿠Francisco의 계보에 어울리는 것이다. 뿌리Raízes•는, 뿌리를 내리려는 시도와 단단한 토양에서의 경작 필요성을 강조한다. 또한 브라질의 정치적·역사적 경험의 형성원리들을 암시하며, 그 역사 속에서 아직 완결되지 않은 것의 징후들을 표출한다.

하지만 같은 방식으로, 자신의 것이 아닌 것에 관여하는 것 그리고, 모든 이에 대하여 말하고 있는 관계로, 노동의 사회적 분업 요소로서, 개인인 자신에게 말하지 않은 것에 관여하는 것 역시 브라질 대중음악의 전통에 부합하는 것이다. ―바로 그러한 이유로 이 부분에 대해서는 모두가 귀를 기울이고 인지해야 할 **필요가 있다.** 아마도 그러한 이유 때문에 그의 노래들은, 브라질의 기억이 따뜻하게 보호되고 있는 뿌리들의 근본적인 미로들을 뒤지며 섞으려 하는 것일지도 모른다. 똑같은 이유로 작곡가 세대들은 궁극적으로 '기억하는 걸 잊지 않으려는' 노력, 즉 브라질인이 누구인가를 기억하려

• 이것은 부아르키 지 올란다의 저서 『브라질의 뿌리』(*Raízes do Brasil*)의 제목을 빌려 사용한 말. _옮긴이

는 노력을 뜻하는 어떤 음향성의 창조에 심혈을 기울여왔다. 그것은 또 과거를 가지고 있는 나라로서, 의심할 여지없이 지금보다 더 나은 나라가 되어야 하는 어떤 나라에서 그 국민, 즉 브라질 사람이 어떤 존재가 되어야 한다거나 아니면 어떤 존재가 될 수 있다는 점을 잊지 않으려는 노력이기도 하다. 이미 칸데이아Candeia가 경고했듯이 "벙어리는 단지 말로써 자신의 의사를 전하는 사람이다."

참고문헌

MAMMI, Lorenzo *et al. Três canções de Tom Jobim.* São Paulo, CosacNaify, 2004.

SANDRONI, Carlos. *Feitiço decente: transformações do samba no Rio de Janeiro* (*1917-1933*). Rio de Janeiro, Zahar/Editora da UFRJ, 200l.

SILVA, Fernando de Barros e. *Chico Buarque.* São Paulo, Publifolha, 2004.

TATIT, Luiz. *O século da canção.* São Paulo, Ateliê, 2004.

TINHORÃO, José Ramos. *Domingos Caldas Barbosa: o poeta da viola, da modinha e do lundu (1740-1800).* São Paulo, Editora 34, 2004.

WISNIK, José Miguel. *Sem receita: ensaios e canções.* São Paulo, Publifolha, 2004.

Partidos políticos no Brasil

브라질의 정당

자이루 니콜라우Jairo Nicolau

Jairo Nicolau

정치학자로서 리우데자네이루 주 대학연구원(IUPERJ)의 연구원이자 교수로 재직했다(1995-2010). 주요 저서로는『브라질의 투표역사』(*História do voto no Brasil*. Zahar, 2002),『선거시스템』(*Sistemas eleitorais*. Editora da FGV, 2004) 등이 있다.

회기 중인 브라질 상원 / ⓒWilson Dias/ABr

브라질 시민이라면 누구나 정당이란 것이 무엇인지에 대해서는 그다지 많은 의심을 갖고 있지 않다. 이따금 텔레비전 프로그램이 종종 중단되고 이어 어떤 정당이 자신들의 정책을 제시하므로 이를 알려면 어쩌다 텔레비전을 켜는 것으로도 족하다. 현재 브라질에서 정당은 형식적이고 잘 알려진 조직체이다. 선거에 참여하기 위해 정당은 고등선거법원Tribunal Superior Eleitoral에 등록을 하여야 한다. 그리고 정당기금으로부터 재정지원을 받으며 선거법원이 정당의 회계를 감사한다. 또한 그 정당은 상징물과 정책제안 그리고 본부를 가지고 있다.

현대의 민주주의에서 정당은 선거에 나서서 경쟁할 수 있는 권리를 지닌 유일한 조직이라는 점에서 여타 조직들과 구별된다. ―소수의 나라들이 무소속 후보출마를 허용하지만 그 후보들은 거의 언제나 미미한 득표율을 보이고 있다. 이러한 특수성 때문에 정당은 시민과 정부 사이를 연결하는 기본적인 역할을 수행한다. 정당은, 정치에 입문하길 원하며 입법부와 사법부의 활동을 조직하는 시민들을 모집한다. 그러므로 대중사회에서 정당 없는 정치가 어떻게 움직일지 상상하기가 힘들다.

하지만 브라질과 여타 나라들의 정치 역사를 살펴보면 우리는 정당이 오늘날 우리가 알고 있는 조직과는 매우 다른 조직체였음을 알게 된다. 정당은 18세기 말과 19세기 초 사이에 엄연히 의회 조직체로서 유럽과 미국에서 등장했다. 그 단계에서 정치시스템은 매우 엘리트주의적인 성격이 강했다. 즉 소득, 성性, 학력의 제한이 성인 상당수의 투표권 행사를 저지해왔다. 대의원은 거의 언제나 지역유지였으며 의회에서 일종의 지역 이해관계의 “대리인”으로 활동했다. 그래서 정당은 입법부 내에서 그 지역의 이해관계를 대표하는 사람들이 활동을 조정하고 관리하는 형태로 등장하였던 것이다. 바로 그 시기에 유럽 입법부들을 두 개의 주요 세력으로 구별되기 시작했다. 일반적으로 자유파는 경제적·사회적 차원에서의 변화를 옹호하는 집단이었다(공적인 자유의 옹호, 의회에 보다 많은 권력 요구, 개인의 권리 보호 그리고 보다 많은 경제적 자유 등을 주장하였다). 반면에 보수파는, 신분상의 위계질서, 절대왕정, 귀족주의적 전통에 대한 강한 애착 등 구체제Antigo Regime의 가치 수호에 관심을 보였다.

19세기 내내, 특히 입헌군주제시대(1824~1889) 동안 브라질에서 작동된 정치 시스템은 19세기 유럽의 정치와 매우 유사한 점을 갖고 있었다. 비록 많은 직책이 선거를 통해 부여되었지만 투표권을 가진 성인의 수는 매우 제한되어 있었다. 지역 차원에서는 시의회 의원들과 법관들이 선출되었고 주州선거에서는 주의회 대표들이 선출되었으며 국가적 차원에서의 정치는 상원과 하원을 중심으로 이루어졌다. — 연방 상원과 하원의원들은 간접선거를 통해 이루어졌으며 황제는 지역을 대표하는 연방상원 후보들 가운데 가장 높은 득표율을 기록한 3명의 후보 중 한 명을 선택할 권한을 갖고 있었다. 최소한 25세인 남성(노예는 제외되며 기혼자나 군장교일 경우는 21세도 가능하였으나 성직자거나 대학졸업자 경우는 나이에 상관없었다)으로서 직책에 따라 연소득이 10만에서 20만 헤이스réis인 자들만이 유권자가 될 수 있었다. 이 당시 선거 참여에 대한 조사를 보면 지방선거 투표율은 전체인구의 약 5% 정도였다.

브라질의 첫 정당은 하원과 상원에서 등장하였으며 이들의 주 업무는, 제2제정시대 동안 내각의 구성에 필수적이었던 것처럼, 입법 업무를 조직화하는 것이었다. 입헌군주제 시절의 정당시스템은 두 개의 정당, 즉 자유당과 보수당을 중심으로 전개되었다. 양당은 1830년대에 조직되었다. 일부 학자들이 두 정당 구성원들의 사회적 바탕을 알아보려고 시도하였는바, 예를 들어 정치학자이자 역사학자인 주제 무릴루 지 카르발류José Murilo de Carvalho는 정당 지도자들의 프로필을 연구하였는데 보수당의 경우 유별나게 리우데자네이루, 바이아, 페르낭부쿠 주에 집중하여 국가의 관리들과 지주들이 결합한 형태로 구성되어 있음을 밝혀냈다. 한편 자유당의 경우는 주로 상파울루, 미나스제라이스 그리고 히우그란지두술 주를 중심으로 지주들과 자유직 종사자들이 다수를 이루며 구성되어 있었다.

비록 정당이 입헌군주제의 정치 조직에 중요한 요소였다고 할지라도 그것들의 구조는 오늘날 우리가 알고 있는 정치조직들의 구조와는 거리가 멀었다. 선거는, 자유파와 보수파 간의 경쟁과는 거의 관련이 없는, 지역 유지들 사이의 경쟁이었다. 정당은 본부도 없었고 형식적인 전국적 조직도 가지고 있지 않았으며 당원도 없었다.

공화국 선포 이후 취해진 주요 선거관련 대책들 가운데 하나는, 유권자가 되기 위한 조건이었던 소득 관련 요구사항을 없앤 것이었다. 하지만 그것이 입헌군주제 시절에 벌어졌던 소수의 선거참여 상황을 바꾸기에는 역부족이었다. 그 이유는 무엇보다도 비문맹인 남자들만이 유권자로 등록할 수 있다는 새로운 요구사항 때문이었다. 1891년 헌법은 브라질의 권력구조에 중요한 변화를 가져왔다. 대통령과 부통령직이 만들어졌으며 이 두 직책은 국민선거를 거치게 된 것이었다. 하지만 하원과 상원의원은 직접선거로 선출되었다.

공화정시대 첫 40여 년간(1889~1930) 브라질은 입헌군주제 시대의 양당제와는 매우 다른 정당시스템을 가졌다. 연방의 각 주에는 공화당Partido Republicano의 지구당이 조직되어, 다른 주의 지구당들과 종속관계가 아닌, 어느 정도 독립된 기관으로 활동하였다. 가장 명망이 있던 두 개의 지구당은 인구가 가장 많던 두 주의 지구당, 즉 상파울루 공화당PRP, Partido Republicano Paulista과 미나스제라이스 공화당PRM, Partido Republicano Mineiro이었다. 각 주에서의 권력투쟁은 연방공화당의 주州별 지구당 내부에서 벌어졌다. 그리하여 공화정 초기에 정당 간의 투쟁이 벌어지는 긴급사태는 드물었다. 하지만 중요한 예외가 히우그란지두술 주에서 있었는데 그곳에서 공화당의 히우그란지두술 지구당PRR, Partido Republicano Rio-grandense과 연방주의당PF, Partido Federalista 사이의 투쟁이 벌어진 것이다.

다시 말하면 정치엘리트들이 주 차원의 어떤 유일 정당시스템을 중심으로 조직된 것이다. 주 단위의 연방공화당 지구당들 사이의 협상은 특히 공화국의 새 대통령을 선출하던 시기에 발생하였는데 그 협상은 연방공화당의 주 지구당 지도자들 간의 치열한 협상을 중재로 벌어졌으며 그 결과는 후에 선거투표로 합법화되었다. 공화정 초기의 40여 년간 단지 세 번의 선거가 있었는데 그 가운데 하나의 대안후보가 전국선거를 가장 치열하게 만들어 놓았다(1910, 1919, 1930). 연방 공화당의 주, 시 지구당들은 조직이라는 관점에서 볼 때 엘리트의 조직체로 움직였으며 거의 제대로 된 구조를 갖지 못했다. 즉 정당은 허약한 구조로 계속 작동하고 있었던 것이다.

그동안 많은 국가(특히 유럽국가들)의 정치시스템이 치열한 민주화 과정을 거쳤다는 것은 흥미로운 일이다. 우선 보통선거제의 점진적인 도입—성, 소득 혹은 학력에 대한 어떤 제한도 없이 일정한 나이

(보통 18세) 이상의 모든 사람에게 주어지는 투표권—을 들 수 있다. 두 번째는 이제 막 부상하기 시작한 공장 근로자계급과 연결된 정당의 출현을 들 수 있다. 노동당, **사회주의당** 그리고 사회민주당이 그것이다. 그리고 끝으로 (사기가 제외된) 경쟁선거 분위기의 창출을 들 수 있다.

그와 동시에 공화정 초기 40년간 브라질은 도시화, 산업화, 인구증가 등과 같은 사회경제 구조에 있어서 크나큰 변화를 겪었다. 하지만 그 변화는 공화국 초기의 제도 일반에 거의 영향을 미치지 못했다. 다른 나라들에서 벌어진 민주화과정과는 대조적으로 제1공화국의 정치시스템은 매우 과두지배 체제적이었다. 즉 낮은 선거참여율, 광범위한 사기, 정당 간 경쟁의 부재가 그것이었다.

대의시스템의 민주화를 위한 첫걸음은 1930년대 초에 이루어졌다. 그러한 방향으로 취해진 중요한 이니셔티브는 1932년 선거법의 공표였다. 이 법에 따라 여성에게도 투표권이 주어졌으며 선거법원(그 이후 유권자명부를 만드는 것과 선거를 조직하는 책임을 지고 있으며 당선자를 발표하는 것도 이 법원의 몫이다)이 만들어졌고 또 비밀투표제와 비례대표제가 도입되었다. 이 법에 기초하여 연방하원의원 선거가 1933년과 1934년 두 차례 실시되었다. 비록 등록된 유권자의 수가 아직 적었지만(전체 인구의 5% 미만) 양대 선거에서 사기행각이 눈에 띄게 줄어들었다.

1932년 선거법은 선거 이전에 후보들의 사전 등록을 요구함으로써 혁신적인 선거법이었다. 정당 혹은 정당연합 혹은 최소한 100명의 유권자를 가진 그룹은 선거 5일 전에 후보자 명단을 등록하여야 했다. 따라서 수십 개의 정당이 전국에서 등록되었으나 거의 모두는 주州 단위에 국한된 정당이었다. 1933년 선거에서는 40여 개의 정당이 제헌의회 대표들을 선출하였다. 그들 가운데 가장 많은 당선자를 낸 곳은 진보당Partido Progressista이었는데 이 정당은 단지 전체 의석의 15%만을 차지하였다. 제1공화국에 존재했던 주州 단위 정당의 전통은, 단일정당체제가 정당 간의 실질적인 경쟁으로 대체되었다는 차이만 있었을 뿐이었다.

1930년대 초 정당의 난립은 1937년 신국가체제의 수립과 더불어 막을 내렸다. 제툴리우 바르가스Getúlio Vargas의 권위주의 정권이 취한 첫 조치들 가운데 하나는 정당들을 폐쇄하는 것이었다. 이 정당들은 단지, 바르가스의 퇴임 이후 새로운 제헌의회 구성을 위한 선거가 예정되었던, 1945년에야 복권되었다.

1945년 선거를 시작으로(1964년 쿠데타까지) 브라질은 대의제도의 민주화과정을 강하게 겪게 되었다. 문맹자에 대한 투표권 제한에도 불구하고 브라질 전체 유권자의 수가 매우 증가한 것이다(1945년, 투표권을 가진 성인 남녀의 26%가 투표에 참가하였는데 이 수치는 1962년에 40%로 증가하게 된다). 다른 중요한 변화는 정기적인 선거를 매개로 채워진 직책들이 상당수 증가했다는 것이다. 대통령(부통령 포함), 주지사(부주지사 포함), 시장(부시장 포함), 연방 상하원의원, 주의원 및 시의원이 그것이었다.

1932년 선거법은 또 브라질 역사상 처음으로 정당 조직을 위한 규정들을 설정했다. 정당으로 등록하기 위해서는 최소한 5개 주에서 10,000명의 유권자(1950년부터는 5만 명) 서명이 요구되었다. 동 기간 내내 20개의 정당이 몇몇 선거에서 경쟁하였다. 그 정당들 대부분은 몇 개의 주에서 활동하는 것만으로 제한하였다. 그리하여 4개의 정당만이 전국적 차원에서 활동하였는데 그 정당은 브라질공산당PCB, 전국민주연맹UDN, 브라질노동당PTB, 사회민주당PSD이다.

이 가운데 브라질공산당은 1922년에 창당되었다. 하지만 1945년에 가서야 비로소 선거에 참여할 권리를 획득하였는데 이해에 주요 주들(페르낭부쿠, 연방특구, 상파울루, 리우데자네이루)에서 선전을 하며 9%의 득표율을 보였다. 그런데 동 당의 등록은 1947년 취소되었으며 그 이후 지하에서 활동하기 시작하였다. 이 때문에 당원 중 일부는 브라질노동당PTB의 이름으로 공직에 출마하였다. 사회민주당의 경우는 이 기간에 최대 정당이었으며 두 명의 대통령을 배출하였다. 1945년 에우리쿠 두트라Eurico Dutra와 1955년 주셀리누 쿠비체크Jucelino Kubitschek가 그들이었다. 사회민주당은 주지사와 시장 그리고 입법부에서도 최대 의석을 확보하였다. 한편 브라질노동당PTB의 경우는 기본적으로 노조지도자들로 구성된 정당으로 시작하였으며 동 기간 내내 중산층과 기업인에 대한 지지망을 확대하였다. 브라질노동당은 1950년 제툴리우 바르가스를 대통령으로 그리고 부통령으로 주엉 굴라르João Goulart를 선출하였는데 1954년 제툴리우 바르가스의 자살로 부통령이 권좌에 오르기도 했다. 동 당은 1945년과 1962년 사이에 의원수를 확연히 증가시키는 데 성공하였다. 그리고 전국민주연맹UDN은 동 기간 중에 주요 야당이었으며 짧은 기간이었지만 1961년 자니우 콰드루스Jânio Quadros를 대통령으로 선출, 정권을 잡기도 하였다. 이 당은 선출직 배출 수로는 두 번째로 큰 정당이었다.

비록 몇 가지 중요한 제한(문맹자의 투표권 금지, 공산당 등록 취소, 군부의 지속적인 정치 개입)이 있었음에도 불구하고 1946년 브라질은 새로운 민주체제를 시작하였다. 일반적인 관점에서 볼 때 전후 브라질의 정치시스템은 당시 많은 국가의 정치시스템과 매우 유사하였다. 선거는 눈에 띌 정도로 많은 성인의 참여를 이끌어내기 시작했으며 또 정부의 요직에 접근하는 필수 통로가 되었다. 그러한 상황에서 정당이 캠페인을 조직하고 후보들의 활동을 관리하기 시작하였기에 선거차원에서뿐만 아니라 의회 및 정부의 활동 차원에서도 정당은 중요한 조직이 되어갔다. — 의회와 내각 내부에서의 권력 분할이 정당의 힘에 기초하여 이루어지기 시작한 것이다.

비록 정당이 정부영역에서 결정적으로 중요한 조직체였음에도 불구하고 1945~1964년 기간의 법은 정당가입에 관하여 거의 요구하는 것이 없었다. 어떤 시민이 어떤 정당과의 연결고리를 증명하는 어떤 법적 서류도 없었다. 한 선거에서 후보로 나서 경쟁을 하려면 해당 정당이 선거 15일 전 자신의 후보명단을 등록하기만 하면 되었다. 정당은 선거동원 조직체로 움직였으나 현 브라질 정당보다는 덜 형식을 갖추었고 국가에 의해서도 덜 통제를 받았다.

1945년 말에 시작된 풍부한 정당 경험은 1964년 쿠데타로 막을 내린다(실제로 정당은 1965년에 형식상 사라지고 말았다). 하지만 군부체제는 입법부와 몇몇 도시 시장 선출용 선거를 유지하였다. 이 자리들을 위한 선거일정은 실제 바꾸지 않았지만 단지 두 개의 정당만이 후보를 낼 수 있었다. 여당이었던 국민혁신연맹Arena과 야당이었던 브라질민주운동MDB이 그것이었다. 두 정당은 1966년과 1978년 사이에 여러 선거에서 경쟁하였다. 1970년까지 국민혁신연맹이 선거에서 승리하였으나 브라질민주운동 역시 1974년, 1976년, 1978년, 특히 브라질 주요 도시 및 주 선거에서 확연한 신장세를 보였다.

브라질 민주화과정의 주요 이정표 가운데 하나는 1979년 양당제 폐지와 이듬해 새로운 정당 등록의 허용이었다. 아주 엄격한 규정에도 불구하고 5개의 정당이 조직되어 1982년 주지사 선거에서 서로 경쟁할 수 있었다. 그 정당 가운데 2개의 정당은 최근에 사라진 정당의 **직계 후속당이었다.** 국민혁신연맹의 멤버들이 대거 참여한 민주사회당PDS과 브라질민주운동을 전신으로 한 브라질민주운동당PMDB이 그것이었다. 또 다른 두 개의 정당이 창당되었는데 이 당들은 브라질노동당의 리더들로 구성되었으며 이들의 다수는 군정기간 동안 정치적으로 추방되었거나 정치적 권리를 박탈당했던 사람들이었다. 민주노동당PDT과 브라질노동당PTB이 그것이었다. 노동자당PT은 노조리더들과 사회운동 리더들(그들 중 상당수가 가톨릭교회의 운동에 연결되어 있었다), 마르크스주의 지식인들과 행동파들이 연합하여 만들어졌다.

1985년 민주주의가 복원된 이후 창당 규정이 다소 완화되었으며 이로 인하여 새로운 정당이 대거 등장하게 되었다. 1985년과 2008년 사이에 79개의 정당이 선거에 후보를 내고 경쟁하였다(이들 가운데 대부분은 한두 개의 선거만을 치른 하루살이 정당이었다). 이 정당 가운데 1985년 창당된 좌파정당들이 두각을 나타냈다. 브라질 사회주의당PSB, 인민사회주의당PPS, 브라질공산당PC do B, 자유당PL이 그것이며 1988년엔 녹색당PV이 창당되었다.

이 기간 중 군정체제에서 창당된 정당(민주사회당과 브라질민주운동당)에 대하여 이견을 나타냈던 정치인들 중심의 주요 정당 두 곳이 창당되었다. 현재 민주당Democratas인 자유전선당PFL이 1985년 창당되었는데 이 당의 중심세력은, 1984년 대선 간접선거에서 선거위원단 후보로 나선 파울루 말루피Paulo Maluf를 지지하지 않았던 국민혁신연맹Arena의 정치적 반대자들이었다. 브라질 사회민주당PSDB은 브라질민주운동당에 불만을 품은 정치인들, 특히 제헌의회에서 동 당의 활동에 동의하지 않았던 연방 상하원의원들을 중심으로 창당되었다.

1985년 이래 지속된 민주체제(1985~2010) 내내 브라질 정당은 큰 변화를 겪었다. 특히 새로운 정당들의 탄생과, 정치 엘리트들의 지속적인 당적 이전이 벌어졌다. 하지만 동 시기의 정당시스템이 갖고 있던 가장 구조적인 특징은 이미 확인 가능하다. 그 특징 가운데 첫 번째 것은 많은 정당의 난립이다. 브라질은 세계에서 가장 파편화된 하원을 가지고 있다. 권력의 분산은 또 연방상원과 주정부, 주의회 그리고 시정부와 같은 기관에서도 관측된다.

두 번째 특징은 대선의 양극화이다. 많은 정당의 수와 그것들 사이의 권력 분산 속에서도 대선은 브라질 사회민주당과 노동자당 등 두 정당에 의해 주도되는 특징을 보이고 있다. 양 정당은 1990년대 중반 이래 대통령들을 배출하면서 연방 행정부를 주도하고 있다. 페르난두 엥히키 카르도주Fernando Henrique Cardoso(1995~2002)와 룰라 다 시우바Lula da Silva(2003~2010) 그리고 지우마 호우세피Dilma Rousseff(2011)가 그들이다.

세 번째 특징은 브라질 정당의 오랜 존속이다. 많은 정당이 1985년을 시작으로 창당되었지만 정치적 경쟁 역학을 주도한 모든 주요 정당은 20년 이상 생존하고 있다. 노동자당, 브라질민주운동당, 현 민중당으로 개명한 민주사회당PDS, 브라질노동당PTB, 민주노동당PDT은 1980년에 창당되었다. 현재 민주당Democratas으로 이름을 바꾼 자유전선당PFL, 현 공화국당PR으로 개명한 자유당PL, 브라질 사회당PSB, 브라질공산당PC do B, 현 인민사회주의당PPS으로 개명한 브라질 공산당PCB은 1985년에 등록되었으며 마지막으로 브라질 사회민주당PSDB과 녹색당PV은 1988년에 창당되었다. 이 모든 정당은, 1946년 공화정 동안 활동했던 사회민주당PSD, 국민혁신연맹UDN 그리고 브라질노동당PTB보다, 이미 더 오랫동안 생존해오고 있다. 다시 말하면, 당적 이전에도 불구하고 외관상 보이는 정당의 난립과 그 당의 엄청 많은 숫자, 그리고 현 브라질 정치계를 구성하고 있는 주요 정당들이 상대적으로 오랫동안 생존하고 있는 조직들이다.

마지막 특징은 국가에 의한 정당의 활동 통제가 점점 증가하고 있다는 것이다. 정당의 이러한 "국유화" 과정은 두 개의 전선으로 나뉘어 진행되고 있다. 첫 번째 것은 정당등록, 정당가입 통제, 정당 회계의 결산보고 등 선거법원이 수행하고 있는 가장 보편적인 통제이다. 그 통제는 2002년 최고선거법원STF이 내린 일련의 결정사항들로 심화되었다. 그 결정사항들은 정당의 활동에 많은 영향을 미쳤으며 몇몇 분석가들은 이를 정당활동의 '사법화'라고 주장하고 있다. 두 번째 것은 직접 재원(특히 정당기금과 TV, Radio에서의 홍보시간) 혹은 간접재원(TV와 Radio에서의 정당 홍보 및 선거홍보)의 이전문제이다 이것은 정당의 활동유지를 위해 필수적이다.

최근 25년간 브라질은 역사상 가장 민주적인 단계들을 거쳐 왔다. 등록된 유권자 수는 2010년에 1억 3천만여 명에 이르렀다. 매 2년마다 주州나 연방직을 뽑기 위해 전 국토에서 선거가 벌어진다. 브라질이 겪은 모든 정치적 위기는 부패스캔들과 관계되어 있었으며(가장 심각했던 부패스캔들은 1988년 신헌법 제정 이후 첫 대통령으로 선출된 페르난두 콜로르Fernando Collor를 권좌에서 물러나게 한 스캔들이었다) 또 그 어떤 위기에서도 군이 적극적으로 나서지 않았다. 군인들은 정치에서 물러났으며, 국내에서 활동하는 분명한 반체제 정치그룹들도 이젠 존재하지 않는다. 아마도 이 기간에 가장 컸던 정치적 도전은 2002년 10월 대선에서 노동자당의 루이스 이나시우 룰라 다 시우바 Luiz Inácio Lula da Silva가 일궈낸 승리였을 것이다. 그로부터 두 달 뒤 룰라는 어떤 제도적 위기의 신호도 없는 상태에서 대통령직에 올랐다. 제도 비교를 이용한 어떤 평가기준을 보더라도 브라질은 완연한 민주주의국가로 간주될 것임이 틀림없다.

브라질의 민주주의를 위해 정당이 수행해온 역할의 차원을 계산하는 것은 단순한 일이 아니다. 많은 학자가 브라질의 정당정치에 시민의 참여가 저조한 것 그리고 정당이나 정당의 계획이 아니라, 사람을 보고 투표하는 것을 안타까워한다. 이것은 사실로 확인되고 있다. 의문의 여지가 없는 것은, 브라질 정당이 다른 차원(지도자들의 선별, 정부와 의회활동의 조직화)에서는 전통적인 다른 민주주의 국가들의 정당과 큰 차이가 없다는 것이다.

참고문헌

FRANCO, Afonso Arinos de Melo. *História e teoria dos partidos políticos no Brasil*. São Paulo, Alfa-Omega, 1974.

MELO, Carlos Ranulfo. *Retirando as cadeiras do lugar: migração partidária na Câmara dos Deputados (1985-2002)*. Belo Horizonte, Editora da UFMG, 2004.

NICOLAU, Jairo. *História do voto no Brasil*. Rio de Janeiro, Zahar, 2002.

SOARES, Gláucio Ary Dillon. *Sociedade e política no Brasil.* São Paulo, Difel, 1973.

SOUZA, Maria do Carmo Campello de. *Estado e partidos políticos no Brasil.* São Paulo, Alfa-Omega, 1976.

Patrimônio: história e memória como reivindicação e recurso

문화유산:
권리요구와 재원으로서의 역사와 기억

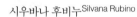

시우바나 후비누Silvana Rubino

Silvana Rubino

캄피나스주립대학교(Unicamp) 역사학과 교수로 재직 중이며 문화자산, 근대건축, 도시재건 등과 관련된 많은 연구업적을 내놓았다. 최근의 주요 저술로는 『글로 쓴 니나』(*Lina por escrito*. CosacNaify, 2009. Marina Grinover와 공동편저)가 있다.

RESTAURA
Casa
Ouvido
HOTEL
COLONI
ITA GEMAS

2003년 몇몇 독자들은 브라질 국산 영화 한 편을 보았을 것이다. 그 영화는 거대한 저수지에 의해 물에 잠길 위험에 놓인 어느 작은 마을을 보여주는 픽션이었다. 모두들에 의해 잊어진 가난한 그 주민들은, 어떤 목소리가 해결책을 찾은 것 같을 때까지도, 어떻게 해야 할지 모르고 있다. 그 해결책이란 바로 자베Javé 마을이 "유산"으로 인정되어야 한다는 것이었다. 그렇게 되어야 마을이 물에 잠기지 않을 것이기 때문이었다. 그 영화는 볼 만한 가치가 있는 영화이므로 여기서 그 피날레를 말하는 것은 적절치 않다. (2003년 리우필름Riofilme에서 제작한 에키아니 카페Ekiane Caffé감독의 《자베 마을의 이야기꾼들*Os narradores de Javé*》이라는 영화이다). 하지만 필자는 이 영화의 줄거리가 내포하고 있는 두 가지 차원을 강조하고자 한다. 이 영화에서 "유산"은 하나의 자원이자 권리요구로 등장한다. 그 장면에서 말해진 단어는, 그것이 얼마나 오래전에 어떤 지식과 어떤 형식적 정책에 연결된 기술 전문용어가 되기를 포기하고 그저 흔한 말이 되었는지를 확연히 보여준다. 강력한 메타포로서, 물에 잠긴다는 것은 망각과 불인정이라는 의미와 같다. 어떤 유산의 소유권 요구는 하나의 가시성에 대한 요구이다. 물질적인 재원이 없는 자베 마을의 이야기꾼들은 그저 마을의 이야기들, 마을의 설립 신화, 즉 오늘날 우리가 무형의 유산이라고 부르는 것을 기억하고 재창조할 수 있을 뿐이다.

라틴어로 아버지라는 의미의 pater에서 나온 유산이라는 용어는 이제 흔한 일상의 말이 되었으며 그 수식어들도 여러 가지로 확대되었다. 유산은 역사적 유산, 환경적 유산, 고고학적 유산, 예술적 유산, 유형 유산, 무형 유산 등 "문화"라는 우산 아래 공통적으로 포섭된 형용어가 붙어 다양한 유산을 나타내곤 한다. 아버지에게로 거슬러 올라가면, 즉 가부장적인 관점에서 보면 유산은 문자 그대로 물려받은 재화, 즉 유산을 의미한다. — 영어로 정확히 heritage인 것이 우연한 일은 아니다.

앞서 언급한 영화에서는 중요한 무언가를 인정하는 것으로 족하지 않았다. 글로 쓰고 주석을 달고 확인하는 것이 필요했다. — 그리고 앞으로 나아가는 것이 필요했다. 이러한 실천행위들은 보고서나 지나간 과거의 이야기들을 구색을 갖추지 않은 대화로 바꿀 수 있고, 관습도 —도시나 사회그룹 혹은 지역 및 국가의— 유산으로 바꿀 수 있다. 유산은 다른 아무것처럼 집단적인 진술이 아니라, 그것을 보존하겠다는 마음가짐을 가진 그룹에 의해 인정될 것으로서, 어떤 가치 부여의 과정으로 이루어진 하나의 실천행위이다. 달리 말하면 역사유산은 공공정책이나 공공 영역에서 설 땅을 가지는 행위들로 거슬러 올라간다.

사회그룹들은 자신들의 물질적 자산, 기억들, 영토적 흔적들에 대하여 다른 것과 구별되는 가치들을 부여한다. 그들은 —그러한 방법으로 그것들을 구분하고 분류한다— 자신들을 둘러싸고 있는 환경을 명명하고 자신들의 공통된 집단적 과거사를 부각시키며 풍경paisagens을 선별한다. 따라서 우리가 유산(역사적, 문화적 유산 등)을 말할 때는 바로 그 유산을 말하는 것이다. 즉 어떤 결정의 결과인 일련의 유·무형 자산을 말하는 것으로서 그 결정은 부각될 가치에 있어서 어떤 상황으로부터, 어떤 일상으로부터 떼어져 나온 무언가를 확인하는 데서 출발한다. 즉 특별한 것으로 간주된 어떤 자산인 것이다. 이 유산을 이름하여 유산적 자산bem patrimonial이라고 부른다.

유산은 오늘날 흔한 용어로서 이중적인 의미에서 그러하다. 일상적으로 흔히 쓰이며 모든 이의 말 속에 등장하는 것 같다. 하지만 그 말은 또 지식과 규율 그리고 정책이 만나는 공유된 장소이기도 하다. 그렇지만 영원히 지속하는 것이 아닌, 어떤 보편적인 현상을 말하고 있는 것이 아니다. 프랑스에서는 유산에 대한 염려 또는 그 당시 사용되던 용어를 빌리자면 기념물들에 대한 염려는 프랑스 혁명 이후에 시작되었다. 영국에서는 산업혁명 와중에 근대문명을 뿌리가 없는 것으로 비난했던 빅토리아 시대 사람들이 건축과 예술 그리고 문학에 내재된 산업혁명 이전의 과거로 관심을 돌리면서 시작되었다. 브라질의 경우는 소실될 절박한 상황에 처한 어떤 유산의 발견이 어떤 유형의 혁명과도 연계되지 않았다. 즉, 도시들이 ―20세기 초 리우데자네이루와 헤시피Recife에서 그랬듯이― 전혀 혁명적이지 않던 제1공화국 시절(1889~1930)에 시작된 어떤 토론이 그 출발점이었다. 제1공화국은 일종의 "내려놓아라"라는 구호 하에 기획된 도시 개혁을 겪고 있었으며, 그 토론은 신국가 체제에서 공고히 되었다.

국가적 유산을 확인하고 보전하는 공공정책은 1937년 제툴리우 바르가스Getúlio Vargas가 서명한 한 법령에 의해, 위에서 아래로 시작되었다. 하지만 그 정책으로 일련의 자산을 수집하게 되었는데 그 자산이란 브라질 사람 모두가 자국과 자국의 역사에 대하여 가지고 있던 인식의 일부를 이루는 것이었다. 이제 필자가 독자에게 묻고자 한다. 오우루프레투Ouro Preto가 역사도시이고 바이아 주의 펠로우링뉴Pelourinho가 역사중심지이며 리우데자네이루 코르코바두Corcovado 언덕에 세워진 예수동상Cristo Redentor은 절대 건들 수 없는 기념물인가?

그렇다. 사람들은 이런저런 유산에 대한 설명을 요구하며 그 유산들에 대하여 의문을 품을 수 있다. 19세기 말, 공화국의 열망이 식민지 마을이었던 오우루프레투를 마음에 들지 않았던 것 같은 시기에, 동 도시의 상당 부분을 허물고 그 자리에 근대 도시를 세우고자 했던 사람들이 적지 않았다. 20세기 초에 옛 빌라히카Vila Rica에 대한 담론에서는 "오래된velha"이라는 형용사가 "구식antiga"으로, "낡아 쓸데없는obsoleta"이라는 형용사가 "역사적histórica"이라는 수식어로 바뀌기 시작했다. 이전에는 오르기 힘들어 뒤로 물러날 정도였으나, 이제는 그나마 꼬불꼬불한 길에 경사가 매우 심한 그 마을의 길들은 그 이후 한 폭의 그림으로 간주되기 시작하였고 아주 오래된 마을의 집들과 교회들은, 영웅 치라덴치스Tiradentes 만들기와 바로크 건축물들의 가치 재평가로 포장된, 재평가 과정을 겪었다. 그것들의 "불완전성imperfeições"은 질qualidades로 바뀌었으며 1933년 이 도시는 제툴리우 바르가스 대통령의 권위적인 제스처로 인해 국가적인 기념물이 되었다. 그에 따르면 이 도시는 치라덴치스가 주도한 미나스제라이스 모반Inconfidência Mineira, 1789 사건을 기억게 해야 했고 하나의 예술작품으로 경축되게 되었다.

다시 말하면 역사적 유산을 고려할 때 주안점은 무엇보다도 그 대상이 역사적histórica인가라는 것이다.

프랑스에서 시작되어 기념물의 개념을—기억하게 하는 것—국가라는 개념에 연계시킨 그 정책은 20세기 중반까지 서구의 보전주의적 경향을 주도하였다. 2차 세계대전을 시작으로, 그리고 특히 1960년대 내내, 유산과 그 유산의 수식어들은 점차 확대되어 근대유산, 산업유산, 과학유산, 무형유산(혹은 '만질 수 없는'이라는 뜻의

intangível로 불리기도 한다)과 같은 새로운 어휘들과, 전례 없이 새로운 자격을 부여하는 시점까지 이르렀다. 그 새로운 가능성들에게, 새로운 경쟁영역들과, 그것들을 연구하고, 확인하고 옹호하는 그룹들이 부응하였다. 각각의 새로운 양식에 대하여도 이미 신성화된 시각과 서로 다투는 상황이 전개되었다. 즉, 근대유산 혹은 모더니스트 유산이 고대양식antiguidade, 골동품과 진본 여부와 같은 개념들에 의문을 던지는 것이다—그러한 차원에서 브라질의 수도 브라질리아는 인류의 유산이자 국가적 유산이라는 점을 기억하라—. 그리고 산업유산은, 산업화가 지나칠 정도로 파괴적이었으며 이제 노동자 계급의 지식과 기억을 요구하고 있다는 인식을 저버린다. 그리고 무형유산은 보다 위대한 고급 예술에 대한 개념에 도전장을 내민다. 그리하여 우리는 "(잊기) 힘든 기억"과 같은 '한계 개념'에까지 이르게 될 가능성이 있다. "(잊기) 힘든 기억"의 한계 개념은 예를 들어 강제수용소라든가, 브라질 역사의 아픈 상처를 더듬는다면, 과거의 정치 사회 질서국DOPS, Departamento de Ordem Política e Social의 감방과 고문실 등의 보전을 목표로 한다. 특히 DOPS의 감방과 고문실은, 상파울루 중심가에 위치한, 피나코테카역Estação Pinacoteca의 구석진 곳에 숨겨져 있었지만 이제는 사람들이 방문할 수 있다.

이 예는 우리로 하여금 역사적인 도시, 역사적인 시내중심가, 기념비들 혹은 이상화된 과거의 여타 형태들에 대한 흔한 시각에서 벗어나 훨씬 더 멀리 바라보도록 한다. 하지만 오우루프레투나 1900년대 어느 대저택과 같은 어떤 자산bem도, 발터 벤야민Walter Benjamin이 자신의 글 "역사에 대한 테제들"에서 이미 경고하였듯이, 거칠고 힘든 그만의 기억과 상당수 은폐되어버린 상징적 폭력을 내포하고 있는 문헌이자 기념비들이다. 결국 어떤 방문객이 사우바도르Salvador의 역사적 중심가에 위치한 집들 사이를 걸으면서 어렵사리 얻게 되는 정보는, 식민지 브라질의 첫 수도인 그 도시의 가장 오래된 지역에서 벌어지는 예식, 상거래, 교회나 지역의 특유한 의식, 경축행사 등에 묻혀버린, 펠레우링뉴라는 바로 그 이름에 내포되어 있는 잔인한 면으로 거슬러 올라간다. 우리는 독일의 철학자 발터 벤야민이 썼던 것처럼 (프랑스의 역사학자인 쟈크 르 고프Jaque Le Goff의 용어를 빌리자면) 문화와 야만의 문헌이자 기념물을 앞에 두고 있는 것이다. 벤야민은 "많은 경우에 있어서 유산은 기억과 망각을 동시에 요구하는 것에 부응하는 하나의 가치부여행위이다."

역사와 문화 그리고 그것들의 역설들을 드러내는 유산의 실재물materialidade은 —항상 협상 상태에 있는 것으로 이해되는— 정체성의 구축과 재구축을 위한 인공유산이며 포용을 요구demanda de inclusão하기 위한 인공유산이다. 그렇지 않으면 정반대이기도 하다. 즉 유산은, 단지 가톨릭교회들만이 보전되었던 수십 년 동안 브라질 국민의 다양한 종교적 표현행위가 배제되었던 것처럼, 배제할 수도 있다. 왜냐하면 유산과 그것의 실천행위는, 단지 그 가치에 대하여 공감대가 형성되는 자산들만을 보호하지 않는다. 다시 말하면 상호관계적인 실천행위와 결부된 명명 자체가 —가치를 복원하듯이— 그 가치를 부여한다.

유산의 등재는 유산보전활동에서 핵심활동이다. 그러한 의미에서 브라질에만 존재하는 단어는 —다른 언어들에서 일반적으로 사용되는 동사는 분류하다classificar이다— 어떤 파일을 접하는 사람이나 도서관 —포르투갈의 그 유명한 등재탑Torre do Tombo처럼— 에 근무하는 관리인의 순서를 정하는 일처리과정에 비유된다remete ao procedimento ordenador. 등재는 많은 사람이 상상하는 것과는 정반대로, 해당 자산을 보유하고 있는 사람의 소유권을 없애는 것이 아니라não subtraí 특별하고 독특한 어떤 시스템 속에 그 자산을 갖다놓는 법적인 수단이다. 다시 말하면 주인은 그 자산을 사용할 수는 있으나 그 자산의 중요성이 부여된 이유를 그것의 실재물로부터 지워버리거나 파괴할 수 없다.

이미 1829년, 작가 빅토르 위고Victor Hugo는 〈파리 리뷰Revue de Paris〉에 기고한 「파괴자들과의 전쟁」(*Guerra aos Demolidores*)이라는 논란의 글에서 "천한 투기꾼들ignóbeis especuladores"을 공격하고 있다. 이 글에서 그는 "한 건물에는 두 가지의 것이 있다. 즉, 그것의 사용과 그것의 아름다움이다. 그 건물의 사용은 그 소유주에게 속한다. 하지만 그 건물의 아름다움은 모든 이에게, 당신에게, 나에게, 우리 모두에게 속한다. 따라서 그 건물을 파괴하는 것은 그 권리의 한계를 넘어서는 것이다"라고 말했다. 이것이 우리의 주된 테마가 아니므로 아름다움의 개념은 젖혀두자. 몇십 년 후 중세 파리의 일부를 무너뜨린 도시개혁이 있기 전에, 그 프랑스 작가가 강조했던 것은 유산과 소유 사이의 긴장이었다. 보다 단순하고 직설적으로 말하자면 자산은 누구에게 속하는가? 그 주인에게, 어느 커뮤니티에게, 도시에게, 국가에게 아니면 인류라는 추상적인 개념에게 속하는가?

바르가스 시절, 구스타부 카파네마Gustavo Capanema 장관에 의해 세워진 문화정책에서는 역사적·예술적 유산이 좁은 의미에서 국가의 신분증으로 이해되었다. 그 신분증은 브라질의 방어능력을 증명한 요새들을 통해, 브라질의 종교적 열정의 증거였던 가톨릭교회를 통해, 왕실과 황제의 궁전들을 통해, 정부형태와 정치제도를 잘 나타내는 연방하원 건물과 그 연속물들을 통해 표현되었다. 그것이 다양한 연설문에 존재하는 톤이었다. 그 연설문들은 국가 역사 예술 유산 관리처SPHAN의 첫 활동기간에 쌓인 서고를 소개하곤 했다. SPHAN의 첫 활동기간은 1939년과 1967년 사이였으며 이 기간은 이미 많은 사람에 의해 영웅적 단계로 불렸다. 위의 것들이 유산으로 선택된 것은 세계유산에 대한 사전개념과의 의견조정이기도 했다. 여기서 세계란 물론 문명화된 세계로 이해되었다. 다른 말로는 서구를 지칭했다. 그때만 해도 세계유산이란 1931년 아테네 헌장Carta de Atenas de 1931이 설정한 것에 국한되어 있었다. 그러니까 "인류의 예술적, 고고학적 유산 보존은 문명의 수호자인 국가들의 커뮤니티가 가질 관심사항이다"라는 개념이었다. 비록 브라질은 그 헌장에 서명을 하지 않았지만 "예술과 역사의 기념비들"에 비견될 수 있는 것으로서의 유산이라는 개념을 취했다.

1937년에 창설된 국가 역사 예술 유산청(SPHAN, 오늘날의 IPHAN으로 국가 역사 예술 유산원으로 바뀜)은 당시에 동 유산청을 만든 신국가체제 법령 제25호에 따라 지금도 활동 중인데 그 법령에 보면 "국가에 존재하는 모든 동산과 부동산은 국가의 역사적, 예술적 유산을 구성하며 그것의 보존은, 브라질 역사의 사실적 기억들에 연결되어 있든 고고학적arqueológico 혹은 민족학적etnográfico, 혹은 사서학적bibliográfico 혹은 풍치학적paisagístico으로 놀라운 가치를 가지고 있든 어쨌든, 공공의 이해관계에 해당한다"라고 규정하고 있다.

SPHAN은 제1항에서 유산을 이처럼 정의하고 있으며 이것은 제2항에 의해 보완되고 있다. 2항의 내용인즉, "자연의 기념물도 동 항이 언급하고 있는 자산에 비견되며 그것 역시, 자연이 만들었든 혹은 인간의 근면성이 관리한 것이든 훌륭한 모습을 갖고 있다면, 그것으로도 보존되고 보호되는 것이 중요한 터sítio와 풍경처럼, 등재 대상이 된다."

법정을 여러 차례 오고간 결과이자, 국제사회의 대책 및 조언과 대화를 주고받은 법조인들, 정치인들 그리고 지식인들(작가인 마리우 지 안드라지Mário de Andrade의 안도 살펴볼 가치가 있다)의 법안과 법안 초안들의 결과이기도 한 그 법령은 결국 "그것이 무엇인가?"라는 말로 끝난다. 즉 유산은, ―우리는 이미 프랑스의 1913년 법에 친근감을 느끼며 그 내용도 매우 비슷하다― 현저하고 비범하며 기억할 만한 것인 이상, 공공의 이익으로 간주되는 것일 수 있다는 말이다. 그 법이 이처럼 오랫동안 존속하고 있는 것은 매우 열려 있는 그 정의 덕분이다. 그리하여 그 정의는 그것을 해석하는 자에게 보다 정밀하게 해석하도록 떠넘겨져 있다. 1930년대에서 1940년대로 넘어가는 길목에 치라덴치스, 지아만치나Diamantina 그리고 여타 다른 황금주기를 맞고 있던 도시들처럼 미나스제라이스Minas Grais 주의 도시들이, 여러 유산 가운데 피레노폴리스Pirenópolis 본당이나 아우데이아지 카라피쿠이바Aldeia de Carapicuíba와 더불어 기억할 만한 도시들로 간주되었던 것도 우연한 일이 아니다. 브라질의 과거 식민시대에 대한 그러한 강조가 수그러들지 않았음에도 불구하고 1980년대에 들어서는 도시화와 산업화를 증언하는 것들 혹은 식민시대의 것보다 덜 "순수한" 스타일의 것들과 같이, 보다 가까운 과거의 자산들이 유산에 포함되었다. ―예를 들면 리우데자네이루 도카스사(社)Companhia Docas do Rio de Janeiro의 건물이 그것이다. 그리고 의미 있는 관점의 변화가 있었다. 오우루프레투의 등재가 "무결점으로 처리된passado a limpo" 것이다. 1933년의 한 법령에 의해 국가적 기념물로 지정되었던 도시가 1938년엔 예술적 판단기준에 의해 등재 자산이 된 것이다. 이 도시는 1986년 그 역사가 인정되어 풍치지구로 등재되었다. ─ 초기 공화정주의자들이 무너뜨리려고 꿈꾸었던 바로 그 도시가 말이다! 그리고 2000년에 사우바도르의 아셰 오포 아퐁자Axé Opô Afonjá라는 아프리칸 브라질 종교예식이 등재되었다. 그리고 몇 년이 지체된 뒤 브라질의 유산 관련 공식 기관이 여타 다른 종교적 표현 행위들도 유산으로 인정하였다. 그것은 역사적 유산에 대한 개념이 확대된 결과일 뿐만 아니라 그러한 유산들을 포함시킬 것을 요구하던 조직체들의 노력이 낳은 결과이기도 하다.

자베 마을의 주민들은 시종일관 한 가지 관점을 견지했다. 꾸며진 것이든 그렇지 않든 자신들의 역사와 문화에 대한 권리 요구는 시민의 권리 의제로 넘어갔고 결국 1988년 헌법이 브라질의 국가적 정체성을 "형성하는 그룹들"의 기억 보전을 제안함으로써 그러한 시각을 수용하였다. 유산을 하나의 재원으로 보는 그 관점 속에는, 최근 아마존 강의 작은 폭포가 성스러운 장소, 즉 무형유산으로 등재된 것과 마찬가지로, 강제노동에서 탈출한 흑인노예의 후손들이 세운 커뮤니티들comunidades quilombolas에 대한 보전 요구도 깔려 있음을 본다. 아마도 자베 마을을 이야기하는 사람들이 주의를 기울이지 않았던 것은 그러한 요구들에 담겨 있는 고유한 상징적 권력과 자본의 차원이다. ─ 다른 말로 하자면 모든 요구가 다 성공을 거두는 것이 아니라는 말이다. 어쨌든 그러한 개념에서 그들이 자신들의 역경을 해결해줄 답안을 보았다면 그것은 유산(역사적, 문화적 유산 등)이 문화생활과 공공정책의 영향력 있는 카테고리가 되었기 때문이다.

우리는 이제 거의 모든 유형의 유산이 조사되었다고 가정할 수 있을 것이다. 그 "숙취 후의 두통이나 위장이 아픈 것ressaca", 즉 유산을 둘러싼 그 유행은 결론적으로 모든 게 유산임을 의미할 수 있다. ─아니 유산일 수도 있다. 단지 우리는, 기념물이라든가 미나스 제라이스 반란과 같은 사건에 의해 표시된, 역사에 대해서는 더 이상 생각하지 않는다.

하지만 이제 처음으로 돌아가 보자. 유산은 특별한 무엇이며 흔한 것들과는 그 경계가 구분되어 있고 또 그 흔한 것들로부터 두드러지는 그 무엇이다. 2010년 1월 파괴적인 폭우와 급류를 겪었던 성루이스두파라이칭가São Luís do Paraitinga 주민들이 자신들의 개인적인 손실, 특히 집을 잃어버려 슬픔에 빠졌음에도 불구하고, 진흙으로 만들어진 교회가 강한 비바람에 무너지자, 모두들 그 교회에 특별하고 훌륭한 가치가 있었다는 것을 알았다. 그 도시에 살지 않는 사람들조차도 유산의 가치를 중히 여기는 것이 이미 그들의 축제와 종교예식들에서 표현되었다. 그리고 오늘날에는 유산의 가치를 중히 여기는 경향이, 물질적이고 상징적이었던, 잃어버린 것을 재건하기 위해 유산 관련 기관들과 지역 그룹들이 공동으로 노력하는 과정에서도 뚜렷이 나타나고 있다.

참고문헌

ARANTES, Antonio A. “Patrimônio cultural e cidade”. *In*: FORTUNA, Carlos e LEITE, Rogério Proença (orgs.). *Plural de cidade: novos léxicos urbanos*. Coimbra, Almedina, 2009.

CURY, Isabelle (org.). *Cartas patrimoniais*. 3ª ed. Rio de Janeiro, IPHAN, 2004.

GONÇALVES, José Reginaldo. *A retórica da perda: os discursos do patrimônio cultural no Brasil*. Rio de Janeiro, Editora da UFRJ/IPHAN, 1996.

MENEGUELLO, Cristina. *Da ruína ao edifício*. São Paulo, Annablume, 2008.

RUBINO, Silvana. “Nem findas nem lindas: cidades e gestão da memória”. *In*: LEITE, Rogério Proença (org.). *Cultura e vida urbana: ensaios sobre a cidade*. São Cristóvão, Editora da UFS, 2008.

Periferia: favela-beco-viela

외곽지대: 빈민촌(favela), 막다른 길(beco), 골목길(viela)

세우수 아타이지Celso Athayde

Celso Athayde

16세에 이미 3곳의 리우데자네이루 빈민촌에서 생활하였고 고학으로 3권의 베스트셀러를 펴냈다. 이하 모두 공저이다:『파우컹: 여성과 마약밀매』(*Falcão: mulheres e o tráfico. Objetiva*, 2007),『파우컹: 마약밀매 소년들』(*Falcão: meninos do tráfico. Objetiva*, 2006),『돼지머리』(*Cabeça de porco. Objetiva*, 2005).

이 글에서 필자는, 동 테마를 두고 하나의 대화와 사고의 장을 열고자 한다. 물론 이 장이 어떤 절대적인 진실에 부응하지 않을지도 모른다. 게다가 이 장을 통해 동 테마에 대한 여러 평가를 종결짓겠다는 의도는 더더욱 없다. 하지만 분명한 것은 외곽지대에 대한 해석을 함에 있어서 그 지대 자체의 시각으로부터 시작할 것이라는 점이다. 특히 외곽지대에 사는 필자로서는 더욱 그러하다. 앞 페이지에서 제시된 사진은 '외곽지대periferia'라고 불리는 지리적 공간에 대한 사고를 보여주고 있다. 일부 사람들은 그것이 하나의 개념일 뿐 시각에 따라 달라질 수도 있다고 말할 것이다. 이러한 방식으로 학술계에서는 원천과 이론적 가정과 대화하기 위해 관련 내용을 분류한다. 한편 경찰력은 외곽지대를 억압하기 위한 공간으로 본다. 조직범죄는 그 외곽지대를 파벌들의 투쟁 영역으로 간주하고 그 내부에서 활동을 하며 정치선거에 나서는 후보들은 그 외곽지대를 표더미로 보고 접근한다. 또한 공권력들은 그 외곽지대에 신경을 쓰지 않으며 중산층은 그 외곽지대를 자신들의 평화에 대한 하나의 위협으로 간주한다. 한편 빈민촌favela에 사는 사람들은 그 외곽지대를 아스팔트와는 거리가 먼 선택적 거주지로 바라본다. 그러면 독자인 당신은 이 모든 것을 어떻게 바라보는가?

삶의 질을 결정짓는 기본적인 인프라도 없고 눈에 띄게 들쑥날쑥한 그 인프라 시설 속에 살아가는 집단 거주지를 우리는 일명 '외곽지대'라고 부른다. 브라질에서는 이 지역을 명명하는 방식이 각 지역마다 다양하여 때로는 공동체사회comunidade, 파벨라favela, 침입지역invasão, 구릉지대morro, 언덕quebrada, 수상가옥촌palafita, 게토gueto, 정착촌assentamento 등으로 불린다. 하지만 분명한 것은 이들의 사회경제적 현실이 동일하며 이들을 바라보는 시선들은 유기, 무관심, 부재 쪽으로 흐른다. 이것이 이 지역적 공간들로 하여금 가장 다양한 형태의 폭력이 난무하고 그 결과들이 어느 지역보다도 높은 공간으로 만들고 있다.

이 외곽지대의 상황을 들여다보면 이곳이 모순의 집합체임을 알 수 있는데 그 이유는 이 지역이 사회적으로 '정상' 패턴에서 벗어난 공간으로 비춰지지만 그곳에 사는 사람들의 모습은 정상적이기 때문이다. 그러니까 주변부 사람들이라는 의미이다. 그리하여 사회에서 동떨어진 사람들이자 도둑, 검둥이, 문맹자, 직업이 없는 사람 등 부정적인 이미지들이 그들의 존엄성과 대치하며 압도하고 있다. 브라질지리통계원IBGE은 이들 집단거주민을, (공적이든 사적이든) 타자의 토지를 점유하면서 무질서하게 조직되어 있고 높은 인구밀도에 기본적인 공공서비스가 부족한 집단거주지에서 생활하는 보통 이하의 정상subnormal으로 간주하고 있다(IBGE, 2002). 유엔의 UN-HABITAT는 파벨라를 특정 도시의 황폐된 지역으로서 열악한 주거 환경과 인프라 부족 그리고 토지 부분이 정상적으로 등기되지 않은 특징을 가지고 있다고 정의한다.

토지 부분의 정상화라는 개념은, 시민권 개념이 탄생한 곳으로서, 시민이 되는 조건이 권력과 토지의 소유관계에 달려 있던 고대 로마로 거슬러 올라간다. 따라서 토지를 가지고 있지 않은 사람들은 노예가 될 운명을 갖고 있었다. 역사를 살펴보며 브라질을 들여다본다면 우리는 외곽지대에 사는 사람의 다수가 신분이 자유롭게 된 흑인으로서 도심에 거주하다가 '진보'와 '진화'라는 이름으로 극단적인 억압을 받아 중심에서 밀려난 사람들이라는 걸 알게 될 것이다. 여기서 말하는 진보와 진화는 항상 자본과 연결되어 있던 대도심들의 발전과 일치한다. 결국 흑인과 가난한 사람들은 진화를 하지 않았는가? 접근권에서 배제된 상태로 사회의 변두리에 있어야 하는가?

지리학적으로 외곽지대는, 도심으로부터 먼 거리인, 도시의 끝자락에 있는 지역área으로 이해된다. 하지만 브라질에서는 외곽지대가 사회적·물질적 여건과 맞물려 있다. 따라서 사회학적 관점에서 볼 때 그곳은 완전히 투명인간으로서 혜택을 받지 못하는 익명의 개인이자 수평적으로 동등하게 취급되는 개인이 머무는 공간으로 간주되고 있다. 그러므로 그들은 자신들의 시민권을 끊임없이 거부당하는 과정에 있는 현대판 노예들이다. 배제된 자들의 역사는 반복되는 것인가? 몇몇 사람들은 아니라고 주장하지만 그들은 지속적으로 유색피부와 고정된 주소를 갖고 누구의 구역도 아닌 곳이자 모든 것이 결핍된 어떤 장소의 근거리에서 살고 있다.

그렇다면 이제부터 역사와 기억 그리고 저항의 공간으로서 가장 의미 있는 주변부의 사회적 대변이기도 한 빈민촌favela에 대하여 대화의 초점을 맞춰보도록 하자. 만일 우리가 역사를 들여다보면서 파벨라를 조사와 해석의 대상으로 삼는다면, 브라질에서 노예제도가 시행되던 모든 기간 동안 킬롱부Quilombo•의 형성이, 무차별적으로 배제되고 박해받은 자들을 끌어 모은 초기의 집합점이었다고 상상할 것이다. 왜냐하면 킬롱부 주민의 대다수가 도망친 흑인들로 이루어졌음에도 불구하고 다른 종족étnia 출신의 사람과 가난한 사

• 농장에서 도망친 흑인노예들이 만든 마을. _옮긴이

람들도 수용했기 때문이다. 그다음 19세기에 들어 포르투갈왕실이 브라질로 와 당시 브라질의 수도였던 리우데자네이루에 정착함으로써 동 주의 중심지역에 거주하던 남자와 여자, 신분 해방된 노예들, 가난한 사람들 등은 포르투갈왕실의 체류를 위해 자신들의 집을 강제로 비운 뒤 외곽지대로 밀려나야 했다. 그 뒤 노예제가 끝나면서 신분해방을 맞은 흑인들이 정착을 위해 각 주의 수도로 이주해왔으나 그들에게 남은 것은 응당 있어야 할 거주 인프라도 없는 비공식적인 공간뿐이었으며 그 결과 신분해방을 맞았음에도 불구하고 그들에 대한 치욕적인 편견은 지속되었다.

하지만 역사의 수레바퀴가 구르는 동안 배척된 자들의 저항 능력도 점차 강해졌고 재조직화되어 갔다. 1902년 에우클리지스 다 쿵냐Euclides da Cunha는 자신의 저서 『오지』(*Os Sertões*)에서 파벨라favela라는 단어의 기원을 후세에 알리면서 다음과 같이 흥미로운 문장을 남겼다. "거기엔 많은 것이 상호 연결되어 있다. 강력한 그물망을 이루며 서로 연결되어 있는 지하의 나무뿌리들은 물을 함유하고 있고 또 푸석푸석한 흙을 움켜쥐고 있다. 이 뿌리들은, 오랜 노력 끝에 자신들이 태어난 경작토지들을 형성하고 있으며 무수히도 많은 그물처럼 뒤엉킨 작은 뿌리들의 치밀한 결속으로 지층과 모래의 만족할 줄 모르는 수분흡수를 이겨내고 있다. 그들은 그렇게 생존하고 있다." 이 문장에서 저자는 파벨라favela라고 알려진 브라질 북동부 지방의 전형적인 식물을 언급하면서 그들의 힘과 저항을 입증하고 있다. 1897년 '오지의 반란Guerra de Canudos' 이후 그 전쟁에 참가했던 브라질 육군 생존자들이 바이아 주의 그 오지로부터 돌아와 리우데자네이루 주의 프로비뎅시아Providência 구릉에 정착하였다. 그리하여 그 지역이 파벨라의 구릉morro da favela으로 불리게 되었다. 그때부터 등장한 모든 외곽지대의 집단촌은 바로 이 생존자들을 가리켜 명명된 파벨라라고 하는 나무의 이름을 갖게 되었던 것으로 보인다.

이리하여 외곽지대는 개인과 집단의 노력으로 살아가는 힘의 미로이며, 자본과 상품가치의 증가 그리고 소수에 의한 부의 전유라는 이름으로 주민들이 종속되어 있는, 오늘날 사회의 악을 마주하며 생존과 성장을 거듭하고 있다.

그 혜택받은 소수는 물질적으로 풍요를 누리면서 거대한 모순을 (재)생산하고 있는 반면에 빈민촌favela과 구릉 그리고 작은 골목에 모여 있는 쪽방촌들은, 사회질서 유지를 위하여 소수의 부를 보장하고 가난을 멀리 떨어지도록 사회의 변두리로 고립시켜버린, 사회적 구축물의 결과이다. 하지만 운명의 주인인 시간은 계획된 그 고립화가 바로 그 부유한 소수 및 그들의 부에 커다란 위협이 될 것이라는 걸 보여줄 것이다. 바로 이것이 이탈리아의 역사학자인 카를로 진스츠부르그Carlo Ginszburg가 '문화적 순환성circularidade cultural', 즉 어느 순간 돌들이 서로 부딪혀 그들끼리의 부대낌이 불을 일으킬 것이라는 것으로서 여기서 불이란 우리가 현재 목도하고 있는 사회적 혼란과 구릉 對 아스팔트의 현주소를 의미한다.

여기서 우리는 외곽지대 커뮤니티들이 잘못된 부의 분배와 교육 및 보건의 질 부재 그리고 가장 다양한 형태로 재생산된 편견의 결과라는 점을 상기시키고자 한다. 그리고 무엇보다도 어떻게 다수가 위치하고 있는 외곽지대에 가난을 고립시키고 유지하는 것이 소수의 이익을 영구히 하려는 전략일 수 있는지를 생각해볼 필요가 있다. 특히 "불평등을 최소화"하고 각자를 그가 위치해 있는 현 상황에 그대로 유지시킨다는 일종의 자선 형태로서, 거대 자본이 실천하려는 이른바 사회적 책임이란 것이 생겨난 뒤에 그러한 전략이 나왔다는 점을 상기해볼 필요가 있다.

하지만 우리는 이 지식생산 공간을 활용하여 외곽지대와 빈민촌들을 관통하는 긍정적인 면을 다뤄보고자 한다. 어쨌거나 장미는 가시로만 먹고살지 않는다. 주변부 역시 자신의 목소리를 가지고 있다는 것, 그리고 들어줄 상대가 없어도 경청될 필요가 있다는 것을 반드시 이해해야 한다. 왜냐하면 인류학에 따르면 각각의 사회그룹은 바로 자기 자신의 언어행위와 상징 그리고 의미를 갖고 있기 때문이다. 결국 그 주변부의 사람들이 자신의 현실을 가장 잘 표현할 수 있고 자신들의 열망에 목소리를 가장 잘 부여할 수 있으며 대안들에 대하여 가장 잘 대화를 할 수 있다. 그리하여 그들은 비록 현실이 가려져 있으나 항상 대중을 움직였던 저항력으로 그것을 걷어낼 수 있다는 것을 보여줄 것이다. 프랑스의 철학자 미셸 푸코에 따르면 모든 헤게모니에는 반헤게모니가 존재한다. 즉, 파벨라 효과가 그것으로써 차이를 만드는 것, 자신의 방식으로 행하는 것이 그것이다. 그러므로 우리는 타자를 희생시키는 시선을 버리고 그에 따른 반향은 대중의 동원과 응전 그리고 자신의 현실을 무너뜨리고 변화시키는 능력에 있다는 것을 이해해야 한다.

상존하는 다른 문제는 크랙crack을 중심으로 한 전국적인 마약의 창궐이다. 브라질 사회의 대다수 사람들에게 마약의 기원은 빈민촌에 있다. 하지만 우리는 이 문제에 대하여 몇 가지 심사숙고를 할 필요가 있다. 난 누가 보아도 분명한 것을 말하려는 것이 아니다. 하지만 모든 거래는 구매자가 있을 때 존재한다는 사실이다. 그러므로 마약의 불법거래는 이용자가 존재하기 때문에 유지되는 것이다. 그런데 이 이용자는 사회 각 계층에 모두 존재한다. 여러분은 내가 무슨 말을 하려고 하는지 궁금해할 것이다. 좋다. 주변부에 사는 사람들의 무의식 속에는 아직 아스팔트에 사는 사람들의 행동양식을 닮아가려는 시도가 지속적으로 존재한다. 다시 말하면 그 시도란, 부자들과 유사한 존재라는 생각을 간접적으로 키움으로써 자신이 사회적으로 포용된 존재, 즉 사회의 일원이라고 스스로 느끼는 애매모호한 어떤 행동과 사고방식을 의미한다. 하지만 그것은 사실이며 인류는 그렇게 살아가고 있다. 이러한 방식으로 크랙의 소비가 파벨라에서 구체화되었던 것이다. 즉, 주요 거래지역은 주변부지역에 있으며 잠재적인 마약 소비자들은 아스팔트 지역에서 등장한다. 그러면 주변부 지역이 그 예를 따른다. 우리가 구분해야 할 것은 그 파벨라에 주변부 사람들과 소외된 사람들이 존재한다는 것이며 그들을 바라보는 시선도 잘 정리되어야 한다는 것이다. 주변부 사람들의 모습을 수평적으로 바라보는 것은 사회적 배제를 재확인하는 것이며 그곳에 살고 있는 사람들에 대한 불이익 관계를 모든 면에서 통찰하는 것이다. 의심스러운 사회적 구성원이 다양한 형태의 취약한 환경을 안은 채 이름과 주소를 가지고 살고 있다.

미묘한 상황이지만 그 상황은 전복될 수 있다. 그 전복은 파벨라를 사회적 행동주의의 공간이자 광범위한 동원력을 가진 문화적 생산 공간으로 인정함으로써 비로소 가능할 것이다. 구조적인 변화를 위해서는 타자와의 관계에 재의미를 부여하는 행동이 수반되어야 한다. 주변부의 생존자들은 더 이상 그들이 겪고 있는 사회적 가치의 전복에 대하여 죄인 취급을 받아서는 안 된다. 따라서 우리는 파벨라가 현대 도시의 킬롱부임을 이해하고 과거의 역사에서처럼 모든 사람을 구분함이 없이 수용하며 현실 세계를 이상으로 탈바꿈시킨다는 것을 이해해야 한다. 주변부는 파벨라이며 막다른 길이자 골목이다. 주변부는 곧 저항이다!

참고문헌

ATHAYDE, Celso; MV Bill e SOARES, Luís Eduardo. *Cabeça de porco*. Rio de Janeiro, Objetiva, 2005.

ATHAYDE, Celso e MV Bill. *Falcão: meninos e o tráfico*. Rio de Janeiro, Objetiva, 2006.

_________. *Falcão: mulheres e o tráfico*. Rio de Janeiro, Objetiva, 2007.

Poesia no Brasil: funciona

브라질에서의 시: 제 역할을 하다

이우카낭 페하스Eucanaã Ferraz

Eucanaã Ferraz

리우데자네이루연방대학교(UFRJ) 교수로 재직 중이며 시인이자 작가로서 주요 저서로는『후아 두 문두』(*Rua do mundo. Companhia das Letras*, 2004)와『시네마테크』(*Cinemateca*. Companhia das Letras, 2008) 등이 있다.

19세기 브라질의 대문호 3인의 모습으로 좌측부터 공사우비스 지아스(Gonçalves Dias), 마누에우 지 아라우주(Manuel de Araújo) 그리고 공사우비스 지 마갈량이스(Gonçalves de Magalhães), 1858년 작

브라질 역사의 몇 세기 동안 시詩가 상당한 문화적, 예술적 서고를 이루었다는 점에 대해서는 의심할 여지가 없다. 그 기원과 수입, 이식, 동화, 영향 그리고 극복이라는 과정을 거친 궤적을 보면, 브라질의 시 역사가 유럽적 형식의 모범적인 브라질 적응을 보여준다고 확언할 수 있다.

시는, 문명이 이곳 브라질에서 무시무시한 자연과 땅에 대한 약탈 그리고 노예제로 위축되었을 때인 17세기 중엽, 그 문명의 최고 절정과 같은 그 무엇이었다. 그레고리우 지 마투스Gregório de Matos가 등장한 것도, 정확히 그 무렵, 사탕수수농장들이 들어섰던 바이아 주州에서였다. 그의 시가 상황에 따라 무작위 방식으로 써졌다는 점과 식민지 브라질의 문맹자들 사이에서 유통되던 방식을 두고 볼 때, 그의 작품을 브라질의 토양에 대한 시의 적응 노력이라는 관점에서 바라보는 것은 자칫 애매모호한 일일 수 있다. 바로 그렇기 때문에 그레고리우 마투스가 그 어떤 사전 기획도 없이 그때까지 전례 없던 현실들을 제한적인 유럽적 방식 속에서 표현한 이상, 아마도 문제없는 적응이었노라고 말하는 것이 가능할 것이다. 하지만 테마, 풍경, 사실, 등장인물, 명칭, 언어적 표시가 혼란스럽게 뒤섞인 상황에서 풍부한 알레고리와 비범한 문학적 바로크의 모습을 엿볼 수 있다고 할지라도, 특수한, 완전히 브라질적인 그 케이스에 어떤 스타일의 특징들을 중첩시킬 방법이 없다. 그 스타일의 특징들이란, 구세계에서 도시적이고 첨단적이며 상승하는 부르주아 계층과 귀족주의 사이의 사회적 긴장 속에 등장한 표현을 뜻한다. 가톨릭교회까지도, 아주 먼 로마교황청에 의해 공표된 반개혁원칙들을 융통성 있게 변모시키면서, 이곳 브라질에 적응했던 것을 상기할 필요가 있다. 그런 의미에서 그레고리우의 시는 유럽의 기술技術로 실현되면서 바로크의 개념을 확장시켰다. 그 유럽의 기술은 유럽 문명에서 완전히 멀어진 상태에서도 그 문명에 계속 연결되어 있었으며 그와 동시에, 이베리아반도의 세계가 뒤틀리며 잘못 반영된 환유로서 살고 있던, 바이아의 세계를 침투하였다.

훨씬 더 의식적인 적응욕망은, 미나스제라이스 주에서 목가풍의 유명한 시인 그룹이 등장한 그다음 세기에 기회를 만났다. 클라우지우 마누에우 다 코스타Cláudio Manuel da Costa와 토마스 안토니우 공자가Tomás Antônio Gonzaga 같은 사람들—계몽주의와 신고전주의 그리고 전원시 풍을 고수하던 자들—의 유럽적인 지적 형성에, 브라질 땅에서 시작詩作 복잡하게 만들어놓았던, 특질과 우연성이 결합하였다. 계몽주의와 신고전주의적 상상계가 내포하고 있는 보편성의 이상이, 적응의 원칙에 배치되었다는 문제도 살펴보아야 한다. 차이들은 보편성의 힘 하에 사라질 것인바, 그것은 아주 단순히 말해 극무대의 배경장치를 운문으로 확장시키는 것을 뜻할 수도 있다. 다시 말하면 아르카디아가 존재한 고대 그리스가, 손에 백합을 든 목동으로 변신한 시인의 목소리에 담길 것이었다. 하지만 브라질의 전원풍 작가들 작품은 그 이상의 것을 보여준다. 그러니까 그리스 로마의 신화에 나오는 온순한 가축들과 신들이 노니는 장면들 곁에는, 유럽 모델들에 순응하리라 기대되었던 것은 간데없고, 노동으로 바뀐 자연, 역사적인 변화를 하는 중인 어떤 자연의 표시들처럼, 명확하고도 예기치 못한 지역적 색채가 존재한다는 것이다. 그 결과, 상황이 매우 흥미롭다. 즉 한편으로는 보편주의적인 이상세계를 실현하지 않음으로써, 신고전주의적 시를 브라질 문학에 모범적으로 적응시키는 것을 포기한 것을 확인할 수 있다는 것이다. 또 다른 한편으로는 그러한 실수가, 시를 자신의 주변에게로 확실히 포기하듯 내던져버린 것임을 알 수 있다.

시대적 흐름의 역류에 그처럼 적응한 것은, 향후 19세기 중엽에 가면, 낭만주의라는 미학을 넘어 분명한 이데올로기적 의도가 담긴, 기획되고 객관적인 안주安住로 대체된다. 그 신호들의 역전은 유럽이 조국, 민족, 문화 등의 개념들을 신성화했을 때 분명해졌다. 즉 보편적인 것o universal을 특수한 것o específico으로 대체한 것이 어떤 프로그램으로 전환되었으며 유럽인은, 브라질인이 전설과 신화 그리고 원주민 인디오 영웅들을 위하여 그리스 라틴의 구 신화를 버린 것과 같이, 고전적인 엄격한 원칙들을 창의적인 자유와 영감으로 대체할 것을 노골적으로 제안하기에 이르렀다. 그 당시 과거를 아는 방식으로 이해되었던 역사와 문학은 공통된 이데올로기적 노력을 하면서 서로 접근을 하였는바, 종적으로 이해된 시간성의 기원까지 가는 것은 역사가 할 일이며, 끝이 없는 신화적 시간을 향해 앞으로 나아가는 것은 문학이 할 일이 되었다. (원주민 인디오의 삶과 정신적 가치를 고양한) 인디아니즘indianismo은 그 즉시 여러 방편으로 이에 부응하였고 공사우비스 지아스Gonçalves Dias와 같은 작가의 작품에서 시적인 힘을 획득하였다.

시인들은 서로 다양한 결과를 얻으면서, 자연의 독특한 요소들을 확인하고 자신의 시에 그것을 끌어오려고 노력하였다. 그와 동시에 가상적인 브라질 영혼을 드러내고 구성하는 방향으로 시를 쓰려고 노력했다. 그러니까 세계를 포착함에 있어서 주관성을 세우는 작업은, 관찰과 판타지 감각, 역사와 순수한 상상으로 기울기 그리고 테마와 형식의 혁신을 위한 서정적 전통과 재능을 아는 것 등이 상호 작용할 것을 요구하고 있었다.

그다음 세대의 낭만주의 시인들은 집단주의적인 성격을 지닌 이데올로기적 기획을 혐오하여 개별성individualidade으로 눈을 돌렸다. 그 개별성이란 사랑과 죽음, 존재의 고통 그리고 실낙원으로서의 어린 시절 등이었다. 달콤함과 아이러니, 멜랑콜리와 어느 정도의 흥분 사이를 오갔던 아우바리스 지 아제베두Álvares de Azevedo, 베르나르두 기마랑이스Bernardo Guimarães 그리고 카지미루 지 아브레우Casimiro de Abreu의 작품들이 이러한 흐름이 완성된 예다. 하지만 곧, 국가의 정치적·사회적 문제들보다는 국가적 정체성을 나타내는 지표로서의 지역적 색채에 덜 몰두하던 시인들과 함께, 집단성에 대한 관심이 부활하였다.

결국 정반대 지점에서 볼 때 자신에게 사회개혁적인 역할을 벼리는 것과 같이, 운문verso은 보다 주관적인 감정적 불안들에게 목소리를 부여할 수 있었다. 비록 양쪽의 경우에서 그 결과가 항상 훌륭했던 것은 아닐지라도, 분명한 사실은 시가 야망을 갖게 되었다는 것과 기대를 불러일으켰다는 것 그리고 자신의 운명을 창출하였다는 것이었다.

낭만주의 제3세대가 보인 과다한 사실주의적인 경향은 시로 하여금 과학적이고 지나치게 기술적인 혹은 사회주의적인 성격을 띠게 하는 실패의 경험으로 몰고 갔으며 급기야 1880년대 고답주의와 더불어 시는 그러한 추구의 이상적인 종결에 도달하였다. 보기 드문 단어들과 고급스러운 테마 그리고 아카데믹한 톤에 집착한 것이, 일반인의 경험과는 어떤 대화도 없이, 시를 어떤 수도원이나 골동품상에 가둬버리지 않았다면, 보다 실감나는 현실과 그것의 관찰에 집착하면서 시를 언어의 작업으로 이해한 것은 사실상 시의 현대화를 암시하고 있었다. 그러한 의미에서 아우베르투 지 올리베이라Alberto de Oliveira, 하이문두 코헤이아Raimundo Correia, 올라부 빌라키Olavo Bilac 그리고 비센치 지 카르발류Vicente de Carvalho의 작품들이 그 예가 된다.

상징주의의 반격이 덜 귀족적이라든가 덜 거리가 있다거나 덜 이국적인 것은 아니었다. 전원시의 물질주의를 배격하면서도 소란스러운 수사학은 부정하지 않은 상징주의자들은 또 다른 낭만주의, 즉 주관성의 낭만주의, 밤과 신비로움이 가득한 낭만주의를 확대시키며 최소한 하나의 위대한 목소리를 탄생시켰다. 그것은 바로 크루스 이 소우자Cruz e Souza였다.

이 짧은 역사는, 농도가 낮고 보수적인 분위기에 잠긴 시 작업詩作業이 수사학적이고 시대착오적이며 야망이라고는 거의 없는 그 인위성으로 당시 브라질의 지적 엘리트 상당수가 가지고 있던 정신문화를 표현한 것 같던 시기에, 모더니즘에 의해 비판적으로 평가받게 된다. 그 유명한 1922년의 〈현대예술주간〉은 그 자체로는 큰 중요성을 가지고 있지 않았으나 브라질의 예술을 유럽 아방가르드와 동시대적인 예술로 끌어올리는 이정표로 작용하였다. 결국 시가 어떤 도약을 이루면서, 다른 예술 언어행위들과의 연합 속에, 스스로를 새롭게 할 수 있다는 능력이 성공적으로 증명되었던 것이다.

1924년부터는 훨씬 더 야심적인 기획이 실체를 얻기에 이르는데 그것은 모던한 만큼 브라질적인 예술을 만드는 것이었다. 그러니까 다양하고 다성적이며 역설적이고 혼란스러운 브라질의 현실을 탐색하는 역할이 시에게 주어졌던 것이다. 거기서부터 낭만주의의 기획과 어떤 유사성이 튀어나오는 것 같다면, 모더니즘은, 다른 차이들 가운데, 이미 순수라는 이상이나 종적인 과정으로서의 역사에 대한 이해에 의해 인도되지 않았다는 것을 즉시 관찰할 수 있어야 한다. 다른 한편으로 첫 낭만주의자들 경우처럼 모더니스트들에게는 동시다발적으로 관찰과 판타지, 역사와 상상력을 통해 자신들의 시를 인도하여야 할 역할이 주어졌다.

형식적 실험과 자유에 바탕을 둔 적응감각은, 초기에 상징주의 시가 내포하고 있던 추상적인 충동과 고답주의 시인들의 관습적인 사실주의에 대한 반발로 작용한 것이었다. 하지만 거부와 파괴의 초기 기간이 끝나자 연대기나 수필의 전형적인 면, 즉 현실에 대한 깊은 사고가 지속적으로 남게 되었다. 이 사고는, 오스바우지 지 안드라지Oswald de Andrade, 마리우 지 안드라지Mário de Andrade, 마누에우 반데이라Manuel Bandeira, 카를루스 드루몽 지 안드라지Carlos Drummond de Andrade, 비니시우스 지 모라이스Vinícius de Moraes, 주엉 카브라우 지 멜루 네투João Cabral de Melo Neto 그리고 페헤이라 굴라르Ferreira Gullar의 시론詩論과 같은, 시론들을 잉태할 수 있는 중력으로 작용하였다. 그리고 이들 각자는 자신의 시대와 방법으로 연구와 형식의 혁신 그리고 자유로운 상상력에다가 적합화의 의미를 연결시켰다. 이것은 종종 그들의 작품에 윤리적이고 정치적인 야망이 관통하는 어떤 미적 차원을 보장해주었다.

1950년대 구체시Poesia Concreta의 등장과 더불어 그 균형 혹은 긴장이 막바지에 달한 것 같았다. 조형예술의 영향으로 아로우두 지 캉푸스Haroldo de Campos, 아우구스투 지 캉푸스Augusto de Campos 그리고 데

시우 피그나타리Décio Pignatari는 시를 그래픽과 비주얼 형태로 정의하면서, 운문의 구문으로부터 자유로운 말들이 백지 공간에 조형적, 기하학적 성격의 조합을 이루게 되었다. 이들은 전통적인 서술구조와 이른바 고백적 서정시를 타파하기 위해 무던히 노력하였다. 하지만 외양적인 형태의 과장을, 그때까지 브라질 시를 특징지은 것 같았던 적응 센스의 사라짐으로 판단하는 대신에, 구체시는 오히려 전후 시대를 특징지은 기술적, 미적 그리고 철학적 변화들과의 급진적인 동조를 추구하였다는 사실을 강조할 필요가 있다. 똑같은 상황 ―특히 신수도 브라질리아의 건설로 절정을 이루게 될 사회, 경제, 문화적 발전과 더불어― 에서 보사노바라고 하는 음악적 혁신운동이 등장한 것은 우연한 일이 아니었다. 또한 고려해야 할 사항은 바로 구체시 작품들의 궤적이다. 구체시는, 1964년 군사쿠데타 이전에만도 실질적인 정치적 참여 방향으로 나아가던, 일종의 비판적-아이러니 차원을 확대하였다.

적응 센스란 곧 그 당시 시를 동시대적인 형태로 유지하려는 어떤 노력을 의미했으며 그러한 과정에서 1970년대 리우데자네이루에서는 이른바 '주변 시poesia marginal'라는 것이 등장하게 되었다. 그 이름은, 시인들이 출판시장 외부에서 행동한다는 사실에 관심을 불러 모았다. 하지만 그것은 또 미적, 사상적 다른 장소를 표시한 것이기도 했다. 다시 말하면 이 젊은 리우데자네이루 작가들은 이론과 고단위 지적인 토론에 익숙한 아방가르드뿐만 아니라 시를 대중이 정치적 의식화를 위한 수단으로 만들려는 시도에서 비켜 있었던 것이다. 대신에 이들은 반문화운동과 이웃하기를 추구했으며 시에다가 빠르고 상황적인 주석, 자서전적인 투사 그리고 고백을 삽입하려고 하였다. 이들의 공통된 특징은, 주변 시를 분명한 미적 제안과 선언문 그리고 대변인을 갖춘 하나의 운동으로 만들기에는 역부족이었으나, 서로 매우 다르기는 해도, 프랑시스쿠 아우빙Francisco Alvim, 카카주Cacaso, 샤카우Chacal 그리고 아나 크리스치나 세자르Ana Cristina Cesar와 같은 작가들의 형태에 대한 감각과 방향설정은 시를 일상 속에 안착시키려는 것 그리고 글쓰기와 삶의 경험을 같은 차원에서 다루려는 욕구를 드러내고 있다.

그 이후에 써진 브라질의 시는 전통에 의지하였는데 무엇보다도 시인들은, 아무리 이해관계가 다른 소스와 영역들이 그들의 형성에 영향을 미친다고 해도, 그 전통과 대화를 나누고 있다. 하지만 여기서는 그 전통을, 어떤 도서관이나 어떤 백과사전의 페이지에서처럼 줄을 지어 서 있는 책들과 작가들의 연속으로서 이해해서는 안 된다. 시인들이 그 전통과 나누는 대화에 제공되는 것은 언어적 적용, 형식의 선택, 사고방식들 그리고 감정의 상태 등 일련의 광범위한 상상의 세계이다. 모든 것이 배수로 증가하는 어떤 거울 게임처럼, 시간과 공간에서 서로 거리를 두고 있는 표면들이 서로를 비추며 새로운 조합을 형성한다. 그런 의미에서 브라질의 시인들은 언제나 스스로를 직면해야 했다. 앞으로도 그와 같은 방식으로, 브라질 시의 역사는 브라질에서 시를 쓰는 각자의 역사이기도 하다는 그 역사와 더불어, 계속 존속할 것이다. 필자가 지금 어떤 정적이고 준비된 파일을 얘기하는 것이 아니다. 그 파일 앞에서는, 이익과 손실을 목적으로 하는 외부의 관찰이나 아니면 그저 유용성의 선택만이 가능할 것이다. 다가서거나 멀어지는 움직임들, 지속 혹은 파열의 제스처, 변화, 변형, 망각, 그것이 무엇이든 중요치 않다. 하지만 그것들은 내부에서, 끊임없는 투쟁 속에서, 발생한다.

우리는 알지도 기억하지도 못하는 것을 물려받는다. 그 적응센스는 대서양 저편으로부터 수입한 어떤 기술—운문—에 복수하라는 요구에 의해 생겨난 것으로서 이곳 브라질에서 글 쓰는 방식을 명확히 지시하고 있다. 이것은 의심할 여지가 없다. 하지만 크든 작든 그러한 유산에 대한 의식은 시인들에게, 형식에 대한 연구, 상상력, 주관성, 패러디, 아이러니, 신비주의 그리고 꿈으로, 그 유산을 길게 이을 기회를 제공하였다.

분명 이쪽이든 저쪽이든 어떤 한쪽을 선택할 수 있을 것이다. 하지만 브라질의 시는 역사적으로 긴장과 불협화음을 선택했을 때 보다 강했음을 보여주었다.

참고문헌

BANDEIRA, Manuel. *Apresentação da poesia brasileira; seguida de uma antologia*. São Paulo, CosacNaify, 2009.

BOSI, Alfredo. *Dialética da colonização*. 2ª ed. São Paulo, Companhia das Letras, 1992.

______. *História concisa da literatura brasileira*. 3ª ed. São Paulo, Cultrix, 1980.

CANDIDO, Antonio. *Formação da literatura brasileira; momentos decisivos*. 5ª ed. Belo Horizonte/São Paulo, Itatiaia/Edusp, 1975, 2 v.

HOLANDA, Sérgio Buarque de. *O espírito e a letra; estudos de crítica literária*. Organização de Antonio Arnoni Prado. São Paulo, Companhia das Letras, 1996,2 v.

MERQUIOR, José Guilherme. *De Anchieta a Euclides: breve história da literatura brasileira*. 2ª ed. Rio de Janeiro, José Olympio, 1979.

Pùblico e privado no pensamento social brasileiro

브라질 사상사에서의 공적인 것과 사적인 것

안드레 보텔류 André Botelho

André Botelho

리우데자네이루연방대학교(UFRJ)의 사회학과 교수로 재직 중이며 주요 저서로는 『브라질과 일상생활. 국민국가, 모더니즘 그리고 지식인의 일상』(*O Brasil e os dias. Estado-nação, modernismo e rotina intelectual*. Eduesc, 2005)이 있다.

1988년 브라질 헌법이 공표된 직후 그 헌법을 들어 보이고 있는 고(故) 연방하원의원 울리시스 기마랑이스 / ⓒArquivo ABr

포르투갈의 식민지배 이래 브라질에서 형성된 사회와 국가 그리고 정치문화의 특징으로서 공적인 것과 사적인 것의 뒤섞임은 브라질 사회 사상사에 가장 흔히 등장하는, 지식인들이 찾아낸 업적 중 하나이다. 또한 그것은 브라질인에게 민주주의의 완연한 실현을 위하여 가장 집요하게 요구되는 문제들 가운데 하나이기도 하다. 어쨌든 고대 그리스의 도시국가에서 만들어져 정치철학 및 현대의 사회과학과 연결되어 있는 공적인 것과 사적인 것의 고전적인 이해에 의하면, 그 문제는 지속성의 관계 이전에 구분의 관계를 이루는 문제이다. 다시 말하면, 그것은 규범적으로 한정된 경계를 지닌 독특한 사회적 공간이며 그 속에서 우리가 사회적 주체로 진입하여 활동하는 공간이다. 또한 고유하기에 기존의 관습화된 행동양식과 다르고 사회적 조직과도 다른, 남다른 가치와 관습을 가정하는 공간이기도 하다. 항상 역사적으로 현실화되어온 이러한 개념을 수용할 경우 공적인 것은, 권리와 의무가 모두에게 유효함을 보장하는 장치로서, 비개인적이면서 보편적인 원칙들과 연계되어 있다. 반면에 사적인 것은 개별주의적 원칙들과 연계되어 있다. 다시 말하면, 그 원칙들이란, 시민의 역할과 같이 공적인 영역에서 우리가 수행하는 사회적 역할의 차원에서가 아니라, 독립된 개별적 존재로서 온전히 그 가치를 갖게 되는 관계들을 언급하는 것이다.

브라질 사람들의 생각 속에서 사적인 것은 일반적으로 소수의 폐쇄적인 원초적 인간그룹, 특히 가부장적 속성의 가정과 동일시되어 왔으며 이 가정은 사회생활을 조정하고 관리하는 주요 주체로 인식되었다. 그리하여 그 가정의 관습을 통해 개인적인 것이 공적인 것, 즉 국가의 영역으로 확장되었고 이것이 결국 종종 국가의 본래 의

도된 의미에 변화를 야기한 것이다. 그러므로 이러한 관계는 집단의 정체성과 행동이 소수의 폐쇄적인 원초적 인간그룹에게 상당히 구속되는 상황을 의미한다. 또한 그러한 인간그룹들이 공적인 영역으로 이동할 때 그 이동이 사적인 영역의 고유한 행동양식과 구별되는 양식을 동반하지 않는다는 걸 암시하는 것이기도 하다. 그러한 의미에서 공적인 것과 사적인 것의 경계가 유동적이라는 것은, 일련의 매우 다른 구체적 상황들을 야기함과 동시에 그 상황들에게 자양분을 공급하는 결과를 낳게 된다. 공공 행정 매체들을 불법적으로 이용하여 혜택을 누리는 공무원과 정치인을 언급하는 것은 아니지만, 개인적인 이해관계를 더 표출하는 공공정책이나 사적으로 전유되는 공공정책이 그러한 예이며 그저 단순히 "새치기"를 하는 행위나 어떤 공공기관에서 높은 지위를 차지하고 있는 "영향력이 센 인물"에게 무언가를 의존하는 행위도 이러한 상황 중에 하나일 것이다. 물론 그러한 것은 지극히 다른 상황이며 그 결과에 있어서나 책임의 정도에 있어서 다양한 양상을 나타낸다. 하지만 그런 상황들과 더불어 독자들이 직접 제시할 수 있는 다른 예들은, 공통적으로, 집단생활에 의미를 부여하는 일련의 관행과 가치를 드러내며 그런 행위의 주체들이 기관이나 정치에 자신의 일상적인 행동양식을 적용하고 기초한다는 가정들을 보여준다.

이 모든 것으로 인하여, 그저 단순한 혼합 이상으로, 공적인 것에 대한 사적인 것의 중첩을 말하는 것이 차라리 더 적합할지도 모른다. 하지만 분명한 것은, 브라질 사회 형성에 있어서 사적인 것의 비대(그리고 공적인 것의 위축)라는 명제가, 브라질 사회사상사에서 서로 다른 경향이나 지적 전통에서 볼 수 있는 방식과 똑같은 방식으로 제기되지 못하고 있다는 것이다. 그와 마찬가지로 중요한 것은 그와 같은 명제가 동일한 정치적 의미를 갖지 못한다는 것으로서, 사전에 처방된 해결책처럼 그 문제에 대한 권위주의적인 어떤 해결책도 거부하는 세르지우 부아르키 지 올란다Sérgio Buarque de Holanda와 올리베이라 비아나Oliveira Vianna가 설명하고 있는 것이 그 예이다. 하지만 진실로 말하건대, 그 명제가 상당수 브라질문제 연구자들에게 하나의 과제임에도 불구하고, 모든 클래식한 브라질문제 연구자에게는 그 명제가, 사적인 것에 대하여 공적인 것을 민주적으로나 혹은 권위주의적으로 강화함으로써, 극복될 수 있는 문제로 정확히 부각되지 않고 있다. 우선 가장 유명한 예외, 즉 지우베르투 프레이리Gilberto Freyre로부터 시작해보자.

『농장주의 대저택과 흑인노예의 집』(*Casa Grande & Senzala*, 1933)에서 저자는 사적인 것의 비대를 지목하면서도 막상, 그 문제와 관련하여, 브라질 사회에서 가부장적 가정이 형성한 균형에 대하여 호의적으로 말하고 있다. 그럼으로써 그는 개인에 대한 서구적 개념을 단지 이국적인 것으로 만들고 있을 뿐만 아니라 국가의 형성에 있어서 국가의 역할을 부차적인 형용사로 탈바꿈시키고 말았다. 『이층집과 천민의 집』(*Sobrados e Mucambos*, 1936)에서 논의된 것이지만, 저자는 식민지 본국 포르투갈 왕실의 리우데자네이루 이전으로 야기된 분명한 상황에 대하여, 브라질의 근대화/서구화라는 차원에서 식민지 브라질의 사회상의 방향을 재설정한 결정적인 이정표로 지목하고 있다. 정치적 차원에서 볼 때 이 과정은, 공적인 정치권력의 점진적인 증가에 반비례하여, 가부장적인 사회로 대변되던 사적인 권력의 점진적인 쇠퇴가 수반된 과정이었다. 하지만 농촌의 가부장적인 사회의 쇠퇴가 그 권력의 완전한 소멸을 의미하지 않았던 만큼, 비록 사적인 영역과 공적인 영역 간의 관계가 공공기관이 차지하게 된 상대적인 비중으로 인하여 변화를 겪었다고 할지라도, 공적인 것과 사적인 것 사이의 상호 침투가 중단된 것은 아니었다. 바로 그렇기 때문에 대학을 졸업한 자들(그리고 물라토들)의 사회적 신분상승과 그들의 공적인 영역으로의 진입은, 그들이 유지했던 가부장적 가정과의 전통적인 관계에 의해 조건 지워졌다. 그들은 단절이 아니라 순응이라는 방식을 통해 진행된 사회적 변화의 과정이 종합적으로 응집된 사례들이었다. 여기서 그 변화란 그들이 국가로 편입되는 것을 보장한 변화였는데 본래는 사적인 권력에 대항하기 위해 조직되었던 변화였다. 프레이리의 입장에서 볼 때, 근대성을 정의함에 있어서 사적인 것의 비대함에 따른 결과들을 최소화시킨 것은, 가부장적 가정에 구축된 전통적인 사회질서에 대한 긍정적인 시각과 연계되어 있다. 나아가 이것은 민주주의를 구축함에 있어서 공공기관과 제도들의 문제를 직접 다루지 않은 채, 혼혈의 경쟁과 함께 비로소 성취된 "인종민주주의"의 우월성을 옹호하는 데 국한한 사실과 관련되어 있는 등 우연한 일이 아니다.

세르지우 부아르키 지 올란다나 올리베이라 비아나가, 브라질에서의 민주주의의 가능성과 그 민주주의의 구축 수단들에 대하여, 상호 대비되는 입장을 보였음에도 불구하고 앞서 언급한 사실은 그들과는 별개의 사실이다. 『브라질 남부지역 사람들』(*Populações Meridionais do Brasil*, 1920)에서 비아나는 사적인 것, 특히 전 국토에 걸쳐 엄청난 규모와 자율적인 모습으로 탄생하게 된 사적인 것이 비대해진 기원을, 포르투갈의 식민지배 이후 브라질의 대토지 소유제라는 사회형태에서 찾고 있다. 그는 이러한 것들이 상업과 산업 그리고 핵심 도심권들의 활력을 방해하면서 브라질 사회의 전반적인 구조를 단순화하는 데 경쟁적으로 기여한 요인들이라고 주장한다. 그들의 권력에 대하여 실제로 이의를 제기할 사람이 아무도 없는 상황에서, 대토지 소유제에서 그 모습을 갖춘 "농촌의 힘센 유지들clãs rurais"이 브라질 사회의 초기 공공영역에서 공간을 확보, 자신들의 사적인 이해관계를 드러낼 수 있는 계획들을 짜서 추진하였던 것이다. "백색 무정부상태anarquia branca"로 불리면서 공공기관이나 제도를 사적인 용도로 전유하는 능력을 표현하는 그 메커니즘은 결국 공공기관이나 제도의 의미를 왜곡하고 재정의하기에 이르렀고 이는 징병과 시정부기관들 그리고 법적인 문제 처리에서 증명되었다. 그러한 여건에서, 공공기관이나 제도들이 허약하고 편파적이었기에 다양한 하위주체 그룹은 그 힘센 유지들의 보호막 아래로 은신토록 내몰렸다. 그러한 상황에 직면하게 되자 국가를 재정비하고 강력한 힘을 부여함으로써 중앙집권화하는 것이 시급한 문제로 등장하였다. 그런데 국가가 그러한 특성을 가진 유일한 주체로 간주되었을 뿐만 아니라 정치적으로도 농촌과두지배계급과 공공영역의 자유를 부패시키는 그들의 행위를 약화시킬 수 있기에, 그 국가는 브라질 사회의 형성에서 나타난 결점들을 바로잡으면서 브라질 사회에 새로운 제도적 축과 방향을 부여할 것으로 여겨졌다.

다른 견해는 『브라질의 뿌리』(*Raízes do Brasil*, 1936)에서 제기된 견해이다. 세르지우 부아르키 역시 사적인 것의 비대를 인정하고 있음에도 불구하고 프레이리처럼 사적인 것과 공적인 것 사이의 어떤 기울기도 거부하면서 국가의 중앙집권화가 공적인 것의 강화를 위한 조건이라는 비아나의 사고를 거부하고 있다. 그에게 있어서 공적인 것에 대한 사적인 것의 우위는, "진심 어린 우애cordialidade"를 이베리아 반도인들의 "개성의 문화cultura da personalidade"가 현재화atualização된 것으로 표현하고 있듯이, 근본적으로 포르투갈의 식민지배에서 유래한 하나의 유산이라는 차원에서 이해되고 있다. 거기서부터 안티고네에 대한 언급이 나온 것이며 부아르키는 이 에피소드에 대한 매우 개인적인 해석을 통하여 가족과 국가 사이의 분리가 필요하다는 것을 예시하고 있다. 그 결과 그는, 사적인 세계의 고유한 개인적 가치와 열정 그리고 관행들을 공적인 것으로 옮겨 놓는 사회성의 한 형식으로서 "진심 어린 우애"라는 문제적 특성을 강조하고 있다. 결국 도시화에 따른 변화들 자체가 사회의 보다 큰 합리화를 위해 나아가지 않는 한, 그러한 딜레마에 대한 어떤 가능한 "해결책solução"도 중지 상태에 놓이게 된다. 또한 비록 브라질의 개인화된 정치문화 내부에 민주적인 시민의 권리를 구축하려는 사회적 여정의 빈약함을 인정한다. 하지만 비록 애매모호하다고 해도, 그는 바로 그 때문에 사회적 여정이 덜 필요하다거나 적합하지 않은 것은 아니라고 주장한다. 이 문제가 여기서 더 발전시킬 내용이 아니라고 해도, 비아나와 프레이리 그리고 부아르키의 서로 다른 시각들이 각각의 역사적 맥락과 다양한 형태로 연관되어 있다는 것을 언급할 필요가 있다.

하지만 브라질 사회의 형성이 장기간 지속되어온 하나의 과정인 만큼, 공적인 것이 쇠퇴하고 사적인 것이 비대해진 문제는 차기 지식인 세대를 다시 불편하게 하면서도 오히려 자극하기에 이르렀다. 1940년대부터 1970년대 사이에 전개된 일련의 정치사회학

연구들이 그것으로서 이 연구들은 농촌사회에서 도시사회로 이전된 이후에도 끈질기게 살아남았던 개인위주의 지배, 코로넬리즈무Coronelismo, 족벌주의, 선거에 강력한 영향력을 행사하는 유지들, 호의 등의 현상들에 관한 것이 주를 이루었다. 하지만 그와 동시에 그 연구들은 분석의 관심사를, 공적인 것과 사적인 것 사이의 역사적이며 구체적이며 조건부적인 접합 형식들로 방향을 틀게 한다. 그렇기 때문에 이것은, 브라질에 대한 해석의 글들에서 확인되듯이, 그러한 관계에 대한 이분법적인 개념의 부적합한 면들을 지적한다. 예를 들어 빅토르 누니스 레아우Victor Nunes Leal는 자신의 저서 『코로넬리즈무, 괭이와 투표』(*Coronelismo, enxada e voto*, 1949)에서 제1공화국 시절(1889~1930)에 사적인 것이 공적인 것에 완전히 중첩되진 않았으며 서로 다른 사회적 조정의 원칙들도 상반되는 관계를 이루지 않았다는 걸 보여준다. 하지만 그 이전에 코로넬리즈무는, 쇠퇴의 길에 들어서고 있던 사적 권력과, 상호 의존관계 속에서 점진적으로 강화된, 공적인 권력 사이의 어떤 타협을 가정하고 있다. 이 두 권력 가운데 어떤 것도 자신의 특수한 가치나 이해관계에 기초하여 정치적 프로세스를 독단적으로 결정하지 못하였다는 차원에서 그러하다. 마리아 이자우라 페레이라 지 케이로스Maria Isaura Pereira de Queiroz는 우선 1950년대 바이아 주의 오지에서 실시한 현장연구에 기초하여 코로넬리즈무의 정치적 지배 구조 내에서 개인적인 행위의 가능성들과 그 한계를 증명하려고 애쓰고 있다. 그가 강조하려고 하듯이, 그 가능성들이 아무리 다양하다고 할지라도 말이다. 그의 연구에 따르면 코로넬리즈무의 구조에서 어떤 정치적 흥정을 위해 표票를 "소유물"로 인식하고 이용하는 것은, 사적인 것과 공적인 것들 사이에 구축된 정치적 지배 관계가 어떻게 개인과 사회그룹에게서 처신comportamentos을 야기할 수 있는지 그리고 어떻게 그 행위들의 목적을 제한하고 통제할 수 있는지를 보여주고 있다. 동시대의 이러한 연구들과 또 다른 연구들은 공적인 것과 사적인 것 사이의 역사적인 특수한 관계와 그 관계 속에 내재된 문제점들을 평가절하하지 않으면서, 브라질 사회가 스스로 근대화하기 위해 해결책들을 기다리며 마냥 정체된 상태로 있었던 것은 아님을 보여주고 있다. 하지만 그 관계가 일반적으로는 정치에 영향을 미치지 않으며 개별적으로는 민주주의에 영향을 미치지 않는다는 결론도 내리지 않는다. 그렇기에 이들은 정치적 지배가 직접적이고 개인화되었으며 폭력적인 관계들로 특징을 드러내는 점에 주목하고 있다. 나아가 그 사회의 기반은 서로 다른 사회적 주체들과 그룹들 사이의 비대칭적인 상호성의 망에 근거하고 있다. 유무형의 자산들, 공직에 대한 컨트롤, 투표, 재원, 명망, 법적인 혹은 법적이지 않은 권위의 인정 등을 포괄하여, 브라질 사회의 계층화에 기반을 둔 그러한 개인화된 관계들이, 권력의 획득에서부터 분배까지, 그 권력의 조직에서부터 실행에 이르기까지 지극히 복잡한 브라질의 정치 양상을 특징짓고 있다. 예를 들어 마리아 시우비아 지 카르발류 프랑쿠Maria Sylvia de Carvalho Franco가 자신의 저서 『노예제에서의 자유인』(*Homens livres na ordem escravocrata*, 1969)에서 "개인적인 지배dominação pessoal"를 분석하고 있듯이, 호의는 공적인 것과 사적인 것의 경계를 희석시키면서 가난한 이들에게, 그들도 여타사람들과 마찬가지로 권리를 보유하고 있다는 걸 부정하면서 종속시킨다. 개인화되고 사영화된 어떤 질서에서 "권리direitos"를 부정하는 대체물과 원칙이 보편적으로 인식되고 인정받기 위해서는 공적인 질서와 행위들이 요구되는 반면, "호의favor"는, 호베르투 쉬바르츠Roberto Schwarz가 마샤두 지 아시스Machado de Assis의 소설을 분석하며 지목한 것처럼, 사회적 관계들에 대한 거의 보편적인 중재자라는 지위를 갖게 된다.

하지만 최근 수십 년간의 민주적인 진전에도 불구하고 공적인 것과 사적인 것 사이의 구분이 브라질 사회에서 아직 공고해지고 있는 것 같지 않다. 과거의 시대가 갖고 있던 사회성의 패턴들, 예를 들어 올리베이라 비아나의 "힘센 유지들의 정신espírito de clã"이나 세르지우 부아르키의 "진심 어린 우애cordialidade"라는 사고 속에 코드화된 사회성의 패턴들이, 급속한 도시화와 가속화된 산업화 과정 그리고 문화의 통속화로부터 유래되는 변화들 가운데에서도 고집스럽게 지속되고 있음을 보여준다. 또한 "사회적 연대의식"의 시민적 형태들이 예외적으로 구현되기 위한 여건들이 존재하지 않을 수 있다고 할지라도, 공동생활의 패턴과 집단 정체성의 패턴은 사적인 폐쇄 집단에 얽매여 있는 것 같다. 아니면 최소한 이 사적인 폐쇄 집단의 경우 (비개인적인) 평등주의 모델을 (개인화된) 위계질서적 모델에 순응시킴으로써 언제든지 가동될 수 있다. 이것은 결국 민주적인 시민권의 보편성과 비개인성에 대한 저항을 드러내게 된다.

호베르투 다마타Roberto DaMatta가 연구한 "당신 지금 누구랑 말하고 있는지 아는가?"라는 관습적인 방식이 바로 그것을 나타낸다. 어떤 사람이 스스로 "위축된diminuída" 모습을 발견한다든가 아니면 법조계를 대변하는 누군가에 의해 "고려대상이 되지 못하는 존재sem consideração"로 취급받는 관습적 방식은 지위들의 경계표시를 의미한다. 그리고 그것은 미지의 시민을, 중요한 직책을 소유하는 자 혹은 가족의 이름으로 탈바꿈시켜, 특별대우권이 허세를 부리게 된다. 그 외에도 비개인적인 질서에 의해 규정된 평등성과, 개인화된 질서 속에서의 일상적인 관례들에게 의미를 부여하는, 위계질서들 사이에 "해결되지 않은 축elo não resolvido"을 드러내 보인다. 결국 근대의 법 앞에 우리는 가상적인 보편적 권리를 가진 자들로서 온전하고 분리가 불가능한 주체들이다. 그리하여 법이 우리를 개인으로 인정을 할 경우 명문화되지 않은 개인적 도덕성의 규칙들은 우리를, 호의와 특혜에 근거한 사적인 관계들의 위계질서적 망에서 그저 한 위치를 차지하는 독특한 존재들로 인정을 한다.

만일 브라질의 민주주의가 "시민헌법Cidadã"으로 명명된 1988년 헌법에서 공고해진 제도들이 없이는 존재하지 않는다면, 우리의 민주주의는 그 제도들 속에서 질서정연하게 포용되지 않을 것이다. 왜냐하면 그 제도들 자체가, 정치계에 질서와 의미를 부여하는, 감정과 사회적 믿음 그리고 관례들을 초월하여 존재하지 않을 것이기 때문이다. 바로 그렇기 때문에 공적인 것과 사적인 것을 혼동하는 것을, 마치 브라질인들의 본질인 양 또는 브라질 민주주의의 공고화에 치환 불가능한 어떤 난제인 양 확인하려는 것이 아니다. 그러나 그 독특한 공사관계의 역사적 완고함은, 민주적인 제도들의 존재에 대한 형식적인 관점에서뿐만 아니라 그 민주적인 제도들의 조직과 일상에서의 실행 그리고 실현이라는 형식적인 관점에서 볼 때, 그것이 브라질 민주주의에 아무런 영향을 미치지 않았다고 결론을 내리는 것 역시 허용치 않는다.

당연하지만 사회 전반의 움직임에 대한 통합적인 시각이 없이는, 민주적인 제도들이 어떻게 주체들의 사회화를 통해 뿌리를 내렸는가라는 문제와 그 사회화의 의미들이 어떻게 영향을 받고 또 그 제도들 자체를 어떻게 변화시킬 수 있는지를 세분화하는 것이 어려워진다. 그것이 오늘날 우리 시대의 지식인이 안고 있는 핵심 과제 중 하나이다. 무엇보다도, 한편으로는 "시민사회"가, 경제와 국가의 영역을 넘어 공적인 것을 지탱할 수 있는 영역으로 다시 제시되고 있다. 또 다른 한편으로는 브라질에서 역사적으로 제도화된 시민권 모델(연대의식보다는 권위에 의해 더 많이 정의된 모델)과 브라질 사회 구조의 지속적인 불평등 사이의 조합이, 공적 영역을 비좁은 상태로 또 오늘날 민주적인 참여를 축소된 상태로 유지하기에 충분한 힘을 보여주고 있는 것 같다. 그리고 시민의 참여는 민주주의의 근본 요소로서 민주주의의 확산과 공고화를 책임지는 요소이기도 하다. 우리는 감정과 시민 연대의식의 실천들 그리고 열정과 개별주의적인 충성 혹은 그저 공적인 것과 사적인 것 사이에서, 비록 미묘하기는 하지만, 어떤 새로운 균형을 잡을 수 있을지 알 수 없다. 하지만 그것 역시 우리 시대의 핵심적인 정치적 과제이다.

참고문헌

BOTELHO, André. "Sequências de uma sociologia política brasileira". *Dados*, Rio de Janeiro, IUPERJ, voi. 50, nº 1, 2007, pp. 49-82.

CARVALHO, José Murilo de. *Cidadania no Brasil: o longo caminho*. Rio de Janeiro, Civilização Brasileira, 2004.

GOMES, Ângela de Castro. "A política brasileira em busca da modernidade: na fronteira entre o público e o privado". *In*: SCHWARCZ, Lilia M. (org.). *História da vida privada no Brasil*, voi. IV. São Paulo, Companhia das Letras, 1998, pp. 489-558.

REIS, Elisa Pereira. "Desigualdade e solidariedade: uma releitura do 'familismo amoral' de Banfield". *In*: ________. *Processos e escolhas. Estudos de sociologia política*. Rio de Janeiro, Contracapa, 1998, pp. 111-36.

Racismo no Brasil: quando inclusão combina com exclusão

브라질에서의 인종주의: 사회적 포용이 사회적 배척과 어우러질 때

릴리아 모리츠 쉬바르츠Lilia Moritz Schwarcz

Lilia Moritz Schwarcz

상파울루대학교(USP) 인류학과 교수로 재직 중이며 주요 저서로는 『흑백 초상화』(*Retrato em branco e negro*. Companhia das Letras, 1987), 『왕실도서관 책 중의 책』(*O livro dos livros da Real Biblioteca*. Biblioteca Nacional/Odebrecht, 2003) 등이 있다.

《함의 구원》(Redenção de Cam, 1895) / ⓒModesto Brocos

2009년 온 국민의 감정을 뒤흔들어 놓은 뉴스 하나가 브라질의 미디어를 점령하였다. 그 사건은 상파울루 풋볼 클럽São Paulo Futebol Clube 소속의 그라피치Grafite와 아르헨티나의 풀백인 데사바토Desábato의 얘기로서 이 아르헨티나 선수가 경기 도중에 브라질 선수를 "검둥이, 원숭이"라고 부르며 욕을 한 것이었다. 이것은 비단 브라질 선수에 해당한 것이 아니라 그의 친인척 전체에 대한 욕설이었다. 필자는 이 사건을 예로 들어 이야기를 전개하고자 한다. 어찌되었건 왜 이 사건이 그토록 많은 관심과 분노를 자아낸 것일까? 분명한 건 누군가가 피부색을 욕설의 범주로 끌어넣은 것이 처음이 아니며 또 특정한 도덕적·문화적 속성들과 피부색 사이의 대중적인 연계를 상기시킨 것이 처음이 아니라는 것이다. 그 무엇보다도 차이의 사회적 표지로서 "흑인"은 부정적인 용어일 수 있을 뿐만 아니라 긍정적인 의미의 용어일 수 있으며 또 감정적인 의미의 용어일 수도 있다는 것이다. 결코 중립적인 의미의 용어가 아닌 것은 분명하다.

하지만 기실, 상징들은 단지 소재하는 방식으로만 이해될 수 있으며 사건 당시의 상황으로 보았을 때 그 표현 속에는 어떤 다정다감한 흔적도 찾아볼 수 없다는 것이다. 그와는 정반대로 그 경우 일반적인 반응을 불러 모은 것으로 보이는 것은, 논란이 표면화된 장소였다. 즉 "다른" 장소였다는 것이다. 그 모든 상황이 브라질에서 널리 자행되고 있는 편견의 일종을 상기시킨 것은 우연의 일치가 아니었다. 그 편견이란 일종의 "편견을 가지는 편견preconceito de ter preconceito"을 의미한다. 그러한 유형의 인종주의racismo가 1960년대에 처음으로 플로레스탕 페르난지스Florestan Fernandes에 의해 기술되었으며 이미 그 당시에 동 사회학자는 우리 브라질 사람들이 "타인"에게 차별과 인종차별을 적용하는 데 익숙해 있다고 결론을 지었다. 그러니 아르헨티나인과 같은 외국인이 오죽했을까?

다른 한편으로 그 사건은, 이 나라에서 차별은 사회적 출신성분보다는 피부색에 더 적용된다고 믿는 사람들의 마음에 기름을 붓고 말았다. 1954년 오라시 노게이라Oracy Nogueira는 아프리카와 미국과 같은 나라들에서 더 많이 자행되는 것으로서, "출신성분"에 대한 편견의 반대급부인 "흔적에 대한 편견preconceito de marca"이라는 표현을 사용하였다. 앞서 적시한 두 나라는 이곳 브라질에서 존재하는 인종차별을 분석할 때 항상 거울의 다른 면으로 기억되는 나라이다. 차별의 객관적인 근거가 출신성분과, 흑인 혹은 백인의 피가 얼마나 섞였는가라는 양(one drop blood rule로 알려진 미국의 그 유명한 모델)이 문제가 되는 다른 나라들과는 달리, 브라질에서는 그 패턴들이 (현 순간의) 우연성, 사회적 상황 그리고 문화적 기원을 출발하여 왔다 갔다 하기에 상대적으로 보다 유동적인 것으로 나타난다. 다시 말하면 한 개인이 어느 정도 백인인가라는 문제는 그러한 질문을 던지는 사람, 당시의 상황 혹은 그 사람의 경제적 상황에 따라 정의가 내려질 수 있다는 것이다. 프랑스의 여행가였던 생-틸레르Saint-Hilaire가 인용한 유명한 표현 하나를 소개하고자 한다. 그는 완연한 19세기에 미나스제라이스Minas Gerais 주의 내륙지방을 여행하던 중 작은 군부대와 부딪쳤는데 이때 그는 부대장이 누구냐고 물었다. 그러자 그 부대의 일원 중 한 명의 장교가 다른 군인 한 명을 손가락으로 가리켰는데 이에 그 프랑스인이 다음과 같이 말하며 반응했다. "저기 저 흑인이란 말이오?" 그러자 바로 그 장교가 하는 말이 "아니오. 그는 대장이므로 흑인일 수가 없습니다."

이런 유형의 예들이 우리 브라질 문학에 넘쳐흐르며 이 브라질 인종차별의 양가성이 지니는 자화상을 거듭 확인해주고 있다. 그 라피치는 정서적으로 자신의 피부색을 구분 짓는 그 별칭을 수용했다. 하지만 공개적인 상황에서 그는 정반대의 방식으로 같은 피부색을 관리하고 있다. 다시 말하면 아마도 다른 우발적 상황보다 그러한 특수 상황에서 그는 유색인종이 아니라고 주장하기를 선호했는지도 모르며 오히려 스스로를 더 백인이라고 판단했는지도 모른다. 그렇지 않다면 싸움이 벌어질 상황에서 자신의 사회적 출신성분과 계급적 기원이 부각되는 것을 보면서 분노가 치밀어 올랐을지도 모른다. 이와 똑같은 현상이 8여 년 전 크리스마스 직전에 "흑인 대 백인Pretos x Brancos"으로 명명된 어느 동네축구가 상파울루의 엘리오폴리스Heliópolis에서 벌어졌을 때에도 반복된 바 있다. 이론적으로는 흑인 11명과 백인 11명의 경기였다. 하지만 매년 선수들은 양말을 갈아 신듯 팀을 옮겨 다녔다. "다재다능"보다도 더 나은 것은 설명의 질이다. 몇몇 사람들은 자신들이 부자가 되었기에 더 백인이라고 말하고 다른 이들은 출세를 했기 때문에 자신이 더 백인이라고 주장한다. 또 다른 이들은 스스로가 더 하얗다고 느끼기 때문에 더 백인이라고 주장한다. 또한 자신이 아프리카계임을 속이지 못할 경우 흑인에 가깝다고 말하는 소수의 축구선수들 예도 있다. 중요한 것은 브라질에서는 피부색이 인종과 사회계급 그리고 결과적으로 협상의 재료를 대변하는 존재라는 것이다.

생물학과 유전학적 자료에 따르면 오늘날 우리는, 인종이 과학적 개념으로 존재하지 않으며 그 이전에 분류학적 카테고리이자 그저 단순히 통계학적 카테고리로서 하나의 사회적 구축물이라는 걸 알고 있다. 문제는 인종이라는 명분하에, 그 인종에 종교와 가치관 그리고 진리가 연계됨으로써 문화적 차원의 생각이 거론된다는 것이다. 그래서 그 개념이 자연적인 것이 아님에도 불구하고 실용적으로 가동되어 특정 그룹들에 대한 부정적인 자세에 기초한 사회계층화를 의미하게 되고 그러한 판단기준들을 기점으로 하여 그 사회그룹들을 차별하는 상황으로 이어진다. 그렇기 때문에 생물학적 개념의 경계를 예시하고 인종에 대한 역사적 의미화를 와해시키는 것은, 그 용어가 내포하고 있는 의미들과 새로운 사회적 구분들을 포기하는 것으로 이어지지 않는다. 인류학자인 마누엘라 카르네이루 다 쿵냐Manuela Carneiro da Cunha가 보여주듯이 한 국가nação의 문화를 이해하는 데에는 여러 가지 방법이 있다. 즉, 문화(따옴표 없음)는 보편적인 자산이다. 그리고 "문화"(따옴표 있음)는 이미 적절히 관리된 각 국민povo의 개별적인 소유물이다. 바로 그 "문화"(따옴표 있음)가 광범위하게 조작되어 왔으며 그로 인하여 정치적인 논쟁거리라는 새로운 역할을 맡게 되었다. 여기서 자명한 이치의 변화를 지적할 필요가 있다. 즉 만일 세계대전 후 기간이 권리들의 보편화를 옹호하였다면 가장 최근에 와서는 소수민족minorias들의 권리에 관심이 집중되고 있다는 것이다. 그러니까 그 차이의 세계에서는 새로운 정체성을 주장하기 위한 수단으로서의 "문화"(따옴표 있음)를 작동시킬 방법이 전혀 없으며 그러한 의미에서 인종이 강력한 오퍼레이터가 될 것이다. 따라서 만일 우리가 인종을 생물학적인 개념으로 생각하지 않고—인류학자 마누엘라의 모델에 대하여 어떤 병렬모델을 취하면서—따옴표 속의 "인종"에 대하여 생각을 한다면, 우리가 향후 어떻게 문화의 반사적인 질을 보여줄 아주 중요한 표지를 갖게 될 것인지 또 어떻게 문화가 —반사적으로— 인류학과 정치학을 서로 연결하고 분리하는 긴장의 끈을 설정하는지를 알게 될 것이다.

다시 초기의 케이스로 돌아가 보자. 우선 그런 유형의 어떤 논의도 이미 그 자체로서 나름의 장점들을 갖고 있다고 말할 수 있다. 불과 얼마 전까지만 해도, 마치 불평등한 사회적 지위들이 자연스러운 것이고 인종차별적인 행위들이 소수이며 예외적인 것들로 간주되었듯이, 차별이 자연스러운 일로 보였던 한 나라에서 모든 소음은 유익한 것이다. 어쨌거나 공식적인 차별정책이 없는 상황에서 우리는 편견을 부인하거나 아주 미미한 것으로 인식하면서 편견은 존재하지만 그저 주변사람들의 입에서나 존재한다는 어처구니없는 의식에 사로잡혀 살고 있다. 바로 그러한 방식으로 1988년에 실시된 한 여론조사가 설명될 수 있다. 그 조사는 상파울루대학교에 의해 실시되었는데 그 조사에 따르면 응답자의 97%가 편견을 가지고 있지 않다고 말하면서 바로 그들 중 98%가 편견을 가지고 있는 사람들을 알고 있다고 주장하였다. 그와 동시에 인종차별주의자라고 간주했던 그 사람들과 맺고 있던 관계의 정도에 대하여 질문을 하자 응답자들은 빈번히 가까운 친인척이나, 애인 그리고 가까운 친구들을 지목하였다. 이러한 결과에서 즉시 이끌어낼 수 있는 결론은 모든 브라질인이 스스로를, 사방으로 인종차별주의에 둘러싸인 인종민주주의라는 섬으로 느낀다는 것이다.

1995년 브라질의 일간지 폴랴 지 상파울루Folha de São Paulo는 동일한 테마를 두고 여론 조사를 실시한바, 거의 유사한 결과를 얻었다고 밝혔다. 이 신문의 조사에 따르면 응답자의 89%가 브라질에는 흑인에 대한 피부색 편견이 존재한다고 말한 반면에 단지 10%만이 자신이 그러한 편견을 가지고 있다고 답한 것이다. 하지만 간접적으로 87%가 인종차별적인 내용의 문장이나 발언들에 동의하거나 직접 표현하면서 일종의 편견을 드러내었다. 동 조사는 2009년에도 반복되었으며 그러한 면에서는 차이가 없었다. 하지만 항상 "타인의" 차별케이스를 고발하고 있음에도 불구하고, 훨씬 더 조화로운 어떤 공존을 지목하는 것 같았다.

상파울루의 흑인 무도에 대한 연구에서 인류학자인 주엉 바치스타 펠릭스João Batista Félix가 도달한 결론들은 그와는 정반대이거나 대칭적인 것으로 이해될 수 있다. 그의 조사에는 응답자의 과반수가 차별의 희생자였다는 것을 부정했지만 가족이나 지인들이 겪은 인종차별 케이스들을 확인해주었다. 더 나아가 소도시들에서의 편견 존재에 대한 조사에서는 단지 많은 사람이 모이는 장소에서 인종차별행위가 발생하였음을 보여주고 있다(예를 들면 야간업소 출입 시 입장이 거부되었던 여배우, 일반 엘리베이터를 이용할 수 없었던 이스피리투산투Espírito Santo 주 주지사의 딸, 클럽을 드나드는 것이 금지되었던 시민, 경찰의 권력남용 행위를 당했던 근로자 등). 그와 정반대의 상황도 발생하고 있다. ― 상파울루주와 리우데자네이루 주 거주민들의 관점에서 볼 때 인종차별이 가장 극단적으로 집중 발생하는 곳이 내륙지방이다.

과거 역사는 또 다른 얘기이다. 브라질 사람들의 경우 조사에 응할 때면 이러한 문제들을 인종차별이 가장 최근에 일어났던 시기, 즉 역사의 문제로, 노예제도가 존재하던 시기로 문제를 떠넘겨버린다. 그러한 의미에서 브라질 공화국의 애국가는 매우 상징적이다. 노예제도 폐지 후 1년 6개월이 지난 1890년 초에 브라질 애국가는 "과거 노예들이 이토록 고귀한 나라에 존재했다는 것을 우리는 믿을 수조차 없다"고 자랑스럽게 말하고 있다. 과거는 요원한 것이다. 그러한 의미에서 1년은 수십 년일 수 있으며 때로는 세월의 이끼가 내린 선물일 수도 있다.

서로 다른 조사의 결과들은, 얼핏 차이가 있어 보이지만, 브라질에 인종차별이 있다는 것을 더 이상 부정하지는 않으나 그 인종차별이란 것이 언제나 "타인"의 것임을 보여준다. 편견을 가지고 있는 사람이든 편견을 당하는 사람이든 차별 자체를 인정하는 것이 어려운 것이지, 차별이 행해지던 연도를 인정하는 것은 어려운 일이 아니다. 그 외에도 문제는 그러한 편견을 공식적으로 확인하는 행위로 집중될 뿐, 그 행위를 진솔하게 인정하는 행위에 집중되는 것은 아니다. 속담이 말하듯이 "털어서 먼지가 안 나는 사람이 없다de perto ninguém é perfeito." 그리고 그러한 속담은 그저 사적인 차별행위에만 적용되는 것 같다. 그 결과는, 부정하려는 경향이 있는 어떤 담론이 아니라, 우리들 사이에 인종차별이 분명히 존재한다는 확고한 증거와 중요성을 최소화하려는 경향의 담론이다.

그 문제는 논란거리이며 브라질 전문가들 사이에서도 의견이 갈린다. 그들은 그러한 공존의 혼혈 모델이 내포하고 있는 독특한 면, 긍정적이기까지 한 면을 주장하는 것과, 어떻게 인종혼합이 차별의 부재를 의미하지 않는지를 보여주는 문제 사이에서 서로 의견을 달리하고 있다. 어떠한 경우든 아무도 사회적 불평등의 존재 문제를 꺼내어 토론하지 않는다. 말할 수 있는 모든 것은 우리가 인종차별의 독특한 유형을 마주하고 있다는 것이다. 침묵하는 인종차별, 양가적인 인종차별. 그것은 법의 보편성과 평등성이라는 의구심이 나는 보장 뒤에 숨어 있다. 그리고 그것은 차별의 문제를 개인 문제로, 이웃의 문제로 떠넘긴다. 역사적으로 불평등과 광범위한 노예제시행 그리고 가부장적인 사회적 관계 및 클리엔텔리즈무Clientelismo로 점철된 사회에서 인종차별은 우선적으로 사적인 관계에서나 타자의 고발에서 확연히 드러난다. 결국 감옥행으로 끝난 아르헨티나 선수의 경우가, 사회적 포용을 배척에 휘둘리게 하는 브라질의 내적인 사악한 인종차별 문제를 재고할 모델이 될 수 있을지 누가 알겠는가.

사회적 포용과 배척 사이에서: 말하지 않을 것, 누락시킬 것, 침묵시킬 것

언젠가 철학자인 콰메 아피아Kwame Appiah가 "인종이라는 개념을 갖고 고집을 부리는 것은 문화와 역사를 진지하게 생각하는 사람들에게 더 황망한 일이다"라는 도전적인 발언을 했다. 안타까운 것은 그러한 유형의 황망한 상황이 아직도 강하고 활발하게 유지되고 있다는 것이다. 인종은 아직도 강력한 개념이며, 국가적 정체성 담론을 위한 소재인, 역사적 사회적 구축물로서 또는 사람들과 상황의 정체를 밝히고 분류하는 사회적 표시로서 존속하고 있다. 그 개념이 유대인, 원주민 인디오, 집시 혹은 신체적 또는 정신적 불구자까지 포함하여 여타 사회그룹들의 편입을 분석하는 데 이용되고 있는 것도 우연한 일이 아니다. 하지만 브라질의 경우 그러한 문제는 우선적으로 원주민 인디오에 대하여 그리고 그다음 광범위한 흑인 인구에 대한 토론에 집중되어 있다. 이와 같은 주장은 브라질이 진정한 브라질이 되기 전, 그러니까 브라질이 포르투갈령 아메리카 국가였을 때 이 주제가 이미 이 나라를 표시하던 담론이나 연대기, 이미지들 혹은 서신들의 일부를 차지했다는 것을 상기하면 훨씬 더 강력하게 어필한다. 테베Thevet나 레리스Leiris, 라에Laet 등과 같은 17세기 여행가들은 한편으로 천국의 자연과 같은 모습을 강조하면서 다른 한편으로는 당대의 명칭을 따라 "원시적인primitivos" 혹은 "야만적인bárbaros" 것으로 간주된 관습들을 지닌 사람들을 강조하곤 하였다. 포르투갈의 연대기 작가인 간다부Gandavo는 브라질인들이 F, L, R, 즉, 신앙Fé, 법Lei, 왕Rei이 없는 사람들povos이라고 주장하면서 가장 부정적인 유형의 인식을 종합적으로 드러냈다. 브라질 거주민들은 긴 서구의 역사에 갑작스레 등장한 이래 이미 "타자outros"로 이해되었고 부재의 존재로 포착되었었다. 그 경우 차이는 "더mais"가 아니라 "덜menos"이었다. 즉, 관습과 질서 그리고 책임감의 부족이 그것이었다. 또한 식인풍습이나 일부다처제 혹은 벌거벗고 생활하는 것과 같은 관습들이 유럽인들의 상상력에 불을 지폈던 것도 우연한 일이 아니다. 그들은 신대륙의 자연에 매료되었으며 그 상상력은 동양에서 아메리카로 이동하였다. 하지만 그들은 아메리카인이 새로운 인류일지도 모른다는 점에 대해서는 의구심을 품고 있었다.

그러한 애매모호함이 도를 넘자 1534년 교황 바오르 3세는 칙령을 내려 신세계의 원주민들이 "인류humanidade"임을 확인하였고 그들에게 "영혼alma"을 부여하기에 이르렀다. 하지만 유럽인들 사이에서의 의혹은 계속되어 18세기 자연주의자들은 아메리카의 자연과 그 토착민들을 다시 관찰하기 시작했다. 1749년 『자연사』(*Histoire naturalle*) 첫 3권을 발행했던 뷔퐁 백작Conde de Buffon, 본명 George-Louis Leclerc이 (몸에 털이 없었다는 이유로) 아메리카의 원주민들을 "미숙한 국민povos crianças"이라고 확언하면서 신대륙의 어린 모습을 보여주었다면 그의 동려인 코넬리우스 드 포Cornelius De Pauw는 1768년 베를린에서 『아메리카인들에 대한 철학적 연구 혹은 인간의 종 역사에 봉사하기 위한 흥미로운 회고록』(*Recherches philosophiques sur les américans, ou Memoires interessants pour servir à l'histoire de l'espèce humaine*)을 발행함으로써 문제를 더욱 첨예하게 만들었는데 그는 아메리카인들이 미숙한 국민이 아니라 "퇴화된 국민decaídos"이라고 말했던 것이다. 다시 말하면 아메리카인은 미숙한 어린아이였다가 성숙기를 지나 노화되었으며 그 결과 "퇴화되었다degenerados"는 것이었다.

이 퇴화라는 테마는 아메리카 특히 브라질을 둘러싼 논쟁에서 깊이 다루어졌다. 19세기 중엽 그 당시에 유행하던 결정론과 인종주의 이론을 접한 동 지역 학자들이 그 논쟁을 재개한 것이었다. 그 논쟁은 브라질에서의 노예제 폐지운동과 시기가 일치한다. 이때에는 고립된 현상으로서 인종뿐만 아니라 특히 혼혈문제로 확대되었다. 사실 시민권과 관련된 논란에 있어서, 사람들 사이의 평등 개념을 부정하는 극단적인 모델이 반대 입장을 표하고 있다. 그 모델이 가정하는 것은 인종이라는 것(본체론적인 표본으로서의 인종)이 다양한 기여를 해왔을 뿐만 아니라 질적인 면에서도 서로 다르다는 것이다. 또한 같은 종끼리의 혼합이 언제나 불행과 불균형 그리고 퇴화를 가져왔다는 것이었다. 이러한 유형의 모델을 이용하여, 시우비우 호메루Silvio Romero와 토비아스 바헤투Tobias Barreto 같은 헤시피 법대 학자들 혹은 바이아 주 의대와 리우데자네이루 주의 의대를 나왔던 니나 호드리게스Nina Rodrigues와 헤나투 케우Renato Khel 같은 학자들은 시대의 과학이라는 이름으로 사회적 배제관행, 혼혈반대, 법적인 자유의 제한을 옹호하고 나섰다.

흥미로운 것은 1920년대 중반에 들어서면 사회적 차별apartheid social이 부각되었고 1930년에는 브라질이 "인종적 민주주의의 모델modelo de democracia racial"로 변했다는 것이다. 확실한 것은 지식계의 입장이 분명했다는 것과 이제 인종이라는 개념이 문화의 개념으로 교체되기 시작했다는 것으로서 이것은 사회를 설명하는 것이 생물학이 아니라 그 사회의 역사와 우발적인 일들 그리고 풍습이라는 주장이 지지를 받기 시작한 것을 의미한다. 그리고 브라질의 경우 그 논쟁은 모더니즘 전체 세대에 의해 주도되었다. 예를 들어 마리우지 안드라지Mário de Andrade, 지우베르투 프레이리Gilberto Freyre, 아르투르 하무스Artur Ramos 등 상당수의 학자들은 흑인과 그들의 공헌을, 누락, 침묵 혹은 상실로서가 아니라 깊은 기여로서 국가적 사상의 중심부로 끌어당겼다. 그리하여 혼혈은 독에서 행운의 여신으로, "국가의 상징marca nacional"으로 탈바꿈하기 시작하였으며 1947년, 1951년 그리고 1964년 유네스코의 연구사례가 되기에 이르렀다. 그러니까 인종과 출신, 문화라는 명목으로 표출된 증오심들로 점철된 세계에서 전원적이고 평화로운 공존의 모범사례로 취급되기 시작한 것이었다. 그러한 맥락에서 "용광로melting pot"라든가 인종적 민주주의democracia racial, 인종들의 조화로운 집산지celeiro harmônico de raças라는 표현이 등장하게 되었고 이것들은 전부 브라질과 관련하여 문화적 차원의 일대 전환이자 새로운 정체성을 대변하는 것으로 지목되게 되었다. 화제의 초점은 인종관계의 독특한 패턴이 확연하게 드러났다는 것이었다. 바로 그 순간 제툴리우 바르가스Getúlio Vargas 당시의 대통령이 축구를 혼혈의, 브라질의 스포츠 양식으로 전환시킨 것 외에도 카포에이라capoeira, 삼바, 칸동블레candomblé와 같은 문화행위들을 "국가화nacionalizar"하고 범죄행위 목록에서 제외시킨 것은 우연한 일이 아니었다. 또한 그러한 새 분위기에서 페이조아다feijoada가 전 국민의 음식이요 혼혈의 음식으로 탈바꿈하는 결과로 이어졌다. 그러니까 흑인의 전통음식이었던 페이조아다에 들어가는 쌀의 백색, 페이정feijão의 갈색, 오렌지의 노란색, 고추의 붉은색 그리고 브라질 숲의 녹색이 그 새로운 "브라질의 수채화aquarela do Brasil"를 구성하기 시작한 것이다.

그로부터 지금까지 모든 것이 변하였으나 비슷한 것은 그대로 남았다. 1970년대 이후 동 분야에 대한 새로운 연구들과 인구조사에 기초한 연구들이 나오면서 흑인운동이 거세지고 불평등해소정책política de ações afirmativas이 시행되자 이 문제가 매우 공격적으로 제기되었다. 그리하여 어떠한 방식으로, 사회적 포용과 더불어, 사회적 배제가 브라질 사회를 지배하고 있었는가를 모른다는 건 어려운 일이 되고 있다. 예를 들어 노동과 학업, 주거에의 접근에 있어서 심각한 불이익이 있었다는 것과 불평등한 사망률과 결혼 비율에서도 드러나는 불평등의 사례를 보여주는 공식 자료들을 보는 것만으로도 충분하다. 혼혈은 결코 평등의 동의어이거나 차별의 부재는 아니었다. 그 "브라질식 인종주의racismo à brasileira"가 지니는 양가적인 의미가 사회적 포용과 배제 사이의, 아주 빈번히도 사악한, 공존 속에 드러나고 있다.

주지하다시피 인종이 좋은 뜻이든 나쁜 뜻이든 우리들 사이에서 항상 애깃거리가 되었다는 것은 비단 오늘만의 일이 아니다. 더욱이 인종차별이 일명 평등사회라는 곳에서 위계질서의 재창조를 의미하는 한 현재의 문제라는 점을 덧붙이고 싶다. 프랑스혁명이 사람들 사이의 법적인 평등을 결정했다면, 먼저 과학적인 차원에서 거론되었다가 후에 문화적인 차원에서 거론된 편견과 인종차별은, 차이와 차별을 재검토한다는 의미에서 긍정적인 답변으로 부각되었다. 법적인 차원이 아니라, 최소한 과학적이고자 했다가 후에 역사적으로 바뀐 판단기준들에서 시작한다면 그렇다. 그 이후 인종차별은 오늘날 세계화 시대의 주요 의제 중 하나가 되었다. 세계화 시대는, "전통적tradicionais"으로 간주되고 있지만 종족etnia, 출신origem, 지리geografia 혹은 사회적 조건condição social을 기점으로 하여 명명된, 증오들로 점철되어 있다. 이미 브라질에서는 인종차별이 다양한 방식으로 재검토되고 있다. 실제로 독특한 차별 방식이 공존하고 있다는 증거를 거부할 방법이 없다. 아울러 혼혈문화 모델에 근거한 정체성 관련 공식 프로젝트도 존재하고 있다는 것도 부정할 수 없다. 다른 한편으로는 바로 그 불균형한 사회성이 과거에 도입된 분리(오늘날에는 문화적 분리)를 추가인정하고 있다. 그 분리는 "적절한 행위들aptidões"과 관습을 언급하는 것이다. 그리고 일종의 차별 행위들에 대한 공감적 분리가 존재하는데, 관습적으로 보면 그 속에서 사회적 포용이 음악, 스포츠, 예술 일반에서 이루어지고 있다는 것이 분명해진다. 그리고 다른 영역에서는—정책실행과 학술행위 그리고 사회적 공존에서는—"각자가 자신이 있을 자리를 알고 있다Cada um conhece seu lugar"는 것이 전제로 인식되고 있다. 역설적으로, 차별법의 부재가 일부 일상적인 차별행위들을 침묵과 금지의 공간으로 몰고 가는 데 도움을 주고 있는 것은 아닌지 누가 알겠는가? 어쨌거나 가정家庭이라는 공간에서 차별의 가능성과 금지라는 게임이 일반상식으로부터 배제되고 또 다시 자연화되고 있다. 확실한 것은 브라질에는 사회적 배제와 차별적 법률 및 제도 혹은, 흑인과 백인에게 엄한 제한을 부여하는, 이분법적인 모델들을 합법화하는 공식적인 인종차별적 담론이 존재하지 않는다는 것이다. — 이것은 그 가치를 따질 수 없는 소득이기도 하다. 그럼에도 무엇보다 가난한 자들과, 훨씬 더 가난한, 흑인들을 겨냥한 거센 분리행위segregação가 남아 있다. 이제는 다음 두 개의 속담들을 끝장낼 시간이다. 그것들은 전파력이 강한 가정家庭을 기초로 작동되는 것들이다. 첫 번째 속담은 "밤에는 모든 고양이가 짙은 갈색이다de noite todos os gatos são pardos"라는 것이다. 여기서 짙은 갈색은 예측이 불가능하고 확정되지 않은 어떤 카테고리를 뜻하는데 밤이 되면 훨씬 더 양가적이고 경도되는 브라질의 인종차별주의를 지칭하는 말이다. 하지만 한 가지 더 있다. 그것은 동전의 이면을 지칭한다. "서로 이해하는 자들은 백인들이다Eles é que são brancos que se entendem"라는 속담이 그것으로서 이것은 아르카지우 지아스Arcádio Diaz가 증명해보이듯이, 새로운 금지사항들에 대한 언급이다. 이 속담은 일상의 논리에서 명령과 권위의 공간이 어떻게 복수 3인칭에게로 전가되는지를 보여준다. 다른 한편으로는 그들이 누구이고 우리가 누구인지를 알 방도가 없다는 것이다. 널리 이해되는 바는 그것이 역사와 기억 그리고 말해지지 않은 아주 많은 것을 통해 부가되는 침묵과 양가성 그리고 관습들의 온전한 관계를 지칭한다는 것이다. 결과적으로 그 개념의 사회적 사용을 관찰하고 또 그 개념이 어떻게 행동파들에 의해서 그리고 일반상식 수준에서 널리 관리되고 있는지를 주목할 필요가 있다. 만일 그 개념이, 사회에서 작동되고 효력을 발휘한다는 의미에서, 거리에서 통용되고 또 사회적 담론으로서 협상이 되고 있다면, 우리가 어떤 계율적인 정의에 묶여 있는 것은 아무 도움이 되지 않는다. 그렇게 생각하면, "인종raça"은 (매일 사회의 각 그룹들을 분리하고 차별하는) 상식의 논리에 의해서뿐만 아니라 그 논리가 사회적 포용이라는 의제 속에 이용됨으로써, 확산된 새로운 의미들을 조명해줄지 모른다.

브라질에서의 인종과 피부색은 임의적인, 그러나 무작위적이지 않은, 사회적 분류로 작용한다. —종족성etnicidade을 생각할 때— 마누엘라 카르네이루 다 쿵냐가 말한 것을 활용한다면, 인종 역시 구별과 관계의 구축물이며 지위의 구축물이다. 그리하여 이것들은, 역시 첨예한 정치적 현실의 관점에서 볼 때, 강력한 정치적 논란을 불러일으키는데 이 논란을 보면 왜 도시 낙서Grafite가, 개별 공간에서 표현될 경우 수용되곤 하나 공적인 영역에서 표출될 때는 불용되는 상황에 대해 저항하는지를 아주 잘 이해하게 된다.

참고문헌

CUNHA, Manuela Carneiro da. *Cultura com aspas e outros ensaios de antropologia*. São Paulo, CosacNaify, 2009.

FRY, Peter. *A persistência da raça. Ensaios antropológicos sobre o Brasil e a África austral*. Rio de Janeiro, Civilização Brasileira, 2005.

GUIMARÃES, Antonio Sérgio. *Classes, raças e democracia*. São Paulo, Editora 34, 2002.

MAGGIE, Yvonne. *Divisões perigosas: políticas raciais no Brasil contemporâneo*. Rio de Janeiro, Civilização Brasileira, 2007.

SCHWARCZ, Lilia Moritz. "Nem preto, nem branco, muito pelo contrário". *In*:_____ (org.). *História da vida privada*, vol. IV. São Paulo, Companhia das Letras, 1999.

TELLES, Edward. *Racismo à brasileira*. Rio de Janeiro, Relume Dumará, 2003.

Região e nação: velhos e novos dilemas

지방과 국가: 낡고도 새로운 딜레마

엘리지 후가이 바스투스Elide Rugai Bastos

Elide Rugai Bastos

캄피나스주립대학교(Unicamp)의 사회학과 교수로 재직 중이며 현재 학술지 Lua Nova(Cedec)의 편집자이며 주요 저서로는 『농민연맹』(*Ligas camponesas*. Vozes, 1984), 『지우베르투 프레이리와 히스패닉적 사고』(*Gilberto Freyre e o pensamento hispânico*. Edusc, 2003)가 있다.

Brasil
Inscrições Abertas!
Marketing e vendas
geração de renda
cursinho pré-vestibular

사회사상가들 사이에서는 흔한 주제이기도 한 지방과 국가 간의 관계 문제는 브라질 역사상 여러 시기에 걸쳐 어느 정도 심도 있게 다루어져왔다. 이 글은 동 주제에 대하여 숙고하는 저자들의 개별적인 특성을 얘기하려는 것이 아니다. 그러나 동 주제를 둘러싼 우려는, 지방과 국가의 관계가 항상 조화로웠던 것이 아니라는 사실과 위기의 시기에는 국가의 정치 방향을 바꿔놓았다는 사실로 설명될 수 있을 것이다. 예를 들면, 19세기 상반기에 발생했던 여러 지방의 혁명revoluções —카바나젱cabanagem, 발라이아다balaiada, 파호필랴farropilha, 프라이에이라praieira— 이 그것들로서 이 혁명들은 중앙정부의 강력한 억압을 몰고 왔으며 또 그 혁명들의 "평정pacificação"을 위해 취해진 정책들과 그 혁명들을 불러일으킨 원인들에 대하여 공감대를 형성하지 못한 채 오늘날까지 다양한 해석의 대상이 되고 있다.

오늘날 사용되고 있는 표현들—국기, 국가의 정체성, 국가 단결, 국가의 자존심, 민족주의적 자세— 은 국가nação라고 하는 용어의 의미에 대하여, 얼핏 보기에 공유된 듯한, 어떤 표상을 지칭하는 것 같다. 하지만 이것은 쉬운 과제가 아니다. 여러 학자는 그 용어의 개념화가 안고 있는 난관들을 상기시키면서, 우리가 이해는 하지만 정확하게 설명할 수 없는 어떤 현상의 문제로 바라볼 것을 제안한다.

국가는 단성單聲의 개념, 다시 말하면 경험적인 대상에 적용되는, 보편성을 가지고 있는 단성의 개념이 아니다. 게다가 그 개념은 사회그룹으로부터 나오는 것으로 이해되지 않고 있으며 그 개념을 분석하는 자의 권한이나 혹은 정치적 조직화의 한 과정으로 이해된다. 그리하여 그 개념은 주로 관념으로 존재하며 후천적인 행동양식의 문제로 이해된다. 여기서 후천적인 행동양식이란 사회의 응집

과정에서 얻어지는 것으로서, 이것은 이해관계가 서로 상충하지 않는다는 믿음에서 가능한 것이다. 그러한 의미에서 국가라는 개념이 정치적 속성을 가지는 것인데 그 이유는 사회의 응집이 그 사회에 존재하는 기존의 힘들에 달려 있기 때문이다. 결국 국가란 경험적으로 다차원적인 개념이다.

국가를 이해하는 데 필요한 옵션들 가운데 하나는 다양한 발전 시기에 관심을 기울이는 것과, 그 사회의 구성요소들로서 어떤 인구에게 공통되는 기원, 언어, 종교, 역사, 전통 그리고 영토와 같이 그 요소들을 정리하는 데 관심을 기울이는 것이다. 그러니까 "국가의 문제questão nacional"에 대한 분석을 기초로 해서 그러한 요소들에 초점을 맞추는 것을 의미하며 이것은 그러한 요소들의 상호 연결에 대한 숙고를 의미한다. 이러한 정리에 있어서, 국가의 역할을 상기시키는 문화적 특징들과 사회의 구성은 서로 상관관계를 맺고 있다. 결국 상호 연계되어 있는 사회적, 경제적, 정치적, 문화적 변화들을 포착하는 문제라는 뜻이다. 한 사회에서 통일성unidade을 정의하는 요인들과, 전체를 부정함이 없이 그 사회에 현존하는 다양성diversidade을 지목하는 요소들 사이의 관계가 고려되게 된다. 나아가 그 국민의 다양한 기원 —종족적, 언어적, 종교적, 지방적, 문화적 기원— 과 관련한 연대의식을 획득하는 독특한 방식들도 검토되어야 하고 그 사회적 그룹들의 생존과 응집을 위한 그 요소들의 여파들도 검토되어야 한다. 또한 그렇게 다른 사회 그룹들이 어떻게 국가라는 범주에서 대변되고 있는지를 이해하여야 한다. 그러한 의미에서 시민으로서의 권리와 정치적 권리 그리고 사회적 권리들에 대한 차별화된 접근이 이루어져야 할 것이다.

지방은 지리적 경계가 경제적이든, 사회적이든, 정치적이든, 인구분포적이든, 문화적이든 간에, 그 경계를 확정짓는 요인이기에 국가 문제를 설정함에 있어서 중요성을 가진다. 지방은 또 전체 중에 경계선이 정해진 한 부분을 의미하며 여기서 나타난 의미로는 우선적으로 사회, 경제, 문화적인 면들을 조합하는 영토적·환경적 설정에 적용된다. 브라질적인 관점에서 볼 때 국가적 차원의 한 구성요소로서의 지방은, 입헌군주제시절이든 공화정 시절이든, 국가적 프로젝트(들) 수립과 매우 강하게 연관되어 있기 때문에, 중요한 의미를 갖는다.

20세기 초에 아우베르투 토히스Alberto Torres는 지방의 문제를 자신이 제안한 헌법수정안의 핵심문제로 다루고 있다. 그는 브라질 각 지역 거주민들 사이의 긴밀한 연대의식만이, 정치적 통일성에 의해 실현되지 못한, 정신적 통일성을 구축할 수 있을 것이라고 주장한다. 우려되는 정치상황은 과두지배 협약이 위기에 봉착하는 것인데 그 위기는 1920년대에 정점을 이루었다. 1920년대와 1930년대에 이 주제에 대한 고전적인 연구들이 여러 반향을 불러일으켰다.

1920년에 출판된 『브라질 남부지역 사람들』(*Populações meridionais do Brasil*)에서 올리베이라 비아나Oliveira Vianna는 브라질 사회형성에 대한 이해를 위해, 주거환경habitats과 지방의 다양성이 지니는 역할을 잊은 채 인종과 문명 그리고 언어의 통일성에 신경을 쓰려 했던 과거의 접근방식과는 다른, 접근방식을 제안했다. 그는 자기 논리의 근거로서 북부와 중부 그리고 남부의 각 주민들에게 가해졌던 다양한 역사적 압력의 현존을 고려했다. 실제로 각 지방의 주민들은 조직 면에서나 행동양식 면에서 매우 다양한 양상을 지닌 사회적 유형들을 일구어냈다. 기술되고 분석된 그 유형들은 농촌세계에 대한 것이었는데 —그 당시에는 거대한 인구군을 형성하고 있었다— 왜냐하면 "도시의 유형들tipos urbanos"은 그들을 둘러싼 환경의 변수들에 지나지 않았기 때문이다. 그의 계획은 미완성으로 끝났다. 상파울루 주와 리우데자네이루 주 그리고 미나스제라이스 주의 주민 연구에 집중되었던 첫 권은, 남부의 히우그란지두술 주의 주민들에 대한 연구에 집중되었던 둘째 권보다 훨씬 그 완성도가 높았다. 그리고 북부와 북동부 주민들에 대한 연구는 체계적으로 실현되지 못했다.

1920년대 초를 기점으로 지방-국가에 대한 서지학적 참고문헌들이 집단적으로 양산되었다. 그 집단적인 성격은 그 과정의 정치적 의미를 밖으로 드러내고 있다. 1920년대 모더니즘 운동 —상파울루, 리우데자네이루, 북동부, 미나스제라이스 주— 은 자신들의 행동에 정치적 의도가 없음을 주장하고 있지만 자신들의 입장을 제시한 지식인들과 예술가들을 연루시켰다. 같은 선상에서 1922년 독립 100주년 기념행사를 전후한 당시의 국가적 상황에 대한 분석들을 지목할 수도 있을 것이다. 예를 들어 1924년 출판된 비센치 리시니우 카르도주Vicente Licínio Cardoso의 『공화국 역사의 가장자리에서』(*À margem da história da República*)는 그러한 에세이들을 모아두고 있다.

문제의 정곡을 찌르는 여러 작가의 글을 모아놓은 지방주의 관련 서적을 꼽는다면 1925년 지우베르투 프레이리Gilberto Freyre가 지방일간지 〈페르낭부쿠 주 일간Diário de Pernambuco〉의 창간 100주년을 맞아 펴낸 『북동부의 책』(*Livro do Nordeste*)을 꼽을 수 있을 것이다. 이러한 시도로부터, 「지역주의 선언문」(*Manifesto Regionalista*)이 낭독되었다가 1952년에 출판된 『헤시피 회의』(*Cogresso do Recife*, 1926), 지방적 색채가 짙은 요리, 집, 거리, 가구, 풍습 등을 회고하는 지방 및 전통에 대한 그의 기고문들로서 〈페르낭부쿠 주 일간〉에 실렸던 글들, 『지방과 전통』(*Região e tradição*, 1940), 『북동부』(*Nordeste*, 1937), 그 외에도 『농장주의 대저택과 흑인노예의 집』(*Casa grande & senzala*, 1933), 『이층집과 천민의 집』(*Sobrados e mucambos*), 『브라질에 대한 해석』(*Interpretação do Brasil*, 1947) 등이 탄생하였다.

『북동부의 책』은 예술가, 의사, 변호사, 정치인, 엔지니어, 기자, 교수, 공무원과 일반근로자들의 얘기를 한데 모은 것으로서 다학문적인 구조를 보여주고 있다. 얼핏 보기에는 북동부를 문화적으로 부활시키려는 의도에서 이 책을 출판한 것 같은데 그 이유는 이 책이 공예, 건축, 음악, 시, 미술, 설탕생산, 영토, 철도, 대중적인 형식의 음악, 춤, 연극 등, 지역적 특색을 드러내 보이고 있기 때문이다. 그러한 의도를 넘어, 저자의 서명이 없으나 그의 것으로 추정되는 서문을 보노라면 이 책의 정치적 의미가 분명하게 드러난다. 이 책은 당대 5~6개 주의 생활경향들을 기록하고 있는데 저자는 그 주들의 "운명이 단 하나인 듯 혼동되며 그들의 뿌리는 서로 연결되어 있다. … 우리가 잃어버린 것들과 피해를 입은 것들에 대한 일종의 종합평가인 셈이다"라고 적고 있다. 게다가 이 책은 북동부 지방에 대한 어떤 친밀감을 대변하고 있다. 그 지방의 염원과 이해관계는 해당 주의 이해관계를 넘어 브라질 전 지방의 염원이자 이해관계이기도 하다.

과두지배 협약의 위기와 연방정부를 무력화시키던 주지사들의 정치에 대한 의문 제기가 거국적 차원에서 다양하게 전개되었으며 —군 소장파들의 반란tenentismo, 공산당Partido Comunista의 창당, 가톨릭 전통주의의 강화, 모더니즘 운동 등— 다음의 인용문은 동 작가가 1979년 이 책의 재출판 때에 이 책이 갖는 기능을 명확히 표명한 것을 잘 설명해줄 수 있다. "이 책은 하나의 메시지입니다. 그저 지적으로, 예술적으로 값어치 있는 것들을 모아놓은 책이 아닙니다." 연방정부를 무력화시키던 주지사들의 정치에 종말을 고하고 정치 행정의 중앙집권화 시대를 열었던 1930년 사건, 그 사건으로 유래된 변화들을 앞서 내다보았던 메시지였던 것이다. 비록 중앙집권화가 행정적으로 효력을 발휘했음에도 불구하고 지방중심주의의 정치적 특징은 지속되었으며 그 여파는 여러 사건으로 표면화되었다. 예를 들면 1932년 상파울루 소요사태movimento paulista de 1932와 1934년 제헌의회 해산이 그 사건들 가운데 하나였다. 1937년에는 신국가체제Estado Novo가 출범하였으며 통일의 상징으로서 정부 수반에 의해 21개 주의 주 깃발이 공공행사에서 불태워졌다. 그리고 각 주의 깃발은 국기로 대체되었다. 이 체제는 중앙집권화의 원칙을 공고히 한 1939년 헌법에 의해 강화되었으며 그 결과 정치관련 상위기관들을 통일하고 중요한 문제들은 중앙권력의 감독과 지도하에 두었다. 당시에는 이러한 조치들을 국민의 지지, 특히 국가적인 문제라는 차원에서 그 조치들을 합리화시켜줄 지식인들의 지지에 기대려고 애썼다.

이러한 상황에서 〈브라질 문제 연구 월간지, 정치문화Cultura Política. Revista Mensal de Estudos Brasileiros〉가 탄생하였다. 이 잡지는 1941년 3월부터 1945년 10월까지 유통되었다. 이 잡지는 당시에 브라질이 겪고 있던 사회경제적, 문화적, 정치적 변화들을 전파할 목적을 갖고 있었다. 비록 다양한 지식과 정치적 성분을 지닌 작가들이 기고를 하였음에도 불구하고 공동의 의사표현을 위한 공간도 마련되었다. 그 주제는 국가적 통일성의 구축이었다. 지식인들 사이에서 공유된 이 잡지의 목적들—"사회질서, 평화, 노동, 정치적 인내"—은 "다양한 문학적, 예술적, 학술적 경향"을 지닌 필진들의 참여를 허용했다.

1941년 기고문에서 아제베두 아마라우Azevedo Amaral는 신국가체제가 1930년의 조치들에 비해 진보적인 의미를 가진다고 주장했다. 그 이유는 중앙집권적인 법규정들이, "개별주의적인 지방중심주의 세력들의das forças dos regionalismos particularistas" 압도로, 퇴보될 가능성을 멀어지게 했기 때문이라고 말했다. 하지만 그 세력들이 제압된다고 해도 각 지방의 문화적 다양성은 국가의 정체성에서 중요한 포인트로 강조될 것이다. 그의 글이 실린 잡지는 48호가 발행되는 동안 구성의 변화를 겪었음에도 불구하고 여러 부분에 이 주제를 배정하고 있었다. 예를 들면 북부, 북동부, 중부 그리고 남부의 상황과 관습, 민속으로 본 브라질 국민, 지방별 문제점, 지방별 상황, 민속과 문화 등이 그것이었다. 예술, 문학, 영토, 국경의 확대에 대한 기고문들도 같은 방향으로 써졌다. 필자는 이데올로기적으로 신국가체제에 합류하지 않았다. 하지만 국가적 통일을 위한 정책 테두리 내에서 활동을 한 몇몇 기고자들—네우송 베르네키 소드레Nelson Werneck Sodré, 지우베르투 프레이리, 그라실리아누 하무스Graciliano Ramos, 마르케스 하벨루Marques Rabelo, 브리투 브로카Brito Broca—을 거명하고자 한다.

1950년대와 1960년대 초에 브라질 사상계에서는 저발전에 대한 토론이 지방-국가의 문제를 다시 거론하기 시작했다. 이 문제는 1953년 일명 "이타치아이아 그룹Grupo Itatiaia" 소속의 지식인들에 의해 시작된 토론들과 관련되어 있었다. 이들은 후에 브라질 정치, 경제, 사회 문제 연구소IBESP, Instituto Brasileiro de Economia, Sociologia e Política의 창립멤버가 되었으며 이 연구소는 후에 확대 개편되어, 주셀리누 쿠비체크Jucelino Kubitschek 정부의 국가발전주의 정책에 영향을 미친 고등 브라질문제 연구소ISEB, Instituto Superior de Estudos Brasileiros로 재탄생하게 되었다. ISEB가 제안한 것들은, 강하게 동질화를 추구하는 성격의 국가발전모델을 지향하고 있었으며 이 모델은 다양한 사회부문 혹은 지방들의 특성을 별로 중요하지 않은 주변부적인 것으로 간주하고 있었다.

북동부 지방의 가뭄과 기아를 고발하면서 이러한 시각에 반대를 하고 나선 일련의 그룹이 있었는데 그들 가운데에는 가톨릭교회가 있었다. 가톨릭교회는 지식인과 정치인의 역할을 하면서, 많은 이들이 알고는 있으나 인정하기를 거부했던, 그 상황에 대해 반대 목소리를 높였다. 가톨릭교회의 지도하에 1956년 북동부 지방의 캄피나그란지Campina Grande에서는 주교회의가 열렸으며 지방의 소외문제와 농지문제에 대한 다양한 문건을 내놓았다. 이 회의가 끝난 후인 6월 1일에는 주교들이 권고한 내용들을 고려하여, 대다수가 농촌과 관련된 연방정부 차원의 행정조치들을 포함한, 20개 법령이 연방대통령에 의해 서명, 공표되었다.

국가의 문제에 대하여 고민하던 다른 그룹은 사회학자인 코스타 핀투Costa Pinto가 조직하여 1957년 리우데자네이루에서 창설된 라틴아메리카 사회과학 연구센터Centro Latino-Americano de Pesquisas em Ciências Sociais 소속의 지식인들이었다. 이 단체는 당시의 발전주의적 시각과 정책들에 대하여 의문을 제기하면서 사회과학의 재정립을 주장한 라틴아메리카 사회학자들의 모임이었다. 지방과 국가와의 관계에 대한 그들의 연구방향은 다양했다. 1959년 열린 국제회의에서 서로 상반되는 두 개의 처방이 내려졌다. 한편으로 그 회의에서는

"두 개의 브라질dois brasis"—자크 랑베르Jaques Lambert가 사용한 표현—의 존재가 논의되었는데 하나는 뒤처진atrasado 브라질(북부와 북동부) 그리고 다른 하나는 앞선adiantado 브라질(남부와 남동부)이었다. 여기서 뒤처진 브라질은 앞선 브라질과 균형을 이루기 위해 현대화를 통하여 극복되어야만 한다는 것이었다. 다른 한편으로는 뒤처짐과 현대적임이라는 방정식은, 극과 극이 조화를 이루며 재생산되는 단위로 구성된다는 것을 보여주면서 이원론적인 시각을 거부하고 나섰다. 그리하여 종적인 발전 프로젝트의 부적합성이 제기되었고 문제의 구조적인 성격이 드러나게 되었다. 달리 말하자면, 브라질 경제의 활력은 부와 사회적 배제, 빈곤 그리고 지방들 사이의 격차를 동시에 허용하고 있다는 것이 지목되었던 것이다. 그러니까 빈곤의 재생산이 부의 창출 그 자체의 상황에서 이루어진다는 것이었다. 이러한 시각을 입증한 그룹은 상파울루대학교의 플로레스탕 페르난지스Florestan Fernandes를 중심으로 형성되었다. 두 개의 처방은 차별화된 정치적 행위를 가능하게 했다. 단순히 말하자면 첫 번째 처방은 발전프로젝트를 이끌 강력한 정부를 요구하며 다른 처방은 다양한 사회부문과 지역들의 프로필을 존중하는 프로젝트들, 다시 말하면 민주적인 대의권을 기본으로 하는 프로젝트들의 구성을 가리키고 있었다.

다양한 정치적 대안을 인도할 수 있는 이러한 논쟁의 지속 가능성이 1964년 쿠데타로 거칠게 중단되고 말았다. 군사정권에서는 현대화의 문제와 여타 지방들에 대한 경제적 흡수 문제가 중앙집권적이고 독재적인 체제하에서 취급되었다. 그러한 시각을 대변한 것은, 영향력이 막강했던 장군으로서 국가안전부Serviço Nacional de

Informação를 창설했던 고우베리 두 코우투 이 시우바Golbery do Couto e Silva —그는 마법사O Bruxo라고 불리곤 했다— 의 저서 『지정학과 권력』(*Geopolítica e poder*)이라는 책이었다. 1952년과 1960년 사이에 그는 고등군사학교Escola Superior de Guerra에서 그 책을 저술하였으며 그 책의 구성 내용은 발전과 국가안보가 연계된 생각들이었다. 1964년 쿠데타 이후의 기간에 취해진 여러 조치 가운데에는 매우 탄압적인 제도 법규들이 두각을 나타내었으며 그 조치들은 고우베리 장군의 저서에서 제시된 분석과 해석 그리고 해결책들에 기초하고 있었다. 그러한 조치들에서 파생된 탄압행위로 인하여 국가의 문제를 논의하는 데 헌신했던 여러 대학교수가 은퇴를 하게 되었다. 하지만 그 주제는, 직간접적으로 중심 의제와 연결되어 있던, 문제의 몇 가지 중요한 양상들에 대한 연구를 통하여 조금씩 재론되기에 이르렀다. 중요한 업적들을 누락할 수도 있겠지만 이 글에서 필자는 그 업적들 가운데 몇 가지를 소개하고자 한다.

여러 이유, 특히 군사정부에 의한 발전주의정책과 현대화 계획의 지속 때문에 농지 문제가 여러 연구자의 관심을 끌게 되었으며 동 주제의 결과로서, 지방의 문제들과, 분쟁이 수반된, 토지 점령 문제들이 연구되었다. 몇몇 집단 프로젝트들을 인용하면 다음과 같다. 국립박물관Museu Nacional에서는 1968년 이래로 페르낭부쿠 주의 산림지역에서 동 테마에 대한 연구를 시작했던 모아시르 파우메이라Moacyr Palmeira를 중심으로 일련의 연구자 그룹이 형성되었다. 모아시르 파우메이라 이외에도, 리지아 시가우지Lygia Sigaud, 주제 세르지우 레이치 로피스José Sérgio Leite Lopes, 베라 이셰니키Vera Echenique, 루이스 마리아 가치Luís Maria Gatti, 호베르투 힝켈레치Roberto Rinquelet, 아프라니우 가르시아Afrânio Garcia, 베아트리스 에레지아Beatriz Heredia, 마리 프랑시 가르시아Marie France Garcia, 호질레니 아우빙Rosilene Alvim이 전국적인 토론의 열기를 몰고 온 글들을 발표하였다. 국립박물관에서는 또, 지방중심주의 문제를 직접적으로 다루는 농촌에서의 자본주의 확산과 확산의 전선들 그리고 농지구조 문제들이 오타비우 길례르미 벨류Otávio Guilherme Velho의 여러 저술에서 전개되었다.

한 법령에 의해 상파울루대학교에서 물러났던 여러 교수가 브라질 분석과 기획센터Cebrap, Centro Brasileiro de Análise e Planejamento를 설립하였는바 이 센터는, 국가의 문제에 대한 연구와 함께, 상당수의 경우 상호 연결이 되어 있는 농지와 지방의 문제를 포괄하는 연구에 몰두하였다. 마우리시우 카우데이라 브란트Maurício Caldeira Brant, 테레자 살리스Teresa Salles, 프랑시스쿠 사 주니오르Francisco Sá Jr., 주아레스 브란덩 로피스Juarez Brandão Lopes의 연구들처럼, 농업 상황에 직접적으로 매달린 연구들은 지방의 문제와 더불어, 그 연구들을 추진하기 위한 국가적 정책들의 문제를 다시 제기하였다. 아마존 연구에 직접적으로 관여한 프로젝트는 페르난두 엥히키 카르도주Fernando Henrique Cardoso, 옥타비우 이아니Octavio Ianni, 제라우두 물레르Geraldo Müller, 주아레스 브란덩 로피스의 저술과 논문들에서 표출되었으며 이들은 토지점령, 분배, 환경보전, 식민 사업계획, 여타 농업 분야의 노동자들을 쫓아냄으로써 발생한 긴장들을 "흡수absorção"하는 지역으로 지방을 활용하는 방안 등을 다루었다.

1979년에는 농업 분야의 사회적 연구 교류를 위한 프로젝트PIPSA, Projeto de Intercâmbio de Pesquisa Social em Agricultura가 리우데자네이루 연방 농업대학교Universidade Federal Rural do Rio de Janeiro의 교수진에 의해 창안되

었다. 이들 가운데에는 레오니우지 세르볼루 지 메데이루스Leonilde Sérvolo de Medeiros를 주목할 필요가 있다. 좌우간 이 프로젝트는 학계출신의 연구자이든 아니든 관련 연구자들 사이의 정보 교환 및 토론을 위한 여건 마련을 목표로 하고 있었으며 주된 테마는 농업 및 농지문제와 관련된 것들이었다. 동 조직의 전략 자체로 인하여 1982년까지 지속된 모임에서 지방주의라는 테마가 토론의 핵심 축으로 자리를 잡게 되었다.

현대문화 연구센터CEDEC, Centro de Estudos de Cultura Contemporânea 역시 다른 연구 외에 농지문제와 지방주의에 대한 토론에 가담하였다. 1982년부터 3년간 이 센터는 리우데자네이루 연방 농업대학교UFR-RJ, 캄피나스 주립대학교Unicamp, 아라라콰라 상파울루주립대학교Unesp-Araraquara, 상파울루 가톨릭대학교PUC-SP 등의 연구자들을 끌어 모았으며 이들은 지구사목위원회CPT, Comissão Pastoral da Terra와 전국농업노동자연맹Contag, Confederação Nacional de Trabalhadores na Agricultura의 자료를 통해 그 단체들에 의해 기록된 토지분쟁들을 조사하고 이것을 도시별로 분류하였다. 그 목적은 군사독재가 끝난 뒤 논의될 국가농지개혁계획Plano Nacional de Reforma Agrária을 수립할 때, 그 분쟁의 해결을 위해 전용轉用 해제가 가능한 지방들을 지목하는 것이었다. 하지만 그러한 목적이 1985년 실현된 한 동맹의 무게 앞에 공공정책으로 고려조차 되지 못했다는 것은 굳이 말할 필요가 없다. 그 동맹에서 일부 지방권력들이 결정적인 역할을 했었다. 그해 이후 지방-국가의 문제에 대하여 무수히도 많은 연구가 이루어졌다. 필자는 단지 실례를 들고자 하는 의도에서 그 연구들 가운데 몇 가지만 언급하기로 한다. 상파울루대학교의 마리아 아르민다 두 나시멘투Maria Arminda do Nascimento는, 역사학자들에 의해 훨씬 더 많이 전개되고 있던 지방주의에 대한 연구를 사회과학적인 측면에서 재개할 필요성이 있다고 주장했다. 그녀는 미나스제라이스 주의 지방주의를 연구하면서 그 주의 영역에서 생산된 문화적 산물들을 지목하고 나아가 그 문화적 산물들을 창출한 사회의 조직구조를 지목하고자 했다. 역시 같은 대학교의 주제 지 소우자 마르칭스José de Souza Martins는 다양한 관점 —농지문제, 도시, 공장근로, 일상 업무, 폭력, 이주, 경계— 에서 지방-국가 문제를 접근하고 있다. 이 연구들 가운에 여러 곳에서 아마존 지역의 문제가 부각되고 있는데 그 이유는 동 지역이 1960년대 이후 여러 변화를 나타내고 있기 때문이다. 이것은 비단 극단적인 폭력을 수반한 토지의 몰수와 추방 과정이 확인되었기 때문만이 아니라 동 지역의 전통적인 관계가 변화하였다는 사실 때문이기도 하다. 이 모든 것이 새로운 정치적, 역사적 주체의 긴급한 등장을 가능게 하고 있다.

여타 다른 그룹들은 동 지역에 대한 정치사회적인 관점을 갖고 있다. 그들의 연구는 독립적인 문제를 다루는 것이 아니라 브라질에 대한 직접적인 이해를 지향하고 있음을 보여주면서, 여러 양상이 국가 정책에 포함되지 않은 채 잊혀지고 있음을 고발하고 있다. 예를 들어 페드루 비센치 다 코스타 소브링뉴Pedro Vicente da Costa Sobrinho와 네우송 페헤이라 파트리오타 네투Nelson Ferreira Patriota Neto가 공동 저술한 『북동부의 목소리』(*Vozes do Nordeste*, 2001)와 헤낭 프레이타스 핀투Renan Freitas Pinto와 엘리지 후가이 바스투스Elide Rugai Bastos가 공동 편집한 『아마존의 목소리』(*Vozes da Amazônia*, 2007)가 그것이다.

라틴아메리카 사회과학위원회Conselho Latino-Americano de Ciências Sociais

에 소속된 부서 중 하나로서 라틴아메리카에서의 정체성 연구를 위한 실무그룹Grupo de Trabalho para Identidades na América Latina에 참가한 인류학자들은 지방-국가에 대한 연구의 핵심그룹을 형성하고 있으며 이들은 주로 종족etnias과 지방região이라는 주제를 논의하고 있다. 그 책들을 편집한 제오르지 지 세르케이라 레이치 자루르George de Cerqueira Leite Zarur 외에도 동 그룹에 참여한 학자들을 인용하자면 루이스 펠리피 바에타 네비스 플로리스Luiz Felipe Baeta Neves Flores, 후벵 제오르지 올리벵Ruben George Oliven, 지라우다 세우페르치Giralda Seuferth, 넬리 아르벨루-지메니스Nelly Arvelo-Jiménez, 미게우 아우베르투 바르톨로메Miguel Alberto Bartolomé 등이 있다.

앞서 지목한 연구서들이 다루지 않은 문제는 지방 간 자산의 불평등한 분배문제와 브라질인구의 구성요소에 대한 문제이다. 이것은 단순히 국민총생산 대비 인구라는 평균을 말하는 것이 아니라 교육, 보건, 주거, 교통, 문화재, 시민권, 문제점들의 정리 자체에 있어서 정치적 대변에 이르기까지 접근의 불평등을 말하고 있다. 그럼에도 지방과 국가의 관계에 대한 사고는 광범위한 사회문제들을 파헤치기 위한 출입문이라는 것을 이해할 수 있을 것이다.

참고문헌

BALAKRISHNAN, G. (org.). *Um mapa da questão nacional*. Rio de Janeiro, Contraponto, 2000.

BOURDIEU, Pierre. "A identidade e a representação. Elementos para uma reflexão crítica sobre a ideia de região". *In*:_______. *O poder simbólico.* Lisboa/Rio de Janeiro, Difel/Bertrand Brasil, 1989, pp. 107-32.

ZARUR, G. C. L. (org.). *Região e nação na América Latina*. Brasília/São Paulo, Editora da UnB/Imprensa Oficial do Estado, 2000.

A inserção do Brasil no mundo

브라질의 세계 진입

후벵스 히쿠페루Rubens Ricupero

Rubens Ricupero

유엔 UNCTAD의 사무국장을 역임한 외교관으로 재무부장관, 아마존 환경부장관직을 역임했으며 워싱턴 주재 브라질대사직을 역임하였다. 현재 상파울루예술대학(FAAP)의 경제 및 국제관계학부의 학장으로 재직 중이다.

BRICs(브라질, 러시아, 인도, 중국)의 지도자들이 2009년 6월 16일 제1차 BRICs 정상회담 중 기념촬영에 임한 모습 / ⓒPresidential Press and Information Office

브라질 사회 사상사에서 거의 고전적이지 않은 주제가 있다면 그것은 바로 국제관계이다. 국제관계는 최근 35년간만 자율영역으로 독립해 있었다. 그렇다고 그것이, 특히 역사적인 업적 면에서, 동 문제에 대해 산발적이며 체계적이지 못한 사고들이 존재하지 않았다는 것을 의미하진 않는다. 이론적인 연구들 이상으로 브라질의 과거 국제관계는 대외정책의 구체적인 결정들에 있어서 실질적인 개입들—의회 의원들의 연설, 국정자문위원회의 소견서와 투표, 언론의 토론 등—로 이루어져 있다. 여기서 대외정책의 구체적인 결정들이란 바로 국경협상, 조약, 전쟁, 동맹 등을 뜻한다. 예를 들어 가산제와 같은 개념처럼, 사회적 현실을 설명하는 지적인 개념들이 논의되는 다른 분야들과 비교할 때, 그 차이가 극단적으로 나타난다. 국제관계에 있어서 어떤 사고思考의 몸체를 형성하게 된 것, 그것의 구성요소들은 최근까지 존재하지 않은 이론서들로부터가 아니라, 사전 예방적 차원에서 준비된 텍스트들로부터 추출하여 분석할 필요가 있다.

그러한 생각이 잉태된 가장 오래된 시기는, 후에 가이루 자작이 된 주제 다 시우바 리스보아José da Silva Lisboa가 1808년 브라질의 문화개방을 옹호하며 쓴 글이나, 이폴리투 주제 다 코스타Hipólito José da Costa가 런던의 〈코헤이우 브라질리엔시Correio Braziliense〉 신문에 실은, 1810년 영국에 상당한 관세혜택을 준 조약을 비판한 글이 될 것이다. 브라질 저널리즘의 수호자였던 그는 브라질과 식민 본국인 포르투갈을 갈라놓았던 차이점들을 이론적으로 분석하기 위해 동 시대의 사건들에서 출발하였다.

유럽에서 영국 함대의 보호에 종속되었던 포르투갈과는 대조적으로 브라질은 식민지들과 대서양 횡단 연결에 있어서 영국함대의 보호가 필요 없는, 상대적으로 전략적인 안전을 보장해주는 지리적 위치라는 이점을 안고 있었다. 포르투갈 경제와 영국 경제 사이의 상호 보완성은 아주 완벽하여 포도주와 면직물 교환이, 데이빗 리카르도David Ricardo가 인용한, 비교우익의 고전적인 예로 신성시되어 있었다. 하지만 영국식민지들과 경쟁 상품이었던 브라질산 상품들에게는 그런 일이 일어나지 않았다. 향후 미국과의 교역에서 드러날 우발적인 이익을 고려하지 않은 채 영국에게 장기간의 관세혜택을 부여하면서 그 영국에게 브라질 경제를 얽어매는 것은 적절한 것이 아니었다.

첫 브라질 신문을 창간한 이폴리투 주제 다 코스타의 주장은 사실 브라질의 독립을 예상하고 있었던 것이다. 그의 논리는, 브라질의 정치 경제적 특성이 담긴, 객관적 이해관계의 특수성에 기초하고 있었으며 그 이해관계는 브라질 영토가 아메리카 대륙에서 차지하는 지역적 위치뿐만 아니라 브라질의 생산과 교역의 특징들로부터 파생된 것이었다.

이 논쟁은 19세기 중엽까지 지속되었으며 향후 브라질의 국제관계를 특징짓는 것, 다시 말하면 국제체제에 브라질이 진입하는 방법들을 재정의하고 현대화하는, 하나의 프로세스를 강조하고 있다. 중상주의적 자본주의 체제에 통합된 브라질의 영토는, 역사가인 카이우 프라두 주니오르Caio Prado Júnior가 예증한 바에 따르면, 식민지 유형의 무대였다. 이 유형의 주된 의미는 노예 노동력으로 대단위 생산된 1차 재화들을 유럽 시장에 공급하는 것이었다.

이 체제는 1822년 브라질이 독립한 이후에도 근본적으로 바뀌지 않았고 경제-사회구조에 거의 영향을 미치지도 못했다. 그 당시 바뀐 것은, 영국의 우세가 확연하던 산업자본주의가 이제 막 지배하기 시작한, 국제체제로의 통합 형태였다.

국제적인 관점에서 볼 때 브라질의 독립은 국제체제 편입방식의 현대화를 의미했다. 그리고 쇠퇴하던 본국 포르투갈의 이익을 위하던, 시대착오적인 교역 독점에 종속되는 것을 끝내고 세계-경제 economia-mundo의 역동적인 새로운 중심, 즉 이제 막 산업화가 진행 중이던 영국과 연결되어 그 나라에 종속되는 것을 의미했다.

편입방식의 현대화는 과거 본국에 의해 독점되던 자본축적의 이윤 일부를 브라질 지역 엘리트들에게 넘기는 것이었다. 하지만 그와 동시에 신생독립국의 자율에 심각한 영향을 몰고 왔을 뿐만 아니라 새로운 위축을 가져왔다. 즉, 브라질제국의 만성적인 조세위기를 몰고 올 관세특혜, 영국인에게 치욕스러운 특별 사법권 부여, 그리고 무엇보다도, 자주권에 영향을 미치면서 체제의 생존에 기본이었던 노예제를 위기에 몰아넣은, 노예밀매 폐지 압력이 그것이었다.

결국 국제문제가 치명타였다. 국제관계에 대한 논쟁은 일련의 원칙과 방향설정의 구성을 수반하는데 그 구성이 일반적으로 의미하는 것은 국가권력이 점진적으로 확고해지는 과정을 뜻한다. 이 국가의 권력이 초기의 외적 제한들에 반항하여 30년이 지나기도 전에 포르투갈로부터 물려받은 영국의 정치적 득세를 제거하였다. 즉, 불평등조약들이 더 이상 갱신되지 않았던 것이며 무역 특혜와 특별 사법권도 사라지고 노예밀매는 바로 브라질제국 정부에 의해 폐지되었다.

종속에 대한 이러한 저항으로부터 장기간 지속될 지침들이 탄생하였다. 그러니까 도덕적으로 합리화될 수 없었던 명분들(과거의 노예밀매, 군정체제에서의 인권침해)에서조차 자주권수호라는 지침이 생겨났던 것이다. 또한 잠재적으로 불리한 교역 규제들을 수용하는데 지속적인 저항을 한 예로서, 강대국들과의 무역협정에 서명하기를 거부하는 것(예를 들어 미국이 주도한 무역협정으로서 미주자유무역지대 협상을 거부한 케이스에서처럼) 등이 그것이었다.

재앙을 몰고 왔던 시스플라치나 전쟁Guerra da Cisplatina, 1828으로 우루과이가 분리된 것은 독립 브라질의 여명기에 발생한 것이며 이것은 지속적이고도 건전한 유산을 남겨놓았다. 다시 말하면 프라타 강rio da Prata의 "천연적natural" 국경에 대한 식민지적 집착을 영원히 제거하였으며 히스패닉들이 거주하던 지역의 흡수가 부적절하다는 것을 예증한 것이었다. 명목상 제국이었음에도 불구하고 브라질은 이론이나 실전에서도 "제국적imperial" 정치 전통을 가지고 있지 않았다. 그것은 "명백한 운명destino manifesto"이라는 독트린을 내세운 미국뿐만 아니라 극동지역에서 러시아의 팽창주의와는 정반대되는 것이었다.

영토 확장은 마드리드조약Tratado de Madri, 1750으로 실질적인 모든 효력을 발휘하며 마감되었다. 브라질의 영토정책은 새로운 정복을 통한 영토의 획득보다는, 과거에 이미 기록된 확장영토를 공고히 하는 쪽으로 기울었다. 제국시절에 정의되기 시작하여 후에 히우 브랑쿠Rio Branco 남작에 의해 신성시된 실효적 지배uti possidetis de facto 논리가 당시의 현 상황status quo을 옹호하는 표현이었다. 또한 입헌군주제 기간 동안 아마존 강이 국제항로로 이용되는 것을 막은 논리와 먼 거리의 마투그로수Mato Grosso 주에 접근하기 위한 프라타 강에서의 자유로운 항해를 옹호한 것은 — 얼핏 보기에 모순적이지만 — 기본적으로 방어 자세였다. 똑같은 방식으로, 1850년 이후 그 시조였던 우루과이 자작에 의해 노선이 정해졌던, 프라타 강 유역 문제에 대한 간섭 정책도 일종의 방어 이데올로기로 치장되어 있었다. 우루과이, 특히 아르헨티나에서 브라질제국의 온전한 영토보전과 안전에 위협이 되거나, 또는 그때까지 상대적인 평등과 대칭을 유지하던 파워게임에서, 브라질에 불리한 불균형을 유발하며 프라타 부왕령을 재건하려는 체제의 등장을 피하려는 필요성에서 바로 그 이데올로기가 나온 것이었다. 그러한 맥락에서 반反 파라과이 삼각동맹 전쟁Guerra da Tríplice Aliança, 1864~1870이 발발했던 것이다.

브라질의 대외정책을 포괄하는 첫 번째 패러다임은 1902년에서 1912년 사이, 브라질 외무장관직을 지낸 히우 브랑쿠 남작과 더불어 등장하였다. 그의 정책은 어떤 면에서 조아킹 나부쿠Joaquim Nabuco의 협조를 받았는데, 달리 말한다면 그의 정책은 두 사람의 공동 저작이나 거의 다름없었다. 히우 브랑쿠는 협상과 중재를 통해 이웃나라들과의 국경문제를 체계적으로 해결하는 데에 우선순위를 두었으며 그 결과 브라질의 영토 모습을 분명하게 확정지었다. 그와 동시에 외교의 축을 런던에서 워싱턴으로 옮기면서 미국과 "문서화되지 않은" 실용주의적 동맹관계를 구축하였다. 즉 브라질은 국제 포럼이나 반구의 포럼들에서 이제 막 부상하고 있던 미국의 힘을 지지하였으며 그 대가로 유럽 제국주의의 위협에 대해 미국의 지지를 기대하였다. 나아가 아르헨티나와 페루 그리고 볼리비아 — 특히 페루와 볼리비아의 경우 아크리Acre 주州 문제로 — 등과 분쟁을 겪었던 브라질은 스페인권 이웃나라들과의 관계에서 있어서 미국의 지원이 여의치 않을 땐 미국의 '적극적인 중립ativa neutralidade'을 기대하였다.

그 정책을 보완하는 의미에서 브라질은 미국의 헤게모니 하에 향후 판아메리카 연맹União Pan-Americana을 창설하는 데 협조하였다. 그리고 아프리카와 아시아 이외에 구대륙을 지배하고 있는 유럽식 "호전적 체제sistema beligrante"와는 대비되는 것으로서, 선량하고 평화로운 "아메리카식 국제체제sistema internacional americano"가 존재한다는 개념의 발상은 상당 부분 조아킹 나부쿠의 것이었다. 그러한 맥락에서 브라질은 워싱턴과 히스패닉 국가들 사이에서 중재 역할을 하려고 하였다. 또한 브라질은 보다 넓은 범주에서 자국 영향력의 점진적인 확대를 위해 국제 사회의 인정과 위상 강화를 적극적으로 추구하였다.

공식적인 서류들—외교문서, 동기 표출, 중재를 통한 방어—을 제외하면 그러한 외교정책을 낳은 아이디어들은 거의 다 연설과 국제회의 그리고 신문기사에서 발견된다. 이 정책에 반대하는 목소리는 역시 외교관이었던 올리베이라 리마Oliveira Lima에게서 주로 나왔다. 그는 멕시코와 중미 그리고 카리브 해에서 미국이 행한 임의적인 행동에 대하여 브라질이 방조하고 있다고 공격하면서 아르헨티나를 비롯한 전반적인 히스패닉 국가들과의 보다 긴밀한 이해관계 구축과 친 유럽 정책으로의 회귀를 주장하였다.

이 경우와 같은 몇몇 불협화음에도 불구하고 히우 브랑쿠의 정책은 성공을 거두어 사실상 전국적인 동의를 얻었다. 그는 부동의 위치를 점하여 4명의 대통령을 모셨으며 죽어서야 브라질 외교부를 떠났다.

그가 내세운 패러다임은 20세기 상당 부분을 지배하게 되어 제툴리우 바르가스Getúlio Vargas와 외무장관 오스바우두 아랑냐Osvaldo Aranha의 후원, 2차대전의 군사동맹, 군사기지 제공, 이탈리아로 군대 파견, 보우타 헤돈다Volta Redonda 제철소 건설을 위한 미국의 재정 지원 등으로 강력한 지원군을 얻었다. 2차대전이 끝나고 찾아온 냉전은 두트라Dutra 정부의 반공주의 정책과 일치하여 전례 없는 상황을 연출하였다. 다시 말하면 외교가, 국가 전복을 막으려는 내적인 투쟁이 외적으로 지속된 것처럼 비춰졌으며 이러한 경향은 그 후에도 계속 이어져 1964년 군사정부의 수립과 같은 시기에 더욱 강화되었다.

그 이전인 1961년 이른바 자주적 대외 정책Política Externa Independente을 시작하게 되며 이 정책은, 주엉 굴라르João Goulart의 짧은 집권기간이 지난 후 그 정부하에서 외무장관을 역임한, 상 치아구 단타스San Tiago Dantas와 아라우주 카스트루Araújo Castro에 의해 재확인되었다. 하지만 "미국과의 자동 정렬Alinhamento Automático com os EUA"이라는 비하적인 이름으로 불리었던 과거의 패러다임은 이 정책으로 대체되기에 이르렀다. 그 이름이 의미하듯이 이 새로운 대외정책은 미국의 세계적, 반구적 방향제시에 대하여 자주성을 주장하는 것으로써 냉전의 논리를 거부하고 있었다. 즉 브라질의 이해관계가, 미국 주도의 이데올로기적 반공주의 동맹이 추구하던 이해관계와 반드시 일치해야 한다는 논리를 더 이상 수용하지 않은 것이다.

이 신외교정책은 더 이상 과거의 이데올로기적 시각으로 외교문제를 직시하지 않았으며, 해방운동의 민족주의적 성격을 부각시키고자 하는 탈식민화에 호의적이었다. 그런 의미에서 아시아와 아프리카 신생독립국들과의 접근에 더 많은 가치를 부여했다. 훨씬 더 많은 논란을 불러일으킨 이 대외정책은 소련과 공산국가들과의 관계 재개와 긴밀화에 우호적이었으며 이 나라들과의 관계가 가져다 줄 경제적 혜택을 신뢰하면서 쿠바 체제에 대하여 긍정적인 자세를 취하였다.

히우 브랑쿠 패러다임의 위기는, 국가발전주의와 마르크스주의가 융성하던 시기 동안, 과거 브라질의 가치를 미국의 가치와 동일시하던 것이 약화되었던 것과 세계의 발전이 서로 합류하면서 시작되었다. 나아가 새로 생긴 냉전의 우선 과제들 때문에 미국이 과거에 약속했던 것과는 달리 미미해진 경제 원조를 함으로써 브라질 엘리트들을 실망시킨 것도 그러한 위기에 힘을 보태었다. 또한 강대국들이 "권력의 동결congelamento do poder"이라고 부르던 것에 대하여, 골라르트 정권 당시 직업외교관이자 대사를 역임했던, 전직 장관 아라우주 카스트루가 비판을 한 것도 히우 브랑쿠 패러다임의 변화에 지대한 영향을 미쳤다.

1964년 쿠데타에 앞선 양극화와 급진화 분위기 속에서 브라질의 대외정책은 처음으로 여론의 날카로운 분열 요인으로 바뀌었다. 쿠데타로 들어선 정권은 외교정책을, 실질적인 정치 경제적 도움을 준 워싱턴과의 긴밀한 관계로 돌아서게 하였던 것이다. 하지만 1967년부터 양국 정부는 브라질의 독재정권에 대한 의견 불일치와 핵확산금지조약에 브라질이 가입을 거부한 것에 대한 이견으로 다시 멀어지게 되었다.

1974년 이후 가이제우Geigel 정부가 취한 개방정책이 자주적 대외정책의 유산 일부를 다시 취하게 하는 분위기를 창출하였다. 아제레두 다 시우베이라Azeredo da Silveira 장관이 주도한 브라질의 대외정책은 중국과 외교관계를 맺었고 당시에 소련과 쿠바가 지원하던 앙골라인민해방운동MPLA 정부를 루안다의 합법적인 정부로 인정하였다. 또한 아랍국들에게도 접근하여 시오니즘에 반대하는 유엔의 결정에 찬성표를 던졌으며 독일과 핵협정을 맺고 미국에는 양국의 군사협정 중단을 통보하였다.

신공화국은 이 정책을 재확인하며 확대하였는데 예를 들면 아르헨티나와 여타 라틴아메리카국가들과 밀접한 관계를 유지하였고 아르헨티나, 파라과이, 우루과이와 더불어 남미남부공동시장Mercosul 창설에 서명하였다. 또한 일명 "발전을 위한 외교" 전략을 강조하였으며 아르헨티나와 더불어 원자탄제조 프로젝트를 포기하면서 핵확산금지조약에 가입하였다. 냉전의 종말과 1994년 이후 경제적 안정이 정책의 확대를 가능하게 함으로써 국제무대는 중견국가들이 입지 향상을 위한 기회를 이용할 수 있게 해주었다. 그 결과 무엇보다도 브라질은 유엔안전보장이사회 비상임이사국이 되었으며, BRICs(브라질, 러시아, 인도, 중국), IBAS(인도, 브라질, 남아공화국) 등 국제사회에서 다양한 그룹에 참여하여 입지를 강화하고 있으며 핵문제를 둘러싼 이란과의 중재협정과 같은 이니셔티브에도 적극적인 역할을 수행하였다.

글로벌 정치 무대에서 이와 같은 활동은, 브라질 경제의 확장과 안정을 이용하려는 노력으로 보완되었다. 이것은 IMF와 세계은행에서의 영향력 확대를 위한 것과 마찬가지로, 세계경제조율을 위해 가장 중요한 포럼이 된 G20에서의 입지를 공고히 하기 위한 것이었다. 무역에 있어서 주요 선결과제는 세계무역기구의 협상에서, 브라질이 경쟁력을 갖고 있는 농업생산품에 대한 유리한 고지를 점하는 것이었다.

근래 브라질 외교정책의 주요 방향 중 하나는 아시아와 아프리카 국가들과 교역 및 협력을 발전시킴으로써 남-남 협력의 축을 강화하는 것이다. 이 국가 중 중국은 오늘날 브라질의 주요 교역 상대국이 되었다. 이 두 대륙에서의 브라질의 비중을 확대하는 것은, 남미 혹은 라틴아메리카의 경제통합과 참여정치 영역을 구축하려는, 가장 전통적인 정책라인의 일부를 이루는 것이다.

21세기 초 브라질은 국제관계에서 점차 중요한 자리를 차지하고 있다. 그리고 (파라과이 전쟁 이후) 이웃 10개국과 140년간 지속적인 평화관계를 유지하고 있는데 이것은 그만 한 영토의 크기를 가진 나라와 그 많은 나라 사이에서는 전례가 없는 관계의 역사이기도 하다. 거대한 인구를 가진 대륙 같은 5개 국가들(미국, 중국, 러시아, 인도 그리고 브라질) 가운데 브라질은 핵무기뿐만 아니라 재래식 무기도 가지지 않은 유일한 나라이다. 하버드대학의 조지프 나이Joseph Nye와 같은 현 국제관계 이론가들에 따르면, 지금까지 두 가지 형태의 국제 권력이 존재했다고 한다. 즉 군사력이나 경제적 제재를 통해 다른 나라들을 위축시키는 강력한 힘을 의미하는 "하드 파워hard power"와, 외교와 토론 그리고 모범을 통해 다른 나라들을 설득하는 지적인 혹은 부드러운 힘을 의미하는 "소프트 파워" 혹은 "스마트 파워"가 그것이다. 브라질은 확연히 부상하는, 국제적인 주체라는 드문 케이스로서 독특한 상황을 향유하고 있다. 그 위상은, 소유하고 있지 않은, 무기의 힘으로부터 나오는 것이 아니라 거의 예외적으로 이른바 "소프트 파워", 즉 부드러운 영향력과 외교적인 설득에서 나오고 있다.

참고문헌

ALMEIDA, Paulo Roberto de. *O estudo das relações internacionais do Brasil.* Brasília, LGE, 2006.

CARVALHO, Carlos Delgado de. *História diplomática do Brasil*. Brasília, Senado Federal, 1998.

CERVO, Amado L. e BUENO, Clodoaldo. *História da política exterior do Brasil*. Brasília, Ibre/UnB, 2002.

Religiões no Brasil

브라질에서의 종교

안토니우 플라비우 피에루시 Antônio Flávio Pierucci

Antônio Flávio Pierucci
상파울루대학교(USP) 사회학 교수로 재직 중이며 주요 저서로는 『차이의 함정』(*Ciladas da diferença*. Editora 34, 2008), 『세계의 발전: 막스 베버의 개념론』(*O desenvolvimento do mundo: todos os passos do conceito em Max Weber*. Editora 34, 2005)이 있다.

브라질 국민 4명 중 3명은 스스로를 가톨릭 신자라고 부른다. 2000년 인구조사에 따르면 1억 7천만 인구를 가진 브라질은 21세기에 접어든 지금 가톨릭 신자만 1억 2500만 명이 된다. 정확한 숫자를 말한다면 총 인구 169,799,170명 중 약 3/4(74%)에 해당하는 124,976,912명이 가톨릭 신자라는 것이다.

그러니까 "가톨릭 아메리카América católica"에서 가장 많은 인구를 가진 이 나라에게 과학적으로는 통제된, 종교적으로는 통제에서 벗어난 통계자료에 근거하여 가톨릭이 헤게모니를 쥐고 있는 나라라는 역사적인 지위를 지속적으로 부여하는 것이 가능하다. 물론 한때는 "세계에서 가장 가톨릭 인구가 많은 나라o maior país católico do mundo"라는 빛바랜 타이틀이 주어지기도 했었다. 전통적으로 브라질 국민이 말하는 그 표현 속에는 사실 그들이, 완연한 만족감에서부터 완연한 유감에 이르기까지 모든 종류의 양극화와 크기가 아주 다양한 변화를 겪고 있다는 의미가 내포되어 있다. 그래서 "세계에서 가톨릭 인구가 가장 많은 나라"라는 그럴듯한 최상급 표현도 이제 종말을 고할 날이 멀지 않았다.

브라질에서, 종교의 크기나 중요도에 있어서, 엄청난 불평등이 지속적으로 존재하고 있음에도 불구하고 오늘날 브라질 사회가 악명 높은 종교적 변화의 시기를 지나고 있다는 걸 인식하지 못하는 것은 이제 더 이상 불가능한 일이 아니다. 육안으로 보일 정도이다. 그것이 인구조사 통계에 의해 수십 년간 주의 깊게 관찰되어왔고 또 냉정하게 반복 증명된 하나의 과정이기에 더욱 그러하다. 수학적이면서도 말 많은 그 굼뜬 과정을 거치면서 ―그렇다고 해서 덜 침식한 것은 아니지만― 우리의 낡은 문화적 상징은, 국가의 종교적 상상세계의 지겨운 반복 속에 낯섦과 거리감, 불연속과 한숨의 점진적인 유입과 더불어 차츰 일그러져 갔다. 실제로 오늘날 브라질에서는 인구적·종교적 이동transição demográfico-religiosa이 활발하게 전개되고 있다. 즉, 가톨릭 인구가 점진적으로 다른 종교로 이동해가는 모습을 보이고 있는 것이다. 아니면 그 어떤 종교로도 이동해가고 있지 않다. 무종교라고 밝힌 브라질사람의 수가 가공할 만큼 증가하고 있는 것이 그것을 증명한다. 예를 들어 1980년까지만 해도 종교를 가지고 있지 않다고 답한 사람은 전체 인구의 1.6%에 불과했지만 2000년엔 7.3%로 증가했으며 이것은 곧 1,230여만 명이 종교를 갖고 있지 않음을 의미한다. (도표 1과 2 참고)

그러니까 종교적 이동이 증가하고 있다는 것인가? 이것은 종교선택의 자유를 가정하고 있다. 즉, 종교적 다양성이 확장되고 있다는 의미이거나, 아니면 그 의미가 적을 경우라도, 최소한 종교적 다양성이 강화되고 있다는 것을 뜻한다. 브라질에서 그러한 다양성이 큰 폭으로 증가하고 있다는 수적인 흥미로운 지표가, 2000년 인구센서스를 발표하면서 코멘트를 한, 브라질지리통계원IBGE의 어떤 출판물에서 그대로 드러났다. 그 출판물에 따르면 "당신의 종교가 무엇입니까?Qual é sua religião?"라는 개방적인 단일 질문에 대하여 조사관들이 최소한 35,000가지의 답변을 받았다고 한다. 끝이 없는 것이 종교이다. 공공기관이 위임한 조사관들 앞에서 이렇게 복사하듯이 다양한 답변을 내놓은 종교적 다양성은 신앙의 자유가 현재 브라질에서 폭넓게 만끽되고 있다는 분명한 신호가 아닐 수 없다. 하지만 이 문제를 보다 천천히 살펴보기로 하자!

의도적으로 종교와 거리를 두고 있는 국가에 의해 규제를 받지 않는 활동이자 실천행위인 종교적 자유권이, 현대 선진사회에서는 자유로운 종교 경쟁으로 이제 막 기울었다. 종교적으로 적대적인 자들과의 교양 있는 공존을 위한 필수조건이라고 구도로 열변을 토하거나, 브라질의 생태적 다양성만큼이나 보전해야 할 문화적 다양성으로서 재인식된 종교적 자유만큼 그렇게 큰 자유는 더더욱 아니지만, 오늘날 브라질이 누리고 있는 신앙(그리고 무신앙)의 자유가 식민초기부터 존재한 것은 아니었다. 오늘날 브라질에서는 종교적 다양성이 결과로서뿐만 아니라 원인으로서 그 가치를 재평가받고 있다. 종교적 다양성은, 긍정적으로 요구되고 옹호되어 점점 더 많은 지지를 얻고 있는, 종교적 자유를 위한 추진체이다. 이 글의 제목이 의미하고 있는 관점에서 볼 때 약 1세기 남짓 지속되어온 브라질의 공화국 역사를 객관적으로 간략히 조사해보면, 브라질 국민들 사이에서는 종교적 자유가 공화국의 역사와 공식적으로 똑같이 유효한 역사를 가지고 있다고 말할 수 있다. 브라질에서 종교적 자유의 역사는 1891년, 첫 공화국 헌법에 포함되었다가 국가와 교회가 분리됨으로써 세속화의 큰 모멘텀을 만나 시작되었다.

100여 년이 지난 지금 브라질은 그 어느 때보다도 완연한 종교적 자유를 누리고 있다. 서로 다른 종교의 프로들이 자기 종교 혹은 자기 집단 커뮤니티의 확대 재생산을 확보하기 위해 시기를 불문하고 모든 수단을 동원하며 투쟁하는 데 있어서, 지금처럼 자유롭게 느낀 적이 결코 없었다.

그들의 거의 모두가 갖고 있는 목적은 오로지 하나인 것처럼 보인다. 즉, 자신들의 교회가 성장하는 것이다. 그리하여 브라질 종교 영역에서는 항상 어느 곳에서나 경쟁적인 자율화 과정이 낳은 결과, 다시 말하면 올라가지 못하는 자는 내려간다고 하는 상황이 반복되고 있다. 그리고 성장하지 않는 자는 위축된다. 그러한 긴박함으로 인하여 종교전문가들에게 가장 중요한 것은 개종시키는 것이 되었다. "무조건 개종시켜라!ou converter ou converter!" 문제는 어느 종교가 신자들을 모집한다는 것은 여타 종교의 신자들을 빼내오는 것을 의미한다. 결국 개종시킨다는 것은 경쟁관계에 있는 종교의 "충실한 신도들"을 "불충하게 만든다"는 것을 의미한다. 또한 성장한다는 것과 종교를 확산시킨다는 것은 개종 종교의 입장에서 볼 때 타 종교들을 공격하고 파괴하는 것을 의미하며 그 게릴라전과 같은 전쟁에서 가장 즉각적이고 이윤을 많이 낼 수 있는 목표물은 언제나 다수 종교로서 브라질의 경우는 가톨릭교회가 바로 그것이다. 상황이 이렇다 해도 [도표 1]에 나타난 비율로 볼 때, 당황스럽게도 2000년 인구조사에서는 가톨릭 신자의 수가 아직 전체 인구의 3/4이 넘는 74%를 차지하고 있음을 알 수 있다. 그런데 1991년 인구조사에서는 그 수가 훨씬 더 많아 83%를 차지했었다. 또한 그 10년 이전의 인구조사에서는 더 많은 수가 가톨릭 신자들이었는데 이처럼, 과거로 거슬러 올라갈수록 가톨릭 인구의 비율은 점차 높아져서 1940년 인구조사에서는 가톨릭 인구수가 전체 인구의 95.2%까지 달했음을 알 수 있다. 이처럼 시대를 올라갈수록 가톨릭 신자라고 말한 사람의 수가 한때 10명 중 9명을 넘어서기도 했다. 1940년부터 2000년까지 전국 가톨릭 인구의 수는 95%에서 74%로, 지속적으로 가파르게 줄어들어 마치 브라질 가톨릭에게는 그것이 피할 수 없는 가혹한 운명처럼 보인다.

[도표 1] 1940년부터 2000년까지 브라질의 종교(%)

종교 \ 연	1940	1950	1960	1970	1980	1991	2000
가톨릭	95.2	93.7	93.1	91.1	89.2	83.3	73.8
개신교	2.6	3.4	4.0	5.8	6.6	9.0	15.4
기타 종교	1.9	2.4	2.4	2.3	2.5	2.9	3.5
무종교	0.2	0.5	0.5	0.8	1.6	4.8	7.3
합계*	100.0	100.0	100.0	100.0	100.0	100.0	100.0

* 응답자가 말하지 않거나 결정하지 않은 종교는 포함되지 않았음.
출처: 브라질지리통계원(IBGE)의 인구조사.

가톨릭 신자 수의 감소가 가속되는 종교이동 과정에서 수혜를 받고 있는 주요 종교는 개신교이다. 미국의 경우와는 달리, 브라질에서는 현재 "개신교도evangélicos"라는 용어가 "프로테스탄트protestantes"라는 용어와 완연한 동의어로 사용되고 있다. 이것은 1824년 루터교가 브라질에 도착한 뒤 벌어진 일로서, 루터교는 당시에 "브라질 루터신앙고백 복음교회Igreja *Evangélica* de Confissão Luterana no Brasil"라는 명칭을 채택했었다.

결국 브라질에서 개신교evangélico란, 역사성을 지닌 모든 프로테스탄트 교회(루터교회, 장로교회, 성공회, 침례교회, 감리교회, 예수재림교회, 메노파 교회 등)를 포괄하는 일반적인 명칭이다. 여기에, 전통적인 스타일의 브라질 오순절교회(Congregação Cristã no Brasil, Assembleia de Deus, Evangelho Quadrangular, Deus é Amor, O Brasil para Cristo etc.)든 신 브라질 오순절교회(Universal do Reino de Deus, Internacional da Graça de Deus, Mundial do Poder de Deus, Renascer, Sara Nossa Terra, etc.)든 상관없이, 오순절교회가 포함된다.

[도표 2] 2000년 절대수치와 퍼센티지로 본 브라질의 종교들

종교	절대 수치	%
로마가톨릭	124,976,912	73.77
개신교	26,166,930	15.55
역사성을 지닌 프로테스탄트	7,159,383	4.23
오순절교	17,689,862	10.43
기타 개신교	1,317,685	0.78
정령신앙	2,337,432	1.38
심령주의	39,840	0.02
아프리칸-브라질	571,329	0.34
웅반다	432,001	0.26
칸동블레	139,328	0.08
유대교	101,062	0.06
불교	24,487	00.15
기타 동양종교들	181,579	0.11
이슬람	18,592	0.01
힌두교	2,979	0.00
비교	67,288	0.04
원주민 인디오 전통의 종교	10,723	0.01
기타 종교들	1,978,633	1.17
종교가 없음	12,330,101	7.28
다중종교	382,489	0.23
브라질*	169,411,759	100.0%

* 여기에는 자신이 밝히지 않은 종교인 387,411명이 포함되어 있지 않다. 이들은 브라질 전체 인구 169,799,170명 가운데 0.23%를 차지한다.

개신교 전체의 성장률이 가장 많이 상승했던 것은 20세기 마지막 20년간이었다(도표 1). 특히 1990년대에는 실제 놀라운 성장률을 기록하였는데 10년 사이에 약 100% 증가세를 나타냈다. 다시 말

하면 개신교도의 수가 1300만 명에서 2600만 명으로 늘어나 그 규모가 두 배로 급팽창한 것이다. 개신교의 이러한 성장을 자세히 들여다보면 이처럼 놀라운 프로테스탄트의 확장, 또는 역으로 가톨릭의 쇠퇴를 가속화시킨 요인이 바로 오순절교회였다는 사실을 알 수 있다. 1980년대 이후 오순절교회는 대외적으로 가장 많은 모습을 드러냈으며 라디오와 TV에 더 많은 시간을 투자하였다. 나아가 정당을 통해서도 더 많은 권력을 얻었으며 의회진출에서도 두각을 나타내어 매 10년마다 오순절교회는 그 규모가 두 배씩 늘어났던 것이다. 예를 들면 1980년에는 신도수가 390여만 명이었으나 1991년에는 880여만 명 그리고 2000년에는 1,770여만 명으로 급속히 늘어났다. 중소 규모의 오순절교회를 지칭하는 수백 개의 명칭들이 존재함에도 불구하고 2000년 인구조사에 의하면 신도수가 100만 명을 상회하는 오순절교회는 Assembleia de Deus(840여만 명), Congregação Cristã no Brasil(240여만 명), Universal do Reino de Deus(210여만 명), Evangelho Quadrangular(130여만 명) 등 4곳에 이르렀다.

개신교 영역에서 소수로 전락한, 역사성을 지닌 프로테스탄트 교회들의 신도 수는 1991년 440여만 명에서 2000년 인구조사에서는 850여만 명으로 증가하였다. 성장을 잘한 것이었다. 사실 오순절교회들보다는 못하지만 전체적인 면에서는 아주 높은 회복세를 보이고 있다. 역사성을 지닌 프로테스탄트 교회들 가운데 5곳이 이들 교회 신도들의 80%를 점하고 있는데 현재 침례교회가 310여만 명, 예수재림교회가 120여만 명, 루터교회가 100여만 명, 장로교회 981,000여 명, 감리교회가 341,000여 명을 차지하고 있다.

개신교의 이러한 지속적인 성장이 보여주는, 가장 가능성이 높은 문화적 의미는 그것이 뒤로 후퇴할 일이 없다는 것, 다시 말하면 브라질의 종교영역이 복수화 과정을 확고하게 하고 있다는 사실에 있을 것이다. 공공 분야에의 화려한 참여처럼, 브라질의 종교 영역에서 프로테스탄트들이 점점 더 공격적으로 모습을 드러내고 있는 것은—정치영역뿐만 아니라 미디어영역에서도— 처음이지만 이미 절대적이며 이의 제기가 불가능할 정도로, 가톨릭과 국가 정체성 사이의 전통적인 연계를 위기에 몰아넣는 데에 있어서 역사적인 결정적 요인이 되어버렸다. 그것은 완전히 **역사적인** 위업이었다. 가톨릭 신자라고 밝힌 사람들의 수가 하락한 것과 개신교도라고 밝힌 사람들의 수가 완연히 상승세를 나타내고 있음을 포착한 2000년 인구센서스는, 새천년의 문턱에서 수적으로, 현 브라질의 최대 종교그룹 두 곳 사이의 인구 균형에 맞춘 점진적인 그런 움직임을 포착한 것 같다. 그러니까 비록 90%가 기독교인cristão이지만 미래의 브라질이 가질 새롭고 다른 정체성을 확연하게 보여주었다는 것이다.

오래전부터 브라질에서 성장하여 지금도 계속 신도수를 늘리고 있는 다른 종교그룹은 19세기 프랑스의 알렝 카르덱Allen Kardec이 설파한, 유심론적 정령신앙인 카르데시즘Kardecismo 종교그룹이다. 2000년 인구조사에 따르면 "흰 탁자의 정령신앙espiritismo de mesa branca"으로 알려진 동 종교의 신도 수는 230여만 명으로 브라질 종교그룹 중 4번째로 많은 신도 수를 자랑하고 있다. 카르데시즘 신도들—그들 중 많은 사람은 자신이 완연한 권리를 가진 기독교인이라고 주장한다— 은 고학력, 고소득층 사이에서 증가하고 있다.

요약하자면 현재 브라질에서는 정령신앙을 믿는 사람들과 무종교인들 그리고 개신교도들, 특히 오순절교회 신도들이 증가하고 있다는 것이다. 가톨릭 관점에서 볼 때 이것은 종교의 자유로운 선택에 따른 순수한 이탈이자 종교에 대한 선택적 거부를 의미하는 것으로서 그 흐름이 최근 20세기 20여 년간 항상 큰 폭으로, 대규모로 발생하고 있다. 이것은 브라질 현행 헌법에 명시된 종교의 자유권이 완연하게 무르익고 있다는 것을 의미함과 동시에 경제용어를 이용하자면 자유로운 종교 경쟁, 즉 다른 각도에서 보자면, 가톨릭의 독점시대가 끝나가고 있다는 방증일 수 있다.

이러한 가운데 웅반다umbanda, 칸동블레candomblé 등 다양한 지역적 특색을 지닌 아프리칸-브라질 종교들이 가톨릭과 더불어 수적인 면에서 하향곡선을 그리고 있다. 하지만 그 경우는 수적으로 적은 종교그룹이어서 오히려 훨씬 더 나쁜 결과를 안겨다주고 있다. 다시 말하면 아프리카에서 유래된 종교의 신자라고 말하는 사람들 수가 타 종교들보다 훨씬 더 줄어들고 있다는 것인데 절대 수치로 보면 그 신도수가 1980년 678,714명이었던 것이 2000년에는 571,329명으로 줄어들었으며 상대적인 수치로 보면 1980년 0.6%에서 2000년 0.3%로 줄어든 것을 알 수 있다. 인구조사에서 나타난 이 수치들은 아주 명확하고 냉정하게, 아프리칸-브라질 종교그룹들에 속하는 사람들의 수—정의를 하자면 그 수가 이미 적어서 "성자의 가족들famílias de santo"로 불린다—가 최근 20년간 훨씬 더 줄어들고 있다는 것을 보여준다. 이들의 수가 이처럼 줄어든 것은 오순절교회의 급격한 성장으로 그 사회적 기반이 엄청난 압력을 받고 있다는 것과 신 오순절교회가 이들의 종교적 활동을, 성서에 근거하여, "마법"이나 "마법을 부리는 자들"이라며 공공연하게 그리고 지속적으로 적대적 공격을 가하고 있기 때문이다.

이것은 믿을 수 없는 일처럼 보일 수도 있지만 현실이다. 브라질의 종교영역에서는 "가장 브라질적인brasileiríssimas" 종교로 간주되는 것들 역시 하향곡선을 그리고 있다. 이것은 순수하게 대중적인 기반을 갖춘, 브라질 종교의 생태적 다양성을 구성하는 근본요소 일부가 사라질 위험에 처했다는 것을 의미하며 자연생태계에 비유하자면 진짜 벌목상황과 다를 바 없다.

참고문헌

CAMARGO, Candido Procopio Ferreira de. *Católicos, protestantes, espíritas.* Petrópolis, Vozes, 1973.

CAMPOS, Leonildo Silveira. *Teatro, templo e mercado: organização e marketing de um empreendimento neopentecostal*. Petrópolis, Vozes, 1997.

FRESTON, Paul (org.). *Evangelical Christianity and democracy in Latin America.* Nova York, Oxford University Press, 2008.

MARIANO, Ricardo. *Neopentecostais: sociologia do novo pentecostalismo no Brasil*. São Paulo, Loyola, 1999.

PRANDI, Reginaldo. *Segredos guardados: orixás na alma brasileira*. São Paulo, Companhia das Letras, 2005.

TEIXEIRA, Faustino e MENEZES, Renata (orgs.). *Catolicismo plural: dinâmicas contemporâneas*. Petrópolis, Vozes, 2009.

Saùde Pùblica ou os males do Brasil São

공중보건

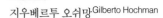

지우베르투 오쉬망Gilberto Hochman

Gilberto Hochman

정치학 박사로서 현재 오스바우두 크루스대학(Fundação Oswaldo Cruz)의 교수이며 주요 저서로는 『상하수도의 시대』(*A era do saneamento*. Hucitec/Anpocs, 1988; 2ª ed., 2006)가 있다.

©VanderGomes

1885년 이래 공중보건은 브라질의 지식계와 정치계의 주된 의제가 되었다. 그것은 지식계와 정치계의 주장 때문이 아니라 그 정반대, 즉 질병 때문이었다. 여행자, 기자, 문인, 의사 그리고 사회학자는 열대의 질병과, 흑인노예와 이민자의 전염병, 도시와 농촌의 병, 근대성이 낳은 병리학적 문제 그리고 저발전이 가져온 병을 기록하며 그것의 치료를 위해 많은 고민을 했다. 이들 모두는 놀라울 정도로 덩치가 큰 브라질과 그 국민의 비위생성을 관찰하였으나 시기에 따라 문제 해결의 초점은 다양했다. 이러한 차이는 브라질의 보건과 과학의 역사만큼이나 브라질의 정치, 경제, 지식사의 특정한 상황과도 연계되어 있었다. "브라질은 아직도 엄청난 병원이다." 1916년 10월에 의사 미게우 페레이라Miguel Pereira의 이 고발은 그 후 수십 년 동안 브라질의 상황을 대변하는 비석처럼, 그 상황을 재삼 확인하기 위해서든 아니면 지나친 애국심으로 그러한 상황을 부정하기 위해서든 또 아니면 그것을 인정하고 해결점을 모색하기 위해서든, 여러 세대를 움직인 하나의 은유적 표현이 되었다. 한 나라가 그렇게 깊은 상흔으로부터 해방되려면 어떻게 해야 할까? 1955년 본래 의사였던 주셀리누 쿠비체크Jucelino Kubitschek 전 대통령은 대통령 후보로 나서면서 브라질이 이미 심각한 위생문제를 극복했다고 믿으며 "브라질은 병에 걸린 나라만이 아니다"라고 낙천적인 견해를 피력했다.

1910년대와 1980년대처럼 이따금 공중보건 문제가 브라질 정치 의제에서 관심을 끌었던 적이 있었다. 그 시기는, 우연히도 위생보건 문제가 의회에서 논의되어 언론의 페이지를 장식하면서 진료실, 실험실, 사무실, 협회의 대강당 그리고 공공기관의 사무실에서 바깥세계로 나왔던 시기와 일치하였다. "병든 나라país doente"는 의사와 지식인 엘리트들의 마음을 끊임없이 불편케 했다. 한 가지 질문이 그들을 좇아다녔다. 병든 국민과 비위생적인 공간이 허다한 상황에서 어떻게 문명화되고 근대적이며 발전된 브라질을 건설할 수 있을 것인가? 그들이 한 대답은 보건과 병이, 국가의 정체성과 국민과 국토의 통합 그리고 국가의 역할에 대한 논쟁과 긴밀히 연계되어 있다는 것이었다. 그런 식으로 의사와 위생학자는 브라질을 이해했다.

한 세기 이상 동안 인종 혼혈, 자연, 기후, 이민, 도시, 대중문화와 대학생문화, 정치 엘리트, 정치시스템, 토지지배구조 그리고 자본주의가, 범죄에 가까운 브라질의 위생 상태와 비천한 삶의 원인으로 지목되었으며 —개별로든 단체로든—, 문맹도 이러한 비난의 이유 중 하나로 거론되었다. 하지만 조국의 질병patologias da pátria으로 간주된 특정 질병들의 상태는 그렇게 다양하지 않았다. 19세기 말과 20세기 초에 역병이라고 불렸던 질병 가운데 몇몇은 콜레라와 같은 전염병처럼 "외부로부터de fora" 들어온 질병으로 간주되었고 또 일부는 황열병, 천연두처럼 "내부로부터 발생한de dentro" 것으로 간주되었다. 특히 선페스트腺 pest는 내부에서 발생한 병이기도 하지만 외부에서 유입된 전염병일 수도 있다고 믿었다. 유럽에서 오던 선박의 3등실에 짐짝처럼 쌓여 들어온 이민자와 더불어 트라코마(전염성 만성 결막염)도 함께 들어왔다. 농산품 수출 중심의 경제국이었던 브라질에서 이민자의 보건과 항구의 위생상태 그리고 특히 연방수도(당시엔 리우데자네이루)의 청결상태는 사람과 상품의 지속적인 왕래를 보장하는 데 있어서 필수적인 것이었다. 전염병은 리우데자네이루의 명성뿐만 아니라 문명국 대열로 진입하기를 열망하던 브라질이라는 나라의 명성에도 먹칠을 하였다. 20세기 첫 10년간 그 질병들에 대한 매우 조직적이고도 성공적인 대응과 도시 개혁은, 오스바우두 크루스Oswaldo Cruz의 지휘 하에 공중보건의 제도화뿐만 아니라 그것을 지원했던 미생물학이 빛을 발할 수 있게 해주었다.

20세기 첫 20년간 오스바우두 크루스 연구소가 브라질 내륙지방을 탐험하면서 실시한 학술 연구와 보고서는, 그 직전 북동부내륙오지에서 발생한 소요사태에 대해 에우클리지스 다 쿵냐Euclides da Cunha가 보여준 열정과 더불어, 공중위생의 초점을 해안에서 내륙오지로 옮김으로써 브라질 전역에 그러한 질병이 만연하다는 것과 그에 대응할 공권력이 완벽하게 부재하다는 사실을 알리기 시작하였다. 해안지방의 의사와 오지의 병들고 미천한 삶을 살던 사람들과의 불편한 만남은, 비록 브라질의 정체성에 대한 어떤 느낌도 가지고 있지 않았지만, 미게우 페레이라를 비롯한 한 세대 의사 전체와 과학계 전체를 분노케 만들었다. 그리하여 이들은 농촌의 상하수도 시설개선을 위해 투쟁을 하기에 이르렀고, 또 위생서비스가 보다 넓은 지역에서 제공되는 것과 더불어 그들의 권한이 확대될 수 있도록 많은 노력을 기울였다. 1910년 이래 의사이자 과학자였던 카를루스 샤가스Carlos Chagas의 관점에서 보았을 때 정부와 과학자가 관심을 가져야 할 병은 바로 "브라질의 병doenças do Brasil"이었다. 그 병은 다름이 아니라 농촌의 전염병과, 내륙 및 오지의 질병이었다. 1916년부터 의사였던 벨리자리우 페나Belisário Penna의 주장과 행동의 표적이 되었던 "저주받은 트라이앵글", 즉 말라리아, 샤가스병 그리고 십이지장충병은, 문둥병, 매독, 결핵 그리고 10여 가지의 전염병 및 기생충병과 함께 브라질 위생 분야 의제에 단골로 등장하게 되었다.

브라질의 병은 공중의학이 구원할 환자들의 다양한 표상과 연계되어 있었다. 오지인 외에도 농촌 전염병의 희생자인 외딴 시골사람과 내륙지방 사람이, 병에 노출되어 있던 불행한 사람들의 리스트에 이름을 올렸다. 그 불행한 사람들이란 과거의 노예, 도시 빈민가 거주민, 판자촌 거주민, 이민자, 여성과 아동, 비공식 근로자 그리고 농민이었다. 그리고 아주 오랜 세월 동안 원주민 인디오는 제도화된 공중보건정책에서 투명인간이었다. 그들은 빈번히 백인과 인디오의 혼혈인 카보클루caboclo 그룹으로 분류되거나 아니면 막연히 내륙지방 사람으로 분류되거나 또 아니면 다른 관료주의 행정처분만을 기다려야 했다. 1950년대 초에 이 문제를 인식하고 국가보건시스템과 인디오 사이의 연결을 추진했던 사람은 의사였던 노에우 누테우스Noel Nutels였다.

입헌군주제에서 공화정으로 들어선 시기에 이루어진 몇 안 되는 국민적 합의가 있는데 그 가운데 하나는 그 모든 병으로부터 국민을 자유롭게 할 의무는 공권력, 그중에서도 대다수는 국민국가에 있다고 지목했다. 이러한 생각은, 전염성이 있는 병(풍토병이든 전염병이든 간에)은 근대 세계에서 등장하는 것으로서 점진적이고 복잡한 사회적 상호의존 현상이며, 그 병이 지니고 있는 부정적인 영향은 단지 개별적인 혹은 자율적인 행동과 해결책만으로 감소하거나 억제될 수 없다는 인식에서 비롯되었다. 19세기 마지막 15년 동안 병은 전염된다는 생각이 확실히 인식됨으로써 개인 간의 관계에 변화를 몰고 왔으며 보건에 대한 정부의 역할도 바뀌었다. 보건과 사회보장의 영역에서 흔히 볼 수 있는 종교단체나 일반시민단체의 자선행위가 사회에서 어느 정도의 두각을 나타냈지만 그것은 어디까지나 보조적인 역할이었다. 하지만 국가는, 국토와 국민에 대하여 합법적이고 기술적이며 강제적인 방식으로 활동할 수 있는 유일한 주체로 인식되기 시작했다. 바로 그 국가가 전염가능한 병의 부정적인 영향을 차단하든가 아니면 그에 대해 보상을 해야 할 의무가 있다는 것이었다. 그러한 상황에서 그 당시 병 문제를 다룸에 있어서 가장 큰 논란이 되었던 것 중 하나는 사회 전체에 대한 개인의 자유의 한계에 관한 것이었고 이 문제는 지금도 계속 논란 중에 있다. 질병 대책에 있어서 중앙집권화로 국가가 주도해야 한다는 요구는, 결코 완연히 실현된 바는 없지만, 같은 시기에 유럽과 북미 그리고 라틴아메리카의 공중보건 체제 구축 과정에서도 나타났다.

20세기 첫 40년간, 어떤 질병이 국가적인 문젯거리로 지목되었는가라는 문제와는 상관없이, 브라질 국민의 보건 환경을 개선하려던 각종 프로젝트와 정책은 자유주의, 연방주의, 과두지배체제, 군의 성격을 지닌 지방토착지주 중심주의 등에 대한 비판과도 연계되어 있었으며 또한 공공 자산을 일구고 서비스를 제공함에 있어서 주정부와 시 정부들이 보인 무능에 대한 비난과도 연계되어 있었다. 미게우 페레이라, 미게우 코우투Miguel Couto 그리고 카를루스 샤가스와 같은 몇몇 엘리트 의사가, 그 당시 정치 엘리트들에게 —그들과 매우 가까운 사이였다— 그 계층을 떠받치던 과두지배계급과의 협약을 직접 건들지 않으면서 연방 정부가 해안지방 이외의 지역으로 적극적인 행동을 펼칠 필요가 있다고 설득할 수도 있었을 것이다. 어쨌든 의사이자 작가였던 아프라니우 페이쇼투Afrânio Peixoto가 상기시키듯이, 오지와 그 지역의 배고픈 환자들은 당시 연방수도의 대로였던 센트라우Central가街의 바로 끝 지점에 있었다. 중앙권력에서 그토록 가까운 거리에 있었지만 그들의 존재는 국민의 의식에서 아주 멀리 떨어져 있었다.

하지만 민족주의적이고 중앙집권적이며 권위주의적인 사고가 브라질의 공중보건에서 적절한 에너지를 얻게 되었다. 위생문제가 상호의존이라는 문제, 브라질이라는 사회가 무질서하거나 개별주의적인 이해관계에 의해 지배되어 마치 존재감이 없는 사회라는 생각 등이 만연할 때 강력한 국가가 탄생한 것이었다. 많은 이에게는 그 국가체제가 브라질 사회를 재조직할 수 있을 뿐만 아니라 보건과 같은 공적 자산을 제대로 수혈할 수 있을 것이라고 생각되었다. 민족주의적이고 권위주의적인 사고의 전통에서 볼 때, 제1공화국 시절에 농촌의 상하수도문제 해결을 위해 헌신했던 벨리자리우 페나와 신국가체제Estado Novo에서 보건정책을 수립하고 개혁을 추진했던 의사 출신의 관료 주엉 지 바후스 바헤투João de Barros Barreto 등 두 인물 사이에는, 이데올로기적인 면에서 어떤 연결고리를 발견할 수 있다. 1920년에 실현된 위생시스템의 개혁 그리고 연방제임에도 불구하고 위생서비스 기관의 권한과 활동영역을 확대시켰던 그 위생시스템의 개혁은 제툴리우 바르가스Getúlio Vargas의 1기 정부에서 국가의 강력한 중앙집권화와 간섭주의의 기초를 다지게 해주었다. 앞서 언급한 인물들 그리고 여타 보건 분야 지식인들의 권위주의적이고 민족주의적인 특징에도 불구하고 전반적으로 보건 분야에서의 국제적인 공조 역시 국내에서 많은 환영을 받았다. 록펠러 재단의 자선사업 가운데 위생문제에서 핵심적인 역할을 수행하고 있던 국제위생국Divisão Sanitária Internacional이 1910년대와 1940년대 사이에 연방정부와 주 정부들의 위생서비스 시스템에 항시적인 협력기관으로 봉사했던 것이다. 국제사회의 실무적인 공조는 또, 몇몇 생물의학 모델의 전파를 시작으로, 보건부문에서 공공기관을 설립하는 데 도움을 주었다.

브라질의 질병 상황을 두고, "국민을 바꾸자trocar de povo", 국민을 백인화하자, 열등한 인종으로 간주되는 사람들의 이민을 차단하자, 혹은 동화가 불가능하거나 생물학적으로 퇴화된 개인은 제거하거나 배척하자는 논리들이 일부 사람들의 관심을 끌기도 했으나 이러한 우생학적인 논리는 주류를 형성하지 못했다. 국가가 병든 국민으로 가득한 거대한 병원이라는 뉴스가 주기적으로 전파를 탐으로써 정치엘리트와 지식인들은 불안한 마음을 금할 길 없었으나 이 당시 거론되던 대다수의 제안은 어떤 형식으로든 브라질의 미래에 대하여 낙관적이었으며 교육과 보건정책을 통해 국가의 보호 하에 있어야 할 국민에게 애정과 공감을 표하고 있었다. 그럼에도 일부 프로젝트와 정책은 민주적이지 못했다. 그것들은 공중보건의 수혜범위를 확대했으나 그 수혜자들을 주체이자 대화상대자로 인식하지 않았다. 그렇기에 그 프로젝트와 정책은, 보건과 질병에 대한 지식을 독점하며 위계질서를 강요하는 의학, 의사 그리고 그들의 행동과 별로 다를 바 없이 구성되고 실행되었다. 문명화된 국가라든가 선진국으로 상상되던 어떤 국가의 이미지가 공중보건 관련 여러 운동과 개념을 고양시켰지만 정작 그들의 간섭 대상이었던 사람들은 그렇지 못했다. 이들은 아주 천천히 환자로, 종속된 사람으로 그리고 자기의 목소리도 내지 못하는 사람으로 보건시스템에 흡수되었던 것이다.

계열화되고 세분화된 보건시스템의 확대는 과두체제적인 제1공화국 시절에 다양한 제안과 행동으로 시작되었으나 제1공화국의 황혼기에 이은 수십 년간, 이전과는 다른 방향과 속도 그리고 차원을 획득했다. 이러한 상황은 바르가스 시대와 민족주의적 발전주의 시대 그리고 군사독재시절에도 지속적으로 이어졌다. 바르가스의 제1기 정부(1930-1945)시절에는 공중보건과 사회보장 간의 정치적이고도 제도적인 분리가 정착되었다. 이 분리정책은 그로부터 50년간 지속되었다. 국가에 의해 정식으로 인정된 전문직 종사자들은 사회보장차원에서 은퇴와 연금, 의료보험과 같은 사회적 권리와 연계된 시민의 권리를 획득하였다. 정치학자인 반데를레이 길례르미 두스 산투스Wanderley Guilherme do Santos에 따르면, 이들이 획득한 시민의 권리는 일시적인 것이 아닌 정규화된 것이었다. 1930년대에는 이렇게 차별화된 직업 카테고리에 선원, 항만근로자, 은행원, 상인, 제조업 종사자, 공무원, 운송 및 화물 관련 종사자 등이 합류하였다. 각 업종 종사자들은 카테고리별 은퇴 및 연금관리청Instituto de Aposentadoria e Pensões의 관리를 받게 되었을 뿐만 아니라 모두가 자신의 재화와 서비스를 갖게 되었다. 하지만 농촌근로자와 내륙사람은 이 정책에서 제외되었다. 상기 업종에 속하지 않는 도시근로자는 물론이고 정부에 압력을 넣거나 대화를 추진할 능력도 없이 공공지원에 의존하던 도시근로자들도 이 정책에서 배제되었다. 비조직적이며 공식노동을 통해 도시세계에 합류하지 못한 다양한 사회그룹을 돌보는 것은 제도화된 공중보건 시스템이 할 일이었다. 직종별로 다양한 사회적 보호 시스템의 통합은 1967년 군사정부에 의해, 노조들의 힘을 와해시키려는 목적으로 단행되었다. 공중보건과 사회보장성 의료지원 간의 분리 행정은 1990년에야 겨우 끝이 났다.

1945년과 1964년 사이의 민주주의 기간에도 그와 같은 정부의 시각은 많이 변하지 않았고 또 그 이전에 만들어진 보건 구조도 마찬가지였다. 이 시기는 "위생 낙관주의otimismo sanitário"가 팽배하던 시기였다. 다시 말하면, 가용 가능한 신기술 —살충제, 항생제 그리고 백신— 이 정부의 행동을 통한 주요 전염병의 박멸을 가능하게 할 것이라고 믿었던 것이다. 하지만 1950년대에 들어서면서 공중보건의 과제는 냉전과 발전과제, 점증하는 사회운동단체들과 국제기구들의 활발한 활동 그리고 이 양 진영 간의 상호 협조 문제 등으로 더욱 복잡한 양상을 띠었다. 정치적 관점에서 보았을 때는, 긴장감이 감도는 사건들과 기존 정책들에 대한 재고再考 움직임이 브라질 위생 관련 문제를 둘러싸고 지속적으로 전개되었다. 이러한 분위기에 대하여 의사이자 영양학자인 조주에 지 카스트루Josué de Castro가 "빵이냐 철이냐pão ou aço"라며 당시에 브라질이 안고 있던 딜레마를 표현했듯이, 발전기의 브라질 사회와 지식인들도 이 문제를 두고 양분되었다. 보다 자세히 말한다면, 전염성이 있는 질병을 통제하거나 박멸하는 것이 국가와 사회의 발전을 위한 선결과제라는 것과, 비록 이 질병들에 대한 통제가 부족하지만, 궁극적으로는 경제적·사회적 발전이 국민 보건의 개선을 위한 선결과제라는 의견이 팽배했던 것이다. 똑같은 방식으로, 동 질병들에 대한 퇴치 운동이, 신국가체제 때 공고해졌듯이, 각각의 질병마다 수직적으로 대응, 전개되어야 한다거나 아니면 그 질병들에 대한 퇴치 운동이 질병 전체에 대해 조직적이고 통합된 방식으로 진행되어야 하며 아울러 위생 관련 인프라의 기본여건을 개선하는 것도 포함해야 한다는 등 여러 의견이 분분하였다. 하지만 마리우 피노치Mário Pinotti와 마리우 마갈량이스 다 시우베이라Mário Magalhães da Silveira와 같이 발전주의의 다양한 시각을 갖고 있던 위생학자들에게는 민주주의의 문제란 별로 중요하지 않으며 국가의 발전에 반하는 장애물 제거에는 국가가 주역이 되어야 한다고 주장했다. 그들에게 장애물이란, 위생 관련 문제든 아니면(농촌의 전염병) 구조적인 문제든(저발전) 상관이 없었다. 기생충 학자이자 공산주의자였던 사무에우 페소아Samuel Pessoa 경우 문제의 해결책은 농지개혁에 있었다. 하지만 1964년 쿠데타가 발생하자 그러한 논쟁도 중단되었고, 보다 지방분권적이고 수평적이며 민주적인 공중보건 정책으로의 변화 기대도 물거품이 되고 말았다.

1980년대에 들어서자 권리와 시민의 자격, 보편주의, 민주주의 그리고 참여의식이, 군부독재시절 민주화투쟁의 표현이자 한 요소로서, 보건정책 —그리고 전반적으로는 사회정책— 을 재거론토록 분위기를 몰아가기 시작했다. 1970년대 중반부터 이 문제는 해당 행정부문의 의제로 자주 등장하였고 1985년에 이르러서는 군부독재 종식에 따른 민주화 열기 덕에 국가의 정치적 의제로 부상하기에 이르렀다. 지방분권화, 사회적 통제 그리고 보건에 대한 보편적 권리 등의 주제가, 바르가스 시대에 제도화된 모델의 파기와 더불어, 개혁의제의 최고 우선순위로 떠올랐다. 이러한 노력이 가장 절정에 이른 것은 1988년 헌법이었다. 이 헌법은 보건을 "만인의 권리이자 국가의 의무direito de todos e dever do Estado"라고 규정했으며 이로 인하여 마침내 단일 보건 시스템Único Sistema de Saúde 구축으로 구체화되기에 이르렀다. 이처럼 보건과 민주주의 그리고 시민의 권리, 나아가 이것들과 발전 간의 상호 연계는 브라질 정치, 지식 그리고 위생 역사에서 아주 최근의 일이다. 그리고 이 연계는 지금도 지속적으로, 보건 관련 구 문제와 신 문제들에 의해 도전을 받으며, 재검토되고 있다.

앞서 언급한 정치적 변화 이외에도, 1970년대 이후 가속화된 산업화, 도시화, 농촌의 현대화 그리고 아주 최근의 세계화 및 환경변화 등의 문제 역시 국민의 보건 문제에 큰 영향을 미쳤다. 하지만 1910년대 이래 줄곧 강화된 공중보건이라는 전통적 의제—전염병과 기생충병 그리고 영양실조—는 비록 그 강도가 떨어지기는 했어도 지속적으로 유지되었다. 나아가 천연두와 소아마비의 퇴치 경우 큰 진전이 있었고 영양실조와 유아사망률도 감소하였다. 하지만 사회적·경제적 변화와 인구변화가 발생하면서 보건체제와 그 분야 전문가들에게 새로운 과제가 등장하였다. 예를 들면 노인병, "부자"병doenças da "afluência", HIV-Aids 및 독감과 같은 신종병과 전염병; 폭력과 사고, 산업재해, 비만, 영양장애; 뎅기열dengue과 같은 과거 병의 재등장 그리고 보건에 있어서의 만성적인 불평등 등이 그것이다. 금세기에 들어 새로운 것이 있다면, 복잡한 현상으로 이해되는 보건의 사회적 결정요인들 전반을 이해하려는 노력이 점차 높아가고 있다는 것이다. 이것은, 정부와 사회의 활동을 제대로 알리기 위해서는, 덜 생물학적이면서도 더 다학문적이고 다문화적인 시각을 요구한다. 질문과 답변은 세월에 따라 거듭 변했지만 별 볼일 없던 마쿠나이마Macunaíma•가 부탄탕 연구소Instituto Butantã의 방명록에 썼던

• 브라질 모더니즘의 작가 마리우 지 안드라지의 작품 주인공 이름. _옮긴이

문장, 즉 "건강은 바닥이고, 잎걷이개미는 많고, 브라질의 질병들은 …"은 아직도 지워지지 않은 채 그대로 있다.

참고문헌

FONSECA, Cristina M. O. *Saúde no governo Vargas* (1930-45) – *Dualidade institucional de um bem público.* Rio de Janeiro, Editora Fiocruz, 2007.

HOCHMAN, Gilberto. *A era do saneamento – as bases da política de saúde pública no Brasil.* São Paulo, Hucitec/Anpocs, 1998.

LIMA, Nisia T. Lima e GERSHMAN, Silvia et al. (orgs.). *Saúde e democracia. História e perspectivas do SUS*. Rio de Janeiro, Editora Fiocruz, 2005.

MONTEIRO, Carlos Augusto Monteiro (org.). *Velhos e novos males da saúde no Brasil*. 2ª ed. ampliada São Paulo, Hucitec, 2000.

SANTOS, Wanderley Guilherme dos. *Cidadania e justiça – a política social na ordem brasileira.* 2ª ed. revista e atualizada. Rio de Janeiro, Campus, 1987.

Segurança Pùblica: dimensão essencial do Estado Democrático de Direito

치안: 민주법치국가의 기본

루이스 에두아르도 소아리스Luiz Eduardo Soares

Luiz Eduardo Soares

인류학자이자 정치학자로 리우데자네이루주립대학교(UERJ) 교수로 재직 중이며 과거에 연방정부의 치안국장을 역임하기도 하였다. 주요 저서로는『해방의 적법성』(*Legalidade libertária. Lumen-Juris*, 2006)이 있다.

FORÇA NACIONAL

모두가 한마디씩 할 수 있는 주제 가운데 하나가 바로 치안이다. 이처럼 모든 사람이 그 주제를 잘 알고 있을 때 그것을 논하는 것은 위험지역에 진입하는 것과 같아서 그 분야의 연구자에겐 경고음이 끝없이 울려 퍼진다. 그것은 아주 단순한 이유 때문이다. 즉 지나치게 많은 뉴스와 대화 그리고 의견이 우리 모두가 같은 문제를 얘기하고 있으며 그 문제의 본질에 대하여 모두가 동의하는 듯한 인상을 주지만, 문제는 그것이 틀릴 수 있다는 것이다. 그렇다면 최선의 방책은 우리가 치안에 대하여 알고 있는 것을 잊고 그 이전 단계로 물러서는 것이다. 그리고 가장 단순한 질문에 답해보는 것이다: 치안, 곧 공공의 안전이란 무엇인가?

대답은 확실한 것 같으나 그렇지 않다. 첫 번째 가정을 분석해보자. 즉 안전은 범죄가 일어나지 않거나 드문, 사회생활의 어떤 상황을 나타낸다는 것이다. 혹은 안전이란 평화롭고 범죄가 발생하지 않아서 법을 존중하는 자세가 완연한 것이 확인 가능한, 사회생활의 상황을 지칭하는 것일 수 있다. 그렇지 않으면, 안전이란 범죄가 없는—혹은 거의 없는— 사회를 특징짓는 조건일 수도 있다. 그러한 사회는 "안전한seguras" 사회일 수 있으며 그 안에서 개인은 "안전하게em segurança" 살 수 있을 것이다.

이것에 대하여 두 가지 반대의견이 제기된다. 우선 우리보다 범죄가 많은 나라가 어디인가? 북한, 중국, 쿠바 그리고 이란과 같은 권위주의 정권이 존재하는 나라 혹은 미국이 그런가? 거의 알려지지 않은 사실이지만 전체주의 국가에서는 범죄가 덜하다. 하지만 정치적으로 권위주의가 장악하고 있는 나라에 범죄의 수가 적다고 해서 그것이 곧 신정정치, 문화적 쇄국, 박해, 고문, 검열, 처형이 공공의 안전을 보장하는 것임을 의미하지는 않는다. 좌우간 무덤의 평화가 행복한 도시를 꿈꾸는 우리의 꿈속에도 나타나는 것은 아니다. 요약하자면, 범죄의 부재(혹은 적은 수의 범죄)가 항상 공공안전과 일치하는 것은 아니라는 것이다. 두려움을 관찰해보는 것만으로도 이것을 충분히 이해할 수 있을 것이다. 가정하자면, 만약에 치안이 존재한다면 두려움이 없거나, 최소한 육체적·정신적 공격, 임의적이고 예측 불가능한 간섭, 남용, 침해, 폭력 등에 대한 지속적이고도 폭넓은 두려움은 없을 것이다. 따라서 그것이 사실이라면 전체주의 하에서는 안전이 없게 된다. 왜냐하면 두려움이 사방이 퍼져 있고 신뢰가 —법정을 시작으로 국가제도에 대한 신뢰가— 침식되기 때문이다. 다시 말하면, 우리가 안전이라고 이해하는 것은 범죄와는 거의 상관이 없으며 오히려 신뢰와 두려움의 부재와 더 많은 관계가 있다.

첫 번째 답변의 실수에 대한 설명이 있다면 그것은, 범죄란 국가가 그러한 것이라고 정의한 것이기에, 결국 도덕적으로 가치가 있는 확고한 판단기준이 될 수 없다는 것이다. 주지하다시피 역사적으로 그리고 현대의 세계에서 국가는 아주 다양한 방식으로 조직되며 또 아주 다양한 방식으로 인간의 행위를 분류한 뒤 범죄를 생각한다. 그런데 일부는 그 범죄를 미덕으로 보며, 다른 사람들이 용납할 수 없는 사악한 짓이라고 역겨워하는 행위에 대해서 정당성을 부여하기도 한다. 물론 모든 범죄행위와 모든 범죄의 내용 및 가치를 자세히 들여다보지 않은 채 범죄에 대하여 말하는 것은 피해야 한다.

불충분한 다른 답변(두 번째 답변)에 대해서도 이처럼 말해질 수 있을 것이다. 즉 공공안전은 어떤 사회의 삶에 있어서 장기간 폭력의 부재 —그 표출 형태가 무엇이든— 를 의미한다고 볼 수 있을 것이다. 몇몇 전통사회의 경우 공적인 공간에서의 폭력 수가 적게 나타나지만 여성과 아동에 대한 가정폭력은 수도 없이 많이 나타난다. 그 이유는 그 사회의 문화에 의해 젠더 간의 불평등이 용인되기 때문이며 자식들에 대한 물리력행사는 교육적 차원에서 이루어지는 것이라고 정의되기 때문이다. 치안에 대한 연구에서 관습적으로 조사된 자료만을 살펴볼 경우, 아마도 그와 같은 드라마틱한 일들 그리고 어떤 경우 음성적으로 벌어지는 일들을 포착하기란 쉽지 않을 것이다. 관련 연구자의 무지를 합리화하기 위해 동원되는 알리바이는, 마치 각 가정의 개별 경험이 안전이라고 부르는 것의 결과물로는 적절치 않기라도 한 듯, "공적인píblico"이라는 형용사이다. 치안은 "공적인pública" 것으로 간주된다. 왜냐하면 보편적인 자산을 구성하며 집단에 영향을 미치기 때문이다. 여기서 "공적인"이라는 형용사는 "사적인privado"이라는 형용사의 의미에 반대되는 것이 아니다. 단지 사적이라는 것이 "가정상家庭上의doméstico"라는 단어와 동의어일 때 그러하다. 하지만 사적이라는 것이 "예외적인exclusivo"의 의미를 지닐 때는—다시 말하면 "공유되지 않는 것que não se compartilha"에 부합할 때—"공적인"이라는 말에 반대된다.

동격의 여러 의미에도 불구하고—폭력적이라고 분류될 수 있는 행위에 대한 관찰 영역을 확대하여 우리의 초점을 가정의 세계로 그리고 눈에 보이지 않지만 밀도가 높은 개인 간의 관계 영역으로까지 옮겨간다면— 영역의 확대는 그 자체로 이미 몇몇 문제를 내포하고 있다. 우선 모든 폭력형태가 부정적이며 안전에 반대되는 것은 아닐 수도 있다는 사실부터 시작해보자. 예를 들어 규칙과 제한으로 엄격히 관리되는 복싱이나 무술 챔피언전을 생각해보자. 그 분야의 고수들 시각에 따르면 무술은 교육적 역할을 행한다. 그들은 스포츠에서의 폭력과 무력 사이의 차이를 강조하려고 할 것이다. 스포츠에서의 무력은 기술과 함께 사용되며 엄격한 규칙으로 제한되어 있다.

이것은 깊이 생각해볼 흥미로운 화두다. 폭력의 의미론적 영역을 확대하는 것이 이점과 불이익을 동시에 가지고 있다는 걸 보여주기 위해서는 그 화두를 명확히 밝히는 것으로도 충분하다. 그렇게 하는 것이 항상 적절한 것은 아닐지도 모른다. 아울러 관심을 가질 만하고 또 철학, 심리분석학 그리고 사회학에 튼튼한 지지 기반을 갖고 있는 비판적 논점도 있다. 문제를 복잡하게 만드는 다른 논점은 폭력에 대한 인류학적 시각에서 유래된다. 서로 다른 문화권에서는 우리가 폭력 —우리가 보았듯이 우리 자신의 문화에서도 폭력은 매우 다양한 의미를 가지고 있다— 이라고 규정하는 것이 우주론이나 신앙 그리고 아주 다양한 가치체계와 연계되어 매우 다양한 의미로 해석된다. 이것은 두려움, 안전, 공적인 것, 사적인 것, 무력, 권한, 권력, 자유, 복종, 강제, 권리, 의무, 개성 등의 범주에도 똑같이 적용된다. 따라서 —비록 서로 다른 문화권 사이의 다양한 상황과 동일한 문화권 내부의 다양한 상황 때문에 불확실하다고 해도— "부정적인 폭력violência negativa"을, 타자에게 (육체적 혹은 정신적) 피해를 야기하거나 그의 권리를 침해하면서(이 경우 만일 사회상황이 공평의 원칙과 민주법치국가에 의해 지배되는 경우라면), 그 타자에게 피할 수도 있는 고통을, 행동이라는 형태나 방관이라는 형태로, 부과하는 것으로 정의하는 것이 합리적일 것이다.

문화적 다양성을 인정함으로 인한 결과 중 하나는, 그러한 성찰을 국가 조직을 갖춘 사회에 국한할 필요가 있다는 것이다. 이러한 제한은 공공안전의 문제를 국가에게 떠넘긴다. 여기서 국가는 합법적인 폭력을 독점하고 있는 제도적 장치로 이해된다. 이 경우 폭력을 긍정적으로 수용할 수 있다. 이 경우 폭력은 사회가 승인한, 목적을 위한 강제수단—무기, 경찰, 조직된 무력— 의 잠재적인 사용으로 정의될 수 있을 것이다. 그 이유는 이것이 법적인 결정에 따르는 것이기 때문이며 이때의 법은, 민주법치국가에 의해 민주적으로 제도화된, 국민의 의지가 낳은 결과이다. 다른 말로 하자면, 폭력이 권리와 자유를 보호하기 위해 국가에 의해 적용될 경우 합법적이 되며 그렇게 함으로써 불법적인 폭력을 피할 수 있게 된다는 것이다. 또한 불법적인 폭력으로부터 자신을 방어하기 위해 어떤 개인이 사용한 폭력 역시도 합법적이 될 것이다. 어찌됐든 방어적인 반응을 보이면서 충돌을 피하려는 사람보다 더 큰 악을 타자에게 행하는 것은 합리화될 수 없기에, 결국 비례의 원칙이 핵심적인 역할을 수행하게 될 것이다.

하지만 해결의 실마리를 놓치지 말자. 두 번째 답변도—치안은 폭력의 부재를 의미한다— 역시 불충분하다. 왜냐고? 그 이유는 단순하다. 만일 치안segurança pública이라는 표현이 폭력이 없는 사회를 지칭하는 데에 국한된다면 그 용어의 용도가 거의 없게 될 것이기 때문이다. 그 표현을 퇴장시키고 더 이상 그 용어로 시간을 허비하지 않는 것이 어쩌면 더 나을지 모른다. 더 중요한 것은 그 정도와 중재이다. 그리고 그 정도의 차이는 작은 것이 아니다. 물론 폭력을 완전히 예방할 가능성이 없다는 것이 사회에게 엄청 중요한 것이 아니라는 것을 뜻하진 않는다.

만일 "전부 아니면 무無"tudo ou nada가 적용되지 않을 경우(폭력의 부재나 모두에 대한 모두의 전쟁), 제3의 해답이 등장할 수 있다. 이 해답은 균형을 맞출 어떤 중간 지점 혹은 합리적인 어떤 패턴이나 어떤 대책을 찾아야 할 필요성에서 나온 것일 수 있다. 누군가는, 어떤 특징을 갖고 있는 일정 규모의 사회입장에서 볼 때, 불안을 야기하는 어느 정도의 평균적 행동은 받아들일 수 있다는 가정을 제시할 수도 있을 것이다. 기존 사회의 실제 경험에서 볼 때, 국제적인 상식 수준에서 그런대로 안전하다고 평가되는 사회가 어떤 사회일까? 예를 들어, 사회민주주의의 전통을 갖고 있는 북유럽 국가들을 보자. 이 국가들은 폭력률(폭력이라는 단어를 약간 느슨하게 해석할 경우)이 낮음과 동시에 민주주의 체제에서 불평등, 교육, 생활의 질, 재화에의 접근과 관련하여 세계최고의 지수를 나타내고 있다. 치안을 가장 본질적이고 확고하게 정의하기 위해 이 나라들을 기준으로 삼아 어떤 파라미터를 정하는 것이 다소 의도적이라고 말할 수 있을 것이다. 하지만 비율이 그 파라미터를 벗어나 부정적이 될 때 그 사회는 더 불안한 나라가 될 것이고 그 파리미터에 접근할 때는 보다 안전한 나라가 될 것이다.

이 제안에는 전혀 모순적인 내용이 없다. 하지만 그 유용성에 대해서는 의문이 제기될 수도 있다. 그렇다면 어떤 나라나 어떤 도시가, 그 자신이 수용할 수 없을 정도로 폭력적이라고 구분한 범죄의 수가 절반으로 줄었다고 가정해보자. 또한 인내할 수 없는 폭력사건의 수가 줄어든 것이 느껴질 정도이고 또 일정기간 지속되었다고 가정해보자. 그 경우, 폭력이 줄어서 혜택을 본 주민이 이제는 자신이 더 안전하다고 느끼고 자기 도시나 국가의 치안에 대하여 긍정적으로 평가할 가능성이 높아진다. 비록 그 파라미터, 다시 말하면 폭력사건의 수가 절대수치상으로 아주 높게 지속된다고 해도 말이다. 그 도시나 국가에게 실제 중요한 과거와 현재의 범죄 수 비교, 주민을 민감하게 만드는 그 비교는 사실 그 주민의 과거 경험과의 비교에서 나온 것이지, 먼 나라나 먼 도시와 비교한 것이 아닐뿐더러 절대적인 비율이나 숫자 그리고 계산과 비교한 것도 아니다. 그 정반대의 경우도 이와 같은 현상이 적용된다.

만일 해당 주민이 자기 내부와의 비교(자기 자신과의 비교)에 더 많은 가치를 부여한다면 그것은 그들이 무지해서 그렇거나 사회학적인 문화가 부재해서 그런 것이 아니다. 그 비교결과 자체가 그들의 삶에 가장 중요하기 때문이다. 공공정책을 수립하는 사람들도 똑같은 관점을 가지고 있다. 그들의 이러한 선택이 결코 근거 없는 것은 아니다. 어쨌든, 만일 정책을 수립하고 폭력을 줄일 행동 방향의 설정이 그들의 몫이라면, 치안의 개념 설정에 고민하는 학자들의 인위적인 파라미터나 슬라브 국가의 훌륭한 지수가 그들에게 무슨 소용이 있겠는가? 적절한 데이터란, 그들이 변화시켜야 할 현실에서 현재 진행 중인 일련의 역학을 보여주는 데이터이다. 중요한 수치들은 지나간 해들과 현재 시점에 대해 언급한다. 동 분야에서 활동 중인 실무진, 정치인 그리고 전문가들에게 의미 있는 것은 바로 그 지표들이다. 주민들에게도 마찬가지다. 그러므로 상대성이란 것이 일반적인 그리고 추상적인 정의를 상당수 혼란케 만든다.

네 번째 답변도 역시 불충분하다. 공공의 안전은, 합법적인 결정사항들에 따른 것인 이상 —"법과 질서의 제국império da lei e da ordem"—, 바로 사회의 질서 그 자체이다. 이 가정假定의 문제점은 질서를 사물화한 데에 있다. 다시 말하면 질서를, 마치 어떤 물건이나 대상물 혹은 스스로 존재하고 지속하며 그것을 구성하고 관찰하는 사람의 의지와는 별개의 것인, 어떤 물질로 취급한다는 것이다. 그런데 그런 것은 존재하지 않는다. 질서가 존재한다고 천명할 때, 실제 존재하는 것은 어떤 패턴에 따라 역동적으로 상호 작용하는 개인들의 집단일 뿐이다. 다시 말하면, 과거의 관찰에서 파생된, 특정한 기대치를 확인하는 개인들의 집단이 있을 뿐이다. 기대치를 확인하는 것, 다시 말하면, 어떤 패턴을 재생산한다고 해서 그러한 재생산 과정의 지속성이 보장되는 것은 아니다. 비록 그 재생산 과정이 어떤 강력한 예측변수로 작용한다 할지라도 말이다. 역동적인 상호작용의 패턴은, 과거 경험의 조사에 근거하여 기술될 수 있는 모델을 뜻한다. 그 역동적인 상호작용의 명백한 증거집합은 그저 하나의 증거일 뿐, 지속적인 어떤 질서를 그대로 재현하는 사진이 아니다. 그러한 질서의 지속성은 우리가 어떤 물리적인 대상을 만들고 있다는 생각과 유사하다. 그 질서를 무너뜨리고자 한다면 근로자들이 자신의 업무를 정지하는 것만으로 충분하다.

사실, 질서란 질서에 대한 기대이다. 그러므로 질서는 하나의 예상이다. 그것은 스스로 완수되는 예언과 같다. 모든 사람이, 자신의 일상을 여타 나머지 사람들도 반복해주길 기대하기에 각자가 그렇게 하려고 하는 경향이 생기는 것이며 그 결과 일반화된 기대가 곧 현실이 되는 것이다. 그 이유는 여타 다른 사람들이 일을 하거나 정상적인 활동을 하는 상황에서 팔짱을 낀 채 집에 머무는 행위는, 경제적인 의미를 포함하여, 어떤 의미에서든 비싼 대가를 치르게 될 것이기 때문이다. 만일 무질서를 기대한다면 혹은 전반적인 기대가 불안정하다면 질서는 이미 무너진 것이고 불안이 지배하게 될 것이다.

여기서 조심해야 할 것이 있다. 불안전은 자연재해, 경제 위기, 가정의 드라마틱한 상황, 전염병 등으로부터 파생될 수도 있는 것이며 그것은 근본적으로 다중적이고 다의적인 경험이라는 것이다. 결국 공공의 안전은 집단생활의 영역이 잠재적으로 내포하고 있는 그 다중성을 포괄한다. 하지만 연구의 경계를 설정하고 또 국가기관 간의 업무분담을 위해 우리는 대상을 한정짓는 것이 필요하다. 그러니까 평화와 무력의 사용, 사회적으로 수용된 규칙의 존중이나 파괴와 관련된 경험의 차원으로 그 대상을 한정하는 것이 필요하다. 특히 육체, 재산, 개인의 도덕적 정체성 그리고, 예방의 차원에서든 진압의 차원에서든 교정의 차원에서든—범죄를 다루는 법원을 돕는 차원에서—, 국가의 강제력이 합법적으로 개입될 필요성이 위기 국면에 놓일 때 더욱 그러하다.

이 여정에서 우리가 깨달은 것을 돌이켜보면, 우리는 다음과 같은 결론에 도달하게 된다. ① 공공의 안전은 범죄의 유무 문제가 아니다. ② 비록 용인할 수 없는 폭력에 대한 물리적·상징적·정서적 경험에 대하여 말한다고 할지라도, 공공의 안전은 가시적이고 양적인 사실의 존재나 부재에 관계없이 존속되어야 한다. ③ 두려움처럼 공공의 안전은, 항상 주체 간의 차원인, 주체의 차원을 포괄한다. 왜냐하면 그것은 사회에서 경험되는 것이기 때문이다. ④ 공공의 안전은 민주주의나 독재와 같은 본질적인 몇몇 정치적 차원으로부터 분리될 수 없고 또 (가정이나 그 이하의 세포조직과 같은) 지역 권력의 다양한 형식, 다시 말하면 폭정형태나 해방적 형태의 통치로부터 분리될 수 없다. ⑤ 공공의 안전은 해당 집단의 전체를 말한다. ⑥ 공공의 안전은 공적인 영역과 사적인 영역을 포괄한다. ⑦ 공공의 안전은 어떤 고정된, 영속적인 판단 기준으로 정의될 수 없으며 또 추상적으로나 인위적인 방식으로 측정될 수도 없다. ⑧ 공공의 안전은 특수한 상황과 독특한 역사에 따라 달라진다. ―그러한 의미에서 공공의 안전은 사회적이고 역사적이며 문화적으로 상대적이다. 비록 그 상대성이 앞서 언급한 본질적인 경계들(예를 들어 수용할 수 없는 폭력의 행사, 정치 체제, 지역적 혹은 말단의 권력 형태 등)에 의해 제한된다 할지라도 말이다.

이제 우리는 종합적―즉, 앞서 언급한 모든 결론을 한데 모을 수 있는 결론―이면서도 아주 단순한 정의를 내릴 수 있다. 다시 말하면, 공공의 안전은, 민주법치국가 체제가 가동되는 어떤 사회의 범주에서, 사회적 상호작용―혹은 개인적 경험의 모든 영역에서 볼 때는 사회성―에 대한 긍정적인 기대의, 보편화된, 안정화이다. 여기서 "긍정적"이라는 형용사는 두려움과 폭력(부정적인 의미에서의 폭력)의 비존재와, 자유라는 범주에서, 신뢰의 현존을 나타낸다. 결국 이것은 헌법상 권리의 실현에 부응하고, 특히 물리적·정신적 안전과 가장 즉각적으로 관계되는 권리의 실현에 부응하며 또 불확실성과 비예측성, 두려움과 불신을 줄이면서 시간 속에서 그것이 지속되거나 확산되기를 기대하는 것에 부응한다. 그리하여 선의의 사이클이 해로운 사이클을 대체하는 데에 기여한다. 여기서 해로운 사이클이란 두려움에 그리고 타자의 악마화에 지배된 서사에 의해 자극받은, 스스로 피드백하는 부정적인 역학을 의미한다. 타자의 공격을 기다리다가 황급히 그 공격을 끝장내는 자의 방어적인 자세 대신에, 안전한 영역에서는 사회성이 강한 생산적인 답변과 기대의 확산을 자극하는, 무장하지 않은 공조자세가 지배적으로 우세하다.

기대는, 과거에 대한 서사로 부양된, 현재에 대한 인식의 문제와 미래에 대한 사전 구상의 문제도 포괄한다. 결국 그 자체가 복수적이며, 종종 모순적이고 분명한 중재에 종속된, 어떤 현상을 뜻한다. 그러한 상황에서 미디어는 불평등한 서사의 생산 과정상 중요한 축으로 작동하며 기대의 차별화된 형성에 기여한다. 이러한 다양성은 대중사회에서의 지배권 다툼이라는 경향으로 쉽게 축소, 이해되지 않는다. 이것이 공공의 안전 역시 다양한 평가를 받도록 만들며, 공공의 안전을 증진시키는 노력들을, 피해의 축소를 위한 그리고 경험과 긍정적인 서사의 세세한 양산을 위한, 단순 행위로 탈바꿈시킨다.

공공의 안전 개념에서 언급한 안정화는 하나의 프로세스이며, 우리가 보았듯이, 언제나 하나의 경향일 뿐이다. 그 경향은 시간과 공간 속에 위치한 어떤 객관적 현상으로 실현되지 않는 것이자, 다양한 그룹과 개인들에 의해 달리 경험되어지는 것이다. 그리고 이 경향에는 다양한 요인, 예를 들면 그러한 공동 자산의 성취를 가능하게 하고 보장하는, 헌법상의 기능을 가진, 국가의 제도들이 서로 경쟁을 하며 기여한다.

그러므로 공공의 안전 영역에 속하는 모든 제도의 역할과 마찬가지로 경찰의 역할은, 권리와 자유에 대한 비존중행위를 예방하기 위해, 필요할 경우, 적절하고도 비례적인 무력을 사용하며 행동하는 것이다. 그럼으로써 경찰은, 자기 자신의 행동방식과도 관련하여, 긍정적인 기대의 보편적 안정화를 촉진해야 하며, 헌법상 명시된 자신의 임무이자 명백히 민주주의적인 임무 그리고 인간의 생명과 존엄성을 보호하는 임무를 배신해서는 안 된다. 법원에의 접근은, 공공의 안전을 상호작용적이고 개인 상호 간의 다차원적인 —즉, 국가와 사회를 동시에 연루시키는— 구축 과정에 필수적인 요소이다. 왜냐하면 법원에의 접근을 통해 권리에 대한 우발적인 공격 —무엇보다도 가장 민감한 권리이자, 목숨과 물리적·도덕적 완전성, 가장 근접한 자산의 소유 및 자유에 직접적으로 연결된 권리에 대한 공격 — 이 적기에 그리고 공평하게 교정될 것이기 때문이다.

이러한 공공의 안전 개념이 갖는 실질적인 영향은 무엇인가? 만일 우리가 그 개념을 진지하게 고려한다면, 공공의 안전을 촉진시킬 책임이 있는 정책이란 다차원적이거나 관련 부서 간에 조율된 정책이어야 할 것이다. 즉, 경찰의 행동에 국한되어서는 안 될 것이며 경찰의 행동은 또 생명과 공정성, 권리와 자유를 존중하고 법원에의 접근에 대하여 두려움과 부당성을 확산시키는 행위들을 물리쳐야 할 것이다.

참고문헌

KANT DE LIMA, Roberto. *A polícia da cidade do Rio de Janeiro: seus dilemas e paradoxos*. Rio de Janeiro, Forense, 1995.

ROLIM, Marcos. *A síndrome da rainha vermelha: policiamento e segurança pública no século XXI.* Rio de Janeiro, Zahar, 2006.

SENTO-SÉ, João Trajano (org.). *Prevenção da violência. O papel das cidades.* Rio de Janeiro, Civilização Brasileira, 2005.

SOARES, Luiz Eduardo. *Meu casaco de general; 500 dias no front da segurança pública do Rio de Janeiro.* São Paulo, Companhia das Letras, 2000.

________. *Legalidade libertária.* Rio de Janeiro, Lumen-Juris, 2006.

Polícia e sociedade. Série publicada pela Edusp, organizada pelo NEV.

Teatro brasileiro: uma longa história e alguns focos

브라질의 연극

J. 깅스부르기J. Guinsburg / 호장젤라 파트리오타Rosangela Patriota

J. Guinsburg
상파울루대학교(USP) 석좌교수로서 연극미학과 연극이론이 주 연구 분야이다. 주요 저서로는 『스타니슬라브스키와 모스크바 예술극장』(*Stanislavski e o teatro de arte de Moscou*. Perspectiva, 2010), 『연극의 각 장면마다』(*Da cena em cena*. Perspectiva, 2007) 등이 있다.

Rosangela Patriota
우베를란지아연방대학교(UFU) 역사연구소 교수로 재직 중이며 주요 저서로는 『비아닝냐 - 당대의 핵심부에 있었던 어느 극작가』(*Vianinha–um dramaturgo no coração de seu tempo*. Hucitec, 1999), 『비판적 연극에 대한 비판』(*A crítica de um teatro crítico*. Perspectiva, 2007)이 있다.

브라질의 연극은 동 국가의 사회적 · 역사적 맥락과 연계되어 있다. 이러한 주장이 당연한 것처럼 들릴 수 있으나 이와 같은 주장을 다시 할 필요가 있는 것은 몇몇 역사적 시기에 문학연구가 득세하면서 그 초점이 연극텍스트로 집중되었기 때문이다. 따라서 이러한 논의 자체가 한 논문의 주제가 될 수 있을 것이다. 하지만 본 글은 연극 대본을 연구하는 연극학의 입장에서가 아니라 실제 연극의 흐름이라는 측면에서 접근할 것이다.

식민시기, 특히 16세기로 눈을 돌리면 우리는 예수회 선교사들의 연극, 무엇보다도 앙쉬에타Anchieta의 연극을 만나게 된다. 하지만 보다 자세히 살펴보면 바르냐젱Varnhagen, 페르넝 카르징Fernão Cardim, 멜루 모라이스 필류Melo Morais Filho의 저서들 여러 곳에서, 교회 경내와 대중적인 축제에서 벌어진, 연극의 등장인물들에 대한 해석과 여타 연극 재원들에 대한 귀중한 내용을 만나게 된다. 무대연극을 말하자면, 1575년 페르낭부쿠Pernambuco 주에서는 〈탐욕스러운 부자와 가난한 나병환자〉(*O rico avarento e o lázaro pobre*)라는 연극이 소개되었다. 이것은 대중적인 흥행만을 목표한 것이 아니라 교리문답과 같이 정치사회적인, 특정한 종교적 기능을 수행하고 있었다.

18세기에 들어서 관객이 확대되고 다양해짐으로써 리우데자네이루의 마누에우 루이스 극장Teatro Manuel Luiz 이외에, 동 도시와 빌라 히카Vila Rica에는 1767년과 1770년 각각 오페라하우스Casa da Ópera가 등장하였다. 레퍼토리 연극의 경우, 벤투라Ventura 신부에 의해 세워진 가장 오래된 오페라하우스에서뿐만 아니라 마누에우 루이스 극장에서도 안토니우 주제Antônio José의 코미디가 중심을 이루었는데 이 코미디는 당대에서 가장 인기를 끌었다. 사료史料에 따르면 벤투라 극장에서 화재가 발생하던 날 밤, 안토니우 주제의 〈메데이아의 매력〉(*Os encantos de Medeia*)이 공연되고 있었다고 한다.

1822년 9월 7일에 정점을 이룬 독립해방의 과정이, 이제 막 탄생한 국가의 연극에 즉각적으로 깊은 영향을 미치지는 못했다. 역사 연구에 따르면, 비록 식민시절에 연극이 확고한 어떤 목적을 가지고 있지는 않았지만 19세기 내내 국가의 정체성이라는 개념과 연계된 연극이 탄생하기 시작하였다. 이와 같은 주장은 연극배우였던 주엉 카에타누João Caetano가 1831년 리우데자네이루에서 직업 배우로 첫선을 보였다는 사실에 기초한다. 그는 1833년 스스로 극단을 창립하고 그로부터 5년 뒤인 1838년에 공사우비스 지 마갈량이스Gonçalves de Magalhães의 비극 〈안토니우 주제 혹은 시인과 종교박해〉(*Antônio José ou o poeta e a Inquisição*)와 마르칭스 페나Martins Pena의 희극 〈시골 치안판사〉(*O juiz de paz na roça*)를 무대에 올렸다.

이 두 작품은 각각 브라질의 첫 비극이자 첫 희극으로 알려졌다. 페나의 작품 경우 도시의 가치관에 대한 농촌 사회의 가치관을 주된 비판소재로 삼았다.

공사우비스 지 마갈량이스의 작품 경우 테마도 브라질이고 작가 자신도 브라질 사람이었던 만큼 그 자체로 브라질의 첫 번째 비극으로 알려졌다. 하지만 그렇게 부를 때에는 몇 가지 유의해야 할 점이 있다. 몇몇 사람들은 안토니우 주제가 브라질에서 태어났다는 사실 자체만으로 그의 희극작품을 브라질 극작가들의 작품계열로 놓을 수는 없다는 것이다. 왜냐하면 그는 아주 어렸을 때 포르투갈로 건너갔으며 그 후 그곳에서 줄곧 활동을 하던 중 체포되어 종교재판을 통해 사형을 선고받아 사망했기 때문이다. 어찌되었든 그의 삶은, 후에 마샤두 지 아시스Machado de Assis가 브라질 연극의 아버지라고 칭송한, 공사우비스 지 마갈량이스의 창작활동에 영향을 미쳤다.

이 평가에는 배우의 업적이 빠져 있었다. 그 이유는, 비평들이 브라질 역사상 가장 훌륭한 배우로 꼽는 데시우 지 아우메이다 프라두Décio de Almeida Prado가 배역을 맡은, 주엉 카에타누의 퍼포먼스보다는 언어에 더 중요성을 부여했기 때문이었다. 비록 그 당시에 이미 주엉 카에타누에 대한 언급이 있었지만 그 언급은 사실 그의 퍼포먼스에 대해서는 피상적이었다. 주엉 카에타누는, 세간에서 그에게 부여한 모든 장점을 간직한 채 오늘날까지, 그 자신의 작품들에 대한 해석을 통해서가 아니라 그의 저술 『드라마에 대한 성찰』(*Reflexões dramáticas*, 1837)과 『드라마의 교훈』(*Lições dramáticas*, 1861)을 통해 우리에게 전해지고 있다.

1858년과 1867년 사이의 연극에서는 역사성과 국민적 성격을 띤 극본들이 동시다발적으로 출판되기 시작하였다. 아그라리우 메네지스Agrário de Menezes의 〈칼라바르〉(*Calabar*), 주제 지 알렝카르José de Alencar의 〈예수회 선교사〉(*O jesuíta*), 파울루 에이로Paulo Eiró의 〈깨끗한 피〉(*Sangue limpo*), 카스트루 아우비스Castro Alves의 〈공자가 혹은 미나스제라이스의 혁명〉(*Gonzaga ou a revolução de Minas*)이 그것이다.

19세기 중엽에는 루이스 푸르타두 코엘류Luís Furtado Coelho와 이우제니아 카마라Eugênia Camara와 같은 젊은 포르투갈 출신 배우들의 노력 덕분에 사실주의 드라마가 리우데자네이루의 무대에 올려졌다. 이 극들은 당시에 아방가르드 작품으로 소개되었으며 실제로도 그랬다. 알렉산드르 뒤마스 필류Alexandre Dumas Filho의 프랑스 리얼리즘을 모델로 하고 있을 뿐만 아니라 낭만주의 학파에 배치되고 또 주엉 카에타누가 발전시킨 연극에 배치되고 있다는 점에서 그러하다. 그리하여 특히 주제 지 알렝카르와 그의 작품들 〈가족의 악마〉(*O demônio familiar*, 1857)와 〈어머니〉(*Mãe*, 1860)처럼 사회성을 띤 작품 생산이 독려되었다. 주제 지 알렝카르의 이 두 작품은 모두 당대 브라질의 가장 큰 문제였던 노예제를 다루었고 이것은, 왕실뿐만 아니라 도시화와 부르주아화되고 있던 사회에게, 문제의 이슈화를 위한 초석이 되어주었다.

그 시기에 브라질에는 폴과 샤르통 극단Companhia de M. Paul e Mme. Charton과 같은 외국 극단의 방문이 이어졌는데 이 극단은 포르투갈에 작은 규모의 희극을 소개한 바 있는 에밀리오 두Emilio Doux와 당대 유명한 배우들을 데려와 연극을 공연하기도 하였다. 예를 들어 사라 베르나르트Sara Bernhardt와 같은 배우도 모두 네 차례나 브라질을 다녀갔으며 그 가운데 처음 두 차례는 제2왕조 기간이었다.

극작에 있어서는, 적절한 사회적/도덕적 처신을 고양하는 드라마나 희극을 열렬히 옹호하는 분위기가 이어졌다는 점을 강조할 필요가 있다. 그것은 당대의 적극적인 비평과, 얼마 전까지만 해도 절대적인 차원에서, 브라질 연극역사학의 상당 부분이 중시했던 길이었다.

한편, 관객이 풍속 코미디와 논평극revista de ano에 점차 호감을 나타낸 것은, 브라질의 무대에서 그리고 브라질의 정치·사회를 반영함에 있어서 의미 있는 자리를 차지한, 어떤 예술의 생산행위가 존재했음을 의미한다. 레퍼토리 극단과 배우들이, 안정된 무대에서건 허름한 무대에서건, 그러한 생산행위의 매개물이었다. 즉흥성에 강한 능력, 현실에 민감한 극본 그리고 관객과의 공감 덕분에 극단들은 비평가들이 설정해놓은 기대치에 부응하는 서사와 플롯을 구축할 수 있었다. 당대의 여론에도 불구하고, 〈드라마 리뷰Revista Dramática, 1860〉에 기고하였던 마샤두 지 아시스, 주제 지 알렝카르 그리고 일련의 지식인 그룹을 보면 그 당시에 중요한 연극 미학과 비평이 있었음을 알 수 있다.

극단과 배우들 그리고 비평가들 사이의 충돌은, 엘리트들이 스페인의 알카사르Alcazar나 파리에서 참관했던 패러디와 프랑스의 소규모 오페라 무대에 맞게 바꾼 브라질화의 문제에서 보다 두드러졌다. 연극의 브라질화를 이끈 주역은 희극배우였던 프랑시스쿠 C. 바스케스Francisco C. Vasques였다. 역사적, 예술적 관점에서 보았을 때 이러한 과정의 전개는 분명 지나칠 정도로 복잡했다. 하지만 브라질 연극의 중요한 양상을 하나씩 분석하기 위해서는 그러한 이니셔티브가, 논평극 그리고 특히 브라질 최고의 희극작자였던 아르투르 아제베두Artur Azevedo의 성공 토대를 마련해주었다는 점을 강조할 필요가 있다. 아르투르 아제베두는 〈도둑질〉(*Tribofe*), 〈연방수도〉(*Capital federal*), 〈격언들에 대한 사랑〉(*Amor por anexins*), 〈악당〉(*O bilontra*) 등을 남긴 레퍼토리 연극의 최고 희극작가 중 한 명이었다. 그러한 맥락에서 〈여성박사들〉(*As doutoras*)을 쓴 프랑사 주니오르França Júnior의 공헌 역시 빼놓을 수 없다.

한편으로 이러한 연극의 성공은 발 빠른 대화로 전개된 텍스트와 뮤지컬 연기가 중간 중간에 삽입된 텍스트에 기인한다. 다른 한편으로는 웃음과 사학함으로 관객을 즉시 감정이입시키는 배우들의 즉흥 능력과 재능에 기인하기도 한다.

이처럼 세기말 시대와 20세기 전반기 연극의 주요 시점들은 한 남성배우나 여성배우의 압도적인 인기 그리고 일상과 직결된 대화에 연계되어 있었다. 반면, 일반적으로 그리고 특히 언론에 의한 비판적 분석은, 문명화 과정과 국가에 기여할 수 있는 극본으로 강화된, 어떤 연극의 필요성을 역설하곤 하였다.

포괄적으로 제시된 테마와 문제들은 과거나 현재에도, 문학과 연극이라는 이분법에 따라 그 추이를 평가하는 해석을 부추기고 있다. 이 때문에 극작가나 배우 그리고 비평가는 똑같은 역사적 시간을 공유하며, 분명 개인적인 선택에 따라 사상과 유행을 추구하였다. 물론 그 사상과 유행은 개념적 논리 속에서 서로 충돌하지만 말이다.

하지만 개념과 실제 연극 사이에는 관객과 결과에 대한 기대가 존재한다. 여기서 결과에 대한 기대는 우리로 하여금 연극을 기호嗜好의 역사로 보게 한다. 이러한 요인들이 이탈리아 파우스타Itália Fausta, 프로코피우 페헤이라Procópio Ferreira, 아우다 가히다Alda Garrida, 에바 투도르Eva Tudor, 둘시나 지 모라이스Dulcina de Morais, 자이미 코스타Jayme Costa와 같은 연극 전문가들로 하여금 그리고 광대한 문화 정보와 그 정보를 가지고 있는 사람들 또는 연극 경험을 가지고 있거나 그에 대한 정보를 가지고 있는 사람들로 하여금 일반적으로 더 큰 모험은 하지 않은 채 자신들의 극단에서 일정한 레퍼토리를 유지하게 만들었다.

하지만 19세기 전체와 20세기 초에 브라질은, 프랑스 자연주의의 거장 앙드레 앙투안André Antoine과 상징주의의 대표인 뤼네-포Lugné-Poe 같은 유명 국가의 극단 방문을 받았다는 사실을 강조하지 않을 수 없다. 1930년대 오두바우두 비아나Oduvaldo Vianna와 헤나투 비아나Renato Vianna 같은 극작가 겸 감독들은, 각각 〈사랑〉(*Amor*)과 〈섹스〉(*Sexo*)라는 연극으로, 서양의 연극을 뒤흔든 새로운 조류의 사상뿐만 아니라 그 조류 자체를 연극으로 흡수한 경우였다. 이 두 사람은 또 오스바우지 지 안드라지Oswald de Andrade의 작품들, 즉 〈항해의 왕〉(*O rei da vela*), 〈인간과 말〉(*O homem e o cavalo*), 〈죽은 여성〉(*A morta*) 등을 무대에 올리기도 하였다. 이러한 움직임에는 자본주의 사회 내의 관계에 대한 인식과 의식 그리고, 그 무렵 프로코피우 페헤이라로 하여금 조라시 카마르구Joracy Camargo의 〈신께서 그대에게 보답하길〉(*Deus lhe pague*)을 감독게 한, 이데올로기적·정치적 대응도 함께 포함되어 있다.

여기에 덧붙일 것은, 아브지아스 나시멘투Abdias Nascimento의 희극배우들Os Comediantes과 흑인실험극장Teatro Experimental do Negro과 같은 아마추어 그룹들 외에, 1930년대와 1940년대에 이우제니아Eugênia와 아우바루 모레이라Álvaro Moreyra가 행한 장난감 극장Teatro de Brinquedos에서의 활약과 파스코아우 카를루스 마기누Paschoal Carlos Magno의 브라질학생극장TEB, Teatro do Estudante do Brasil에서의 활약이다.

19세기의 전형이기도 한 국민연극과 관련된 논쟁은, 20세기에 들어서도 이전의 목적을 그대로 유지한 채, 근대화를 통한 근대성의 추구로 탈바꿈되었다. 이를 통해 시간의 가속화가 삶의 현실이 되어버린 세계의 복잡성을 연극으로 끌어안고자 하였다. 이처럼 역사적 역학이 다양해지고 상호 모순적이며 특수한 리듬으로 점철된 양상을 보임으로써, 도덕적이고 심미적인 세련된 가치관뿐만 아니라 문학과 예술을 통한 "문명화된civilizadas" 국가로의 진입을 추구할 수 있는 어떤 연극을 위해 활동하고 투쟁하였던 사람들이, 연극과 현대화 사이를 조율할 목적으로, 연극비평과 공개토론을 통해 신문과 책, 특히 아마추어 연극그룹 설립에서 자신의 원칙을 홍보하려고 체계적으로 움직였다. 그 사람들 가운데에는 포르투갈인 이외에 이탈리아인, 스페인인, 유대인 등이 주류를 이루었으며 이 이민자 커뮤니티의 기여가 큰 효과를 발휘하였다.

〈신부의 옷을 입은 남자〉(*Vestido de noiva*)라는 작품의 연극공연(1943년 12월 28일) —"희극배우들"이라는 아마추어그룹과 극작가인 네우송 호드리게스Nelson Rodrigues, 무대장식가 산타 호자Santa Rosa 그리고 배우이자 감독인 츠비그니에브 지엠빈스키Zbignoew Ziembinski의 합작품— 은 그것의 상징이 되었고 또 현대화에 대한 열망을 통일시킬 수 있었다.

이 당시의 중요한 활동과 미적 혁신의 주 무대는 리우데자네이루였으며 그 당시에 연방수도였던 이곳은 입헌군주제 시절에도 그랬듯이 왕실로부터 문화발전의 근간을 물려받았다. 비록 이것이 다른 도시에서는, 이따금 아방가르드적인, 예술 활동이 없었다는 것을 의미하지 않더라도, 리우데자네이루라는 사회는 브라질 각 지역에서 몰려와 정착을 한 극단, 공연, 예술가의 집결지 역할을 할 수 있는 실질적인 여건을 갖추고 있었다.

하지만 이처럼 리우데자네이루가 연극을 창출하고 전파하는 지역으로 변모하였다면, 20세기 초 상파울루는 경제발전, 커피농업에 기초한 엘리트계층, 산업부르주아 그리고 막강한 이민자들 덕분에, 문화적·경제적 인센티브와 함께, 자신만의 예술가와 지식인들이 주도한 상징재화의 시장을 형성할 수 있었다. 이 예술가들과 지식인들은, 다른 지역에서 몰려 온 사람들과는 정반대로, 상파울루에 이미 정착하고 있던 사람들로서 리우데자네이루의 문화적 방식을 따르지 않던 사회계층이었다.

1948년에 상파울루에는 프랑쿠 장파리Franco Zampari에 의해 브라질희극극장TBC, Teatro Brasileiro de Comédia이 그리고 아우프레두 메스키타Alfredo Mesquita에 의해 연극예술학교EAD, Escola de Arte Dramática가 설립되었다. 이러한 관점에서 문명화의 사명은 새로운 모습을 띠기 시작했으며 근대화의 징후들이, 보다 절충적이고 국제적인 레퍼토리를 통해 그리고 전문 외국인들뿐만 아니라 브라질 태생의 전문가들을 통해, 드러나기 시작하였다. 이 외국인들과 브라질인들은 시대에 더 이상 종속되지 않은 배우들과, 무대라는 범주에서는 보다 자유분방한 배우들과 호흡을 맞추며 활동하기 시작하였다. TBC가 올린 작품들 가운데에는 카시우다 베커Cacílda Becker 주연의 전설적인 연극 〈불이 붙다〉(*Pega fogo*)와 파울루 아우트랑Paulo Autran과 세르지우 카르도주Sérgio Cardoso가 주연한 〈작가를 찾는 6인의 배역들〉(*Seis personagens à procura de um autor*)이 관심을 모았다.

상파울루 내륙도시인 파울리세이아Paulicéia에서는 1952년 주제 헤나투José Renato에 의해 아레나 극단Teatro de Arena이 창설되었다. EAD에서 빠져나온 젊은이들과 아마추어 그룹들로 구성된 아레나 극단은 정치·이데올로기적 선택과, 보다 저렴한 비용으로 무대를 설치할 수 있었던 원형극장에서의 무대구성으로 TBC와 차별화되었다. 이것은 미적 기반이 확고한 예술가들과 극본의 해석 기술 및 무대설치 기술이 결합된 새로운 극단들로 인하여 상파울루 주뿐만 아니라 전국적인 차원에서 EAD의 역할을 한층 강화시키기에 이르렀다.

아레나 극단과 상파울루학생극단TPE, Teatro Paulista do Estudante의 통합과 연극감독이자 극작가인 아우구스투 보아우Augusto Boal의 합류 그리고 지안프란세스코 과르니에리Gianfrancesco Guarnieri의 〈그들은 블랙

타이를 매지 않는다〉(*Eles não usam black-tie*, 1958)의 성공 이후 비평차원에서의 모든 기대가, 국가적인 문제와 조응된 작품 구성뿐만 아니라 말의 일상체화(브라질식 운율) 및 동작의 자연성을 강조하는 극본의 해석으로 집중되었다. 이 모든 것이 콘스탄틴 스타니슬랍시키키Konstantin Stanislavski의 작품연구와 사회적 이슈 사이에 놓여 있었다.

우선 스타니슬랍스키적인 시각으로 연극이 심화된 것이 오피시나 극단Teatro Oficina의 연극을 독특하게 만들었다는 점을 기억할 필요가 있다. 브라질에 정착한 러시아 배우 이우제니우 쿠스넷Eugênio Kusnet의 중재로 이 극단은, 배우들이 자신의 역할에 쏟아부은 예리한 해석과 주제 세우수 마르치네스 코헤아José Celso Martinez Corrêa 감독의 창의성이 강한 작업 덕분에, 브라질 연극계에서 큰 두각을 나타내었다. 이러한 상황은 1964년 군부쿠데타에도 불구하고 1960년대 전체에 걸쳐 오피시나의 스타일을 확고히 다져주었다. 이 무렵 스타니슬라우스키의 방법론에 대한 세세한 연구와 투자가, 브레히트Brecht의 거리두기distanciamento 및 아르토Artaud의 존재론적·인식론적 불안과 교차하였고 이것은 곧 1967년 오스바우지 지 안드라지의 작품이 공연되는 기회를 제공해주었다. 하지만 브레히트와 아르토의 만남은 EAD의 연극비평 코스cursos de Crítica Teatral에서 이미 토론의 대상이었다는 점을 기억할 필요가 있다. 그런 의미에서 이미 이론적 차원에서 제기된 문제가, 일련의 그러한 작업 속에서 연극으로 구체화되었던 것이며 이것이 브라질 연극계의 대표적인 이정표가 되었다.

비록 군부독재 하에 있었지만 1960년대와 1970년대의 연극은 민주주의의 저항과 정치적 급진화가 이루어진 공간이자, 아레나의 뮤지컬을 통해서든 오피시나의 연구를 통해서든, 연극성이라는 범주에서는 경험의 공간이기도 하였다. 오피시나의 연구는 〈항해의 왕〉(*O rei da vela*)으로 두각을 나타내기 시작하여 〈호다 비바〉(*Roda viva*)와 〈갈릴레오 갈릴레이〉(*Galileu Galilei*) 그리고 〈도시의 밀림에서〉(*Na selva da cidade*)로 확고한 뿌리를 내렸다. 그와 동시에 관습 희극과 잡극, 국내 드라마(네우송 호드리게스, 조르지 지 안드라지Jorge de Andrade 그리고 일련의 젊은 극작가 7인)와 국제 드라마(실러Schiller, 피란델로Pirandello, 테네시 윌리엄스Tenesse Williams, 아서 밀러Arthur Miller)의 존재도 잊어서는 안 된다.

브라질의 연극은 다양성multiplicidade으로 특징지어진다. 왜냐하면 몇몇 연극그룹과 예술가들이 법치국가를 옹호하며 당시 브라질이 취하던 정치·경제의 방향에 의문을 제기하는 등 정권의 전횡을 비난하였고 그와 동시에 연극의 형식과 스타일에 대한 연구에 몰두하였기 때문이다. 따라서 오피시나에 미친 영향을 넘어 아르토의 저술은 이파네마 극단Teatro Ipanema, 리우데자네이루과 후벵스 코헤아Rubens Corrêa 그리고 이방 아우부케르키Ivan Albuquerque의 활동에 많은 영향을 미쳤다.

또한 헤프닝과 퍼포먼스와 같은 활동도 두드러졌다. 리빙 시어터Living Theatre와 로스 로보스Los Lobos와 같은 그룹의 브라질 방문은 무대와 관객 사이의 관계에 관한 한계에 대하여 새로운 논쟁을 불러일으켰다. 이러한 상황은 후치 이스코바르Ruth Escobar, 상파울루와 같이 이미 자리를 잡은 극단에서 공연되었다. 이 극단의 경우, 장 제네Jean Genet의 〈발코니〉(*O balcão*)와 페르난두 아하바우Fernando Arrabal의 〈자동차들의 무덤〉(*Cemitério dos automóveis*)과 같은 연극 연출을 위해 빅토르 가르시아Victor Garcia 감독을 영입하기도 하였다.

상파울루의 사웅 페드루 극단Teatro São Pedro은 유럽에서 막 도착한 세우수 노니스Celso Nones의 감독 하에 〈계엄 상태에 있던 청년〉(*Moço em estado de sítio*)을 무대에 올렸다. 그는 유럽에 체류하는 동안 폴란드의 감독 예지 그로토프스키Jerzy Grotowski와 접촉하며 그의 작품에 심취한 바 있었다.

연극작품은, 그 당시엔 젊은 작가였으나 후에 유명 극작가로 명성을 쌓은 비아닝냐Vianinha, 과르니에리Guarnieri, 플리니우 마르쿠스Plínio Marcos, 레일라 아숭성Leilah Assumpção, 콩수엘루 지 카스트루Consuelo de Castro, 카를루스 케이로스 텔리스Carlos Queiroz Telles, 그리고 플라비우 항제우Flávio Rangel, 안투니스 필류Antunes Filho, 페르난두 페이쇼투Fernando Peixoto와 같은 감독들에 의해 지속적으로 발전, 출판되었다. 1970년대에는 아스트루바우 트로우쉬 우 트롱보니Astrúbal Trouxe o Trombone(리우데자네이루), 포지 미노가Pod Minoga, 페소아우 두 빅토르Pessoal do Victor, 오르니토힝쿠Ornitorrinco(이상 상파울루)와 같은 연극그룹들이 등장하였다. 이와 같은 새 연극그룹들의 등장과 더불어 다양한 무대장치와 극본 이론들이 브라질에서 나름의 형태와 공간을 확보하기 시작하였으며 이러한 경향은 1970년대 말과 1980년대 초에 급격히 확산된 다음 군사독재의 종말과 더불어 새로운 양상을 띠기 시작하였다.

이 기간이 지나면서 자유, 법치국가, 전횡에 대한 투쟁과 같은 일련의 개념들이, 유럽과 미국에서 시작된 새로운 문제제기와 더불어, 다른 차원의 정치사회적인 가시성을 확보한 테마들로 자리를 넘겨주었다.

오늘날 브라질의 연극은 1980년대에 시작된 경향들이 재삼 확산되는 시기를 맞고 있다. 예를 들면, 안투니스 필류가 이끄는 상파울루 상업사회서비스원SESC-SP의 연극연구센터Centro de Pesquisas Teatrais와 제 세우수Zé Celso의 지휘 하에 과감한 무대공연과 문제제기를 다시 시작한 오피시나 극단 등이 그 예이다. 특히 에두아르두 톨렌치누Eduardo Tolentino의 경영 하에 오피시나 극단은, 산하 타파Tapa 그룹의 중요한 업적을 포함하여, 브라질 연극의 근대성이 내포되어 있는 "고전적" 극작을 혁신적인 무대 구성으로 부활시키고 있다. 또한 이스타베우 지 헤페르토리우 극단Cia. Estável de Repertório과 오페라 세카 극단Cia. Ópera Seca과 같은 그룹들의 활약 역시 브라질 연극계의 토론과 연구를 주도하고 있다.

1990년대에도 새로운 그룹들이 등장하였다. 리우데자네이루에는 아토리스 극단Cia. dos Atores이 그리고 상파울루에는 아르마젱지 테아트루Cia. Armazém de Teatro, 폴리아스 다르치Folias D'Arte, 테아트루 다 베르치젱Teatro da Vertigem, 두 라터웅Cia. do Latão, 파를라파통이스Parlapatões, 리브리 극단Cia. Livre, 세미테리우 지 아우토모베이스Cemitério de Automóveis, 우스 사치루스Os Satyros 등이 활약하기 시작한 것이다. 그리고 사우바도르Salvador에는 테아트루 올로둥 그룹Grupo de Teatro Olodum이, 주엉 페소아João Pessoa에는 피올링 그루푸 지 테아트루Piollin Grupo de Teatro가 자리를 잡았다. 이 그룹들에는 유능한 감독, 훌륭한 배우 그리고 멋진 연극무대를 창출해낼 수 있는 무수히도 많은 사람이 함께 뭉쳐 일하고 있으며 오늘날 포스트모더니즘에서 말하는 파편화는 이 그룹들에서 감정과 센세이션, 의지와 존재론적인 조건이 뒤엉킨 극본과 상황의 재해석을 통해 표출되고 있다.

그렇기에 오늘날에는 확연히 다양한 무대와 해석 그리고 극작이 존재한다. 기존의 개념들을 활용하는 과정에서 파생되는 동질화가 빈번하게 벌어지고 있는 지금, 분명히 말할 수 있는 것은 브라질의 현대 연극에서도 포스트모더니즘과 포스트극작이 강한 흐름을 형성하고 있다는 것이다.

그 외에도 브라질의 여러 지역에서 교육과 연구 그리고 전문 연극인 양성을 위한 고등 실무수준의 연극 코스들이 늘어나고 있다. 그리하여 이 전문 연극인들이 예술노동시장에 흡수됨으로써 브라질의 연극 수준과 인적재원이 완연한 변화를 겪고 있다. 이 모든 것 중에 연극의 발전을 위한 상업사회서비스원SESC과 산업사회서비스원SESI의 노력을 빼놓을 수 없다.

연극을 바라보는 시선은 연구에서, 역사적 추이에 대한 해석에서, 연극공연 그 자체에서 그리고 토론과 연극공연, 무대에 대한 기대를 고양하는 아이디어에서 점차 다양화되고 있다. 기존의 극작가는 그 동기부여의 중심에서 물러났으며 그들의 입지는 다양한 방향으로 재조정되었다. 그 방향 가운데에는 무대감독, 배우양성자 그리고 전문극작가와 같은 직종이 두각을 나타내고 있다.

어쨌든 연극에 대한 서사적 접근방식은 수도 없이 많을 뿐만 아니라 또 그것이 합당하다고 본다. 그러한 관점에서 필자는 이 좁은 지면에서 브라질 연극의 중요한 순간과 양상을 모두 말할 수 없었음을 인정하며 이른바 연극의 대부흥fenômeno teatral에 많은 공간을 할인하고자 했다.

참고문헌

GUINSBURG, J.; FARIA, João Roberto e LIMA, Mariângela Alves de. *Dicionário do teatro brasileiro: temas, formas e conceitos.* 2ª ed. São Paulo, Perspectiva/Edições Sesc-sp, 2009.

MAGALDI, Sábato. *Panorama do teatro brasileiro.* 3ª ed. São Paulo, Global, 1997.

PAIXÃO, Mucio da. *O theatro no Brasil.* Rio de Janeiro, Brasília Editora, s/d.

PATRIOTA, Rosangela e GUINSBURG, J. (org.). *J. Guinsburg. A cena em aula: itinerários de um professor em devir.* São Paulo, Edusp, 2009.

PRADO, Décio de Almeida. *História concisa do teatro brasileiro.* São Paulo, Edusp, 1999.

Telenovela em três tempos

TV연속극

[redacted]

이스테르 앙부르게르Esther Hamburger

[redacted]

Esther Hamburger

시카고대학교에서 인류학 박사학위를 취득했으며 현재 상파울루대학교 커뮤니케이션과 예술대학의 교수로 재직 중이다.

브라질이여! 네 얼굴을 보여다오. 난 우리가 이렇게 되도록 돈을 지불한 자를 보고싶어!

_ "브라질", 카주자, 〈발리 투두〉(*Vale tudo*)의 오프닝 뮤직, 1988

라틴아메리카에서, 특히 혁명 이전의 쿠바에서 1959년 이전에 대중적인 인기를 모았던 라디오 연속극에 뿌리를 둔 TV연속극telenovela은 그 이후 지금까지 단순히 연속극novela으로 불렸다. 그리고 오늘날에는 1950년 첫 연속극 송출 이후 브라질 TV의 프로그램에 없어서는 안 될 존재가 되었다. 초창기에는 생방송으로 제작되었고 매일 방송되지는 않았다. 게다가 황금시간대를 차지한 것도 아니었고 더더욱 방송사들이 대규모 투자를 한 것도 아니요, 그들에게 많은 수익을 안겨준 것도 아니었다. 1963년 혁신적인 상업화 전략의 한 부분으로 그리고 비디오테이프 기술 덕에 당시의 이세우시오르 텔레비전TV Excelsior은 매일 방영되는 연속극을 도입할 수 있었다. 연속극 〈2-5499 통화 중〉(*2-5499 ocupado*)은 아르헨티나 극작가가 쓴 아르헨티나 원본을 각색한 것이었다. 이 장르가 붐을 일으키자 1970년대에 일일연속극은 브라질 TV산업의 주력 프로그램으로 탈바꿈하였다.

1970년대 초에 이제 막 개원한 글로부 TVTV Globo가, 여타 라틴아메리카 국가에서 방송 중이던 모델과 각본을 기초로 여성 시청자들을 위하여 위생상품 산업의 후원을 받아 상업적이면서도 멜로드라마적인 로맨틱 일일연속극을 선보였으며 이것이 재방송과 더불어 세계 주요 TV산업 가운데 하나인 글로부 TV의 황금시간대를 점령하였다.

그로부터 20년가량 TV연속극은 그 지위를 유지하였고 전국의 시청자들을 끌어모으면서 후일 브라질적이라고 알려지게 된 스타일과 제작방식을 확고히 했다. 1960년대 말까지는 말 잘하고 과장된 인물이 등장하는, 긴 방영시간과 확대된 녹화 공간에서 제작된, 연속극들이 주를 이루었다. 1970년대에 자리 잡은 연속극들은 근대적 장치들을 도입하여 현대적 테마를 수용하였고, 비록 부분적이기는 하지만, 스튜디오에서 벗어나 잘 알려진 장소에서 녹화를 함으로써 픽션과 다큐의 경계를 희석시키기에 이르렀다. 그와 동시에 동일한 방송사에서 제작되어 홍보되거나 아니면 일련의 고정 연기자 그룹에 치중된 것과 같은 고전적인 영화의 전형적인 제작방식을 채택하였다.

21세기 초에는 시청각 분야의 다양화와, 케이블 TV, DVD, 인터넷과 같은 매체들끼리의 경쟁 그리고 시청률 하락 등으로 이러한 스타일이 와해되었다. 그리고 TV연속극은 개방형 TV방송사들의 수입과 그들 사이의 경쟁에서 하나의 전략적 프로그램으로 잔존했으나 전국적인 시청률을 이끌어내는 능력은 감소하였다.

오랜 세월 동안 이 장르가 이끌어낸 여러 의미는 브라질뿐만 아니라 프랑스, 미국, 네덜란드 등에서 문학비평, 커뮤니케이션, 인류학, 정치학 성격의 다양한 출판물을 양산해왔다. 여러 연구가 아도르노Theodor Adorno와 호르크하이머Max Horkheimer와 같은 프랑크푸르트학파와 연계된 작가들에 대한 언급을 시작으로 TV연속극을 분석하였다. 몇몇 경우는 피에르 부르디외Pierre Bourdieu의 문화사회학에 대한 의문점들에 부응하기도 하였다. 또 다른 비평가들은 레이몬드 윌리엄스Raymond Williams와 그 이후 등장한 스튜어트 홀Stuart Hall에 영감을 받은 영국 문화연구의 그람시Antonio Gramsci적 분석을 추구하기도 하였다. 이 비평들은 연속극이 내포하고 있는 이데올로기적 내용의 성격 —비현실적 비판이든 현실 비판적이든— 을 규정하려고 하였다. 이 양 테제들은, 비록 서로 상반되고 배척적이라고 해도 실증적인 증거를 찾고 있는 것이 사실인 만큼, 이론적 추론에 대한 브라질 비평계의 관심을 보여준다고 본다. 여기서 이론적 추론은 비평이론의 결정적인 기여를 내포하고 있으나, 문화산업이 일상에서, 미적 감각에서 그리고 사회적 구조에서 미처 예상치 못했던 변화들을 밝혀내는 데 기여하는, 특수한 방법들을 이해하고자 한다. 연속극에 대한 연구는, 자료부족으로 인하여 연구에 제한이 발생하는 분야에서, 역사적 문헌으로서도 유용하다. 이 연구에는 미디어, 브라질 방송사들의 제도적 구조 그리고 방송사들의 정부와의 관계, 연속극의 이데올로기적 내용의 분석, 특정 연속극에 대한 시청자들의 반응에 대한 연구, 연속극들 사이의 관계 연구, 연속극의 소비와 여타 장르 간 관계의 의미에 대한 연구 등이 포함된다. 아르만드Armand와 미셸르 마테를라르트Michele Matterlart 그리고 제주스 마르칭 바르베루Jesus Martin Barbero와 같은 비평가들의 연구는 동 장르의 국제적, 중남미적 차원의 이론을 수립하는 데 기여하고 있다. 브라질의 TV연속극은 고급문화와 저급문화alta e baixa cultura, 지적문화와 대중문화cultura erudita e cultura popular, 모더니즘과 대량문화modernismo e cultura de massa 간의 양극화라는 문제에 직면해 있다. TV연속극이라는 장르는, 후기산업사회를 이해하는 데 있어서 제작방식과, 미적·스타일적·드라마적 표현 그리고 다양한 대중계층과의 왜곡되고 중재된 상호 대화를 통합하는 분석을 요구한다.

마를리지 메예르Marlyse Meyer는 자신의 저서 『폴레칭』(*Folhetim*,

1996)에서 연속극은 19세기 프랑스 일간지들의 문학적 주석에서 등장한, 3면의 문예란fait divers과 혼합된 문학 장르를 계승한 것이라고 지적한다. 이 문예란과의 가까운 관계는, 브라질에서 지배적인 TV 시리즈물과 차별화되는 특징이 무엇인지를 명확히 밝혀준다. 즉 TV연속극은 공중파를 통해 방영되는 관계로, 일단 글로 써지고 녹화되어 방영된다는 것이다. 방영에 있어서 동시에 벌어지는 이러한 일련의 작업방식은—비록 그 형태가 애매모호하고 불평등해도—작가와 일반대중 사이의 다양한 형태의 대화를 가능하게 한다. TV시청자들은 편지를 쓰고 이메일을 보냄으로써, 여론조사기관인 Ibope가 일반대중의 소비력을 우선시하는 판단기준에 따라 측정하는 시청률을 좌우하는 데 기여한다. 또한 그 시청자들은 전문화된 기관들이 주도하는 토론그룹에서 자신들의 의견을 개진하기도 한다. 광고주, 사회운동단체, 검열관, 방송사의 임원 등 잠재적인 비평가들도 연속극의 서사 방향을 확정짓는 데 관여할 수 있다. 이처럼 한 연속극이 야기하는 일련의 대화들은 그 연속극의 "반향repercução"의 폭을 결정해준다. 이의제기 역시 환영을 받는다. 그러한 의미에서 TV연속극은 "쌍방향 대화의 원조"로 간주될 수 있다. TV연속극은 신기술이 자극하고 허용하는 쌍방향대화와 조화를 이루며 배역들과 줄거리에 대한 관심을 증폭시킨다.

1970년대와 1980년대에 브라질 연속극은, 브라질 전역에서 남녀노소를 불문하고 다양한 사회계층의 시청자들을 끌어들이는, 상품으로서는 전례 없는 잠재력으로 세상을 놀라게 했다.

또한 외국에서의 반응도 놀라웠다. 브라질 연속극의 수출은 정보와 문화의 국제적인 유통 방향을 뒤집을 수 있다는 가능성을 보여주었다. 1977년 이래 브라질은 우선 포르투갈을 시작으로 연속극을 수출하였고 이어 여타 라틴아메리카 국가와 쿠바, 중국 그리고 구소련과 같은 사회주의 국가로도 수출하였다. 유럽국들과 미국의 경우도 브라질의 TV연속극을 수입하였다. 과거 브라질의 식민종주국이었으며 이제 막 살라자르의 독재정권에서 벗어난 포르투갈의 경우, 황금시간대에 국영방송국인 RTP를 통해 브라질의 연속극을 방영하였다. 그 당시 포르투갈의 국회의원들이 브라질의 연속극 〈가브리엘라〉(*Gabriela*)를 시청하기 위해 국회회기를 일시 중단했던 일은 이미 잘 알려진 사실이다. 가부장적인 사회에 도전적인 자세로 매우 농염한 연기를 펼친 소니아 브라가Sonia Braga와, 지나 스파트Dina Sfat 그리고 엘리자베치 사발라Elizabeth Savalla가 열연한 〈가브리엘라〉는, 본래 브라질의 작가 조르지 아마두Jorge Amado의 소설로서 월터 더스트Walter Durst가 각색한 작품이며 도리바우 카이미Dorival Caymmi가 특별 작곡한 노래 〈카리베〉(*Caribé*)가 오프닝뮤직으로 소개되었다.

TV연속극은 검열 하에 제작된 산업방식으로―팸플릿 형식을 띤 코르델 문학literatura cordel처럼― 대중문화의 요소와 브라질 정치 방향에 대한 비판적 코멘트들을 흡수하는 놀라운 능력으로 화젯거리였다. 또한 TV연속극은 깨지기 쉽고 점점 가변적으로 변하는 애정관계를 중심으로 구성되곤 하였다. 〈코라젱 형제들〉(*Irmãos Coragem*, 1970)이나 〈세우바 지 페드라〉(*Selva de pedra*, 1972)와 같은 연속극에서는 혼전 성관계가 임신과 결혼으로 이어지는 스토리를 선보였다. 세월이 흐르면서 이혼은 정당화되었고(물론 합법화되기 전이었다), 성적 희열과 여성의 독립도 정당화되었다. 일반적으로 여성세계의 탈정치적 확대가 이루어졌으나 그와 동시에 "강한 여성mulher forte"에 대한 관념이 나쁜 의도로 고양되기도 하였다. 강한 여성이란 가정을 책임지는 것 외에도 일을 하면서 애정적 만족을 추구할 수 있는 여성상을 의미했다.

TV연속극과 소비 사이의 관계는 놀라울 정도로 발전하였다. 연속극이 유행을 창출하였고 신상품의 사용법, 특히 교통수단이용 방식과 통신 방식을 가르쳐주었다. 이처럼 전자 진열창이 된 연속극에서는 여성의 오르가즘 혹은 몇 년 뒤 피부색에 따른 차별이나 게이들의 키스 등과 같은 논란 많은 주제가, 연속적으로 업데이트되면서 "현대성"을 암시하는 소품과 옷 입는 스타일에 연계된 등장인물들의 행위를 통해, 가시적으로 표출되기 시작하였다. 연속극은 또 근대화되고 있던 브라질의 이미지를 전파하였다. 초기에 국가에 대한 암시는, F1경기나 축구와 같은 국민적 스포츠를 통해, 혹은 지방의 토착 유지, 신부, 시장, 경찰서장 등과 같은 전형적인 인물들을 통해 구현되었다. 1980년대 후반에는 독재에서 민주주의로의 이행시기였으며 이때 글로부 방송국이 브라질에 대한 보다 직접적인 표시들과, 근대화에 따른 예상치 못한 결과와 실망에 대한 언급들로 보다 빡빡한 제목의 연속극들을 선보였다.

이 책의 서두에 실린, 가수 가우 코스타Gal Costa가 부른 카주자Cazuza의 음악은 연속극 〈발리 투두〉(*Vale tudo*)의 초기화면을 구성하였다. 그 초기화면은 서로 다른 상황에서 각기 다른 각도에서 비춰진 국기가 높은 국기봉에 공식적으로 게양되는 장면으로 구성되었다. 이 국기는 재봉틀에서 수공으로 제작된 다음 축구팬들이 직접 운반하여 게양됨으로써, 브라질이라는 나라를 상징하며 애국심을 고취하였다. 또한 상이한 장면들이 모자이크 방식으로 조립된 그 초기화면은 10개월간 월요일부터 토요일까지 저녁 8시에 1분씩 브라질 시청자들의 눈과 귀를 사로잡았다. 브라질을 직접 언급하는 이미지들의 조합을 통해 사랑과 증오의 스토리를 선보인 이 연속극은, 거친 여성 기업가였으나 한 카사노바와의 사랑에 빠졌던 "오데치 호이치망을 누가 죽였는가?"라는 문제를 둘러싸고 전개된 서스펜스에서 클라이맥스를 이루었다. 지우베르투 세가우Gilberto Segall 감독이 제작한 이 연속극은 아마도 브라질 역사상 동 장르가 확산되는 데에 가장 확실히 기여한 연속극이었을 것이다. 연속극 〈발리투두〉는 연일 주요 일간지들의 첫 페이지를 장식하였었다.

다른 연속극들도 역시 어느 정도 브라질에 대한 직접적인 상징들을 동원하곤 하였다. 〈호키 산테이루〉(*Roque Santeiro*, 1985)는 어느 사이비 성자에 대한 숭배의 대가로 살아가던 한 도시의 역사를 그리고 있다. 자신의 작품 〈영웅의 보금자리〉(*Berço do herói*)에 기초한 지아스 고미스Dias Gomes의 연속극 타이틀은, 황금빛 노란색으로 그 둘레가 쳐진 녹색 글씨로 써졌으며 화면에 비치는 동안 전자음이 그 배경에 깔렸다. 라우루 세자르 무니스Lauro Cesar Muniz의 〈조국의 구원자〉(*O salvador da pátria*, 1989)는 초기화면에 연방수도인 브라질리아의 이미지들을 소개하였다. 이 연속극은 군부독재 이후 처음 치러진 대통령 선거에서 페르난두 콜로르 지 멜루Fernando Collor de Melo가 루이스 아니시우 룰라 다 시우바Luiz Inácio Lula da Silva를 이긴 해의 정치시스템을 비판하고 있었다. 그 연속극의 최종 결론을 확정지음에 있어서 주방송사가 행한 역할이 정치권과 학계에 논란을 불러일으켰다. 이 연속극에서 리마 두아르치Lima Duarte는 부패에 찌들었던 가공의 작은 마을 탕가라Tangará의 시장이 된 정직한 막노동자 사사 무테마Sassá Mutema의 역할을 하였다.

바로 그해에, 투피 TVTV Tupi의 국장 시절 〈베투 록펠러〉(*Beto Rockfeller*)라고 하는 현대 구어체 대화의 선구적 장품에 영향을 미친 베테랑 감독 카시아누 가부스 멘지스Cassiano Gabus Mendes의 연속극 〈나는 어떤 왕인가?〉(*Que rei sou eu?*) 역시 선거결과에 대한 논란에 휩싸였다. 이 연속극은 동화적인 톤으로 아벨랑Avelã이라고 하는 가상 왕국의 왕실 부패와 내부의 싸움을 그렸다.

글로부 방송사Rede Globo의 연속극들은 "미래의 나라país do futuro"로 상상되곤 했던 어느 국가, 즉 브라질의 사회를 현재화하는 특혜 공간으로 탈바꿈하였다. 〈댄싱 데이즈〉(*Dancin' days*)의 디스코텍과 굽이 낮은 슬리퍼에 줄이 간 스타킹 차림은 자유에 대한 열망을 암시하고 있었다. 이 연속극은 대도시와 내륙지방의 부자와 가난한 자, 서로 다른 세대의 남녀 간의 드라마틱한 배치상황을 중심으로 꾸며졌다. 그 긴장은 지방토착 유지와 가부장적인 남성 그리고 독립적이지 못하고 전통에 묶여 있는 여성에게 적용되는 형용사인 "전통적tradicional"인 것과 관습으로부터의 해방을 연상시키는 용어 "모던moderno"한 것 사이의 배치 속에 조율되고 있었다.

연속극 제작에 있어서 좌파 예술가와 광고주 그리고 권위주의 정권 사이의 흔치 않은 조화를 보면, 아마도 이 장르가 수백만 시청자들의 일상에서 관심을 끌기 위해 어떻게 그런 포맷의 프로그램용 공간을 극복할 수 있었는지 이해할 수 있을 것이다. 이바니 히베이루Ivani Ribeiro와 자네치 클라이르Janete Clair와 같은 라디오 출신의 작가 이외에 TV연속극은, 브라울리우 페드로주Bráulio Pedroso, 지아스 고미스Dias Gomes, 라우루 세자르 무니스, 바우테르 아방시니Walter Avancini와 같이 좌파적 이데올로기를 가진 사람들로서 1950년대와 1960년대에 영화와 연극에서 경험을 쌓은 재능 있는 지식인 예술가들을 끌어 모았다. 그리고 이들을 이은 2세대 작가군에는 시우비우 지 아브레우Sílvio de Abreu, 지우베르투 브라가Gilberto Braga 그리고 글로리아 페리스Glória Peres가 포함된다. 조 월러쉬Joe Wallach와 호메로 산체스Homero Sanchez와 같은 외국인 전문가들의 기술적 지식도 브라질 연속극 발전에 결정적이었다. 이들은 한 가문이 운영하는 개인 방송국에서 일하면서 소비시장의 발전을 위해 방송국과 광고주들 사이의 관계와 제작 시스템을 합리화하는 데 많은 노력을 기울였다. 전자매체를 통한 "국민적 통합integração nacional"이라는 근대적이고 보수적인 어젠다를 추진하였던 군부의 권위주의적인 압박도 잊어서는 안 되는데 이러한 분위기는 주로 문화정책 지침과 엄격한 검열에 녹아 있었다.

미래의 나라 브라질을 구축하겠다는 정부의 의지와 연동하여 연속극의 줄거리도 등장인물, 플롯 그리고 장면의 수가 증가하면서 점차 복잡해지고 덜 종적으로 변해갔다. TV연속극은 주로 빠른 속도로 제작되어 단기간에 방영되도록 약 40여 명의 배우들이 동원되곤 하였다. 전자효과를 이용한 초기화면은 속도감이 높은 비주얼을 선보였고 이것은 리더격 방송사의 하이테크 메시지를 강화하는 데 이용되었다. 연속극 내용에서 반전이 점차 증가하자 주요 스토리와 부차적인 스토리 간의 줄타기가 증가하였으며 이것은 연속극의 서사 전개를 그래픽으로 가장 잘 대변하는 곳이 방송사라는 것을 암시하게 되었다.

연속극과 브라질에 대한 다양한 해석 사이의 관계는, 방송사들 사이의 경쟁이 브라질에 대한 다양한 해석 사이의 경쟁형태를 띠는 순간에 보다 분명히 드러났다.

1990년에 망셰치 텔레비전TV Manchete은 그 당시 브라질 텔레비전에서 드문 장르였던, 다큐멘터리 시리즈를 포함하는 차별화된 프로그램을 선보였다. 하지만 그 방송사가 경쟁력을 얻게 된 것은, 브라질이라는 국가의 정체성에 대한 새로운 시각을 분명하게 드러낸, 연속극을 방영하면서 가능했다. 즉 경쟁사의 근대적이고 자유분방한 소비주의 대신에 브라질의 동물계와 식물계 그리고 가정을 연속극에 포함시킨 것이었다. 〈판타나우〉(*Pantanal*)라는 타이틀로 나온 그 연속극은 "브라질의 심장부coração do Brasil"에서 녹화되었는데 청정한 강물이 흐르는 자연풍경과, 여성의 누드로 포장된 그 자연풍경을 동 연속극의 배경으로 길게 포함시키고 있었다. 아울러 이 연속극은, 그 무렵 경쟁사인 글로부사의 연속극들이 근대화의 예기치 못한 결과들을 회의적인 시각으로 바라보았던 것과는 달리, 새로운 대안적 시각을 브라질 국민에게 제시하고 있었다.

2006년, 다시 한 번 TV연속극이 방송사들 간의 경쟁을 주도했다. 글로부사의 베테랑 PD였던 마르실리우 모라이스Marcílio Moraes의 〈반대의 삶〉(*Vidas opostas*)과 함께 헤코르지 방송국Record은, 《천사는 어떻게 태어나는가》(*Como nascem os anjos*, 1996), 《어느 개인적인 전쟁의 뉴스》(*Notícias de uma guerra particular*, 1999), 《침입자》(*O invasor*, 2002), 《시티 오브 갓》(*Cidade de Deus*, 2002), 《174번 버스》(*Ônibus 174*, 2002) 등과 같은, 그 당시 영화들이 주제화했던 리우데자네이루의 가난과 폭력세계를 TV연속극에 끌어들인 것이다. 이 연속극들에서는 사회적 불평등과 마약집단의 권력이 지배하는 도시의 풍경이 국민의 정서적 범주를 넘어서는 상황의 표시로 등장한다.

21세기 첫 10년이 끝난 지금 TV연속극은 본래의 미적 차별성과 논쟁의 힘을 상실한 반면에 사회성이 강한 메시지를 지나치게 남용하고 있다. 국민은 더 이상 그것에 열광하지 않는다. 그 이유는 그와 같은 주제가 자신의 범주를 넘어서기 때문이다. 오늘날 문제적 주제를 다루는 TV연속극들은 거의 없다. 선택할 수 있는 길은 정치적으로 올바른 캠페인을 전개하는 것인데 이것은 빈번히 드라마 자체의 속성을 훼손하곤 한다. TV연속극의 서사를 지탱하는 멜로드라마적 갈등의 구조가, 여성적이면서 문화적 가치가 다소 떨어지는 것으로 여겨지는 공간으로 다시 제한되는 스토리에 머물고 있는 것이다.

시청률은 그것에 비례하여 절대 수치상 하락하였으나 TV연속극은 수익을 내면서 인기를 유지하고 있다. 이러한 상황은 고전적인 영화를 지배하는 종적인 패턴과는 다른 드라마의 구조와 관련되어 있다. 뛰어난 줄거리도 언젠가 그 중요성을 잃게 되어 다른 줄거리로 대체될 수 있다. 핵심 부분의 서사적 전개는, 다른 파트들이 중요성을 획득하게 되는 여러 회를 거치면서 중단될 수 있다. 인물들의 운명은, 다른 등장인물의 움직임과 시청자의 반응 그리고 서사 그 자체와는 별로 상관이 없는 여타 다양한 사건으로 인해 이야기가 전개되는 과정에서 많이 바뀔 수도 있다. 연속극은 반복을 남용하지만 다양한 대화를 가능하게 하고 또 새로운 형태의 저작권과, 서사의 세계와 서사 바깥 세계 사이의 새로운 형태의 관계를 가능하게 한다. 바로 그것에 시청자와 작가가 위치할 것이다. 지난 세기의 마지막 수십 년간 연속극의 융통성은 변화의 기대와 조응을 했었다.

연속극에 대한 관심의 저하는 미국 시리즈물의 예기치 않은 혁신과 일치한다. 미국 시리즈물은, 지난 수십 년간 연속극들이 대체해왔던 프로그램의 수입에 새로운 변화를 몰고 오면서, 브라질 채널들에서 공간을 확보하고 있다. 미국의 텔레비전 산업은 특히 드라마 분야에서 최고의 아티스트들을 끌어들이기 시작하여, 최소한 일시적이라 해도, 할리우드의 시청각산업 분야에서 영화로부터 최고의 자리를 빼앗고 있다. 새로운 시리즈물이 야기한 변화들 가운데 몇 가지는 연속극에서 공고해졌던 관례들, 특히 제작과 방영 사이의 시간을 줄이는 것과 긴밀히 관계되어 있다. 미국의 TV는 이미, 미완성된 시즌물을 방영하는 걸 수용하고 있다. 현대의 이러한 시리즈물과 TV 연속극을 근접시키는 다른 요인은 미국의 정치적, 문화적 요소들에 대한 빈번한 암시적 언급이다. 시청자들의 다양한 반응에 보다 열린 자세를 보이고 있는 그 시리즈물들은 또, 인터넷과 같은 다른 매체에서 추종자들의 네트워크 형성을 자극한다. 콜롬비아나 멕시코처럼 이미 TV연속극이 자리를 잡은 중남미의 다른 국가에서는 이와 비슷한 상황이 뿌리를 내리고 있다. 그러한 미적 접근과 TV시리즈물을 만드는 방식에 있어서는, 현대 문화산업에서 예상치 못한 것과 즉흥적인 것에 대하여 생각을 해보는, 비교 분석이 권고된다.

참고문헌

HAMBURGER, Esther. *O Brasil antenado: a sociedade da novela.* Rio de Janeiro, Zahar, 2005.

KEHL, Maria Rita. *Anos 70: televisão.* Rio de Janeiro, Europa, 1979.

MARTIN-BARBERO, J. e REY, G. *Os exercícios do ver.* São Paulo, Senac, 2000.

MATTELART, Armand e MATTELART, Michele *O carnaval das imagens.* São Paulo, Brasiliense, 1990.

ORTIZ, R.; BORELLI, S. e ORTIZ RAMOS, J. M. *Telenovela: história e produção.* São Paulo, Brasiliense, 1988.

Trabalho e trabalhadores: organização e lutas sociais

노동과 노동자: 그 조직과 사회적 투쟁

주제 히카르두 하말류José Ricardo Ramalho

José Ricardo Ramalho

리우데자네이루연방대학교(UFRJ)의 사회학-인류학과 대학원 교수이자 동 대학교의 철학-사회학연구소의 사회학과 연구원으로 재직 중이다.

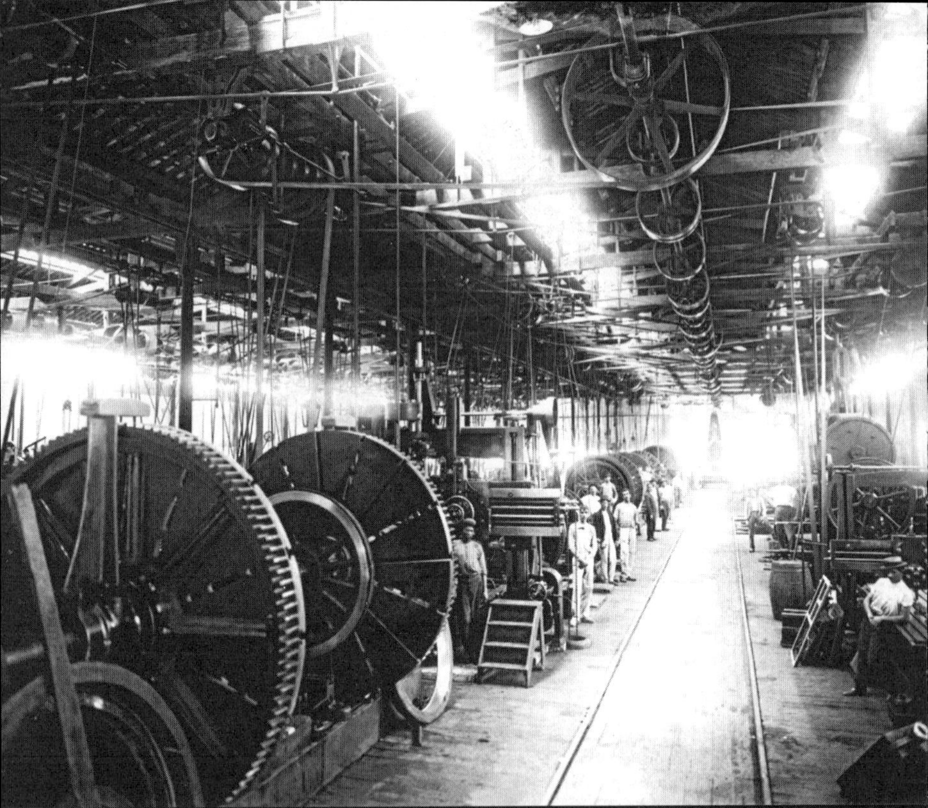

노동은 의미들로 가득 찬 인간의 기본행위이다. 유급이든 무급이든 노동은 사람들의 삶과 사회적 인식에 있어서 중요한 자리를 차지한다. 비록 여러 시대에 다양한 방식으로 표현되었지만 노동은 특히 산업혁명 이후 자본주의 생산체제 구축과정에서 주목받았다. 노동의 분업이 보다 복잡해지고 직업의 수가 증가한 것도 그와 같은 맥락에서였다. 자본주의 사회에서 노동의 역할과 의미의 이해 문제가, 마르크스Karl Marx, 뒤르켐Emile Durkheim, 베버Max Weber 등과 같은 19세기와 20세기의 많은 주요 사상가와 사회과학자가 펴낸 저술의 주요 목적으로 변모하였다.

자본주의 사회의 새로운 구성에 의해 설정된 노동의 분업은 또 생존을 위해 노동 행위에 의존하게 된 사람들을 선명히 드러내준다. 새로운 생산 논리의 주요 동력인 노동자(산업 및 도시 노동자)는 중요한 사회적 주체로 변신하였다. 그들은 장시간 노동과 비인간적인 엄청난 착취의 대상이기 때문만이 아니라 작업장에서 혹은 노동에 대한 인정과 권리를 위한 투쟁을 벌이는 공적인 충돌에서 다양한 정치적 저항 매체들을 창출해왔기 때문에, 새로운 시스템의 재생산을 위한 커다란 추진동력으로 변했다는 의미에서 그러하다. 노동과 연결된 어떤 정체성이나 계급의 정체성 형성은, 비록 빈곤과 가난이 지속되는 상황에서도, 사회의 과반수를 차지하는 그 계층의 사회적 존재감을 강화시켜주었다. 그 기간 내내 노동자계급 조직들은, 특히 노조들은, 오늘날까지 많은 노력과 정치적 투쟁을 통해 민주주의와, 표현 및 집회의 자유를 통한 민주주의의 실행 문제 토론에서 지표적인 제도들이 되었다.

19세기에 생산 활동이 공장으로 이전됨에 따라 노동에 대한 통제 메커니즘들이 변하였다. 제조업 분야에서 활동하던 사람들의 지식과 힘을 인정하려는 여러 시도 가운데 미국의 엔지니어 프레더릭 테일러Frederick W. Taylor의 시도가 빛을 발했다. 작업시간과 움직임, 업무의 세분화 그리고 실적에 따른 임금의 통제 관리 전략으로 특징되어지는 일명 "테일러리즘taylorismo"이라는 용어가 현대적으로 사용되었다. 또 다른 시도 중 하나는 포드자동차사의 창업자인 미국기업인 헨리 포드Henry Ford와 연관된 시도로서 그는 조립라인 도입, 공장조직의 수직화와 대량생산으로 "포디즘fordismo"이라는 용어를 만들어냈다. 이 용어는 생산패턴과 축적과정의 새로운 국면을 요약하고 있었다. 포드사의 생산패턴은 새로운 관리 기술을 도입했는데 그것은, 노동프로세스에 대한 관리와 현대적 조직의 주요 목적으로서, 개념(관리)과 집행(노동)의 분리를 강조하는 것이었다. 노동자들의 관점에서 볼 때 이것은 노동을 공장 내에서의 권력의 원천으로 간주하지 않음으로써 반발을 불러일으켰으며 그 결과 공장근로자들의 저항 메커니즘을 발달시켰다. 1945년 2차 세계대전의 종결에서부터 1970년대까지의 기간은, 산업화된 국가들에서 사회복지국가 체제가 공고해지면서 그 대량생산이 절정을 이루었던 시기라고 말할 수 있다.

오늘날에는 노동관계의 유연성과 생산과정들의 유연성 그리고 기업 간 관계의 유연성 및 정보기술의 활발한 이용에 의지하는 패턴의 도입과 함께 자본주의 시스템의 새로운 축적전략을 기점으로, 노동과 고용이 최근 30년간 진행된 변화들 속에서 새로운 국면을 경험하고 있다. 기업들이 점점 더 글로벌화되고 있는 시장에서 보다 더 많은 경쟁력을 갖기 위해서는, 고용수준의 향상을 위한 진지한 노력과 더불어 그 새로운 분배 및 비용감소 방법들을 활용하지 않을 수 없게 되었다. 고용의 안정 보장과 함께 장기간의 일자리들이 빠른 속도로 사라졌으며 불안이 공식 고용 근로자들의 일상을 갉아먹기 시작했다. 그리고 열악한 고용형태들이 생산체인을 구성하는 기업들에 의해 하나의 규칙으로 채택되기 시작했다. 노동자들의 합법적인 대리행위로서의 노조 제도는 힘을 잃었고 실업이 증가함으로써 관습이 바뀌었으며 이어 그들의 삶에 가난과 절망이 그림자를 드리우게 되었다. 여성의 노동시장 참여 증가는 이 구조조정 기간의 중요한 양상 중 하나였다. 또 다른 양상을 예로 든다면 그것은 노동시장의 유연성을 "비공식적인 노동informal"과 연계시키는 것으로서 이것은 노동의 착취가 줄어든 것을 의미하지 않았다. 프랑스의 사회학자인 로베르 카스텔Robert Castel에 따르면, 노동이 그저 생산의 기술적인 관계로 생각되지 않고 사회성의 망과 보호 시스템망으로의 진입으로 생각되어지는 유럽 국가들에서, 노동관계의 유연화와 "열악화precarização"는 고립과 배제를 몰고 왔다.

비록 국가들의 상황에 따라 차이가 있을지언정, 노동 상황은 그 어느 때보다도 국제화된 생산 활동 속에 상호 연결이 되어 있으며 이것은 권리의 문제를 국제적인 문제로 변화시키고 있다. 노동시장을 탈규제하려는 지속적인 시도들과 노동법의 보장내용들을 제거하려는 시도들이 기업들과 그 조직들의 정치 행위의 일부를 차지하게 시작했다. 또한, 예를 들어, 노예노동과 유사한 형태들까지도 전 세계 여러 국가에서 다양한 기업에 의해 계속 자행되고 있다. 노동시장의 유연한 패턴은 또 노동자들의 이해관계를 효과적으로 대변할 수 있는 노조제도도 위기에 빠트렸다. 비록 작금에 벌어지고 있는 일들이 노조운동의 위기가 아니라 노조운동의 스타일과 지도행위의 위기라고 인정한다 해도, 이 새로운 과정이 노조의 피할 수 없는 쇠락을 증명하는 것은 아닌지 논란이 제기되고 있다.

브라질에서의 노동과 노동자

짧게 말한다면 브라질에서의 노동과 노동자 문제를 요약하는 것은 쉬운 임무가 아니다. 하지만 브라질 역사에 있어서 이들이 차지하는 중요성을 확인시켜주는 몇몇 양상들을 지적할 수는 있다. 브라질의 노동 역사는 장기간의 노예제도와 농촌사회에서의 상당한 존재 그리고, 산업화와 도시들의 성장과정과 함께 찾아온, 다양한 노동행위의 흔적을 간직하고 있다. 또한 지난 60여 년간 표출되었던 노동운동과 노조운동의 역사로부터 노동의 역사를 분리한다는 것은 불가능하다. 노동 연구 분야의 지식인들과 연구자들은 기존의 해석을 혁신하고 연구내용을 심화시키면서 브라질 사회의 이러한 근본적인 양상들에 대한 분석들을 축적해왔다. 그리고 이제는 유연한 생산모델을 포착함에 있어서 브라질의 특수성을 원칙으로 취하면서 세계화의 흐름 속에서의 노동문제에 대하여 관심을 기울이고 있다.

오랜 산업전통을 갖고 있는 나라들, 특히 유럽국들과 비교를 할 때 브라질의 산업화 과정은 늦게 시작되었다. 노동시장과 노조들을 규제하기 위한 특수 법들의 공고화와 정치적으로 중앙집권화된 국가의 이니셔티브로, 1930년대부터 브라질이 산업사회로서의 보다 분명한 특징을 갖게 되었다고 말할 수 있다.

노동시장의 다양화는 일정한 형태의 프로필을 가진 노동자계급을 특징짓는 것을 방해한다. 비교의 차원에서 볼 때 브라질에서의 노동과 노동자들의 역사는 산업화된 국가들의 역사와 다른 길을 걸어왔다. 산업노동과, 이러한 유형의 활동에 연계된 공장근로자 계급의 형성은 단지 20세기에 들어서야 보다 분명한 윤곽을 갖기에 이르렀으며 특히 산업발전을 위한 여건 마련에 있어서 국가(제툴리우 바르가스Getúlio Vargas의 집권 하에 있던 국가)의 개입이 강하게 일어나던 1930년대와 1940년대를 시작으로 보다 선명한 윤곽을 갖기에 이르렀다. 예를 들어 유럽의 고전적인 스타일에서 볼 때, 브라질에서의 공장근로자 계급은 단지 1950년대와 1960년대에 외국기업들의 유치와 더불어 겨우 형성되었다.

상반되는 사회계급 간의 갈등이 아니라 협력을 추구하는 분명한 목적을 내포하고 또 협동조합주의로 특징지어지는 노동법과 노조법의 제정은, 그것의 상당 부분이 오늘날까지 지속되고 있는 1930년대와 1940년대의 중요한 한 양상이었다. 항상 논란이 되었던 것은 노조들이 국가에 종속되어 있는 문제였으며 이것은 매우 다양한 정치적 시기(민주주의 시기와 독재 시기)에서조차도 그 법의 유지를 엄청 용이하게 하였다. 1945년 이래 브라질이 가졌던 여러 헌법(1946년, 1967년, 1988년)은 어떤 형태로든 그 법이나 국가에 대한 노조의 종속 상황을 유지하였다. 예를 들어, 국가가 노동자의 하루 근무 수당을 의무적으로 징수하는 노조세가 오늘날에도 존재한다는 것 그리고 그것이 헌법에 명시되어 있다는 것을 어떻게 설명할 것인가?

1945년과 1964년 사이의 시간적 공간은 브라질의 정치·경제·

역사에서 중요한 국면을 의미하며 이 시기는 두 번의 독재기간(1937~1945, 1964~1984) 사이에 존재했던 민주주의의 시기이기도 하다. 이 시기는 또 산업과 건설 분야에서 일자리 수요에 자극을 받은 농촌 근로자들이 도시로 이주하던 시기였고 그와 동시에 산업화 과정이 공고화되던 시기이기도 했다. 정치에서는 노동조합주의trabalhismo가, 주로 브라질노동당PTB, Partido Trabalhista Brasileiro의 활동을 통해 민족주의를 옹호하는 전략의 중요한 표현이 되었다. 그리고 브라질공산당PCB, Partido Comunista Brasileiro은 노조운동에 대한 영향력을 확대시켜나갔다.

1964년 군사쿠데타의 주된 동기들 가운데 하나는, 주엉 굴라르João Goulart가 제시한 경제개혁을 옹호하는 노동자들의 행동이었다. 그것은 공산주의에 대한 두려움과 브라질에 "노조공화국república sindicalista"이 수립되는 것에 대한 두려움을 구실로 삼았던 일종의 정치행위였다. 결국 이 기간 동안에 벌어진 살벌한 노조 탄압은 놀랄 일이 아니었다. 이때의 노조탄압에는 노동부의 지속적인 개입과 노조지도자들의 구속이라는 무기가 동원되었다. 노동자들의 정치적 저항은, 기업들 내부에서 은밀하게 조직된 작은 모임들을 통해 일어나기 시작했으며 이것은 상당수 국가의 통제하에 있던 노조까지도 놀랄 일이었다. 1968년 미나스제라이스 주의 콘타젱Contagem과 상파울루 주의 오자스쿠Osasco에서 벌어진 파업은 이러한 저항 형태의 신호탄이자 브라질 노조운동의 새로운 시대를 연 선구자적 신호탄이었다. 브라질 노조운동의 새로운 시대는 그로부터 10여 년이 지난 1970년대 말에 가서야 상파울루 위성도시들을 의미하는 일명 ABC지역 금속노동자들의 파업으로 시작되었다.

1930년대 이래 구축되어온 전통과는 다른 성격의 노조운동이 발생한 곳이, 상파울루 시 주변에서 가장 산업화된 지역인 이른바 ABC지역•이었다는 것은 우연한 일이 아니었다. 그 운동은 "신노조운동novo sindicalismo"으로 명명되었으며 당시의 노조법과 반 파업법을 공개적으로 무시하면서 군사독재체제에 도전하였다. 그 운동의 정당성은 각 회사의 작업장에 노동자들이 스스로의 대표단을 구성함으로써 강화되었다. 그리고 신노조운동은 1978년, 1979년, 1980년 자동차부문의 금속노동자들 파업으로 명성을 얻기에 이르렀다. 오늘날 브라질 정치계에서 노조운동이 비중을 갖는 것은 과거 1950년대와 1960년대 내내 많은 활동가의 저항과 투쟁에 그 뿌리를 두고 있지만, 1970년대 말 ABC지역의 파업과 1980년대의 단일노조CUT, Central Única dos Trabalhadores 창설과 노동자당PT, Partido dos Trabalhadores의 창당으로 일관성을 얻기에 이르렀다.

하지만 브라질에서의 노동역사는 또, 농촌에서의 노동여건과 농촌 근로자들의 투쟁과 직접적인 관계를 맺고 있다. 보다 나은 토지분배와 농지개혁의 요구는, 예를 들어, 1964년 이전에 시작된 농촌연맹Ligas Camponesas의 활동과 더불어 정치적인 힘을 얻게 되었다. 그리고 군사독재시기였음에도 불구하고 중요한 권리요구 움직임들이 노조의 활동이나 여타 다른 형태의 조직화된 운동들을 통해 표출되었다. 완연한 군사독재 시절에 페르낭부쿠 주의 사탕수수 농장에서 전국농촌근로자연맹Contag, Confederação Nacional dos Trabalhadores na Agricultura이 조직한 파업이 그 예가 될 것이다. 가장 최근에는 무토지농민운

• Santo André, São Bernardo, São Caetano 등 3개 도시의 이름을 조합한 약자. _옮긴이

동MST, Movimento dos Sem Terra의 정치활동이 연일, 브라질이 안고 있는 문제점들을 재상기시키며 농촌지역에서의 불평등 문제점들을 폭로하고 있다.

1990년대 초에는 국제적인 경쟁으로 내몰기 위한 시장의 개방과 콜로르 지 멜루Collor de Melo 전 대통령에 의해 추진된 경제의 세계화가 노동관계를 변화시켰고, 기업인들의 전략으로서 노동시장의 유연화를 위한 장치들이 도입되었다. 그런데 그 과정이 경제 부문들 사이 그리고 때로는 동일한 부문의 기업들 사이의 거대한 이질성으로 특징지어진다는 것을 고려해야 한다. 보다 일반적인 차원에서 말하자면 새로운 생산전략의 확산은, 수입대체산업정책에 기초한 1950년대와 1960년대의 발전모델이 폐기됨과 동시에 발생하였다. 기업들은, 새로운 노동력 관리 방식들을 채택하는 데 있어서처럼, 생산조직에도 노력을 집중하기 시작했다. 그 새로운 노동력 관리 방식이란, 노동시장의 유연화의 필요성과, 노동자들을 품질 및 생산성이라는 새로운 개념에 적응시킬 필요성에 보다 부응하는 것이었다. 이미 현재의 상황에서도 생산과정 자체의 변화를 확인할 수 있지만도, 대다수의 경우 기업들의 새로운 전략이란 일자리를 단호히 줄이면서 비용 삭감에 더 몰두하는 것이라는 것이 확인가능하다. 그리고 자신의 일자리를 유지하려는 사람들에게는 요구사항이 더 많아진다. 업무의 강도가 더 세질 뿐만 아니라 더 높은 학력과, 끝없는 변화에의 더 많은 적응력을 요구하기 때문이다. 조직의 전략을 혁신하는 것과 "유연화flexibilização"가 많은 연구의 대상이 되어왔으며, 노동관계의 민주화 제안 발표에서부터 사내社內 권위주의적인 관행의 지속에 이르기까지, 서로 상반되는 관행들이 목격되어

왔다. 또 다른 연구들은 노동시장의 유연성이 주는 이익들이 발표된 것과는 달리 확인되고 있지 않다는 것과, 실제로는 실업이 증가하고, 고용과 노동 그리고 임금의 조건을 "열악하게 하는" 관행들이 늘어나고 있다는 것을 보여주고 있다.

브라질의 특수성은 또 1988년 헌법에서 예고되었듯이 노동법과 사회적 권리의 차원에서도 확인된다. 노조와 사회운동을 통해 조직화되고 1964년 군부독재체제의 권위주의에 대한 저항과정에서 결속하였던 노동자들, 그들이 요구했던 상당 부분들이 낳은 결과이기도 한 1988년 헌법은 1990년대에 수립되었던 노동시장의 유연화 전략에 맞서 다양한 보호 장치를 마련하였다. 많은 노동권을 규정화하는 데에 있어서 사회적인 진전이 있었지만 최근 20년간 정치적, 경제적 상황은 그 권리들의 보장에 대한 지속적인 의구심들로 점철되었다. 법을 통해 노동자들을 보호해야 한다는 필요성이 브라질 사회의 여러 부문 사이의 열띤 공방과 정치적 경쟁의 대상이 되어왔으며 그 와중에 헌법은 때때로 국가의 발전을 위한 보호막으로 또는 방해물로 거론되어 왔다.

최근 몇 년 동안의 상황은, 자신들의 대표권을 수행함에 있어서 임금문제에만 국한하고 있는 노조들에게 어려움을 안겨주고 있다. 노동은 보다 넓고 복잡한 차원으로 진입하였으며 그 전개에 있어서 사회의 다른 부문들을 연루시키고 있다. 그러한 의미에서 노동자들의 문제가, 조직화된 사회부문을 초월하여 실업자들과 비공식 노동자들의 요구사항에 부응하는 행동을 노조들에게 요구하고 있다는 것을 그 노조들이 모르고 있다는 것은 더 이상 있을 수 없는 얘기다. 그와 동시에 시민권 유지를 위한 행동과, 경제정책 및 사회적 포용정책을 토론하는 결정단계에 보다 많은 노조의 참여를 요구하는 일이 늘어나고 있다.

참고문헌

CARDOSO, Adalberto. *A construção da sociedade do trabalho no Brasil.* Rio de Janeiro, Editora da FGV/FAPERJ, 2010.

CASTEL, Robert. *As metamorfoses da questão social: uma crônica do salário.* Petrópolis, Vozes, 1998.

GOMES, Ângela de Castro. *A invenção do trabalhismo.* Rio de Janeiro, Vértice/IUPERJ, 1988.

LEITE LOPES, José Sérgio. *A tecelagem dos conflitos de classe na "cidade das chaminés"*. São Paulo/Brasília, Marco Zero/Editora da UnB/CNPq, 1988.

LOPES, Juarez R. Brandão. *Crise do Brasil arcaico.* São Paulo, Difel, 1967.

RODRIGUES, Leôncio M. *Conflito industrial e sindicalismo no Brasil*. São Paulo, Difel, 1966.

metamorfoses da velhice

나이 듦의 변화

기타 그링 데베르트 Guita Grin Debert

Guita Grin Debert

캄피나스주립대학교(Unicamp)의 인류학과 교수로 재직 중이며 국가과학기술발전위원회(CNPq)의 연구원이기도 하다.

은퇴, 제3의 연령대, 노인은 삶에 있어서 가장 앞선 단계에 진입한 사람들을 다루는 방식이다. 이 방식은 나이가 드는 것과 여타 다른 사회적 경험의 차원들 사이의 관계, 즉 편견, 차별, 사회적 지위와 명망에 대한 속성 부여, 사회적 권리의 쟁취, 적합한 소비형태의 결정 그리고 삶의 스타일에 대한 가치부여와 같은 차원의 관계를 가리킨다.

한편으로 '늙은velho'이라는 단어는 우리가 자신보다 나이가 더 많은 사람을 존중하고자 할 때 사용하는 어휘에서 실제 사라졌다. 우리는 상대방을 모욕하거나 마음 아프게 하는 것을 피하기 위하여 "노인idoso"이나 "제3의 연령대terceira idade"와 같은 표현을 선호한다. "최고 좋은 나이melhor idade"라는 표현은 60세 이상의 사람들이 모이는 클럽이나 프로그램이 찾아낸 새로운 명칭이다.

다른 한편으로 은퇴에 대하여 말하는 것은 19세기 후반에 벌어진 일련의 변화를 기술하는 것이기도 하다. 이 변화는 산업발전을 수반하였고, 또 늙었다는 이유로 직장에서 쫓겨나 생존을 보장해줄 환경을 갖지 못하게 된, 공장근로자를 돌보기 위한 제도적 장치를 요구하였다. 하지만 단지 19세기 말에 가서야 비로소 은퇴라는 문제가 공장근로자의 요구사항에 포함되었으며 그 권리를 모든 근로자에게 보편화한 것은 역사적 관점에서 볼 때 아주 최근의 일이었다. 왜냐하면 은퇴라는 제도는 1945년 제2차 세계대전이 끝난 뒤 유럽에서 겨우 보편화되었기 때문이다.

그러한 맥락에서 나이 듦은 가난과 무용성 그리고 생산 활동의 불능과 관계되어 있었으며 은퇴는 그 사람들에게 새로운 신분을 제시함으로써 사회보장제도의 대상과는 차별되었다.

제3의 연령대라는 표현은 프랑스에서 70세 이상의 사람들을 위하여 "제3의 연령대를 위한 대학Universidade para a Terceira Idade"이 처음 설립되었던 1970년대에 등장하였다. 이 표현은 살아온 세월에 정확히 국한된 나이를 의미하지 않을뿐더러 그저 가장 나이 많은 사람을 지목하기 위한 방식도 아니었다. 게다가 비아냥대는 의미가 있었던 것은 전혀 아니었다. 그 이전에 이것은 노년의 의미변화를 가리키는 신호이다. 또한 은퇴제도를 만든 경우처럼, 나이 든 근로자가 부딪치는 가난의 위협과 무용성 여론을 타파하려는 시도를 의미하는 것이 아니라 노년을 레저와, 직업 및 가정이 주는 스트레스로부터 벗어난, 자유로운 활동을 위한 특권적 시기로 기념한다는 의미이다. 거기서부터 노년이 "최고 좋은 나이melhor idade"라는 개념이 탄생한다. 따라서 제3연령대라는 용어의 창안은 나이 듦이 가져다주는 독특한 경험을 가리키는 것이리라. 현대 사회에서 생의 후반은 노인에게 건강과 재정적인 독립 그리고, 이 단계의 삶이 개인적인 꿈의 실현과 만족에 적합하다는 기대를 현실로 만들어주는 여타 다른 방식을 제공해준다.

최근까지만 해도 산업화된 사회에서 노년 문제를 다루는 것은, 사회적 지위의 상실과 같은 드라마틱한 어떤 상황을 정리해보려는 것과 같은 의미였다. 그런데 산업화와 도시화가, 전통사회에서 가치가 있었던 가족 내 세대 간의 긴밀한 관계와 경제적 안정을 파괴한 것일지도 모르나, 은퇴정책과 일정 수준의 월 소득 보장은 나이 든 사람들의 상황을 뒤집어놓았다. 이 노년층을, 선진자본국에서든 브라질과 같은 나라에서든, 이제 더 이상 사회에서 가장 소외된 계층으로 여길 수 없게 되었다.

제3연령대는, 소외와 고독의 희생으로 특징지어지곤 하는 노인들이 무엇을 필요로 하는지를 밝혀내고 대응하는, 전문 기관과 제도에 의해 관리되고 있다. 은퇴를 능동적인 삶에 대한 수동적인 무관심으로 생각하는 것에 반대하여, 오늘날에는 그들의 시간을 값어치 있게 하기 위하여 인생의 노년기를 활동적인 단계로 바꾸려는 노력이 이어지고 있다.

역사적·사회적 구축으로서의 노년

노년을 명명하는 방식의 변화와, 다양한 역사적 시기에 노년을 규정하기 위해 사용된 여러 표현의 의미는 동 주제에 대한 사회학적 사고의 시발점이며 현재 이 주제는 노년을 역사적·사회적 구축으로 여기고 있다.

그리하여 보편적이고 자연스러운 어떤 사실—탄생과 성장 그리고 죽음을 포괄하는 인간과 여타 상당한 자연의 종種의 생물학적인 사이클—과, 나이 듦이 시작되고 경험되는 다양한 방식을 뜻하는, 어떤 사회적·역사적 사실 사이에는 어떤 구분이 존재한다. 우선 노년에 대한 의미, 노인의 사회적 지위 그리고 노인을 대하는 젊은이의 자세가, 서로 다른 역사적·사회적·문화적 상황에서는, 독특한 의미를 지닌다는 것을 강조하고자 한다.

바로 이러한 시각은 유년기, 사춘기, 청소년기 등과 같은 다른 연령대에 대한 분석에도 적용될 수 있다. 그리고 인류학적이고 역사학적인 연구는, 우리 사회에서 개인의 특징을 결정하는 데 아주 중요한 인생의 그런 국면들이 본질은 아니라는 걸 증명하며 그 예는 얼마든지 있다. 그 본질이란 개인이 시간의 흐름에 따라 나이가 들면서 후천적으로 얻는 것일 뿐이다. 그와는 정반대로 인생의 각 시기에 대한 연구들은 어떻게 하나의 생물학적 과정이 사회적 관습에 의해 상징적으로 만들어지는지를 보여준다. 그리고 그 사회적 관습은 각 개인이 거쳐 가지만 반드시 모든 사회에서 똑같지만은 않은 연령대 간의 경계를 결정한다.

나이 듦을 이해하기 위해서는, 삶의 흐름을 어떤 진화 단계—사회적, 문화적 특징에도 불구하고 모든 정상적인 개인이 지나가야 하는 단계—의 비非종적인 연속으로 이해하는, 성장의 심리학적 가정假定을 파괴하는 것이 필요하다. 나이는 자연의 데이터가 아니고 사회그룹의 당연한 구성원칙도 아니며 더더욱 인간의 행동양식을 설명하는 요소도 아니다.

프랑스의 사회학자 피에르 부르디외가 강조하듯이 삶에서 나이는 임의적인 창조물이자 사회학자가 만들어낸 전문적인 사고의 결과물일 뿐이다. 그에 따르면, 나이를 단계화하는 작업에는, 인생 사이클의 다양한 순간을 살고 있는 여러 사회그룹에게 연계된 어떤 권력을 재정의再定義하기 위한 살벌한 투쟁이 담겨 있다고 한다.

나이를 단계로 나누는 것은 문화적 구축물의 일부이며 그 구분은 역사적으로 변한다고 주장한다고 해서 그 구분의 효용성이 없다는 주장을 의미하지는 않는다. 그 구분은 특정한 사회적 현실을 구성하는 요소이다. 그 이유는 그 구분이 사회 전체를 나누어 사회구성원들의 차별화된 권리와 의무를 설정하고 또 세대 간의 관계를 규정하며 권력과 특혜를 배분하기 때문이다.

따라서 브라질 사회에 있어서 연대기적인 나이는—여타 많은 나라에서 볼 수 없는 연령 구분 시스템이다— 사회조직에 있어서 필수적인 어떤 메커니즘인데 그 이유는 여러 가지 가운데 성년, 입학연령, 노동시장으로의 진입과 은퇴를 규정하기 때문이다.

노년은 연령적·종족적étnica·인종적 혹은 젠더적 카테고리로서 인구를 쪼개어 구분하는 방식이자 이렇게 구성된 다양한 사회계층 사이에 어떤 위계질서를 구축하는 방식이기도 하다.

노인학과 연령 피라미드의 변화

노인학 —1903년 러시아의 생물학자인 일리야 메치니코프Elie Metchnikoff가 사용한 용어— 은 노년을 연구하는 학문이다. 초기의 연구를 좌우한 시각은, 노인들이 부닥친 문제가 너무나 긴박하고 비슷하여 종족성etnicidade과 사회적 계급, 젠더 그리고 종교 차원에서의 차이점을 최소화하고 있다는 생각이었다. 그 당시 노년은 역할 없는 역할roless role이라는 개념을 통해 생각되었다. 여기서 역할 없는 역할이란 근대사회가 노인을 위한 어떤 활동이나 특정한 역할을 예견치 못한 채 그들을 의미 없는 존재로 내버려두었던 것을 의미한다. 노년의 삶에 대한 각 노인의 개별적인 경험을 무시한 채 노년을 그저 동질적인 삶의 경험으로 간주한 그 가정은 이후에 재검토되었다. 그리고 동 주제에 대한 일련의 연구들은, 노년에 대한 사회경제적 구분과 여타 차이들이 노년의 경험에 조사할 만한 가치가 있는 분명한 내용들을 제시하고 있음을 보여주었다. 그 다양성에 대한 새로운 가정으로 인하여, 각 연령대를 면밀히 중재하는 메커니즘과, 삶의 질 및 노년의 여러 다른 차원의 문제를 평가할 수 있는, 장치들에 관심을 갖는 일련의 연구가 촉발되었다.

노령화의 과정에 대한 사회의 관심은, 의심할 여지없이, 그 사회의 노인들이 수적인 관점에서 점차 그 사회를 대표하는 계층으로 변해가고 있기 때문이다. 브라질이 젊은이들의 나라라는 생각은, 유럽국에서나 북미지역에서와 같이, 브라질 역시 점차 노령화 사회로 접어들고 있다는 인구자료에 의해 반박을 받고 있다. 인구의 노령화를 말하는 것은, 인간의 생명 연장 ―상당수 사람이 보다 오래 산다는 사실― 에 대한 관심과 출생률의 하락 ―부부당 자녀 수 감소― 에 대한 관심을 불러 모으는 것이기도 하다. 그 결과 노년의 인구가 소년층과 젊은층 대비, 같은 수준이거나 증가함으로써 연령의 피라미드가 납작해지는 결과를 낳고 있다.

하지만 노년층이 부쩍 늘어난 것을 인구의 노령화에 따른 자연스러운 결과로 생각해서는 안 된다. 이것은, 이 문제가 사회의 고민거리로 변함에 따른, 이중적 양상에 대한 관심을 촉구하는 것이기도 하다.

한편으로 우리는 노년에 대한 관리 문제가 점차 사회화되는 현상을 목격하고 있다. 노년의 문제는 오랜 세월 동안 개인과 그 가정의 문제라든가 또는 개인이나 자선기관의 사회보장문제로 인식되었지만 오늘날에는 공공의 문제로 탈바꿈하였다. 빈번히 상호모순적인 일련의 지침과 간섭행위가 국가와 여타 기관들에 의해 결정되고 실행되고 있다. 특수한 지식영역으로서의 노인학은 노년 문제 전문가를 양성하는 기관과 전문가들을 길러내고 있다. 그 결과 새로운 문화 카테고리가 형성되고 있는데 이것은 곧, 사회지리학적인 측면에서 노인을, 다른 접근방식을 요구하는, 자율적이고 일관된 하나의 집단으로 인식하게 함으로써 특수한 관리방식의 이행을 요구한다는 뜻이다.

19세기 후반 이후 근대사회를 특징짓는 그러한 상황에서 노년을 상실과 의존의 지속적인 어떤 과정으로 보는 시각이, 그 노년과 관련된 부정적인 일련의 이미지를 만든 장본인이었을 뿐만 아니라, 은퇴제도의 보편화와 같은, 사회적 권리의 합법화를 위한 필수요소이기도 했다.

다른 한편으로 노년문제의 사회화에는, 필자가 '재개인화 과정 processos de reprivatização'으로 부르는 것이 포함되어 있다. 이 과정은 노령화를 개인의 책임으로 변질시키고 있으며 그러한 양상이 지속될 경우 노령화 문제는 언젠가 우리의 사회적 관심으로부터 사라질 수도 있을 것이다.

사회적 문제로서의 노년과 노령화의 재개인화

오늘날에는 노령화와 관련된 전형적인 문제들을 재고再考해보자는 경향이 생겨나고 있다. 노령화를 상실의 과정이라고 보는 시각은—제3의 연령대를 만든 것에서도 보듯이—노년의 시기가 기쁨의 추구를 통해 무언가 새로운 것을 얻기에 좋은 시기라는 인식으로 대체되고 있다. 이미 살아온 경험과 축적된 지식은, 새로운 정체성을 탐구하고 삶의 다른 단계에서 포기했던 계획을 실천하며 보다 젊고 보다 나이든 사람들의 세계와 보다 유익한 관계를 설정할 기회를 주는 자산이다.

최근 10년간 브라질에서는 개방학교, 대학 그리고 공존그룹과 같은 제3연령대를 위한 프로그램이 우후죽순으로 생겨났다. 젊었을 때 즐겨 사용하던 배타적인 방식으로 자기표현을 추구하면서 노년의 정체성을 탐구하기를 권하는 이 프로그램들은 어떤 혁신적인 삶이 집단으로 이루어질 수 있도록 공간을 열어줄 뿐만 아니라 오늘날 브라질 사회가 노령화 문제에 보다 민감하다는 것을 보여준다. 그러나 상당수의 브라질 시市에서 시행되고 있는 이러한 이니셔티브가 거둔 놀라운 성공은, 노년의 문제를 다루는 데에 필요한 메커니즘의 열악함과 비례한다. 이렇게 인식된 노인의 새로운 이미지는, 개인에게 인지능력과 육체적·정서적 통제력의 하락에 대처할 수 있는 수단들을 제공하는 것은 아니다. 이 수단들은, 브라질 사회에서 한 개인이 자율적인 존재로서 그리고 시민권을 완연히 수행할 수 있는 존재로서 인정되기 위해, 필수불가결한 요소이다. 만족감을 주는 제3연령대에서 그러한 문제를 희석시키는 것은, 노령화의 재개인화에 능동적인 요소가 된다. 그 이유는 노인을 주역으로 한 혁신적이고도 성공적인 경험들에 의해 획득된 시계視界가, 노령화를 특징짓는 버림받음과 의존 상황을 대처하는, 다른 이니셔티브들에게 여지를 주지 않기 때문이다. 그리하여 노령화가 내포하고 있는 상실은, 삶의 모티브를 제공하는 활동에 노인들의 참여가 부족한 결과로 비춰진다든가 혹은 부적절한 소비형태의 선택과 부적절한 생활스타일의 선택이 낳은 결과로 비춰지기 시작한다.

그러므로 나이에 대하여 보다 인내하는 자세가 그 변화를 뒷받침하고 있다고 생각하는 것은 착각이다. 그러한 과정의 특징은, 삶의 가치 및 스타일과 연계되어 있을 뿐 정작 특정한 연령대와 연결되어 있는 것이 아닌, 청춘의 가치를 강조한다는 것이다. 영원한 청춘이라는 가정은 소비시장을 구성하는 기본적인 메커니즘이며 그 메커니즘 속엔 노령을 위한 자리가 없다.

육체와 정체성 그리고 자신의 이미지를 새롭게 할 기회를 지속적으로 제공하는 것은 노령화의 문제 자체를 가리는 행위이다. 피할 수 없는 육체의 쇠락 그리고 자신의 의지대로 움직여주지 않는 통제 불능의 육체는, 일련의 잘못된 행위 — 예를 들면, 흡연, 음주, 운동부재, 건강에 대한 무지 등 — 의 결과물로 인식되었고 그래서 타인의 연민을 받을 자격이 없었다.

인간의 삶의 연장은, 의심할 바 없이 하나의 집단적인 소득이지만 그와 마찬가지로 사회생활의 재생산에 대한 위협, 즉 사회의 미래에 대한 하나의 위험부담으로 이해되고 있다. 노인의 은퇴와 의료 및 사회보장비용에 대한 예상은, 가까운 미래에 브라질의 경우처럼 그 서비스가 열악할 때조차도 대응비용을 댈 수 없는, 어떤 시스템의 실현불가능성을 가리키는 지표로, 즉 국가적인 문제로 제시되고 있다.

실업과 반半고용 상태가 점점 더 어린 연령층을 엄습하는 상황에서 노령인구 관리에 드는 비용, 특히 가장 나이 든 계층의 관리에 드는 비용이 인간의 생명을 연장하는 기술발전과 똑같은 비율로 늘어나고 있다. 공공회계 분야의 전문가들은 이와 같은 시스템의 실현가능성을 보장하기 위해 4가지 유형의 대책이 동시에 실시되어야 한다고 제안할 뿐이다. 즉, 공공비용 축소, 세금 증대, 은퇴자의 퇴직금 지급 기한 축소, 은퇴연령 연장이 그것이다.

인류학자인 메리 더글라스Mary Douglas가 보여주었듯이 각각의 사회는 저마다의 위험부담을 안고 있으며 신뢰와 두려움에 대한 특별한 조화를 추진하고 있다. 그리고 두려워해야 할 가치가 있는 위험 요소를 선별하는 데에는 언제나 개인적인 삶의 가치와 스타일의 보호 및 배제전략이 포함되어 있다.

결국 노년 자체가 안고 있는 상실이 어떤 불쾌한 비밀로서 지속될 것인지를 물어보는 것이 필요하다. 노버트 엘리아스Nobert Elias가 증명해보였듯이 우리는 그 비밀을 알고 싶어 하지 않을뿐더러 점점 더 교묘한 방법으로 그 비밀의 존재를 부정하는 방식들과 마주하게 된다. 그와 동시에 노년의 문제에 대처할 대안을 제시할 수도 있다. 과학연구의 진전이 인간 세포의 노화를 막을 해결책을 제시한다든가 아니면 기술이 노년의 의존문제를 최소화할 수 있는 방법을 찾아낼 것이라는 꿈이 점차 더 구체화되고 있다.

은퇴자의 수가 늘어나는 것은, 그들의 정치적 권력 증대뿐만 아니라 더 많은 정치적 요구의 수용과 시행을 촉구하는, 힘의 증대로 이어졌다. 하지만 지금도 일을 하고 있으며 또 일생 동안 일을 해왔다는 사실—경제적 발전이 노동력의 수요 증가를 의미하지 않을뿐더러 기업의 차원에서는 경영의 합리화라는 것이 대부분 고용을 줄이는 쪽으로 나아가는 시점에서—이 일종의 특혜로 바뀌는 것 일뿐, 더 이상 보상할 가치가 있는 어떤 노동력의 소진이 아니게 된다. 결국 노인은, 가정에서 보다 젊은 사람에게 넘길 수도 있는 유산뿐만 아니라 사회의 다른 부문에 배분되어야 할 공적 재원까지 압도적으로 소비하는, 몸을 많이 움직이지 않는 비활동적인 존재로 비춰질 것인가?

노인의 문제를 개인의 책임으로 전가하는 문제 그리고 노년층에 투입되는 비용을 재정적으로 지원하는 시스템이 더 이상 불가능하다는 것을 부각시키는 행위는 세대 간의 결속을 거부하는 행위와 같다. 분명 노년을 어떻게 보낼 것인가라는 문제에 있어서 선택의 폭이, 제3연령대라는 용어의 창안 이후 나온, 새로운 시책들로 인하여 확대된 것은 분명하다.

하지만 그 선택에 대한 개인의 책임이 평등하게 분배된다고 하더라도 그 책임에 따라 행동하기 위한 메커니즘은 그렇지 못하다는 것을 인식할 필요가 있다. 사회학자인 지그문트 바우만Zygmunt Bauman이 주장하듯이 선택의 자유는 분명 등급이 매겨진 하나의 권한일 뿐이다. 자유로운 어떤 선택을 진심으로 허용할 재원도 없이 그 자유의 의무를 강요하면서, 사회적 여건의 근본적인 불평등에 행동의 자유를 첨가하는 것은, 브라질처럼 매우 서열화된 사회에서는 자괴감과 자기비하로 가득한, 인간적 존엄성이 보장되지 않은 어떤 삶을 살라는 주문과 같을 뿐이다.

참고문헌

BARROS, Myriam Moraes Lins de (org.). *Velhice ou terceira idade*. São Paulo, Editora da FGV, 1998.

DEBERT, G. G. *A reinvenção da velhice*. São Paulo, Edusp, 2004.

Violência e crime: sob o domínio do medo na sociedade brasileira

폭력과 범죄: 두려움이 지배하는 브라질 사회

세르지우 아도르누Sergio Adorno

Sergio Adorno

상파울루대학교(USP)의 사회학과 교수로서 동 대학교의 폭력연구소(NEV-Cepid-USP) 등 폭력문제와 관련된 브라질의 주요 연구소들에서 주요 직책을 수행한 바 있다.

PO CIA

폭력이라는 말은, "폭력으로 대하다, 신성을 모독하다, 위반하다"라는 뜻을 가진 라틴어의 동사 violare에 기원을 두고 있다. 이것은 또 무력, 활력, 능력, 폭력, 질적인 면에서나 강도의 면에서 그리고 본질적인 면에서 물리적인 힘의 적용을 의미하는, vis라는 용어를 가리키기도 한다. 고대 그리스-로마어의 번역에 따르면 폭력은 외부의 무력 적용에 의한 사물의 "자연적인" 흐름으로부터의 이탈을 의미하기도 한다. 오늘날 이 용어는 다양한 의미를 지닌 용어로 적용되고 있다. 또한 정당한 것으로 인식되는 사회적 평화와 질서에 반대하고 그것을 의문시하거나 혼란을 일으키는 인간행위를 가리키기도 한다. 이 용어의 일반적인 사용은, 관습적인 한계나 규칙을 존중하지 않는, 엄청난 거친 힘의 적용까지 포괄한다.

이 용어의 다양한 의미는 특정 사회그룹에게 "성스러운 것sagrado"을 의미하는 가치의 세계에도 적용되는데 예를 들어, 근대 유럽문명사회에서 삶에 대한 권리란, 서로 다른 문화들diferentes culturas이 특정 사회그룹에 속하는 사람들을 존중하고 그들의 삶을 보장하는 방식과는 상관없이, 보편적인 것으로 간주된다는 것이다.

한편 범죄는 형법에서 폭력으로 규정되어 있다. 즉, 폭력적인 행위의 레퍼토리를 구성하는 일부인 것이다. 사회란 시간과 공간 속에서 변화하기에, 오늘날 폭력적인 것으로 인식되는 많은 행위는 얼마 전까지만 해도, 젠더의 관계에 있어서의 폭력과 같이, 형법상 범죄로 인식되지 않았다. 마찬가지로 특정 그룹—흑인, 이주민, 여성, 가난한 사람, 동성애자— 에 대한 몇몇 편견적 행동의 경우 드물게 범죄로 인식된다. 이 행동에는 상징적 폭력도 포함되는데 그 이유는 그러한 행위가 상호존중과 인간의 존엄성에 대한 문화적 가치

체계를 공격하기 때문이다.

폭력은 물질적·상징적 재화와 육체적·심리적·도덕적 완전성에 손상을 야기한다. 그것은 또 일부가 다른 일부에게 가한 고통과 아픔이라는 결과로 이어진다. 그 때문에 폭력의 여파에는 객관적인 차원 —누군가의 죽음, 어떤 권리의 상실, 사상의 자유로운 교류에 대한 제한— 뿐만 아니라 주관적인 경험도 포함된다. 이러한 관점에서 폭력적인 행동은 집단적 인지와 표상의 세계를 언급하는 것이기도 하다. 그리하여 폭력은 카오스나 명목적인 무질서 혹은 "성스러운 것sagrados"으로 간주되는 가치들에 대한 침범으로 또는 가정과 육체와 프라이버시의 침범불가로 등장한다.

이른바 세계화의 시대에서 폭력은 문학, 영화, 싸움과 스포츠의 대리표상, 성性 그리고 매일매일의 생존을 위한 경쟁에서 아주 잘 이야기된 현대의 존재미학으로 표현되어, 지적이거나 퍼포먼스적인 의미를 획득하고 있다. 결국 폭력은 권력의 비대칭적인 관계가 지배하는 권위주의 사회나 독재(군부 혹은 시민정부의 독재) 사회에서 보다 빈번하고 강하게 등장한다. 확실한 것은 민주주의 사회에서도 폭력은 존재한다는 것이다. 비록 이 민주주의 사회가 무력의 인위적인 사용을 제한하는 법에 의거하여, 그 폭력을 억제할, 합법적으로 인정된, 제도적 수단을 소유하고 있음에도 말이다.

폭력의 이러한 특징은 인류 사회의 역사를 수반해왔다. 고대사회에서는 폭력이 주인과 노예 그리고 부양가족 간의 사적인 관계영역에서 조정역할을 담당하였다. 중세에는 그 폭력이 기사와 전사의 에토스ethos에 흡수되었다. 근대의 식민주의와 더불어 그러한 관습은 신세계와, 유럽이 아닌 여타 나라로 전파되었다. 그 사회에서 폭력은 일상생활의 언어행위가 되기 시작했다.

유럽에서 전 세계, 특히 미주대륙으로 퍼져나가기 시작한 서구의 문명화 과정과 더불어(15세기에서 19세기까지) 존재했던 폭력의 일상적인 사용은 결국 사회적으로 비난을 받기에 이른다. 즉, 두 개의 과정이 동시다발적으로 진행된 것이다. 하나는 공격적인 충동(심리적 요인이 정신 병리의 발생에 미치는 측면)의 억제에 기초한 새로운 도덕의 경제학이 모든 사회계층으로 확산된 것이며 또 다른 하나는, 사회관계와 개인관계(사회적 요인이 정신 병리의 발생에 미치는 측면)에서 발생한 알력의 해결을 위해, 무기와 무력에 의존할 권리를 개인(시민)으로부터 탈취한 것이다. 근대국가는, 국가의 헌법과 국제법에 의해 규정된, 폭력의 합법적인 독점권을 쥔 유일한 커뮤니티가 되기 시작했다. 이러한 모델은, 분쟁의 해결을 위해 제도적 채널(공식적이고 공적인 성격을 지닌 채널)의 존재를 인정하는, 대의 민주주의의 공고화로 공식화되는 경향을 나타냈다.

브라질의 경우 식민시대 이후 폭력이, 가난한 소小농장 거주자, 부인, 자녀, 동거자를 포함하여, 노예와 자유인들의 일상에 체화되어 있었다. 똑같은 의미에서 식민시대로부터 공화국시절까지 엄청난 폭력이 지방의 반란, 특히 19세기 말에 이제 막 탄생하던 공장근로자들의 노동운동 등, 불만을 가진 사회운동을 억압하는 데 상습적으로 이용되었다. 일명 '칼의 공화국República da Espada' — 즉, 공화국 초기의 첫 두 군사정부(1889-1894) — 과 신국가체제(1937-1945) 그리고 군사독재시절(1964-1985) 등 정치적 이견을 가진 자들을 탄압하던 체제의 경우처럼, 폭력은 군사독재시절의 특징 중 하나였다.

놀랍게도 브라질 사회가 법치국가로 돌아온 뒤에 다양한 성격의 분쟁이 폭발적으로 늘어났다. 범죄, 특히 조직범죄(예를 들어, 마약밀매)의 증가, 심각한 인권침해, 인간관계에 있어서 치명적인 결과를 낳는 갈등 등에서의 범죄 증가가 그것이었다. 화기가 사용된 살인도 놀라운 수준으로 증가하였는데 그 주요 희생자는 일명 대도시의 주변부에 거주하는 15세에서 29세 사이의 남자였다. 이에 대한 국가의 응수는 양가적인 성격을 띠었다. 다시 말하면 때로는 "철권통치mão dura" 때와 같은 인내심 제로의 정책을 내놓거나, 아니면 인권을 중시하는 일명 "자유주의적liberal"인 정책을 내놓으며 형사적 처벌의 휴머니즘에 우선권을 주었고 또 특정 사회그룹(여성, 아동, 흑인, 노인)의 권익보호에 초점을 맞추었다.

새로운 사회적·정치적 상황에서 브라질에서의 폭력은 사적인 관계의 영역에서 생각되지 않았다. 그리하여 폭력의 문제는 점점 집단공포증과 불안을 키우고 공개적인 논쟁을 자극하는 등 공공의 불안을 야기하는 소재가 되었다. 1970년대 중반 이후 동 문제에 대한 사회과학과 인문과학의 관심도 결코 적지 않았다.

사회과학자들 사이의 논쟁은 군정에서 민정으로의 이행移行에 많은 영향을 받았다. 많은 이는 민주주의의 회복이 결국 사회의 안정과 평화로 이어질 것이라고 믿었다. 하지만 그러한 일은 일어나지 않았다. 오히려 범죄와 폭력의 전반적인 증가현상이 발생하고 말았다. 따라서 당시의 사회상황뿐만 아니라 그 원인에 대해서도 설명할 필요가 생겼다. 논점은, 자본주의에 의해 야기된 불평등의 결과라든가 경찰과 사법기관에 내재되어 있는 브라질 사회의 권위주의적인 유산 혹은 브라질 사회의 "문화cultura"의 특징이라는 문제로 집중되었다. 브라질 사상사의 전통적인 시각에서 볼 때, 브라질에서는 결코 시민사회가 존재할 수 없음이 인정되기에 이르렀다. 이것은 공화주의 법과 제도에 대한 정치엘리트들의 오랜 불신을 강조하는 데 기여하였다.

근 40년간(1970-2010) 진행된 실증적 연구의 결과, 그러한 논점의 많은 부분이 수정되었고 마치 불변의 진리처럼 여겨지던 것도 문제시된 다음 허물어졌다. 아울러 엄격한 민족지학民族誌學적인 연구의 결과에 근거하거나 혹은, 1, 2차적 자료의 통계처리, 원본 문헌에 대한 조사, 관련 사건들의 주역과의 인터뷰 및 그들의 삶의 이야기를 재현하는 것과 같이, 무수히도 많은 다른 방법론에 기초하여 여러 가정假定들이 세워지고 또 재고되었다.

그러한 노력들 가운데 하나는 공식 통계자료에 기초한 범죄와 폭력의 특징 및 추이를 알아보는 것이었다. 물론 당시에는 그 자료들의 질質과 신뢰성에 의문이 제기되기도 하였다. 어쨌든 이렇게 실시된 연구들에 의해 1970년대 말 이후 재산과 인명에 대한 거의 모든 종류의 범죄가 증가하고 있음이 밝혀졌다. 강도, 강간, 납치와 살인을 통한 갈취 등, 개인의 육체적 완전성을 위협하는 이른바 폭력범죄들이, 그 규모에 있어서나 강도強度에 있어서, 모두 증가하였다. 살인의 가파른 증가, 특히 브라질 남동부지방에서의 살인 증가는 연일 일간지의 뉴스에 오르내리기 시작하였고 정부와 사회학의 의제에 강한 압력을 행사하였다.

이러한 유형의 범죄만이 증가하고 있었던 것은 아니다. 역설적으로 민주주의의 발전은 심각한 인권유린과 병행하여 진행되었다. 이

범죄에는 민간인과 경찰로 구성된 일명 "정의의 사도justiceiro"• 나 "죽음의 암살단esquadrão da morte"의 활동도 연관되어 있었다. 브라질 사회에 항상 존재했던 집단구타행위는 특히 상파울루와 사우바도르에서 가장 빈번히 일어나기 시작했다. 이 모든 것은, 대중의 거친 정의 실현 행위가 법의 적용과 정의의 평등한 분배를 책임져야 할 공식 기관들이 포기한 공간을 차지하는 데 기여했다. 이러한 폭력상황에 대하여, 경찰학교에서의 교육과정을 통해 종종 자극을 받은 경찰은 무력 남용에 의지함으로써 결과적으로 통계상 사망사건의 증가에 기여하곤 하였다.

게다가 이러한 폭력상황에는 개인관계에서 빚어지는 갈등들이 폭발한 것도 한몫한다. 이 개인 간의 갈등은 얼핏 보아 일상의 범죄와는 아무런 상관이 없는 것처럼 보인다. 이 갈등은 주로 남자와 여성 동반자, 친인척, 이웃, 친구, 직장동료, 동일한 레저공간을 드나드는 지인들, 매일 공공 도로를 서로 가로지르는 사람들, 사주와 고용된 자, 상인과 고객 사이에서 발생한다. 적지 않은 사건들은, 소유물 혹은 재산 다툼, 짝사랑, 지켜지지 않은 약속, 깨져버린 상호호혜의 원칙, 그리고 아버지, 어머니, 아내, 자식, 학생, 근로자, 가정의 물품 공급자와 같이, 전통적인 역할에 대한 기대감이 충족되지 않은 경우와 관련된 여러 오해에서 비롯된다.

연구자들 사이에는, 브라질에서 발생하고 있는 이러한 범죄와 폭력의 진화 추이에 대한 그럴듯한 설명에 대하여 일치된 의견이 존

• 이들은 자체 조직을 형성, 나름대로의 원칙에 따라 사회에 악으로 꼽히는 범죄자들을 골라 소탕하는 무리로서 그들의 행동은 법에 근거한 것이 아니라 자체적인 판단에 의해 이루어지며 이것은 그만큼 사회에서 법의 정의가 이루어지지 않고 있음을 방증한 것이기도 하다. _ 옮긴이.

재하지 않는다. 대신에 몇몇 가정이 아주 깊이 연구되었는데 그 연구를 두 개의 설명 그룹으로 나눠볼 수 있을 것이다.

첫 번째 설명은 지난 세기의 하반기 이래, 무엇보다도 민주법치국가로 회귀한 이래, 브라질 사회가 겪고 있는 일련의 변화와 관계된 것이다. 3세대라는 시간적 공간을 지나면서 브라질은 농업사회로부터 탈피하였다. 급속한 도시화와 산업화 그리고 서비스부문의 성장과 다양화는 전통적인 근로자채용방식을 바꾸어놓았다. 그리하여 점차 학력의 확대와 전문직업화에 대한 투자가 요구되고 나아가 여성과 젊은이와 같이 이전에는 거의 대변되지 않던 인구부문에게 노동시장에의 접근기회가 확대되기에 이르렀다.

부와 소득의 순환이 늘어났고 범죄는, 많은 사람이 믿었듯이, 가난이 아닌 부의 궤적을 따라갔다. 세대 간의 관계처럼, 젠더와 종족etnia 간의 관계가, 다양화되고 덜 양극화된 사회계급 간의 관계가 변하여 사회계층은 한층 복잡해졌다. 브라질 사회는 보다 근대화되었고 전 지구적 변화와 긴밀히 연동되어갔다. 일상에서의 기술 이용이라는 차원에서 그것이 의미하는 모든 바는, 브라질 사회가 수직적이고 수평적인 사회적 신분이동이 가능한 사회가 되었다는 것이다. 점차 지배자와 피지배자 사이의 새로운 관계 패턴이 등장하였고 이것은 선거와 국민투표의 절반 이상에서 나타났다.

일련의 이 모든 변화는 또 사회적·문화적 행위의 영역에서도 발생했다. 여론조사가 보여주듯이 브라질 사회는 오랜 세월 동안 법과 제도에 대하여 애매모호한 태도를 보여 왔다. 민주주의와 합법성 그리고 인권에 대해서는 지지를 표명하지만 그와는 반대로 법이 모든 이에게 공정한 것이 아니고 제도가 특정 사회그룹에겐 특혜를 주며 권리는 보편적이 아닐뿐더러 더 힘센 자의 의지가 효력을 발휘한다고 인정한다. 이와 같은 상황은 법을 적용하고 일반인에게 안전 제공 임무를 맡고 있는 기관들에 대한 시민들의 신뢰를 떨어뜨리는 데 일조했다.

이러한 종류의 "빈 공간vácuo"에서 브라질 사회는 우선 마약의 불법거래를 중심으로 서민층에 범죄조직이 스며드는 것을 목격하였다. 은행습격, 납치와 같은 다른 범죄의 유형을 흡수하면서 마약밀매는 브라질 각 지역에서 독특한 특징을 띠어왔다. 상파울루의 경우도 다르지 않았다. 감옥에서조차 자신의 조직을 통제하며 서민층이 몰려 있는 구역으로 확산된, 위계질서가 확실하게 잡히고 일련의 두목에게 모든 권력이 집중된, 조직범죄의 등장과 함께 전문총잡이의 경쟁적인 등장도 이와 같은 현상에 일조하였다. 그 무엇보다도 돈세탁, 은행사기, 고위관리의 부패 등과 같이 중산층뿐만 아니라 사회경제적으로 높은 계층을 형성하고 있는 사람들까지 연루되는 일이 비일비재하였다. 이러한 상황은 불법시장과 정치계의 밀착으로 완성되기에 이르렀다. 이로부터 정치유세의 불법자금지원, 고위관리의 부패 그리고 불법적인 부의 축적이 발생하는 것이다.

두 번째 설명은 바로 제도권에 있다. 브라질에서는, 물리력 사용에 있어서, 국가의 합법적인 독점이 결코 공고해진 적이 없었던 것으로 추정된다. 그것이 사실이라면 조직범죄의 등장과 전파는 범죄와 폭력을 합법적으로 통제하는 공권력의 능력을 약화시키는 데 훨씬 더 많이 기여했다. 사회는 변했고 증가일로에 있던 범죄는 더욱 폭력적이 되었다. 조직범죄는 무기와 정보기술의 도움을 받으며 확산되었다. 그럼에도 법 체제는 가난한 사람들의 행동을 범죄시하거나 이미 알려진 도둑을 쫓고 붙잡는 전통적인 패턴에 한정, 적용되었다.

경찰기관들은, 경찰 모집 방식과 전문교육방식에 있어서와 마찬가지로, 상황통제를 위한 것이나 예방적 차원의 치안활동에 있어서나 제도 개혁의 필요성을 인정하기 싫어한다. 많은 경찰은 범죄와 폭력의 통제 문제가 무엇보다도 경찰당국의 능력에 달린 문제라면서 더 많은 무기와 장비를 요구한다. 하지만 그들은 치안이, 점차 전문지식뿐만 아니라 정부와 시민사회단체 간의 협력을 요하는 행동계획의 대상이 되고 있다는 것을 무시한다.

최근의 형법상 변화에도 불구하고 제재의 적용모델은, 범죄와 폭력의 조직화된 사회적 형태와는 완연히 대조적으로, 책임의 개별화와 처벌의 자유주의적인 전통에 묶여 있다. 연방정부와 주정부는 구치소 시스템의 현대화와 감옥의 수 확대를 위해 엄청난 투자를 하고 있다. 공공연한 인권유린 상황으로 인하여 구치소의 만원사례를 국제수준에 맞게 고치기 위하여 감방의 수를 확대해온 것은 사실이다. 하지만 그러한 상황의 이면은 역설적이게도 감옥 내에서의 조직범죄의 확산을 위한 호의적인 환경을 만들고 말았다.

폭력이 브라질 시민의 일과를 점유해온 것은 더 이상 낯선 일이 아니다. 한편으로 그것은 공포심과 집단적 불안감을 심화시켰다. 그 공포와 불안감은 무처벌과 면제가 일상이고 가장 힘센 사람도 자신의 의지를 무력 사용의 위협에 내맡기는 상황에 대한 공포와 불안인 것이다. 다른 한편으로 폭력은 역설적이게도, 관계를 서열화하고 피할 수 없는 것에 의미를 부여하는 것 같은 현 세상의 언어행위와 표상 —죽음, 불법행위, 사회적 통제에 있어서 관청들의 임의적 행동—을 선택하고 결정한다. 브라질에서 민주주의 사회가 나아갈 방향은, 치안과 보호정책 등 보다 정의롭고 연대의식이 강하며 내적으로 평화로운 어떤 사회의 희망을 실현할 수 있는 것들 사이의 보다 확대된 연계를 필요로 하고 있다.

참고문헌

ELIAS, Norbert. *O processo civilizador*. São Paulo, Companhia das Letras, 1990 e 1993, 2 v.

HOBSBAWM, Eric. *Globalização, democracia e terrorismo*. São Paulo, Companhia das Letras, 2007.

MISSE, Michel. *Crime e violência no Brasil contemporâneo. Estudos de sociologia do crime e da violência urbana*. Rio de Janeiro, Lumen Juris, 2006.

ROBERT, Philippe. *Sociologia do crime*. Petrópolis, Vozes, 2007.

ZALUAR, Alba. *Integração perversa: pobreza e tráfico de drogas.* Rio de Janeiro, Editora da FGV, 2004.